절대 솔루션

절대합격 JLPT N3
나홀로 30일 완성

1. 수험의 신 '서경원'의 저자 직강 온라인 라이브 강의(월 1회)

수험 일본어의 절대 강자 서경원 선생님이 월 1회 온라인 라이브 강의를 제공합니다.
(자세한 사항은 유튜브 혹은 네이버 블로그 '서경원의 일본, 일본어 이야기'에 공지)

2. 핵심문제풀이 무료 동영상 40강

- 교재 속 핵심문제를 고르고 골라, 저자 직강으로 풀어 드립니다.
- 해당 QR코드를 찍으면 편리하게 학습 동영상으로 바로 연결됩니다.
- YBM 홈페이지(www.ybmbooks.com) 혹은 유튜브에서 'YBM Books'나
  '절대합격 JLPT N3 나홀로 30일 완성' 검색 후 시청하세요.

동영상

3. 저자가 직접 답해 주는 온라인 개인지도

학습 중 도움이 필요할 때는 저자에게 SOS를 치세요. agaru1004@hanmail.net으로
궁금한 사항을 보내시면 서경원 선생님으로부터 친절한 답변이 도착합니다.

4. 청해 고득점을 위한 다양한 버전의 음원 | 음원 무료 다운로드 www.ybmbooks.com

음원

	종류	청취 방법
1	학습용(1.0배속) 1) 문자·어휘(일본어+한국어) 2) 청해 3) 실전모의고사	1) 교재 속의 QR코드 2) 음원 다운로드
2	청해 문항별1(1.0배속)	음원 다운로드
3	청해 문항별2(1.2배속)	음원 다운로드
4	실전모의고사 고사장 소음	음원 다운로드
5	문자·어휘(일본어만)	음원 다운로드

5. 모든 문제에 일본어 발음 표기

학습자의 편의를 위해 교재에 실린 모든 문제의 한자에 일본어 읽는 법을 표기했습니다.
(단, 실전모의고사는 실전 감각을 키워야 하므로 제외)

6. 최종 점검을 위한 실전모의고사 1회분

모든 준비를 마쳤다면 이제 실전 타임! 고사장에 들어가기 전, 실전 대응 훈련을 위한 실전모의고사로
실전 감각을 키우세요.

나흘로 30일 완성

N3

절대합격

서경원, 허윤정, YBM 일본어연구소 저

JLPT

YBM 홀딩스

절대합격
JLPT N3

나홀로 30일 완성

발행인	민선식
펴낸곳	와이비엠홀딩스
저자	서경원, 허윤정, YBM 일본어연구소
기획	고성희
마케팅	정연철, 박천산, 고영노, 박찬경, 김동진, 김윤하
디자인	이미화, 박성희
일러스트	민들레
초판 인쇄	2021년 2월 2일
초판 발행	2021년 2월 8일
신고일자	2012년 4월 12일
신고번호	제2012-000060호
주소	서울시 종로구 종로 104
전화	(02)2000-0154
팩스	(02)2271-0172
홈페이지	www.ybmbooks.com

ISBN 978-89-6348-181-4

머리말

기존 일본어 능력시험에서 새로운 시험으로 개정된 지 벌써 10년이
지났습니다. 새롭게 바뀐 일본어 능력시험의 특징 중 하나는 단순한 암기가 아닌
전반적인 일본어에 대한 이해가 중요하다는 점입니다.

구체적인 예로 개정되기 전의 문법 문제는 응시 레벨에 맞는 문법만 암기하면
좋은 점수를 받을 수 있었지만, 개정된 시험에서는 회화체로 구성된 문장이
등장하며 문맥을 통해 정답을 찾아야 하는 문제도 출제됨으로써 단순한
암기만으로는 고득점을 기대하기 힘들어졌습니다.

또한 각 과목별 과락 점수가 있으므로 설령 한 과목에서 좋은 점수를 받더라도
다른 과목 점수가 낮으면 시험에 떨어질 수도 있습니다.

본 교재는 이러한 개정된 시험의 특징과 개정 후의 기출 문제를 철저하게
분석하여 각 과목별로 혼자서도 충분히 학습이 가능하도록 구성했습니다.

본 교재의 특징을 간단히 정리하면 다음과 같습니다.
우선 혼자서 모든 과목을 학습하기에 최적화된 교재라고 자부합니다.
파트별 출제 유형에 대한 분석부터 실제 시험 예시, 확인 문제, 출제 예상 어휘나
표현까지 순차적으로 습득하시면 각 과목의 출제 유형에 대한 완벽한 이해는
물론, 앞으로 출제가 예상되는 부분까지도 학습할 수 있습니다.

다음으로 수록한 모든 내용을 100% 문제로 확인할 수 있다는 점도
본 교재만의 특징이라고 할 수 있습니다. 예를 들어 '언어지식의 문자·어휘' 부분은
기출 어휘와 출제 예상 어휘를 단순히 제시하는 것에 그치지 않고
100% 확인 문제로 다시 풀어봄으로써 완벽하게 숙지할 수 있도록 했습니다.

또한 본 교재는 학습에서 이해가 안 되는 부분을 대표 저자인 서경원 선생님의
온라인 라이브 강의를 통해 바로 질문하고 확인할 수 있으며, 구체적인
학습 방법에 대한 조언 및 방향 설정도 가능합니다.

아무쪼록 본 교재가 여러분의 일본어 능력시험 준비에 조금이나마 도움이 되길
바라며 나아가 모든 분들의 합격을 진심으로 기원합니다.

서경원 · 허윤정 · YBM 일본어연구소 드림

● JLPT(일본어 능력시험)란?

�‣ JLPT(일본어 능력시험)란?

일본어를 모국어로 하지 않는 사람을 대상으로 일본어 능력을 객관적으로 측정하고 인정함을 목적으로 하는
공식 시험이다. 일본국제교류기금과 일본국제교육지원협회가 공동으로 주최하며, 연 2회(7월·12월 첫째 주 일요일)
실시되고 있다.

◣ 시험 레벨과 인정 기준

시험은 5개 레벨(N1, N2, N3, N4, N5)로 나뉘어져 있으며, 각 레벨에 따라 N1, N2는 '언어지식(문자·어휘·문법)·독해',
'청해'의 2섹션으로, N3~N5는 '언어지식(문자·어휘)', '언어지식(문법)·독해', '청해'의 3섹션으로 나뉘어져 있다.

레벨	인정 기준
N1	폭넓은 장면에서 사용되는 일본어를 이해할 수 있다.
N2	일상적인 장면에서 사용되는 일본어 이해에 더해, 보다 폭넓은 장면에서 사용되는 일본어를 어느 정도 이해할 수 있다.
N3	일상적인 장면에서 사용되는 일본어를 어느 정도 이해할 수 있다.
N4	기본적인 일본어를 이해할 수 있다.
N5	기본적인 일본어를 어느 정도 이해할 수 있다.

◣ 시험 과목과 시험 시간

시험은 2교시에 걸쳐 치러지며, N3~N5의 경우, 1교시에 '언어지식(문자·어휘)'과 '언어지식(문법)·독해'가 휴식 시간
없이 연결 실시된다.

레벨	1교시		휴식	2교시	
N1	언어지식(문자·어휘·문법)·독해	110분	20분	청해	60분
N2	언어지식(문자·어휘·문법)·독해	105분	20분	청해	50분
N3	언어지식(문자·어휘)	30분	20분	청해	40분
	언어지식(문법)·독해	70분			
N4	언어지식(문자·어휘)	25분	20분	청해	35분
	언어지식(문법)·독해	55분			
N5	언어지식(문자·어휘)	20분	20분	청해	30분
	언어지식(문법)·독해	40분			

◐ 합격 기준

매 시험의 난이도가 변동되는 것을 감안해 항상 같은 척도로 측정할 수 있도록 '등화(等化)'라는 상대 평가 방식이 적용되며,
JLPT에 합격하기 위해서는 아래와 같이 레벨별 '종합 득점의 합격점'과 '과목별 기준점' 이상을 획득해야 한다.

레벨	합격점 / 종합 득점	과목별 기준점 / 과목별 종합 득점		
		언어지식 (문자·어휘·문법)	독해	청해
N1	100점 / 180점	19점 / 60점	19점 / 60점	19점 / 60점
N2	90점 / 180점	19점 / 60점	19점 / 60점	19점 / 60점
N3	95점 / 180점	19점 / 60점	19점 / 60점	19점 / 60점
N4	90점 / 180점	38점 / 120점		19점 / 60점
N5	80점 / 180점	38점 / 120점		19점 / 60점

◐ N3 시험 문제 구성

	문제 유형		문항 수	평가 내용
언어 지식 (문자 · 어휘)	문제 1	한자 읽기	8	밑줄 친 부분의 한자를 히라가나로 어떻게 읽는지 묻는 문제
	문제 2	한자 표기	6	밑줄 친 부분의 히라가나를 한자로 어떻게 표기하는지 묻는 문제
	문제 3	문맥 규정	11	괄호 안에 들어갈 적당한 어휘를 고르는 문제
	문제 4	교체 유의어	5	밑줄 친 단어나 표현과 가장 가까운 의미를 지닌 선택지를 고르는 문제
	문제 5	용법	5	어휘의 올바른 쓰임새를 묻는 문제
언어 지식 (문법)	문제 1	문법 형식 판단	13	괄호 안에 들어갈 적당한 문법표현을 찾는 문제
	문제 2	문맥 배열	5	문장 내용에 맞게 빈칸에 들어갈 말의 순서를 배열하는 문제
	문제 3	글의 흐름	5	글의 흐름에 맞게 빈칸에 들어갈 가장 적당한 선택지를 고르는 문제
독해	문제 4	내용 이해 1 (단문)	4	150~200자 내외의 짧은 글(일상생활, 지시, 업무 등)을 읽고 주제나 내용, 필자가 하고 싶은 말 등을 찾는 문제
	문제 5	내용 이해 2 (중문)	6	350자 내외의 지문(평론이나 해설, 수필)을 읽고 핵심적인 키워드, 인과 관계, 이유나 원인, 필자의 생각 등을 찾는 문제
	문제 6	내용 이해 3 (장문)	4	550자 내외의 다소 긴 지문(해설이나 수필, 편지)을 읽고, 전체적인 개요나 주제, 세부적인 내용 일치 여부, 필자의 주장이나 생각 등을 찾는 문제
	문제 7	정보 검색	2	광고나 팸플릿, 공지, 소개글 등 600자 내외의 글에서 필요한 정보를 찾아내는 문제
청해	문제 1	과제 이해	6	과제 해결에 필요한 정보를 듣고 선택지에서 가장 적당한 행동을 찾는 문제
	문제 2	포인트 이해	6	결론이 있는 이야기를 듣고 사전에 제시되는 질문에 근거해 이야기에서 포인트를 파악하는 문제
	문제 3	개요 이해	4	이야기를 듣고 말하는 사람의 의도나 주장, 감정 상태 등을 이해했는지 묻는 문제
	문제 4	발화 표현	4	그림에 대한 상황 설명과 질문을 듣고 적당한 발화를 고르는 문제
	문제 5	즉시 응답	9	짧은 발화를 듣고 즉시 적당한 응답을 찾는 문제

이 책의 구성과 활용

『절대합격 JLPT N3 나홀로 30일 완성』은 JLPT(일본어 능력시험) N3 종합 대비서로, '언어지식(문자·어휘)', '언어지식(문법)', '독해', '청해'의 4SECTION과 'JLPT N3 실전모의고사'로 구성되어 있습니다.

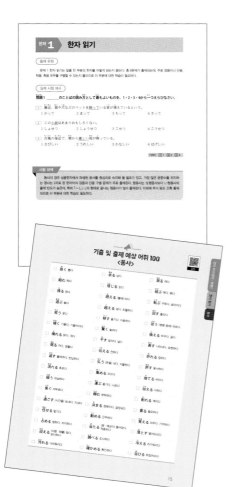

SECTION 1 언어지식(문자·어휘)

출제 유형/실제 시험 예시/시험 대책
언어지식(문자·어휘) 섹션의 〈문제 1(한자 읽기)~문제 5(용법)〉까지의 각 출제 유형에 대한 분석 및 실제 시험 예, 시험 대책까지 시험 전에 알아두면 좋을 사전 지식을 정리해 두었습니다.

기출 및 출제 예상 어휘
동사, 명사, い형용사, な형용사, 부사 등 품사별로 각 문제 유형에 출제된 기출 어휘 및 출제 예상 어휘를 정리해 두었습니다.
해당 품사별로 학습 후 실제 시험과 동일한 형식의 확인 문제를 통해 완벽히 숙지하였는지 다시 한 번 확인할 수 있습니다.
단, 〈문제 5 용법〉 문제의 경우 품사를 아우르는 유형이므로 전 품사를 통합하여 제시하였습니다.

점수 UP! UP!
고득점을 위해 각 문제 유형별로 출제 확률이 높은 어휘를 품사별로 추가 선정하여 정리해 두었습니다.
단, 〈문제 5 용법〉 문제의 경우 품사를 아우르는 유형이므로 전 품사를 통합하여 제시하였습니다.

JLPT N3 실전모의고사

실전 대응력을 높일 수 있도록 〈JLPT N3 실전모의고사〉를 부록으로 권말에 구성해 두었습니다. 섹션별 기본 학습을 마친 후 실제 시험과 동일한 환경을 만들어 권말의 '해답용지'를 이용해 실전처럼 문제를 풀어 보세요. 정답을 확인한 뒤에는 오답을 다시 한 번 확인하여 두 번 실수하지 않도록 정리해 두세요.

학습 스케줄 30일 완성

1일	2일	3일	4일	5일
한자 읽기 동사 1 (확인 문제 1~5)	한자 읽기 동사 2 (확인 문제 6~10)	한자 읽기 명사 1 (확인 문제 1~5)	한자 읽기 명사 2 (확인 문제 6~10)	한자 읽기 い형용사&な형용사, 부사 (확인 문제 1~5)

6일	7일	8일	9일	10일
한자 표기 동사 1 (확인 문제 1~5)	한자 표기 동사 2 (확인 문제 6~10)	한자 표기 명사 1 (확인 문제 1~5)	한자 표기 명사 2 (확인 문제 6~10)	한자 표기 い형용사&な형용사, 부사 (확인 문제 1~5)

11일	12일	13일	14일	15일
문맥 규정 동사 (확인 문제 1~5)	문맥 규정 명사 1 (확인 문제 1~5)	문맥 규정 명사 2 (확인 문제 6~10)	문맥 규정 い형용사&な형용사, 부사 (확인 문제 1~5)	교체 유의어 동사 (확인 문제 1~5)

16일	17일	18일	19일	20일
교체 유의어 명사 (확인 문제 1~5)	교체 유의어 い형용사&な형용사, 부사 (확인 문제 1~5)	용법 (확인 문제 1~10)	문법 1 (확인 문제 1~3)	문법 2 (확인 문제 4~6)

21일	22일	23일	24일	25일
문법 3 (확인 문제 7~10)	내용 이해 1 단문 (확인 문제 1~5)	내용 이해 2 중문 (확인 문제 1~5)	내용 이해 3 장문 (확인 문제 1~5)	정보 검색 (확인 문제 1~5)

26일	27일	28일	29일	30일
과제 이해 (확인 문제 1~5)	포인트 이해 (확인 문제 1~5)	개요 이해 (확인 문제 1~5)	발화 표현 & 즉시 응답 (각 확인 문제 1~5)	실전모의고사

학습 스케줄 60일 완성

1일	2일	3일	4일	5일
한자 읽기 동사 1 (확인 문제 1~5)	한자 읽기 동사 2 (확인 문제 6~10)	한자 읽기 동사 1, 2 복습	한자 읽기 명사 1 (확인 문제 1~5)	한자 읽기 명사 2 (확인 문제 6~10)
6일	**7일**	**8일**	**9일**	**10일**
한자 읽기 명사 1, 2 복습	한자 읽기 い형용사&な형용사, 부사 (확인 문제 1~5)	한자 읽기 い형용사&な형용사, 부사 복습	한자 표기 동사 1 (확인 문제 1~5)	한자 표기 동사 2 (확인 문제 6~10)
11일	**12일**	**13일**	**14일**	**15일**
한자 표기 동사 1, 2 복습	한자 표기 명사 1 (확인 문제 1~5)	한자 표기 명사 2 (확인 문제 6~10)	한자 표기 명사 1, 2 복습	한자 표기 い형용사&な형용사, 부사 (확인 문제 1~5)
16일	**17일**	**18일**	**19일**	**20일**
한자 표기 い형용사&な형용사, 부사 복습	문맥 규정 동사 (확인 문제 1~5)	문맥 규정 동사 복습	문맥 규정 명사 1 (확인 문제 1~5)	문맥 규정 명사 2 (확인 문제 6~10)
21일	**22일**	**23일**	**24일**	**25일**
문맥 규정 명사 1, 2 복습	문맥 규정 い형용사&な형용사, 부사 (확인 문제 1~5)	문맥 규정 い형용사&な형용사, 부사 복습	교체 유의어 동사 (확인 문제 1~5)	교체 유의어 동사 복습
26일	**27일**	**28일**	**29일**	**30일**
교체 유의어 명사 (확인 문제 1~5)	교체 유의어 명사 복습	교체 유의어 い형용사&な형용사, 부사 (확인 문제 1~5)	교체 유의어 い형용사&な형용사, 부사 복습	용법 (확인 문제 1~10)
31일	**32일**	**33일**	**34일**	**35일**
용법 복습	문법 1 (확인 문제 1~3)	문법 2 (확인 문제 4~6)	문법 3 (확인 문제 7~10)	문법 1, 2, 3 복습
36일	**37일**	**38일**	**39일**	**40일**
내용 이해 1 단문 (확인 문제 1~5)	내용 이해 1 단문 복습	내용 이해 2 중문 (확인 문제 1~5)	내용 이해 2 중문 복습	내용 이해 3 장문 (확인 문제 1~5)
41일	**42일**	**43일**	**44일**	**45일**
정보 검색 (확인 문제 1~5)	내용 이해 3 & 정보 검색 복습	과제 이해 (확인 문제 1~5)	과제 이해 복습	포인트 이해 (확인 문제 1~5)
46일	**47일**	**48일**	**49일**	**50일**
포인트 이해 복습	개요 이해 (확인 문제 1~5)	개요 이해 복습	발화 표현 (확인 문제 1~5)	발화 표현 복습
51일	**52일**	**53일**	**54일**	**55일**
즉시 응답 (확인 문제 1~5)	즉시 응답 복습	실전모의고사 언어지식(문자·어휘)	실전모의고사 언어지식(문자·어휘) 복습	실전모의고사 언어지식(문법)
56일	**57일**	**58일**	**59일**	**60일**
실전모의고사 언어지식(문법) 복습	실전모의고사 독해	실전모의고사 독해 복습	실전모의고사 청해	실전모의고사 청해 복습

SECTION 1

언어지식
(문자·어휘)

출제 유형

문제 1 한자 읽기는 밑줄 친 부분의 한자를 어떻게 읽는지 묻는다. 총 8문제가 출제되는데, 주로 장음이나 단음, 탁음, 촉음 유무를 구별할 수 있는지 물으므로 이 부분에 대한 학습이 필요하다.

실제 시험 예시

問題1 ＿＿＿＿のことばの読み方として最もよいものを、1・2・3・4から一つえらびなさい。

1 最近、猫や犬などのペットを飼っている家が増えているという。

　　1 かって　　　　　　2 まって　　　　　　3 もって　　　　　　4 さって

2 この小説はあまりおもしろくない。

　　1 しょせつ　　　　　2 しょうせつ　　　　3 こせつ　　　　　　4 こうせつ

3 台風の接近で、朝から激しい雨が降っている。

　　1 さびしい　　　　　2 うれしい　　　　　3 かなしい　　　　　4 はげしい

|정답| 1 1　2 2　3 4

시험 대책

동사의 경우 상용한자에서 파생된 동사를 중심으로 숙지해 둘 필요가 있고, 가장 많은 문항수를 차지하는 명사는 2자로 된 한자어의 장음과 단음 구별 문제가 주로 출제된다. 형용사는 な형용사보다 い형용사의 출제 빈도가 높은데, 특히 「～しい」의 형태로 끝나는 형용사가 많이 출제된다. 이외에 부사 등도 간혹 출제되므로 이 부분에 대한 학습도 필요하다.

기출 및 출제 예상 어휘 100
〈동사〉

음원

언어지식(문자·어휘)

한자 읽기

동사

☐ 抜_ぬく 뽑다	☐ 余_{あま}る 남다	☐ 測_{はか}る 재다
☐ 組_くむ 짜다	☐ 信_{しん}じる 믿다	☐ 結_{むす}ぶ 매다, 묶다
☐ 得_える 얻다	☐ 燃_もえる (불에) 타다	☐ 転_{ころ}ぶ 구르다, 넘어지다
☐ 遊_{あそ}ぶ 놀다	☐ 超_こえる 넘다, 초월하다	☐ 回_{まわ}す 돌리다
☐ 笑_{わら}う 웃다	☐ 移_{うつ}す 옮기다, 이동하다	☐ 従_{したが}う (명령 등에) 따르다
☐ 傾_{かたむ}く 기울다, 기울어지다	☐ 驚_{おどろ}く 놀라다	☐ 換_かえる 바꾸다, 갈다
☐ 晴_はれる 맑다, 개다	☐ 干_ほす 말리다, 널다	☐ 表_{あらわ}す 나타내다, 표현하다
☐ 眠_{ねむ}る 자다, 잠들다	☐ 伝_{つた}える 전하다	☐ 折_おれる 접히다
☐ 返_{かえ}す 돌려주다, 반납하다	☐ 払_{はら}う (돈을) 내다, 지불하다	☐ 許_{ゆる}す 용서하다
☐ 流_{なが}れる 흐르다	☐ 集_{あつ}める 모으다	☐ 捨_すてる 버리다
☐ 疑_{うたが}う 의심하다	☐ 運_{はこ}ぶ 옮기다, 나르다	☐ 加_{くわ}える 더하다
☐ 急_{いそ}ぐ 서두르다	☐ 頼_{たの}む 부탁하다	☐ 割_われる 깨지다
☐ 過_すごす (시간을) 보내다, 지내다	☐ 決_きまる 정해지다, 결정되다	☐ 要_いる 필요하다
☐ 任_{まか}せる 맡기다	☐ 勤_{つと}める 근무하다	☐ 覚_{おぼ}える 외우다, 기억하다
☐ 占_しめる 점하다, 차지하다	☐ 当_あたる (꿈·예상이) 들어맞다, 적중하다	☐ 落_おとす 떨어뜨리다
☐ 迎_{むか}える (사람·때를) 맞다, 맞이하다	☐ 調_{しら}べる 조사하다	☐ 冷_ひえる 차가워지다
☐ 汚_{よご}れる 더러워지다	☐ 確_{たし}かめる 확인하다	☐ 浴_あびる 뒤집어쓰다

☐ 残る 남다	☐ 積む (물건을) 쌓다	☐ 探す 찾다
☐ 焼く (불에) 굽다	☐ 巻く 감다	☐ 閉じる 닫히다
☐ 空く (자리·방 따위가) 나다, 비다	☐ 暮らす 살다, 생활하다	☐ 働く 일하다
☐ 脱ぐ 벗다	☐ 与える (주의·영향 등을) 주다	☐ 救う 구하다, 살리다
☐ 包む 싸다, 포장하다	☐ 痛む 아프다	☐ 去る 떠나다
☐ 住む 살다, 거주하다	☐ 経つ (시간이) 지나다, 경과하다	☐ 奪う 빼앗다
☐ 描く (그림을) 그리다(=描く)	☐ 済む 끝나다	☐ 通う 다니다
☐ 向く 향하다	☐ 叱る 꾸짖다, 야단치다	☐ 壊す 부수다, 고장 내다
☐ 助ける 돕다	☐ 照らす (빛을) 비추다, 밝히다	☐ 渡る 건너다
☐ 減る 줄다, 줄어들다	☐ 認める 인정하다	☐ 動く 움직이다
☐ 投げる 던지다	☐ 求める 요구하다, 바라다	☐ 招く 초대하다
☐ 困る 곤란하다, 난처하다	☐ 味わう 맛보다	☐ 悩む 고민하다
☐ 配る 나누어 주다, 배포하다	☐ 育てる 키우다	☐ 好む 좋아하다, 즐기다
☐ 扱う 다루다, 취급하다	☐ 増やす 늘리다	☐ 進む 나아가다, 진행되다
☐ 誘う 권하다, 권유하다	☐ 泊まる 묵다, 숙박하다	☐ 楽しむ 즐기다
☐ 遅れる 늦다, 늦어지다	☐ 比べる 비교하다	☐ 伸びる (키가) 자라다
☐ 生える (풀이나 나무가) 나다, 자라다		

확인 문제 1 · 동사

問題1 ＿＿＿のことばの読み方として最もよいものを、1・2・3・4から一つえらびなさい。

1　公園で子供たちが遊んでいる。
　　1 あそんで　　　　　2 よろこんで　　　　3 むすんで　　　　4 さけんで

2　もう時間があまりありませんので、急いでください。
　　1 およいで　　　　　2 かせいで　　　　　3 いそいで　　　　4 ぬいで

3　今度の連休は、実家でゆっくり過ごすつもりです。
　　1 ながす　　　　　　2 すごす　　　　　　3 ふやす　　　　　4 かえす

4　コーヒーをこぼしてテーブルが汚れてしまった。
　　1 よごれて　　　　　2 かくれて　　　　　3 われて　　　　　4 ながれて

5　うそばかりつく彼の話は、あまり信じない方がいいよ。
　　1 まじ　　　　　　　2 しんじ　　　　　　3 かじ　　　　　　4 とじ

6　その話を聞いて驚かない人はいないだろう。
　　1 かたむか　　　　　2 きか　　　　　　　3 まか　　　　　　4 おどろか

7　天気予報によると、明日は晴れるそうだ。
　　1 ふれる　　　　　　2 はれる　　　　　　3 おくれる　　　　4 くれる

8　その件は、もう少し詳しく調べる必要がある。
　　1 ならべる　　　　　2 のべる　　　　　　3 しらべる　　　　4 くらべる

9　今度の仕事は、彼に任せることにしました。
　　1 のせる　　　　　　2 ふせる　　　　　　3 きせる　　　　　4 まかせる

10　燃えるごみはあちらに捨ててください。
　　1 かえる　　　　　　2 こえる　　　　　　3 もえる　　　　　4 ふえる

확인 문제 1 · 정답 및 해석(동사)

1 정답 **1**
해석 공원에서 아이들이 놀고 있다.
어휘 公園(こうえん) 공원 子供(こども) 아이 ~たち (사람이나 생물을 나타내는 말에 붙어) ~들 遊(あそ)ぶ 놀다
よろこ(喜)ぶ 기뻐하다 むす(結)ぶ 매다, 묶다 さけ(叫)ぶ 외치다

2 정답 **3**
해석 이제 시간이 별로 없으니까, 서둘러 주세요.
어휘 もう 이제 時間(じかん) 시간 あまり (부정어 수반) 그다지, 별로 急(いそ)ぐ 서두르다 およ(泳)ぐ 헤엄치다, 수영하다
かせ(稼)ぐ 돈을 벌다 脱(ぬ)ぐ 벗다

3 정답 **2**
해석 이번 연휴는 친정에서 느긋하게 보낼 생각입니다.
어휘 今度(こんど) 이번 連休(れんきゅう) 연휴 実家(じっか) 생가, 친정 ゆっくり 느긋하게
過(す)ごす (시간을) 보내다, 지내다 동사의 보통형+つもりだ ~할 생각[작정]이다 なが(流)す 흘리다 ふ(増)やす 늘리다
かえ(返)す 돌려주다, 반납하다

4 정답 **1**
해석 커피를 엎질러서 테이블이 더러워져 버렸다.
어휘 コーヒー 커피 こぼす 흘리다, 엎지르다 テーブル 테이블 汚(よご)れる 더러워지다 かく(隠)れる 숨다
わ(割)れる 깨지다 なが(流)れる 흐르다

5 정답 **2**
해석 거짓말만 하는 그의 이야기는 별로 믿지 않는 편이 좋아.
어휘 うそ(を)つく 거짓말(을) 하다 ~ばかり ~만, ~뿐 話(はなし) 이야기 信(しん)じる 믿다
동사의 ない형+方(ほう)がいい ~하지 않는 편[쪽]이 좋다 ま(混)じる 섞이다 かじる 갉아먹다 と(閉)じる 닫히다

6 정답 **4**
해석 그 이야기를 듣고 놀라지 않을 사람은 없을 것이다.
어휘 聞(き)く 듣다 驚(おどろ)く 놀라다 かたむ(傾)く 기울다, 기울어지다 ま(巻)く 감다

7 정답 **2**
해석 일기예보에 의하면 내일은 맑다고 한다.
어휘 天気予報(てんきよほう) 일기예보 ~によると ~에 의하면, ~에 따르면 明日(あした) 내일 晴(は)れる 맑다, 개다
품사의 보통형+そうだ ~라고 한다 *전문 ふ(触)れる 닿다 おく(遅)れる 늦다, 늦어지다 く(暮)れる (날 · 계절 · 한 해가) 저물다

8 정답 **3**
해석 그 건은 조금 더 상세하게 조사할 필요가 있다.
어휘 件(けん) 건 もう少(すこ)し 조금 더 詳(くわ)しい 상세하다 調(しら)べる 조사하다 必要(ひつよう) 필요
なら(並)べる (물건 등을) 늘어놓다, 나란히 놓다 の(述)べる 말하다, 진술하다 くら(比)べる 비교하다

9 정답 **4**
해석 이번 일은 그에게 맡기기로 했습니다.
어휘 仕事(しごと) 일 任(まか)せる 맡기다 동사의 보통형+ことにする ~하기로 하다 の(乗)せる 태우다
ふ(伏)せる 엎드리다 き(着)せる (옷을) 입히다

10 정답 **3**
해석 타는 쓰레기는 저쪽에 버려 주세요.
어휘 燃(も)える (불에) 타다 ごみ 쓰레기 あちら 저쪽 捨(す)てる 버리다 か(変)える 바꾸다, 변경하다
こ(超)える 넘다, 초월하다 ふ(増)える 늘다, 늘어나다

확인 문제 2 · 동사

問題1 _____のことばの読み方として最もよいものを、1・2・3・4から一つえらびなさい。

11 箱の中には何も残っていませんでした。

    1 おこって   2 やって   3 のこって   4 まって

12 いいことでもあったのか、彼女は朝からずっと笑っている。

    1 わらって   2 うって   3 すって   4 かって

13 台所から何かを焼いているにおいがした。

    1 ぬいて   2 やいて   3 おいて   4 すいて

14 私は単純に知識を得るために本を読んでいるわけではない。

    1 いる   2 きる   3 える   4 もる

15 今日借りた本は、いつまでに返せばいいですか。

    1 かえせ   2 のこせ   3 はなせ   4 させ

16 転んだ彼女の膝から血が流れていた。

    1 はなれて   2 ながれて   3 わかれて   4 それて

17 済んだことは仕方がありませんね。

    1 ぬすんだ   2 はこんだ   3 しんだ   4 すんだ

18 昨夜はぐっすり眠れましたか。

    1 かくれ   2 おくれ   3 くれ   4 ねむれ

19 今度の旅行のスケジュールは私が組むことにした。

    1 くむ   2 ぬすむ   3 こむ   4 ふむ

20 とんでもない彼の話を聞いて耳を疑った。

    1 うしなった   2 あじわった   3 うたがった   4 すくった

확인 문제 2 · 정답 및 해석(동사)

11 정답 3
해석 상자 안에는 아무것도 남아 있지 않았습니다.
어휘 箱(はこ) 상자　中(なか) 안, 속　何(なに)も (부정어 수반) 아무것도　残(のこ)る 남다　おこ(怒)る 화를 내다
やる 하다, (손아랫사람이나 동물·식물에) 주다　ま(待)つ 기다리다

12 정답 1
해석 좋은 일이라도 있었는지, 그녀는 아침부터 계속 웃고 있다.
어휘 いい 좋다　朝(あさ) 아침　〜から 〜부터　ずっと 쭉, 계속　笑(わら)う 웃다　う(売)る 팔다
す(吸)う (공기 따위를) 들이마시다　か(買)う 사다

13 정답 2
해석 부엌에서 뭔가를 굽고 있는 냄새가 났다.
어휘 台所(だいどころ) 부엌　何(なに)か 무엇인가, 뭔가　焼(や)く (불에) 굽다　においがする 냄새가 나다　ぬ(抜)く 뽑다
お(置)く 놓다, 두다　す(空)く 비다, 듬성듬성해지다

14 정답 3
해석 나는 단순히 지식을 얻기 위해서 책을 읽고 있는 것은 아니다.
어휘 単純(たんじゅん)だ 단순하다　知識(ちしき) 지식　得(え)る 얻다　동사의 보통형+ために 〜하기 위해서　本(ほん) 책
読(よ)む 읽다　〜わけではない (전부) 〜인 것은 아니다, (반드시) 〜라고는 말할 수 없다　い(要)る 필요하다
き(着)る (옷을) 입다　も(盛)る (그릇에) 수북이 담다

15 정답 1
해석 오늘 빌린 책은 언제까지 돌려주면 됩니까?
어휘 今日(きょう) 오늘　借(か)りる 빌리다　いつまでに 언제까지　*최종기한　返(かえ)す 돌려주다, 반납하다
のこ(残)す 남기다　はな(話)す 말하다, 이야기하다　さ(指)す 가리키다

16 정답 2
해석 넘어진 그녀의 무릎에서 피가 흐르고 있었다.
어휘 転(ころ)ぶ 구르다, 넘어지다　膝(ひざ) 무릎　〜から 〜에서　血(ち) 피　流(なが)れる 흐르다　はな(離)れる 떨어지다
わか(別)れる 헤어지다　そ(逸)れる 빗나가다

17 정답 4
해석 끝난 일은 어쩔 수 없죠.
어휘 済(す)む 끝나다　仕方(しかた)がない 어쩔 수 없다　ぬす(盗)む 훔치다　はこ(運)ぶ 옮기다, 나르다　し(死)ぬ 죽다

18 정답 4
해석 어젯밤은 푹 잤습니까?
어휘 昨夜(ゆうべ) 어젯밤　ぐっすり 푹 *깊이 잠든 모양　眠(ねむ)る 자다, 잠들다　かく(隠)れる 숨다
おく(遅)れる 늦다, 늦어지다　く(暮)れる (날·계절·한 해가) 저물다

19 정답 1
해석 이번 여행 스케줄은 내가 짜기로 했다.
어휘 今度(こんど) 이번　旅行(りょこう) 여행　スケジュール 스케줄, 일정　組(く)む 짜다
동사의 보통형+ことにする 〜하기로 하다　こ(込)む 붐비다, 혼잡하다　ふ(踏)む 밟다

20 정답 3
해석 터무니없는 그의 이야기를 듣고 귀를 의심했다.
어휘 とんでもない 터무니없다, 당치도 않다　話(はなし) 이야기　聞(き)く 듣다　耳(みみ) 귀　疑(うたが)う 의심하다
うしな(失)う 잃다, 잃어버리다　あじ(味)わう 맛보다　すく(救)う 구하다, 살리다

확인 문제 3 · 동사

問題1 _____のことばの読み方として最もよいものを、1・2・3・4から一つえらびなさい。

21 三連休のためか、ホテルに空いている部屋が全くなかった。
　　1 あいて　　　　　2 ういて　　　　　3 ふいて　　　　　4 むいて

22 郵便局なら、あの橋を渡って行った方が近いですよ。
　　1 おくって　　　　2 けって　　　　　3 わたって　　　　4 たって

23 最近、彼女と会う回数が減ってきている。
　　1 きって　　　　　2 よって　　　　　3 のこって　　　　4 へって

24 昨夜は子供に泣かれて困った。
　　1 のった　　　　　2 こまった　　　　3 むかった　　　　4 はった

25 きちんとした理由もないまま子供を叱るのはよくない。
　　1 しかる　　　　　2 ふる　　　　　　3 にる　　　　　　4 きる

26 困っている時に助けてくれる友達が本当の友達である。
　　1 まけて　　　　　2 あけて　　　　　3 さけて　　　　　4 たすけて

27 使わない電気製品は、コンセントを抜いておくべきです。
　　1 さいて　　　　　2 しいて　　　　　3 ぬいて　　　　　4 はいて

28 場所を移して飲み直しましょう。
　　1 かくして　　　　2 うつして　　　　3 ふやして　　　　4 ただして

29 一人暮らしのせいか、食材が余りがちだ。
　　1 きまり　　　　　2 さかり　　　　　3 あまり　　　　　4 しまり

30 隣のマンション工事で家が傾いてしまいました。
　　1 しりぞいて　　　2 きいて　　　　　3 かたむいて　　　4 ないて

확인 문제 3 · 정답 및 해석(동사)

21 정답 **1**
해석 사흘 연휴 때문인지 호텔에 비어 있는 방이 전혀 없었다.
어휘 三連休(さんれんきゅう) 사흘 연휴 명사+の+ためか ~때문인지 ホテル 호텔 空(あ)く (자리·방 따위가) 나다, 비다
部屋(へや) 방 全(まった)く (부정어 수반) 전혀 う(浮)く (물에) 뜨다 ふ(吹)く (바람이) 불다 む(向)く 향하다

22 정답 **3**
해석 우체국이라면 저 다리를 건너서 가는 편이 가까워요.
어휘 郵便局(ゆうびんきょく) 우체국 ~なら ~라면 橋(はし) 다리 渡(わた)る 건너다
동사의 た형+方(ほう)がいい ~하는 편[쪽]이 좋다 近(ちか)い 가깝다 おく(送)る 보내다 け(蹴)る 발로 차다
た(経)つ (시간이) 지나다, 경과하다

23 정답 **4**
해석 최근 여자친구와 만나는 횟수가 줄어들고 있다.
어휘 最近(さいきん) 최근, 요즘 彼女(かのじょ) 여자친구 会(あ)う 만나다 回数(かいすう) 횟수 減(へ)る 줄다, 줄어들다
き(切)る 자르다, 끊다 よ(寄)る 들르다 のこ(残)る 남다

24 정답 **2**
해석 어젯밤은 아이가 울어서 곤란했다.
어휘 昨夜(ゆうべ) 어젯밤 子供(こども)に泣(な)かれる 아이가 울다 *「~に~(ら)れる」– ~에게 ~함을 당하다(피해의 수동)
困(こま)る 곤란하다, 난처하다 の(乗)る (탈것에) 타다 む(向)かう 향하다 は(張)る 펴다, 치다

25 정답 **1**
해석 확실한 이유도 없는 채 아이를 꾸짖는 것은 좋지 않다.
어휘 きちんとした 제대로 된, 확실한 理由(りゆう) 이유 ~まま ~한 채, ~상태로 叱(しか)る 꾸짖다, 야단치다
ふ(降)る (비·눈 등이) 내리다, 오다 に(似)る 닮다 き(着)る (옷을) 입다

26 정답 **4**
해석 곤란할 때 도와주는 친구가 진정한 친구이다.
어휘 困(こま)る 곤란하다, 난처하다 助(たす)ける 돕다 ~てくれる (남이 나에게) ~해 주다 友達(ともだち) 친구
本当(ほんとう) 정말, 진짜, 진정함 ま(負)ける 지다, 패하다 あ(開)ける 열다 さ(避)ける 피하다

27 정답 **3**
해석 사용하지 않는 전기제품은 콘센트를 뽑아 놓아야 합니다.
어휘 使(つか)う 쓰다, 사용하다 電気製品(でんきせいひん) 전기제품 コンセント 콘센트 抜(ぬ)く 뽑다
~ておく ~해 놓다[두다] 동사의 기본형+べきだ (마땅히) ~해야 한다 さ(咲)く (꽃이) 피다 し(敷)く 깔다 は(掃)く 쓸다

28 정답 **2**
해석 장소를 옮겨서 다시 마십시다.
어휘 場所(ばしょ) 장소 移(うつ)す 옮기다, 이동하다 飲(の)み直(なお)す 새로운 기분으로 다시 술을 마시다
かく(隠)す 숨기다 ふ(増)やす 늘리다 ただ(正)す (잘못된 것을) 바로잡다

29 정답 **3**
해석 혼자서 사는 탓인지, 식재료가 남기 일쑤다.
어휘 一人暮(ひとりぐ)らし 혼자서 삶 ~せい ~탓 ~か ~인지 食材(しょくざい) 식재료 余(あま)る 남다
동사의 ます형+がちだ (자칫) ~하기 쉽다, ~하기 십상이다, ~하기 일쑤다 き(決)まる 정해지다, 결정되다
さか(盛)る 번창하다 し(閉)まる 닫히다

30 정답 **3**
해석 옆의 (중·고층) 아파트 공사로 집이 기울어져 버렸습니다.
어휘 隣(となり) 옆, 이웃 マンション 맨션, (중·고층) 아파트 工事(こうじ) 공사 家(いえ) 집
傾(かたむ)く 기울다, 기울어지다 しりぞ(退)く 물러나다, 물러서다 き(効)く 잘 듣다, 효과가 있다 な(泣)く 울다

확인 문제 4 · 동사

問題1 ＿＿＿＿のことばの読み方として最もよいものを、1・2・3・4から一つえらびなさい。

31 吉田社長によろしくお伝えください。

1 つたえ　　　　　2 みえ　　　　　　3 かえ　　　　　　4 きえ

32 ここからは靴を脱いで入ってください。

1 かいで　　　　　2 ぬいで　　　　　3 およいで　　　　4 ついで

32 前の駅の事故で、電車が遅れています。

1 くれて　　　　　2 みだれて　　　　3 おくれて　　　　4 うれて

34 この歌は、時代を超えて愛されています。

1 たえて　　　　　2 こえて　　　　　3 うえて　　　　　4 そえて

35 私もその事実を認めるしかなかった。

1 ためる　　　　　2 とめる　　　　　3 みとめる　　　　4 さめる

36 今日からこちらで働くようになりました。

1 うごく　　　　　2 とどく　　　　　3 えがく　　　　　4 はたらく

37 ボールがうまく投げられると、野球がもっと楽しくなります。

1 なげ　　　　　　2 まげ　　　　　　3 つげ　　　　　　4 ささげ

38 すみませんが、これは別々に包んでいただけますか。

1 くんで　　　　　2 まなんで　　　　3 むすんで　　　　4 つつんで

39 一人当たり一個ずつ配ってください。

1 そって　　　　　2 くばって　　　　3 たって　　　　　4 さって

40 私もあのホテルに泊まったことがあります。

1 とまった　　　　2 うまった　　　　3 しまった　　　　4 はまった

확인 문제 4 · 정답 및 해석(동사)

31 정답 **1**
해석 요시다 사장님께 안부 잘 <u>전해</u> 주십시오.
어휘 社長(しゃちょう) 사장
よろしくお伝(つた)えください 안부 잘 전해 주십시오 *「お+동사의 ます형+ください」- ~해 주십시오(존경표현)
伝(つた)える 전하다　み(見)える 보이다　か(変)える 바꾸다, 변경하다　き(消)える 사라지다

32 정답 **2**
해석 여기부터는 신발을 <u>벗고</u> 들어가 주세요.
어휘 靴(くつ) 신, 신발, 구두　脱(ぬ)ぐ 벗다　入(はい)る 들어가다　か(嗅)ぐ 냄새를 맡다　およ(泳)ぐ 헤엄치다, 수영하다
つ(注)ぐ 쏟다, 붓다, 따르다

33 정답 **3**
해석 앞 역의 사고로 전철이 <u>늦어지고</u> 있습니다.
어휘 前(まえ) 앞　駅(えき) 역　事故(じこ) 사고　電車(でんしゃ) 전철　遅(おく)れる 늦다, 늦어지다
く(暮)れる (날·계절·한 해가) 저물다　みだ(乱)れる 흐트러지다　う(売)れる (잘) 팔리다

34 정답 **2**
해석 이 노래는 시대를 <u>초월해서</u> 사랑받고 있습니다.
어휘 歌(うた) 노래　時代(じだい) 시대　超(こ)える 넘다, 초월하다　愛(あい)する 사랑하다　た(耐)える 참다, 견디다
う(植)える 심다　そ(添)える 첨부하다

35 정답 **3**
해석 나도 그 사실을 <u>인정할</u> 수밖에 없었다.
어휘 事実(じじつ) 사실　認(みと)める 인정하다　~しかない ~할 수밖에 없다　た(貯)める (돈을) 모으다, 저축하다
と(止)める 세우다, 정지하다　さ(冷)める (음식이) 식다, 차가워지다

36 정답 **4**
해석 오늘부터 여기에서 <u>일하게</u> 되었습니다.
어휘 こちら 여기, 이곳　働(はたら)く 일하다　~ようになる ~하게(끔) 되다 *변화　うご(動)く 움직이다
とど(届)く (보낸 물건이) 도착하다　えが(描)く (그림을) 그리다(=か(描)く)

37 정답 **1**
해석 공을 잘 <u>던질</u> 수 있으면 야구가 더 즐거워집니다.
어휘 ボール 공　うまく 잘, 목적한 대로　投(な)げる 던지다　野球(やきゅう) 야구　もっと 더, 좀 더　楽(たの)しい 즐겁다
ま(曲)げる 구부리다　つ(告)げる 고하다, 알리다　ささ(捧)げる (두손으로) 받들다

38 정답 **4**
해석 죄송한데요, 이건 따로따로 <u>포장해</u> 주실 수 있어요?
어휘 別々(べつべつ) 각각, 따로따로　包(つつ)む 싸다, 포장하다
~ていただけますか (남에게) ~해 받을 수 있습니까?, (남이) ~해 주실 수 있습니까? *「~てもらえますか」((남에게) ~해 받
을 수 있습니까?, (남이) ~해 줄 수 있습니까?)의 겸양표현　く(組)む 짜다　まな(学)ぶ 배우다　むす(結)ぶ 매다, 묶다

39 정답 **2**
해석 일인당 한 개씩 <u>나누어</u> 주세요.
어휘 一人(ひとり) 한 사람, 일인　~当(あ)たり ~당　一個(いっこ) 한 개 *「~個(こ)」- ~개　~ずつ ~씩
配(くば)る 나누어 주다, 배포하다　そ(反)る (활처럼) 휘다　た(経)つ (시간이) 지나다, 경과하다　さ(去)る 떠나다

40 정답 **1**
해석 저도 저 호텔에 <u>묵은</u> 적이 있습니다.
어휘 ホテル 호텔　泊(と)まる 묵다, 숙박하다　동사의 た형+ことがある ~한 적이 있다　う(埋)まる 묻히다
し(閉)まる 닫히다　はまる 꼭 맞다

확인 문제 5 · 동사

問題1 ＿＿＿＿のことばの読み方として最もよいものを、1・2・3・4から一つえらびなさい。

41 天気予報が当たり、朝からいい天気になりました。
1 わたり　　　　　2 いたり　　　　　3 かたり　　　　　4 あたり

42 いくら探してみても、鍵は見つからなかった。
1 おして　　　　　2 さがして　　　　3 あかして　　　　4 かして

43 観衆はその選手を拍手で迎えていた。
1 たえて　　　　　2 こたえて　　　　3 おぼえて　　　　4 むかえて

44 税金を払うのは国民の義務の一つです。
1 はらう　　　　　2 やしなう　　　　3 ならう　　　　　4 もらう

45 私は時計を集めるのが趣味です。
1 そめる　　　　　2 こめる　　　　　3 やめる　　　　　4 あつめる

46 娘は庭で花を描いていた。
1 まいて　　　　　2 えがいて　　　　3 あいて　　　　　4 はいて

47 ベランダに洗濯物が干してあります。
1 さして　　　　　2 ほして　　　　　3 こして　　　　　4 むして

48 これを2階まで一人で運ぶのは無理です。
1 まなぶ　　　　　2 はこぶ　　　　　3 うかぶ　　　　　4 とぶ

49 何度も彼に頼んでみたが、結局無駄だった。
1 たのんで　　　　2 かんで　　　　　3 むすんで　　　　4 へこんで

50 国の収入のうち、税金は何パーセントを占めていますか。
1 やすめて　　　　2 たしかめて　　　3 しめて　　　　　4 かためて

41 정답 **4**
해석 일기예보가 적중해서 아침부터 날씨가 좋아졌습니다.
어휘 天気予報(てんきよほう) 일기예보　当(あ)たる (꿈·예상이) 들어맞다, 적중하다　朝(あさ) 아침　わた(渡)る 건너다
いた(至)る 이르다　かた(語)る 말하다, 이야기하다

42 정답 **2**
해석 아무리 찾아봐도 열쇠는 발견되지 않았다.
어휘 いくら〜ても 아무리 〜해도　探(さが)す 찾다　鍵(かぎ) 열쇠　見(み)つかる 발견되다, 찾게 되다　お(押)す 밀다
あ(明)かす 밝히다, 털어놓다　か(貸)す 빌려주다

43 정답 **4**
해석 관중은 그 선수를 박수로 맞이하고 있었다.
어휘 観衆(かんしゅう) 관중　選手(せんしゅ) 선수　拍手(はくしゅ) 박수　迎(むか)える (사람을) 맞다, 맞이하다
た(耐)える 참다, 견디다　こた(答)える 대답하다　おぼ(覚)える 외우다, 기억하다

44 정답 **1**
해석 세금을 내는 것은 국민의 의무 중 하나입니다.
어휘 税金(ぜいきん) 세금　払(はら)う (돈을) 내다, 지불하다　国民(こくみん) 국민　義務(ぎむ) 의무
〜の一(ひと)つだ 〜중 하나다　やしな(養)う 기르다, 양육하다　なら(習)う 배우다　もらう 받다

45 정답 **4**
해석 저는 시계를 모으는 것이 취미입니다.
어휘 時計(とけい) 시계　集(あつ)める 모으다　趣味(しゅみ) 취미　そ(染)める 물들이다　こ(込)める (정성 등을) 들이다, 담다
や(辞)める (일자리를) 그만두다

46 정답 **2**
해석 딸은 정원에서 꽃을 그리고 있었다.
어휘 娘(むすめ) (자신의) 딸　庭(にわ) 정원　花(はな) 꽃　描(えが)く (그림을) 그리다(=描(か)く)　ま(巻)く 감다
あ(開)く 열리다　は(履)く (신을) 신다

47 정답 **2**
해석 베란다에 세탁물이 널려 있습니다.
어휘 ベランダ 베란다　洗濯物(せんたくもの) 세탁물　干(ほ)す 말리다, 널다　타동사+てある 〜해져 있다 *상태표현
さ(指)す 가리키다　こ(越)す 넘다, 넘어가다　む(蒸)す (날씨가) 찌다, 무덥다, (김으로) 찌다

48 정답 **2**
해석 이것을 2층까지 혼자서 옮기는 건 무리입니다.
어휘 〜階(かい) 〜층　〜まで 〜까지　一人(ひとり)で 혼자서　運(はこ)ぶ 옮기다, 나르다　無理(むり) 무리
まな(学)ぶ 배우다, 익히다　う(浮)かぶ (물에) 뜨다　と(飛)ぶ (하늘을) 날다

49 정답 **1**
해석 몇 번이나 그에게 부탁해 봤지만, 결국 소용없었다.
어휘 何度(なんど)も 몇 번이나, 여러 번　頼(たの)む 부탁하다　結局(けっきょく) 결국　無駄(むだ)だ 헛되다, 소용없다
か(嚙)む 씹다　むす(結)ぶ 매다, 묶다　へこむ 움푹 들어가다

50 정답 **3**
해석 나라의 수입 중에 세금은 몇 %를 차지하고 있습니까?
어휘 国(くに) 나라　収入(しゅうにゅう) 수입　〜うち 〜중　税金(ぜいきん) 세금　パーセント 퍼센트, %
占(し)める 점하다, 차지하다　やす(休)む 쉬다　たし(確)かめる 확인하다　かた(固)める 굳히다

확인 문제 6 · 동사

問題1 _____のことばの読み方として最もよいものを、1・2・3・4から一つえらびなさい。

[51] 詳しい日程が決まるまで、もう少し待ってください。
1 きまる　　　　　2 つまる　　　　　3 うまる　　　　　4 そまる

[52] うっかりスマホを落として画面が割れてしまった。
1 さとして　　　　2 おとして　　　　3 もとして　　　　4 いとして

[53] 工期に間に合わせるためには人手を増やさなければならない。
1 もやさ　　　　　2 こやさ　　　　　3 ふやさ　　　　　4 たやさ

[54] 鈴木さんは銀行に勤めています。
1 きわめて　　　　2 さめて　　　　　3 いためて　　　　4 つとめて

[55] 弟が大切にしていたカメラを壊してしまった。
1 はなして　　　　2 こわして　　　　3 てらして　　　　4 さらして

[56] この料理は、今まで味わったことのない味ですね。
1 いわった　　　　2 くわわった　　　3 あじわった　　　4 おそわった

[57] その古新聞はもう要らないので、捨ててもいいです。
1 すてても　　　　2 たてても　　　　3 はてても　　　　4 あてても

[58] この件は、もう一度きちんと確かめる必要があると思います。
1 たしかめる　　　2 ふかめる　　　　3 あかめる　　　　4 たかめる

[59] 人間が生きていくためには、お金が要る。
1 さる　　　　　　2 もる　　　　　　3 おる　　　　　　4 いる

[60] 動いているターゲットを狙うのはなかなか難しい。
1 なげいて　　　　2 しりぞいて　　　3 うごいて　　　　4 すいて

27

확인 문제 6 · 정답 및 해석(동사)

51 정답 **1**
해석 상세한 일정이 정해질 때까지 조금 더 기다려 주세요.
어휘 詳(くわ)しい 상세하다 日程(にってい) 일정 決(き)まる 정해지다, 결정되다 ～まで ～까지
もう少(すこ)し 조금 더 待(ま)つ 기다리다 つ(詰)まる 가득 차다, 잔뜩 쌓이다 う(埋)まる 묻히다 そ(染)まる 물들다

52 정답 **2**
해석 그만 스마트폰을 떨어뜨려서 화면이 깨져 버렸다.
어휘 うっかり (까딱 잘못하여) 그만, 무심코 スマホ 스마트폰 落(お)とす 떨어뜨리다 画面(がめん) 화면
割(わ)れる 깨지다 さと(諭)す 타이르다

53 정답 **3**
해석 공사 기간에 맞추기 위해서는 일손을 늘리지 않으면 안 된다.
어휘 工期(こうき) 공사 기간 間(ま)に合(あ)わせる 정해진 시각 · 기한에 늦지 않도록 하다
동사의 보통형+ためには ～하기 위해서는 人手(ひとで) 일손 増(ふ)やす 늘리다
～なければならない ～하지 않으면 안 된다, ～해야 한다 も(燃)やす (불에) 태우다 こ(肥)やす 살찌우다
た(絶)やす 없애다, 전멸시키다

54 정답 **4**
해석 스즈키 씨는 은행에 근무하고 있습니다.
어휘 銀行(ぎんこう) 은행 勤(つと)める 근무하다 きわ(極)める 끝까지 가다, 한도에 이르다 さ(冷)める 식다
いた(痛)める 아프게 하다, 다치다

55 정답 **2**
해석 남동생이 소중히 하던 카메라를 고장 내고 말았다.
어휘 弟(おとうと) (자신의) 남동생 大切(たいせつ)にする 소중히 하다 カメラ 카메라 壊(こわ)す 부수다, 고장 내다
はな(放)す 놓아주다 て(照)らす (빛을) 비추다, 밝히다 さらす (햇볕 · 바람에) 쬐다

56 정답 **3**
해석 이 요리는 지금까지 맛본 적이 없는 맛이네요.
어휘 料理(りょうり) 요리 今(いま)まで 지금까지 味(あじ)わう 맛보다 동사의 た형+ことがない ～한 적이 없다
味(あじ) 맛 いわ(祝)う 축하하다 くわ(加)わる 더해지다 おそ(教)わる 가르침을 받다, 배우다

57 정답 **1**
해석 그 헌 신문은 이제 필요 없으니까, 버려도 됩니다.
어휘 古新聞(ふるしんぶん) 헌 신문 もう 이제 要(い)る 필요하다 捨(す)てる 버리다 ～てもいい ～해도 된다[좋다]
た(立)てる 세우다 は(果)てる 끝나다 あ(当)てる 맞히다, 대다

58 정답 **1**
해석 이 건은 한 번 더 제대로 확인할 필요가 있다고 생각합니다.
어휘 件(けん) 건 もう一度(いちど) 한 번 더 きちんと 제대로, 확실히 確(たし)かめる 확인하다 必要(ひつよう) 필요
ふか(深)める 깊게 하다 あか(赤)める 붉히다 たか(高)める 높이다

59 정답 **4**
해석 인간이 살아가기 위해서는 돈이 필요하다.
어휘 人間(にんげん) 인간 生(い)きる 살다, 생존하다 お金(かね) 돈 要(い)る 필요하다 さ(去)る 떠나다
も(盛)る (그릇에) 수북이 담다 お(折)る 접다, 꺾다, 부러뜨리다

60 정답 **3**
해석 움직이고 있는 타깃을 노리는 것은 상당히 어렵다.
어휘 動(うご)く 움직이다 ターゲット 타깃, 표적 狙(ねら)う 노리다 なかなか 꽤, 상당히 難(むずか)しい 어렵다
なげ(嘆)く 슬퍼하다, 한탄하다 しりぞ(退)く 물러나다, 물러서다 す(空)く 비다, 듬성듬성해지다

확인 문제 7 · 동사

問題1 ＿＿＿＿のことばの読み方として最もよいものを、1・2・3・4から一つえらびなさい。

61 これはダムの水門が閉じる瞬間を撮った写真です。

　　1 とじる　　　　　2 おうじる　　　　　3 あんじる　　　　　4 かんじる

62 なかなか進まない列に並んで、ちょっといらいらしました。

　　1 よまない　　　　2 すまない　　　　　3 やまない　　　　　4 すすまない

63 車を停止させたままハンドルを回すことは、車に負担をかける。

　　1 かえす　　　　　2 のこす　　　　　　3 まわす　　　　　　4 みたす

64 下り坂でつまずいて転んでしまい、右手の指を骨折した。

　　1 まなんで　　　　2 しんで　　　　　　3 およんで　　　　　4 ころんで

65 お皿を1枚買いましたが、割れて届きました。

　　1 われて　　　　　2 くれて　　　　　　3 わかれて　　　　　4 あれて

66 現在、実家で両親のサポートを受けながら娘を育てています。

　　1 たてて　　　　　2 くわだてて　　　　3 そだてて　　　　　4 すてて

67 倉庫の中には、箱がたくさん積んであった。

　　1 はこんで　　　　2 うかんで　　　　　3 つかんで　　　　　4 つんで

68 今年の冬は、例年に比べてかなり寒いですね。

　　1 ならべて　　　　2 くらべて　　　　　3 しらべて　　　　　4 のべて

69 小学生にスマホを持たせるかどうかで悩んでいる親は多い。

　　1 なやんで　　　　2 かこんで　　　　　3 ぬすんで　　　　　4 くやんで

70 今のあなたに一番大きな影響を与えた人は誰ですか。

　　1 おぼえた　　　　2 きたえた　　　　　3 もえた　　　　　　4 あたえた

확인 문제 7 · 정답 및 해석(동사)

61 정답 **1**
해석 이것은 댐의 수문이 닫히는 순간을 찍은 사진입니다.
어휘 ダム 댐 水門(すいもん) 수문 閉(と)じる 닫히다 瞬間(しゅんかん) 순간 撮(と)る (사진을) 찍다
写真(しゃしん) 사진 おう(応)じる (물음이나 요구 등에) 응하다 あん(案)じる 걱정하다 かん(感)じる 느끼다

62 정답 **4**
해석 좀처럼 나아가지 않는 줄에 서서 조금 조바심이 났습니다.
어휘 なかなか (부정어 수반) 좀처럼 進(すす)む 나아가다, 진행되다 列(れつ) 열, 줄 並(なら)ぶ (줄을) 서다
いらいら 안달하고 초조해하는 모양 よ(読)む 읽다 す(住)む 살다, 거주하다 や(止)む 그치다, 멎다

63 정답 **3**
해석 차를 정지시킨 채 핸들을 돌리는 것은 차에 부담을 가한다.
어휘 車(くるま) 자동차, 차 停止(ていし) 정지 동사의 た형+まま ~한 채, ~상태로 ハンドル 핸들 回(まわ)す 돌리다
負担(ふたん) 부담 かける (작용을) 가하다 かえ(返)す 돌려주다, 반납하다 のこ(残)す 남기다 み(満)たす 채우다

64 정답 **4**
해석 내리막길에서 발이 걸려 넘어져 버려서 오른손 손가락을 골절했다.
어휘 下(くだ)り坂(ざか) 내리막길 つまずく 발이 걸려 넘어지다 転(ころ)ぶ 구르다, 넘어지다 右手(みぎて) 오른손
指(ゆび) 손가락 骨折(こっせつ) 골절 まな(学)ぶ 배우다, 익히다 し(死)ぬ 죽다 およ(及)ぶ 미치다, 달하다

65 정답 **1**
해석 접시를 한 장 샀는데, 깨져서 도착했습니다.
어휘 お皿(さら) 접시 ~枚(まい) ~장 買(か)う 사다 割(わ)れる 깨지다 届(とど)く (보낸 물건이) 도착하다
く(暮)れる (날·계절·한 해가) 저물다 わか(別)れる 헤어지다 あ(荒)れる (날씨 등이) 사나워지다

66 정답 **3**
해석 현재 친정에서 부모님의 지원을 받으면서 딸을 키우고 있습니다.
어휘 現在(げんざい) 현재 実家(じっか) 생가, 친정 両親(りょうしん) 양친, 부모 サポート 서포트, 지원
受(う)ける (주는 것을) 받다 동사의 ます형+ながら ~하면서 *동시동작 娘(むすめ) (자신의) 딸 育(そだ)てる 키우다
た(立)てる 세우다 くわだ(企)てる 꾸미다, 계획하다 す(捨)てる 버리다

67 정답 **4**
해석 창고 안에는 상자가 많이 쌓여 있었다.
어휘 倉庫(そうこ) 창고 中(なか) 안, 속 箱(はこ) 상자 たくさん 많이 積(つ)む (물건을) 쌓다
타동사+てある ~해져 있다 *상태표현 はこ(運)ぶ 옮기다, 나르다 う(浮)かぶ (물에) 뜨다 つかむ (손으로) 붙잡다, 파악하다

68 정답 **2**
해석 올해 겨울은 예년에 비해서 상당히 춥네요.
어휘 今年(ことし) 올해 冬(ふゆ) 겨울 例年(れいねん) 예년 比(くら)べる 비교하다 *「~に比(くら)べて」-~에 비해서
かなり 꽤, 상당히 寒(さむ)い 춥다 なら(並)べる (물건 등을) 늘어놓다, 나란히 놓다 しら(調)べる 조사하다
の(述)べる 말하다, 진술하다

69 정답 **1**
해석 초등학생에게 스마트폰을 가지게 할 것인지 어떨지로 고민하고 있는 부모는 많다.
어휘 小学生(しょうがくせい) 초등학생 スマホ 스마트폰 持(も)たせる 가지게 하다 ~かどうか ~일지 어떨지
悩(なや)む 고민하다 親(おや) 부모 多(おお)い 많다 かこ(囲)む 둘러싸다 ぬす(盗)む 훔치다
く(悔)やむ 후회하다, 뉘우치다

70 정답 **4**
해석 지금의 당신에게 가장 큰 영향을 준 사람은 누구입니까?
어휘 今(いま) 지금 あなた 당신 一番(いちばん) 가장, 제일 大(おお)きな 큰 影響(えいきょう) 영향
与(あた)える (주의·영향 등을) 주다 おぼ(覚)える 외우다, 기억하다 きた(鍛)える (심신을) 단련하다 も(燃)える (불에) 타다

확인 문제 8 · 동사

問題1 ＿＿＿＿＿のことばの読み方として最もよいものを、1・2・3・4から一つえらびなさい。

71 息子さん、だいぶ背が伸びましたね。

   1 のび   2 さび   3 あび   4 こび

72 よく冷えた生ビールですね。

   1 かえた   2 きえた   3 ひえた   4 ふえた

73 この規則には、私も従うしかありません。

   1 したがう   2 かよう   3 そう   4 おぎなう

74 母は一人で田舎で暮らしています。

   1 てらして   2 ちらして   3 はらして   4 くらして

75 その国でも平和を求める声が高まっている。

   1 たかめる   2 もとめる   3 さめる   4 うめる

76 昨日、弟と一緒に身長を測ってみました。

   1 まって   2 のこって   3 はかって   4 さって

77 そんなに固く結ぶつもりはなかったのに、解こうとするとなかなか解けない。

   1 すむ   2 くむ   3 あそぶ   4 むすぶ

78 10年以上も前のことなのに、よく覚えていますね。

   1 かなえて   2 おぼえて   3 たえて   4 そえて

79 ここに移り住んでから、もう5年経った。

   1 しった   2 すった   3 たった   4 ぬった

80 雑草が生えないようにするには、どうしたらいいでしょうか。

   1 みえない   2 こえない   3 あまえない   4 はえない

확인 문제 8 · 정답 및 해석(동사)

71 정답 **1**
해석 아드님, 상당히 키가 자랐네요.
어휘 息子(むすこ)さん (남의) 아들 だいぶ 꽤, 상당히 背(せ) 키 伸(の)びる (키가) 자라다 さび(錆)る (금속이) 녹슬다
あ(浴)びる 뒤집어쓰다 こ(媚)びる 아양떨다

72 정답 **3**
해석 잘 차가워진 생맥주네요.
어휘 よく 잘 冷(ひ)える 차가워지다 生(なま)ビール 생맥주 か(変)える 바꾸다, 변경하다 き(消)える 사라지다
ふ(増)える 늘다, 늘어나다

73 정답 **1**
해석 이 규칙에는 저도 따를 수밖에 없습니다.
어휘 規則(きそく) 규칙 従(したが)う (명령 등에) 따르다 ～しかない ～할 수밖에 없다 かよ(通)う 다니다
そ(沿)う 따르다 おぎな(補)う 보충하다

74 정답 **4**
해석 어머니는 혼자서 시골에서 살고 있습니다.
어휘 母(はは) (자신의) 어머니 一人(ひとり)で 혼자서 田舎(いなか) 시골 暮(く)らす 살다, 생활하다
て(照)らす (빛을) 비추다, 밝히다 ち(散)らす 흩뜨리다 は(晴)らす (불쾌한 기분을) 풀다

75 정답 **2**
해석 그 나라에서도 평화를 바라는 목소리가 높아지고 있다.
어휘 国(くに) 나라 平和(へいわ) 평화 求(もと)める 요구하다, 바라다 声(こえ) 목소리 高(たか)まる 높아지다
たか(高)める 높이다 さ(冷)める 식다 う(埋)める 묻다, 메우다

76 정답 **3**
해석 어제 남동생과 함께 신장을 재 봤습니다.
어휘 昨日(きのう) 어제 弟(おとうと) (자신의) 남동생 一緒(いっしょ)に 함께, 같이 身長(しんちょう) 신장, 키
測(はか)る 재다 ～てみる ～해 보다 ま(待)つ 기다리다 のこ(残)る 남다 さ(去)る 떠나다

77 정답 **4**
해석 그렇게 단단히 묶을 생각은 없었는데, 풀려고 하니 좀처럼 풀리지 않는다.
어휘 そんなに 그렇게 固(かた)い (힘을 넣어) 단단하다 結(むす)ぶ 매다, 묶다 つもり 생각, 작정 ～のに ～는데(도)
解(ほど)く (묶은 것을) 풀다 ～(よ)うとする ～하려고 하다 なかなか (부정어 수반) 좀처럼
解(ほど)ける (잡아맨 것이) 풀리다 す(住)む 살다, 거주하다 く(組)む 짜다 あそ(遊)ぶ 놀다

78 정답 **2**
해석 10년 이상이나 전의 일인데도 잘 기억하고 있네요.
어휘 以上(いじょう) 이상 숫자+も ～이나 前(まえ) 전, 이전 よく 잘 覚(おぼ)える 외우다, 기억하다
かな(叶)える (소망·꿈 등을) 이루어주다, 들어주다 た(耐)える 참다, 견디다 そ(添)える 첨부하다

79 정답 **3**
해석 여기에 이주한 지 벌써 5년 지났다.
어휘 移(うつ)り住(す)む 이주하다, 옮겨 살다 ～てから ～하고 나서, ～한 후에 もう 벌써
経(た)つ (시간이) 지나다, 경과하다 し(知)る 알다 す(吸)う (공기 따위를) 들이마시다 ぬ(塗)る 바르다, 칠하다

80 정답 **4**
해석 잡초가 자라지 않도록 하려면 어떻게 하면 좋을까요?
어휘 雑草(ざっそう) 잡초 生(は)える (풀이나 나무가) 나다, 자라다 ～ないように ～하지 않도록
동사의 보통형+には ～하려면 み(見)える 보이다 こ(超)える 넘다, 초월하다 あま(甘)える 응석부리다

확인 문제 9・동사

問題1 ＿＿＿＿＿のことばの読み方として最もよいものを、1・2・3・4から一つえらびなさい。

81 バッテリーを換えたのに、車のエンジンがかからない。
　1 うえた　　　　　2 おえた　　　　　3 きえた　　　　　4 かえた

82 彼女は体全体で喜びを表した。
　1 もどした　　　　2 あらわした　　　3 しめした　　　　4 ためした

83 スーツの裾が折れているのに気付かず、恥ずかしい思いをした。
　1 おれて　　　　　2 たおれて　　　　3 もれて　　　　　4 ぬれて

84 彼は「絶対許さない」とぷりぷり怒っていた。
　1 はなさない　　　2 なおさない　　　3 ゆるさない　　　4 しるさない

85 今までの製品に甘みを加えただけで、売り上げがだいぶ伸びた。
　1 ささえた　　　　2 はえた　　　　　3 くわえた　　　　4 こえた

86 今度の大地震で、故郷を去ることを決めた被災者も少なくありません。
　1 いる　　　　　　2 こる　　　　　　3 みる　　　　　　4 さる

87 この新薬で、多くの人の命を救うことができるでしょう。
　1 まう　　　　　　2 すくう　　　　　3 よう　　　　　　4 まよう

88 いい加減な工事は、後で大きな事故を招くかもしれない。
　1 まねく　　　　　2 やく　　　　　　3 さく　　　　　　4 かわく

89 普通、日本人は地味な色を好む。
　1 やすむ　　　　　2 ふむ　　　　　　3 とむ　　　　　　4 このむ

90 冷たい水を浴びることは、健康に非常に良いという。
　1 さびる　　　　　2 あびる　　　　　3 おびる　　　　　4 わびる

33

확인 문제 9 · 정답 및 해석(동사)

81 정답 **4**
해석 배터리를 갈았는데도 자동차 엔진이 걸리지 않는다[시동이 걸리지 않는다].
어휘 バッテリー 배터리 換(か)える 바꾸다, 갈다 ～のに ～는데(도) 車(くるま) 자동차, 차
エンジン 엔진 *「エンジンがかかる」– 엔진[시동]이 걸리다 う(植)える 심다 お(終)える 끝내다 き(消)える 사라지다

82 정답 **2**
해석 그녀는 몸 전체로 기쁨을 나타냈다.
어휘 体(からだ) 몸, 신체 全体(ぜんたい) 전체 喜(よろこ)び 기쁨 表(あらわ)す 나타내다, 표현하다
もど(戻)す (원상태로) 되돌리다 しめ(示)す (나타내) 보이다 ため(試)す 시험하다, 실제로 해 보다

83 정답 **1**
해석 정장 옷자락이 접혀 있는 것을 알아차리지 못해서 창피한 기분이 들었다.
어휘 スーツ 슈트, 정장 裾(すそ) 옷자락 折(お)れる 접히다 気付(きづ)く 깨닫다, 알아차리다 ～ず ～하지 않아서 *원인·이유
恥(は)ずかしい 부끄럽다, 창피하다 思(おも)いをする 생각[기분]이 들다 たお(倒)れる 쓰러지다, 넘어지다 も(漏)れる 새다
ぬ(濡)れる 젖다

84 정답 **3**
해석 그는 "절대 용서하지 않겠다"며 몹시 화를 냈다.
어휘 絶対(ぜったい) 절대, 절대로 許(ゆる)す 용서하다 ぷりぷり 몹시 성난 모양 怒(おこ)る 화를 내다 はな(離)す 떼다
なお(直)す 고치다, 수리하다 しる(記)す 적다, 쓰다, 기록하다

85 정답 **3**
해석 지금까지의 제품에 단맛을 더한 것만으로 매출이 상당히 늘었다.
어휘 今(いま)まで 지금까지 製品(せいひん) 제품 甘(あま)み 단맛 加(くわ)える 더하다 ～だけで ～만으로
売(う)り上(あ)げ 매상, 매출 だいぶ 꽤, 상당히 伸(の)びる 늘다, 신장하다 ささ(支)える 지탱하다, 유지하다
は(生)える (풀이나 나무가) 나다, 자라다 こ(超)える 넘다, 초월하다

86 정답 **4**
해석 이번 대지진으로 고향을 떠나는 것을 결정한 이재민도 적지 않습니다.
어휘 今度(こんど) 이번 大地震(だいじしん) 대지진 故郷(こきょう) 고향 去(さ)る 떠나다 決(き)める 정하다, 결정하다
被災者(ひさいしゃ) 재해를 입은 사람, 이재민 少(すく)ない 적다 い(要)る 필요하다 こ(凝)る 엉기다, 응고하다
み(診)る 진찰하다

87 정답 **2**
해석 이 신약으로 많은 사람의 생명을 구할 수 있겠죠.
어휘 新薬(しんやく) 신약 多(おお)く 많음 人(ひと) 사람 命(いのち) 목숨, 생명 救(すく)う 구하다, 살리다
ま(舞)う 흩날리다, 날다 よ(酔)う (술에) 취하다 まよ(迷)う 망설이다

88 정답 **1**
해석 날림 공사는 나중에 큰 사고를 초래할지도 모른다.
어휘 いい加減(かげん)だ 무책임하다, 엉터리다 工事(こうじ) 공사 後(あと)で 나중에 大(おお)きな 큰 事故(じこ) 사고
招(まね)く 초래하다 ～かもしれない ～일지도 모른다 や(焼)く (불에) 굽다 さ(咲)く (꽃이) 피다
かわ(乾)く 마르다, 건조하다

89 정답 **4**
해석 보통 일본인은 수수한 색을 좋아한다.
어휘 普通(ふつう) 보통 日本人(にほんじん) 일본인 地味(じみ)だ 수수하다 色(いろ) 색, 색깔 好(この)む 좋아하다, 즐기다
やす(休)む 쉬다 ふ(踏)む 밟다 と(富)む 풍부하다, 많다

90 정답 **2**
해석 차가운 물을 뒤집어쓰는 것은 건강에 대단히 좋다고 한다.
어휘 冷(つめ)たい 차갑다 水(みず) 물 浴(あ)びる 뒤집어쓰다 健康(けんこう) 건강 非常(ひじょう)に 대단히, 매우
～という ～라고 한다 さ(錆)びる (금속이) 녹슬다 お(帯)びる (몸에) 차다 わ(詫)びる 사과하다, 사죄하다

확인 문제 10 · 동사

問題1 _____のことばの読み方として最もよいものを、1・2・3・4から一つえらびなさい。

91 彼女は高級住宅街に住んでいます。

  1 あんで   2 すんで   3 やすんで   4 よんで

92 真南に向いた家は、建物の一方向にしか日が当たらない。

  1 かいた   2 ふいた   3 むいた   4 ぬいた

93 すみませんが、あの本屋は文房具も扱っていますか。

  1 のこって   2 しって   3 あつかって   4 まって

94 来週開催されるイベントに誘われたが、あまり行きたくない。

  1 さそވれた   2 あわれた   3 かわれた   4 おわれた

95 使えなくなったナイフは、丈夫なガムテープなどで巻いて捨ててください。

  1 すいて   2 かわいて   3 のぞいて   4 まいて

96 痛んでいる歯は神経も敏感になっているため、ひどい痛みを伴う。

  1 しんで   2 ぬすんで   3 ふんで   4 いたんで

97 息子は今幼稚園に通っています。

  1 ふって   2 よって   3 かよって   4 たって

98 休みの日は、仕事のことを忘れて十分に楽しんでください。

  1 たのしんで   2 くるしんで   3 おしんで   4 つつしんで

99 昨日、家の近くである男性が財布を奪われる事件が起きた。

  1 うしなわれる   2 したがわれる   3 ぬわれる   4 うばわれる

100 照明は単にステージを照らすものではありません。

  1 くらす   2 てらす   3 ちらす   4 もらす

35

확인 문제 10 · 정답 및 해석(동사)

91 정답 **2**
해석 그녀는 고급주택가에 살고 있습니다.
어휘 高級(こうきゅう) 고급 住宅街(じゅうたくがい) 주택가 住(す)む 살다, 거주하다 あ(編)む 뜨다, 뜨개질하다
やす(休)む 쉬다 よ(読)む 읽다

92 정답 **3**
해석 정남쪽을 향한 집은 건물의 한쪽 방향으로밖에 볕이 들지 않는다.
어휘 真南(まみなみ) 정남쪽, 똑바로 남쪽에 해당하는 방향 向(む)く 향하다 建物(たてもの) 건물
一方向(いちほうこう) 일방향, 어느 한쪽으로만 향함 〜しか (부정어 수반) 〜밖에 日(ひ)が当(あ)たる 볕이 들다
か(描)く (그림을) 그리다 (=えが(描)く) ふ(吹)く (바람이) 불다 ぬ(抜)く 뽑다

93 정답 **3**
해석 죄송한데요, 저 서점은 문구도 취급하고 있나요?
어휘 本屋(ほんや) 서점 文房具(ぶんぼうぐ) 문방구, 문구 扱(あつか)う 다루다, 취급하다 のこ(残)る 남다
し(知)る 알다 ま(舞)う 흩날리다, 날다

94 정답 **1**
해석 다음 주에 개최되는 이벤트에 권유받았지만, 별로 가고 싶지 않다.
어휘 来週(らいしゅう) 다음 주 開催(かいさい) 개최 イベント 이벤트 誘(さそ)う 권하다, 권유하다
あまり (부정어 수반) 그다지, 별로 동사의 ます형+たい 〜하고 싶다 あ(合)う 합쳐지다 か(飼)う (동물을) 기르다, 사육하다
お(追)う 쫓다

95 정답 **4**
해석 사용할 수 없게 된 칼은 튼튼한 접착테이프 등으로 감아서 버려 주세요.
어휘 使(つか)う 쓰다, 사용하다 ナイフ 나이프, 칼 丈夫(じょうぶ)だ 튼튼하다 ガムテープ 접착테이프
〜など 〜등 巻(ま)く 감다 捨(す)てる 버리다 す(空)く 비다, 듬성듬성해지다 かわ(乾)く 마르다, 건조하다
のぞ(除)く 제거하다, 없애다

96 정답 **4**
해석 아픈 치아는 신경도 민감해져 있기 때문에 심한 통증을 동반한다.
어휘 痛(いた)む 아프다 歯(は) 이, 치아 神経(しんけい) 신경 敏感(びんかん)だ 민감하다 〜ため 〜때문(에)
ひどい 심하다 痛(いた)み 아픔, 통증 伴(ともな)う 동반하다 し(死)ぬ 죽다 ぬす(盗)む 훔치다 ふ(踏)む 밟다

97 정답 **3**
해석 아들은 지금 유치원에 다니고 있습니다.
어휘 息子(むすこ) (자신의) 아들 幼稚園(ようちえん) 유치원 通(かよ)う 다니다 ふ(降)る (비·눈 등이) 내리다, 오다
よ(寄)る 들르다 た(立)つ 서다

98 정답 **1**
해석 쉬는 날은 일을 잊고 충분히 즐겨 주세요.
어휘 休(やす)みの日(ひ) 쉬는 날, 휴일 仕事(しごと) 일 忘(わす)れる 잊다 十分(じゅうぶん)に 충분히
楽(たの)しむ 즐기다 くる(苦)しむ 괴로워하다 お(惜)しむ 아까워하다 つつし(慎)む 삼가다, 조심하다

99 정답 **4**
해석 어제 집 근처에서 어떤 남자가 지갑을 빼앗기는 사건이 일어났다.
어휘 昨日(きのう) 어제 近(ちか)く 근처 ある 어느, 어떤 男性(だんせい) 남성 財布(さいふ) 지갑 奪(うば)う 빼앗다
事件(じけん) 사건 起(お)きる 일어나다, 발생하다 うしな(失)う 잃다, 잃어버리다 したが(従)う (명령 등에) 따르다
ぬ(縫)う 꿰매다, 바느질하다

100 정답 **2**
해석 조명은 단순히 무대를 비추는 것이 아닙니다.
어휘 照明(しょうめい) 조명 単(たん)に 단지, 단순히 ステージ 무대 照(て)らす (빛을) 비추다, 밝히다
く(暮)らす 살다, 생활하다 ち(散)らす 흩뜨리다 も(漏)らす 누설하다, 입밖에 내다

점수 UP! UP!
〈동사〉

음원

☐ 合^あう 맞다	☐ 解^とく (의문·문제를) 풀다	☐ 追^おう 쫓다
☐ 食^くう 먹다	☐ 産^うむ 낳다	☐ 打^うつ 치다
☐ 失^{うしな}う 잃다, 잃어버리다	☐ 飛^とぶ (하늘을) 날다	☐ 願^{ねが}う 바라다
☐ 着^きる (옷을) 입다	☐ 争^{あらそ}う 다투다, 싸우다	☐ 数^{かぞ}える 세다
☐ 握^{にぎ}る (손에) 쥐다, 잡다	☐ 映^{うつ}る (반사하여) 비치다	☐ 送^{おく}る 보내다
☐ 折^おる 접다	☐ 振^ふる 흔들다	☐ 喜^{よろこ}ぶ 기뻐하다
☐ 飼^かう (동물을) 기르다, 사육하다	☐ 光^{ひか}る 빛나다	☐ 登^{のぼ}る (높은 곳으로) 오르다, 올라가다
☐ 守^{まも}る 지키다	☐ 望^{のぞ}む 바라다, 원하다	☐ 至^{いた}る 이르다
☐ 受^うける 받다	☐ 冷^さめる 식다	☐ 歌^{うた}う (노래를) 부르다
☐ 渡^{わた}す 건네다, 건네주다	☐ 高^{たか}める 높이다	☐ 吸^すう (공기 따위를) 들이마시다
☐ 続^{つづ}く 이어지다, 계속되다	☐ 売^うれる (잘) 팔리다	☐ 嫌^{きら}う 싫어하다
☐ 頼^{たよ}る 의지하다	☐ 終^おえる 끝내다	☐ 上^あげる 올리다
☐ 並^{なら}ぶ (나란히) 늘어서다, (줄을) 서다	☐ 祈^{いの}る 빌다, 기원하다	☐ 感^{かん}じる 느끼다
☐ 囲^{かこ}む 둘러싸다	☐ 断^{ことわ}る 거절하다	☐ 通^{とお}る 통과하다
☐ 散^ちる 흩어지다, (꽃이) 지다	☐ 悲^{かな}しむ 슬퍼하다	☐ 倒^{たお}れる 쓰러지다, 넘어지다
☐ 成^なる 이루어지다	☐ 切^きれる 끊어지다, 떨어지다, 다 되다	☐ 止^やめる 그만두다, 관두다
☐ 調^{しら}べる 조사하다	☐ 温^{あたた}まる 따뜻해지다	☐ 隠^{かく}れる 숨다

음원

기출 및 출제 예상 어휘 100
〈명사〉

☐ 豆 ^{まめ} 콩	☐ 首 ^{くび} 목	☐ 塩 ^{しお} 소금
☐ 荷物 ^{にもつ} 짐	☐ 湖 ^{みずうみ} 호수	☐ 席 ^{せき} (앉는) 자리, 좌석
☐ 命令 ^{めいれい} 명령	☐ 感覚 ^{かんかく} 감각	☐ 相談 ^{そうだん} 상담, 상의, 의논
☐ 完成 ^{かんせい} 완성	☐ 個人 ^{こじん} 개인	☐ 協力 ^{きょうりょく} 협력
☐ 想像 ^{そうぞう} 상상	☐ 税金 ^{ぜいきん} 세금	☐ 単語 ^{たんご} 단어
☐ 以内 ^{いない} 이내	☐ 文章 ^{ぶんしょう} 문장, 글	☐ 価格 ^{かかく} 가격
☐ 共通 ^{きょうつう} 공통	☐ 例外 ^{れいがい} 예외	☐ 休日 ^{きゅうじつ} 휴일
☐ 機械 ^{きかい} 기계	☐ 首都 ^{しゅと} 수도	☐ 方向 ^{ほうこう} 방향
☐ 笑顔 ^{えがお} 웃는 얼굴, 미소	☐ 卒業 ^{そつぎょう} 졸업	☐ 変化 ^{へんか} 변화
☐ 観客 ^{かんきゃく} 관객	☐ 地球 ^{ちきゅう} 지구	☐ 空気 ^{くうき} 공기
☐ 支給 ^{しきゅう} 지급	☐ 改札 ^{かいさつ} 개찰	☐ 平均 ^{へいきん} 평균
☐ 貯金 ^{ちょきん} 저금	☐ 出張 ^{しゅっちょう} 출장	☐ 参加 ^{さんか} 참가
☐ 特色 ^{とくしょく} 특색	☐ 発見 ^{はっけん} 발견	☐ 順番 ^{じゅんばん} 순번, 차례
☐ 広告 ^{こうこく} 광고	☐ 応募 ^{おうぼ} 응모	☐ 失業 ^{しつぎょう} 실업
☐ 立場 ^{たちば} 입장	☐ 都合 ^{つごう} 사정, 형편	☐ 割合 ^{わりあい} 비율
☐ 情報 ^{じょうほう} 정보	☐ 相手 ^{あいて} 상대	☐ 到着 ^{とうちゃく} 도착
☐ 空港 ^{くうこう} 공항	☐ 事情 ^{じじょう} 사정	☐ 合図 ^{あいず} (눈짓·몸짓·소리 등의) 신호

☐ 星 별　　☐ 指 손가락　　☐ 島 섬

☐ 汗 땀　　☐ 商品 상품　　☐ 通勤 통근, 출퇴근

☐ 連続 연속　　☐ 平日 평일　　☐ 退院 퇴원

☐ 過去 과거　　☐ 職場 직장　　☐ 分類 분류

☐ 外科 외과　　☐ 手紙 편지　　☐ 主要 주요

☐ 朝食 조식, 아침식사　　☐ 内容 내용　　☐ 実力 실력

☐ 禁煙 금연　　☐ 信用 신용　　☐ 食器 식기

☐ 集中 집중　　☐ 手術 수술　　☐ 商業 상업

☐ 各地 각지　　☐ 政治 정치　　☐ 暖房 난방

☐ 駐車 주차　　☐ 募集 모집　　☐ 横断 횡단

☐ 応対 응대　　☐ 早退 조퇴　　☐ 発表 발표

☐ 反対 반대　　☐ 他人 타인　　☐ 計算 계산

☐ 血圧 혈압　　☐ 空席 공석, 빈자리　　☐ 夫婦 부부

☐ 限定 한정　　☐ 独立 독립　　☐ 性格 성격

☐ 地図 지도　　☐ 漫画 만화　　☐ 未来 미래

☐ 急行 급행　　☐ 日記 일기　　☐ 貿易 무역

☐ 図書館 도서관

39

확인 문제 1 · 명사

問題1 _____のことばの読み方として最もよいものを、1・2・3・4から一つえらびなさい。

1 貯金しておいたお金で、新しい家具を買った。
    1 ちょきん   2 ちょうきん   3 そきん   4 そうきん

2 学校の課題を一週間もかかってやっと完成しました。
    1 かんせい   2 がんせい   3 かんしょう   4 がんしょう

3 ここは禁煙なので、タバコを吸ってはいけない。
    1 かんえん   2 こんえん   3 きんえん   4 くんえん

4 荷物はこちらに置いておいてください。
    1 かもつ   2 しょくぶつ   3 さくもつ   4 にもつ

5 スマホを見すぎたのか、さっきから首が痛い。
    1 あし   2 くび   3 こし   4 あたま

6 現在、日本の首都は東京です。
    1 しゅど   2 しゅうど   3 しゅと   4 しゅうと

7 この機械、操作がとても簡単ですね。
    1 きかい   2 けかい   3 さかい   4 しかい

8 スタジアムは、試合が始まる前から観客で込んでいた。
    1 しんきゃく   2 のんきゃく   3 かんきゃく   4 こんきゃく

9 こんな結果になるとは、想像もできませんでした。
    1 そうそう   2 そうぞう   3 しょそう   4 しょうぞう

10 こんな工事は、税金の無駄遣いだと思います。
    1 せきん   2 せいきん   3 ぜきん   4 ぜいきん

동영상 02

확인 문제 1 · 정답 및 해석(명사)

1 정답 1
해석 저금해 둔 돈으로 새 가구를 샀다.
어휘 貯金(ちょきん) 저금 ~ておく ~해 놓다[두다] お金(かね) 돈 新(あたら)しい 새롭다 家具(かぐ) 가구
買(か)う 사다 そうきん(送金) 송금

2 정답 1
해석 학교 과제를 일주일이나 걸려서 겨우 완성했습니다.
어휘 学校(がっこう) 학교 課題(かだい) 과제 一週間(いっしゅうかん) 일주간, 일주일 숫자+も ~이나
かかる (시간이) 걸리다 やっと 겨우, 간신히 完成(かんせい) 완성 かんしょう(鑑賞) 감상

3 정답 3
해석 여기는 금연이므로, 담배를 피워서는 안 된다.
어휘 禁煙(きんえん) 금연 タバコを吸(す)う 담배를 피우다 ~てはいけない ~해서는 안 된다

4 정답 4
해석 짐은 이쪽에 놓아 두세요.
어휘 荷物(にもつ) 짐 置(お)く 놓다, 두다 かもつ(貨物) 화물 しょくぶつ(植物) 식물 さくもつ(作物) 작물

5 정답 2
해석 스마트폰을 너무 봤는지, 아까부터 목이 아프다.
어휘 スマホ 스마트폰 見(み)る 보다 동사의 ます형+すぎる 너무 ~하다 さっき 아까, 조금 전 首(くび) 목
痛(いた)い 아프다 あし(足) 다리 こし(腰) 허리 あたま(頭) 머리

6 정답 3
해석 현재 일본의 수도는 도쿄입니다.
어휘 現在(げんざい) 현재 日本(にほん) 일본 首都(しゅと) 수도 東京(とうきょう) 도쿄

7 정답 1
해석 이 기계, 조작이 아주 간단하네요.
어휘 機械(きかい) 기계 操作(そうさ) 조작 とても 아주, 매우 簡単(かんたん)だ 간단하다 さかい(境) 경계
しかい(司会) 사회

8 정답 3
해석 경기장은 시합이 시작되기 전부터 관객으로 붐비고 있었다.
어휘 スタジアム 스타디움, 경기장 試合(しあい) 시합 始(はじ)まる 시작되다 前(まえ) 전 観客(かんきゃく) 관객
込(こ)む 붐비다, 혼잡하다

9 정답 2
해석 이런 결과가 되리라고는 상상도 못했습니다.
어휘 こんな 이런 結果(けっか) 결과 ~とは ~라고는 想像(そうぞう) 상상 できない 할 수 없다, 불가능하다

10 정답 4
해석 이런 공사는 세금 낭비라고 생각합니다.
어휘 工事(こうじ) 공사 税金(ぜいきん) 세금 無駄遣(むだづか)い 낭비

확인 문제 2 · 명사

問題1 _____のことばの読み方として最もよいものを、1・2・3・4から一つえらびなさい。

11 許可なしにここに駐車してはいけません。

    1 ちゅしゃ   2 ちゅうしゃ   3 じゅしゃ   4 じゅうしゃ

12 10分以内にそこに着くのは無理です。

    1 いない   2 かない   3 しない   4 あんない

13 私はその意見に反対です。

    1 かんたい   2 しんたい   3 はんたい   4 いんたい

14 ここから空港までは1時間ぐらいかかります。

    1 こうくう   2 くうこう   3 かんこう   4 ぎんこう

15 この図書館は月曜日が休みです。

    1 としょかん   2 とうしょかん   3 としょうかん   4 とうしょうかん

16 ナイフで指を切ってしまった。

    1 かた   2 ゆび   3 みみ   4 くび

17 最近、政治に関心を持たない若者が増えているという。

    1 せいち   2 せいじ   3 そうち   4 そうじ

18 その会社の電話応対は本当に素晴らしかった。

    1 おうたい   2 のうたい   3 ふんたい   4 ぐんたい

19 彼女は美容外科で2年間働いたそうです。

    1 げか   2 がいか   3 しか   4 ないか

20 大変申し訳ありませんが、今日は早退させていただきたいのですが。

    1 そたい   2 ぞたい   3 そうたい   4 ぞうたい

확인 문제 2 · 정답 및 해석(명사)

11 정답 **2**
해석 허가 없이 여기에 <u>주차</u>해서는 안 됩니다.
어휘 許可(きょか) 허가 ～なしに ～없이 駐車(ちゅうしゃ) 주차 ～てはいけない ～해서는 안 된다

12 정답 **1**
해석 10분 <u>이내</u>에 그곳에 도착하는 것은 무리입니다.
어휘 以内(いない) 이내 着(つ)く 도착하다 無理(むり) 무리 かない(家内) (자신의) 아내 しない(市内) 시내
あんない(案内) 안내

13 정답 **3**
해석 저는 그 의견에 <u>반대</u>입니다.
어휘 意見(いけん) 의견 反対(はんたい) 반대 かんたい(歓待) 환대 しんたい(身体) 신체 いんたい(引退) 은퇴

14 정답 **2**
해석 여기에서 <u>공항</u>까지는 1시간 정도 걸립니다.
어휘 ～から～まで ～부터 ～까지 空港(くうこう) 공항 ～ぐらい ～정도 かかる (시간이) 걸리다 こうくう(航空) 항공
かんこう(観光) 관광 ぎんこう(銀行) 은행

15 정답 **1**
해석 이 <u>도서관</u>은 월요일이 휴일입니다.
어휘 図書館(としょかん) 도서관 月曜日(げつようび) 월요일 休(やす)み 쉼, 휴일

16 정답 **2**
해석 칼로 <u>손가락</u>을 베어 버렸다.
어휘 ナイフ 나이프, 칼 指(ゆび) 손가락 切(き)る 베다 かた(肩) 어깨 みみ(耳) 귀 くび(首) 목

17 정답 **2**
해석 최근 <u>정치</u>에 관심을 가지지 않는 젊은이가 늘고 있다고 한다.
어휘 最近(さいきん) 최근, 요즘 政治(せいじ) 정치 関心(かんしん) 관심 持(も)つ 가지다 若者(わかもの) 젊은이
増(ふ)える 늘다, 늘어나다 ～という ～라고 한다 そうち(装置) 장치 そうじ(掃除) 청소

18 정답 **1**
해석 그 회사의 전화 <u>응대</u>는 정말 훌륭했다.
어휘 会社(かいしゃ) 회사 電話(でんわ) 전화 応対(おうたい) 응대 本当(ほんとう)に 정말로
素晴(すば)らしい 훌륭하다, 멋지다 ぐんたい(軍隊) 군대

19 정답 **1**
해석 그녀는 <u>미용외과</u>에서 2년간 일했다고 합니다.
어휘 彼女(かのじょ) 그녀 美容外科(びようげか) 미용외과 *미용을 목적으로 하는 성형외과의 영역 働(はたら)く 일하다
품사의 보통형+そうだ ～라고 한다 *전문 がいか(外貨) 외화 しか(歯科) 치과 ないか(内科) 내과

20 정답 **3**
해석 대단히 죄송합니다만, 오늘은 <u>조퇴</u>했으면 합니다만.
어휘 大変(たいへん) 대단히, 매우 申(もう)し訳(わけ)ありません 죄송합니다 *「すみません」보다 정중한 표현
早退(そうたい) 조퇴 ～(さ)せていただく ～하다 *「～する」의 겸양표현 동사의 ます형+たい ～하고 싶다

확인 문제 3 · 명사

問題1 ＿＿＿のことばの読み方として最もよいものを、1・2・3・4から一つえらびなさい。

21 日本の社会には「他人に迷惑をかけない」という考え方が根付いている。
1 たじん　　　　　2 こじん　　　　　3 こにん　　　　　4 たにん

22 それでは、発表させていただきます。
1 はつひょう　　　2 はっぴょう　　　3 しつひょう　　　4 しっぴょう

23 残念ながら、例外は認められなかった。
1 れがい　　　　　2 れいがい　　　　3 りがい　　　　　4 りょうがい

24 朝食はいつもパンを食べています。
1 かんしょく　　　2 ちゅうしょく　　3 ちょうしょく　　4 ゆうしょく

25 暑いのか、彼はさっきから汗をかいていた。
1 あせ　　　　　　2 ひま　　　　　　3 ひかり　　　　　4 ほし

26 彼なら、信用できる人物だと思います。
1 かんよう　　　　2 おうよう　　　　3 しよう　　　　　4 しんよう

27 もうだいぶよくなったので、来週は退院できるでしょう。
1 にゅういん　　　2 がくいん　　　　3 びょういん　　　4 たいいん

28 大型台風の接近で、各地で被害報告が相次いでいます。
1 めいち　　　　　2 のうち　　　　　3 かくち　　　　　4 さんち

29 誰でも他の人には言えない恥ずかしい過去は持っていると思います。
1 かこ　　　　　　2 かきょ　　　　　3 かご　　　　　　4 かぎょ

30 今週は二日連続で外食をしました。
1 れんぞく　　　　2 れんそく　　　　3 けいぞく　　　　4 けいそく

확인 문제 3 · 정답 및 해석(명사)

21 정답 **4**
해석 일본 사회에는 '타인에게 폐를 끼치지 않는다'라는 사고방식이 뿌리를 내리고 있다.
어휘 社会(しゃかい) 사회 他人(たにん) 타인 迷惑(めいわく)をかける 폐를 끼치다 ~という ~라고 하는, ~라는
考(かんが)え方(かた) 사고방식 根付(ねづ)く 뿌리를 내리다 こじん(個人) 개인

22 정답 **2**
해석 그럼, 발표하겠습니다.
어휘 それでは 그렇다면, 그럼 発表(はっぴょう) 발표 ~(さ)せていただく ~하다 *「~する」의 겸양표현

23 정답 **2**
해석 유감스럽지만, 예외는 인정되지 않았다.
어휘 残念(ざんねん)ながら 유감스럽지만 例外(れいがい) 예외 認(みと)める 인정하다 りがい(利害) 이해, 이익과 손해

24 정답 **3**
해석 조식은 항상 빵을 먹고 있습니다.
어휘 朝食(ちょうしょく) 조식, 아침식사 いつも 늘, 항상 パン 빵 かんしょく(間食) 간식
ちゅうしょく(中食) 중식, 점심식사 ゆうしょく(夕食) 석식, 저녁식사

25 정답 **1**
해석 더운지 그는 아까부터 땀을 흘리고 있었다.
어휘 暑(あつ)い 덥다 さっき 아까, 조금 전 汗(あせ)をかく 땀을 흘리다 ひま(暇) (한가한) 짬, 시간 ひかり(光) 빛
ほし(星) 별

26 정답 **4**
해석 그라면 신용할 수 있는 인물이라고 생각합니다.
어휘 ~なら ~라면 信用(しんよう) 신용 できる 할 수 있다 人物(じんぶつ) 인물 ~と思(おも)う ~라고 생각하다
かんよう(寛容) 관용 おうよう(応用) 응용 しよう(使用) 사용

27 정답 **4**
해석 이제 상당히 좋아졌으니, 다음 주에는 퇴원할 수 있겠죠.
어휘 もう 이제 だいぶ 꽤, 상당히 よくなる 좋아지다 来週(らいしゅう) 다음 주 退院(たいいん) 퇴원
にゅういん(入院) 입원 学院(がくいん) 학원 *「学校(がっこう)」(학교)의 다른 이름. 사립학교, 특히 종교단체가 설립한 학교나
「各種学校(かくしゅがっこう)」(각종학교: 학교 교육법의 적용을 받지 않는 기술·직업 교육 시설, 입시학원이나 양재·요리·미
용·자동차 학원 따위)의 명칭에 많이 쓰임 びょういん(病院) 병원

28 정답 **3**
해석 대형 태풍의 접근으로 각지에서 피해 보고가 잇따르고 있습니다.
어휘 大型(おおがた) 대형 台風(たいふう) 태풍 接近(せっきん) 접근 各地(かくち) 각지 被害(ひがい) 피해
報告(ほうこく) 보고 相次(あいつ)ぐ 잇따르다 のうち(農地) 농지 さんち(産地) 산지

29 정답 **1**
해석 누구든지 다른 사람에게는 말할 수 없는 부끄러운 과거는 가지고 있다고 생각합니다.
어휘 誰(だれ)でも 누구든지 他(ほか)の~ 다른~ 人(ひと) 사람 言(い)う 말하다 恥(は)ずかしい 부끄럽다, 창피하다
過去(かこ) 과거 持(も)つ 가지다 かご(籠) 바구니

30 정답 **1**
해석 이번 주는 이틀 연속으로 외식을 했습니다.
어휘 今週(こんしゅう) 이번 주 二日(ふつか) 이틀 連続(れんぞく) 연속 外食(がいしょく) 외식 けいぞく(継続) 계속
けいそく(計測) 계측

확인 문제 4 · 명사

問題1 _____のことばの読み方として最もよいものを、1・2・3・4から一つえらびなさい。

[31] 大学の友達に手紙を送ったが、まだ返事がない。

　　1 しゅし　　　　　2 しゅじ　　　　　3 てかみ　　　　　4 てがみ

[32] 最近、この商品が飛ぶように売れているという。

　　1 しょうひん　　　2 ぞうひん　　　　3 しひん　　　　　4 せいひん

[33] 来週、三日間大阪に出張することになっている。

　　1 しゅつじょう　　2 しゅっちょう　　3 でじょう　　　　4 でちょう

[34] 残念なことに、自分より明らかに弱い相手に負けてしまった。

　　1 そうて　　　　　2 そうしゅ　　　　3 あいしゅ　　　　4 あいて

[35] この島は小さすぎて、地図にも載っていません。

　　1 じず　　　　　　2 じと　　　　　　3 ちず　　　　　　4 ちと

[36] 外がうるさくて、昨日は勉強に集中できなかった。

　　1 しゅちゅう　　　2 しゅうちゅう　　3 しゅじゅう　　　4 しゅうじゅう

[37] 夜空には星がきらきらと光っていました。

　　1 はこ　　　　　　2 にじ　　　　　　3 はる　　　　　　4 ほし

[38] この本、知らない単語が多くて、ちょっと理解しにくいですね。

　　1 たんご　　　　　2 しんご　　　　　3 ことば　　　　　4 こくご

[39] この法律によって、年齢や性別を限定した募集はできません。

　　1 げんてい　　　　2 かんてい　　　　3 かくてい　　　　4 ぞうてい

[40] もし私が彼女の立場だったら、私もそう思うだろう。

　　1 りつじょう　　　2 りつば　　　　　3 たちじょう　　　4 たちば

확인 문제 4 · 정답 및 해석(명사)

31 정답 4
해석 대학 때 친구에게 편지를 보냈지만, 아직 답장이 없다.
어휘 大学(だいがく) 대학 友達(ともだち) 친구 手紙(てがみ) 편지 送(おく)る 보내다 まだ 아직 返事(へんじ) 답장
しゅし(趣旨) 취지

32 정답 1
해석 최근 이 상품이 날개 돋친 듯이 팔리고 있다고 한다.
어휘 最近(さいきん) 최근, 요즘 商品(しょうひん) 상품 飛(と)ぶように 날개 돋친 듯이, 불티나게 売(う)れる (잘) 팔리다
~という ~라고 한다 せいひん(製品) 제품

33 정답 2
해석 다음 주에 사흘간 오사카에 출장 가게 되어 있다.
어휘 来週(らいしゅう) 다음 주 三日間(みっかかん) 사흘간 大阪(おおさか) 오사카 出張(しゅっちょう)する 출장 가다
동사의 보통형+ことになっている ~하게 되어 있다 しゅつじょう(出場) 출장, (경기 등에) 출전함

34 정답 4
해석 유감스럽게도 나보다 명백히 약한 상대에게 지고 말았다.
어휘 残念(ざんねん)だ 아쉽다, 유감스럽다 ~ことに ~하게도 自分(じぶん) 자기, 자신, 나 ~より ~보다
明(あき)らかだ 분명하다, 명백하다 弱(よわ)い 약하다 相手(あいて) 상대 負(ま)ける 지다, 패하다
~てしまう ~해 버리다, ~하고 말다

35 정답 3
해석 이 섬은 너무 작아서 지도에도 실려 있지 않습니다.
어휘 島(しま) 섬 小(ちい)さい 작다 い형용사의 어간+すぎる 너무 ~하다 地図(ちず) 지도
載(の)る (신문·잡지 등에) 실리다

36 정답 2
해석 밖이 시끄러워서 어제는 공부에 집중할 수 없었다.
어휘 外(そと) 밖 うるさい 시끄럽다 昨日(きのう) 어제 勉強(べんきょう) 공부 集中(しゅうちゅう) 집중

37 정답 4
해석 밤하늘에는 별이 반짝반짝 빛나고 있었습니다.
어휘 夜空(よぞら) 밤하늘 星(ほし) 별 きらきら(と) 반짝반짝 光(ひか)る 빛나다 はこ(箱) 상자 にじ(虹) 무지개
はる(春) 봄

38 정답 1
해석 이 책, 모르는 단어가 많아서 조금 이해하기 어렵네요.
어휘 本(ほん) 책 知(し)る 알다 単語(たんご) 단어 多(おお)い 많다 ちょっと 좀, 조금 理解(りかい) 이해
동사의 ます형+にくい ~하기 어렵다[힘들다] しんご(新語) 신어, 신조어 ことば(言葉) 말 こくご(国語) 국어

39 정답 1
해석 이 법률에 의해 연령이나 성별을 한정한 모집은 할 수 없습니다.
어휘 法律(ほうりつ) 법률 ~によって ~에 의해 年齢(ねんれい) 연령 ~や ~이나 性別(せいべつ) 성별
限定(げんてい) 한정 募集(ぼしゅう) 모집 かんてい(鑑定) 감정, 사물의 진위, 좋고 나쁨을 확인하는 것
かくてい(確定) 확정 ぞうてい(贈呈) 증정

40 정답 4
해석 만약 내가 그녀의 입장이라면 나도 그렇게 생각할 것이다.
어휘 もし~だったら 만약 ~라면 *앞에서 언급된 조건이나 사항이 성립·완료될 경우, 뒤의 사항이 이루어짐 立場(たちば) 입장
そう 그렇게 思(おも)う 생각하다

47

확인 문제 5 · 명사

問題1 _____ のことばの読み方として最もよいものを、1・2・3・4から一つえらびなさい。

[41] もうすぐ試験が始まりますから、みんな席に着いてください。
　　1 いき　　　　　　2 いわ　　　　　　3 くも　　　　　　4 せき

[42] 世の中に変化しないものはありません。
　　1 しんか　　　　　2 どんか　　　　　3 へんか　　　　　4 さんか

[43] こうなってしまった以上、もうこの会社の未来はないと思う。
　　1 みらい　　　　　2 しょうらい　　　3 きらい　　　　　4 まつらい

[44] 父の手術が無事に終わってほっとしました。
　　1 てじゅつ　　　　2 しゅじゅつ　　　3 てしゅつ　　　　4 しゅしゅつ

[45] 鈴木君とは卒業して以来、一度も会っていません。
　　1 しつぎょう　　　2 さぎょう　　　　3 そつぎょう　　　4 のうぎょう

[46] 山田さんの報告書、読んでみても内容がよくわかりませんでした。
　　1 うちよう　　　　2 しんよう　　　　3 ないよう　　　　4 かんよう

[47] ここは平日にも観光客で賑わうところです。
　　1 へいじつ　　　　2 へじつ　　　　　3 へいにち　　　　4 へにち

[48] 今の職場に別に不満はありません。
　　1 しきじょう　　　2 しきば　　　　　3 しょくじょう　　　4 しょくば

[49] 部長、ご相談したいことがありますが、お時間大丈夫でしょうか。
　　1 そだん　　　　　2 そうだん　　　　3 しょだん　　　　4 しょうだん

[50] いくら事情を聞いてみても、何も答えてくれませんでした。
　　1 しんじょう　　　2 かんじょう　　　3 じじょう　　　　4 さじょう

확인 문제 5 · 정답 및 해석(명사)

41 정답 **4**
해석 이제 곧 시험이 시작되니까, 모두 자리에 앉아 주세요.
어휘 もうすぐ 이제 곧 試験(しけん) 시험 始(はじ)まる 시작되다 みんな 모두 席(せき)に着(つ)く 자리에 앉다, 착석하다
いき(息) 숨, 호흡 いわ(岩) 바위 くも(雲) 구름

42 정답 **3**
해석 세상에 변화하지 않는 것은 없습니다.
어휘 世(よ)の中(なか) 세상 変化(へんか) 변화 しんか(進化) 진화 どんか(鈍化) 둔화 さんか(参加) 참가

43 정답 **1**
해석 이렇게 되어 버린 이상, 이제 이 회사의 미래는 없다고 생각한다.
어휘 ～以上(いじょう) ~한[인] 이상 もう 이제 会社(かいしゃ) 회사 未来(みらい) 미래 しょうらい(将来) 장래
きら(嫌)い 싫음, 싫어함

44 정답 **2**
해석 아버지의 수술이 무사히 끝나서 안심했습니다.
어휘 父(ちち) (자신의) 아버지 手術(しゅじゅつ) 수술 無事(ぶじ)だ 무사하다 終(お)わる 끝나다
ほっと 겨우 안심하는 모양

45 정답 **3**
해석 스즈키 군과는 졸업한 이래 한 번도 만나지 않았습니다.
어휘 卒業(そつぎょう) 졸업 ～て以来(いらい) ~한 이래 一度(いちど)も 한 번도 会(あ)う 만나다
しつぎょう(失業) 실업 さぎょう(作業) 작업 のうぎょう(農業) 농업

46 정답 **3**
해석 야마다 씨의 보고서, 읽어 봐도 내용을 잘 이해할 수 없었습니다.
어휘 報告書(ほうこくしょ) 보고서 読(よ)む 읽다 ～てみる ~해 보다 内容(ないよう) 내용 よく 잘
わかる 알다, 이해하다 しんよう(信用) 신용 かんよう(寛容) 관용

47 정답 **1**
해석 여기는 평일에도 관광객으로 떠들썩한 곳입니다.
어휘 平日(へいじつ) 평일 観光客(かんこうきゃく) 관광객 賑(にぎ)わう 떠들썩하다, 활기 차다 ところ(所) 곳, 장소

48 정답 **4**
해석 지금 직장에 특별히 불만은 없습니다.
어휘 今(いま) 지금 職場(しょくば) 직장 別(べつ)に (부정어 수반) 별로, 특별히 不満(ふまん) 불만

49 정답 **2**
해석 부장님, 상담드리고 싶은 것이 있는데요, 시간 괜찮으신지요?
어휘 部長(ぶちょう) 부장 ご+한자명사+する ~하다, ~해 드리다 *겸양표현 相談(そうだん) 상담, 상의, 의논
동사의 ます형+たい ~하고 싶다 時間(じかん) 시간 大丈夫(だいじょうぶ)だ 괜찮다
しょうだん(商談) 상담, 장사나 거래를 성사시키기 위한 대화

50 정답 **3**
해석 아무리 사정을 물어봐도 아무것도 대답해 주지 않았습니다.
어휘 いくら～ても 아무리 ~해도 事情(じじょう) 사정 聞(き)く 묻다 何(なに)も (부정어 수반) 아무것도
答(こた)える 대답하다 ～てくれる (남이 나에게) ~해 주다 しんじょう(心情) 심정 かんじょう(感情) 감정

확인 문제 6 · 명사

問題1 _____のことばの読み方として最もよいものを、1・2・3・4から一つえらびなさい。

51 豆腐は豆から作ります。

1 こめ　　　　　　　2 しま　　　　　　　3 まめ　　　　　　　4 えだ

52 販売価格は、商品を買うかどうかを決める時に重要なポイントとなる。

1 かかく　　　　　　2 ようかく　　　　　3 ひょうかく　　　　4 みかく

53 その試験を受けるには、まだ実力が足りないと思いました。

1 じつりょく　　　　2 どりょく　　　　　3 のうりょく　　　　4 みりょく

54 アニメは好きですが、漫画はあまり好きではありません。

1 かいが　　　　　　2 どうが　　　　　　3 ろくが　　　　　　4 まんが

55 私はいつも寝る前に日記を付けます。

1 ひしるし　　　　　2 ひづけ　　　　　　3 じっき　　　　　　4 にっき

56 この映画はあまり人気がないのか、思ったより空席が多かった。

1 くうせき　　　　　2 あきせき　　　　　3 こうせき　　　　　4 すきせき

57 休日にはいつも家でテレビを見たり昼寝をしたりしています。

1 やすみび　　　　　2 きゅうじつ　　　　3 きゅうにち　　　　4 やすみにち

58 性格が合わなかった二人は、結局別れてしまった。

1 しかく　　　　　　2 せいかく　　　　　3 じんかく　　　　　4 しょうかく

59 いよいよこの市でも、タッチしやすい自動改札機を導入することにした。

1 しさつ　　　　　　2 しんさつ　　　　　3 かいさつ　　　　　4 こうさつ

60 彼は貿易関係の仕事をしているそうです。

1 ぼうえき　　　　　2 ぼうやく　　　　　3 むえき　　　　　　4 むやく

확인 문제 8 · 정답 및 해석(명사)

71 정답 **4**
해석 그녀는 자주 방향치라는 말을 듣습니다.
어휘 彼女(かのじょ) 그녀 よく 자주 方向音痴(ほうこうおんち) 방향치 *「〜音痴(おんち)」–특정한 감각이 둔함, 또는 그 사람 〜と言(い)われる 〜라는 말을 듣다, 〜라고 하다 ほこう(歩行) 보행 ほうごう(縫合) 봉합

72 정답 **3**
해석 지금까지 학회에서 보고되지 않았던 새로운 식물이 발견되었습니다.
어휘 今(いま)まで 지금까지 学会(がっかい) 학회 報告(ほうこく) 보고 新(あたら)しい 새롭다 植物(しょくぶつ) 식물 発見(はっけん) 발견 はつめい(発明) 발명 はつどう(発動) 발동 はっしゃ(発車) 발차

73 정답 **2**
해석 인도네시아는 많은 섬으로 구성된 나라입니다.
어휘 インドネシア 인도네시아 多(おお)く 많음 島(しま) 섬 構成(こうせい) 구성 国(くに) 나라 こし(腰) 허리 うで(腕) 팔 ね(根) 뿌리

74 정답 **1**
해석 그 자료는 전부 내용별로 분류해 두었습니다.
어휘 資料(しりょう) 자료 全部(ぜんぶ) 전부 内容別(ないようべつ) 내용별 分類(ぶんるい) 분류 しょるい(書類) 서류 じんるい(人類) 인류 しゅるい(種類) 종류

75 정답 **4**
해석 의료 기술의 발달로 평균수명도 점점 길어지고 있다.
어휘 医療(いりょう) 의료 技術(ぎじゅつ) 기술 発達(はったつ) 발달 平均(へいきん) 평균 寿命(じゅみょう) 수명 だんだん 점점 延(の)びる 길어지다, 연장되다 ふきん(付近) 부근, 근처 てんきん(転勤) 전근 さいきん(最近) 최근, 요즘

76 정답 **1**
해석 다음 급행전철은 1시간 후에 옵니다.
어휘 次(つぎ) 다음 急行(きゅうこう) 급행 電車(でんしゃ) 전철 時間(じかん) 시간 〜後(ご) 〜후 来(く)る 오다 ひこう(飛行) 비행 そうこう(走行) 주행 じょこう(徐行) 서행

77 정답 **1**
해석 재활용운동에 여러분의 협력을 부탁드립니다.
어휘 リサイクル 재활용 運動(うんどう) 운동 皆様(みなさま) 여러분 *「皆(みな)さん」보다 정중한 말씨 協力(きょうりょく) 협력 お+동사의 ます형+いたす 〜하다, 〜해 드리다 *겸양표현 願(ねが)う 부탁하다 ぜんりょく(全力) 전력 どりょく(努力) 노력 しゅつりょく(出力) 출력

78 정답 **1**
해석 아들은 수식 계산을 잘 틀려 버립니다.
어휘 息子(むすこ) (자신의) 아들 数式(すうしき) (수학) 수식 計算(けいさん) 계산 よく 잘 間違(まちが)える 틀리다, 잘못하다

79 정답 **3**
해석 이 상품은 이렇다 할 특색이 없으니까, 그다지 팔리지 않을 것이라고 생각한다.
어휘 商品(しょうひん) 상품 これといった 이렇다 할 特色(とくしょく) 특색 あまり (부정어 수반) 그다지, 별로 売(う)れる (잘) 팔리다

80 정답 **1**
해석 여러분의 응모를 기다리고 있습니다.
어휘 応募(おうぼ) 응모 待(ま)つ 기다리다 〜ておる 〜하고 있다 *「〜ている」의 겸양표현

問題1 _____のことばの読み方として最もよいものを、1・2・3・4から一つえらびなさい。

81 ご都合がよろしければ、5日の1時はいかがでしょうか。
　　1 つごう　　　　　　2 じじょう　　　　　3 ようじ　　　　　4 ばあい

82 塩を入れすぎてしょっぱくなってしまった。
　　1 そら　　　　　　　2 しお　　　　　　　3 あじ　　　　　　4 さとう

83 一定の条件を満たせば、失業保険から失業手当が支給される。
　　1 しつごう　　　　　2 しつぎょう　　　　3 じつごう　　　　4 じつぎょう

84 寒すぎて指の感覚がなくなった。
　　1 かんかく　　　　　2 かんがく　　　　　3 がんかく　　　　4 がんがく

85 地球温暖化は、気温を上昇させる。
　　1 じきゅう　　　　　2 ちきゅう　　　　　3 じぎゅう　　　　4 ちぎゅう

86 これは世界の主要都市圏の人口を比較したグラフです。
　　1 しゅよう　　　　　2 しゅうよう　　　　3 じゅよう　　　　4 じゅうよう

87 長年一緒に暮らしていた息子が独立し、ちょっと寂しくなった。
　　1 とくりつ　　　　　2 どくりつ　　　　　3 しくりつ　　　　4 じくりつ

88 この件は、部長の命令に従うしかないと思います。
　　1 しれい　　　　　　2 めいれい　　　　　3 じれい　　　　　4 かんれい

89 環境をテーマにした作品を募集しています。
　　1 ぼうしゅう　　　　2 ほうしゅう　　　　3 ぼしゅう　　　　4 ほしゅう

90 彼に「好きだ」という合図を送っているのに、なかなか気付いてくれない。
　　1 ごうず　　　　　　2 ごうと　　　　　　3 あいず　　　　　4 あいと

확인 문제 9 · 정답 및 해석(명사)

81 정답 **1**

해석 사정이 괜찮으시면 5일 1시는 어떠신지요?
어휘 都合(つごう) 사정, 형편　よろしい 좋다, 괜찮다 *「いい・良(よ)い」의 공손한 표현　5日(いつか) 5일
いかがでしょうか 어떠신지요? *「どうでしょうか」(어떤지요?)의 공손한 표현　じじょう(事情) 사정
ようじ(用事) 볼일, 용무　ばあい(場合) 경우

82 정답 **2**

해석 소금을 너무 넣어서 짜게 되어 버렸다.
어휘 塩(しお) 소금　入(い)れる 넣다　동사의 ます형+すぎる 너무 ~하다　しょっぱい 짜다　そら(空) 하늘　あじ(味) 맛
さとう(砂糖) 설탕

83 정답 **2**

해석 일정 조건을 충족시키면 실업보험에서 실업수당이 지급된다.
어휘 一定(いってい) 일정　条件(じょうけん) 조건　満(み)たす 채우다, 충족시키다
失業(しつぎょう) 실업, 일할 의사와 노동력이 있는 사람이 일자리를 잃거나 일할 기회를 얻지 못하는 상태　保険(ほけん) 보험
手当(てあて) 수당　支給(しきゅう) 지급　じつぎょう(実業) 실업, 농업·공업·상업·수산 등과 같은 생산·경제에 관한 사업

84 정답 **1**

해석 너무 추워서 손가락의 감각이 없어졌다.
어휘 寒(さむ)い 춥다　い형용사의 어간+すぎる 너무 ~하다　指(ゆび) 손가락　感覚(かんかく) 감각　な(無)くなる 없어지다
かんがく(漢学) 한학

85 정답 **2**

해석 지구온난화는 기온을 상승시킨다.
어휘 地球(ちきゅう) 지구　温暖化(おんだんか) 온난화　気温(きおん) 기온　上昇(じょうしょう) 상승
じきゅう(時給) 시급

86 정답 **1**

해석 이것은 세계 주요 도시권의 인구를 비교한 그래프입니다.
어휘 世界(せかい) 세계　主要(しゅよう) 주요　都市圏(としけん) 도시권　人口(じんこう) 인구　比較(ひかく) 비교
グラフ 그래프　しゅうよう(収容) 수용　じゅよう(需要) 수요　じゅうよう(重要) 중요

87 정답 **2**

해석 오랫동안 함께 살았던 아들이 독립해서 조금 쓸쓸해졌다.
어휘 長年(ながねん) 오랫동안　一緒(いっしょ)に 함께, 같이　暮(く)らす 살다, 생활하다　息子(むすこ) (자신의) 아들
独立(どくりつ) 독립　ちょっと 좀, 조금　寂(さび)しい 쓸쓸하다

88 정답 **2**

해석 이 건은 부장님 명령에 따를 수밖에 없다고 생각합니다.
어휘 件(けん) 건　部長(ぶちょう) 부장　命令(めいれい) 명령　従(したが)う (명령 등에) 따르다
~しかない ~할 수밖에 없다　しれい(指令) 지령　じれい(事例) 사례　かんれい(慣例) 관례

89 정답 **3**

해석 환경을 주제로 한 작품을 모집하고 있습니다.
어휘 環境(かんきょう) 환경　テーマ 테마, 주제　~にする ~로 하다　作品(さくひん) 작품　募集(ぼしゅう) 모집
ほうしゅう(報酬) 보수, 일한 대가로 돈을 받음　ほしゅう(補修) 보수, 낡은 것을 보충하여 수리함

90 정답 **3**

해석 그에게 '좋아해'라는 신호를 보내고 있는데도 좀처럼 알아차려 주지 않는다.
어휘 好(す)きだ 좋아하다　~という ~라는　合図(あいず) (눈짓·몸짓·소리 등의) 신호　送(おく)る 보내다
なかなか (부정어 수반) 좀처럼　気付(きづ)く 깨닫다, 알아차리다　~てくれる (남이 나에게) ~해 주다

57

확인 문제 10 · 명사

問題1 ＿＿＿＿のことばの読み方として最もよいものを、1・2・3・4から一つえらびなさい。

[91] 彼も今度の研修に参加することにしました。

1 さんか　　　　　2 ぞうか　　　　　3 しんか　　　　　4 かいか

[92] 規約によって到着予定時間から2時間経過した場合はキャンセル扱いとなる。

1 とちゃく　　　　2 どちゃく　　　　3 とうちゃく　　　4 どうちゃく

[93] ラッシュアワーの通勤電車はいつも込んでいます。

1 つうきん　　　　2 つきん　　　　　3 すうきん　　　　4 すきん

[94] 多くの人が横断歩道を渡っています。

1 おだん　　　　　2 おうだん　　　　3 じゅだん　　　　4 じゅうだん

[95] 早く来た人から入ってもらいますから、順番に並んでください。

1 じんばん　　　　2 しんばん　　　　3 じゅんばん　　　4 しゅんばん

[96] 花や木にはきれいな空気と新鮮な水が必要です。

1 くき　　　　　　2 くうき　　　　　3 こき　　　　　　4 こうき

[97] 土地には、商業地域や住居地域など目的に沿って分けられた地域がある。

1 しょうぎょう　　2 しょぎょう　　　3 そぎょう　　　　4 そうぎょう

[98] 人を惹き付ける彼女の素敵な笑顔は、その場を和ませてくれます。

1 しょうがん　　　2 えがん　　　　　3 しょうがお　　　4 えがお

[99] 日本では通常、夏と冬の年に2回ボーナスが支給される。

1 しきゅう　　　　2 じきゅう　　　　3 しこう　　　　　4 じこう

[100] 調査によると、20歳以上の人の肥満の割合は男性32.2％、女性21.9％となっている。

1 かつごう　　　　2 かつあい　　　　3 わりごう　　　　4 わりあい

확인 문제 10 · 정답 및 해석(명사)

91 정답 1
해석 그도 이번 연수에 참가하기로 했습니다.
어휘 今度(こんど) 이번 研修(けんしゅう) 연수 参加(さんか) 참가 동사의 보통형+ことにする ~하기로 하다
ぞうか(増加) 증가 しんか(進化) 진화 かいか(開花) 개화

92 정답 3
해석 규약에 의해 도착 예정 시간으로부터 2시간 경과한 경우는 취소 취급이 된다.
어휘 規約(きやく) 규약 ~によって ~에 의해 到着(とうちゃく) 도착 予定(よてい) 예정 時間(じかん) 시간
経過(けいか) 경과 場合(ばあい) 경우 キャンセル 취소 扱(あつか)い 취급

93 정답 1
해석 러시아워의 통근전철은 항상 붐빕니다.
어휘 ラッシュアワー 러시아워 通勤(つうきん) 통근, 출퇴근 電車(でんしゃ) 전철 いつも 늘, 항상
込(こ)む 붐비다, 혼잡하다

94 정답 2
해석 많은 사람이 횡단보도를 건너고 있습니다.
어휘 多(おお)く 많음 人(ひと) 사람 横断歩道(おうだんほどう) 횡단보도 渡(わた)る 건너다 じゅうだん(縦断) 종단

95 정답 3
해석 일찍 온 사람부터 들어갈 거니까, 차례대로 서 주세요.
어휘 早(はや)く 일찍, 빨리 来(く)る 오다 人(ひと) 사람 入(はい)る 들어가다 ~てもらう (남에게) ~해 받다 *간접표현
順番(じゅんばん) 순번, 차례 並(なら)ぶ (줄) 서다

96 정답 2
해석 꽃이랑 나무에는 깨끗한 공기와 신선한 물이 필요합니다.
어휘 花(はな) 꽃 ~や ~이랑 木(き) 나무 きれいだ 깨끗하다 空気(くうき) 공기 新鮮(しんせん)だ 신선하다
水(みず) 물 必要(ひつよう)だ 필요하다 くき(茎) 줄기 こうき(後期) 후기

97 정답 1
해석 토지에는 상업지역이나 주거지역 등 목적에 따라 나누어진 지역이 있다.
어휘 土地(とち) 토지 商業(しょうぎょう) 상업 地域(ちいき) 지역 ~や ~이나 住居(じゅうきょ) 주거
目的(もくてき) 목적 ~に沿(そ)って ~에[을] 따라서 分(わ)ける 나누다 そぎょう(祖業) 세업, 가업
そうぎょう(創業) 창업

98 정답 4
해석 사람의 마음을 끄는 그녀의 멋진 미소는 그 자리를 온화해지게 해 줍니다.
어휘 惹(ひ)き付(つ)ける (마음을) 끌(어당기)다, 매혹하다 彼女(かのじょ) 그녀 素敵(すてき)だ 멋지다
笑顔(えがお) 웃는 얼굴, 미소 場(ば) 자리, 장소 和(なご)む 누그러지다, 온화해지다 ~てくれる (남이 나에게) ~해 주다

99 정답 1
해석 일본에서는 통상 여름과 겨울, 일 년에 두 번 보너스가 지급된다.
어휘 通常(つうじょう) 통상 夏(なつ) 여름 冬(ふゆ) 겨울 年(ねん) 일 년 ~回(かい) ~회, ~번 ボーナス 보너스
支給(しきゅう) 지급 じきゅう(時給) 시급 しこう(思考) 사고, 생각함 じこう(事項) 사항

100 정답 4
해석 조사에 의하면 스무 살 이상인 사람의 비만 비율은 남성 32.2%, 여성 21.9%로 되어 있다.
어휘 調査(ちょうさ) 조사 ~によると ~에 의하면 20歳(はたち) 스무 살 以上(いじょう) 이상 肥満(ひまん) 비만
割合(わりあい) 비율 男性(だんせい) 남성 女性(じょせい) 여성

점수 UP! UP!
〈명사〉

☐ 根 (ね) 뿌리	☐ 横 (よこ) 옆	☐ 光 (ひかり) 빛
☐ 生産 (せいさん) 생산	☐ 箱 (はこ) 상자	☐ 違反 (いはん) 위반
☐ 選手 (せんしゅ) 선수	☐ 移転 (いてん) 이전	☐ 正面 (しょうめん) 정면
☐ 宇宙 (うちゅう) 우주	☐ 応用 (おうよう) 응용	☐ 実験 (じっけん) 실험
☐ 努力 (どりょく) 노력	☐ 労働 (ろうどう) 노동	☐ 通知 (つうち) 통지
☐ 部分 (ぶぶん) 부분	☐ 西洋 (せいよう) 서양	☐ 開始 (かいし) 개시
☐ 検査 (けんさ) 검사	☐ 役目 (やくめ) 임무, 역할	☐ 恋愛 (れんあい) 연애
☐ 帰宅 (きたく) 귀가	☐ 習慣 (しゅうかん) 습관	☐ 老人 (ろうじん) 노인
☐ 呼吸 (こきゅう) 호흡	☐ 訓練 (くんれん) 훈련	☐ 洗濯 (せんたく) 세탁
☐ 火災 (かさい) 화재	☐ 直接 (ちょくせつ) 직접	☐ 屋上 (おくじょう) 옥상
☐ 販売 (はんばい) 판매	☐ 自然 (しぜん) 자연	☐ 興味 (きょうみ) 흥미
☐ 方針 (ほうしん) 방침	☐ 通行 (つうこう) 통행	☐ 登山 (とざん) 등산
☐ 住民 (じゅうみん) 주민	☐ 歴史 (れきし) 역사	☐ 下線 (かせん) 밑줄
☐ 制服 (せいふく) 제복, 유니폼, 교복	☐ 場面 (ばめん) 장면	☐ 目的 (もくてき) 목적
☐ 経済 (けいざい) 경제	☐ 見本 (みほん) 견본	☐ 流行 (りゅうこう) 유행
☐ 列島 (れっとう) 열도	☐ 論文 (ろんぶん) 논문	☐ 知識 (ちしき) 지식
☐ 管理 (かんり) 관리	☐ 苦労 (くろう) 고생	☐ 売店 (ばいてん) 매점

□ 虫 벌레	□ 岩 바위	□ 息 숨, 호흡
□ 家賃 집세	□ 食堂 식당	□ 虫歯 충치
□ 割引 할인	□ 表現 표현	□ 人類 인류
□ 成長 성장	□ 会費 회비	□ 記事 기사
□ 日課 일과	□ 予習 예습	□ 季節 계절
□ 温泉 온천	□ 案内 안내	□ 回復 회복
□ 安心 안심	□ 観察 관찰	□ 現在 현재
□ 仮定 가정	□ 以降 이후	□ 自宅 자택
□ 表面 표면	□ 営業 영업	□ 決定 결정
□ 解決 해결	□ 建設 건설	□ 遅刻 지각
□ 成功 성공	□ 通学 통학	□ 国際 국제
□ 書店 서점	□ 信号 신호, 신호등	□ 物価 물가
□ 画家 화가	□ 分析 분석	□ 保存 보존
□ 最高 최고	□ 読書 독서	□ 観光 관광
□ 反対 반대	□ 予報 예보	□ 指示 지시
□ 法律 법률	□ 傾向 경향	□ 混乱 혼란
□ 経営学 경영학	□ 血液型 혈액형	□ 交差点 교차로

61

기출 및 출제 예상 어휘 50
〈い형용사 & な형용사, 부사〉

☐ 浅_{あさ}い 얕다	☐ 汚_{きたな}い 더럽다	☐ 地味_{じみ}だ 수수하다
☐ 深_{ふか}い 깊다	☐ 幼_{おさな}い 어리다	☐ 正直_{しょうじき}だ 정직하다
☐ 薄_{うす}い 얇다	☐ 細_{こま}かい 자세하다, 세세하다	☐ 平和_{へいわ}だ 평화롭다
☐ 重_{おも}い 무겁다	☐ 詳_{くわ}しい 상세하다, 잘 알고 있다, 밝다	☐ 残念_{ざんねん}だ 아쉽다, 유감스럽다
☐ 厚_{あつ}い 두껍다	☐ 美_{うつく}しい 아름답다	☐ 夢中_{むちゅう}だ 열중하다
☐ 短_{みじか}い 짧다	☐ 嬉_{うれ}しい 기쁘다	☐ 適当_{てきとう}だ 적당하다
☐ 固_{かた}い 단단하다, 딱딱하다	☐ 寂_{さび}しい 쓸쓸하다	☐ 丈夫_{じょうぶ}だ 튼튼하다
☐ 偉_{えら}い 훌륭하다	☐ 苦_{くる}しい 힘들다, 괴롭다	☐ 真剣_{しんけん}だ 진지하다
☐ 丸_{まる}い 둥글다	☐ 親_{した}しい 친하다	☐ 一般的_{いっぱんてき}だ 일반적이다
☐ 若_{わか}い 젊다	☐ 恋_{こい}しい 그립다	☐ 真面目_{まじめ}だ 성실하다
☐ 痛_{いた}い 아프다	☐ 主_{おも}だ 주되다, 주요하다	☐ 不思議_{ふしぎ}だ 불가사의하다, 이상하다
☐ 濃_こい 진하다	☐ 新_{あら}ただ 새롭다	☐ 実_{じつ}は 실은
☐ 狭_{せま}い 좁다	☐ 幸_{さいわ}いだ 다행이다	☐ 絶対_{ぜったい}に 절대로
☐ 鈍_{にぶ}い 둔하다	☐ 苦手_{にがて}だ 서투르다, 잘 못하다	☐ 確_{たし}かに 확실히, 분명히
☐ 辛_{つら}い 괴롭다, 고통스럽다	☐ 得意_{とくい}だ 잘하다, 자신 있다	☐ 改_{あらた}めて 재차, 다시
☐ 清_{きよ}い 맑다, 깨끗하다	☐ 素敵_{すてき}だ 멋지다	☐ いつの間_まにか 어느샌가
☐ 賢_{かしこ}い 현명하다	☐ 単純_{たんじゅん}だ 단순하다	

확인 문제 1 · い형용사&な형용사, 부사

問題1 ＿＿＿＿のことばの読み方として最もよいものを、1・2・3・4から一つえらびなさい。

1 苦しい時こそ本当の友達がわかる。
　1 やさしい　　　　2 くるしい　　　　3 きびしい　　　　4 たのしい

2 単語がたくさん載っている厚い辞書がほしいです。
　1 かたい　　　　2 ふかい　　　　3 ほそい　　　　4 あつい

3 日本語は得意ですが、英語はまだ苦手です。
　1 くて　　　　2 くしゅ　　　　3 にがて　　　　4 にがしゅ

4 私の部屋は猫の額ほど狭いです。
　1 あさい　　　　2 のろい　　　　3 こい　　　　4 せまい

5 転職した職場では、単純な作業ばかりしている。
　1 たんしゅん　　　　2 たんじゅん　　　　3 たんしん　　　　4 たんじん

6 テレビに夢中になったあまり、スープが冷めてしまった。
　1 むちゅう　　　　2 むじゅう　　　　3 もうちゅう　　　　4 もうじゅう

7 コンピューターの中に保管していた写真や動画がいつの間にか消えていた。
　1 ひま　　　　2 ま　　　　3 かん　　　　4 あいだ

8 真面目な彼のことだから、授業に遅刻するはずがないよ。
　1 しんめんもく　　　　2 しんつらもく　　　　3 まじめ　　　　4 まつらめ

9 幼い頃は、この公園でよく遊んだものだ。
　1 ちいさい　　　　2 おさない　　　　3 あぶない　　　　4 きたない

10 デザインより長く使える丈夫なかばんがほしいです。
　1 じょうぶ　　　　2 しょうぶ　　　　3 たけぶ　　　　4 のうぶ

확인 문제 1 · 정답 및 해석(い형용사&な형용사, 부사)

1 정답 **2**
해석 힘들 때야말로 진정한 친구를 알 수 있다.
어휘 苦(くる)しい 힘들다, 괴롭다 ~時(とき) ~때 ~こそ ~야말로 本当(ほんとう) 정말, 진짜, 진정함
友達(ともだち) 친구 わかる 알다, 이해하다 やさ(優)しい 상냥하다, 다정하다 きび(厳)しい 엄하다, 엄격하다
たの(楽)しい 즐겁다

2 정답 **4**
해석 단어가 많이 실려 있는 두꺼운 사전을 갖고 싶습니다.
어휘 単語(たんご) 단어 たくさん 많이 載(の)る (신문·잡지 등에) 실리다 厚(あつ)い 두껍다 辞書(じしょ) 사전
ほしい 갖고 싶다 かた(固)い 단단하다, 딱딱하다 ふか(深)い 깊다 ほそ(細)い 가늘다

3 정답 **3**
해석 일본어는 자신 있습니다만, 영어는 아직 서툽니다.
어휘 日本語(にほんご) 일본어 得意(とくい)だ 잘하다, 자신 있다 英語(えいご) 영어 まだ 아직
苦手(にがて)だ 서투르다, 잘 못하다

4 정답 **4**
해석 제 방은 고양이 이마만큼 좁습니다.
어휘 部屋(へや) 방 猫(ねこ)の額(ひたい) (고양이의 이마가 매우 좁은 것으로부터) 토지·장소 따위가 매우 협소함을 나타냄
狭(せま)い 좁다 あさ(浅)い 얕다 のろ(鈍)い 느리다, 둔하다 こ(濃)い 진하다

5 정답 **2**
해석 전직한 직장에서는 단순한 작업만 하고 있다.
어휘 転職(てんしょく) 전직 職場(しょくば) 직장 単純(たんじゅん)だ 단순하다 作業(さぎょう) 작업
~ばかり ~만, ~뿐 たんしん(単身) 단신, 단독

6 정답 **1**
해석 TV에 열중한 나머지, 국이 식고 말았다.
어휘 テレビ 텔레비전, TV *「テレビジョン」의 준말 夢中(むちゅう)だ 열중하다 ~あまり ~한 나머지 スープ 수프, 국
冷(さ)める 식다

7 정답 **2**
해석 컴퓨터 안에 보관하고 있던 사진이랑 동영상이 어느샌가 사라져 있었다.
어휘 コンピューター 컴퓨터 保管(ほかん) 보관 写真(しゃしん) 사진 動画(どうが) 동영상 いつの間(ま)にか 어느샌가
消(き)える 사라지다 ひま(暇) (한가한) 짬, 시간 あいだ(間) 동안, 사이

8 정답 **3**
해석 성실한 그니까, 수업에 지각할 리가 없어.
어휘 真面目(まじめ)だ 성실하다 사람+のことだから ~니까 授業(じゅぎょう) 수업 遅刻(ちこく) 지각
~はずがない ~일 리가 없다

9 정답 **2**
해석 어린 시절에는 이 공원에서 자주 놀곤 했다.
어휘 幼(おさな)い 어리다 ~頃(ころ) ~때, ~시절, ~무렵 公園(こうえん) 공원 よく 자주 遊(あそ)ぶ 놀다
동사의 た형+ものだ ~하곤 했다 *회상 ちい(小)さい 작다 あぶ(危)ない 위험하다 きたな(汚)い 더럽다

10 정답 **1**
해석 디자인보다 오래 사용할 수 있는 튼튼한 가방을 갖고 싶습니다.
어휘 デザイン 디자인 ~より ~보다 長(なが)い (시간적으로) 오래다, 길다 使(つか)う 쓰다, 사용하다
丈夫(じょうぶ)だ 튼튼하다 かばん 가방 ほしい 갖고 싶다

확인 문제 2 · い형용사&な형용사, 부사

問題1 _____のことばの読み方として最もよいものを、1・2・3・4から一つえらびなさい。

11 そこは遠くまで広がる田園風景がとても美しかったです。

　　1 はげしかった　　　2 のぞましかった　　　3 うつくしかった　　　4 はずかしかった

12 彼女は細かいところによく気が付くので、人に感謝されることが多い。

　　1 こまかい　　　　　2 あかい　　　　　　　3 あたたかい　　　　　4 ちかい

13 長い間座っていたり立っていたりしていると、腰が痛くなる。

　　1 おもく　　　　　　2 にぶく　　　　　　　3 うすく　　　　　　　4 いたく

14 早く平和な世界になってほしいです。

　　1 へいわ　　　　　　2 かいわ　　　　　　　3 おんわ　　　　　　　4 かんわ

15 今一人暮らししているが、別に寂しいとは思わない。

　　1 かなしい　　　　　2 まぶしい　　　　　　3 さびしい　　　　　　4 むなしい

16 それでは、明日改めて伺います。

　　1 しめて　　　　　　2 あらためて　　　　　3 ためて　　　　　　　4 みとめて

17 外国語の勉強を始めたなんて、偉いですね。

　　1 ふかい　　　　　　2 とうとい　　　　　　3 みじかい　　　　　　4 えらい

18 正直なところ、今度の彼の新作はあまりおもしろくなかった。

　　1 すなお　　　　　　2 せいじき　　　　　　3 しょうじき　　　　　4 まさなお

19 幸いなことに、みんなあの悪夢のような事故を免れた。

　　1 からい　　　　　　2 つらい　　　　　　　3 わざわい　　　　　　4 さいわい

20 彼女は派手な服より地味な服が似合う。

　　1 じみ　　　　　　　2 ちみ　　　　　　　　3 からみ　　　　　　　4 あまみ

65

확인 문제 2 · 정답 및 해석(い형용사&な형용사, 부사)

11 정답 **3**
해석 그곳은 멀리까지 펼쳐진 전원 풍경이 아주 <u>아름다웠습니다</u>.
어휘 遠(とお)く 멀리 〜まで 〜까지 広(ひろ)がる 펼쳐지다 田園(でんえん) 전원 風景(ふうけい) 풍경
とても 아주, 매우 美(うつく)しい 아름답다 はげ(激)しい 심하다, 격하다, 격렬하다 のぞ(望)ましい 바람직하다
は(恥)ずかしい 부끄럽다, 창피하다

12 정답 **1**
해석 그녀는 <u>세세한</u> 데를 잘 알아차려서 남에게 감사를 받는 경우가 많다.
어휘 細(こま)かい 자세하다, 세세하다 ところ 부분, 데, 점 気(き)が付(つ)く 깨닫다, 알아차리다 人(ひと) 남, 타인
感謝(かんしゃ) 감사 多(おお)い 많다 あか(赤)い 빨갛다 あたた(暖)かい 따뜻하다 ちか(近)い 가깝다

13 정답 **4**
해석 오랫동안 앉아 있거나 서 있거나 하면 허리가 <u>아파진다</u>.
어휘 長(なが)い 間(あいだ) 오랫동안 座(すわ)る 앉다 〜たり〜たりする 〜하거나 〜하거나 하다 立(た)つ 서다
腰(こし) 허리 痛(いた)い 아프다 おも(重)い 무겁다 にぶ(鈍)い 둔하다 うす(薄)い 얇다

14 정답 **1**
해석 빨리 <u>평화로운</u> 세계가 되길 바랍니다.
어휘 早(はや)く 빨리 平和(へいわ)だ 평화롭다 世界(せかい) 세계 〜てほしい 〜해 주었으면 하다, 〜하길 바라다
かいわ(会話) 회화, 대화 おんわ(穏和) 온화 かんわ(緩和) 완화

15 정답 **3**
해석 지금 혼자서 살고 있지만, 별로 쓸쓸하다고 생각하지 않는다.
어휘 一人暮(ひとりぐ)らし 혼자서 삶 別(べつ)に (부정어 수반) 별로, 특별히 寂(さび)しい 쓸쓸하다 〜とは 〜라고는
思(おも)う 생각하다 かな(悲)しい 슬프다 まぶ(眩)しい 눈부시다 むな(空)しい 허무하다

16 정답 **2**
해석 그럼, 내일 다시 <u>찾아뵙겠습니다</u>.
어휘 それでは 그렇다면, 그럼 改(あらた)めて 재차, 다시 伺(うかが)う 찾아뵙다 *「訪(おとず)れる」(방문하다)의 겸양어
し(占)める 점하다, 차지하다 た(貯)める (돈을) 모으다, 저축하다 みと(認)める 인정하다

17 정답 **4**
해석 외국어 공부를 시작했다니, <u>훌륭하네요</u>.
어휘 外国語(がいこくご) 외국어 勉強(べんきょう) 공부 始(はじ)める 시작하다 〜なんて 〜하다니
偉(えら)い 훌륭하다 ふか(深)い 깊다 とうと(尊)い 고귀하다 みじか(短)い 짧다

18 정답 **3**
해석 <u>정직하게 말하면</u> 이번 그의 신작은 별로 재미있지 않았다.
어휘 正直(しょうじき)だ 정직하다 *「正直(しょうじき)なところ」- 정직하게 말하면 今度(こんど) 이번
新作(しんさく) 신작 あまり (부정어 수반) 그다지, 별로 おもしろい 재미있다 すなお(素直)だ 순수하다, 솔직하다

19 정답 **4**
해석 <u>다행스럽게도</u> 모두 그 악몽과 같은 사고를 면했다.
어휘 幸(さいわ)いだ 다행이다 〜ことに 〜하게도 *감탄·놀람 みんな 모두 あの (서로 알고 있는) 그 悪夢(あくむ) 악몽
명사+の+ような 〜와 같은 事故(じこ) 사고 免(まぬか)れる 면하다, 모면하다 から(辛)い 맵다
つら(辛)い 괴롭다, 고통스럽다 わざわ(災)い 재앙

20 정답 **1**
해석 그녀는 화려한 옷보다 <u>수수한</u> 옷이 어울린다.
어휘 派手(はで)だ 화려하다 服(ふく) 옷 〜より 〜보다 地味(じみ)だ 수수하다 似合(にあ)う 잘 맞다, 어울리다
からみ(辛味) 매운맛 あまみ(甘味) 단맛

확인 문제 3・い형용사&な형용사, 부사

問題1 _____のことばの読み方として最もよいものを、1・2・3・4から一つえらびなさい。

21 昨日はお会いできなくて残念でした。
    1 ざんなん   2 さんなん   3 ざんねん   4 さんねん

22 この荷物、思ったより重いですね。
    1 ただしい   2 おもい   3 ゆるい   4 かるい

23 水平線を眺めると地球が丸いのがわかる。
    1 まるい   2 せつない   3 うらやましい   4 おもしろい

24 もう少し髪を短くしてください。
    1 ほそく   2 やすく   3 ぬるく   4 みじかく

25 慰めてあげたかったが、適当な言葉が思い浮かばなかった。
    1 しきとう   2 しゅくとう   3 てきとう   4 つきとう

26 部屋がちょっと汚いね。すぐ掃除しなさい。
    1 きたない   2 はかない   3 あぶない   4 くだらない

27 いくら辛くても、今は我慢するしかありません。
    1 からく   2 のろく   3 あわく   4 つらく

28 一般的にうどんの味はスープで変わります。
    1 いちはんてき   2 しつはんてき   3 いっぱんてき   4 しっぱんてき

29 確かに鈴木先生は昨日1時頃学校にいらっしゃいました。
    1 わずかに   2 たしかに   3 おろかに   4 あざやかに

30 結婚していても、子供がいても実家が恋しいです。
    1 こいしい   2 いとしい   3 したしい   4 おしい

확인 문제 3 · 정답 및 해석(い형용사&な형용사, 부사)

21 정답 **3**
해석 어제는 뵙지 못해서 <u>아쉬웠습니다</u>.
어휘 昨日(きのう) 어제　お+동사의 ます형+する ~하다, ~해 드리다 *겸양표현　会(あ)う 만나다
~なくて ~하지 않아서 *원인·이유　残念(ざんねん)だ 아쉽다, 유감스럽다

22 정답 **2**
해석 이 짐, 생각했던 것보다 <u>무겁네요</u>.
어휘 荷物(にもつ) 짐　思(おも)ったより 생각했던 것보다　重(おも)い 무겁다　ただ(正)しい 바르다, 맞다
ゆる(緩)い 느슨하다　かる(軽)い 가볍다

23 정답 **1**
해석 수평선을 바라보면 지구가 <u>둥근</u> 것을 알 수 있다.
어휘 水平線(すいへいせん) 수평선　眺(なが)める 바라보다　地球(ちきゅう) 지구　丸(まる)い 둥글다
わかる 알다, 이해하다　せつ(切)ない 애절하다　うらや(羨)ましい 부럽다　おもしろい 재미있다

24 정답 **4**
해석 조금 더 머리를 <u>짧게</u> 해 주세요.
어휘 もう少(すこ)し 조금 더　髪(かみ) 머리(털)　短(みじか)い 짧다　ほそ(細)い 가늘다　やす(安)い 싸다
ぬる(温)い 미지근하다

25 정답 **3**
해석 위로해 주고 싶었지만, <u>적당한</u> 말이 생각나지 않았다.
어휘 慰(なぐさ)める 위로하다　~てあげる (내가 남에게) ~해 주다　동사의 ます형+たい ~하고 싶다
適当(てきとう)だ 적당하다　言葉(ことば) 말　思(おも)い浮(う)かぶ 마음에 떠오르다, 생각나다

26 정답 **1**
해석 방이 조금 <u>더럽네</u>. 바로 청소해.
어휘 部屋(へや) 방　ちょっと 좀, 조금　汚(きたな)い 더럽다　すぐ 곧, 바로　掃除(そうじ) 청소　~なさい ~하시오
はかない 덧없다　あぶ(危)ない 위험하다　くだらない 시시하다

27 정답 **4**
해석 아무리 <u>괴로워도</u> 지금은 참을 수밖에 없습니다.
어휘 いくら~ても 아무리 ~해도　辛(つら)い 괴롭다, 고통스럽다　今(いま) 지금　我慢(がまん) 참음, 견딤
~しかない ~할 수밖에 없다　から(辛)い 맵다　のろ(鈍)い 느리다, 둔하다

28 정답 **3**
해석 일반적으로 우동의 맛은 국물로 <u>바뀝니다</u>.
어휘 一般的(いっぱんてき)だ 일반적이다　うどん 우동　味(あじ) 맛　スープ 수프, 국　変(か)わる 바뀌다, 변하다

29 정답 **2**
해석 <u>분명히</u> 스즈키 선생님은 어제 1시경 학교에 계셨습니다.
어휘 確(たし)かに 확실히, 분명히　いらっしゃる 계시다 *「いる」((사람이) 있다)의 존경어　わず(僅)かに 겨우, 간신히
おろ(愚)かだ 어리석다　あざ(鮮)やかだ 선명하다

30 정답 **1**
해석 결혼해도 아이가 있어도 친정이 <u>그립습니다</u>.
어휘 結婚(けっこん) 결혼　子供(こども) 아이, 자식　実家(じっか) 생가, 친정　恋(こい)しい 그립다
いと(愛)しい 사랑스럽다　した(親)しい 친하다　お(惜)しい 아깝다, 애석하다

확인 문제 4 · い형용사&な형용사, 부사

問題1 ＿＿＿＿のことばの読み方として最もよいものを、1・2・3・4から一つえらびなさい。

31 歯が悪くて固い食べ物は控えています。
　　1 こい　　　　　　　2 ほそい　　　　　　3 かたい　　　　　　4 あつい

32 素敵な服ですね。いつ買いましたか。
　　1 そてき　　　　　　2 すてき　　　　　　3 ちてき　　　　　　4 むてき

33 彼女は料理が得意だそうです。
　　1 とくい　　　　　　2 どくい　　　　　　3 えい　　　　　　　4 かい

34 ここは浅いから、あまり危なくないですよ。
　　1 ふとい　　　　　　2 ふかい　　　　　　3 あさい　　　　　　4 とうとい

35 もうすぐ試合が始まるからか、彼も真剣な顔に変わった。
　　1 しんけん　　　　　2 じんけん　　　　　3 まけん　　　　　　4 まんけん

36 許可なしに、ここに絶対に入らないでください。
　　1 ぜったいに　　　　2 せったいに　　　　3 がったいに　　　　4 のったいに

37 これは若いからこそ、できる方法ではないでしょうか。
　　1 ふるい　　　　　　2 やさしい　　　　　3 にぶい　　　　　　4 わかい

38 その谷には清い水が静かに流れていた。
　　1 きよい　　　　　　2 ひろい　　　　　　3 もろい　　　　　　4 あおい

39 新たな気持ちで頑張りたいと思います。
　　1 かた　　　　　　　2 ふた　　　　　　　3 あした　　　　　　4 あらた

40 詳しいことは事務室にお問い合わせください。
　　1 まぶしい　　　　　2 くわしい　　　　　3 あわただしい　　　4 いちじるしい

확인 문제 4 · 정답 및 해석(い형용사&な형용사, 부사)

31 정답 3
해석 치아가 좋지 않아서 딱딱한 음식은 삼가고 있습니다.
어휘 歯(は) 이, 치아 悪(わる)い 나쁘다, 좋지 않다 固(かた)い 단단하다, 딱딱하다 食(た)べ物(もの) 음식
控(ひか)える 삼가다, 줄이다, 자제하다 こ(濃)い 진하다 ほそ(細)い 가늘다 あつ(厚)い 두껍다

32 정답 2
해석 멋진 옷이네요. 언제 샀어요?
어휘 素敵(すてき)だ 멋지다 服(ふく) 옷 いつ 언제 買(か)う 사다 ちてき(知的)だ 지적이다
むてき(無敵) 무적, 대적할 상대가 없음

33 정답 1
해석 그녀는 요리를 잘한다고 합니다.
어휘 料理(りょうり) 요리 得意(とくい)だ 잘하다, 자신 있다 품사의 보통형+そうだ ~라고 한다 *전문 かい(甲斐) 보람

34 정답 3
해석 여기는 얕으니까, 별로 위험하지 않아요.
어휘 浅(あさ)い 얕다 あまり (부정어 수반) 그다지, 별로 危(あぶ)ない 위험하다 ふと(太)い 굵다 ふか(深)い 깊다
とうと(尊)い 고귀하다

35 정답 1
해석 이제 곧 시합이 시작되기 때문인지, 그도 진지한 얼굴로 바뀌었다.
어휘 もうすぐ 이제 곧 試合(しあい) 시합 始(はじ)まる 시작되다 真剣(しんけん)だ 진지하다 顔(かお) 얼굴, 표정
変(か)わる 바뀌다, 변하다 じんけん(人権) 인권

36 정답 1
해석 허가 없이 여기에 절대로 들어가지 말아 주세요.
어휘 許可(きょか) 허가 ~なしに ~없이 絶対(ぜったい)に 절대로 入(はい)る 들어가다
~ないでください ~하지 말아 주십시오

37 정답 4
해석 이것은 젊기 때문에 할 수 있는 방법이지 않을까요?
어휘 若(わか)い 젊다 ~からこそ ~이기 때문에, ~이므로 *원인·이유를 강조하는 표현 できる 할 수 있다, 가능하다
方法(ほうほう) 방법 ふる(古)い 오래되다 やさ(易)しい 쉽다 にぶ(鈍)い 둔하다

38 정답 1
해석 그 계곡에는 맑은 물이 조용히 흐르고 있었다.
어휘 谷(たに) 계곡 清(きよ)い 맑다, 깨끗하다 水(みず) 물 静(しず)かだ 조용하다 流(なが)れる 흐르다 ひろ(広)い 넓다
もろ(脆)い 무르다, 약하다 あお(青)い 푸르다

39 정답 4
해석 새로운 기분으로 열심히 하고 싶다고 생각합니다.
어휘 新(あら)ただ 새롭다 気持(きも)ち 기분, 마음 頑張(がんば)る (끝까지) 노력하다, 열심히 하다 かた(肩) 어깨
ふた(蓋) 뚜껑 あした(明日) 내일

40 정답 2
해석 상세한 것은 사무실에 문의해 주세요.
어휘 詳(くわ)しい 상세하다 事務室(じむしつ) 사무실 お+동사의 ます형+ください ~해 주십시오 *존경표현
問(と)い合(あ)わせる 문의하다 まぶ(眩)しい 눈부시다 あわ(慌)ただしい 분주하다, 어수선하다
いちじる(著)しい 두드러지다, 현저하다

70

확인 문제 5 · い형용사&な형용사, 부사

問題1 _____のことばの読み方として最もよいものを、1・2・3・4から一つえらびなさい。

41 実は自分の子供のSNSを密かにチェックしている親が多いという。

1 じつは   2 もしくは   3 または   4 あるいは

42 入りたかった大学に無事に合格できてとても嬉しいです。

1 おしい   2 けわしい   3 うれしい   4 はずかしい

43 未婚化の進展は、出生率低下の主な原因の一つです。

1 しゅ   2 おも   3 まとも   4 まこと

44 このコート、軽くて薄いのに思ったより暖かくて驚きました。

1 やわらかい   2 おもたい   3 うまい   4 うすい

45 この水路は狭いですが、深くてやや大きい船も通りそうです。

1 はげしくて   2 よろこばしくて   3 あらくて   4 ふかくて

46 この頃は、よく不思議な夢を見ます。

1 ぶしぎ   2 ふしぎ   3 ぶじき   4 ぶじぎ

47 最近、体格の向上に反比例して運動神経の鈍い子が増えているという。

1 せまい   2 あわい   3 あたたかい   4 にぶい

48 彼とは社会人になってから親しくなった。

1 したしく   2 すずしく   3 いちじるしく   4 くわしく

49 私はエスプレッソのような濃いコーヒーが大好きです。

1 ゆるい   2 にくい   3 こい   4 するどい

50 賢い子には幼児期から共通する特徴があることをご存じでしょうか。

1 ずるい   2 ねむい   3 かしこい   4 きたない

확인 문제 5・정답 및 해석(い형용사&な형용사, 부사)

41 정답 **1**
해석 <u>실은</u> 자기 아이의 SNS를 몰래 체크하고 있는 부모가 많다고 한다.
어휘 実(じつ)は 실은 自分(じぶん) 자기, 자신, 나 子供(こども) 아이 SNS(エスエヌエス) 소셜 네트워킹 서비스, SNS
密(ひそ)かだ 몰래 하다 チェック 체크 親(おや) 부모 多(おお)い 많다 ~という ~라고 한다
もしくは 또는, 혹은 または 또는, 혹은 あるいは 또는, 혹은

42 정답 **3**
해석 들어가고 싶었던 대학에 무사히 합격할 수 있어서 너무 <u>기쁩</u>니다.
어휘 入(はい)る 들어가다, 입학하다 동사의 ます형+たい ~하고 싶다 大学(だいがく) 대학 無事(ぶじ)だ 무사하다
合格(ごうかく) 합격 とても 아주, 매우 嬉(うれ)しい 기쁘다 お(惜)しい 아깝다, 애석하다 けわ(険)しい 험하다, 험악하다
は(恥)ずかしい 부끄럽다, 창피하다

43 정답 **2**
해석 미혼화의 진전은 출생률 저하의 <u>주</u>된 원인 중 하나입니다.
어휘 未婚化(みこんか) 미혼화 進展(しんてん) 진전 出生率(しゅっせいりつ) 출생률 低下(ていか) 저하
主(おも)だ 주되다, 주요하다 原因(げんいん) 원인 ~の一(ひと)つだ ~중 하나다 まとも 정면, 성실 まこと(誠) 진실, 성의

44 정답 **4**
해석 이 코트, 가볍고 <u>얇은</u>데도 생각했던 것보다 따뜻해서 놀랐습니다.
어휘 コート 코트 軽(かる)い 가볍다 薄(うす)い 얇다 ~のに ~는데(도) 思(おも)ったより 생각했던 것보다
暖(あたた)かい 따뜻하다 驚(おどろ)く 놀라다 やわ(柔)らかい 부드럽다 おも(重)たい 무겁다, 묵직하다 うまい 맛있다

45 정답 **4**
해석 이 수로는 좁지만, <u>깊</u>어서 약간 큰 배도 통과할 것 같습니다.
어휘 水路(すいろ) 수로 狭(せま)い 좁다 深(ふか)い 깊다 やや 약간, 다소 大(おお)きい 크다 船(ふね) 배
通(とお)る 통과하다 동사의 ます형+そうだ ~일[할] 것 같다 *양태 はげ(激)しい 심하다, 격하다, 격렬하다
よろこ(喜)ばしい 기쁘다, 경사스럽다 あら(荒)い 거칠다

46 정답 **2**
해석 요즘은 자주 <u>이상한</u> 꿈을 꿉니다.
어휘 この頃(ごろ) 요즘 よく 자주 不思議(ふしぎ)だ 불가사의하다, 이상하다 夢(ゆめ)を見(み)る 꿈을 꾸다

47 정답 **4**
해석 최근 체격 향상에 반비례해서 운동신경이 <u>둔한</u> 아이가 늘고 있다고 한다.
어휘 最近(さいきん) 최근, 요즘 体格(たいかく) 체격 向上(こうじょう) 향상 反比例(はんひれい) 반비례
運動神経(うんどうしんけい) 운동신경 鈍(にぶ)い 둔하다 増(ふ)える 늘다, 늘어나다 せま(狭)い 좁다
あわ(淡)い (빛깔이) 옅다, (맛이) 담백하다 あたた(暖)かい 따뜻하다

48 정답 **1**
해석 그와는 사회인이 되고 나서 <u>친해</u>졌다.
어휘 社会人(しゃかいじん) 사회인 ~てから ~하고 나서, ~한 후에 親(した)しい 친하다 すず(涼)しい 시원하다
いちじる(著)しい 두드러지다, 현저하다 くわ(詳)しい 상세하다, 잘 알고 있다, 밝다

49 정답 **3**
해석 저는 에스프레소와 같은 <u>진한</u> 커피를 아주 좋아합니다.
어휘 エスプレッソ 에스프레소 명사+の+ような ~와 같은 濃(こ)い 진하다 コーヒー 커피
大好(だいす)きだ 아주 좋아하다 ゆる(緩)い 느슨하다, 헐렁하다 にく(憎)い 밉다 するど(鋭)い 날카롭다, 예리하다

50 정답 **3**
해석 <u>영리한</u> 아이에게는 유아기부터 공통된 특징이 있는 것을 알고 계신지요?
어휘 幼児期(ようじき) 유아기 共通(きょうつう)する 공통되다 特徴(とくちょう) 특징
ご存(ぞん)じだ 아시다 *「知(し)る」(알다)의 존경어 ずる(狡)い 교활하다 ねむ(眠)い 졸리다 きたな(汚)い 더럽다

점수 UP! UP!
〈い형용사&な형용사, 부사〉

음원

☐ いい・良い 좋다	☐ 激しい 심하다, 격하다, 격렬하다	☐ 正直だ 정직하다
☐ 軽い 가볍다	☐ 憎い 밉다	☐ 確実だ 확실하다
☐ 強い 강하다	☐ 重たい 무겁다, 묵직하다	☐ 明らかだ 분명하다, 명백하다
☐ 眠い 졸리다	☐ 狡い 교활하다	☐ 幸福だ 행복하다
☐ 惜しい 아깝다, 애석하다	☐ 緩い 느슨하다, 헐렁하다	☐ 自由だ 자유롭다
☐ 酸っぱい 시다	☐ 険しい 험하다, 험악하다	☐ 面倒だ 귀찮다, 성가시다
☐ 鋭い 날카롭다, 예리하다	☐ 懐かしい 그립다	☐ 可能だ 가능하다
☐ 恐ろしい 무섭다, 두렵다	☐ 喜ばしい 기쁘다, 경사스럽다	☐ 利口だ 영리하다
☐ 悔しい 분하다	☐ 重大だ 중대하다	☐ 貧乏だ 가난하다
☐ 鈍い 느리다, 둔하다	☐ 盛んだ 왕성하다	☐ 主に 주로
☐ 荒い 거칠다	☐ 豊富だ 풍부하다	☐ 専ら 오로지
☐ 塩辛い 짜다	☐ 冷静だ 냉정하다	☐ 着々(と) 착착
☐ 醜い 추하다	☐ 微妙だ 미묘하다	☐ 早速 당장, 즉시
☐ 羨ましい 부럽다	☐ 完全だ 완전하다	☐ 却って 도리어, 오히려
☐ 柔らかい 부드럽다	☐ 乱暴だ 난폭하다	☐ 未だに 아직(까지)도
☐ 恥ずかしい 부끄럽다, 창피하다	☐ 退屈だ 지루하다	☐ 今にも 당장이라도
☐ 貧しい 가난하다	☐ 意外だ 의외다, 뜻밖이다	☐ 自然に 자연스럽게

언어지식(문자·어휘)

한자 읽기

い형용사 외

출제 유형

    문제 2 한자 표기는 밑줄 친 부분의 히라가나를 한자로 어떻게 표기하는지 묻는 문제다. 총 6문제가 출제되는데, 동사와 명사는 매 시험 빠짐없이 출제되고 있고, 간혹 형용사나 부사가 출제되기도 한다.

실제 시험 예시

問題2 ＿＿＿のことばを漢字で書くとき、最もよいものを、1・2・3・4から一つえらびなさい。

☐ 1 ☐ 試験が三日後にせまり、彼の顔も真剣になってきた。

  1 預り   2 往り   3 迫り   4 送り

☐ 2 ☐ 健康になるためには、えいようのバランスも非常に重要です。

  1 栄養   2 栄様   3 栄陽   4 栄洋

☐ 3 ☐ その国は今までゆたかな労働力のおかげで発展してきた。

  1 愚か   2 満か   3 豊か   4 富か

|정답| ☐1☐ 3 ☐2☐ 1 ☐3☐ 3

시험 대책

    동사의 경우 상용한자의 기본 동사를 중심으로 출제되는데, 간혹 동음이의어 구분 문제로 출제되는 경우도 있으므로 이 부분에 대한 학습이 필요하다. 명사는 대부분 2자로 된 한자어가 출제되는데, 선택지는 유사한 한자로 제시되는 경우가 많다. 따라서 직접 써 보고 유사한 한자들을 정확하게 구분해 둘 필요가 있다. 그리고 형용사나 부사는 매 시험마다 출제되지는 않지만, 고득점을 위해서는 학습이 필요하다.

기출 및 출제 예상 어휘 100
<동사>

음원

☐ 泣く 울다	☐ 飛ぶ (하늘을) 날다	☐ 追う 쫓다
☐ 組む 짜다	☐ 眠る 자다, 잠들다	☐ 消す 끄다
☐ 信じる 믿다	☐ 願う 바라다	☐ 回る 돌다
☐ 守る 지키다	☐ 違う 다르다	☐ 結ぶ 매다, 묶다
☐ 降りる (탈것에서) 내리다	☐ 移る 이동하다	☐ 座る 앉다
☐ 育てる 키우다	☐ 達する 달하다, 이르다	☐ 建てる (집을) 짓다, 세우다
☐ 続く 이어지다, 계속되다	☐ 割れる 깨지다	☐ 捨てる 버리다
☐ 借りる 빌리다	☐ 重ねる 되풀이하다, 거듭하다	☐ 伝える 전하다
☐ 預ける 맡기다	☐ 投げる 던지다	☐ 示す (나타내) 보이다
☐ 包む 싸다, 포장하다	☐ 省く 생략하다	☐ 進む 나아가다, 진행되다
☐ 困る 곤란하다, 난처하다	☐ 泳ぐ 헤엄치다, 수영하다	☐ 断る 거절하다
☐ 当たる (꿈·예상이) 들어맞다, 적중하다	☐ 貸す 빌려주다	☐ 避ける 피하다
☐ 辞める (일자리를) 그만두다	☐ 流れる 흐르다	☐ 黙る 침묵하다
☐ 広がる 확산되다, 퍼지다, 번지다	☐ 返す 돌려주다, 반납하다	☐ 稼ぐ 돈을 벌다
☐ 暮らす 살다, 생활하다	☐ 逃げる 달아나다, 도망치다	☐ 別れる 헤어지다
☐ 勤める 근무하다	☐ 支える 지탱하다, (정신적·경제적으로) 지원하다	☐ 攻める 공격하다
☐ 温める 따뜻하게 하다	☐ 慣れる 익숙해지다	☐ 覚える 외우다, 기억하다

☐ 問う 묻다	☐ 失う 잃다, 잃어버리다	☐ 解く (의문·문제를) 풀다
☐ 転ぶ 구르다, 넘어지다	☐ 咲く (꽃이) 피다	☐ 産む 낳다
☐ 遅れる 늦다, 늦어지다	☐ 握る (손에) 쥐다, 잡다	☐ 得る 얻다
☐ 渡る 건너다	☐ 余る 남다	☐ 縛る 묶다, 매다
☐ 植える 심다	☐ 燃える (불에) 타다	☐ 描く (그림을) 그리다(=描く)
☐ 与える (주의·영향 등을) 주다	☐ 叫ぶ 외치다	☐ 従う (명령 등에) 따르다
☐ 触る 만지다	☐ 運ぶ 옮기다, 나르다	☐ 感じる 느끼다
☐ 埋まる 메워지다, 가득 차다	☐ 生える (이나 털이) 나다, 자라다	☐ 応じる (물음이나 요구에) 응하다
☐ 折れる 꺾어지다, 부러지다	☐ 飽きる 질리다	☐ 疑う 의심하다
☐ 経つ (시간이) 지나다, 경과하다	☐ 加える 더하다	☐ 命じる 명하다, 명령하다
☐ 着く 도착하다	☐ 改める (좋게) 고치다, 바로잡다	☐ 配る 나누어 주다, 배포하다
☐ 祈る 빌다, 기원하다	☐ 表す 나타내다, 표현하다	☐ 嫌がる 싫어하다
☐ 慌てる 당황하다	☐ 合わせる 맞추다	☐ 諦める 체념하다, 단념하다
☐ 用いる 사용하다	☐ 決める 정하다, 결정하다	☐ 例える 예를 들다
☐ 訪ねる 방문하다	☐ 眺める 바라보다	☐ 明ける (날이) 새다, 밝다
☐ 迎える (사람·때를) 맞다, 맞이하다	☐ 抑える 억누르다	☐ 詰まる 가득 차다, 잔뜩 쌓이다
☐ 調べる 조사하다		

확인 문제 1 · 동사

동영상 04

問題2 ＿＿＿のことばを漢字で書くとき、最もよいものを、1・2・3・4から一つえらびなさい。

1　郵便局はあの橋を<u>わたって</u>10分ぐらい歩くと出ます。
　　1 行って　　　　　2 通って　　　　　3 渡って　　　　　4 寄って

2　すみませんが、何か書く物を<u>かして</u>くださいませんか。
　　1 貸して　　　　　2 借して　　　　　3 返して　　　　　4 増して

3　あの椅子に<u>すわって</u>いる方が渡辺さんですか。
　　1 掛って　　　　　2 立って　　　　　3 持って　　　　　4 座って

4　約束したからには、何があっても<u>まもらなければ</u>なりません。
　　1 必らなければ　　2 厳らなければ　　3 守らなければ　　4 切らなければ

5　この件は、よく<u>しらべた</u>上で決めてください。
　　1 比べた　　　　　2 並べた　　　　　3 述べた　　　　　4 調べた

6　遭難した人々の無事を<u>いのる</u>ばかりです。
　　1 祝る　　　　　　2 願る　　　　　　3 祈る　　　　　　4 念る

7　納得できない部分もあったが、指示に<u>したがう</u>しかなかった。
　　1 追う　　　　　　2 従う　　　　　　3 負う　　　　　　4 迷う

8　友達が私の名前を<u>さけんで</u>いるのに、全く気が付かなかった。
　　1 叫んで　　　　　2 産んで　　　　　3 並んで　　　　　4 運んで

9　<u>こまった</u>ことがあったら、いつでも連絡してください。
　　1 因った　　　　　2 国った　　　　　3 囚った　　　　　4 困った

10　その話を聞いた以上、私としても<u>だまって</u>いるわけにはいきません。
　　1 黙って　　　　　2 送って　　　　　3 断って　　　　　4 折って

확인 문제 1 · 정답 및 해석(동사)

1 정답 **3**
해석 우체국은 저 다리를 건너서 10분 정도 걸으면 나옵니다.
어휘 郵便局(ゆうびんきょく) 우체국 橋(はし) 다리 わた(渡)る 건너다 歩(ある)く 걷다 出(で)る 나오다
行(い)く 가다 通(とお)る 통과하다 寄(よ)る 들르다

2 정답 **1**
해석 죄송합니다만, 뭔가 쓸 것을 빌려주시지 않겠습니까?
어휘 何(なに)か 무엇인가, 뭔가 書(か)く (글씨·글을) 쓰다 物(もの) 물건, 것 か(貸)す 빌려주다
〜てくださる (남이 나에게) 〜해 주시다 *「〜てくれる」((남이 나에게) 〜해 주다)의 존경표현 返(かえ)す 돌려주다, 반납하다
増(ま)す (수·양 등이) 많아지다, 불어나다

3 정답 **4**
해석 저 의자에 앉아 있는 분이 와타나베 씨입니까?
어휘 椅子(いす) 의자 すわ(座)る 앉다 方(かた) 분 立(た)つ 서다 持(も)つ 가지다, 들다

4 정답 **3**
해석 약속한 이상은 무슨 일이 있어도 지키지 않으면 안 됩니다.
어휘 約束(やくそく) 약속 〜からには 〜한 이상은 何(なに)があっても 무슨 일이 있어도 まも(守)る 지키다
〜なければならない 〜하지 않으면 안 된다, 〜해야 한다 切(き)る 자르다, 끊다

5 정답 **4**
해석 이 건은 잘 조사한 후에 결정해 주세요.
어휘 件(けん) 건 よく 잘 しら(調)べる 조사하다 동사의 た형+上(うえ)で 〜한 후에, 〜한 다음에
決(き)める 정하다, 결정하다 比(くら)べる 비교하다 並(なら)べる (물건 등을) 늘어놓다, 나란히 놓다
述(の)べる 말하다, 진술하다

6 정답 **3**
해석 조난당한 사람들의 무사함을 빌 뿐입니다.
어휘 遭難(そうなん)する 조난당하다 人々(ひとびと) 사람들 無事(ぶじ) 무사함 いの(祈)る 빌다, 기원하다
〜ばかり 〜만, 〜뿐

7 정답 **2**
해석 납득할 수 없는 부분도 있었지만, 지시에 따를 수밖에 없었다.
어휘 納得(なっとく) 납득 部分(ぶぶん) 부분 指示(しじ) 지시 したが(従)う (명령 등에) 따르다
〜しかない 〜할 수밖에 없다 追(お)う 쫓다 負(お)う 짊어지다 迷(まよ)う 망설이다

8 정답 **1**
해석 친구가 내 이름을 외치고 있는데도 전혀 알아차리지 못했다.
어휘 友達(ともだち) 친구 名前(なまえ) 이름 さけ(叫)ぶ 외치다 〜のに 〜는데(도) 全(まった)く (부정어 수반) 전혀
気(き)が付(つ)く 깨닫다, 알아차리다 産(う)む 낳다 並(なら)ぶ (나란히) 늘어서다, (줄을) 서다 運(はこ)ぶ 옮기다, 나르다

9 정답 **4**
해석 곤란한 일이 있으면 언제든지 연락해 주세요.
어휘 こま(困)る 곤란하다, 난처하다 いつでも 언제든지 連絡(れんらく) 연락 因(よ)る 기인하다, 말미암다

10 정답 **1**
해석 그 이야기를 들은 이상, 저로서도 침묵하고 있을 수는 없습니다.
어휘 話(はなし) 이야기 聞(き)く 듣다 〜以上(いじょう) 〜한[인] 이상 〜としても 〜로서도 だま(黙)る 침묵하다
동사의 기본형+わけにはいかない 〜할 수는 없다 送(おく)る 보내다 断(ことわ)る 거절하다
折(お)る 접다, 꺾다, 부러뜨리다

확인 문제 2 · 동사

問題2 _____のことばを漢字で書くとき、最もよいものを、1・2・3・4から一つえらびなさい。

11 空を見上げると、鳥が<u>とん</u>でいるのが見えた。

    1 走んで   2 行んで   3 泳んで   4 飛んで

12 もう終わったことだから、<u>ないても</u>どうにもなりませんよ。

    1 泣いても   2 描いても   3 巻いても   4 咲いても

13 会社までは電車を<u>おりて</u>10分ぐらいかかります。

    1 降りて   2 乗りて   3 借りて   4 流りて

14 部屋を出る時は必ず電気を<u>けし</u>ましょう。

    1 付し   2 消し   3 忘し   4 削し

15 迎えに行きますから、駅に<u>ついたら</u>すぐ電話してください。

    1 付いたら   2 就いたら   3 着いたら   4 突いたら

16 私の意見とは<u>ちがい</u>ますが、彼の話も確かに一理はあると思います。

    1 悪い   2 間い   3 誤い   4 違い

17 すぐ家のそばに高い建物が<u>たてられて</u>日当たりが悪くなってしまった。

    1 埋てられて   2 突てられて   3 建てられて   4 加てられて

18 昨夜はぐっすり<u>ねむれ</u>ましたか。

    1 睡れ   2 眠れ   3 眼れ   4 寝れ

19 ペンキを塗ったばかりですから、<u>さわらないで</u>ください。

    1 握らないで   2 触らないで   3 余らないで   4 配らないで

20 その家の裏庭にはきれいな花がたくさん<u>うえて</u>ありました。

    1 植えて   2 咲えて   3 散えて   4 採えて

확인 문제 2 · 정답 및 해석(동사)

11 정답 **4**
해석 하늘을 올려다보니, 새가 날고 있는 것이 보였다.
어휘 空(そら) 하늘 見上(みあ)げる 올려다보다 鳥(とり) 새 と(飛)ぶ (하늘을) 날다 見(み)える 보이다

12 정답 **1**
해석 이미 끝난 일이니까, 울어도 어쩔 수 없어요.
어휘 もう 이미, 벌써 終(お)わる 끝나다 な(泣)く 울다 どうにもならない 어떻게 해도 안 된다, 어쩔 수 없다
描(か)く (그림을) 그리다 (=描(えが)く) 巻(ま)く 감다 咲(さ)く (꽃이) 피다

13 정답 **1**
해석 회사까지는 전철을 내려서 10분 정도 걸립니다.
어휘 会社(かいしゃ) 회사 電車(でんしゃ) 전철 お(降)りる (탈것에서) 내리다 かかる (시간이) 걸리다 借(か)りる 빌리다

14 정답 **2**
해석 방을 나올 때는 반드시 전등을 끕시다.
어휘 部屋(へや) 방 出(で)る 나오다 〜時(とき) 〜때 必(かなら)ず 반드시 電気(でんき) 전등 け(消)す 끄다

15 정답 **3**
해석 마중 나갈 테니까, 역에 도착하면 바로 전화해 주세요.
어휘 迎(むか)える (사람을) 맞다, 마중하다 동사의 ます형+に 〜하러 *동작의 목적 駅(えき) 역 つ(着)く 도착하다
すぐ 곧, 바로 電話(でんわ) 전화 付(つ)く 붙다 就(つ)く 종사하다, 취임[취업]하다 突(つ)く 찌르다

16 정답 **4**
해석 제 의견과는 다르지만, 그의 이야기도 확실히 일리는 있다고 생각합니다.
어휘 意見(いけん) 의견 ちが(違)う 다르다 確(たし)かに 확실히, 분명히 一理(いちり) 일리, 어떤 면에서 타당성이 있는 이치

17 정답 **3**
해석 바로 집 옆에 높은 건물이 세워져서 볕이 잘 들지 않게 되어 버렸다.
어휘 そば 옆, 곁 高(たか)い 높다 建物(たてもの) 건물 た(建)てる (집을) 짓다, 세우다
日当(ひあ)たりが悪(わる)い 볕이 잘 들지 않다

18 정답 **2**
해석 어젯밤은 푹 잘 수 있었습니까?
어휘 昨夜(ゆうべ) 어젯밤 ぐっすり 푹 *깊이 잠든 모양 ねむ(眠)る 자다, 잠들다

19 정답 **2**
해석 페인트를 막 칠했으니까, 만지지 말아 주세요.
어휘 ペンキ 페인트 塗(ぬ)る 바르다, 칠하다 동사의 た형+ばかりだ 막 〜한 참이다, 〜한 지 얼마 안 되다
さわ(触)る 만지다, 손을 대다 〜ないでください 〜하지 말아 주십시오 握(にぎ)る (손에) 쥐다, 잡다 余(あま)る 남다
配(くば)る 나누어 주다, 배포하다

20 정답 **1**
해석 그 집 뒤뜰에는 예쁜 꽃이 많이 심어져 있었습니다.
어휘 裏庭(うらにわ) 뒤뜰 きれいだ 예쁘다 花(はな) 꽃 う(植)える 심다 타동사+てある 〜해져 있다 *상태표현

확인 문제 3・동사

問題2 ＿＿＿のことばを漢字で書くとき、最もよいものを、1・2・3・4から一つえらびなさい。

21 昨日は久しぶりに図書館に行って読みたい本を3冊かりて来ました。

1 借りて　2 貸りて　3 加りて　4 買りて

22 彼は入社して1か月も経っていないのに、もうやめてしまったそうだ。

1 絶めて　2 辞めて　3 断めて　4 切めて

23 貴重品はホテルのフロントにおあずけください。

1 預け　2 保け　3 設け　4 返け

24 信用できない彼の話なんかしんじるものか。

1 配じる　2 設じる　3 信じる　4 疑じる

25 おかげ様で、仕事は順調にすすんでいます。

1 進んで　2 歩んで　3 走んで　4 捗んで

26 毎日練習したら、25メートルおよげるようになりました。

1 水げる　2 氷げる　3 永げる　4 泳げる

27 私たちがすてたごみは、誰かが片付けなければならない。

1 拾てた　2 捨てた　3 集てた　4 逃てた

28 最初は大変でしたが、今は仕事にもなれてきました。

1 応れて　2 適れて　3 変れて　4 慣れて

29 彼女はいつもそばで私をささえてくれました。

1 維えて　2 抱えて　3 支えて　4 柱えて

30 この店の料理は毎日食べても全然あきません。

1 溢き　2 飽き　3 秋き　4 満き

확인 문제 3 · 정답 및 해석(동사)

21 정답 **1**
해석 어제는 오랜만에 도서관에 가서 읽고 싶은 책을 세 권 빌려 왔습니다.
어휘 昨日(きのう) 어제 久(ひさ)しぶり 오래간만임, 오랜만임 図書館(としょかん) 도서관 読(よ)む 읽다
동사의 ます형+たい ~하고 싶다 ~冊(さつ) ~권 か(借)りる 빌리다

22 정답 **2**
해석 그는 입사하고 1개월도 지나지 않았는데 벌써 그만둬 버렸다고 한다.
어휘 入社(にゅうしゃ) 입사 ~か月(げつ) ~개월 経(た)つ (시간이) 지나다, 경과하다 ~のに ~는데(도) もう 이미, 벌써
や(辞)める (일자리를) 그만두다

23 정답 **1**
해석 귀중품은 호텔 프런트에 맡겨 주세요.
어휘 貴重品(きちょうひん) 귀중품 ホテル 호텔 フロント 프런트 お+동사의 ます형+ください ~해 주십시오 *존경표현
あず(預)ける 맡기다 設(もう)ける 설치하다

24 정답 **3**
해석 신용할 수 없는 그 사람의 이야기 따위 믿을까 보냐.
어휘 信用(しんよう) 신용 話(はなし) 이야기 ~なんか ~따위 しん(信)じる 믿다 ~ものか ~할까 보냐

25 정답 **1**
해석 덕분에 일은 순조롭게 진행되고 있습니다.
어휘 おかげ様(さま)で 덕분에 *「おかげで」의 공손한 표현 仕事(しごと) 일 順調(じゅんちょう)だ 순조롭다
すす(進)む 나아가다, 진행되다 歩(あゆ)む 걷다

26 정답 **4**
해석 매일 연습했더니, 25m 헤엄칠 수 있게 되었습니다.
어휘 毎日(まいにち) 매일 練習(れんしゅう) 연습 メートル 미터, m およ(泳)ぐ 헤엄치다, 수영하다
~ようになる ~하게(끔) 되다 *변화

27 정답 **2**
해석 우리가 버린 쓰레기는 누군가가 치우지 않으면 안 된다.
어휘 ~たち (사람이나 생물을 나타내는 말에 붙어) ~들 す(捨)てる 버리다 ごみ 쓰레기 片付(かたづ)ける 치우다, 정리하다
~なければならない ~하지 않으면 안 된다, ~해야 한다

28 정답 **4**
해석 맨 처음에는 힘들었지만, 지금은 일에도 익숙해졌습니다.
어휘 最初(さいしょ) 최초, 맨 처음 大変(たいへん)だ 힘들다 今(いま) 지금 仕事(しごと) 일 な(慣)れる 익숙해지다
~てくる ~해지다 *과거에서 현재로의 변화를 나타냄

29 정답 **3**
해석 여자친구는 항상 옆에서 저를 지원해 주었습니다.
어휘 彼女(かのじょ) 여자친구 いつも 늘, 항상 そば 옆, 곁 ささ(支)える 지탱하다, (정신적·경제적으로) 지원하다
~てくれる (남이 나에게) ~해 주다 抱(かか)える 안다, (문제 등을) 떠안다

30 정답 **2**
해석 이 가게의 요리는 매일 먹어도 전혀 질리지 않습니다.
어휘 店(みせ) 가게 料理(りょうり) 요리 毎日(まいにち) 매일 食(た)べる 먹다 全然(ぜんぜん) (부정어 수반) 전혀
あ(飽)きる 질리다

問題2 ＿＿＿＿のことばを漢字で書くとき、最もよいものを、1・2・3・4から一つえらびなさい。

51 今日の話題は、世界的に感染が<u>ひろがって</u>いる新型ウイルスです。

1 広がって   2 拡がって   3 大がって   4 狭がって

52 この料理は<u>あたためて</u>食べると、風味が増します。

1 熱めて   2 冷めて   3 温めて   4 飲めて

53 中村さんは3年前から銀行に<u>つとめて</u>います。

1 働めて   2 努めて   3 就めて   4 勤めて

54 赤ちゃんは小さい手で何かを<u>にぎって</u>いた。

1 握って   2 破って   3 絞って   4 巻って

55 これは割れやすいので、古新聞などで<u>つつんで</u>持って行ってください。

1 寄んで   2 包んで   3 回んで   4 装んで

56 両親は小さい頃から、お金に不自由なく<u>そだてて</u>くれた。

1 生てて   2 活てて   3 養てて   4 育てて

57 その国は不景気の影響で、失業率も10%に<u>たっして</u>いた。

1 至して   2 上して   3 達して   4 到して

58 本日付で営業部に<u>うつる</u>ことになりました。総務部在職中は大変お世話になりました。

1 写る   2 映る   3 伝る   4 移る

59 大学生になったからには、自ら授業の時間割を<u>くまなければ</u>ならない。

1 編まなければ   2 組まなければ   3 歩まなければ   4 集まなければ

60 退職した後は、田舎でのほほんと<u>くらし</u>たい。

1 墓らし   2 募らし   3 暮らし   4 慕らし

확인 문제 6 · 정답 및 해석(동사)

51 정답 **1**
해석 오늘의 화제는 세계적으로 감염이 확산되고 있는 신형 바이러스입니다.
어휘 話題(わだい) 화제 世界的(せかいてき)だ 세계적이다 感染(かんせん) 감염 ひろ(広)がる 확산되다, 퍼지다, 번지다
新型(しんがた) 신형 ウイルス 바이러스

52 정답 **3**
해석 이 요리는 따뜻하게 해서 먹으면 풍미가 더해집니다.
어휘 料理(りょうり) 요리 あたた(温)める 따뜻하게 하다 食(た)べる 먹다 風味(ふうみ) 풍미
増(ま)す (수 · 양 · 정도가) 커지다, 많아지다, 늘다 冷(さ)める 식다

53 정답 **4**
해석 나카무라 씨는 3년 전부터 은행에 근무하고 있습니다.
어휘 銀行(ぎんこう) 은행 前(まえ) 전 つと(勤)める 근무하다 努(つと)める 노력하다

54 정답 **1**
해석 아기는 작은 손으로 뭔가를 쥐고 있었다.
어휘 赤(あか)ちゃん 아기 小(ちい)さい 작다 手(て) 손 何(なに)か 무엇인가, 뭔가 にぎ(握)る (손에) 쥐다, 잡다
破(やぶ)る 찢다 絞(しぼ)る 짜다, 쥐어짜다

55 정답 **2**
해석 이건 깨지기 쉬우니까, 헌신문 등으로 싸서 가지고 가 주세요.
어휘 割(わ)れる 깨지다 동사의 ます형+やすい ~하기 쉽다 古新聞(ふるしんぶん) 헌신문
つつ(包)む 싸다, 포장하다 持(も)つ 가지다, 들다

56 정답 **4**
해석 부모님은 어릴 때부터 돈에 불편함이 없이 키워 주었다.
어휘 両親(りょうしん) 양친, 부모 小(ちい)さい (나이가) 적다, 어리다 頃(ころ) 때, 시절, 무렵 お金(かね) 돈
不自由(ふじゆう) 부자유, (부족 · 결함 등이 있어) 불편함 そだ(育)てる 키우다 ~てくれる (남이 나에게) ~해 주다

57 정답 **3**
해석 그 나라는 불경기의 영향으로 실업률도 10%에 달하고 있었다.
어휘 国(くに) 나라 不景気(ふけいき) 불경기 影響(えいきょう) 영향 失業率(しつぎょうりつ) 실업률
たっ(達)する 달하다, 이르다

58 정답 **4**
해석 오늘부로 영업부로 이동하게 되었습니다. 총무부 재직 중에는 대단히 신세를 졌습니다.
어휘 本日(ほんじつ) 오늘 ~付(づけ) ~부, ~일부(日附) 営業部(えいぎょうぶ) 영업부 うつ(移)る 이동하다
동사의 보통형+ことになる ~하게 되다 総務部(そうむぶ) 총무부 在職(ざいしょく) 재직 ~中(ちゅう) ~중
大変(たいへん) 대단히, 매우 お世話(せわ)になる 신세를 지다 写(うつ)る (사진에) 찍히다 映(うつ)る (반사하여) 비치다

59 정답 **2**
해석 대학생이 된 이상은 스스로 수업 시간표를 짜지 않으면 안 된다.
어휘 大学生(だいがくせい) 대학생 ~からには ~한 이상은 自(みずか)ら 스스로 授業(じゅぎょう) 수업
時間割(じかんわり) 시간표 く(組)む 짜다 編(あ)む 뜨다, 뜨개질하다 歩(あゆ)む 걷다 集(あつ)まる 모이다

60 정답 **3**
해석 퇴직한 후에는 시골에서 빈둥빈둥 살고 싶다.
어휘 退職(たいしょく) 퇴직 동사의 た형+後(あと) ~한 후 田舎(いなか) 시골 のほほん(と) 빈둥빈둥
く(暮)らす 살다, 생활하다

확인 문제 7・동사

問題2 ＿＿＿＿のことばを漢字で書くとき、最もよいものを、1・2・3・4から一つえらびなさい。

61 一人ではうまくできなくて姉に髪を<u>むすん</u>でもらった。

  1 繋んで   2 合んで   3 変んで   4 結んで

62 野球のボールを互いに<u>なげたり</u>受けたりして練習することを「キャッチボール」という。

  1 打げたり   2 送げたり   3 叩げたり   4 投げたり

63 断定的なニュアンスを避けるため、論文ではこの言葉がよく<u>もちいられる</u>。

  1 使いられる   2 用いられる   3 利いられる   4 引いられる

64 彼は強盗の疑いで、警察から<u>おわれる</u>身になった。

  1 折われる   2 負われる   3 追われる   4 従われる

65 <u>わかれた</u>元彼女から今も時々連絡が来ます。

  1 離れた   2 別れた   3 咲れた   4 偲れた

66 私が英語の単語をたくさん<u>おぼえた</u>のは、大学1年の時だった。

  1 記えた   2 語えた   3 覚えた   4 述えた

67 ここで働き始めてもう2年<u>たち</u>ました。

  1 立ち   2 経ち   3 建ち   4 絶ち

68 観客は彼女の演奏に様々な反応を<u>しめした</u>。

  1 表した   2 見した   3 示した   4 視した

69 何回も飲み会に誘われると、毎回<u>ことわる</u>理由を考えるのも苦痛です。

  1 断る   2 切る   3 触る   4 飾る

70 もうすぐ講演が始まりますので、詳細な説明は<u>はぶき</u>ます。

  1 縮き   2 省き   3 跳き   4 除き

확인 문제 7 · 정답 및 해석(동사)

61 정답 **4**
해석 혼자서는 잘 못해서 언니에게 머리를 묶어 받았다[언니가 머리를 묶어 주었다].
어휘 一人(ひとり)で 혼자서 うまく 잘, 솜씨 좋게 できない 할 수 없다, 불가능하다 ～なくて ～하지 않아서 *원인·이유
姉(あね) (자신의) 언니, 누나 髪(かみ) 머리(털) むす(結)ぶ 매다, 묶다 ～てもらう (남에게) ～해 받다, (남이) ～해 주다

62 정답 **4**
해석 야구공을 서로 던지거나 받거나 하며 연습하는 것을 '캐치볼'이라고 한다.
어휘 野球(やきゅう) 야구 ボール 볼, 공 互(たが)いに 서로 な(投)げる 던지다
～たり～たりする ～하거나 ～하거나 하다 受(う)ける (오는 것을) 받다 練習(れんしゅう) 연습 キャッチボール 캐치볼
～という ～라고 한다

63 정답 **2**
해석 단정적인 뉘앙스를 피하기 위해 논문에서는 이 말이 자주 사용된다.
어휘 断定的(だんていてき)だ 단정적이다 ニュアンス 뉘앙스 避(さ)ける 피하다 동사의 보통형+ため ～하기 위해(서)
論文(ろんぶん) 논문 言葉(ことば) 말 よく 잘, 자주 もち(用)いる 사용하다

64 정답 **3**
해석 그는 강도 혐의로 경찰로부터 쫓기는 몸이 되었다.
어휘 強盗(ごうとう) 강도 疑(うたが)い 혐의 警察(けいさつ) 경찰 お(追)う 쫓다 身(み) 몸, 신세 負(お)う 짊어지다
従(したが)う (명령 등에) 따르다

65 정답 **2**
해석 헤어진 전 여자친구에게서 지금도 종종 연락이 옵니다.
어휘 わか(別)れる 헤어지다 元(もと) 전, 이전, 원래 彼女(かのじょ) 여자친구 今(いま)も 지금도
時々(ときどき) 때때로, 종종 連絡(れんらく) 연락 離(はな)れる 떨어지다

66 정답 **3**
해석 내가 영어 단어를 많이 외운 것은 대학 1학년 때였다.
어휘 英語(えいご) 영어 単語(たんご) 단어 たくさん 많이 おぼ(覚)える 외우다, 기억하다 大学(だいがく) 대학
～時(とき) ～때

67 정답 **2**
해석 여기에서 일하기 시작한 지 벌써 2년 지났습니다.
어휘 働(はたら)く 일하다 동사의 ます형+始(はじ)める ～하기 시작하다 た(経)つ (시간이) 지나다, 경과하다 立(た)つ 서다
建(た)つ (건물이) 서다 絶(た)つ 끊다

68 정답 **3**
해석 관객은 그녀의 연주에 다양한 반응을 보였다.
어휘 観客(かんきゃく) 관객 演奏(えんそう) 연주 様々(さまざま)だ 다양하다, 여러 가지다 反応(はんのう) 반응
しめ(示)す (나타내) 보이다 表(あらわ)す 나타내다, 표현하다

69 정답 **1**
해석 몇 번이나 술자리를 권유받으면 매번 거절할 이유를 생각하는 것도 고통입니다.
어휘 何回(なんかい)も 몇 번이나, 여러 번 飲(の)み会(かい) 술자리, 회식 誘(さそ)う 권하다, 권유하다
毎回(まいかい) 매회, 매번 ことわ(断)る 거절하다 理由(りゆう) 이유 考(かんが)える 생각하다 苦痛(くつう) 고통
切(き)る 자르다, 끊다 触(さわ)る 만지다, 손을 대다 飾(かざ)る 장식하다

70 정답 **2**
해석 이제 곧 강연이 시작되므로, 상세한 설명은 생략하겠습니다.
어휘 もうすぐ 이제 곧 講演(こうえん) 강연 始(はじ)まる 시작되다 詳細(しょうさい)だ 상세하다 説明(せつめい) 설명
はぶ(省)く 생략하다 除(のぞ)く 제거하다, 없애다

확인 문제 8 · 동사

問題2 ＿＿＿＿のことばを漢字で書くとき、最もよいものを、1・2・3・4から一つえらびなさい。

71　地球は、太陽の周りをまわる惑星の一つです。

1 配る　　　　　　　　2 通る　　　　　　　　3 回る　　　　　　　　4 座る

72　問題が易しくて簡単にとくことができました。

1 解く　　　　　　　　2 決く　　　　　　　　3 巻く　　　　　　　　4 正く

73　その国には未だに「女性は結婚して子供をうむことが一番の幸せだ」という価値観が残っている。

1 制む　　　　　　　　2 産む　　　　　　　　3 作む　　　　　　　　4 造む

74　会場の中は、聴衆でぎっしりうまっていた。

1 埋まって　　　　　　2 集まって　　　　　　3 満まって　　　　　　4 固まって

75　最高裁判所はその企業に賠償支払いをめいじる判決を下した。

1 令じる　　　　　　　2 呼じる　　　　　　　3 禁じる　　　　　　　4 命じる

76　昨日、ギリシャでEUなどによる改革案の受け入れの賛否をとう国民投票があった。

1 聞う　　　　　　　　2 関う　　　　　　　　3 問う　　　　　　　　4 門う

77　強い風で、庭木がおれてしまいました。

1 絶れて　　　　　　　2 切れて　　　　　　　3 曲れて　　　　　　　4 折れて

78　ごみ箱にはごみがいっぱいつまっていた。

1 握まって　　　　　　2 詰まって　　　　　　3 余まって　　　　　　4 満まって

79　犯人は店員が接客をしている隙に現金を盗んでにげたということです。

1 逃げた　　　　　　　2 兆げた　　　　　　　3 避げた　　　　　　　4 亡げた

80　前半に積極的にせめる作戦が見事に的中して結局、逆転勝ちした。

1 戦める　　　　　　　2 撃める　　　　　　　3 突める　　　　　　　4 攻める

확인 문제 8 · 정답 및 해석(동사)

71 정답 **3**
해석 지구는 태양의 주위를 <u>도는</u> 혹성 중 하나입니다.
어휘 地球(ちきゅう) 지구 太陽(たいよう) 태양 周(まわ)り 주위, 주변 まわ(回)る 돌다 惑星(わくせい) 혹성
～の一(ひと)つだ ～중 하나다 配(くば)る 나누어 주다, 배포하다 通(とお)る 통과하다 座(すわ)る 앉다

72 정답 **1**
해석 문제가 쉬워서 간단히 풀 수 있었습니다.
어휘 問題(もんだい) 문제 易(やさ)しい 쉽다 簡単(かんたん)だ 간단하다 と(解)く (의문·문제를) 풀다 巻(ま)く 감다

73 정답 **2**
해석 그 나라에는 아직도 '여자는 결혼해서 아이를 <u>낳는</u> 것이 제일의 행복이다'라는 가치관이 남아 있다.
어휘 国(くに) 나라 未(いま)だに 아직(까지)도 女性(じょせい) 여성 結婚(けっこん) 결혼 う(産)む 낳다
一番(いちばん) 가장, 제일 幸(しあわ)せ 행복 ～という ～라는 価値観(かちかん) 가치관 残(のこ)る 남다

74 정답 **1**
해석 회장 안은 청중으로 가득 <u>메워져</u> 있었다.
어휘 会場(かいじょう) 회장 中(なか) 안, 속 聴衆(ちょうしゅう) 청중 ぎっしり 가득, 잔뜩
う(埋)まる 메워지다, 가득 차다 集(あつ)まる 모이다 固(かた)まる 굳어지다, 딱딱해지다

75 정답 **4**
해석 최고재판소는 그 기업에 배상 지불을 <u>명하는</u> 판결을 내렸다.
어휘 最高裁判所(さいこうさいばんしょ) 최고재판소 企業(きぎょう) 기업 賠償(ばいしょう) 배상 支払(しはら)い 지불
めい(命)じる 명하다, 명령하다 判決(はんけつ)を下(くだ)す 판결을 내리다 禁(きん)じる 금하다, 금지하다

76 정답 **3**
해석 어제 그리스에서 EU 등에 의한 개혁안의 수용 찬반을 <u>묻는</u> 국민투표가 있었다.
어휘 ギリシャ 그리스 EU(イーユー) EU, 유럽연합 ～による ～에 의한 改革案(かいかくあん) 개혁안
受(う)け入(い)れ 받아들임, 수용 賛否(さんぴ) 찬부, 찬반 と(問)う 묻다 国民(こくみん) 국민 投票(とうひょう) 투표

77 정답 **4**
해석 강한 바람으로 정원수가 <u>부러져</u> 버렸습니다.
어휘 強(つよ)い 강하다 風(かぜ) 바람 庭木(にわき) 정원수 お(折)れる 꺾어지다, 부러지다
切(き)れる 끊어지다, 떨어지다, 다 되다

78 정답 **2**
해석 쓰레기통에는 쓰레기가 가득 <u>차</u> 있었다.
어휘 ごみ箱(ばこ) 쓰레기통 ごみ 쓰레기 いっぱい 가득, 많이 つ(詰)まる 가득 차다, 잔뜩 쌓이다

79 정답 **1**
해석 범인은 점원이 접객을 하고 있는 틈에 현금을 훔쳐서 <u>달아났</u>다고 합니다.
어휘 犯人(はんにん) 범인 店員(てんいん) 점원 接客(せっきゃく) 접객 隙(すき) 틈 現金(げんきん) 현금
盗(ぬす)む 훔치다 に(逃)げる 달아나다, 도망치다 ～ということだ ～라고 한다 *전문

80 정답 **4**
해석 전반에 적극적으로 <u>공격하는</u> 작전이 멋지게 적중해서 결국 역전승했다.
어휘 前半(ぜんはん) 전반 積極的(せっきょくてき)だ 적극적이다 せ(攻)める 공격하다 作戦(さくせん) 작전
見事(みごと)だ 멋지다, 훌륭하다 的中(てきちゅう) 적중 結局(けっきょく) 결국 逆転勝(ぎゃくてんが)ち 역전승

점수 UP! UP!
<동사>

☐ 搔く 긁다	☐ 跳ぶ 뛰다, 도약하다	☐ 拭く 닦다
☐ 継ぐ 잇다, 계승하다	☐ 閉じる 닫다, 닫히다	☐ 張る 펴다, 뻗치다
☐ 畳む 개다, 접다	☐ 覗く 엿보다	☐ 酔う (술에) 취하다
☐ 超える 넘다, 초월하다	☐ 望む 바라다, 원하다	☐ 沿う 따르다
☐ 飼う (동물을) 기르다, 사육하다	☐ 照る 비치다, 아름답게 빛나다	☐ 向く 향하다
☐ 数える 세다	☐ 殴る 때리다	☐ 注ぐ 쏟다, 붓다, 따르다
☐ 救う 구하다, 살리다	☐ 通じる 통하다	☐ 尋ねる 묻다, 질문하다
☐ 去る 떠나다	☐ 除く 제거하다, 없애다	☐ 振る 흔들다
☐ 売れる (잘) 팔리다	☐ 伴う 동반하다	☐ 迷う 망설이다
☐ 済ます 끝내다	☐ 保つ 유지하다	☐ 譲る 양보하다
☐ 限る 제한하다, 한정하다	☐ 散る 흩어지다, (꽃이) 지다	☐ 防ぐ 막다, 방지하다
☐ 迫る 다가오다	☐ 足りる 충분하다	☐ 増やす 늘리다
☐ 優れる 뛰어나다	☐ 努める 노력하다	☐ 放す 놓아주다
☐ 悲しむ 슬퍼하다	☐ 占める 점하다, 차지하다	☐ 縫う 바느질하다
☐ 湿る 눅눅해지다	☐ 苛める 괴롭히다	☐ 効く 듣다, 효과가 있다
☐ 切れる 끊어지다, 떨어지다, 다 되다	☐ 嗅ぐ 냄새를 맡다	☐ 恐れる 두려워하다
☐ 覚める (잠 등이) 깨다, (눈이) 뜨이다	☐ 積む (물건을) 쌓다, (짐을) 싣다	☐ 荒れる 황폐해지다, (날씨 등이) 사나워지다

음원

연어자식(문자 · 어휘)

한자 표기

동사

97

음원

☐ 泉 샘 (いずみ)	☐ 骨 뼈 (ほね)	☐ 窓 창문 (まど)
☐ 製品 제품 (せいひん)	☐ 法律 법률 (ほうりつ)	☐ 方針 방침 (ほうしん)
☐ 人形 인형 (にんぎょう)	☐ 土地 토지 (とち)	☐ 暖房 난방 (だんぼう)
☐ 記事 기사 (きじ)	☐ 保存 보존 (ほぞん)	☐ 特急 특급 (とっきゅう)
☐ 大陸 대륙 (たいりく)	☐ 台所 부엌 (だいどころ)	☐ 立場 입장 (たちば)
☐ 変化 변화 (へんか)	☐ 部品 부품 (ぶひん)	☐ 遠足 소풍 (えんそく)
☐ 祝い 축하 (いわ)	☐ 発売 발매 (はつばい)	☐ 発刊 발간 (はっかん)
☐ 物価 물가 (ぶっか)	☐ 原因 원인 (げんいん)	☐ 行方 행방 (ゆくえ)
☐ 条件 조건 (じょうけん)	☐ 機会 기회 (きかい)	☐ 周囲 주위 (しゅうい)
☐ 団体 단체 (だんたい)	☐ 関係 관계 (かんけい)	☐ 幸運 행운 (こううん)
☐ 共同 공동 (きょうどう)	☐ 景色 경치 (けしき)	☐ 景気 경기 (けいき)
☐ 日記 일기 (にっき)	☐ 計算 계산 (けいさん)	☐ 交通 교통 (こうつう)
☐ 直接 직접 (ちょくせつ)	☐ 自信 자신, 자신감 (じしん)	☐ 生活 생활 (せいかつ)
☐ 成分 성분 (せいぶん)	☐ 募集 모집 (ぼしゅう)	☐ 予算 예산 (よさん)
☐ 貿易 무역 (ぼうえき)	☐ 方法 방법 (ほうほう)	☐ 到着 도착 (とうちゃく)
☐ 表現 표현 (ひょうげん)	☐ 移動 이동 (いどう)	☐ 広場 광장 (ひろば)
☐ 解消 해소 (かいしょう)	☐ 一杯 한 잔 (いっぱい)	☐ 県庁 현청 (けんちょう)

☐ 岩 바위	☐ お酒 술	☐ 谷 계곡
☐ 涙 눈물	☐ 娘 (자신의) 딸	☐ 司会 사회
☐ 背中 등	☐ 昔 옛날	☐ 見本 견본
☐ 安定 안정	☐ 販売 판매	☐ 夜中 밤중
☐ 国際 국제	☐ 才能 재능	☐ 葉書 엽서
☐ 位置 위치	☐ 減少 감소	☐ 選手 선수
☐ 首相 수상	☐ 相手 상대	☐ 骨折 골절
☐ 将来 장래	☐ 教育 교육	☐ 手段 수단
☐ 許可 허가	☐ 理解 이해	☐ 割引 할인
☐ 参加 참가	☐ 失敗 실패	☐ 動作 동작
☐ 生徒 (중·고교) 학생	☐ 温泉 온천	☐ 節約 절약
☐ 関心 관심	☐ 存在 존재	☐ 経営 경영
☐ 形式 형식	☐ 欠点 결점	☐ 増加 증가
☐ 曲線 곡선	☐ 重量 중량	☐ 役割 역할
☐ 政治 정치	☐ 性別 성별	☐ 風邪 감기
☐ お菓子 과자	☐ お湯 뜨거운 물	☐ 駐車場 주차장
☐ 絵の具 그림물감		

확인 문제 1 · 명사

問題2 _____のことばを漢字で書くとき、最もよいものを、1・2・3・4から一つえらびなさい。

1 娘の誕生日のプレゼントとして、大きいにんぎょうをあげようと思っています。
　　1 模型　　　　　　　2 菓子　　　　　　　3 人形　　　　　　　4 玩具

2 ひろばは朝から多くの人で賑わっていました。
　　1 広場　　　　　　　2 交番　　　　　　　3 銀行　　　　　　　4 薬局

3 大雪のせいで、こうつう機関もすべて止まってしまった。
　　1 橋通　　　　　　　2 校通　　　　　　　3 交通　　　　　　　4 教通

4 インフレーションの影響で、消費者ぶっかも少しずつ上がっている。
　　1 物値　　　　　　　2 物段　　　　　　　3 物格　　　　　　　4 物価

5 実は自分の感情を素直にひょうげんすることができない人も多いです。
　　1 表現　　　　　　　2 標現　　　　　　　3 漂現　　　　　　　4 俵現

6 階段で転んでしまったが、ほねに異常はなかった。
　　1 肘　　　　　　　　2 骨　　　　　　　　3 腰　　　　　　　　4 額

7 未だに事故のげんいんは解明されていません。
　　1 原姻　　　　　　　2 原困　　　　　　　3 原因　　　　　　　4 原囚

8 その部屋はだんぼうが利いて、とても暖かかったです。
　　1 温房　　　　　　　2 暖房　　　　　　　3 難房　　　　　　　4 亂房

9 今回の社員研修は、よさんをかなりオーバーしてしまった。
　　1 予算　　　　　　　2 計算　　　　　　　3 精算　　　　　　　4 暗算

10 社員である以上、会社のほうしんには従うしかない。
　　1 方針　　　　　　　2 方略　　　　　　　3 方角　　　　　　　4 方策

21 정답 4
해석 그 아이의 이야기를 듣고 나도 모르게 눈물이 나와 버렸다.
어휘 子供(こども) 아이 話(はなし) 이야기 思(おも)わず 엉겁결에, 나도 모르게
なみだ(涙) 눈물 *「涙(なみだ)が出(で)る」– 눈물이 나다 汗(あせ) 땀 氷(こおり) 얼음 傘(かさ) 우산

22 정답 3
해석 좀처럼 오지 않는 좋은 기회니까, 도전해 보는 게 어때요?
어휘 なかなか (부정어 수반) 좀처럼 きかい(機会) 기회 挑戦(ちょうせん) 도전 ～たらどうですか ～하는 게 어때요? *권유
機械(きかい) 기계 奇怪(きかい) 기괴 器械(きかい) 기계, 기구

23 정답 1
해석 아내는 지금 부엌에서 뭔가 요리를 하고 있습니다.
어휘 妻(つま) (자신의) 아내 今(いま) 지금 だいどころ(台所) 부엌 何(なに)か 무엇인가, 뭔가 料理(りょうり) 요리
見所(みどころ) 볼만한 장면·곳 場所(ばしょ) 장소

24 정답 4
해석 이런 밤중에 전화하다니, 몰상식하기 짝이 없다.
어휘 こんな 이런 よなか(夜中) 밤중 電話(でんわ) 전화 ～なんて ～하다니 非常識(ひじょうしき) 비상식, 몰상식
～きわ(極)まりない ～하기 짝이 없다, 정말 ～하다

25 정답 2
해석 저는 자기 전에 항상 일기를 쓰고 나서 잡니다.
어휘 寝(ね)る 자다 동사의 기본형+前(まえ)に ～하기 전에 にっき(日記) 일기 *「日記(にっき)を付(つ)ける」–일기를 쓰다

26 정답 3
해석 이번 실패는 나에게 있어서 좋은 약이 되었다.
어휘 今回(こんかい) 이번 しっぱい(失敗) 실패 ～にとって ～에(게) 있어서 薬(くすり) 약

27 정답 3
해석 나도 절약하는 습관을 몸에 익히고 싶다.
어휘 せつやく(節約) 절약 習慣(しゅうかん) 습관 身(み)に付(つ)ける 몸에 익히다
～たいものだ ～하고 싶다 *희망을 나타내며 일시적 감정에는 사용 불가

28 정답 1
해석 비 때문에 소풍은 연기가 되었습니다.
어휘 雨(あめ) 비 명사+の+ため ～때문(에) えんそく(遠足) 소풍 延期(えんき) 연기

29 정답 1
해석 미국 대륙은 콜럼버스에 의해 발견되었습니다.
어휘 アメリカ 아메리카, 미국 たいりく(大陸) 대륙 コロンブス 콜럼버스 ～によって ～에 의해 発見(はっけん) 발견
大量(たいりょう) 대량

30 정답 2
해석 그 회사는 우리가 제시한 모든 조건을 받아들여 주었습니다.
어휘 会社(かいしゃ) 회사 提示(ていじ) 제시 すべて 모두, 전부 じょうけん(条件) 조건
受(う)け入(い)れる 받아들이다, 수용하다 ～てくれる (남이 나에게) ～해 주다

問題2 _____のことばを漢字で書くとき、最もよいものを、1・2・3・4から一つえらびなさい。

31 ちょっと暑いですね。まどでも開けましょうか。

　　1 窓　　　　　　　　2 扉　　　　　　　　3 門　　　　　　　　4 箱

32 社会人なら、いつも目的を実現するためのしゅだんを考えて行動するべきです。

　　1 受段　　　　　　　2 収段　　　　　　　3 数段　　　　　　　4 手段

33 世の中にけってんを一つも持っていない人などいない。

　　1 失点　　　　　　　2 欠点　　　　　　　3 牛点　　　　　　　4 決点

34 ここでのデモは、ほうりつによって禁じられています。

　　1 法律　　　　　　　2 法率　　　　　　　3 法栗　　　　　　　4 法傘

35 政府の介入で、下がっていた株価も徐々にあんていしてきた。

　　1 測定　　　　　　　2 予定　　　　　　　3 安定　　　　　　　4 鑑定

36 父はきょういく関係の仕事に就いています。

　　1 交育　　　　　　　2 教育　　　　　　　3 校育　　　　　　　4 較育

37 就職活動の面接では、しょうらいの夢について度々聞かれます。

　　1 未来　　　　　　　2 将来　　　　　　　3 本来　　　　　　　4 以来

38 鈴木君はけいさんにミスが多くてよく部長に叱られる。

　　1 計算　　　　　　　2 係算　　　　　　　3 計産　　　　　　　4 係産

39 今その会社は、はんばいしている製品から不良品が出て問題になっている。

　　1 購買　　　　　　　2 売買　　　　　　　3 即売　　　　　　　4 販売

40 何の批判もなしに、新聞のきじをそのまま信じてはいけません。

　　1 基事　　　　　　　2 気事　　　　　　　3 記事　　　　　　　4 企事

확인 문제 4 · 정답 및 해석(명사)

31 정답 **1**
해석 조금 덥네요. 창문이라도 열까요?
어휘 暑(あつ)い 덥다　まど(窓) 창문　開(あ)ける 열다　扉(とびら) 문　門(もん) 문　箱(はこ) 상자

32 정답 **4**
해석 사회인이라면 항상 목적을 실현하기 위한 수단을 생각하고 행동해야 합니다.
어휘 社会人(しゃかいじん) 사회인　~なら ~라면　目的(もくてき) 목적　実現(じつげん) 실현　しゅだん(手段) 수단
考(かんが)える 생각하다　行動(こうどう) 행동　동사의 기본형+べきだ (마땅히) ~해야 한다 *단, 동사「する」의 경우에는
「するべきだ」,「すべきだ」 모두 쓸 수 있음

33 정답 **2**
해석 세상에 결점을 하나도 가지고 있지 않은 사람 따위 없다.
어휘 世(よ)の中(なか) 세상　けってん(欠点) 결점　持(も)つ 가지다　など (부정의 뜻을 강조하는) 따위　失点(しってん) 실점

34 정답 **1**
해석 여기에서의 데모는 법률에 의해 금지되어 있습니다.
어휘 デモ 데모　ほうりつ(法律) 법률　~によって ~에 의해　禁(きん)じる 금하다, 금지하다

35 정답 **3**
해석 정부의 개입으로 내려가고 있던 주가도 서서히 안정되었다.
어휘 政府(せいふ) 정부　介入(かいにゅう) 개입　下(さ)がる 내리다, 내려가다　株価(かぶか) 주가　徐々(じょじょ)に 서서히
あんてい(安定) 안정　測定(そくてい) 측정　予定(よてい) 예정　鑑定(かんてい) 감정, 사물의 진위 · 좋고 나쁨 등을 확인하는 것

36 정답 **2**
해석 아버지는 교육 관계 일에 종사하고 있습니다.
어휘 父(ちち) (자신의) 아버지　きょういく(教育) 교육　関係(かんけい) 관계　仕事(しごと) 일　就(つ)く 종사하다

37 정답 **2**
해석 취직활동 면접에서는 장래의 꿈에 대해 자주 질문받습니다.
어휘 就職(しゅうしょく) 취직　活動(かつどう) 활동　面接(めんせつ) 면접　しょうらい(将来) 장래　夢(ゆめ) 꿈
~について ~에 대해서 *내용　度々(たびたび) 자주　聞(き)く 묻다　未来(みらい) 미래　本来(ほんらい) 본래
以来(いらい) 이래

38 정답 **1**
해석 스즈키 군은 계산에 실수가 많아서 자주 부장님에게 야단맞는다.
어휘 けいさん(計算) 계산　ミス 미스, 실수, 잘못　多(おお)い 많다　よく 자주　部長(ぶちょう) 부장
叱(しか)る 꾸짖다, 야단치다

39 정답 **4**
해석 지금 그 회사는 판매하고 있는 제품에서 불량품이 나와 문제가 되고 있다.
어휘 今(いま) 지금　会社(かいしゃ) 회사　はんばい(販売) 판매　製品(せいひん) 제품　不良品(ふりょうひん) 불량품
出(で)る 나오다　問題(もんだい) 문제　購買(こうばい) 구매　売買(ばいばい) 매매　即売(そくばい) 즉매, 직매

40 정답 **3**
해석 아무런 비판도 없이 신문기사를 그대로 믿어서는 안 됩니다.
어휘 何(なん)の 아무런　批判(ひはん) 비판　~なしに ~없이　新聞(しんぶん) 신문　きじ(記事) 기사　そのまま 그대로
信(しん)じる 믿다　~てはいけない ~해서는 안 된다

問題2 ＿＿＿＿のことばを漢字で書くとき、最もよいものを、1・2・3・4から一つえらびなさい。

41 金属やプラスチックなどの固体は、温度が<u>へんか</u>すると伸びたり縮んだりします。
　　1 変化　　　　　　　2 変和　　　　　　　3 弁化　　　　　　　4 弁和

42 物価が上がると、それに伴って<u>とち</u>の値段も上がる。
　　1 産地　　　　　　　2 土地　　　　　　　3 農地　　　　　　　4 林地

43 私は何か口出しする<u>たちば</u>ではなかったので、ただ黙っていた。
　　1 現場　　　　　　　2 立場　　　　　　　3 相場　　　　　　　4 市場

44 昨日、田舎の両親から就職<u>いわい</u>の電話がありました。
　　1 祝い　　　　　　　2 願い　　　　　　　3 叶い　　　　　　　4 揃い

45 実家までは、<u>とっきゅう</u>電車で2時間ぐらいかかります。
　　1 特給　　　　　　　2 特及　　　　　　　3 特急　　　　　　　4 特扱

46 申し訳ありませんが、修理や<u>ぶひん</u>の販売は行っておりません。
　　1 商品　　　　　　　2 製品　　　　　　　3 名品　　　　　　　4 部品

47 このゲームは、年齢に<u>かんけい</u>なく参加することができます。
　　1 関階　　　　　　　2 関係　　　　　　　3 関界　　　　　　　4 関計

48 これからグループ旅行で楽しめる<u>だんたい</u>向けの体験をご紹介いたします。
　　1 気体　　　　　　　2 液体　　　　　　　3 団体　　　　　　　4 身体

49 こちらは先週<u>はっかん</u>されたばかりの書籍のご案内です。
　　1 発看　　　　　　　2 発幹　　　　　　　3 発間　　　　　　　4 発刊

50 彼はいずみから湧き出るきれいな水を一口飲んだ。
　　1 泉　　　　　　　　2 溝　　　　　　　　3 源　　　　　　　　4 池

확인 문제 5 · 정답 및 해석(명사)

41 정답 1
해석 금속이나 플라스틱 등의 고체는 온도가 변화하면 늘어나거나 줄거나 합니다.
어휘 金属(きんぞく) 금속 プラスチック 플라스틱 ～など ~등 固体(こたい) 고체 温度(おんど) 온도
へんか(変化) 변화 伸(の)びる 늘어나다 縮(ちぢ)む 줄다, 작아지다

42 정답 2
해석 물가가 올라가면 그것에 동반해 토지 가격도 올라간다.
어휘 物価(ぶっか) 물가 上(あ)がる 오르다, 올라가다 ～に伴(ともな)って ~에 동반해서 とち(土地) 토지
値段(ねだん) 가격 産地(さんち) 산지 農地(のうち) 농지 林地(りんち) 임지

43 정답 2
해석 나는 뭔가 말참견할 입장이 아니었기에 그저 침묵하고 있었다.
어휘 何(なに)か 무엇인가, 뭔가 口出(くちだ)し 말참견 たちば(立場) 입장 ただ 그냥, 그저 黙(だま)る 침묵하다
現場(げんば) 현장 相場(そうば) 시세 市場(いちば) 시장, 장

44 정답 1
해석 어제 고향의 부모님으로부터 취직 축하 전화가 있었습니다.
어휘 昨日(きのう) 어제 田舎(いなか) 시골, 고향 両親(りょうしん) 양친, 부모 就職(しゅうしょく) 취직
～いわ(祝)い ~축하 電話(でんわ) 전화 願(ねが)い 부탁 叶(かな)い (소원·꿈 등이) 이루어짐 揃(そろ)い 갖추어짐

45 정답 3
해석 친정까지는 특급 전철로 2시간 정도 걸립니다.
어휘 実家(じっか) 생가, 친정 とっきゅう(特急) 특급 電車(でんしゃ) 전철 ～ぐらい ~정도 かかる (시간이) 걸리다

46 정답 4
해석 죄송합니다만, 수리나 부품 판매는 하고 있지 않습니다.
어휘 申(もう)し訳(わけ)ありません 죄송합니다 *「すみません」보다 정중한 표현 修理(しゅうり) 수리
ぶひん(部品) 부품 販売(はんばい) 판매 行(おこな)う 하다, 행하다, 실시하다
～ておる ~하고 있다 *「～ている」의 겸양표현 商品(しょうひん) 상품 製品(せいひん) 제품 名品(めいひん) 명품

47 정답 2
해석 이 게임은 연령에 관계없이 참가할 수 있습니다.
어휘 ゲーム 게임 年齢(ねんれい) 연령 かんけい(関係) 관계 参加(さんか) 참가
동사의 기본형+ことができる ~할 수 있다

48 정답 3
해석 이제부터 그룹여행에서 즐길 수 있는 단체용 체험을 소개해 드리겠습니다.
어휘 これから 이제부터 グループ旅行(りょこう) 그룹여행 楽(たの)しむ 즐기다 だんたい(団体) 단체
～向(む)け ~대상, ~용 体験(たいけん) 체험 ご+한자명사+いたす ～하다, ~해 드리다 *겸양표현
紹介(しょうかい) 소개 気体(きたい) 기체 液体(えきたい) 액체 身体(しんたい) 신체

49 정답 4
해석 이쪽은 지난주에 막 발간된 서적 안내입니다.
어휘 先週(せんしゅう) 지난주 はっかん(発刊) 발간 동사의 た형+ばかり 막 ～함, ~한 지 얼마 안 됨
書籍(しょせき) 서적 案内(あんない) 안내

50 정답 1
해석 그는 샘에서 솟아나오는 깨끗한 물을 한 모금 마셨다.
어휘 いずみ(泉) 샘 湧(わ)き出(で)る 솟아나다 きれいだ 깨끗하다 水(みず) 물 一口(ひとくち) 한 입, 한 모금
飲(の)む 마시다 溝(みぞ) 도랑, 개천 源(みなもと) 수원, 물이 흘러나오는 근원 池(いけ) 연못

問題2 _____のことばを漢字で書くとき、最もよいものを、1・2・3・4から一つえらびなさい。

51 おさけの飲みすぎで、体を壊してしまいました。

   1 水   2 酒   3 汁   4 鍋

52 このホテルはけしきがよく、のんびりできます。

   1 見所   2 見頃   3 景色   4 風景

53 借金が多くてせいかつが苦しくなりました。

   1 牲活   2 牲舌   3 生活   4 生舌

54 みんながさんかできるように、広い会場を予約しました。

   1 参家   2 参加   3 参可   4 参假

55 何度読んでみても、この部分はとてもりかいできない。

   1 離解   2 里解   3 利解   4 理解

56 彼はしゅういの反対を無視して計画を進めていった。

   1 住囲   2 主囲   3 週囲   4 周囲

57 この化粧品には、肌にいいせいぶんがたくさん含まれているという。

   1 性分   2 成分   3 性文   4 成文

58 この機械は、官庁と大学がきょうどうで開発したものです。

   1 共同   2 合同   3 賛同   4 供同

59 このせいひんの長所と短所を教えてください。

   1 単品   2 景品   3 商品   4 製品

60 冷蔵室は、日常的に使う食品のほぞんに適しています。

   1 保存   2 残存   3 生存   4 既存

확인 문제 6 · 정답 및 해석(명사)

51 정답 **2**
해석 술 과음으로 건강을 해치고 말았습니다.
어휘 さけ(酒) 술 飲(の)みすぎ 과음 体(からだ)を壊(こわ)す 건강을 해치다 水(みず) 물 汁(しる) 즙 鍋(なべ) 냄비

52 정답 **3**
해석 이 호텔은 경치가 좋아서 느긋하게 쉴 수 있습니다.
어휘 ホテル 호텔 けしき(景色) 경치 のんびりする 느긋하게 쉬다 見所(みどころ) 볼만한 장면·곳
見頃(みごろ) (꽃 등을) 보기에 알맞은 때 風景(ふうけい) 풍경

53 정답 **3**
해석 빚이 많아서 생활이 힘들어졌습니다.
어휘 借金(しゃっきん) 빚 多(おお)い 많다 せいかつ(生活) 생활 苦(くる)しい 힘들다, 괴롭다

54 정답 **2**
해석 모두가 참가할 수 있도록 넓은 회장을 예약했습니다.
어휘 みんな 모두 さんか(参加) 참가 ～ように ～하도록 広(ひろ)い 넓다 会場(かいじょう) 회장 予約(よやく) 예약

55 정답 **4**
해석 몇 번 읽어 봐도 이 부분은 도저히 이해할 수 없다.
어휘 何度(なんど) 몇 번 読(よ)む 읽다 部分(ぶぶん) 부분 とても (부정어 수반) 도저히 りかい(理解) 이해

56 정답 **4**
해석 그는 주위의 반대를 무시하고 계획을 진행해 나갔다.
어휘 しゅうい(周囲) 주위 反対(はんたい) 반대 無視(むし) 무시 計画(けいかく) 계획 進(すす)める 진행하다
～ていく ～해 가다

57 정답 **2**
해석 이 화장품에는 피부에 좋은 성분이 많이 포함되어 있다고 한다.
어휘 化粧品(けしょうひん) 화장품 肌(はだ) 피부 せいぶん(成分) 성분 たくさん 많이 含(ふく)む 포함하다
～という ～라고 한다 性分(しょうぶん) 타고난 성질, 천성

58 정답 **1**
해석 이 기계는 관청과 대학이 공동으로 개발한 것입니다.
어휘 機械(きかい) 기계 官庁(かんちょう) 관청 大学(だいがく) 대학 きょうどう(共同) 공동 開発(かいはつ) 개발
合同(ごうどう) 합동 賛同(さんどう) 찬동, 찬성, 동의

59 정답 **4**
해석 이 제품의 장점과 단점을 가르쳐 주세요.
어휘 せいひん(製品) 제품 長所(ちょうしょ) 장점 短所(たんしょ) 단점 教(おし)える 가르치다, 알려 주다
単品(たんぴん) 단품 景品(けいひん) 경품 商品(しょうひん) 상품

60 정답 **1**
해석 냉장실은 일상적으로 쓰는 식품 보존에 적합합니다.
어휘 冷蔵室(れいぞうしつ) 냉장실 日常的(にちじょうてき)だ 일상적이다 使(つか)う 쓰다, 사용하다
食品(しょくひん) 식품 ほぞん(保存) 보존 適(てき)する 적합하다 残存(ざんぞん) 잔존 生存(せいぞん) 생존
既存(きぞん) 기존

問題2 _____のことばを漢字で書くとき、最もよいものを、1・2・3・4から一つえらびなさい。

61 この携帯ゲーム機がはつばいされたのは、2000年の今日です。

    1 抜買   2 抜売   3 発買   4 発売

62 家の家具のいちをちょっと変えてみるだけで、いつもと違う雰囲気になる。

    1 放置   2 位置   3 配置   4 装置

63 未だにけいき回復の兆しは見えていません。

    1 景気   2 景機   3 経気   4 経機

64 私は昔からこくさい貿易に興味を持っていました。

    1 国製   2 国際   3 国斉   4 国題

65 怪我を負いながらも、そのせんしゅは最後まで走り抜いた。

    1 先手   2 線手   3 選手   4 善手

66 この本、吉村さんも読みたがっていたので、彼にちょくせつ渡してください。

    1 間接   2 直接   3 応接   4 密接

67 現在、警察は犯人のゆくえを追っています。

    1 行方   2 行動   3 行為   4 行政

68 普段、何かストレスをかいしょうするためにしていることがありますか。

    1 解焼   2 解少   3 解素   4 解消

69 人生にはこううんな時期も不運が続く時期もあるものです。

    1 行運   2 辛運   3 幸運   4 宰運

70 山奥のたにから静かに水が流れている。

    1 谷   2 湖   3 袋   4 原

확인 문제 10 · 정답 및 해석(명사)

91 정답 **1**
해석 청소가 끝나면 테이블 위의 과자를 먹어도 돼.
어휘 掃除(そうじ) 청소 終(お)わる 끝나다 テーブル 테이블 おかし(菓子) 과자 食(た)べる 먹다
~てもいい ~해도 된다[좋다]

92 정답 **2**
해석 그녀는 생맥주를 한 잔 마신 것만으로 얼굴이 새빨갛게 되어 버렸다.
어휘 生(なま)ビール 생맥주 いっぱい(一杯) 한 잔 飲(の)む (술을) 마시다 ~だけで ~만으로 顔(かお) 얼굴
真(ま)っ赤(か)だ 새빨갛다 一枚(いちまい) 한 장 *「~枚(まい)」-~장 一冊(いっさつ) 한 권 *「~冊(さつ)」-~권
一足(いっそく) 한 켤레 *「~足(そく)」-~켤레

93 정답 **4**
해석 최근 애완동물을 기르고 있는 세대가 대폭적으로 증가하고 있다고 한다.
어휘 最近(さいきん) 최근, 요즘 ペット 애완동물 飼(か)う (동물을) 기르다, 사육하다 世帯(せたい) 세대
大幅(おおはば)に 대폭적으로 ぞうか(増加) 증가 품사의 보통형+そうだ ~라고 한다 *전문 減少(げんしょう) 감소
急増(きゅうぞう) 급증 激減(げきげん) 격감

94 정답 **2**
해석 틀림없이 모두 만족할 수 있는 방법이 발견될 것입니다.
어휘 きっと 분명히, 틀림없이 満足(まんぞく) 만족 ほうほう(方法) 방법 見(み)つかる 발견되다, 찾게 되다
~はずだ (당연히) ~할 것[터]이다

95 정답 **2**
해석 항상 면접에는 자신감에 가득 찬 얼굴로 임합시다.
어휘 面接(めんせつ) 면접 じしん(自信) 자신, 자신감 満(み)ちる 가득 차다 臨(のぞ)む 임하다
自身(じしん) 자신 *체언에 접속하여 그 말을 강조함,「自分自身(じぶんじしん)」(자기 자신)과 같이 씀 地震(じしん) 지진
時針(じしん) 시침

96 정답 **4**
해석 그는 요리책 등에서 사용하는 요리 견본을 만드는 일을 하고 있습니다.
어휘 料理本(りょうりほん) 요리책 使用(しよう) 사용 みほん(見本) 견본 作(つく)る 만들다 仕事(しごと) 일

97 정답 **3**
해석 핑거페인트란 손가락에 그림물감을 묻혀서 그림을 그리는 것입니다.
어휘 フィンガーペイント 핑거페인트 ~とは ~라는 것은, ~란 *정의 指(ゆび) 손가락 え(絵)のぐ(具) 그림물감
付(つ)ける 묻히다 絵(え) 그림 描(か)く (그림을) 그리다 (=描(えが)く)

98 정답 **3**
해석 주차장은 벌써 만차라서 자동차를 세울 곳이 전혀 없었다.
어휘 ちゅうしゃじょう(駐車場) 주차장 もう 이미, 벌써 満車(まんしゃ) 만차 車(くるま) 자동차, 차
止(と)める 세우다, 정지하다 所(ところ) 곳, 장소 全(まった)く (부정어 수반) 전혀

99 정답 **1**
해석 이 작업은 혼자서는 도저히 할 수 없으므로 다 같이 역할을 분담해서 하기로 했다.
어휘 作業(さぎょう) 작업 一人(ひとり)で 혼자서 到底(とうてい) (부정어 수반) 도저히 できない 할 수 없다, 불가능하다
みんなで 다 같이 やくわり(役割) 역할 分担(ぶんたん) 분담 동사의 보통형+ことにする ~하기로 하다

100 정답 **3**
해석 체조에서는 무엇보다도 올바른 동작이 중요합니다.
어휘 体操(たいそう) 체조 何(なに)よりも 무엇보다도 正(ただ)しい 올바르다 どうさ(動作) 동작
重要(じゅうよう)だ 중요하다 創作(そうさく) 창작 発作(ほっさ) 발작 操作(そうさ) 조작

점수 UP! UP!
<명사>

☐ 卵 달걀, 계란	☐ 波 파도	☐ 胃 위
☐ 球場 구장, 야구장	☐ 小麦 밀	☐ 制限 제한
☐ 宇宙 우주	☐ 道路 도로	☐ 画面 화면
☐ 目的 목적	☐ 身分 신분	☐ 環境 환경
☐ 売店 매점	☐ 帽子 모자	☐ 作業 작업
☐ 寺院 사원	☐ 漫画 만화	☐ 自習 자습
☐ 仲間 동료	☐ 必要 필요	☐ 演奏 연주
☐ 機能 기능	☐ 印象 인상	☐ 解散 해산
☐ 工場 공장	☐ 公園 공원	☐ 冗談 농담
☐ 楽器 악기	☐ 栄養 영양	☐ 上下 상하
☐ 知恵 지혜	☐ 永遠 영원	☐ 開設 개설
☐ 付近 부근, 근처	☐ 店員 점원	☐ 故障 고장
☐ 永久 영구	☐ 様子 모습, 상태, 상황	☐ 登山 등산
☐ 同時 동시	☐ 延期 연기	☐ 家賃 집세
☐ 指 손가락	☐ 交換 교환	☐ 未来 미래
☐ 祖父 (자신의) 할아버지	☐ 回収 회수	☐ 宣伝 선전
☐ 具体化 구체화	☐ 高学歴 고학력	☐ 乗車券 승차권

☐ 薬 (くすり) 약	☐ 神 (かみ) 신	☐ 幅 (はば) 폭
☐ 観客 (かんきゃく) 관객	☐ 提供 (ていきょう) 제공	☐ 変更 (へんこう) 변경
☐ 種類 (しゅるい) 종류	☐ 外食 (がいしょく) 외식	☐ 展示 (てんじ) 전시
☐ 加入 (かにゅう) 가입	☐ 開店 (かいてん) 개점	☐ 全力 (ぜんりょく) 전력
☐ 最高 (さいこう) 최고	☐ 挑戦 (ちょうせん) 도전	☐ 犯人 (はんにん) 범인
☐ 昨日 (きのう) 어제	☐ 短縮 (たんしゅく) 단축	☐ 基本 (きほん) 기본
☐ 実現 (じつげん) 실현	☐ 緊張 (きんちょう) 긴장	☐ 大小 (だいしょう) 대소
☐ 提案 (ていあん) 제안	☐ 証明 (しょうめい) 증명	☐ 確認 (かくにん) 확인
☐ 覚悟 (かくご) 각오	☐ 特徴 (とくちょう) 특징	☐ 製造 (せいぞう) 제조
☐ 就職 (しゅうしょく) 취직	☐ 学習 (がくしゅう) 학습	☐ 課題 (かだい) 과제
☐ 観光 (かんこう) 관광	☐ 渋滞 (じゅうたい) (교통) 정체	☐ 被害 (ひがい) 피해
☐ 品物 (しなもの) 물건, 상품	☐ 勇気 (ゆうき) 용기	☐ 年齢 (ねんれい) 연령
☐ 文学 (ぶんがく) 문학	☐ 防止 (ぼうし) 방지	☐ 感覚 (かんかく) 감각
☐ 虫歯 (むしば) 충치	☐ 納得 (なっとく) 납득	☐ 命令 (めいれい) 명령
☐ 限定 (げんてい) 한정	☐ 検討 (けんとう) 검토	☐ 夜景 (やけい) 야경
☐ 成分 (せいぶん) 성분	☐ 無視 (むし) 무시	☐ 優勝 (ゆうしょう) 우승
☐ 輸入量 (ゆにゅうりょう) 수입량	☐ 大家 (おおや) 집주인	☐ 物語 (ものがたり) 이야기

121

기출 및 출제 예상 어휘 50
〈い형용사&な형용사, 부사〉

☐ 暑^{あつ}い 덥다	☐ 速^{はや}い (속도가) 빠르다	☐ 正直^{しょうじき}だ 정직하다
☐ 若^{わか}い 젊다	☐ 偉^{えら}い 훌륭하다	☐ 複雑^{ふくざつ}だ 복잡하다
☐ 薄^{うす}い 얇다, 연하다	☐ 細^{こま}かい 자세하다, 세세하다	☐ 熱心^{ねっしん}だ 열심이다
☐ 厚^{あつ}い 두껍다	☐ 明^{あか}るい 밝다	☐ 厳重^{げんじゅう}だ 엄중하다
☐ 痛^{いた}い 아프다	☐ 忙^{いそが}しい 바쁘다	☐ 可能^{かのう}だ 가능하다
☐ 細^{ほそ}い 가늘다	☐ 恋^{こい}しい 그립다	☐ 心配^{しんぱい}だ 걱정이다, 걱정스럽다
☐ 遅^{おそ}い 늦다	☐ 悲^{かな}しい 슬프다	☐ 残念^{ざんねん}だ 아쉽다, 유감스럽다
☐ 黒^{くろ}い 검다	☐ 正^{ただ}しい 올바르다	☐ 個人的^{こじんてき}だ 개인적이다
☐ 赤^{あか}い 빨갛다	☐ 険^{けわ}しい 험하다, 험악하다	☐ 単純^{たんじゅん}だ 단순하다
☐ 浅^{あさ}い 얕다	☐ 貧^{まず}しい 가난하다	☐ 独特^{どくとく}だ 독특하다
☐ 辛^{から}い 맵다	☐ 親^{した}しい 친하다	☐ 得意^{とくい}だ 잘하다, 자신 있다
☐ 軽^{かる}い 가볍다	☐ 美^{うつく}しい 아름답다	☐ 真^まっ青^{さお}だ 창백하다
☐ 濃^こい 진하다	☐ 涼^{すず}しい 시원하다	☐ 大切^{たいせつ}だ 중요하다
☐ 暗^{くら}い 어둡다	☐ 温^{あたた}かい 따뜻하다	☐ 便利^{べんり}だ 편리하다
☐ 汚^{きたな}い 더럽다	☐ 恐^{おそ}ろしい 무섭다	☐ お互^{たが}いに 서로
☐ 甘^{あま}い 달다	☐ 巨大^{きょだい}だ 거대하다	☐ 次第^{しだい}に 점차
☐ 固^{かた}い 단단하다, 딱딱하다	☐ 短気^{たんき}だ 성미가 급하다	

問題2 ＿＿＿＿のことばを漢字で書くとき、最もよいものを、1・2・3・4から一つえらびなさい。

1 今、自分に何が足りないのかを知ることはたいせつです。

　1 大切　　　　　2 対切　　　　　3 代切　　　　　4 帯切

2 先生の荷物は思ったよりかるかったです。

　1 重かった　　　2 固かった　　　3 軽かった　　　4 緩かった

3 昨日からお腹がいたくて午後、病院に行ってきました。

　1 浅くて　　　　2 痛くて　　　　3 温くて　　　　4 赤くて

4 あまり時間がありませんので、こまかいところは省略します。

　1 狭かい　　　　2 挟かい　　　　3 詳かい　　　　4 細かい

5 あつい日々が続いておりますが、お変わりございませんか。

　1 熱い　　　　　2 暑い　　　　　3 厚い　　　　　4 篤い

6 わかい時からそんなにお酒を飲みすぎると、後で後悔しますよ。

　1 告い　　　　　2 苦い　　　　　3 古い　　　　　4 若い

7 その意見は、彼のこじんてきな意見にすぎません。

　1 改人的　　　　2 開人的　　　　3 個人的　　　　4 介人的

8 その件は、すぐ解決できないふくざつな問題が絡まり合っていた。

　1 複雑　　　　　2 福雑　　　　　3 復雑　　　　　4 腹雑

9 東の空がしだいに明るくなってきました。

　1 次済に　　　　2 次第に　　　　3 次題に　　　　4 次際に

10 欠航の原因は、たんじゅんな操作ミスによるものだそうです。

　1 単順　　　　　2 単純　　　　　3 単巡　　　　　4 単舜

123

확인 문제 1 · 정답 및 해석(い형용사&な형용사, 부사)

1 정답 **1**
해석 지금 자신에게 무엇이 부족한지를 아는 것은 중요합니다.
어휘 今(いま) 지금　自分(じぶん) 자기, 자신, 나　足(た)りない 모자라다, 부족하다　知(し)る 알다
たいせつ(大切)だ 중요하다

2 정답 **3**
해석 선생님의 짐은 생각했던 것보다 가벼웠습니다.
어휘 荷物(にもつ) 짐　思(おも)ったより 생각했던 것보다　かる(軽)い 가볍다　重(おも)い 무겁다
固(かた)い 단단하다, 딱딱하다　緩(ゆる)い 느슨하다, 헐렁하다

3 정답 **2**
해석 어제부터 배가 아파서 오후에 병원에 갔다 왔습니다.
어휘 昨日(きのう) 어제　お腹(なか) 배　いた(痛)い 아프다　午後(ごご) 오후　病院(びょういん) 병원　浅(あさ)い 얕다
温(ぬる)い 미지근하다　赤(あか)い 빨갛다

4 정답 **4**
해석 별로 시간이 없으므로 세세한 부분은 생략하겠습니다.
어휘 あまり (부정어 수반) 그다지, 별로　時間(じかん) 시간　こま(細)かい 자세하다, 세세하다　ところ 부분, 데, 점
省略(しょうりゃく) 생략

5 정답 **2**
해석 더운 날들이 이어지고 있습니다만, 별고 없으십니까?
어휘 あつ(暑)い 덥다　日々(ひび) 나날, 날들　続(つづ)く 이어지다, 계속되다　～ておる ～하고 있다 *「～ている」의 겸양표현
お変(か)わりございませんか 별고 없으십니까?　熱(あつ)い 뜨겁다　厚(あつ)い 두껍다　篤(あつ)い 위독하다

6 정답 **4**
해석 젊을 때부터 그렇게 술을 과음하면 나중에 후회해요.
어휘 わか(若)い 젊다　そんなに 그렇게　お酒(さけ) 술　飲(の)みすぎる 지나치게 마시다, 과음하다　後(あと)で 나중에
後悔(こうかい) 후회　苦(にが)い 쓰다　古(ふる)い 오래되다

7 정답 **3**
해석 그 의견은 그 사람의 개인적인 의견에 지나지 않습니다.
어휘 意見(いけん) 의견　こじんてき(個人的)だ 개인적이다　～にすぎない ～에 지나지 않다

8 정답 **1**
해석 그 건은 바로 해결할 수 없는 복잡한 문제가 서로 얽혀 있었다.
어휘 件(けん) 건　すぐ 곧, 바로　解決(かいけつ) 해결　ふくざつ(複雑)だ 복잡하다　絡(から)まる 얽히다, 관련되다
동사의 ます형+合(あ)う 서로 ～하다

9 정답 **2**
해석 동쪽 하늘이 점차 밝아졌습니다.
어휘 東(ひがし) 동쪽　空(そら) 하늘　しだい(次第)に 점차　明(あか)るい 밝다

10 정답 **2**
해석 결항의 원인은 단순한 조작 실수에 의한 것이라고 합니다.
어휘 欠航(けっこう) 결항　原因(げんいん) 원인　たんじゅん(単純)だ 단순하다　操作(そうさ) 조작　ミス 미스, 실수, 잘못
～による ～에 의한　품사의 보통형+そうだ ～라고 한다 *전문

확인 문제 2 · い형용사&な형용사, 부사

問題2 _____のことばを漢字で書くとき、最もよいものを、1・2・3・4から一つえらびなさい。

11 彼女はあかい色の服をよく着ています。

1 赤い   2 青い   3 黒い   4 薄い

12 からい食べ物は週に1回以上は食べています。

1 濃い   2 甘い   3 苦い   4 辛い

13 子供の病気がしんぱいで、仕事が手につきません。

1 心期   2 心培   3 心配   4 心表

14 姉は料理が好きで、特に日本料理がとくいです。

1 上意   2 得意   3 上手   4 熟手

15 この本、あつすぎて一日では到底読み切れないよ。

1 熱   2 暑   3 厚   4 篤

16 昨日は一日中いそがしくて食事もろくにできませんでした。

1 亡しくて   2 速しくて   3 忙しくて   4 易しくて

17 「肥満の予防と改善」にはただしい生活習慣をつけることが何よりも重要です 。

1 正しい   2 優しい   3 嬉しい   4 著しい

18 アメリカ大統領の訪日で、市内は朝から警備がとてもげんじゅうだ。

1 慎重だ   2 厳重だ   3 過重だ   4 二重だ

19 インドにはきょだいな石像がたくさんあります。

1 巨大   2 多大   3 距大   4 去大

20 またこんな事故が起こるなんて、想像するだけでもおそろしいですね。

1 眩ろしい   2 恐ろしい   3 甚ろしい   4 抑ろしい

확인 문제 2 · 정답 및 해석(い형용사&な형용사, 부사)

11 정답 1
해석 그녀는 <u>빨간색</u> 옷을 자주 입습니다.
어휘 あか(赤)い 빨갛다 色(いろ) 색, 색깔 服(ふく) 옷 よく 잘, 자주 着(き)る (옷을) 입다 青(あお)い 파랗다
黒(くろ)い 검다 薄(うす)い 얇다, 연하다

12 정답 4
해석 <u>매운</u> 음식은 일주일에 한 번 이상은 먹고 있습니다.
어휘 から(辛)い 맵다 食(た)べ物(もの) 음식 週(しゅう) 주, 일주일 ～回(かい) ～회, ～번 以上(いじょう) 이상
食(た)べる 먹다 濃(こ)い 진하다 甘(あま)い 달다 苦(にが)い 쓰다

13 정답 3
해석 아이의 병이 <u>걱정스러워서</u> 일이 손에 잡히지 않습니다.
어휘 子供(こども) 아이, 자식 病気(びょうき) 병 しんぱい(心配)だ 걱정이다, 걱정스럽다
仕事(しごと)が手(て)につかない 일이 손에 잡히지 않다

14 정답 2
해석 누나는 요리를 좋아하고, 특히 일본 요리를 <u>잘합니다</u>.
어휘 姉(あね) (자신의) 누나, 언니 料理(りょうり) 요리 好(す)きだ 좋아하다 特(とく)に 특히
とくい(得意)だ 잘하다, 자신 있다

15 정답 3
해석 이 책, 너무 <u>두꺼워서</u> 하루로는 도저히 다 못 읽어.
어휘 本(ほん) 책 あつ(厚)い 두껍다 い형용사의 어간+すぎる 너무 ～하다 到底(とうてい) (부정어 수반) 도저히
동사의 ます형+切(き)れない 완전히[다] ～할 수 없다

16 정답 3
해석 어제는 하루 종일 <u>바빠서</u> 식사도 제대로 할 수 없었습니다.
어휘 昨日(きのう) 어제 一日中(いちにちじゅう) 하루 종일 いそが(忙)しい 바쁘다 食事(しょくじ) 식사
ろくに (부정어 수반) 제대로, 변변히 できない 할 수 없다, 불가능하다 易(やさ)しい 쉽다

17 정답 1
해석 '비만 예방과 개선'에는 <u>올바른</u> 생활습관을 들이는 것이 무엇보다도 중요합니다.
어휘 肥満(ひまん) 비만 予防(よぼう) 예방 改善(かいぜん) 개선 ただ(正)しい 올바르다 生活(せいかつ) 생활
習慣(しゅうかん)をつける 습관을 들이다 何(なに)よりも 무엇보다도 重要(じゅうよう)だ 중요하다
優(やさ)しい 상냥하다, 다정하다 嬉(うれ)しい 기쁘다 著(いちじる)しい 두드러지다, 현저하다

18 정답 2
해석 미국 대통령의 방일로 시내는 아침부터 경비가 아주 <u>엄중하다</u>.
어휘 アメリカ 아메리카, 미국 大統領(だいとうりょう) 대통령 訪日(ほうにち) 방일, 일본을 방문함 市内(しない) 시내
朝(あさ) 아침 ～から ～부터 警備(けいび) 경비 とても 아주, 매우 厳重(げんじゅう)だ 엄중하다
慎重(しんちょう)だ 진중하다 過重(かじゅう)だ 과중하다 二重(にじゅう) 이중

19 정답 1
해석 인도에는 <u>거대한</u> 석상이 많이 있습니다.
어휘 インド 인도 きょだい(巨大)だ 거대하다 石像(せきぞう) 석상 たくさん 많이 多大(ただい)だ 다대, 매우 많음

20 정답 2
해석 또 이런 사고가 일어나다니, 상상하는 것만으로도 <u>두렵네요</u>.
어휘 また 또 こんな 이런 事故(じこ) 사고 起(お)こる 일어나다, 발생하다 ～なんて ～하다니 想像(そうぞう) 상상
～だけでも ～만으로도 おそ(恐)ろしい 무섭다, 두렵다

확인 문제 3 · い형용사&な형용사, 부사

問題2 _____のことばを漢字で書くとき、最もよいものを、1・2・3・4から一つえらびなさい。

21 この機械は使ってみると、あまり<u>べんり</u>ではありません。

1 便利　　　　　　2 編利　　　　　　3 片利　　　　　　4 偏利

22 週末に<u>おそく</u>まで寝ていると、その日の夜に眠れなくなります。

1 早く　　　　　　2 速く　　　　　　3 遅く　　　　　　4 刻く

23 来週東京で会えると思いましたが、会えなくて<u>ざんねん</u>ですね。

1 山念　　　　　　2 斬念　　　　　　3 算念　　　　　　4 残念

24 私たちはこの<u>うつくしい</u>自然を子孫のために守っていく必要があります。

1 綺しい　　　　　2 惜しい　　　　　3 新しい　　　　　4 美しい

25 山道は危ないですから、<u>くらく</u>なる前にさっさと帰りましょう。

1 明く　　　　　　2 闇く　　　　　　3 暗く　　　　　　4 寒く

26 この器、とても<u>どくとく</u>な形をしていますね。

1 独持　　　　　　2 独特　　　　　　3 読持　　　　　　4 読特

27 この川は<u>あさい</u>ですが、泳ぐのはちょっと危険です。

1 践い　　　　　　2 浅い　　　　　　3 透い　　　　　　4 緩い

28 <u>おたがいに</u>譲り合って早く妥協点を見つけましょう。

1 お交いに　　　　2 お違いに　　　　3 お差いに　　　　4 お互いに

29 <u>こい</u>お茶には、多量のカフェインが含まれています。

1 濃い　　　　　　2 眠い　　　　　　3 深い　　　　　　4 細い

30 悪いことでもあったのか、課長は朝から<u>けわしい</u>顔をしている。

1 倹しい　　　　　2 険しい　　　　　3 怖しい　　　　　4 恐しい

확인 문제 3 · 정답 및 해석(い형용사&な형용사, 부사)

21 정답 **1**
해석 이 기계는 사용해 보니, 그다지 편리하지 않습니다.
어휘 機械(きかい) 기계 使(つか)う 쓰다, 사용하다 あまり (부정어 수반) 그다지, 별로 べんり(便利)だ 편리하다

22 정답 **3**
해석 주말에 늦게까지 자면 그날 밤에 잘 수 없게 됩니다.
어휘 週末(しゅうまつ) 주말 おそ(遅)い 늦다 ～まで ～까지 寝(ね)る 자다 日(ひ) 날 夜(よる) 밤
眠(ねむ)る 자다, 잠들다 早(はや)い 이르다, 빠르다 速(はや)い (속도가) 빠르다

23 정답 **4**
해석 다음 주에 도쿄에서 만날 수 있을 거라고 생각했는데, 만날 수 없어서 아쉽네요.
어휘 来週(らいしゅう) 다음 주 会(あ)う 만나다 ～なくて ～하지 않아서 *원인 · 이유 ざんねん(残念)だ 아쉽다, 유감스럽다

24 정답 **4**
해석 우리는 이 아름다운 자연을 자손을 위해서 지켜 나갈 필요가 있습니다.
어휘 ～たち (사람이나 생물을 나타내는 말에 붙어) ～들 うつく(美)しい 아름답다 自然(しぜん) 자연 子孫(しそん) 자손
명사+の+ために ～을 위해서 守(まも)る 지키다 必要(ひつよう) 필요 惜(お)しい 아깝다, 애석하다
新(あたら)しい 새롭다

25 정답 **3**
해석 산길은 위험하니까, 어두워지기 전에 서둘러 돌아갑시다.
어휘 山道(やまみち) 산길 危(あぶ)ない 위험하다 くら(暗)い 어둡다 동사의 기본형+前(まえ)に ～하기 전에
さっさと 서둘러, 빨리 *망설이거나 지체하지 않는 모양 帰(かえ)る 돌아가다 寒(さむ)い 춥다

26 정답 **2**
해석 이 그릇, 아주 독특한 모양을 하고 있네요.
어휘 器(うつわ) 그릇 どくとく(独特)だ 독특하다 形(かたち) 모양, 형태

27 정답 **2**
해석 이 강은 얕지만, 수영하는 것은 조금 위험합니다.
어휘 川(かわ) 강 あさ(浅)い 얕다 泳(およ)ぐ 헤엄치다, 수영하다 危険(きけん)だ 위험하다 緩(ゆる)い 느슨하다, 헐렁하다

28 정답 **4**
해석 서로 양보해서 빨리 타협점을 찾아냅시다.
어휘 おたが(互)いに 서로 譲(ゆず)る 양보하다 동사의 ます형+合(あ)う 서로 ～하다 早(はや)く 빨리
妥協点(だきょうてん) 타협점 見(み)つける 찾(아내)다, 발견하다

29 정답 **1**
해석 진한 차에는 다량의 카페인이 포함되어 있습니다.
어휘 こ(濃)い 진하다 お茶(ちゃ) 차 多量(たりょう) 다량 カフェイン 카페인 含(ふく)む 포함하다 眠(ねむ)い 졸리다
深(ふか)い 깊다 細(ほそ)い 가늘다

30 정답 **2**
해석 좋지 않은 일이라도 있었는지, 과장님은 아침부터 험악한 얼굴을 하고 있다.
어휘 悪(わる)い 나쁘다, 좋지 않다 課長(かちょう) 과장 朝(あさ) 아침 けわ(険)しい 험하다, 험악하다
顔(かお) 얼굴 倹(つま)しい 검소하다

확인 문제 4 · い형용사&な형용사, 부사

問題2 ＿＿＿＿のことばを漢字で書くとき、最もよいものを、1・2・3・4から一つえらびなさい。

31 くろい服を好んで着る人は、自分に強い自信を持っている人が多いと言われています。
1 赤い　　　　　2 黒い　　　　　3 青い　　　　　4 白い

32 先週は予想もできなかったかなしいことがたくさんありました。
1 嬉しい　　　　2 寂しい　　　　3 悪しい　　　　4 悲しい

33 手紙の内容がほそいペンで書かれていて、ちょっと読みづらかったです。
1 細い　　　　　2 狭い　　　　　3 太い　　　　　4 浅い

34 彼はいつも仕事をするスピードがはやくて助かっています。
1 遅くて　　　　2 速くて　　　　3 迅くて　　　　4 鈍くて

35 彼との結婚を決心したのは、彼のあかるい性格が気に入ったからです。
1 優るい　　　　2 朗るい　　　　3 明るい　　　　4 確るい

36 現在、日本で在宅勤務がかのうな仕事は全体のうち34％に過ぎないという。
1 加態　　　　　2 加能　　　　　3 可態　　　　　4 可能

37 私にはまだしたしい友達が一人もいない。
1 親しい　　　　2 切しい　　　　3 慣しい　　　　4 熟しい

38 ストレスが原因で、料理の味がうすく感じられる場合もあります。
1 薄く　　　　　2 濃く　　　　　3 辛く　　　　　4 苦く

39 どうかしましたか。顔色がまっさおですね。
1 真っ白　　　　2 真っ青　　　　3 真っ赤　　　　4 真っ黒

40 吉田さんは幼い頃、家がまずしくて非常に苦労したそうです。
1 涼しくて　　　2 乏しくて　　　3 貧しくて　　　4 眩しくて

확인 문제 4 · 정답 및 해석(い형용사&な형용사, 부사)

31 정답 **2**
해석 <u>검은</u> 옷을 즐겨 입는 사람은 자신에게 강한 자신감을 가지고 있는 사람이 많다고 합니다.
어휘 くろ(黒)い 검다 服(ふく) 옷 好(この)む 좋아하다, 즐기다 着(き)る (옷)를 입다 自分(じぶん) 자기, 자신, 나
強(つよ)い 강하다 自信(じしん) 자신, 자신감 多(おお)い 많다 ～と言(い)われる ～라는 말을 듣다, ～라고 하다
赤(あか)い 빨갛다 青(あお)い 파랗다 白(しろ)い 희다

32 정답 **4**
해석 지난주에는 예상도 할 수 없었던 슬픈 일이 많이 있었습니다.
어휘 先週(せんしゅう) 지난주 予想(よそう) 예상 できない 할 수 없다, 불가능하다 かな(悲)しい 슬프다 たくさん 많이
嬉(うれ)しい 기쁘다 寂(さび)しい 쓸쓸하다

33 정답 **1**
해석 편지 내용이 <u>가는</u> 펜으로 쓰여 있어서 조금 읽기 힘들었습니다.
어휘 手紙(てがみ) 편지 内容(ないよう) 내용 ほそ(細)い 가늘다 ペン 펜 書(か)く (글씨·글을) 쓰다 読(よ)む 읽다
동사의 ます형+づらい ～하기 힘들다[거북하다] 狭(せま)い 좁다 太(ふと)い 굵다 浅(あさ)い 얕다

34 정답 **2**
해석 그는 항상 일을 하는 속도가 <u>빨라서</u> 도움이 되고 있습니다.
어휘 仕事(しごと) 일 スピード 스피드, 속도 はや(速)い (속도가) 빠르다 助(たす)かる 도움이 되다 遅(おそ)い 늦다
鈍(にぶ)い 둔하다

35 정답 **3**
해석 그 사람과의 결혼을 결심한 것은 그의 <u>밝은</u> 성격이 마음에 들었기 때문입니다.
어휘 結婚(けっこん) 결혼 決心(けっしん) 결심 あか(明)るい 밝다 性格(せいかく) 성격 気(き)に入(い)る 마음에 들다

36 정답 **4**
해석 현재 일본에서 재택근무가 <u>가능한</u> 일은 전체 중 34%에 지나지 않는다고 한다.
어휘 現在(げんざい) 현재 在宅勤務(ざいたくきんむ) 재택근무 かのう(可能)だ 가능하다 仕事(しごと) 일
全体(ぜんたい) 전체 ～うち ～중 ～に過(す)ぎない ～에 지나지 않다 ～という ～라고 한다

37 정답 **1**
해석 나에게는 아직 <u>친한</u> 친구가 한 명도 없다.
어휘 まだ 아직 した(親)しい 친하다 友達(ともだち) 친구 一人(ひとり) 한 명, 한 사람

38 정답 **1**
해석 스트레스가 원인으로, 요리 맛이 <u>연하게</u> 느껴지는 경우도 있습니다.
어휘 ストレス 스트레스 原因(げんいん) 원인 料理(りょうり) 요리 味(あじ) 맛 うす(薄)い 연하다
感(かん)じる 느끼다 場合(ばあい) 경우 濃(こ)い 진하다 辛(から)い 맵다 苦(にが)い 쓰다

39 정답 **2**
해석 무슨 일 있어요? 안색이 <u>창백하</u>네요.
어휘 どうかしましたか 무슨 일 있어요? 顔色(かおいろ) 안색 ま(真)っさお(青)だ 새파랗다, 창백하다
真(ま)っ白(しろ)だ 새하얗다 真(ま)っ赤(か)だ 새빨갛다 真(ま)っ黒(くろ)だ 새까맣다

40 정답 **3**
해석 요시다 씨는 어릴 때 집이 <u>가난</u>해서 매우 고생했다고 합니다.
어휘 幼(おさな)い 어리다 頃(ころ) 때, 시절, 무렵 家(いえ) 집 まず(貧)しい 가난하다 非常(ひじょう)に 대단히, 매우
苦労(くろう) 고생 품사의 보통형+そうだ ～라고 한다 *전문 涼(すず)しい 시원하다 乏(とぼ)しい 모자라다, 부족하다
眩(まぶ)しい 눈부시다

기출 및 출제 예상 어휘 50
⟨동사⟩

음원

☐ 失う 잃다, 잃어버리다	☐ 編む 뜨다, 뜨개질하다	☐ 縛る 묶다, 매다
☐ 防ぐ 막다, 방지하다	☐ 戦う 싸우다	☐ しまう 안에 넣다, 간수하다
☐ 迷う 헤매다	☐ 驚く 놀라다	☐ 扱う 취급하다
☐ 伝える 전하다	☐ 隠す 숨기다	☐ 分ける 나누다
☐ 飽きる 질리다	☐ 接する 접하다, 응대하다	☐ 悩む 고민하다
☐ 交ざる 섞이다	☐ 枯れる (초목이) 시들다, 마르다	☐ 延ばす 연기하다
☐ 溢れる 넘치다	☐ 断る 거절하다	☐ 納める 납부하다
☐ 囲む 둘러싸다	☐ 預ける 맡기다	☐ 別れる 헤어지다
☐ 重なる 겹치다, 거듭되다	☐ 頼る 의지하다	☐ 比べる 비교하다
☐ 調べる 조사하다	☐ 畳む 개다	☐ 配る 나누어 주다, 배포하다
☐ 片付ける 치우다, 정리하다	☐ 合わせる 합치다, 모으다	☐ 効く 듣다, 효과가 있다
☐ 破れる 찢어지다	☐ 支払う 지불하다	☐ 追い付く 따라잡다
☐ 壊す 부수다, 고장 내다	☐ 確かめる 확인하다	☐ 申し込む 신청하다
☐ 落ち着く 안정되다, 침착하다	☐ 貯める (돈을) 모으다, 저축하다	☐ 引き受ける (일 등을) 맡다, 떠맡다
☐ 絞る (범위를) 좁히다	☐ 呼び掛ける 호소하다	☐ しゃべる 말하다, 수다떨다
☐ 沈む (해・달이) 지다	☐ 閉じる (눈을) 감다	☐ 切れる (기한 등이) 끝나다, 다 되다
☐ 待ち合わせる (약속하여) 만나기로 하다	☐ 覚める (잠 등이) 깨다, (눈이) 뜨이다	

동영상 07

확인 문제 1 · 동사

問題3 ( )に入れるのに最もよいものを、1・2・3・4から一つえらびなさい。

1 こうなってしまった以上、彼女とは( )しかない。
　1 溢れる　　　　2 追い付く　　　　3 別れる　　　　4 燃やす

2 彼氏のために( )このセーターは、明日渡すつもりです。
　1 通じた　　　　2 慣れた　　　　3 解けた　　　　4 編んだ

3 この件は、よく( )からでないと、何も申し上げられません。
　1 語って　　　　2 連れて　　　　3 調べて　　　　4 深まって

4 こつこつと( )お金で、新しいスマホを買おうと思っている。
　1 疑った　　　　2 貯めた　　　　3 流れた　　　　4 違った

5 今まで彼がこんな大事な事実を( )いたなんて、本当にショックだった。
　1 隠して　　　　2 勝って　　　　3 囲んで　　　　4 覚めて

6 この料金にはサービス料が含まれていますから、チップを( )必要はございません。
　1 干す　　　　2 登る　　　　3 教わる　　　　4 支払う

7 話の要点がしっかりと( )いなければ、説明は非常にわかりにくい。
　1 得られて　　　　2 絞られて　　　　3 踊られて　　　　4 悩まれて

8 ここは夕日が( )のを見るのにもってこいの場所です。
　1 述べる　　　　2 閉じる　　　　3 沈む　　　　4 起きる

9 何かをすぐ好きになる人は、( )のも早いものです。
　1 飽きる　　　　2 問う　　　　3 浮く　　　　4 広げる

10 水をやらなかったせいなのか、花が完全に( )しまった。
　1 包んで　　　　2 枯れて　　　　3 黙って　　　　4 好んで

136

확인 문제 3 · 정답 및 해석(동사)

21 정답 **3**
해석 가벼운 감기에는 이 약이 잘 (듣)습니다.
어휘 軽(かる)い 가볍다　風邪(かぜ) 감기　薬(くすり) 약　よく 잘　効(き)く 듣다, 효과가 있다　巻(ま)く 감다
敷(し)く 깔다　解(と)く (의문·문제를) 풀다

22 정답 **1**
해석 정부는 이 법안 개정을 1년 후로 (연기할) 방침을 굳혔다.
어휘 政府(せいふ) 정부　法案(ほうあん) 법안　改定(かいてい) 개정　〜後(ご) 〜후　延(の)ばす 연기하다
方針(ほうしん)を固(かた)める 방침을 굳히다　語(かた)る 말하다, 이야기하다　掘(ほ)る 파다　植(う)える 심다

23 정답 **4**
해석 작년에 (비해) 올해는 봄이 오는 것이 조금 늦었다.
어휘 去年(きょねん) 작년　比(くら)べる 비교하다　*「〜に比(くら)べて」- 〜에 비해　今年(ことし) 올해　春(はる) 봄
訪(おとず)れ (계절이) 찾아옴　遅(おそ)い 늦다　疑(うたが)う 의심하다　振(ふ)るう 휘두르다
沈(しず)む (해·달이) 지다

24 정답 **1**
해석 그는 언뜻 보기에 얌전해 보이지만, 끝도 없이 (말한다).
어휘 一見(いっけん) 언뜻 보기에　おとなしい 얌전하다　い형용사의 어간+そうだ 〜일[할] 것 같다, 〜해 보이다　*양태
止(と)めどもない 끝도 없다　しゃべる 말하다, 수다떨다　着(つ)く 도착하다　載(の)る (신문·잡지 등에) 실리다
閉(し)まる 닫히다

25 정답 **3**
해석 가고 싶었지만, 시간이 없어서 (거절할) 수밖에 없었습니다.
어휘 行(い)く 가다　동사의 ます형+たい 〜하고 싶다　時間(じかん) 시간　断(ことわ)る 거절하다
〜しかない 〜할 수밖에 없다　許(ゆる)す 용서하다　探(さが)す 찾다　味(あじ)わう 맛보다

26 정답 **2**
해석 이 건은 본사에 (확인한) 후에 연락드리겠습니다.
어휘 件(けん) 건　本社(ほんしゃ) 본사　確(たし)かめる 확인하다　〜てから 〜하고 나서, 〜한 후에
ご+한자명사+いたす 〜하다, 〜해 드리다　*겸양표현　連絡(れんらく) 연락　急(いそ)ぐ 서두르다　直(なお)す 고치다
沿(そ)う 따르다

27 정답 **4**
해석 저 가게는 주로 어린이용 장난감을 (취급하고) 있다.
어휘 店(みせ) 가게　主(おも)に 주로　子供用(こどもよう) 어린이용　おもちゃ 장난감　扱(あつか)う 취급하다
飼(か)う (동물을) 기르다, 사육하다　飽(あ)きる 질리다　防(ふせ)ぐ 막다, 방지하다

28 정답 **2**
해석 암과 (싸우)기 위해서는 높은 면역력이 필요합니다.
어휘 癌(がん) 암　戦(たたか)う 싸우다　동사의 보통형+ためには 〜하기 위해서는　高(たか)い 높다
免疫力(めんえきりょく) 면역력　必要(ひつよう)だ 필요하다　勝(か)つ 이기다　負(ま)ける 지다, 패하다
敗(やぶ)れる 지다, 패하다

29 정답 **3**
해석 겨울 창유리에는 항상 방의 난기와 밖의 냉기가 (섞여) 있다.
어휘 冬(ふゆ) 겨울　窓(まど)ガラス 창유리　部屋(へや) 방　暖気(だんき) 난기, 따뜻한 기운　外(そと) 밖
冷気(れいき) 냉기, 찬 기운　交(ま)ざる 섞이다　叶(かな)う (소원·꿈 등이) 이루어지다　膨(ふく)らむ 부풀어 오르다
畳(たた)む 개다

30 정답 **3**
해석 아무리 노력해도 그 회사를 (따라잡는) 것은 쉽지 않을 것이다.
어휘 いくら〜ても 아무리 〜해도　努力(どりょく) 노력　追(お)い付(つ)く 따라잡다　容易(ようい)だ 용이하다, 쉽다
受(う)け入(い)れる 받아들이다, 수용하다　乗(の)り越(こ)える 극복하다　組(く)み立(た)てる 조립하다

141

언어지식(문자·어휘)　문법 구성　동사

확인 문제 4 · 동사

問題3 (　　　)に入れるのに最もよいものを、1・2・3・4から一つえらびなさい。

31 これは机の引き出しの中に(　　　)ください。
1 通って　　　　　2 過ぎて　　　　　3 しまって　　　　　4 残って

32 よく見て。この商品券、もう期限が(　　　)いるよ。
1 温まって　　　　2 泳いで　　　　　3 逆らって　　　　　4 切れて

33 白い服と黒い服は(　　　)洗濯した方がいいです。
1 止めて　　　　　2 替えて　　　　　3 分けて　　　　　4 空けて

34 全部作成した人は、静かに目を(　　　)しばらく待っていてください。
1 切って　　　　　2 打って　　　　　3 光って　　　　　4 閉じて

35 うちの息子ときたら、部屋を(　　　)すぐに散らかしてしまう。
1 打ち明けても　　2 片付けても　　　3 やり直しても　　　4 巻き込んでも

36 税金を(　　　)のは国民の義務の一つです。
1 納める　　　　　2 鎮める　　　　　3 広げる　　　　　4 高める

37 受付の人は、顧客に対していつもにこやかに(　　　)必要があります。
1 達する　　　　　2 接する　　　　　3 化する　　　　　4 察する

38 彼女とは、ホテルのフロント前で(　　　)ことにしました。
1 待ち合わせる　　2 盛り上げる　　　3 作り直す　　　　4 押し切る

39 参加を希望する方は、メールでお(　　　)ください。
1 立ち寄り　　　　2 乗り越え　　　　3 申し込み　　　　4 降り出し

40 都知事は、新型ウイルス対策として都民に外出を控えることを(　　　)いる。
1 待ちかねて　　　2 通り過ぎて　　　3 呼び掛けて　　　4 立ち直って

142

확인 문제 4 · 정답 및 해석(동사)

31 정답 **3**
해석 이것은 책상 서랍 안에 (넣어) 주세요.
어휘 机(つくえ) 책상 引(ひ)き出(だ)し 서랍 中(なか) 안, 속 しまう 안에 넣다, 간수하다 通(とお)る 통과하다
過(す)ぎる (시간이) 지나다, 지나가다 残(のこ)る 남다

32 정답 **4**
해석 잘 봐. 이 상품권, 벌써 기한이 (다 되었)어.
어휘 商品券(しょうひんけん) 상품권 もう 이미, 벌써 期限(きげん) 기한 切(き)れる (기한 등이) 끝나다, 다 되다
温(あたた)まる 따뜻해지다 泳(およ)ぐ 헤엄치다, 수영하다 逆(さか)らう 거스르다, 거역하다

33 정답 **3**
해석 흰 옷과 검은 옷은 (나누어서) 세탁하는 편이 좋습니다.
어휘 分(わ)ける 나누다 洗濯(せんたく) 세탁 동사의 た형+方(ほう)がいい ~하는 편[쪽]이 좋다
止(や)める 그만두다, 관두다 替(か)える 바꾸다, 교환하다 空(あ)ける 비우다

34 정답 **4**
해석 전부 작성한 사람은 조용히 눈을 (감고) 잠시 기다리고 있어 주세요.
어휘 全部(ぜんぶ) 전부 作成(さくせい) 작성 人(ひと) 사람 静(しず)かだ 조용하다 目(め) 눈 閉(と)じる (눈을) 감다
待(ま)つ 기다리다 切(き)る 자르다, 끊다 打(う)つ 치다 光(ひか)る 빛나다

35 정답 **2**
해석 우리 아들로 말하자면 방을 (치워도) 바로 어질러 버린다.
어휘 うち 우리 息子(むすこ) (자신의) 아들 ~ときたら ~로 말하자면 部屋(へや) 방 片付(かたづ)ける 치우다, 정리하다
すぐに 곧, 바로 散(ち)らかす 어지르다 打(う)ち明(あ)ける 털어놓다, 고백하다 やり直(なお)す 다시 하다
巻(ま)き込(こ)む 말려들게 하다

36 정답 **1**
해석 세금을 (납부하는) 것은 국민의 의무 중 하나입니다.
어휘 税金(ぜいきん) 세금 納(おさ)める 납부하다 国民(こくみん) 국민 義務(ぎむ) 의무 ~の一(ひと)つだ ~중 하나다
鎮(しず)める 진정시키다 広(ひろ)げる 넓히다 高(たか)める 높이다

37 정답 **2**
해석 접수처 사람은 고객에 대해서[에게] 항상 상냥하게 (응대할) 필요가 있습니다.
어휘 受付(うけつけ) 접수처 顧客(こきゃく) 고객 ~に対(たい)して ~에 대해서, ~에게 *대상 にこやかだ 상냥하다
接(せっ)する 접하다, 응대하다 達(たっ)する 달하다, 이르다 化(か)する 화하다, 변하다 察(さっ)する 헤아리다, 살피다

38 정답 **1**
해석 그녀와는 호텔 프런트 앞에서 (만나)기로 했습니다.
어휘 ホテル 호텔 フロント 프런트 前(まえ) 앞 待(ま)ち合(あ)わせる (약속하여) 만나기로 하다
동사의 보통형+ことにする ~하기로 하다 盛(も)り上(あ)げる (기분 등을) 돋우다, 고조시키다
作(つく)り直(なお)す 다시 만들다 押(お)し切(き)る 밀고 나가다, 강행하다

39 정답 **3**
해석 참가를 희망하는 분은 메일로 (신청해) 주세요.
어휘 参加(さんか) 참가 希望(きぼう) 희망 方(かた) 분 メール 메일
お+동사의 ます형+ください ~해 주십시오 *존경표현 申(もう)し込(こ)む 신청하다 立(た)ち寄(よ)る 들르다
乗(の)り越(こ)える 극복하다 降(ふ)り出(だ)す (비·눈 등이) 내리기 시작하다

40 정답 **3**
해석 도쿄도지사는 신형 바이러스 대책으로서 도쿄도주민에게 외출을 삼갈 것을 (호소하고) 있다.
어휘 都知事(とちじ) 「東京都(とうきょうと: 도쿄도)」의 지사 新型(しんがた) 신형 ウイルス 바이러스
対策(たいさく) 대책 ~として ~로서 都民(とみん) 「東京都(とうきょうと: 도쿄도)」의 주민 外出(がいしゅつ) 외출
控(ひか)える 삼가다, 줄이다, 자제하다 呼(よ)び掛(か)ける 호소하다 待(ま)ちかねる 학수고대하다
通(とお)り過(す)ぎる 지나가다, 통과하다 立(た)ち直(なお)る 회복하다

확인 문제 5・동사

問題3 (   )に入れるのに最もよいものを、1・2・3・4から一つえらびなさい。

41 彼が合格したと聞いても、(   )には当たりません。
1 割る　　　　　2 重ねる　　　　　3 試す　　　　　4 驚く

42 きちんと(   )おいたので、風が吹いても大丈夫でしょう。
1 縛って　　　　2 譲って　　　　　3 診て　　　　　4 省いて

43 「どかん」という音のせいで、夜明けに目が(   )。
1 浮いた　　　　2 覚めた　　　　　3 吸った　　　　4 指した

44 雑草に服が引っかかって(   )しまった。
1 破れて　　　　2 間違えて　　　　3 起こして　　　4 黙って

45 もう済んだことだから、そんなにくよくよ(   )いいよ。
1 訪れなくても　2 悩まなくても　　3 通じなくても　4 迫らなくても

46 初めて行ったところだったので、道に(   )しまった。
1 迷って　　　　2 撮って　　　　　3 預けて　　　　4 交ざって

47 先日社長を(   )、食事会が開かれました。
1 叱って　　　　2 倒して　　　　　3 集めて　　　　4 囲んで

48 部屋に入ると、妻は布団を(   )いるところだった。
1 送って　　　　2 頼んで　　　　　3 畳んで　　　　4 戻って

49 物で(   )いる部屋は、人の心理にも悪影響があるという。
1 弾いて　　　　2 溢れて　　　　　3 履いて　　　　4 断って

50 彼は仕事を頼まれると、いつも快く(   )いる。
1 見落として　　2 差し控えて　　　3 引き受けて　　4 乗り遅れて

확인 문제 5 · 정답 및 해석(동사)

41 정답 **4**
해석 그가 합격했다고 들어도 (놀랄) 것은 없습니다.
어휘 合格(ごうかく) 합격　聞(き)く 듣다　驚(おどろ)く 놀라다　~には当(あ)たらない ~할 것은 없다　割(わ)る 나누다
重(かさ)ねる 포개다, 쌓아 올리다　試(ため)す 시험하다, 실제로 해 보다

42 정답 **1**
해석 제대로 (묶어) 두었으니까, 바람이 불어도 괜찮겠죠.
어휘 きちんと 제대로, 확실히　縛(しば)る 묶다, 매다　~ておく ~해 놓다[두다]　風(かぜ) 바람　吹(ふ)く (바람이) 불다
大丈夫(だいじょうぶ)だ 괜찮다　譲(ゆず)る 양보하다　診(み)る 진찰하다　省(はぶ)く 줄이다, 생략하다

43 정답 **2**
해석 '쾅'하는 소리 탓에 새벽에 잠에서 (깼다).
어휘 どかん 탕, 쾅 *무거운 물건이 떨어질 때 나는 소리　音(おと) 소리　명사+の+せいで ~탓에　夜明(よあ)け 새벽
覚(さ)める (잠 등이) 깨다, (눈이) 뜨이다 *「目(め)が覚(さ)める」– (잠에서) 깨다, 눈을 뜨다　浮(う)く (물에) 뜨다
吸(す)う (공기 따위를) 들이마시다　指(さ)す 가리키다

44 정답 **1**
해석 잡초에 옷이 걸려서 (찢어져) 버렸다.
어휘 雑草(ざっそう) 잡초　服(ふく) 옷　引(ひ)っかかる 걸리다　破(やぶ)れる 찢어지다
間違(まちが)える 잘못하다, 실수하다　起(お)こす 일으키다, 깨우다　黙(だま)る 침묵하다

45 정답 **2**
해석 이미 끝난 일이니까, 그렇게 끙끙 (고민하지 않아도) 돼.
어휘 もう 이미, 벌써　済(す)む 끝나다　くよくよ 끙끙 *사소한 일을 걱정하는 모양　悩(なや)む 고민하다
訪(おとず)れる 방문하다　通(つう)じる 통하다　迫(せま)る 다가오다

46 정답 **1**
해석 처음 간 곳이었기 때문에 길을 (헤매고) 말았다.
어휘 初(はじ)めて 처음(으로)　行(い)く 가다　ところ(所) 곳, 장소
迷(まよ)う 헤매다 *「道(みち)に迷(まよ)う」– 길을 헤매다[잃다]　撮(と)る (사진을) 찍다　預(あず)ける 맡기다
交(ま)ざる 섞이다

47 정답 **4**
해석 일전에 사장님을 (둘러싸고) 식사모임이 열렸습니다.
어휘 先日(せんじつ) 일전　社長(しゃちょう) 사장　囲(かこ)む 둘러싸다　食事会(しょくじかい) 식사모임
開(ひら)く (회의 등을) 열다, 개최하다　叱(しか)る 꾸짖다, 야단치다　倒(たお)す 쓰러뜨리다　集(あつ)める 모으다

48 정답 **3**
해석 방에 들어가니, 아내는 이불을 (개고) 있는 중이었다.
어휘 部屋(へや) 방　入(はい)る 들어가다　妻(つま) (자신의) 아내　布団(ふとん) 이불　畳(たた)む 개다
送(おく)る 보내다　頼(たの)む 부탁하다　戻(もど)る 되돌아오다

49 정답 **2**
해석 물건으로 (넘치는) 방은 사람의 심리에도 악영향이 있다고 한다.
어휘 物(もの) 물건　溢(あふ)れる 넘치다　部屋(へや) 방　人(ひと) 사람　心理(しんり) 심리
悪影響(あくえいきょう) 악영향　弾(ひ)く (악기를) 켜다, 치다, 연주하다　履(は)く (신을) 신다　断(ことわ)る 거절하다

50 정답 **3**
해석 그는 일을 부탁받으면 항상 기분 좋게 (떠맡고) 있다.
어휘 頼(たの)む 부탁하다　快(こころよ)い 상쾌하다, 기분 좋다　引(ひ)き受(う)ける (일 등을) 맡다, 떠맡다
見落(みお)とす 못 보고 빠뜨리다　差(さ)し控(ひか)える 삼가다
乗(の)り遅(おく)れる (차·배 등을) 놓치다, 시간이 늦어 못 타다

145

점수 UP! UP!
〈동사〉

☐ 浮^うく (물에) 뜨다	☐ 問^とう 묻다	☐ 包^{つつ}む 싸다, 포장하다
☐ 打^うつ 치다	☐ 従^{したが}う (명령 등에) 따르다	☐ 渡^{わた}る 건너다
☐ 得^える 얻다	☐ 干^ほす 말리다, 널다	☐ 寄^よる 들르다
☐ 違^{ちが}う 다르다, 틀리다	☐ 済^すむ 끝나다	☐ 登^{のぼ}る (높은 곳으로) 올라가다, 오르다
☐ 守^{まも}る 지키다	☐ 勝^かつ 이기다	☐ 押^おす 누르다
☐ 学^{まな}ぶ 배우다, 익히다	☐ 語^{かた}る 말하다, 이야기하다	☐ 直^{なお}す 고치다
☐ 濡^ぬれる 젖다	☐ 届^{とど}く (보낸 물건이) 도착하다	☐ 踊^{おど}る 춤추다
☐ 味^{あじ}わう 맛보다	☐ 替^かえる 바꾸다, 교환하다	☐ 割^わる 깨다, 나누다
☐ 急^{いそ}ぐ 서두르다	☐ 疑^{うたが}う 의심하다	☐ 要^いる 필요하다
☐ 解^とける 풀리다, 풀어지다	☐ 流^{なが}れる 흐르다	☐ 感^{かん}じる 느끼다
☐ 通^{つう}じる 통하다	☐ 溺^{おぼ}れる (물에) 빠지다	☐ 売^うれる (잘) 팔리다
☐ 泳^{およ}ぐ 헤엄치다, 수영하다	☐ 苛^{いじ}める 괴롭히다	☐ 教^{おそ}わる 가르침을 받다, 배우다
☐ 黙^{だま}る 침묵하다	☐ 深^{ふか}まる 깊어지다	☐ 燃^もやす (불에) 태우다
☐ 好^{この}む 좋아하다, 즐기다	☐ 悲^{かな}しむ 슬퍼하다	☐ 広^{ひろ}げる 넓히다
☐ 飾^{かざ}る 장식하다	☐ 間違^{まちが}える 잘못하다, 실수하다	☐ 訪^{おとず}れる 방문하다
☐ 起^おきる 일어나다, 발생하다	☐ 慣^なれる 익숙해지다	☐ 温^{あたた}まる 따뜻해지다
☐ かかる (병에) 걸리다	☐ 連^つれる 데리고 가다[오다]	☐ 曲^まがる 구부러지다, (모퉁이를) 돌다

기출 및 출제 예상 어휘 100
<명사>

음원

☐ 傷 (きず) 상처	☐ 香り (かお) 향기	☐ 床 (ゆか) 마루, 바닥
☐ 染み (し) 얼룩	☐ 列 (れつ) 열, 줄	☐ 主張 (しゅちょう) 주장
☐ 姿勢 (しせい) 자세	☐ 原料 (げんりょう) 원료	☐ 両替 (りょうがえ) 환전
☐ 制限 (せいげん) 제한	☐ 演奏 (えんそう) 연주	☐ 偶然 (ぐうぜん) 우연
☐ 検査 (けんさ) 검사	☐ 合計 (ごうけい) 합계	☐ 解決 (かいけつ) 해결
☐ 自身 (じしん) 자신	☐ 期待 (きたい) 기대	☐ 材料 (ざいりょう) 재료
☐ 目標 (もくひょう) 목표	☐ 当日 (とうじつ) 당일	☐ 経営 (けいえい) 경영
☐ 割合 (わりあい) 비율	☐ 印象 (いんしょう) 인상	☐ 特徴 (とくちょう) 특징
☐ 想像 (そうぞう) 상상	☐ 目的 (もくてき) 목적	☐ 発表 (はっぴょう) 발표
☐ 興味 (きょうみ) 흥미	☐ 方法 (ほうほう) 방법	☐ 完成 (かんせい) 완성
☐ 発展 (はってん) 발전	☐ 農業 (のうぎょう) 농업	☐ 資源 (しげん) 자원
☐ 料金 (りょうきん) 요금	☐ 登場 (とうじょう) 등장	☐ 交換 (こうかん) 교환
☐ 間隔 (かんかく) 간격	☐ 不安 (ふあん) 불안	☐ 物価 (ぶっか) 물가
☐ 申請 (しんせい) 신청	☐ 栄養 (えいよう) 영양	☐ 乾燥 (かんそう) 건조
☐ 渋滞 (じゅうたい) (교통) 정체	☐ 調子 (ちょうし) 상태, 컨디션	☐ 外食 (がいしょく) 외식
☐ 自慢 (じまん) 자랑	☐ 代金 (だいきん) 대금	☐ カバー 커버, 보충
☐ エネルギー 에너지	☐ 自動的 (じどうてき) 자동적	☐ アドバイス 조언, 충고

☐ 穴 <ruby>穴<rt>あな</rt></ruby> 구멍	☐ 癖 <ruby>癖<rt>くせ</rt></ruby> 버릇	☐ 噂 <ruby>噂<rt>うわさ</rt></ruby> 소문
☐ <ruby>応募<rt>おうぼ</rt></ruby> 응모	☐ <ruby>泡<rt>あわ</rt></ruby> 거품	☐ <ruby>感<rt>かん</rt></ruby>じ 느낌
☐ <ruby>影響<rt>えいきょう</rt></ruby> 영향	☐ <ruby>応援<rt>おうえん</rt></ruby> 응원	☐ <ruby>限界<rt>げんかい</rt></ruby> 한계
☐ <ruby>前後<rt>ぜんご</rt></ruby> 전후	☐ <ruby>観察<rt>かんさつ</rt></ruby> 관찰	☐ <ruby>管理<rt>かんり</rt></ruby> 관리
☐ <ruby>意志<rt>いし</rt></ruby> 의지	☐ <ruby>平均<rt>へいきん</rt></ruby> 평균	☐ <ruby>感動<rt>かんどう</rt></ruby> 감동
☐ <ruby>文句<rt>もんく</rt></ruby> 불평	☐ <ruby>営業<rt>えいぎょう</rt></ruby> 영업	☐ <ruby>出張<rt>しゅっちょう</rt></ruby> 출장
☐ <ruby>整理<rt>せいり</rt></ruby> 정리	☐ <ruby>記入<rt>きにゅう</rt></ruby> 기입	☐ <ruby>面接<rt>めんせつ</rt></ruby> 면접
☐ <ruby>記念<rt>きねん</rt></ruby> 기념	☐ <ruby>共通<rt>きょうつう</rt></ruby> 공통	☐ <ruby>不満<rt>ふまん</rt></ruby> 불만
☐ <ruby>希望<rt>きぼう</rt></ruby> 희망	☐ <ruby>家賃<rt>やちん</rt></ruby> 집세	☐ <ruby>結論<rt>けつろん</rt></ruby> 결론
☐ <ruby>内緒<rt>ないしょ</rt></ruby> 비밀	☐ <ruby>費用<rt>ひよう</rt></ruby> 비용	☐ <ruby>確認<rt>かくにん</rt></ruby> 확인
☐ <ruby>我慢<rt>がまん</rt></ruby> 참음, 견딤	☐ <ruby>手間<rt>てま</rt></ruby> (일을 하는 데 드는) 품, 수고, 시간	☐ <ruby>流<rt>なが</rt></ruby>れ 흐름, 추이, 추세
☐ <ruby>体力<rt>たいりょく</rt></ruby> 체력	☐ <ruby>片方<rt>かたほう</rt></ruby> 한쪽	☐ ~<ruby>向<rt>む</rt></ruby>き ~을 향함
☐ <ruby>申込書<rt>もうしこみしょ</rt></ruby> 신청서	☐ <ruby>半日<rt>はんにち</rt></ruby> 한나절	☐ <ruby>締<rt>し</rt></ruby>め<ruby>切<rt>き</rt></ruby>り 마감
☐ ノック 노크	☐ エンジン 엔진	☐ リサイクル 재활용
☐ バケツ 양동이	☐ イメージ 이미지	☐ カタログ 카탈로그
☐ キャンセル 취소	☐ テーマ 테마, 주제	☐ パンフレット 팸플릿, 소책자
☐ チャレンジ 도전		

확인 문제 1 · 명사

동영상 08

問題3 ( )に入れるのに最もよいものを、1・2・3・4から一つえらびなさい。

1 子供を叱る時、( )の事情を聞かないで叱り付けるのはよくありません。
1 遠慮 2 作成 3 前後 4 指定

2 将来の( )が持てない若者が増えているのは、社会的な問題です。
1 希望 2 不安 3 時期 4 基本

3 体操では正しい( )を保つことが非常に大切です。
1 交換 2 物価 3 姿勢 4 材料

4 彼は幼い時から日本の文学について( )を持っていました。
1 印象 2 登場 3 申請 4 興味

5 待ちに待った旅行だったのに、雨のため( )になってしまった。
1 アクセス 2 キャンセル 3 ダメージ 4 バーゲン

6 あの店は祝日にも休まないで、24時間( )しています。
1 記念 2 文句 3 応募 4 営業

7 彼女は( )活動のかたわら、週末には保育園に行ってボランティアもしています。
1 完成 2 演奏 3 制限 4 主張

8 いい製品をたくさん売ることで、会社の( )はだんだん上がるだろう。
1 チーム 2 スタート 3 アドバイス 4 イメージ

9 交通事故に遭った彼は、あちこち( )だらけになっていた。
1 傷 2 袋 3 床 4 紐

10 連休の始まりとあって、道路は朝から( )していた。
1 加減 2 受信 3 組織 4 渋滞

확인 문제 1 · 정답 및 해석(명사)

1 **정답 3**
해석 아이를 꾸짖을 때 (전후) 사정을 듣지 않고 야단치는 것은 좋지 않습니다.
어휘 子供(こども) 아이 叱(しか)る 꾸짖다. 야단치다 時(とき) 때 前後(ぜんご) 전후 事情(じじょう) 사정
聞(き)く 듣다 ~ないで ~하지 않고 叱(しか)り付(つ)ける 야단치다. 호통치다 遠慮(えんりょ) 사양
作成(さくせい) 작성 指定(してい) 지정

2 **정답 1**
해석 장래의 (희망)을 가질 수 없는 젊은이가 늘고 있는 것은 사회적인 문제입니다.
어휘 将来(しょうらい) 장래 希望(きぼう) 희망 持(も)つ 가지다 若者(わかもの) 젊은이 増(ふ)える 늘다. 늘어나다
社会的(しゃかいてき)だ 사회적이다 問題(もんだい) 문제 不安(ふあん) 불안 時期(じき) 시기 基本(きほん) 기본

3 **정답 3**
해석 체조에서는 올바른 (자세)를 유지하는 것이 대단히 중요합니다.
어휘 体操(たいそう) 체조 正(ただ)しい 올바르다 姿勢(しせい) 자세 保(たも)つ 유지하다 非常(ひじょう)に 대단히, 매우
大切(たいせつ)だ 중요하다 交換(こうかん) 교환 物価(ぶっか) 물가 材料(ざいりょう) 재료

4 **정답 4**
해석 그는 어릴 때부터 일본 문학에 대해 (흥미)를 가지고 있었습니다.
어휘 幼(おさな)い 어리다 日本(にほん) 일본 文学(ぶんがく) 문학 ~について ~에 대해서 *내용 興味(きょうみ) 흥미
印象(いんしょう) 인상 登場(とうじょう) 등장 申請(しんせい) 신청

5 **정답 2**
해석 기다리고 기다리던 여행이었는데, 비 때문에 (취소)가 되어 버렸다.
어휘 待(ま)ちに待(ま)った 기다리고 기다리던 旅行(りょこう) 여행 ~のに ~는데(도) 雨(あめ) 비
명사+の+ため ~때문(에) キャンセル 취소 アクセス 액세스, 접근 ダメージ 대미지, 손해
バーゲン 바겐세일 *「バーゲンセール」의 준말

6 **정답 4**
해석 저 가게는 경축일에도 쉬지 않고, 24시간 (영업)하고 있습니다.
어휘 店(みせ) 가게 祝日(しゅくじつ) 축일, 경축일 休(やす)む 쉬다 時間(じかん) 시간 営業(えいぎょう) 영업
記念(きねん) 기념 文句(もんく) 불평 応募(おうぼ) 응모

7 **정답 2**
해석 그녀는 (연주)활동을 하는 한편, 주말에는 보육원에 가서 자원봉사도 하고 있습니다.
어휘 演奏(えんそう) 연주 活動(かつどう) 활동 ~かたわら ~하는 한편, 주로 ~일을 하면서 그 한편으로
週末(しゅうまつ) 주말 保育園(ほいくえん) 보육원 ボランティア 자원봉사 完成(かんせい) 완성 制限(せいげん) 제한
主張(しゅちょう) 주장

8 **정답 4**
해석 좋은 제품을 많이 팖으로써 회사의 (이미지)는 점점 올라갈 것이다.
어휘 いい 좋다 製品(せいひん) 제품 たくさん 많이 売(う)る 팔다 ~ことで ~함으로써 会社(かいしゃ) 회사
イメージ 이미지 だんだん 점점 上(あ)がる 오르다. 올라가다 チーム 팀 スタート 스타트, 출발 アドバイス 조언, 충고

9 **정답 1**
해석 교통사고를 당한 그는 여기저기 (상처)투성이가 되어 있었다.
어휘 交通事故(こうつうじこ)に遭(あ)う 교통사고를 당하다 あちこち 여기저기 傷(きず) 상처 ~だらけ ~투성이
袋(ふくろ) 봉지, 자루 床(ゆか) 마루, 바닥 紐(ひも) 끈

10 **정답 4**
해석 연휴의 시작이라, 도로는 아침부터 (정체)되고 있었다.
어휘 連休(れんきゅう) 연휴 始(はじ)まり 시작 ~とあって ~라서, ~이기 때문에 道路(どうろ) 도로 朝(あさ) 아침
渋滞(じゅうたい) (교통) 정체 加減(かげん) 가감, 조절 受信(じゅしん) 수신 組織(そしき) 조직

확인 문제 2・명사

問題3 ( )に入れるのに最もよいものを、1・2・3・4から一つえらびなさい。

11 最近、話題になったその店の前には、朝早くから( )ができていました。
1 霜　　　　　　　　2 穴　　　　　　　　3 列　　　　　　　　4 癖

12 彼の部屋を( )してみましたが、誰もいませんでした。
1 ノック　　　　　　2 ボート　　　　　　3 ナイフ　　　　　　4 カット

13 人材募集に年齢( )がない場合はとても少ないです。
1 最高　　　　　　　2 制限　　　　　　　3 超過　　　　　　　4 限界

14 この病気を防げたのは、流行する前に大量の( )をしたからです。
1 講演　　　　　　　2 定着　　　　　　　3 順番　　　　　　　4 検査

15 問題が発生した時、常に人に聞く人もいれば、自分( )で調べる人もいる。
1 自己　　　　　　　2 自信　　　　　　　3 自身　　　　　　　4 自由

16 当社は経営理念を実現するために、新たに大きな( )をしています。
1 チャレンジ　　　　2 カタログ　　　　　3 リサイクル　　　　4 プログラム

17 近頃、料理をするのが面倒くさくて( )が多くなってしまった。
1 食事　　　　　　　2 朝食　　　　　　　3 外食　　　　　　　4 昼食

18 不景気の影響で、その会社の( )状態は非常に厳しいという。
1 健康　　　　　　　2 経営　　　　　　　3 心理　　　　　　　4 精神

19 まさか彼女がそんなことをするとは、( )もできませんでした。
1 未来　　　　　　　2 到着　　　　　　　3 発想　　　　　　　4 想像

20 人の第一( )は、たった15秒で決まってしまうそうです。
1 印象　　　　　　　2 顔面　　　　　　　3 笑顔　　　　　　　4 証人

확인 문제 2 · 정답 및 해석(명사)

11 정답 **3**
해석 최근 화제가 된 그 가게 앞에는 아침 일찍부터 (줄)이 생겨 있었습니다.
어휘 最近(さいきん) 최근, 요즘 話題(わだい) 화제 店(みせ) 가게 前(まえ) 앞 朝(あさ) 아침 早(はや)く 일찍
列(れつ) 열, 줄 できる 생기다 霜(しも) 서리 穴(あな) 구멍 癖(くせ) 버릇

12 정답 **1**
해석 그 사람의 방을 (노크)해 봤지만, 아무도 없었습니다.
어휘 部屋(へや) 방 ノック 노크 ~てみる ~해 보다 誰(だれ)も 아무도 ボート 보트 ナイフ 나이프, 칼 カット 커트

13 정답 **2**
해석 인재 모집에 연령 (제한)이 없는 경우는 대단히 적습니다.
어휘 人材(じんざい) 인재 募集(ぼしゅう) 모집 年齢(ねんれい) 연령 制限(せいげん) 제한 場合(ばあい) 경우
とても 아주, 매우 少(すく)ない 적다 最高(さいこう) 최고 超過(ちょうか) 초과 限界(げんかい) 한계

14 정답 **4**
해석 이 병을 막을 수 있었던 것은 유행하기 전에 대량의 (검사)를 했기 때문입니다.
어휘 病気(びょうき) 병 防(ふせ)ぐ 막다, 방지하다 流行(りゅうこう) 유행 동사의 기본형+前(まえ)に ~하기 전에
大量(たいりょう) 대량 検査(けんさ) 검사 講演(こうえん) 강연 定着(ていちゃく) 정착 順番(じゅんばん) 순번, 차례

15 정답 **3**
해석 문제가 발생했을 때, 항상 남에게 묻는 사람도 있거니와 자기 (자신)이 조사하는 사람도 있다.
어휘 問題(もんだい) 문제 発生(はっせい) 발생 常(つね)に 늘, 항상 人(ひと) 남, 타인 聞(き)く 묻다
~も~ば~も ~도 ~하고[하거니와] ~도 自分自身(じぶんじしん) 자기 자신 *「自身(じしん)」(자신)은 체언에 접속하여 그
말을 강조함 調(しら)べる 조사하다 自己(じこ) 자기 信(じしん) 자신, 자신감 自由(じゆう) 자유

16 정답 **1**
해석 우리 회사는 경영이념을 실현하기 위해서 새롭게 큰 (도전)을 하고 있습니다.
어휘 当社(とうしゃ) 당사, 이[우리] 회사 経営(けいえい) 경영 理念(りねん) 이념 実現(じつげん) 실현
동사의 보통형+ために ~하기 위해서 新(あら)ただ 새롭다 大(おお)きな 큰 チャレンジ 도전 カタログ 카탈로그
リサイクル 재활용 プログラム 프로그램

17 정답 **3**
해석 요즘 요리를 하는 것이 귀찮아서 (외식)이 많아져 버렸다.
어휘 近頃(ちかごろ) 요즘, 최근 料理(りょうり) 요리 面倒(めんどう)くさい 귀찮다, 성가시다 外食(がいしょく) 외식
多(おお)い 많다 食事(しょくじ) 식사 朝食(ちょうしょく) 조식, 아침식사 昼食(ちゅうしょく) 중식, 점심식사

18 정답 **2**
해석 불경기의 영향으로 그 회사의 (경영) 상태는 대단히 어렵다고 한다.
어휘 不景気(ふけいき) 불경기 影響(えいきょう) 영향 会社(かいしゃ) 회사 経営(けいえい) 경영
状態(じょうたい) 상태 非常(ひじょう)に 대단히, 매우 厳(きび)しい 어렵다, 힘들다 ~という ~라고 한다
健康(けんこう) 건강 心理(しんり) 심리 精神(せいしん) 정신

19 정답 **4**
해석 설마 그녀가 그런 일을 하리라고는 (상상)도 못했습니다.
어휘 まさか 설마 そんな 그런 ~とは ~라고는 想像(そうぞう) 상상
できない 할 수 없다, 불가능하다 未来(みらい) 미래 到着(とうちゃく) 도착 発想(はっそう) 발상

20 정답 **1**
해석 사람의 첫(인상)은 단 15초에 결정되어 버린다고 합니다.
어휘 第一印象(だいいちいんしょう) 첫인상 たった 단, 겨우, 단지 ~秒(びょう) ~초 決(き)まる 정해지다, 결정되다
품사의 보통형+そうだ ~라고 한다 *전문 顔面(がんめん) 안면, 얼굴 笑顔(えがお) 웃는 얼굴 証人(しょうにん) 증인

問題3 (　　　)に入れるのに最もよいものを、1・2・3・4から一つえらびなさい。

41 この(　　　)が必ずしも間違ったとは言えないと思います。
1 方法　　　　　　2 我慢　　　　　　3 最上　　　　　　4 半日

42 彼の(　　　)は正しいように聞こえますが、私としては反対せざるを得ません。
1 資源　　　　　　2 主張　　　　　　3 感動　　　　　　4 渋滞

43 子供が水をこぼして(　　　)が濡れてしまいました。
1 情け　　　　　　2 心　　　　　　　3 床　　　　　　　4 雲

44 日本はすべての国民を公的な医療保険で(　　　)している国の一つです。
1 ペット　　　　　2 コメント　　　　3 デザイン　　　　4 カバー

45 ガスやガソリンなどの(　　　)は、今や日常生活に欠かせないものとなっています。
1 アルバイト　　　2 アイデア　　　　3 エネルギー　　　4 ツアー

46 この小説には、(　　　)人物がたった5人しか出てこない。
1 平均　　　　　　2 影響　　　　　　3 栄養　　　　　　4 登場

47 新鮮で安全な食べ物を供給することが(　　　)の重要な役割です。
1 農業　　　　　　2 産業　　　　　　3 工業　　　　　　4 授業

48 (　　　)書類にミスがないか、もう一度確認してください。
1 限界　　　　　　2 格好　　　　　　3 申請　　　　　　4 向上

49 日本では、自信のない人ほど(　　　)をすると言われています。
1 一致　　　　　　2 自慢　　　　　　3 基礎　　　　　　4 用紙

50 みなさん、もう少し(　　　)を詰めて並んでください。
1 計画　　　　　　2 命令　　　　　　3 間隔　　　　　　4 宣伝

확인 문제 5 · 정답 및 해석(명사)

41 정답 1
해석 이 (방법)이 반드시 틀렸다고는 할 수 없다고 생각합니다.
어휘 方法(ほうほう) 방법 必(かなら)ずしも (부정어 수반) 반드시 間違(まちが)う 틀리다, 잘못되다
～とは言(い)えない ～라고는 할 수 없다 我慢(がまん) 참음, 견딤 最上(さいじょう) 최상 半日(はんにち) 반일, 한나절

42 정답 2
해석 그의 (주장)은 맞는 것처럼 들리지만, 저로서는 반대하지 않을 수 없습니다.
어휘 主張(しゅちょう) 주장 正(ただ)しい 올바르다, 맞다 ～ように ～처럼 聞(き)こえる 들리다 ～として ～로서
反対(はんたい) 반대 동사의 ない형+ざるを得(え)ない ～하지 않을 수 없다 *「～する」의 경우에는 예외적으로 「～せざるを
得(え)ない」의 형태가 됨 資源(しげん) 자원 感動(かんどう) 감동 渋滞(じゅうたい) (교통) 정체

43 정답 3
해석 아이가 물을 엎질러서 (마루)가 젖어 버렸습니다.
어휘 子供(こども) 아이 水(みず) 물 こぼす 흘리다, 엎지르다 床(ゆか) 마루, 바닥 濡(ぬ)れる 젖다 情(なさ)け 정
心(こころ) 마음 雲(くも) 구름

44 정답 4
해석 일본은 모든 국민을 공적인 의료보험으로 (커버)하고 있는 나라 중 하나입니다.
어휘 すべて 모두, 전부 国民(こくみん) 국민 公的(こうてき)だ 공적이다 医療保険(いりょうほけん) 의료보험
カバー 커버, 보충 国(くに) 나라 ～の一(ひと)つだ ～중 하나다 ペット 애완동물 コメント 코멘트, 논평
デザイン 디자인

45 정답 3
해석 가스나 가솔린 등의 (에너지)는 이제는 일상생활에 없어서는 안 될 것이 되고 있습니다.
어휘 ガス 가스 ガソリン 가솔린 など 등 エネルギー 에너지 今(いま)や 이제는
日常生活(にちじょうせいかつ) 일상생활 欠(か)かせない 빠뜨릴 수 없는, 없어서는 안 될 アルバイト 아르바이트
アイデア 아이디어 ツアー 투어, 여행

46 정답 4
해석 이 소설에는 (등장)인물이 겨우 5명밖에 나오지 않는다.
어휘 小説(しょうせつ) 소설 登場人物(とうじょうじんぶつ) 등장인물
たった 겨우, 단지 ～しか (부정어 수반) ～밖에 出(で)る 나오다 平均(へいきん) 평균 影響(えいきょう) 영향
栄養(えいよう) 영양

47 정답 1
해석 신선하고 안전한 음식을 공급하는 것이 (농업)의 중요한 역할입니다.
어휘 新鮮(しんせん)だ 신선하다 安全(あんぜん)だ 안전하다 食(た)べ物(もの) 음식 供給(きょうきゅう) 공급
農業(のうぎょう) 농업 重要(じゅうよう)だ 중요하다 役割(やくわり) 역할 産業(さんぎょう) 산업
工業(こうぎょう) 공업 授業(じゅぎょう) 수업

48 정답 3
해석 (신청) 서류에 실수가 없는지 한 번 더 확인해 주세요.
어휘 申請(しんせい) 신청 書類(しょるい) 서류 ミス 미스, 실수, 잘못 もう一度(いちど) 한 번 더 確認(かくにん) 확인
限界(げんかい)한계 格好(かっこう) 모습, 꼴 向上(こうじょう) 향상

49 정답 2
해석 일본에서는 자신감이 없는 사람일수록 (자랑)을 한다고 합니다.
어휘 自信(じしん) 자신, 자신감 ～ほど ～일수록 自慢(じまん) 자랑 ～と言(い)われる ～라는 말을 듣다, ～라고 하다
一致(いっち) 일치 基礎(きそ) 기초 用紙(ようし) 용지

50 정답 3
해석 여러분 조금 더 (간격)을 좁혀서 서 주세요.
어휘 みなさん 여러분 もう少(すこ)し 조금 더 間隔(かんかく) 간격 詰(つ)める 좁히다 並(なら)ぶ (줄을) 서다
計画(けいかく) 계획 命令(めいれい) 명령 宣伝(せんでん) 선전

확인 문제 6 · 명사

問題3 (　　　)に入れるのに最もよいものを、1・2・3・4から一つえらびなさい。

51 (　　　)が落ちたのか、何をしてもすぐ疲れてしまいます。
1 確立　　　　　　　2 真心　　　　　　　3 要請　　　　　　　4 体力

52 車に乗り込み、出発しようと思ったら、全く(　　　)がかからない。
1 エンジン　　　　2 アナウンス　　　3 ジレンマ　　　　4 トラウマ

53 資源を(　　　)するためには、ごみの分別が大切です。
1 マナー　　　　　2 キャリア　　　　3 リサイクル　　　4 ローン

54 それでは、こちらにお名前をご(　　　)ください。
1 参加　　　　　　2 譲歩　　　　　　3 暗記　　　　　　4 記入

55 日本と同じように、最近韓国の(　　　)寿命もだんだん延びています。
1 出費　　　　　　2 平均　　　　　　3 景気　　　　　　4 断言

56 今日は朝からどうも体の(　　　)が優れません。
1 調子　　　　　　2 出身　　　　　　3 担当　　　　　　4 残業

57 東京は何となく(　　　)が高いイメージがあるが、実は意外と安い地域もある。
1 家賃　　　　　　2 上司　　　　　　3 余分　　　　　　4 大家

58 彼には人の話に口を出す悪い(　　　)がある。
1 雷　　　　　　　2 箱　　　　　　　3 癖　　　　　　　4 鍋

59 彼は自分の(　　　)を貫き通し、ついに小説家としてデビューをした。
1 反対　　　　　　2 意志　　　　　　3 賛成　　　　　　4 同感

60 毎日(　　　)バランスに気を配った食事をすることはなかなか難しいものです。
1 予想　　　　　　2 勤務　　　　　　3 反面　　　　　　4 栄養

확인 문제 6 · 정답 및 해석(명사)

51 정답 **4**
해석 (체력)이 떨어졌는지 무엇을 해도 바로 지치고 맙니다.
어휘 体力(たいりょく) 체력 落(お)ちる 떨어지다 すぐ 곧, 바로 疲(つか)れる 지치다, 피로해지다 確立(かくりつ) 확립
真心(まごころ) 진심 要請(ようせい) 요청

52 정답 **1**
해석 차에 올라타 출발하려고 했더니, 전혀 (엔진)이 걸리지 않는다[시동이 걸리지 않는다].
어휘 車(くるま) 자동차, 차 乗(の)り込(こ)む 올라타다 出発(しゅっぱつ) 출발 全(まった)く (부정어 수반) 전혀
エンジン 엔진 *「エンジンがかかる」– 엔진[시동]이 걸리다 アナウンス 방송 ジレンマ 딜레마 トラウマ 트라우마

53 정답 **3**
해석 자원을 (재활용)하기 위해서는 쓰레기 분리가 중요합니다.
어휘 資源(しげん) 자원 リサイクル 재활용 동사의 보통형+ためには ~하기 위해서는 ごみ 쓰레기
分別(ぶんべつ) 분별, 분류, 분리 大切(たいせつ)だ 중요하다 マナー 매너 キャリア 커리어, 경력 ローン 융자

54 정답 **4**
해석 그럼, 여기에 성함을 (기입)해 주세요.
어휘 それでは 그럼 お名前(なまえ) 성함, 이름 ご+한자명사+ください ~해 주십시오 *존경표현 記入(きにゅう) 기입
参加(さんか) 참가 譲歩(じょうほ) 양보 暗記(あんき) 암기

55 정답 **2**
해석 일본과 마찬가지로 최근 한국의 (평균)수명도 점점 길어지고 있습니다.
어휘 ~と同(おな)じように ~와 마찬가지로 最近(さいきん) 최근, 요즘 韓国(かんこく) 한국
平均寿命(へいきんじゅみょう) 평균수명 だんだん 점점 延(の)びる 길어지다, 연장되다 出費(しゅっぴ) 출비, 지출
景気(けいき) 경기 断言(だんげん) 단언

56 정답 **1**
해석 오늘은 아침부터 아무래도 몸 (상태)가 좋지 않습니다.
어휘 どうも (부정어 수반) 아무래도, 도무지 体(からだ) 몸, 신체 調子(ちょうし) 상태, 컨디션
優(すぐ)れない (건강·기분·병 따위가) 좋은 상태가 아니다, 시원찮다 出身(しゅっしん) 출신 担当(たんとう) 담당
残業(ざんぎょう) 잔업, 야근

57 정답 **1**
해석 도쿄는 왠지 (집세)가 비싼 이미지가 있지만, 실은 의외로 싼 지역도 있다.
어휘 何(なん)となく 왜 그런지 모르게, 왠지 家賃(やちん) 집세 高(たか)い 비싸다 イメージ 이미지 実(じつ)は 실은
意外(いがい)と 의외로 安(やす)い 싸다 地域(ちいき) 지역 上司(じょうし) 상사 余分(よぶん) 여분
大家(おおや) 집주인

58 정답 **3**
해석 그에게는 남의 이야기에 말참견을 하는 나쁜 (버릇)이 있다.
어휘 人(ひと) 남, 타인 話(はなし) 이야기 口(くち)を出(だ)す 말참견을 하다 悪(わる)い 나쁘다, 좋지 않다
癖(くせ) 버릇 雷(かみなり) 천둥, 벼락 箱(はこ) 상자 鍋(なべ) 냄비

59 정답 **2**
해석 그는 자신의 (의지)를 관철해서 마침내 소설가로서 데뷔를 했다.
어휘 自分(じぶん) 자기, 자신, 나 意志(いし) 의지 貫(つらぬ)き通(とお)す (신념·신조 등을) 관철하다
ついに 마침내, 드디어 小説家(しょうせつか) 소설가 ~として ~로서 デビュー 데뷔

60 정답 **4**
해석 매일 (영양) 균형을 배려한 식사를 하는 것은 상당히 어려운 법입니다.
어휘 毎日(まいにち) 매일 栄養(えいよう) 영양 バランス 밸런스, 균형 気(き)を配(くば)る 마음을 쓰다, 배려하다
食事(しょくじ) 식사 なかなか 꽤, 상당히 難(むずか)しい 어렵다 ~ものだ ~인 법[것]이다 *상식·진리·본성
予想(よそう) 예상 勤務(きんむ) 근무 反面(はんめん) 반면

확인 문제 9 · 명사

問題3 (　　　)に入れるのに最もよいものを、1・2・3・4から一つえらびなさい。

81 これ以外の (　　　) は、全部私が負担します。
1 独身　　　　2 法律　　　　3 成果　　　　4 費用

82 今日は朝から雨が降っていて、風も吹いているので少し寒い (　　　) がする。
1 感じ　　　　2 情け　　　　3 斜め　　　　4 思い出

83 今は時代の (　　　) に合わせて、変化に適応していくことが大切だ。
1 向かい　　　2 好み　　　　3 流れ　　　　4 お釣り

84 参加 (　　　) に必要事項をご記入の上、メールでお送りください。
1 落書き　　　2 紙幣　　　　3 記載　　　　4 申込書

85 昆虫 (　　　) は、虫が好きになればなるほど楽しくなります。
1 分担　　　　2 心理　　　　3 観察　　　　4 休息

86 残念ながら、昨日の試合は私が (　　　) しているチームが負けてしまった。
1 配慮　　　　2 応援　　　　3 売買　　　　4 賛成

87 このことは誰にも言わないで (　　　) にしてほしいです。
1 内緒　　　　2 監督　　　　3 談話　　　　4 雑談

88 申請書類の (　　　) は明日ですので、なるべく今日中に出してください。
1 日当たり　　2 締め切り　　3 日帰り　　　4 踏み切り

89 私と妻はウインタースポーツという (　　　) の趣味があります。
1 共同　　　　2 真似　　　　3 種類　　　　4 共通

90 花の手入れがこんなに (　　　) がかかる仕事だとは思わなかった。
1 手頃　　　　2 手当　　　　3 手間　　　　4 手順

확인 문제 9 · 정답 및 해석(명사)

81 정답 **4**
해석 이것 이외의 (비용)은 전부 제가 부담하겠습니다.
어휘 以外(いがい) 이외 費用(ひよう) 비용 全部(ぜんぶ) 전부 負担(ふたん) 부담 独身(どくしん) 독신
法律(ほうりつ) 법률 成果(せいか) 성과

82 정답 **1**
해석 오늘은 아침부터 비가 내리고 있고 바람도 불고 있어서 조금 추운 (느낌)이 든다.
어휘 今日(きょう) 오늘 朝(あさ) 아침 雨(あめ) 비 降(ふ)る (비·눈 등이) 내리다, 오다 風(かぜ) 바람
吹(ふ)く (바람이) 불다 少(すこ)し 조금 寒(さむ)い 춥다 感(かん)じ 느낌 *「感(かん)じがする」- 느낌이 들다
情(なさ)け 정 斜(なな)め 비스듬함 思(おも)い出(で) 추억

83 정답 **3**
해석 지금은 시대의 (흐름)에 맞춰 변화에 적응해 가는 것이 중요하다.
어휘 今(いま) 지금 時代(じだい) 시대 流(なが)れ 흐름, 추이, 추세 合(あ)わせる 맞추다 変化(へんか) 변화
適応(てきおう) 적응 大切(たいせつ)だ 중요하다 向(む)かい 맞은편 好(この)み 좋아함, 기호 お釣(つ)り 거스름돈

84 정답 **4**
해석 참가 (신청서)에 필요사항을 기입하신 후 메일로 보내 주세요.
어휘 参加(さんか) 참가 申込書(もうしこみしょ) 신청서 必要(ひつよう) 필요 事項(じこう) 사항 記入(きにゅう) 기입
~の上(うえ) ~한 후 メール 메일 お+동사의 ます형+ください ~해 주십시오 *존경표현 送(おく)る 보내다
落書(らくが)き 낙서 紙幣(しへい) 지폐 記載(きさい) 기재

85 정답 **3**
해석 곤충 (관찰)은 벌레를 좋아하게 되면 될수록 즐거워집니다.
어휘 昆虫(こんちゅう) 곤충 観察(かんさつ) 관찰 虫(むし) 벌레 ~ば~ほど ~하면 ~할수록 楽(たの)しい 즐겁다
分担(ぶんたん) 분담 心理(しんり) 심리 休息(きゅうそく) 휴식

86 정답 **2**
해석 유감스럽게도 어제 시합은 내가 (응원)하고 있는 팀이 패해 버렸다.
어휘 残念(ざんねん)ながら 유감스럽게도 昨日(きのう) 어제 試合(しあい) 시합 応援(おうえん) 응원 チーム 팀
負(ま)ける 지다, 패하다 配慮(はいりょ) 배려 売買(ばいばい) 매매 賛成(さんせい) 찬성

87 정답 **1**
해석 이 일은 아무에게도 말하지 말고 (비밀)로 해 주었으면 합니다.
어휘 誰(だれ)にも 아무에게도 言(い)う 말하다 ~ないで ~하지 말고 内緒(ないしょ) 비밀
~てほしい ~해 주었으면 하다, ~하길 바라다 監督(かんとく) 감독 談話(だんわ) 담화 雑談(ざつだん) 잡담

88 정답 **2**
해석 신청서류 (마감)은 내일이니까, 가능한 한 오늘 중으로 제출해 주세요.
어휘 申請(しんせい) 신청 書類(しょるい) 서류 締(し)め切(き)り 마감 なるべく 되도록, 가능한 한
今日中(きょうじゅう) 오늘 중 出(だ)す 내다, 제출하다 日当(ひあ)たり 볕이 듦 日帰(ひがえ)り 당일치기
踏(ふ)み切(き)り (철로의) 건널목

89 정답 **4**
해석 저와 아내는 윈터 스포츠라는 (공통)의 취미가 있습니다.
어휘 妻(つま) (자신의) 아내 ウインタースポーツ 윈터 스포츠, (스키·스케이트 등의) 동계 운동 ~という ~라는
共通(きょうつう) 공통 趣味(しゅみ) 취미 共同(きょうどう) 공동 真似(まね) 흉내 種類(しゅるい) 종류

90 정답 **3**
해석 꽃 손질이 이렇게 (품)이 드는 일이라고는 생각하지 않았다.
어휘 花(はな) 꽃 手入(てい)れ 손질 こんなに 이렇게
手間(てま) (일을 하는 데 드는) 품, 수고, 시간 *「手間(てま)がかかる」- 품이 들다, 어떤 일을 하기 위해 노력과 시간이 들다
手頃(てごろ) 알맞음, 적당함 手当(てあて) 수당, (상처 등의) 치료, 처치 手順(てじゅん) 수순, 순서, 절차

확인 문제 10 · 명사

問題3 ( )に入れるのに最もよいものを、1・2・3・4から一つえらびなさい。

91 これはすぐに( )が出るような問題ではないと思います。
　　1 結論　　　　　　2 団員　　　　　　3 出席　　　　　　4 緊張

92 コードが断線したのか、イヤホンが( )しか聞こえません。
　　1 両方　　　　　　2 片方　　　　　　3 遠方　　　　　　4 双方

93 今月は外国への( )が多くてとても忙しかったです。
　　1 猛烈　　　　　　2 出張　　　　　　3 書籍　　　　　　4 充電

94 今の年金制度に( )を持っている国民は少なくありません。
　　1 看板　　　　　　2 沈黙　　　　　　3 不満　　　　　　4 障害

95 時間の変更がありますので、会議の日程をもう一度( )しておいてください。
　　1 確認　　　　　　2 暖房　　　　　　3 好調　　　　　　4 屋根

96 こちらが時間のない方でも( )で参加できるツアーです。
　　1 日時　　　　　　2 半日　　　　　　3 季節　　　　　　4 曜日

97 その映画には、私もとても( )しました。
　　1 新型　　　　　　2 開店　　　　　　3 自習　　　　　　4 感動

98 就職活動で、最終( )まで進むのは、決して簡単なことではありません。
　　1 注文　　　　　　2 帰省　　　　　　3 進捗　　　　　　4 面接

99 私の部屋は南( )なので、日がよく当たります。
　　1 下げ　　　　　　2 向き　　　　　　3 迎え　　　　　　4 送り

100 最近、仕事に行き詰まり、能力の( )を感じています。
　　1 工夫　　　　　　2 拒否　　　　　　3 限界　　　　　　4 赤字

확인 문제 10 · 정답 및 해석(명사)

91 정답 **1**
해석 이것은 바로 (결론)이 나올 것 같은 문제가 아니라고 생각합니다.
어휘 すぐに 곧, 바로 結論(けつろん) 결론 出(で)る 나오다 ～ような ～인 것 같은, ～할 법한 問題(もんだい) 문제
団員(だんいん) 단원 出席(しゅっせき) 출석 緊張(きんちょう) 긴장

92 정답 **2**
해석 코드가 단선되었는지, 이어폰이 (한쪽)밖에 들리지 않습니다.
어휘 コード 코드, 전등 따위에 사용하는 전선 断線(だんせん)する 단선되다, 특히 전선이 끊어지다 イヤホン 이어폰
片方(かたほう) 한쪽 ～しか (부정어 수반) ～밖에 聞(き)こえる 들리다 両方(りょうほう) 양쪽 遠方(えんぽう) 먼 곳
双方(そうほう) 쌍방

93 정답 **2**
해석 이달은 외국으로의 (출장)이 많아서 아주 바빴습니다.
어휘 今月(こんげつ) 이달 外国(がいこく) 외국 出張(しゅっちょう) 출장 多(おお)い 많다 忙(いそが)しい 바쁘다
猛烈(もうれつ) 맹렬 書籍(しょせき) 서적 充電(じゅうでん) 충전

94 정답 **3**
해석 지금의 연금제도에 (불만)을 가지고 있는 국민은 적지 않습니다.
어휘 今(いま) 지금 年金(ねんきん) 연금 制度(せいど) 제도 不満(ふまん) 불만 持(も)つ 가지다 国民(こくみん) 국민
少(すく)ない 적다 看板(かんばん) 간판 沈黙(ちんもく) 침묵 障害(しょうがい) 장애, 장해

95 정답 **1**
해석 시간 변경이 있으니까, 회의 (일정)을 한 번 더 확인해 두세요.
어휘 時間(じかん) 시간 変更(へんこう) 변경 会議(かいぎ) 회의 日程(にってい) 일정 もう一度(いちど) 한 번 더
確認(かくにん) 확인 ～ておく ～해 놓다[두다] 暖房(だんぼう) 난방 好調(こうちょう) 호조 屋根(やね) 지붕

96 정답 **2**
해석 이것은 시간이 없는 분이라도 (한나절)로 참가할 수 있는 투어입니다.
어휘 方(かた) 분 半日(はんにち) 반일, 한나절 参加(さんか) 참가 ツアー 투어, 여행 日時(にちじ) 일시
季節(きせつ) 계절 曜日(ようび) 요일

97 정답 **4**
해석 그 영화에는 저도 아주 (감동)했어요.
어휘 映画(えいが) 영화 感動(かんどう) 감동 新型(しんがた) 신형 開店(かいてん) 개점 自習(じしゅう) 자습

98 정답 **4**
해석 취직활동에서 최종(면접)까지 가는 것은 결코 간단한 일이 아닙니다.
어휘 就職活動(しゅうしょくかつどう) 취직활동 最終(さいしゅう) 최종 面接(めんせつ) 면접
進(すす)む 나아가다, 진행되다 決(けっ)して (부정어 수반) 결코 簡単(かんたん)だ 간단하다 注文(ちゅうもん) 주문
帰省(きせい) 귀성 進捗(しんちょく) 진척

99 정답 **2**
해석 제 방은 남(향)이라 볕이 잘 듭니다.
어휘 部屋(へや) 방 南向(みなみむ)き 남향 日(ひ)が当(あ)たる 볕이 들다 下(さ)げ 내림 迎(むか)え 맞이함, 마중
送(おく)り 보냄, 배웅함

100 정답 **3**
해석 최근 일이 정돈 상태에 빠져서 능력의 (한계)를 느끼고 있습니다.
어휘 最近(さいきん) 최근, 요즘 仕事(しごと) 일 行(い)き詰(づ)まる (일이) 정돈 상태에 빠지다 能力(のうりょく) 능력
限界(げんかい) 한계 感(かん)じる 느끼다 工夫(くふう) 궁리 拒否(きょひ) 거부 赤字(あかじ) 적자

점수 UP! UP!
<명사>

음원

□ 分解 분해	□ 夜景 야경	□ 閉店 폐점
□ 拡大 확대	□ 発売 발매	□ 治療 치료
□ 指定 지정	□ 苦労 고생	□ 先輩 선배
□ 配達 배달	□ 対立 대립	□ 退場 퇴장
□ 順番 순번, 차례	□ 通信 통신	□ 設置 설치
□ 土地 토지	□ 実現 실현	□ 性格 성격
□ 様子 모습, 상태, 상황	□ 全体 전체	□ 応対 응대
□ 作業 작업	□ 屋外 옥외	□ 実験 실험
□ 愛情 애정	□ 遠慮 사양	□ 効力 효력
□ 運賃 운임	□ 基本 기본	□ 経営 경영
□ 時期 시기	□ 誤解 오해	□ 加減 가감, 조절
□ 解散 해산	□ 工夫 궁리	□ 組織 조직
□ 活躍 활약	□ 中心 중심	□ 縮小 축소
□ きっかけ 계기	□ 作成 작성	□ 特有 특유
□ 訳 이유, 까닭	□ チーム 팀	□ 定期 정기
□ お見舞い 병문안, 문병	□ サービス 서비스	□ 思い出 추억
□ スタート 스타트, 출발	□ 担当者 담당자	□ コピー 카피, 복사

☐ 咳 기침	☐ 紐 끈	☐ 娘 (자신의) 딸
☐ 時刻 시각	☐ 満席 만석	☐ 進出 진출
☐ 向上 향상	☐ 再会 재회	☐ 修正 수정
☐ 感謝 감사	☐ 休息 휴식	☐ 普通 보통
☐ 開設 개설	☐ 発見 발견	☐ 解説 해설
☐ 基礎 기초	☐ 記憶 기억	☐ 変更 변경
☐ 最多 최다	☐ 招待 초대	☐ 支出 지출
☐ 参考 참고	☐ 回収 회수	☐ 幸運 행운
☐ 感覚 감각	☐ 種類 종류	☐ 非難 비난
☐ 責任 책임	☐ 才能 재능	☐ 緊急 긴급
☐ 収入 수입	☐ 分野 분야	☐ 無視 무시
☐ 事情 사정	☐ 驚異 경이	☐ 試食 시식
☐ 滞在 체재	☐ 提出 제출	☐ 命令 명령
☐ 証明 증명	☐ 付近 부근, 근처	☐ 宣伝 선전
☐ ファン 팬	☐ 指導 지도	☐ 廊下 복도
☐ 向かい 맞은편	☐ 利点 이점	☐ 見かけ 외관, 겉보기, 겉모습
☐ 好み 좋아함, 기호	☐ 日当たり 볕이 듦	☐ 日帰り 당일치기

☐ 胃 위	☐ 神 신	☐ 袋 봉지, 자루
☐ 嘘 거짓말	☐ 用紙 용지	☐ 同僚 동료
☐ 握手 악수	☐ 進学 진학	☐ 線路 선로
☐ 出国 출국	☐ 医者 의사	☐ 製造 제조
☐ 計画 계획	☐ 受信 수신	☐ 作文 작문
☐ 解答 해답	☐ 玄関 현관	☐ 禁止 금지
☐ 上着 겉옷	☐ 一致 일치	☐ 会談 회담
☐ 企業 기업	☐ 手術 수술	☐ 掲載 게재
☐ 賃貸 임대	☐ 検討 검토	☐ 引退 은퇴
☐ 最上 최상	☐ 格好 모습, 꼴	☐ 充電 충전
☐ 作物 작물	☐ 自習 자습	☐ 猛烈 맹렬
☐ 差別 차별	☐ 暗記 암기	☐ 感心 감탄
☐ 賛成 찬성	☐ 態度 태도	☐ 挑戦 도전
☐ 明かり 불빛	☐ 弱点 약점	☐ 空 (속이) 빔
☐ あくび 하품	☐ 当たり 명중	☐ 持ち物 소지품
☐ いたずら 장난	☐ お釣り 거스름돈	☐ 交差点 교차로
☐ 売り切れ 다 팔림, 매진, 품절	☐ 値上がり 가격 인상, 값이 오름	☐ 待ち合わせ (약속하여) 만나기로 함

기출 및 출제 예상 어휘 50
〈い형용사&な형용사, 부사〉

☐ きつい 꽉 끼다	☐ 盛大だ 성대하다	☐ 別々 각각, 따로따로
☐ だるい 나른하다	☐ 苦手だ 서투르다, 잘 못하다	☐ 続々(と) 속속, 잇달아
☐ 緩い 느슨하다, 헐렁하다	☐ 派手だ 화려하다	☐ 意外と 의외로
☐ 鋭い 날카롭다, 예리하다	☐ 立派だ 훌륭하다	☐ 早めに (정해진 시간보다) 조금 일찍
☐ しつこい 끈질기다	☐ 積極的だ 적극적이다	☐ しばらく 잠시
☐ おかしい 이상하다	☐ 主に 주로	☐ そっと 살며시, 살짝
☐ 惜しい 아깝다, 애석하다	☐ 次第に 점차	☐ うっかり 무심코, 깜빡
☐ 怪しい 수상하다	☐ いきなり 갑자기	☐ そっくり 꼭 닮음
☐ 悔しい 분하다	☐ ずいぶん 꽤, 몹시, 퍽	☐ ぴったり 꼭, 딱 *꼭 알맞은[들어맞는] 모양
☐ 貧しい 가난하다	☐ 早速 당장, 즉시	☐ どきどき 두근두근
☐ 詳しい 상세하다, 잘 알고 있다, 밝다	☐ なるべく 되도록, 가능한 한	☐ がっかり 실망하는 모양
☐ 懐かしい 그립다	☐ ほとんど 거의, 대부분	☐ ぐっすり 푹 *깊이 잠든 모양
☐ 恐ろしい 무섭다, 두렵다	☐ ちゃんと 제대로, 확실히	☐ からから 바싹 마른 모양
☐ とんでもない 터무니없다, 당치도 않다	☐ しっかり 단단히, 똑똑히	☐ がらがら 텅텅 비어 있는 모양
☐ 平和だ 평화롭다	☐ まさか 설마	☐ ふらふら 비틀비틀
☐ 複雑だ 복잡하다	☐ 必ずしも (부정어 수반) 반드시	☐ ぶらぶら 어슬렁어슬렁, 빈둥빈둥
☐ 正常だ 정상적이다	☐ どうしても (부정어 수반) 아무리 해도, 도저히	

확인 문제 1 · い형용사&な형용사, 부사

동영상 09

問題3 ( )に入れるのに最もよいものを、1・2・3・4から一つえらびなさい。

1 昔話は、文化と言うほどおおげさなものではないが、( )財産だと思います。
　　1 無茶な　　　　　2 手軽な　　　　　3 不審な　　　　　4 立派な

2 私は頼まれたことを断るのが( )です。
　　1 苦手　　　　　2 確実　　　　　3 見事　　　　　4 上品

3 昨夜は4時まで勉強していて( )寝ていません。
　　1 たまに　　　　　2 そっと　　　　　3 ほとんど　　　　　4 やっと

4 お金がたくさんあるからといって、( )幸せだとは限りません。
　　1 わざわざ　　　　　2 必ずしも　　　　　3 いよいよ　　　　　4 ますます

5 そんなに( )問題ではないので、一つずつゆっくり決めていきましょう。
　　1 平和な　　　　　2 複雑な　　　　　3 確かな　　　　　4 平気な

6 渡辺さん、休日には( )何をしていますか。
　　1 きっと　　　　　2 あまりにも　　　　　3 急に　　　　　4 主に

7 昨日、テレビに出て話題になっている店に、( )友達と一緒に行ってみました。
　　1 早速　　　　　2 いくら　　　　　3 決して　　　　　4 何でも

8 最近、激しく体を動かしたわけでもないのに、突然胸が( )することがあります。
　　1 くすくす　　　　　2 ぶらぶら　　　　　3 かさかさ　　　　　4 どきどき

9 この機械、先の部分がちょっと( )から、気を付けてください。
　　1 細かい　　　　　2 恥ずかしい　　　　　3 鋭い　　　　　4 柔らかい

10 キャッチセールスとは、高額の商品を( )勧誘して売る商法です。
　　1 すっぱく　　　　　2 かゆく　　　　　3 うらやましく　　　　　4 しつこく

확인 문제 1 · 정답 및 해석(い형용사&な형용사, 부사)

1 정답 **4**
해석 옛날이야기는 문화라고 할 정도로 거창한 것은 아니지만, (훌륭한) 재산이라고 생각합니다.
어휘 昔話(むかしばなし) 옛날이야기 文化(ぶんか) 문화 言(い)う 말하다 ～ほど ～정도, ～만큼
おおげさだ 과장하다, 호들갑을 떨다 立派(りっぱ)だ 훌륭하다 財産(ざいさん) 재산 無茶(むちゃ)だ 터무니없다
手軽(てがる)だ 손쉽다, 간단하다 不審(ふしん)だ 수상하다, 미심쩍다

2 정답 **1**
해석 저는 부탁받은 일을 거절하는 것을 (잘 못합)니다.
어휘 頼(たの)む 부탁하다 断(ことわ)る 거절하다 苦手(にがて)だ 서투르다, 잘 못하다 確実(かくじつ)だ 확실하다
見事(みごと)だ 멋지다, 훌륭하다 上品(じょうひん)だ 품위가 있다, 고상하다

3 정답 **3**
해석 어젯밤에는 4시까지 공부해서 (거의) 자지 못했습니다.
어휘 昨夜(ゆうべ) 어젯밤 ～まで ～까지 勉強(べんきょう) 공부 ほとんど 거의, 대부분 寝(ね)る 자다 たまに 가끔
そっと 살며시, 살짝 やっと 겨우, 간신히

4 정답 **2**
해석 돈이 많이 있다고 해서 (반드시) 행복하다고는 할 수 없습니다.
어휘 お金(かね) 돈 たくさん 많이 ～からといって ～라고 해서 必(かなら)ずしも (부정어 수반) 반드시
幸(しあわ)せ 행복 ～とは限(かぎ)らない (반드시) ～하다고는 할 수 없다, ～하는 것은 아니다
わざわざ (특별한 노력이나 수단) 일부러 いよいよ 마침내, 드디어 ますます 점점

5 정답 **2**
해석 그렇게 (복잡한) 문제가 아니니까, 하나씩 천천히 결정해 나갑시다.
어휘 そんなに 그렇게 複雑(ふくざつ)だ 복잡하다 問題(もんだい) 문제 ～ずつ ～씩 ゆっくり 천천히
決(き)める 정하다, 결정하다 平和(へいわ)だ 평화롭다 確(たし)かだ 확실하다 平気(へいき)だ 태연하다, 아무렇지도 않다

6 정답 **4**
해석 와타나베 씨, 휴일에는 (주로) 무엇을 하고 있습니까?
어휘 休日(きゅうじつ) 휴일 主(おも)に 주로 きっと 분명히, 틀림없이 あまりにも 너무나도 急(きゅう)に 갑자기

7 정답 **1**
해석 어제 TV에 나와서 화제가 된 가게에 (당장) 친구와 함께 가 보았습니다.
어휘 昨日(きのう) 어제 出(で)る 나오다 話題(わだい) 화제 店(みせ) 가게 早速(さっそく) 당장, 즉시
友達(ともだち) 친구 一緒(いっしょ)に 함께, 같이 いくら(～ても) 아무리 (～해도) 決(けっ)して (부정어 수반) 결코
何(なん)でも 무엇이든지, 뭐든지

8 정답 **4**
해석 최근 심하게 몸을 움직인 것도 아닌데, 갑자기 가슴이 (두근두근)하는 경우가 있습니다.
어휘 最近(さいきん) 최근, 요즘 激(はげ)しい 심하다, 격하다, 격렬하다 体(からだ) 몸, 신체 動(うご)かす 움직이다
～わけでもない ～인 것도 아니다 ～のに ～인데(도) 突然(とつぜん) 돌연, 갑자기 胸(むね) 가슴 どきどき 두근두근
こと 경우 くすくす 킥킥, 낄낄 ぶらぶら 어슬렁어슬렁, 빈둥빈둥 かさかさ 꺼칠꺼칠, 바삭바삭

9 정답 **3**
해석 이 기계, 끝부분이 조금 (날카로우)니까, 조심하세요.
어휘 機械(きかい) 기계 先(さき) 끝 部分(ぶぶん) 부분 鋭(するど)い 날카롭다, 예리하다
気(き)を付(つ)ける 조심하다, 주의하다 細(こま)かい 자세하다, 세세하다 恥(は)ずかしい 부끄럽다, 창피하다
柔(やわ)らかい 부드럽다

10 정답 **4**
해석 캐치세일즈라는 것은 고액의 상품을 (끈질기게) 권유해서 파는 상법입니다.
어휘 キャッチセールス 캐치세일즈, 길거리에서 통행인을 불러 세워서 하는 사기성 짙은 판매 방법
～とは ～라고 하는 것은, ～란 *정의 高額(こうがく) 고액 商品(しょうひん) 상품 しつこい 끈질기다 勧誘(かんゆう) 권유
売(う)る 팔다 商法(しょうほう) 상법, 장사하는 법 す(酸)っぱい 시다 かゆい 가렵다 うらや(羨)ましい 부럽다

확인 문제 2 · い형용사&な형용사, 부사

問題3 (　　　)に入れるのに最もよいものを、1・2・3・4から一つえらびなさい。

11 早く戦争のない (　　　) 世界になってほしいです。
　　1 重要な　　　　　　2 平和な　　　　　　3 切実な　　　　　　4 有益な

12 お時間がかかりますので、(　　　) お待ちください。
　　1 たちまち　　　　　2 更に　　　　　　　3 しばらく　　　　　4 徐々に

13 前田さん、昨夜は (　　　) 眠れましたか。
　　1 さっぱり　　　　　2 ぐっすり　　　　　3 ぴったり　　　　　4 すっかり

14 彼は興奮しすぎて (　　　) 判断ができない状態でした。
　　1 正常な　　　　　　2 有名な　　　　　　3 残念な　　　　　　4 莫大な

15 怖そうに見えたけど、話してみたら (　　　) いい人だった。
　　1 思わず　　　　　　2 そっと　　　　　　3 すっと　　　　　　4 意外と

16 ダイエットで5キロ痩せてズボンが (　　　) なりました。
　　1 仕方なく　　　　　2 緩く　　　　　　　3 大人しく　　　　　4 恋しく

17 (　　　) 寒くなっておりますが、いかがお過ごしでしょうか。
　　1 次第に　　　　　　2 たっぷり　　　　　3 少なくとも　　　　4 それほど

18 田舎の風景を見ると、何だか (　　　) 気持ちになります。
　　1 厳しい　　　　　　2 眩しい　　　　　　3 懐かしい　　　　　4 待ち遠しい

19 10年も着ていないコートだけど、捨てるのは (　　　)。
　　1 うまい　　　　　　2 蒸し暑い　　　　　3 惜しい　　　　　　4 危うい

20 お酒を飲みすぎたのか、彼は (　　　) していました。
　　1 あやふや　　　　　2 ぶくぶく　　　　　3 ぐずぐず　　　　　4 ふらふら

11 정답 **2**
해석 빨리 전쟁이 없는 (평화로운) 세계가 되었으면 합니다.
어휘 早(はや)く 빨리 戦争(せんそう) 전쟁 平和(へいわ)だ 평화롭다 世界(せかい) 세계
~てほしい ~해 주었으면 하다, ~하길 바라다 重要(じゅうよう)だ 중요하다 切実(せつじつ)だ 절실하다
有益(ゆうえき)だ 유익하다

12 정답 **3**
해석 시간이 걸리니까, (잠시) 기다려 주세요.
어휘 時間(じかん) 시간 かかる (시간이) 걸리다 しばらく 잠시 お+동사의 ます형+ください ~해 주십시오 *존경표현
待(ま)つ 기다리다 たちまち 갑자기 更(さら)に 더욱, 더욱이 徐々(じょじょ)に 서서히

13 정답 **2**
해석 마에다 씨, 어젯밤에는 (푹) 잘 수 있었습니까?
어휘 昨夜(ゆうべ) 어젯밤 ぐっすり 푹 *깊이 잠든 모양 眠(ねむ)る 자다, 잠들다 さっぱり 산뜻한 모양
ぴったり 꼭, 딱 *꼭 알맞은[들어맞는] 모양 すっかり 완전히

14 정답 **1**
해석 그는 너무 흥분해서 (정상적인) 판단을 할 수 없는 상태였습니다.
어휘 興奮(こうふん) 흥분 동사의 ます형+すぎる 너무 ~하다 正常(せいじょう)だ 정상적이다 判断(はんだん) 판단
できない 할 수 없다, 불가능하다 状態(じょうたい) 상태 有名(ゆうめい)だ 유명하다 残念(ざんねん)だ 아쉽다, 유감스럽다
莫大(ばくだい)だ 막대하다

15 정답 **4**
해석 무서워 보였는데, 이야기해 보니 (의외로) 좋은 사람이었다.
어휘 怖(こわ)い 무섭다 い형용사의 어간+そうだ ~일[할] 것 같다, ~해 보이다 *양태 見(み)える 보이다
話(はな)す 말하다, 이야기하다 意外(いがい)と 의외로 いい 좋다 人(ひと) 사람 思(おも)わず 엉겁결에, 무의식적으로
そっと 살며시, 살짝 すっと 불쑥, 쓱

16 정답 **2**
해석 다이어트로 5kg 살이 빠져서 바지가 (헐렁해)졌습니다.
어휘 ダイエット 다이어트 キロ 킬로그램, kg 痩(や)せる 여위다, 마르다, 살이 빠지다 ズボン (양복) 바지
緩(ゆる)い 느슨하다, 헐렁하다 仕方(しかた)ない 어쩔 수 없다 大人(おとな)しい 얌전하다 恋(こい)しい 그립다

17 정답 **1**
해석 (점차) 추워지고 있습니다만, 어떻게 지내시는지요?
어휘 次第(しだい)に 점차 寒(さむ)い 춥다 ~ておる ~하고 있다 *「~ている」의 겸양표현 いかが 어떻게, 어찌
お+동사의 ます형+です ~하시다 *존경표현 過(す)ごす (시간을) 보내다, 지내다 たっぷり 듬뿍, 많이
少(すく)なくとも 적어도 それほど (부정어 수반) 그다지, 별로

18 정답 **3**
해석 시골 풍경을 보면 왠지 (그리운) 기분이 듭니다.
어휘 田舎(いなか) 시골 風景(ふうけい) 풍경 何(なん)だか 웬일인지, 어쩐지 懐(なつ)かしい 그립다
気持(きも)ち 기분, 마음 厳(きび)しい 심하다, 혹독하다 眩(まぶ)しい 눈부시다
待(ま)ち遠(どお)しい 오래 기다리다, 몹시 기다려지다

19 정답 **3**
해석 10년이나 입지 않은 코트지만, 버리는 것은 (아깝다).
어휘 숫자+も~이나 着(き)る (옷을) 입다 コート 코트 捨(す)てる 버리다 惜(お)しい 아깝다 うまい 맛있다
蒸(む)し暑(あつ)い 무덥다 危(あや)うい 위태롭다, 위험하다

20 정답 **4**
해석 술을 과음했는지, 그는 (비틀비틀)하고 있었습니다.
어휘 お酒(さけ) 술 飲(の)みすぎる 지나치게 마시다, 과음하다 ふらふら 비틀비틀 あやふや 불확실한 모양
ぶくぶく 부글부글 *거품이 이는 모양 ぐずぐず 우물쭈물

확인 문제 3 · い형용사&な형용사, 부사

問題3 ( )に入れるのに最もよいものを、1・2・3・4から一つえらびなさい。

21 息子さん、1年間背が( )伸びましたね。
1 ずいぶん　　　2 今にも　　　3 相変わらず　　　4 せめて

22 ( )何度もくじけそうになったが、歯を食いしばって頑張った。
1 温くて　　　2 騒々しくて　　　3 珍しくて　　　4 貧しくて

23 仕事はできるだけ( )始めるよう心がけています。
1 ほぼ　　　2 次々に　　　3 早めに　　　4 たまたま

24 この部分は試験によく出ますので、( )覚えておいてください。
1 しっかり　　　2 たとえ　　　3 あいにく　　　4 さっさと

25 このスカート、ちょっと( )ですね。もう少し大きいのはありませんか。
1 勇ましい　　　2 きつい　　　3 若い　　　4 ひどい

26 ノーベル賞を受賞した彼は、至るところで( )歓迎を受けました。
1 暇な　　　2 健全な　　　3 盛大な　　　4 駄目な

27 面接には( )服より地味な服の方が望ましいです。
1 丈夫な　　　2 素直な　　　3 優秀な　　　4 派手な

28 すやすや寝ている赤ちゃんを起こさないように( )歩いた。
1 はっと　　　2 きっと　　　3 かっと　　　4 そっと

29 犯罪現場の近くで( )人物を見たという証言が出ました。
1 怪しい　　　2 煩わしい　　　3 羨ましい　　　4 情けない

30 彼は卒業して2年も過ぎたのに、ろくに仕事もしないでまだ( )している。
1 のろのろ　　　2 さらさら　　　3 ぶらぶら　　　4 へとへと

확인 문제 3 · 정답 및 해석(い형용사&な형용사, 부사)

21 정답 **1**
해석 아드님, 1년간 키가 (꽤) 자랐네요.
어휘 息子(むすこ)さん (남의) 아들, 아드님 背(せ) 키, 신장 ずいぶん 꽤, 몹시, 퍽 伸(の)びる (키가) 자라다
今(いま)にも 당장이라도 相変(あいか)わらず 여전히, 변함없이 せめて 적어도, 하다못해

22 정답 **4**
해석 (가난해서) 몇 번이나 기세가 꺾일 뻔했지만, 이를 악물고 노력했다.
어휘 貧(まず)しい 가난하다 何度(なんど)も 몇 번이나, 여러 번 くじける (기세가) 꺾이다
동사의 ます형+そうになる ~일[할] 것 같이 되다, ~할 뻔하다 歯(は)を食(く)いしばる 이를 악물다
頑張(がんば)る (끝까지) 노력하다, 열심히 하다 温(ぬる)い 미지근하다 騒々(そうぞう)しい 시끄럽다, 떠들썩하다
珍(めずら)しい 드물다, 진귀하다

23 정답 **3**
해석 일은 가능한 한 (조금 일찍) 시작하도록 유념하고 있습니다.
어휘 できるだけ 가능한 한, 되도록 早(はや)めに (정해진 시간보다) 조금 일찍 始(はじ)める 시작하다 ~よう(に) ~하도록
心(こころ)がける 유념하다, 명심하다 ほぼ 거의, 대강, 대략 次々(つぎつぎ)に 계속해서 たまたま 우연히

24 정답 **1**
해석 이 부분은 시험에 잘 나오니까, (확실히) 외워 두세요.
어휘 部分(ぶぶん) 부분 試験(しけん) 시험 出(で)る 나오다 しっかり 똑똑히, 확실히 覚(おぼ)える 외우다, 기억하다
たとえ 설령, 설사 あいにく 공교롭게도 さっさと 서둘러, 빨리 *망설이거나 지체하지 않는 모양

25 정답 **2**
해석 이 치마, 조금 꽉 (끼네)요. 조금 더 큰 것은 없습니까?
어휘 スカート 치마 きつい 꽉 끼다 勇(いさ)ましい 용감하다 若(わか)い 젊다 ひどい 심하다

26 정답 **3**
해석 노벨상을 수상한 그는 가는 곳마다 (성대한) 환영을 받았습니다.
어휘 ノーベル賞(しょう) 노벨상 受賞(じゅしょう) 수상 至(いた)るところで 가는 곳마다 盛大(せいだい)だ 성대하다
歓迎(かんげい)を受(う)ける 환영을 받다 暇(ひま)だ 한가하다 健全(けんぜん)だ 건전하다 駄目(だめ)だ 소용없다

27 정답 **4**
해석 면접에는 (화려한) 옷보다 수수한 옷 쪽이 바람직합니다.
어휘 面接(めんせつ) 면접 派手(はで)だ 화려하다 服(ふく) 옷 ~より ~보다 地味(じみ)だ 수수하다 方(ほう) 편, 쪽
望(のぞ)ましい 바람직하다 丈夫(じょうぶ)だ 튼튼하다 素直(すなお)だ 순진하다, 솔직하다 優秀(ゆうしゅう)だ 우수하다

28 정답 **4**
해석 새근새근 자고 있는 아기를 깨우지 않도록 (살며시) 걸었다.
어휘 すやすや 새근새근 *편안히 자는 모양 寝(ね)る 자다 赤(あか)ちゃん 아기 起(お)こす 깨우다
~ないように ~하지 않도록 そっと 살며시, 살짝 はっと 문득, 퍼뜩 きっと 분명히, 틀림없이
かっと 발끈, 울컥 *갑자기 화를 내는 모양

29 정답 **1**
해석 범죄 현장 근처에서 (수상한) 인물을 봤다는 증언이 나왔습니다.
어휘 犯罪(はんざい) 범죄 現場(げんば) 현장 近(ちか)く 근처 怪(あや)しい 수상하다 人物(じんぶつ) 인물
~という ~라는 証言(しょうげん) 증언 出(で)る 나오다 煩(わずら)わしい 귀찮다, 성가시다 羨(うらや)ましい 부럽다
情(なさ)けない 한심하다

30 정답 **3**
해석 그는 졸업하고 2년이나 지났는데도 제대로 일도 하지 않고 아직 (빈둥빈둥)하고 있다.
어휘 卒業(そつぎょう) 졸업 過(す)ぎる (시간이) 지나다, 지나가다 ろくに (부정어 수반) 제대로, 변변히
ぶらぶら 빈둥빈둥 のろのろ 느릿느릿 さらさら 술술, 졸졸 *사물이 거침없이 나아가는 모양
へとへと 몹시 지쳐서 힘이 없는 모양

확인 문제 4 · い형용사&な형용사, 부사

問題3 (　　　) に入れるのに最もよいものを、1・2・3・4から一つえらびなさい。

31 この製品は種類が多いから、(　　　) 調べてから買った方がいいですよ。
　　1 敢えて　　　　　2 しばしば　　　　　3 ちゃんと　　　　　4 果たして

32 一昨日までは暖かかったのに、昨日から (　　　) 寒くなりました。
　　1 ざっと　　　　　2 今更　　　　　　　3 直に　　　　　　　4 いきなり

33 会場までは彼女と一緒に行きましたが、帰りは (　　　) でした。
　　1 むしろ　　　　　2 そろそろ　　　　　3 別々　　　　　　　4 いらいら

34 (　　　) とは思いながらも、その意見に反対するわけにはいかなかった。
　　1 おかしい　　　　2 清い　　　　　　　3 優しい　　　　　　4 寂しい

35 私だけこんな待遇を受けるなんて、(　　　) たまりません。
　　1 悔しくて　　　　2 浅くて　　　　　　3 臭くて　　　　　　4 広くて

36 彼はお父さんに (　　　) で、本当に驚きました。
　　1 きっかり　　　　2 そっくり　　　　　3 ゆっくり　　　　　4 すんなり

37 年のせいか、仕事に (　　　) 気持ちがなくなっているのを感じる。
　　1 積極的な　　　　2 文学的な　　　　　3 精神的な　　　　　4 圧倒的な

38 今日彼女と約束があるのを (　　　) 忘れてしまった。
　　1 なかなか　　　　2 ちっとも　　　　　3 うっかり　　　　　4 たぶん

39 旅先では (　　　) 小さく荷物をまとめて、移動を楽にした方がいいです。
　　1 くっきり　　　　2 さっぱり　　　　　3 うっとり　　　　　4 なるべく

40 朝の電車はいつも込んでいますが、昼はいつも (　　　) です。
　　1 すらすら　　　　2 がらがら　　　　　3 くらくら　　　　　4 きらきら

179

확인 문제 4 · 정답 및 해석(い형용사&な형용사, 부사)

31 정답 **3**
해석 이 제품은 종류가 많으니까, (제대로) 조사한 후에 사는 편이 좋습니다.
어휘 製品(せいひん) 제품 種類(しゅるい) 종류 多(おお)い 많다 ちゃんと 제대로, 확실히 調(しら)べる 조사하다
~てから ~하고 나서, ~한 후에 동사의 た형+方(ほう)がいい ~하는 편[쪽]이 좋다 敢(あ)えて 굳이 しばしば 자주
果(は)たして 과연

32 정답 **4**
해석 그저께까지는 따뜻했는데, 어제부터 (갑자기) 추워졌습니다.
어휘 一昨日(おととい) 그저께 暖(あたた)かい 따뜻하다 ~のに ~는데(도) 昨日(きのう) 어제 いきなり 갑자기
寒(さむ)い 춥다 ざっと 대충, 대략 今更(いまさら) 이제 와서 直(じか)に 직접

33 정답 **3**
해석 회장까지는 그녀와 함께 갔지만, 돌아오는 것은 (각각)이었습니다.
어휘 会場(かいじょう) 회장 一緒(いっしょ)に 함께, 같이 帰(かえ)り 돌아옴 別々(べつべつ) 각각, 따로따로
むしろ 오히려 そろそろ 이제 슬슬 いらいら 안달하고 초조해하는 모양

34 정답 **1**
해석 (이상하다)고는 생각하면서도 그 의견에 반대할 수는 없었다.
어휘 おかしい 이상하다 ~とは ~라고는 思(おも)う 생각하다 동사의 ます형+ながらも ~하면서도, ~인데도
意見(いけん) 의견 反対(はんたい) 반대 동사의 기본형+わけにはいかない ~할 수는 없다 清(きよ)い 맑다, 깨끗하다
優(やさ)しい 상냥하다, 다정하다 寂(さび)しい 쓸쓸하다

35 정답 **1**
해석 저만 이런 대우를 받다니, (분해서) 참을 수 없습니다.
어휘 ~だけ ~만, ~뿐 こんな 이런 待遇(たいぐう)を受(う)ける 대우를 받다 ~なんて ~하다니 悔(くや)しい 분하다
~てたまらない ~해서 참을 수 없다, 너무 ~하다 浅(あさ)い 얕다 臭(くさ)い 고약한 냄새가 나다 広(ひろ)い 넓다

36 정답 **2**
해석 그는 아버지를 (꼭 닮아서) 정말로 놀랐습니다.
어휘 お父(とう)さん (남의) 아버지 そっくり 꼭 닮음 本当(ほんとう)に 정말로 驚(おどろ)く 놀라다
きっかり 꼭, 딱 *(시간 · 수량 등이) 꼭 들어맞아서 우수리가 없는 모양 ゆっくり 천천히, 느긋하게 すんなり 날씬하게, 매끈하게

37 정답 **1**
해석 나이 탓인지 일에 (적극적인) 마음이 없어지고 있다는 것을 느낀다.
어휘 年(とし) 나이 ~せい ~탓 仕事(しごと) 일 積極的(せっきょくてき)だ 적극적이다
気持(きも)ち 기분, 마음 な(無)くなる 없어지다 感(かん)じる 느끼다 文学的(ぶんがくてき)だ 문학적이다
精神的(せいしんてき)だ 정신적이다 圧倒的(あっとうてき)だ 압도적이다

38 정답 **3**
해석 오늘 여자친구와 약속이 있는 것을 (깜빡) 잊어버렸다.
어휘 彼女(かのじょ) 여자친구 約束(やくそく) 약속 うっかり 무심코, 깜빡 忘(わす)れる 잊다
なかなか (부정어 수반) 좀처럼 ちっとも (부정어 수반) 조금도, 전혀 たぶん 아마

39 정답 **4**
해석 여행지에서는 (되도록) 작게 짐을 한데 모아서 이동을 편안하게 하는 편이 좋습니다.
어휘 旅先(たびさき) 여행지 なるべく 되도록, 가능한 한 小(ちい)さい 작다 荷物(にもつ) 짐 まとめる 한데 모으다
移動(いどう) 이동 楽(らく)にする 편안하게 하다 くっきり 또렷이, 선명하게 さっぱり (부정어 수반) 전혀
うっとり 황홀하게

40 정답 **2**
해석 아침 전철은 항상 붐비지만, 낮에는 늘 (텅텅 비어) 있습니다.
어휘 朝(あさ) 아침 電車(でんしゃ) 전철 いつも 항상, 늘 込(こ)む 붐비다, 혼잡하다 昼(ひる) 낮
がらがら 텅텅 비어 있는 모양 すらすら 술술 くらくら 어질어질 きらきら 반짝반짝

問題3 ( )に入れるのに最もよいものを、1・2・3・4から一つえらびなさい。

41 もうすぐ試験なのに、( )勉強する気が起きません。
1 どうしても　　　　2 できるだけ　　　　3 予め　　　　　　4 却って

42 この地域は開発が進み、大型リゾートやホテルも( )建てられています。
1 すぱっと　　　　　2 続々と　　　　　　3 そっと　　　　　4 むすっと

43 ( )こんな事故が起こるとは思わなかった。
1 辛うじて　　　　　2 強いて　　　　　　3 まさか　　　　　4 恐らく

44 ( )ことは、2階の事務室までお問い合わせください。
1 著しい　　　　　　2 詳しい　　　　　　3 恥ずかしい　　　4 騒がしい

45 このスカート、本当にあなたに( )ですね。
1 ぴったり　　　　　2 度々　　　　　　　3 ほっと　　　　　4 さっと

46 何度も見直したはずの答えに( )間違いがあることに気付いた。
1 頼もしい　　　　　2 乏しい　　　　　　3 慌ただしい　　　4 とんでもない

47 風邪を引いたのか、朝から体が( )です。
1 くどい　　　　　　2 だるい　　　　　　3 厚かましい　　　4 くすぐったい

48 評判を信じて行ってみましたが、料理の味やサービスに( )しました。
1 ひたすら　　　　　2 ぐっすり　　　　　3 ぎっしり　　　　4 がっかり

49 地震による被害の中で一番( )のは、建物自体が倒れることです。
1 疑わしい　　　　　2 好ましい　　　　　3 恐ろしい　　　　4 鋭い

50 冬には朝目が覚めると、喉が( )に乾いて困っています。
1 ざらざら　　　　　2 うきうき　　　　　3 ぬるぬる　　　　4 からから

181

확인 문제 5・정답 및 해석(い형용사&な형용사, 부사)

41 정답 **1**
해석 이제 곧 시험인데, (아무리 해도) 공부할 마음이 생기지 않습니다.
어휘 もうすぐ 이제 곧 試験(しけん) 시험 ～のに ～는데(도) どうしても (부정어 수반) 아무리 해도, 도저히
勉強(べんきょう) 공부 気(き) 마음 起(お)きる 생기다, 발생하다 できるだけ 가능한 한, 되도록
予(あらかじ)め 미리, 사전에 却(かえ)って 도리어, 오히려

42 정답 **2**
해석 이 지역은 개발이 진행되어 대형리조트랑 호텔도 (속속) 세워지고 있습니다.
어휘 地域(ちいき) 지역 開発(かいはつ) 개발 進(すす)む 나아가다, 진행되다 大型(おおがた) 대형 リゾート 리조트
ホテル 호텔 続々(ぞくぞく)(と) 속속, 잇달아 建(た)てる (집을) 짓다, 세우다 すぱっと 싹둑 *물건을 칼 따위로 시원하게 자
르는 모양 そっと 살며시, 살짝 むすっと 뚱하게 *언짢고 불만스러운 듯 함묵하고 있는 모습

43 정답 **3**
해석 (설마) 이런 사고가 일어나리라고는 생각지 못했다.
어휘 まさか 설마 こんな 이런 事故(じこ) 사고 起(お)こる 일어나다, 발생하다 ～とは ～라고는
辛(かろ)うじて 겨우, 간신히 強(し)いて 굳이 恐(おそ)らく 아마

44 정답 **2**
해석 (상세한) 것은 2층 사무실에 문의해 주세요.
어휘 詳(くわ)しい 상세하다 事務室(じむしつ) 사무실 お+동사의 ます형+ください ～해 주십시오 *존경표현
問(と)い合(あ)わせる 문의하다 著(いちじる)しい 두드러지다, 현저하다 恥(は)ずかしい 부끄럽다, 창피하다
騒(さわ)がしい 시끄럽다

45 정답 **1**
해석 이 치마, 정말로 당신한테 (딱)이네요.
어휘 ぴったり 꼭, 딱 *꼭 알맞은[들어맞는] 모양 度々(たびたび) 자주 ほっと 겨우 안심하는 모양 さっと 빨리, 잽싸게

46 정답 **4**
해석 몇 번이나 다시 봤을 터인 답에 (터무니없는) 실수가 있다는 것을 알아차렸다.
어휘 何度(なんど)も 몇 번이나, 여러 번 見直(みなお)す 다시 보다 ～はず (당연히) ～할 것[터]임 答(こた)え (문제의) 답
とんでもない 터무니없다, 당치도 않다 間違(まちが)い 실수, 잘못 気付(きづ)く 깨닫다, 알아차리다
頼(たの)もしい 믿음직스럽다 乏(とぼ)しい 모자라다, 부족하다 慌(あわ)ただしい 분주하다, 어수선하다

47 정답 **2**
해석 감기에 걸렸는지, 아침부터 몸이 (나른합)니다.
어휘 風邪(かぜ)を引(ひ)く 감기에 걸리다 朝(あさ) 아침 体(からだ) 몸, 신체 だるい 나른하다 くどい 장황하다
厚(あつ)かましい 뻔뻔스럽다, 염치없다 くすぐったい 간지럽다

48 정답 **4**
해석 평판을 믿고 가 봤습니다만, 요리의 맛이나 서비스에 (실망)했습니다.
어휘 評判(ひょうばん) 평판 信(しん)じる 믿다 料理(りょうり) 요리 味(あじ) 맛 サービス 서비스
がっかり 실망하는 모양 ひたすら 오로지, 전적으로 ぐっすり 푹 *깊이 잠든 모양 ぎっしり 가득, 잔뜩

49 정답 **3**
해석 지진에 의한 피해 중에서 가장 (두려운) 것은 건물 자체가 쓰러지는 것입니다.
어휘 地震(じしん) 지진 ～による ～에 의한 被害(ひがい) 피해 一番(いちばん) 가장, 제일
恐(おそ)ろしい 무섭다, 두렵다 建物(たてもの) 건물 自体(じたい) 자체 倒(たお)れる 쓰러지다, 넘어지다
疑(うたが)わしい 의심스럽다 好(この)ましい 바람직하다 鋭(するど)い 날카롭다, 예리하다

50 정답 **4**
해석 겨울에는 아침에 잠에서 깨면 목이 (바싹) 말라서 곤란합니다.
어휘 冬(ふゆ) 겨울 目(め)が覚(さ)める (잠에서) 깨다, 눈을 뜨다 喉(のど) 목 からから 바싹 마른 모양
乾(かわ)く 마르다, 건조하다 困(こま)る 곤란하다, 난처하다 ざらざら 까칠까칠, 거슬거슬 うきうき 들떠 있는 모양
ぬるぬる 미끈미끈

확인 문제 2 · 동사

問題4 _____に意味が最も近いものを、1・2・3・4から一つえらびなさい。

11 駅に着いたら、すぐ電話してください。
1 確認したら　　　　2 到着したら　　　　3 待っていたら　　　　4 知っていたら

12 あのイベントは人気がなくて参加する人もずいぶんと少なくなった。
1 減った　　　　　2 増えた　　　　　3 高まった　　　　　4 上がった

13 その事故から5年も経ったなんて、信じられません。
1 受けた　　　　　2 戻った　　　　　3 回した　　　　　4 過ぎた

14 ご注文なさった商品は、明日お届けします。
1 取りに行きます　　2 買いに行きます　　3 配達します　　　4 返品します

15 もう終わったことだから、次の機会を待ちましょう。
1 守った　　　　　2 済んだ　　　　　3 できた　　　　　4 消えた

16 この病院は、癌を専門的に治療する病院です。
1 隠す　　　　　　2 覚ます　　　　　3 治す　　　　　　4 正す

17 報告書に誤字などがないように、もう一度チェックしてください。
1 握って　　　　　2 確かめて　　　　3 触って　　　　　4 締めて

18 まだ時間は十分にありますから、そんなに急がなくてもいいですよ。
1 慌てなくても　　　2 送らなくても　　　3 待たせなくても　　4 打たなくても

19 あっけなくそのチームが負けて残念に思った。
1 ほっとした　　　　2 はっとした　　　　3 すんなりした　　　4 がっかりした

20 連休の始まりとあって、朝から道が込んでいる。
1 用心して　　　　　2 無視して　　　　　3 利用して　　　　　4 渋滞して

189

확인 문제 2 · 정답 및 해석(동사)

11 정답 **2**
해석 역에 도착하면 바로 전화해 주세요.
어휘 駅(えき) 역 着(つ)く 도착하다 すぐ 곧, 바로 電話(でんわ) 전화 確認(かくにん) 확인 到着(とうちゃく) 도착
待(ま)つ 기다리다 知(し)る 알다

12 정답 **1**
해석 저 이벤트는 인기가 없어서 참가하는 사람도 몹시 적어졌다.
어휘 イベント 이벤트 人気(にんき) 인기 参加(さんか) 참가 ずいぶん(と) 꽤, 몹시, 퍽 少(すく)ない 적다
減(へ)る 줄다, 줄어들다 増(ふ)える 늘다, 늘어나다 高(たか)まる 높아지다 上(あ)がる 오르다, 올라가다

13 정답 **4**
해석 그 사고로부터 5년이나 지났다니, 믿을 수 없습니다.
어휘 事故(じこ) 사고 숫자+も ~이나 経(た)つ (시간이) 지나다, 경과하다 ~なんて ~하다니 信(しん)じる 믿다
受(う)ける 받다 戻(もど)る 되돌아오다 回(まわ)す 돌리다 過(す)ぎる (시간이) 지나다

14 정답 **3**
해석 주문하신 상품은 내일 갖다 드리겠습니다.
어휘 ご+한자명사+なさる ~하시다 *존경표현 注文(ちゅうもん) 주문 商品(しょうひん) 상품
お+동사의 ます형+する ~하다, ~해 드리다 *겸양표현 届(とど)ける (물건을) 가지고 가다, 배달하다 取(と)る 집다, 취하다
동사의 ます형+に ~하러 *동작의 목적 買(か)う 사다 配達(はいたつ) 배달 返品(へんぴん) 반품

15 정답 **2**
해석 이미 끝난 일이니까, 다음 기회를 기다립시다.
어휘 もう 이미, 벌써 終(お)わる 끝나다 次(つぎ) 다음 機会(きかい) 기회 待(ま)つ 기다리다 守(まも)る 지키다
済(す)む 끝나다 できる 생기다 消(き)える 사라지다

16 정답 **3**
해석 이 병원은 암을 전문적으로 치료하는 병원입니다.
어휘 病院(びょういん) 병원 癌(がん) 암 専門的(せんもんてき)だ 전문적이다 治療(ちりょう) 치료 隠(かく)す 숨기다
覚(さ)ます (잠을) 깨우다 治(なお)す 치료하다 正(ただ)す (잘못된 것을) 바로잡다

17 정답 **2**
해석 보고서에 오자 등이 없도록 한 번 더 체크해 주세요.
어휘 報告書(ほうこくしょ) 보고서 誤字(ごじ) 오자 ~ないように ~하지 않도록 もう一度(いちど) 한 번 더
チェック 체크 握(にぎ)る (손에) 쥐다, 잡다 確(たし)かめる 확인하다 触(さわ)る 만지다, 손을 대다 締(し)める 매다

18 정답 **1**
해석 아직 시간은 충분히 있으니까, 그렇게 서두르지 않아도 돼요.
어휘 まだ 아직 時間(じかん) 시간 十分(じゅうぶん)に 충분히 そんなに 그렇게 急(いそ)ぐ 서두르다
慌(あわ)てる 황급히 굴다 送(おく)る 보내다 待(ま)たせる 기다리게 하다 打(う)つ 치다

19 정답 **4**
해석 어이없게 그 팀이 패해 유감스럽게 생각했다.
어휘 あっけない 어이없다, 싱겁다 チーム 팀 負(ま)ける 지다, 패하다 残念(ざんねん)だ 아쉽다, 유감스럽다
ほっとする 안심하다 はっとする 흠칫 놀라다 すんなりする 날씬하다 がっかりする 실망하다

20 정답 **4**
해석 연휴 시작이라, 아침부터 길이 붐비고 있다.
어휘 連休(れんきゅう) 연휴 始(はじ)まり 시작 ~とあって ~라서, ~이기 때문에 道(みち) 길 込(こ)む 붐비다, 혼잡하다
用心(ようじん) 조심, 주의 無視(むし) 무시 利用(りよう) 이용 渋滞(じゅうたい) (교통) 정체

점수 UP! UP!
〈동사〉

음원

☐ 運ぶ 옮기다, 나르다 ≒ 移す 옮기다

☐ 寝る 자다 ≒ 眠る 자다, 잠자다

☐ 足す 더하다 ≒ 加える 더하다

☐ 耐える 참다 ≒ 我慢する 참다

☐ 増える 늘다, 늘어나다 ≒ 多くなる 많아지다

☐ 行われる 열리다 ≒ 開かれる 열리다

☐ 競う 겨루다 ≒ 競争する 경쟁하다

☐ 防ぐ 방지하다 ≒ 防止する 방지하다

☐ 学ぶ 배우다, 익히다 ≒ 勉強する 공부하다

☐ 緊張する 긴장하다 ≒ 上がる 긴장하다

☐ 選ぶ 고르다 ≒ 選択する 선택하다

☐ 調べる 조사하다 ≒ 調査する 조사하다

☐ 飼う (동물을) 기르다 ≒ 飼育する 사육하다

☐ 設ける 설치하다 ≒ 設置する 설치하다

☐ 招く 초대하다 ≒ 招待する 초대하다

☐ 背く 어기다 ≒ 逆らう 어기다, 거스르다

☐ 縮む 줄다, 작아지다 ≒ 小さくなる 작아지다

☐ 倒産する 도산하다 ≒ 潰れる 망하다

☐ 挑む 도전하다 ≒ 挑戦する 도전하다

☐ 余る 남다 ≒ 残る 남다

☐ 話す 이야기하다 ≒ しゃべる 수다떨다

☐ 担当する 담당하다 ≒ 受け持つ 담당하다

☐ 流行る 유행하다 ≒ 流行する 유행하다

☐ 安心する 안심하다 ≒ ほっとする 안심하다

☐ 申し込む 신청하다 ≒ 申請する 신청하다

☐ 出かける 외출하다 ≒ 家にいない 집에 없다

☐ いらっしゃる ≒ おいでになる
오시다 ≒ 오시다

☐ 掃除する ≒ きれいにする
청소하다 ≒ 깨끗하게 하다

☐ 冷やす ≒ 冷たくする
차갑게 하다 ≒ 차갑게 하다

☐ びっくりする ≒ とても驚く
깜짝 놀라다 ≒ 아주 놀라다

☐ 楽しみにする ≒ 期待する
기대하다 ≒ 기대하다

☐ 電話する ≒ 電話をかける
전화하다 ≒ 전화를 걸다

197

음원

기출 및 출제 예상 어휘 50
<명사>

□ 逆 ≒ 反対
반대 ≒ 반대

□ ただ ≒ 無料
공짜 ≒ 무료

□ 訳 ≒ 理由
이유 ≒ 이유

□ 位置 ≒ 場所
위치, 장소 ≒ 장소

□ 規則 ≒ 決まり
규칙 ≒ 규칙

□ この頃 ≒ 最近
요즘 ≒ 최근, 요즘

□ 約 ≒ 大体
약 ≒ 대개, 대략

□ 行き先 ≒ 目的地
행선지 ≒ 목적지

□ 機会 ≒ チャンス
기회 ≒ 찬스, 기회

□ 出来上がり ≒ 完成
완성 ≒ 완성

□ ブーム ≒ 大人気
붐 ≒ 대인기

□ 眺め ≒ 景色
전망, 풍경 ≒ 경치

□ オイル ≒ 油
오일, 기름 ≒ 기름

□ 注意 ≒ 用心
주의, 조심 ≒ 조심, 주의

□ 地図 ≒ マップ
지도 ≒ 지도

□ 伝言 ≒ メッセージ
전언 ≒ 메시지

□ 翌日 ≒ 次の日
익일, 이튿날 ≒ 다음 날

□ 空間 ≒ スペース
공간 ≒ 스페이스, 공간

□ 事件 ≒ 出来事
사건 ≒ 일어난 일, 사건

□ 孫 ≒ 息子・娘の子供
(자신의) 손자 ≒ (자신의) 아들·딸의 자식

□ アイデア ≒ 案
아이디어, 안 ≒ 안

□ レシート ≒ 領収書
영수증 ≒ 영수증

□ おしまい ≒ 終わり
끝, 마지막 ≒ 끝, 마지막

□ 意見 ≒ コメント
의견 ≒ 코멘트, 논평

□ 知人 ≒ 知り合い
지인 ≒ 아는 사람

□ ミス ≒ 失敗
미스, 실수, 잘못 ≒ 실패, 실수

□ 台所 ≒ キッチン
부엌 ≒ 부엌

□ 問題 ≒ トラブル
문제 ≒ 트러블, 문제

□ サンプル ≒ 見本
샘플, 견본 ≒ 견본

□ スピード ≒ 速度
스피드, 속도 ≒ 속도

□ 大きさ ≒ サイズ
크기 ≒ 사이즈, 크기

□ 共通点 ≒ 同じところ
공통점 ≒ 같은 점

□ 計画 ≒ プラン
계획 ≒ 플랜, 계획

□ 容器 ≒ ケース
용기 ≒ 케이스, 용기

□ 印象 ≒ イメージ
인상 ≒ 이미지, 인상

□ 相互 ≒ お互い
상호, 서로 ≒ 서로

□ サイン ≒ 合図
사인 ≒ (눈짓·몸짓·소리 등의) 신호

□ 中身 ≒ 内容
속, 알맹이, 내용 ≒ 내용

□ 案内 ≒ ガイド
안내 ≒ 가이드, 안내

□ 従業員 ≒ スタッフ
종업원 ≒ 스태프

□ 助言 ≒ アドバイス
조언 ≒ 조언, 충고

□ 留守 ≒ 外出中
부재중, 집을 비움 ≒ 외출중

□ 外見 ≒ 見た目
외견, 겉모습 ≒ 외관, 겉보기, 겉모습

□ 差し支え ≒ 問題、支障
지장 ≒ 문제, 지장

□ 手段 ≒ やり方、方法
수단 ≒ 하는 법, 방법

□ 用意 ≒ 支度、準備
준비 ≒ 준비, 준비

□ 苦情 ≒ 不満、クレーム
불평 ≒ 불만, 클레임

□ スケジュール ≒ 予定、日程
스케줄 ≒ 예정, 일정

□ トレーニング ≒ 訓練、練習
트레이닝, 훈련 ≒ 훈련, 연습

□ 欠点 ≒ 短所、足りないところ
결점 ≒ 단점, 부족한 부분

동영상 11

問題4 _____に意味が最も近いものを、1・2・3・4から一つえらびなさい。

1　人は見た目より中身が大事だと思います。
　　1 真心　　　　　2 能力　　　　　3 外見　　　　　4 性格

2　ただ今留守にしております。ピーという発信音の後にメッセージを入れてください。
　　1 外出中　　　　2 工事中　　　　3 一日中　　　　4 世界中

3　これについてのいいアイデアがあったら、いつでも言ってください。
　　1 暇　　　　　　2 案　　　　　　3 物語　　　　　4 会話

4　彼の欠点は、何をしても長続きしないところです。
　　1 長所　　　　　2 利点　　　　　3 短所　　　　　4 損害

5　今、母は台所で料理をしています。
　　1 キッチン　　　2 チキン　　　　3 ガレージ　　　4 ベランダ

6　テレビでは若々しいイメージだったが、実際に会ってみると、そうは見えなかった。
　　1 感動　　　　　2 反則　　　　　3 主張　　　　　4 印象

7　彼は会社で問題ばかり起こしてすぐ首になってしまった。
　　1 トラブル　　　2 ツアー　　　　3 リラックス　　4 リサイクル

8　私と彼の共通点は、気が短いところです。
　　1 同じところ　　2 大変なところ　3 好きなところ　4 残念なところ

9　接客業の仕事をしている人の中には、顧客からのクレーム対応に悩む人が多いです。
　　1 満足　　　　　2 歓迎　　　　　3 苦情　　　　　4 疲労

10　最後に塩で味付けしながら炒めれば出来上がりです。
　　1 回収　　　　　2 申請　　　　　3 予定　　　　　4 完成

확인 문제 3 · 정답 및 해석(명사)

21 정답 1
해석 모두 이 <u>규칙</u>에는 따르지 않으면 안 됩니다.
어휘 みんな 모두 決(き)まり 규칙 従(したが)う (명령 등에) 따르다
~なければならない ~하지 않으면 안 된다, ~해야 한다 規則(きそく) 규칙 飲料(いんりょう) 음료
本論(ほんろん) 본론 文書(ぶんしょ) 문서

22 정답 2
해석 생각했던 것과 <u>반대</u>의 실험 결과가 나왔다.
어휘 思(おも)う 생각하다 逆(ぎゃく) 반대 実験(じっけん) 실험 結果(けっか) 결과 出(で)る 나오다 予測(よそく) 예측
反対(はんたい) 반대 同一(どういつ) 동일 共通(きょうつう) 공통

23 정답 4
해석 여기에 있는 과자와 음료는 전부 <u>공짜</u>입니다.
어휘 お菓子(かし) 과자 飲(の)み物(もの) 음료 全部(ぜんぶ) 전부 ただ 공짜 高額(こうがく) 고액
安価(あんか) 값이 쌈, 헐값임 値段(ねだん) 가격 無料(むりょう) 무료

24 정답 3
해석 이 섬은 너무 작아서 <u>지도</u>에도 실려 있지 않습니다.
어휘 島(しま) 섬 小(ちい)さい 작다 い형용사의 어간+すぎる 너무 ~하다 地図(ちず) 지도
載(の)る (신문·잡지 등에) 실리다 デザイン 디자인 セール 세일 マップ 지도 フロント 프런트

25 정답 2
해석 <u>최근</u> 결혼하지 않는 젊은이가 점점 늘고 있다고 한다.
어휘 最近(さいきん) 최근, 요즘 結婚(けっこん) 결혼 若者(わかもの) 젊은이 だんだん 점점 増(ふ)える 늘다, 늘어나다
先週(せんしゅう) 지난주 この頃(ごろ) 요즘 この間(あいだ) 요전, 지난번 今年(ことし) 올해

26 정답 4
해석 죄송합니다만, 주문한 상품 <u>사이즈</u>를 변경해 주었으면 하는데요.
어휘 注文(ちゅうもん) 주문 商品(しょうひん) 상품 サイズ 사이즈, 크기 変更(へんこう) 변경
~てほしい ~해 주었으면 하다, ~하길 바라다 広(ひろ)さ 넓이 深(ふか)さ 깊이 重(おも)さ 무게 大(おお)きさ 크기

27 정답 3
해석 이 제품의 <u>샘플</u>을 모레까지 보내 주시는 건 가능할까요?
어휘 製品(せいひん) 제품 サンプル 샘플, 견본 明後日(あさって) 모레 ~までに ~까지 *최종기한 送(おく)る 보내다
~ていただく (남에게) ~해 받다, (남이) ~해 주시다 *「~てもらう」((남에게) ~해 받다, (남이) ~해 주다)의 겸양표현
可能(かのう) 가능 不平(ふへい) 불평 資格(しかく) 자격 見本(みほん) 견본 企画(きかく) 기획

28 정답 1
해석 여기는 <u>전망</u>도 좋고, 근처에 편리한 시설이 많아서 살기 편하네요.
어휘 眺(なが)め 전망, 풍경 ~し ~하고 近(ちか)く 근처 便利(べんり)だ 편리하다 施設(しせつ) 시설 多(おお)い 많다
住(す)む 살다, 거주하다 동사의 ます형+やすい ~하기 쉽다, ~하기 편하다 景色(けしき) 경치 観光(かんこう) 관광
理解(りかい) 이해 文章(ぶんしょう) 문장, 글

29 정답 3
해석 야구의 <u>사인</u>은 어떤 플레이를 지시하기 위해 사용됩니까?
어휘 野球(やきゅう) 야구 サイン 사인 どのような 어떠한, 어떤 プレー 플레이 指示(しじ) 지시
동사의 보통형+ために ~하기 위해서 使(つか)う 쓰다, 사용하다 練習(れんしゅう) 연습 訓練(くんれん) 훈련
合図(あいず) (눈짓·몸짓·소리 등의) 신호 作動(さどう) 작동

30 정답 2
해석 자동 응답 전화기에 메시지를 남기고 연락을 기다리고 있는데, 전혀 연락이 오지 않는다.
어휘 留守番電話(るすばんでんわ) 자동 응답 전화기 メッセージ 메시지 残(のこ)す 남기다 連絡(れんらく) 연락
待(ま)つ 기다리다 全(まった)く (부정어 수반) 전혀 主張(しゅちょう) 주장 伝言(でんごん) 전언 内緒(ないしょ) 비밀
記述(きじゅつ) 기술, 사물의 내용을 기록하여 서술함

확인 문제 4 · 명사

問題4 _____ に意味が最も近いものを、1・2・3・4から一つえらびなさい。

31 期末テストも明日で完全に終わりです。
  1 始まり　　　　　2 おしまい　　　　　3 初めて　　　　　4 途中

32 今の位置から海は全然見えません。
  1 場所　　　　　　2 人数　　　　　　　3 駐車　　　　　　4 納得

33 そこまで車で行くなら、約2時間はかかると思います。
  1 大体　　　　　　2 いくら　　　　　　3 たとえ　　　　　4 意外と

34 最近、韓国から入ったこの食べ物が女子高生の間でブームです。
  1 大失敗　　　　　2 大人気　　　　　　3 大賛成　　　　　4 大反対

35 オリーブオイルが健康にいいと言われる理由は何ですか。
  1 皮　　　　　　　2 粉　　　　　　　　3 油　　　　　　　4 お湯

36 在庫がある製品はすべて、翌日に無料でお届けします。
  1 当日　　　　　　2 前の日　　　　　　3 昔　　　　　　　4 次の日

37 申し訳ありませんが、レシートなしでは返品に応じかねます。
  1 領収書　　　　　2 請求書　　　　　　3 確認書　　　　　4 診断書

38 私は旅行は好きですが、具体的なプランを立てるのは苦手です。
  1 出発　　　　　　2 課題　　　　　　　3 計画　　　　　　4 購入

39 部屋が狭くて収納スペースがちょっと足りないです。
  1 段階　　　　　　2 空間　　　　　　　3 距離　　　　　　4 充満

40 それはこのまま進めても別に問題はないと思います。
  1 取り締まり　　　2 踏み切り　　　　　3 差し支え　　　　4 売り切れ

확인 문제 4 · 정답 및 해석(명사)

31 정답 **2**
해석 기말시험도 내일로 완전히 끝입니다.
어휘 期末(きまつ)テスト 기말시험 完全(かんぜん)だ 완전하다 終(お)わり 끝, 마지막 始(はじ)まり 시작
おしまい 끝, 마지막 初(はじ)めて 처음(으로) 途中(とちゅう) 도중

32 정답 **1**
해석 지금 위치에서 바다는 전혀 보이지 않습니다.
어휘 今(いま) 지금 位置(いち) 위치, 장소 海(うみ) 바다 全然(ぜんぜん) (부정어 수반) 전혀 見(み)える 보이다
場所(ばしょ) 장소 人数(にんずう) 인원수 駐車(ちゅうしゃ) 주차 納得(なっとく) 납득

33 정답 **1**
해석 그곳까지 차로 간다면 약 2시간은 걸릴 것이라고 생각합니다.
어휘 車(くるま) 자동차, 차 約(やく) 약 時間(じかん) 시간 かかる (시간이) 걸리다 大体(だいたい) 대개, 대략
いくら (~ても) 아무리 (~해도) たとえ 설령, 설사 意外(いがい)と 의외로

34 정답 **2**
해석 최근 한국에서 들어온 이 음식이 여고생 사이에서 붐입니다.
어휘 最近(さいきん) 최근, 요즘 韓国(かんこく) 한국 入(はい)る 들어오다 食(た)べ物(もの) 음식
女子高生(じょしこうせい) 여고생 間(あいだ) 사이 ブーム 붐 大失敗(だいしっぱい) 대실패
大人気(だいにんき) 대인기 大賛成(だいさんせい) 대찬성 大反対(だいはんたい) 대반대

35 정답 **3**
해석 올리브오일이 건강에 좋다고 하는 이유는 무엇입니까?
어휘 オリーブオイル 올리브오일 健康(けんこう) 건강 ~と言(い)われる ~라는 말을 듣다, ~라고 하다
理由(りゆう) 이유 皮(かわ) 가죽 粉(こな) 가루 油(あぶら) 기름 お湯(ゆ) 뜨거운 물

36 정답 **4**
해석 재고가 있는 제품은 모두 익일 무료로 배달해 드립니다.
어휘 在庫(ざいこ) 재고 製品(せいひん) 제품 すべて 모두, 전부 翌日(よくじつ) 익일, 이튿날 無料(むりょう) 무료
お+동사의 ます형+する ~하다, ~해 드리다 *겸양표현 届(とど)ける (물건을) 가지고 가다, 배달하다 当日(とうじつ) 당일
前(まえ) 전 日(ひ) 날 昔(むかし) 옛날 次(つぎ) 다음

37 정답 **1**
해석 죄송합니다만, 영수증 없이는 반품에 응하기 어렵습니다.
어휘 レシート 영수증 ~なしでは ~없이는 返品(へんぴん) 반품 応(おう)じる (물음이나 요구에) 응하다
동사의 ます형+かねる ~하기 어렵다, ~할 수 없다 領収書(りょうしゅうしょ) 영수증 請求書(せいきゅうしょ) 청구서
確認書(かくにんしょ) 확인서 診断書(しんだんしょ) 진단서

38 정답 **3**
해석 저는 여행은 좋아하지만, 구체적인 플랜을 세우는 것은 잘 못합니다.
어휘 旅行(りょこう) 여행 好(す)きだ 좋아하다 具体的(ぐたいてき)だ 구체적이다 プラン 플랜, 계획 立(た)てる 세우다
苦手(にがて)だ 서투르다, 잘 못하다 出発(しゅっぱつ) 출발 課題(かだい) 과제 計画(けいかく) 계획
購入(こうにゅう) 구입

39 정답 **2**
해석 방이 좁아서 수납 스페이스가 조금 부족합니다.
어휘 部屋(へや) 방 狭(せま)い 좁다 収納(しゅうのう) 수납 スペース 스페이스, 공간 足(た)りない 모자라다, 부족하다
段階(だんかい) 단계 空間(くうかん) 공간 距離(きょり) 거리 充満(じゅうまん) 충만

40 정답 **3**
해석 그것은 이대로 진행해도 특별히 문제는 없다고 생각합니다.
어휘 このまま 이대로 進(すす)める 진행하다 別(べつ)に (부정어 수반) 별로, 특별히 問題(もんだい) 문제
取(と)り締(し)まり 단속 踏(ふ)み切(き)り (철로의) 건널목 差(さ)し支(つか)え 지장 売(う)り切(き)れ 다 팔림, 매진, 품절

207

확인 문제 5 · 명사

問題4 _____に意味が最も近いものを、1・2・3・4から一つえらびなさい。

41 このガイドに従ってコンピューターの動作環境を確認してください。
   1 主張　　　　　　　2 案内　　　　　　　3 書類　　　　　　　4 手紙

42 私なら、絶対にそんな失敗はしません。
   1 ミス　　　　　　　2 ブロック　　　　　3 サウンド　　　　　4 コンパ

43 テニスの練習は毎日していますが、なかなかうまくいきませんね。
   1 アイドル　　　　　2 ファッション　　　3 トレーニング　　　4 ベテラン

44 月に1、2回、孫に会って過ごす時間が楽しみです。
   1 娘の子供　　　　　2 兄の子供　　　　　3 姉の子供　　　　　4 妹の子供

45 彼女のコメントは誤解を招きかねません。
   1 文句　　　　　　　2 計算　　　　　　　3 発明　　　　　　　4 意見

46 バスの前面と後面に行き先の表示がありますので、ご乗車の際には必ずご確認ください。
   1 空き地　　　　　　2 産地　　　　　　　3 目的地　　　　　　4 地元

47 スタッフ募集中！明るくて活気に満ちた職場で一緒に働いてみませんか。
   1 社会人　　　　　　2 病人　　　　　　　3 生徒　　　　　　　4 従業員

48 冷蔵庫の収納を変えたことで、食事の支度にかかる時間がだいぶ減りました。
   1 管理　　　　　　　2 用意　　　　　　　3 審査　　　　　　　4 感想

49 1時間以上も話し合ったのに、お互いの主張はまだ対立している。
   1 片方　　　　　　　2 成立　　　　　　　3 比較　　　　　　　4 相互

50 彼女が話す内容はいつも曖昧で、一体何を言いたいのかわからない場合が多い。
   1 調子　　　　　　　2 中身　　　　　　　3 様子　　　　　　　4 速力

확인 문제 5 · 정답 및 해석(명사)

41 정답 2
해석 이 가이드에 따라서 컴퓨터의 동작환경을 확인해 주세요.
어휘 ガイド 가이드, 안내 ～に従(したが)って ～에 따라서 コンピューター 컴퓨터 動作(どうさ) 동작
環境(かんきょう) 환경 確認(かくにん) 확인 主張(しゅちょう) 주장 案内(あんない) 안내 書類(しょるい) 서류
手紙(てがみ) 편지

42 정답 1
해석 저라면 절대로 그런 실수는 하지 않습니다.
어휘 絶対(ぜったい)に 절대로 そんな 그런 失敗(しっぱい) 실패, 실수 ミス 미스, 실수, 잘못 ブロック 블록
サウンド 사운드, 소리 コンパ 다과회 *'company'에서 변화된 학생 용어로, 회비를 추렴해서 개최하는 모임

43 정답 3
해석 테니스 연습은 매일 하고 있는데, 좀처럼 잘 되지 않네요.
어휘 テニス 테니스 練習(れんしゅう) 연습 なかなか (부정어 수반) 좀처럼 うまくいく 잘 되다, 순조롭게 진행되다
アイドル 아이돌 ファッション 패션 トレーニング 트레이닝, 훈련 ベテラン 베테랑

44 정답 1
해석 한 달에 한두 번 손자를 만나서 보내는 시간이 기다려집니다.
어휘 月(つき) 한 달, 월 ～回(かい) ～회, ～번 孫(まご) (자신의) 손자 会(あ)う 만나다 過(す)ごす (시간을) 보내다, 지내다
時間(じかん) 시간 楽(たの)しみ 기다려짐, 고대 娘(むすめ) (자신의) 딸 子供(こども) 아이 兄(あに) (자신의) 형, 오빠
姉(あね) (자신의) 누나, 언니 妹(いもうと) (자신의) 여동생

45 정답 4
해석 그녀의 코멘트는 오해를 초래할지도 모릅니다.
어휘 コメント 코멘트, 논평 誤解(ごかい) 오해 招(まね)く 초래하다 동사의 ます형+かねない ～할지도 모른다
文句(もんく) 불평 計算(けいさん) 계산 発明(はつめい) 발명 意見(いけん) 의견

46 정답 3
해석 버스 전면과 후면에 행선지 표시가 있으므로, 승차하실 때는 반드시 확인해 주세요.
어휘 バス 버스 前面(ぜんめん) 전면 後面(こうめん) 후면 行(い)き先(さき) 행선지 表示(ひょうじ) 표시
乗車(じょうしゃ) 승차 ～際(さい) ～때 必(かなら)ず 반드시 ご+한자명사+ください ～해 주십시오 *존경표현
確認(かくにん) 확인 空(あ)き地(ち) 공터 産地(さんち) 산지 目的地(もくてきち) 목적지 地元(じもと) 그 고장, 그 지방

47 정답 4
해석 스태프 모집중! 밝고 활기에 가득 찬 직장에서 함께 일해 보지 않겠습니까?
어휘 スタッフ 스태프 募集(ぼしゅう) 모집 明(あか)るい 밝다 活気(かっき) 활기 満(み)ちる 가득 차다
職場(しょくば) 직장 一緒(いっしょ)に 함께, 같이 働(はたら)く 일하다 社会人(しゃかいじん) 사회인
病人(びょうにん) 병자 生徒(せいと) (중 · 고교) 학생 従業員(じゅうぎょういん) 종업원

48 정답 2
해석 냉장고 수납을 바꿈으로써 식사 준비에 걸리는 시간이 상당히 줄었습니다.
어휘 冷蔵庫(れいぞうこ) 냉장고 収納(しゅうのう) 수납 変(か)える 바꾸다, 변경하다 ～ことで ～함으로써
支度(したく) 준비 かかる (시간이) 걸리다 だいぶ 꽤, 상당히 減(へ)る 줄다, 줄어들다 管理(かんり) 관리
用意(ようい) 준비 審査(しんさ) 심사 感想(かんそう) 감상

49 정답 4
해석 1시간 이상이나 의논했는데도 서로의 주장은 아직 대립되고 있다.
어휘 以上(いじょう) 이상 숫자+も ～이나 話(はな)し合(あ)う 의논하다 ～のに ～는데(도) お互(たが)い 서로
主張(しゅちょう) 주장 対立(たいりつ) 대립 片方(かたほう) 한쪽 成立(せいりつ) 성립 比較(ひかく) 비교
相互(そうご) 상호, 서로

50 정답 2
해석 그녀가 이야기하는 내용은 항상 애매해서 도대체 무엇을 말하고 싶은 건지 알 수 없는 경우가 많다.
어휘 内容(ないよう) 내용 曖昧(あいまい)だ 애매하다 一体(いったい) (부정어 수반) 도대체 調子(ちょうし) 상태, 컨디션
中身(なかみ) 알맹이, 내용 様子(ようす) 모습, 상태, 정황 速力(そくりょく) 속력

음원

점수 UP! UP!
〈명사〉

- □ 辺り 부근, 근처 ≒ 近く 근처
- □ 覚え 기억 ≒ 記憶 기억
- □ 不安 불안 ≒ 心配 걱정
- □ 内緒 비밀 ≒ 秘密 비밀
- □ 当然 당연 ≒ もちろん 물론
- □ 価格 가격 ≒ 値段 가격
- □ 契機 계기 ≒ きっかけ 계기
- □ 一昨年 재작년 ≒ 2年前 2년 전
- □ データ 데이터 ≒ 資料 자료
- □ 幸福 행복 ≒ 幸せ 행복
- □ 切符 표 ≒ チケット 티켓, 표
- □ お願い 부탁 ≒ 頼み 부탁
- □ グループ 그룹 ≒ 集団 집단
- □ 効果 효과 ≒ 効き目 효과
- □ タイプ 타입, 유형 ≒ 類型 유형
- □ 専門家 전문가 ≒ プロ 프로
- □ 暮らし 생활 ≒ 生活 생활
- □ ガレージ 차고 ≒ 車庫 차고
- □ タイトル 타이틀, 제목 ≒ 題名 제목
- □ チェック 체크, 확인 ≒ 確認 확인
- □ 一昨日 그저께 ≒ 二日前 이틀 전
- □ 我慢 참음, 견딤 ≒ 忍耐 인내
- □ オーダー 오더, 주문 ≒ 注文 주문
- □ 旅行 여행 ≒ ツアー 투어, 여행
- □ スタート 스타트, 출발 ≒ 出発 출발
- □ パス 패스, 통과, 합격 ≒ 合格 합격
- □ 挑戦 도전 ≒ チャレンジ 도전
- □ 調子 상태, 컨디션 ≒ 具合 (건강) 상태
- □ 収集 수집 ≒ コレクション 컬렉션, 수집
- □ ステージ 스테이지, 무대 ≒ 舞台 무대
- □ 翌年 익년, 다음 해 ≒ 次の年 다음 해
- □ 昼食 중식, 점심 ≒ ランチ 런치, 점심
- □ キャンセル 취소 ≒ 取り消し 취소
- □ 品切れ 품절 ≒ 売り切れ 다 팔림, 매진, 품절

기출 및 출제 예상 어휘 50
〈い형용사 & な형용사, 부사〉

음원

☐ 親しい ≒ 仲がいい
친하다 ≒ 사이가 좋다

☐ 単純だ ≒ わかりやすい
단순하다, 간단하다 ≒ 이해하기 쉽다

☐ 眩しい ≒ 明るすぎる
눈부시다 ≒ 너무 밝다

☐ 心配だ ≒ 気になる
걱정이다, 걱정스럽다 ≒ 신경이 쓰이다, 걱정되다

☐ 幼い ≒ 幼稚だ
어리다, 유치하다 ≒ 유치하다

☐ 短気だ ≒ すぐ怒る
성미가 급하다 ≒ 바로 화를 내다

☐ 怖い ≒ 恐ろしい
무섭다 ≒ 무섭다, 두렵다

☐ 苦手だ ≒ 下手だ
서투르다, 잘 못하다 ≒ 잘 못하다, 서투르다

☐ 温い ≒ 熱くない
미지근하다 ≒ 뜨겁지 않다

☐ 見事だ ≒ 素晴らしい
멋지다, 훌륭하다 ≒ 훌륭하다, 멋지다

☐ すまない ≒ 申し訳ない
미안하다 ≒ 미안하다

☐ 楽だ ≒ 簡単だ
수월하다, 편하다 ≒ 간단하다

☐ 詳しい ≒ よく知っている
상세하다, 잘 알고 있다, 밝다 ≒ 잘 알고 있다

☐ 無口だ ≒ 口数が少ない
과묵하다 ≒ 말수가 적다

☐ 足りない ≒ 十分ではない
모자라다, 부족하다 ≒ 충분하지 않다

☐ 得意だ ≒ 上手にできる
잘하다, 자신 있다 ≒ 능숙하게 할 수 있다

☐ かまわない ≒ 問題にならない
상관없다, 관계없다 ≒ 문제가 되지 않다

☐ ちょっと ≒ 多少
좀, 조금 ≒ 다소

☐ きれいだ ≒ 清潔だ
깨끗하다 ≒ 청결하다

☐ 最も ≒ 一番
가장 ≒ 가장, 제일

☐ 適当だ ≒ 相応しい
적당하다 ≒ 상응하다, 어울리다

☐ いきなり ≒ 突然
갑자기 ≒ 돌연, 갑자기

☐ 正直だ ≒ 嘘をつかない
정직하다 ≒ 거짓말을 하지 않다

☐ あまり ≒ それほど
(부정어 수반) 그다지, 별로 ≒ (부정어 수반) 그다지, 별로

☐ 退屈だ ≒ つまらない
지루하다 ≒ 재미없다

☐ どうしても ≒ 到底
(부정어 수반) 아무리 해도, 도저히 ≒ (부정어 수반) 도저히

☐ 確かだ ≒ 明白だ
확실하다 ≒ 명백하다

☐ さっぱり ≒ 全然
(부정어 수반) 전혀 ≒ (부정어 수반) 전혀

☐ **相変わらず ≒ 前と同じで**
여전히, 변함없이 ≒ 전과 같이

☐ **変な ≒ おかしな**
이상한 ≒ 우스운, 이상한

☐ **必ず ≒ 絶対に**
반드시 ≒ 절대로, 무조건, 반드시

☐ **すべて ≒ 全部**
모두, 전부 ≒ 전부

☐ **さっき ≒ 少し前**
조금 전, 아까 ≒ 조금 전

☐ **敢えて ≒ 強いて**
굳이 ≒ 굳이

☐ **たぶん ≒ おそらく**
아마 ≒ 아마

☐ **再び ≒ もう一度**
재차, 다시 ≒ 한 번 더

☐ **しばしば ≒ 度々**
자주 ≒ 자주

☐ **やっと ≒ ようやく**
겨우, 간신히 ≒ 겨우, 간신히

☐ **たっぷり ≒ たくさん**
듬뿍 ≒ 많이

☐ **特に ≒ 殊に**
특히 ≒ 특히

☐ **すっかり ≒ 完全に**
완전히 ≒ 완전히

☐ **前以て ≒ 事前に**
미리, 사전에 ≒ 사전에

☐ **ほぼ ≒ およそ**
거의, 대강, 대략 ≒ 대략, 대충

☐ **真剣に ≒ 真面目に**
진지하게 ≒ 진지하게

☐ **次第に ≒ 少しずつ**
점차 ≒ 조금씩

☐ **ぴったりだ ≒ 似合う**
딱 맞다 ≒ 잘 맞다, 어울리다

☐ **早速 ≒ すぐに**
당장, 즉시 ≒ 곧, 바로

☐ **ぺらぺらだ ≒ 上手に話す**
유창하다 ≒ 능숙하게 말하다

☐ **そっと ≒ 静かに**
살며시, 살짝 ≒ 조용히

☐ **そっくりだ ≒ 似ている**
꼭 닮다 ≒ 닮다

問題4 _____ に意味が最も近いものを、1・2・3・4から一つえらびなさい。

1 何年間も勉強していますが、まだ英語は苦手です。
　　1 上手です　　　　　2 下手です　　　　　3 得意です　　　　　4 上品です

2 昨夜、とても変な夢を見ました。
　　1 面白い　　　　　2 役に立つ　　　　　3 おかしな　　　　　4 大変な

3 彼女は明日のパーティーにたぶん参加しないでしょう。
　　1 おそらく　　　　2 いくら　　　　　　3 ちっとも　　　　　4 まさか

4 次第に寒くなっておりますが、お変わりありませんか。
　　1 しばしば　　　　2 やっと　　　　　　3 少しずつ　　　　　4 すっかり

5 彼が書いた論文は、大学生が書いた論文とは思われないほど見事だった。
　　1 とんでもなかった　　2 素晴らしかった　　　3 恥ずかしかった　　4 面倒くさかった

6 経済を専攻しただけに、彼女は経済問題をよく知っている。
　　1 優しい　　　　　2 悔しい　　　　　　3 怪しい　　　　　　4 詳しい

7 気温も上がり、完全に春らしくなってきましたね。
　　1 直ちに　　　　　2 すっかり　　　　　3 次々に　　　　　　4 うっかり

8 乳児をお連れの方は予約案内センターまで事前にご連絡ください。
　　1 ようやく　　　　2 さすが　　　　　　3 前以て　　　　　　4 直に

9 昨日見た映画は、思ったよりつまらなかった。
　　1 新鮮だった　　　2 独特だった　　　　3 退屈だった　　　　4 有名だった

10 姉と私は似ていて、知らない人は区別がつかない。
　　1 さっぱりで　　　2 そっくりで　　　　3 あっさりで　　　　4 たっぷりで

확인 문제 1 · 정답 및 해석(い형용사&な형용사, 부사)

1 정답 2
해석 몇 년간이나 공부하고 있지만, 아직 영어는 잘 못합니다.
어휘 何年間(なんねんかん) 몇 년간 숫자+も ~이나 勉強(べんきょう) 공부 まだ 아직 英語(えいご) 영어
苦手(にがて)だ 서투르다, 잘 못하다 上手(じょうず)だ 능숙하다, 잘하다 下手(へた)だ 잘 못하다, 서투르다
得意(とくい)だ 잘하다, 자신 있다 上品(じょうひん)だ 품위가 있다, 고상하다

2 정답 3
해석 어젯밤에 아주 이상한 꿈을 꿨습니다.
어휘 昨夜(ゆうべ) 어젯밤 変(へん)だ 이상하다 夢(ゆめ)を見(み)る 꿈을 꾸다 面白(おもしろ)い 재미있다
役(やく)に立(た)つ 도움이 되다 おかしな 이상한, 우스운 大変(たいへん)だ 힘들다, 큰일이다

3 정답 1
해석 그녀는 내일 파티에 아마 참가하지 않겠죠.
어휘 パーティー 파티 たぶん 아마 参加(さんか) 참가 おそらく 아마 いくら(~ても) 아무리 (~해도)
ちっとも (부정어 수반) 조금도, 전혀 まさか 설마

4 정답 3
해석 점차 추워지고 있습니다만, 별고 없으신지요?
어휘 次第(しだい)に 점차 寒(さむ)い 춥다 ~ておる ~하고 있다 *「~ている」의 겸양표현
お変(か)わりありませんか 별고 없으신지요? しばしば 자주 やっと 겨우, 간신히 少(すこ)しずつ 조금씩 すっかり 완전히

5 정답 2
해석 그가 쓴 논문은 대학생이 쓴 논문이라고는 생각되지 않을 정도로 훌륭했다.
어휘 論文(ろんぶん) 논문 大学生(だいがくせい) 대학생 書(か)く (글씨·글을) 쓰다 ~とは ~라고는
思(おも)う 생각하다 ~ほど ~정도, ~만큼 見事(みごと)だ 멋지다, 훌륭하다 とんでもない 터무니없다, 당치도 않다
素晴(すば)らしい 훌륭하다, 멋지다 恥(は)ずかしい 부끄럽다, 창피하다 面倒(めんどう)くさい 귀찮다, 성가시다

6 정답 4
해석 경제를 전공한 만큼, 그녀는 경제문제를 잘 알고 있다.
어휘 経済(けいざい) 경제 専攻(せんこう) 전공 ~だけに ~인 만큼 問題(もんだい) 문제 知(し)る 알다
優(やさ)しい 상냥하다, 다정하다 悔(くや)しい 분하다 怪(あや)しい 수상하다 詳(くわ)しい 상세하다, 잘 알고 있다, 밝다

7 정답 2
해석 기온도 올라, 완전히 봄다워졌네요.
어휘 気温(きおん) 기온 上(あ)がる 오르다, 올라가다 完全(かんぜん)だ 완전하다 春(はる) 봄 명사+らしい ~답다
直(ただ)ちに 당장, 즉시 すっかり 완전히 次々(つぎつぎ)に 계속해서 うっかり 무심코, 깜빡

8 정답 3
해석 유아를 동반하신 분은 예약 안내센터로 사전에 연락주십시오.
어휘 乳児(にゅうじ) 유아 連(つ)れ 동행, 동반 方(かた) 분 予約(よやく) 예약 案内(あんない) 안내 センター 센터
~まで ~까지, ~로 事前(じぜん)に 사전에 ご+한자명사+ください ~해 주십시오 *존경표현 連絡(れんらく) 연락
ようやく 겨우, 간신히 さすが 과연 前以(まえもっ)て 미리, 사전에 直(じか)に 직접

9 정답 3
해석 어제 본 영화는 생각했던 것보다 재미없었다.
어휘 映画(えいが) 영화 思(おも)ったより 생각했던 것보다 つまらない 재미없다 新鮮(しんせん)だ 신선하다
独特(どくとく)だ 독특하다 退屈(たいくつ)だ 지루하다 有名(ゆうめい)だ 유명하다

10 정답 2
해석 언니와 나는 닮아서 모르는 사람은 구별이 되지 않는다.
어휘 姉(あね) (자신의) 누나, 언니 似(に)る 닮다 区別(くべつ)がつかない 구별이 되지 않다 さっぱり (부정어 수반) 전혀
そっくりだ 꼭 닮다 あっさり 산뜻한 모양 たっぷり 듬뿍

問題4 ＿＿＿＿に意味が最も近いものを、1・2・3・4から一つえらびなさい。

11 駅から家まで<u>ちょっと</u>時間がかかります。
1 多少 　　　　　　 2 いくつ 　　　　　　 3 辛うじて 　　　　　　 4 非常に

12 長かった試験が<u>やっと</u>終わりました。
1 きっと 　　　　　　 2 全然 　　　　　　 3 ようやく 　　　　　　 4 つい

13 正直なところ、今度のことは彼に<u>すまない</u>気持ちだった。
1 ありがたい 　　　 2 申し訳ない 　　　 3 楽しい 　　　　　　 4 嬉しい

14 何があっても、この条件だけは<u>絶対に</u>守ってほしいです。
1 必ず 　　　　　　 2 そっと 　　　　　　 3 たまたま 　　　　　　 4 一層

15 晴れていたのに、<u>いきなり</u>雨が降ってびしょ濡れになってしまった。
1 突然 　　　　　　 2 予め 　　　　　　 3 ますます 　　　　　　 4 そろそろ

16 このサイズなら、私にちょうど<u>ぴったり</u>だわ。よし、買っちゃおう。
1 高すぎる 　　　　 2 緩い 　　　　　　 3 きつい 　　　　　　 4 似合う

17 これからの人生にかかわる問題だから、<u>真面目に</u>考えて決めてください。
1 親切に 　　　　　 2 気楽に 　　　　　 3 真剣に 　　　　　　 4 地味に

18 この部屋はカーテンがないと、<u>明るすぎます</u>。
1 暗いです 　　　　 2 狭いです 　　　　 3 うるさいです 　　　 4 眩しいです

19 彼女がこの事実を知っていたということは、<u>確か</u>です。
1 疑問です 　　　　 2 明白です 　　　　 3 同感です 　　　　　 4 主張です

20 鈴木君は英語はもちろんのこと、ドイツ語まで<u>上手に</u>話しますね。
1 きらきらですね 　 2 くらくらですね 　 3 ぺらぺらですね 　 4 ぎりぎりですね

확인 문제 2 • 정답 및 해석(い형용사&な형용사, 부사)

11 정답 1
해석 역에서 집까지 조금 시간이 걸립니다.
어휘 駅(えき) 역 ～から～まで ～부터 ～까지 ちょっと 좀, 조금 時間(じかん) 시간 かかる (시간이) 걸리다
多少(たしょう) 다소 いくつ 몇 개 辛(かろ)うじて 겨우, 간신히 非常(ひじょう)に 대단히, 매우

12 정답 3
해석 길었던 시험이 겨우 끝났습니다.
어휘 長(なが)い 길다 試験(しけん) 시험 やっと 겨우, 간신히 終(お)わる 끝나다 きっと 분명히, 틀림없이
全然(ぜんぜん) (부정어 수반) 전혀 ようやく 겨우, 간신히 つい 그만, 나도 모르게

13 정답 2
해석 정직하게 말하면 이번 일은 그에게 미안한 마음이었다.
어휘 正直(しょうじき)だ 정직하다 *「正直(しょうじき)なところ」– 정직하게 말하면 すまない 미안하다
気持(きも)ち 기분, 마음 ありがたい 고맙다 申(もう)し訳(わけ)ない 미안하다, 면목없다 楽(たの)しい 즐겁다
嬉(うれ)しい 기쁘다

14 정답 1
해석 무슨 일이 있어도 이 조건만은 반드시 지켜 주었으면 합니다.
어휘 条件(じょうけん) 조건 絶対(ぜったい)に 절대로, 무조건, 반드시 守(まも)る 지키다
～てほしい ～해 주었으면 하다, ～하길 바라다 必(かなら)ず 반드시 そっと 살며시, 살짝 たまたま 우연히
一層(いっそう) 한층

15 정답 1
해석 맑았는데, 갑자기 비가 내려서 흠뻑 젖어 버렸다.
어휘 晴(は)れる 맑다, 개다 ～のに ～는데(도) いきなり 갑자기 雨(あめ) 비 降(ふ)る (비·눈 등이) 내리다, 오다
びしょ濡(ぬ)れ 흠뻑 젖음 突然(とつぜん) 돌연, 갑자기 予(あらかじ)め 미리, 사전에 ますます 점점 そろそろ 이제 슬슬

16 정답 4
해석 이 사이즈라면 나한테 딱 맞겠다. 좋아, 사 버려야겠다.
어휘 サイズ 사이즈, 크기 ～なら ～라면 ちょうど 딱, 알맞게 ぴったりだ 딱 맞다
よし 좋아, 자 *승인·결의·격려를 나타냄 買(か)う 사다 高(たか)い 비싸다 い형용사의 어간+すぎる 너무 ～하다
緩(ゆる)い 느슨하다, 헐렁하다 きつい 꽉 끼다 似合(にあ)う 잘 맞다, 어울리다

17 정답 3
해석 앞으로의 인생에 관계되는 문제니까, 진지하게 생각하고 결정해 주세요.
어휘 これから 앞으로 人生(じんせい) 인생 ～にかかわる ～에 관계되는 問題(もんだい) 문제
真面目(まじめ)だ 진지하다 決(き)める 정하다, 결정하다 親切(しんせつ)だ 친절하다
気楽(きらく)だ 마음 편하다, 홀가분하다 真剣(しんけん)だ 진지하다 地味(じみ)だ 수수하다

18 정답 4
해석 이 방은 커튼이 없으면 너무 밝습니다.
어휘 部屋(へや) 방 カーテン 커튼 明(あか)るい 밝다 い형용사의 어간+すぎる 너무 ～하다 暗(くら)い 어둡다
狭(せま)い 좁다 うるさい 시끄럽다 眩(まぶ)しい 눈부시다

19 정답 2
해석 그녀가 이 사실을 알고 있었다는 것은 확실합니다.
어휘 事実(じじつ) 사실 知(し)る 알다 確(たし)かだ 확실하다 疑問(ぎもん) 의문 明白(めいはく)だ 명백하다
同感(どうかん) 동감 主張(しゅちょう) 주장

20 정답 3
해석 스즈키 군은 영어는 물론이고, 독일어까지 능숙하게 말하네요.
어휘 英語(えいご) 영어 ～はもちろんのこと ～은 물론이고 ドイツ語(ご) 독일어 上手(じょうず)だ 능숙하다, 잘하다
話(はな)す 말하다, 이야기하다 きらきら 반짝반짝 くらくら 어질어질 ぺらぺらだ 유창하다 ぎりぎり 빠듯함

216

확인 문제 5・い형용사&な형용사, 부사

問題4 _____ に意味が最も近いものを、1・2・3・4から一つえらびなさい。

41 昨日のテストはあまり難しくありませんでした。
　　1 それほど　　　　　2 しばらく　　　　　3 時々　　　　　4 主に

42 この本は、子供が読んでも別にかまいません。
　　1 参考になります　　　　　　　　　　2 読みたがりません
　　3 読んではいけません　　　　　　　　4 問題になりません

43 部屋の中が汚いですから、きれいに掃除してください。
　　1 清潔に　　　　　2 立派に　　　　　3 元気に　　　　　4 丈夫に

44 あの店はおいしくて私もしばしば行きます。
　　1 たまに　　　　　2 次第に　　　　　3 度々　　　　　4 めったに

45 相変わらず列車内でスリに遭うケースがなくならないそうだ。
　　1 絶えず　　　　　2 一気に　　　　　3 仮に　　　　　4 前と同じで

46 強いて言えば、こちらの方がよさそうです。
　　1 せめて　　　　　2 敢えて　　　　　3 さっさと　　　　　4 てっきり

47 今度の彼女の行動は、幼稚だとしか言いようがない。
　　1 幼い　　　　　2 大人しい　　　　　3 浅い　　　　　4 濃い

48 テストが終わった人は静かに教室を出てください。
　　1 かっと　　　　　2 すっと　　　　　3 そっと　　　　　4 ほっと

49 大きな台風の影響で、今年は特に作柄がよくありませんでした。
　　1 今にも　　　　　2 しょっちゅう　　　　　3 殊に　　　　　4 一向に

50 昨日開店したフランス料理のレストランにすぐに行ってみた。
　　1 一挙に　　　　　2 早速　　　　　3 必ずしも　　　　　4 正に

확인 문제 5 · 정답 및 해석(い형용사&な형용사, 부사)

41 정답 **1**
해석 어제 시험은 <u>그다지</u> 어렵지 않았습니다.
어휘 テスト 테스트, 시험 あまり (부정어 수반) 그다지, 별로 難(むずか)しい 어렵다 それほど (부정어 수반) 그다지, 별로
しばらく 잠시 時々(ときどき) 때때로, 종종 主(おも)に 주로

42 정답 **4**
해석 이 책은 아이가 읽어도 특별히 <u>상관없습니다</u>.
어휘 別(べつ)に (부정어 수반) 별로, 특별히 かまわない 상관없다, 관계없다 参考(さんこう) 참고
読(よ)む 읽다 동사의 ます형+たがる (제삼자가) ~하고 싶어 하다 ~てはいけない ~해서는 안 된다
問題(もんだい)にならない 문제가 되지 않다

43 정답 **1**
해석 방 안이 더러우니까, 깨끗하게 청소해 주세요.
어휘 部屋(へや) 방 中(なか) 안 汚(きたな)い 더럽다 きれいだ 깨끗하다 掃除(そうじ) 청소 清潔(せいけつ)だ 청결하다
立派(りっぱ)だ 훌륭하다 元気(げんき)だ 건강하다 丈夫(じょうぶ)だ 튼튼하다

44 정답 **3**
해석 저 가게는 맛있어서 저도 <u>자주</u> 갑니다.
어휘 店(みせ) 가게 おいしい 맛있다 しばしば 자주 行(い)く 가다 たまに 가끔 次第(しだい)に 점차
度々(たびたび) 자주 めった(滅多)に (부정어 수반) 좀처럼

45 정답 **4**
해석 <u>여전히</u> 열차 내에서 소매치기를 당하는 경우가 끊이지 않는다고 한다.
어휘 相変(あいか)わらず 여전히, 변함없이 列車(れっしゃ) 열차 内(ない) 안, 내부 スリ 소매치기
遭(あ)う (어떤 일을) 당하다, 겪다 ケース 케이스, 경우 な(無)くなる 없어지다 품사의 보통형+そうだ ~라고 한다 *전문
絶(た)えず 끊임없이 一気(いっき)に 단숨에, 단번에 仮(かり)に 만약, 임시로 前(まえ) 전 同(おな)じだ 같다

46 정답 **2**
해석 <u>굳이</u> 말하면 이쪽 편이 좋은 것 같습니다.
어휘 強(し)いて言(い)えば 굳이 말하면 方(ほう) 편, 쪽 よさそうだ 좋은 것 같다 *양태 せめて 적어도, 하다못해
敢(あ)えて 굳이 さっさと 서둘러, 빨리 *망설이거나 지체하지 않는 모양 てっきり 틀림없이

47 정답 **1**
해석 이번 그녀의 행동은 <u>유치하다</u>고밖에 말할 수 없다.
어휘 今度(こんど) 이번 行動(こうどう) 행동 幼稚(ようち)だ 유치하다 ~しか (부정어 수반) ~밖에
言(い)いよう 말할 방법, 말할 도리 幼(おさな)い 어리다, 유치하다 大人(おとな)しい 얌전하다 浅(あさ)い 얕다
濃(こ)い 진하다

48 정답 **3**
해석 시험이 끝난 사람은 <u>조용히</u> 교실을 나가 주세요.
어휘 テスト 테스트, 시험 終(お)わる 끝나다 人(ひと) 사람 静(しず)かだ 조용하다 教室(きょうしつ) 교실
出(で)る 나가다 かっと 발끈, 울컥 *갑자기 화를 내는 모양 すっと 불쑥, 쓱 そっと 살며시, 살짝 ほっと 겨우 안심하는 모양

49 정답 **3**
해석 큰 태풍의 영향으로 올해는 <u>특히</u> 작황이 좋지 않았습니다.
어휘 大(おお)きな 큰 台風(たいふう) 태풍 影響(えいきょう) 영향 今年(ことし) 올해 特(とく)に 특히
作柄(さくがら) 작황 今(いま)にも 당장이라도 しょっちゅう 늘, 항상 殊(こと)に 특히
一向(いっこう)に (부정어 수반) 전혀, 조금도

50 정답 **2**
해석 어제 개점한 프랑스요리 레스토랑에 <u>바로</u> 가 봤다.
어휘 開店(かいてん) 개점 フランス料理(りょうり) 프랑스요리 レストラン 레스토랑 すぐに 곧, 바로
一挙(いっきょ)に 일거에, 한번에 早速(さっそく) 당장, 즉시 必(かなら)ずしも (부정어 수반) 반드시
正(まさ)に 바로, 틀림없이, 정말로

점수 UP! UP!
<い형용사&な형용사, 부사>

음원

☐ きつい 심하다 ≒ 大変だ(たいへん) 힘들다	☐ 面倒だ(めんどう) 귀찮다 ≒ 厄介だ(やっかい) 귀찮다
☐ 暑い(あつ) 덥다 ≒ 涼しくない(すず) 시원하지 않다	☐ ひたすら 오로지 ≒ 専ら(もっぱ) 오로지
☐ うまい 잘하다 ≒ 上手だ(じょうず) 능숙하다, 잘하다	☐ 少しずつ(すこ) 조금씩 ≒ だんだん 점점
☐ 辛い(つら) 괴롭다, 고통스럽다 ≒ 苦しい(くる) 힘들다, 괴롭다	☐ 少し(すこ) 조금 ≒ ちょっと 좀, 조금
☐ 危ない(あぶ) 위험하다 ≒ 危うい(あや) 위험하다	☐ 徐々に(じょじょ) 서서히 ≒ 徐に(おもむろ) 서서히
☐ 新しい(あたら) 새롭다 ≒ 新ただ(あら) 새롭다	☐ 偶然(ぐうぜん) 우연히 ≒ たまたま 우연히
☐ 勇ましい(いさ) 용감하다 ≒ 勇敢だ(ゆうかん) 용감하다	☐ かなり 꽤, 상당히 ≒ けっこう 꽤, 상당히
☐ 柔らかい(やわ) 부드럽다 ≒ ソフトだ 부드럽다	☐ 合計して(ごうけい) 합계해서 ≒ しめて 전부 해서
☐ 広くない(ひろ) 넓지 않다 ≒ 狭い(せま) 좁다	☐ 年中(ねんじゅう) 언제나, 늘 ≒ いつも 늘, 항상
☐ 好きだ(す) 좋아하다 ≒ 気に入る(き)(い) 마음에 들다	☐ すべての 모든, 전부 ≒ あらゆる 모든
☐ 必要だ(ひつよう) 필요하다 ≒ 要る(い) 필요하다	☐ 次々に(つぎつぎ) 계속해서 ≒ 相次いで(あい)(つ) 잇따라
☐ 大切だ(たいせつ) 중요하다 ≒ 大事だ(だいじ) 중요하다	☐ うとうと 꾸벅꾸벅 ≒ うつらうつら 꾸벅꾸벅
☐ 緩やかだ(ゆる) 완만하다 ≒ なだらかだ 완만하다	☐ 豊かだ(ゆた) 풍부하다 ≒ 豊富だ(ほうふ) 풍부하다
☐ 相変わらず(あいか) ≒ 依然として(いぜん) 여전히, 변함없이 ≒ 여전히	☐ むしろ ≒ どちらかと言えば(い) 오히려 ≒ 어느 쪽인가 하면
☐ 多忙だ(たぼう) ≒ とても忙しい(いそが) 대단히 바쁘다 ≒ 매우 바쁘다	☐ なかなか ≒ 滅多に(めった) (부정어 수반) 좀처럼 ≒ (부정어 수반) 좀처럼
☐ 必ずしも(かなら) ≒ 強ち(あなが) (부정어 수반) 반드시 ≒ (부정어 수반) 반드시	☐ ちっとも ≒ 全く(まった) (부정어 수반) 조금도, 전혀 ≒ (부정어 수반) 전혀

223

출제 유형

　문제 5 용법은 어휘의 올바른 쓰임새를 묻는 것으로. 총 5문제가 출제된다. 기출 어휘를 보면 2자로 된 한자어와 동사의 비중이 압도적으로 높고, 그 외에 형용사나 부사 등이 간혹 출제되기도 한다.

실제 시험 예시

問題5 つぎのことばの使い方として最もよいものを、1・2・3・4から一つえらびなさい。

1 活動
　1 新人なのか、どこか手つきや活動などがぎこちない。
　2 この団体は、日本の文化を英語で紹介する活動をしている。
　3 最近、ちょっと太ったので、明日から活動をすることにした。
　4 彼女との結婚を決めたのは、彼女の活動な性格が気に入ったからだ。

2 目指す
　1 クリスマスの発表会を目指して練習に励んでいる。
　2 鍵がなくなって家中を探してみたが、目指さない。
　3 事件現場で彼を目指したという新しい証言が出た。
　4 この地名は、大きい地図にも目指していなかった。

|정답| 1 2　2 1

시험 대책

　용법 문제는 어휘의 정확한 쓰임새를 묻는 것이므로, 꾸준한 작문 연습이 실제 시험에 큰 도움이 된다. 그리고 매 시험 출제되고 있는 2자로 된 한자어의 경우 「活動」(활동), 「作動」(작동), 「活発」(활발) 등 주로 특정 한자를 이용한 한자어가 선택지에 오답으로 등장하므로 앞뒤 문맥을 보고 문제 문장의 정확한 의미를 파악하는 연습이 필요하다. 또한 부사의 경우에는 접속으로 오답을 가려낼 수 있는 문제도 간혹 나오므로, 앞뒤의 접속 형태에도 주의해야 한다.

기출 및 출제 예상 어휘 50
〈용법〉

음원

☐ 感心 감탄	☐ 延期 연기	☐ 断る 거절하다
☐ 忠告 충고	☐ 都合 사정, 형편	☐ 預ける 맡기다
☐ 経由 경유	☐ 変更 변경	☐ 枯れる (초목이) 시들다, 마르다
☐ 募集 모집	☐ 緊張 긴장	☐ 追い越す 앞지르다, 추월하다
☐ 縮小 축소	☐ ユーモア 유머	☐ 混ぜる 섞다
☐ 渋滞 (교통) 정체	☐ 親しい 친하다	☐ 似合う 잘 맞다, 어울리다
☐ 指示 지시	☐ 緩い 느슨하다, 헐렁하다	☐ 遭う (어떤 일을) 당하다, 겪다
☐ 分類 분류	☐ 貧しい 가난하다	☐ 勤める 근무하다
☐ 進歩 진보	☐ だるい 나른하다	☐ 見送る 보류하다
☐ 修理 수리	☐ 夢中だ 열중하다	☐ 思い出す 떠올리다, 생각해 내다
☐ 効果 효과	☐ 明らかだ 분명하다, 명백하다	☐ もうすぐ 이제 곧
☐ 締め切り 마감	☐ 正直だ 정직하다	☐ そろそろ 이제 슬슬
☐ 差別 차별	☐ 埋める 묻다, 메우다	☐ わざわざ (특별한 노력이나 수고의) 일부러
☐ 間 사이, 동안	☐ 転ぶ 구르다, 넘어지다	☐ 今にも 당장이라도
☐ 行き先 행선지	☐ こぼす 흘리다, 엎지르다	☐ せめて 적어도, 하다못해
☐ 行方 행방	☐ 落ち着く 안정되다, 침착하다	☐ どきどき 두근두근
☐ 作動 작동	☐ 受け入れる 받아들이다, 수용하다	

225

확인 문제 1 · 용법

問題5 つぎのことばの使い方として最もよいものを、1・2・3・4から一つえらびなさい。

1 都合
　1 食事の都合をしている妻を手伝ってあげました。
　2 風邪を引いたのか、体の都合があまりよくありません。
　3 広場で行われている公演を、多くの人が都合していました。
　4 ご都合がよろしければ、明日伺ってもよろしいでしょうか。

2 差別
　1 燃えるごみはきちんと差別して出しましょう。
　2 日本の家は、お風呂とトイレが差別されています。
　3 この国では、外国人に対する差別がまだ残っています。
　4 あまりにも似ていて、差別するのが難しいですね。

3 そろそろ
　1 彼女は日本語だけではなく、英語もそろそろです。
　2 時間があまりありませんので、そろそろ出発しましょうか。
　3 大抵週末は家でそろそろしながら過ごしています。
　4 走って駅まで行ってそろそろ電車に間に合いました。

4 ユーモア
　1 最近、残業続きでユーモアが溜まっています。
　2 来週からこの店で週に3回ユーモアをすることにしました。
　3 彼は優しい上に、ユーモアもあって親しみやすい人です。
　4 うちの息子は学校でユーモアばかり起こして困っています。

5 夢中だ
　1 この頃、弟は切手収集に夢中しています。
　2 息子は何かに夢中になると、ご飯を食べることすら忘れてしまいます。
　3 夢中したあまり、準備した内容をうまく発表できませんでした。
　4 彼は何かに夢中すると、呼んでも気付かない場合が多いです。

확인 문제 3 · 정답 및 해석(용법)

11 進步 ^{しんぽ} 진보 | 정답 **2**

해석 1 오후에 판매촉진을 위한 회의가 열린다. (進步_{しんぽ} ➔ 促進_{そくしん})

　　 2 의학의 진보로 평균수명도 상당히 길어졌다.

　　 3 공사는 아무런 문제도 없이 순조롭게 진척되고 있다. (進步_{しんぽ} ➔ 進捗_{しんちょく})

　　 4 우리 회사도 이제 슬슬 해외시장으로 진출할 필요가 있다. (進步_{しんぽ} ➔ 進出_{しんしゅつ})

어휘 進步(しんぽ) 진보　午後(ごご) 오후　販売(はんばい) 판매　促進(そくしん) 촉진　명사+の+ための ~을 위한

会議(かいぎ) 회의　行(おこな)う 하다, 행하다　医学(いがく) 의학　平均寿命(へいきんじゅみょう) 평균수명

延(の)びる 길어지다, 연장되다　工事(こうじ) 공사　何(なん)の 아무런　順調(じゅんちょう)だ 순조롭다

進捗(しんちょく) 진척　我(わ)が社(しゃ) 우리 회사　そろそろ 이제 슬슬　海外(かいがい) 해외　市場(しじょう) 시장

進出(しんしゅつ) 진출

12 勤める ^{つと} 근무하다 | 정답 **1**

해석 1 지금 그는 무역회사에 근무하고 있다.

　　 2 지금은 아무것도 생각하지 말고, 그저 요양에 힘쓸 때다. (勤_{つと}める ➔ 努_{つと}める)

　　 3 모두 문제 해결에 힘쓰고 있지만, 좀처럼 잘 되지 않는다. (勤_{つと}めて ➔ 努_{つと}めて)

　　 4 그 나라에서 제품을 팔기 위해서는 좀 더 규격 표준화에 힘써야 한다. (勤_{つと}める ➔ 努_{つと}める)

어휘 勤(つと)める 근무하다　貿易会社(ぼうえきがいしゃ) 무역회사　何(なに)も (부정어 수반) 아무것도

考(かんが)える 생각하다　ただ 그저　療養(りょうよう) 요양　努(つと)める 힘쓰다, 노력하다　解決(かいけつ) 해결

なかなか (부정어 수반) 좀처럼　うまくいく 잘 되다, 순조롭게 진행되다　国(くに) 나라　製品(せいひん) 제품　売(う)る 팔다

もっと 더, 좀 더　規格(きかく) 규격　標準化(ひょうじゅんか) 표준화　동사의 기본형+べきだ (마땅히) ~해야 한다

13 行方 ^{ゆくえ} 행방 | 정답 **3**

해석 1 오사카행 전철이 이제 곧 도착한다. (行方_{ゆくえ} ➔ 行_いき)

　　 2 악대가 선두에 서서 대로를 행진했다. (行方_{ゆくえ} ➔ 行進_{こうしん})

　　 3 경찰은 필사적으로 범인의 행방을 쫓고 있다고 한다.

　　 4 무례한 그녀의 행동은 주위의 반감을 샀다. (行方_{ゆくえ} ➔ 行動_{こうどう})

어휘 行方(ゆくえ) 행방　~行(い)き ~행　電車(でんしゃ) 전철　もうすぐ 이제 곧　着(つ)く 도착하다

楽隊(がくたい) 악대　先頭(せんとう) 선두　立(た)つ 서다　大通(おおどお)り 대로　行進(こうしん) 행진

警察(けいさつ) 경찰　必死(ひっし)だ 필사적이다　犯人(はんにん) 범인　追(お)う 쫓다　~という ~라고 한다

無礼(ぶれい)だ 무례하다　行動(こうどう) 행동　周(まわ)り 주위　反感(はんかん)を買(か)う 반감을 사다

14 せめて 적어도, 하다못해 | 정답 **1**

해석 1 1위까지는 할 수 없어도 적어도 3위 이내에는 들고 싶다.

　　 2 열심히 노력했는데도 전부 실패로 끝나 버렸다. (せめて ➔ 全部_{ぜんぶ})

　　 3 설마 그가 그런 말을 하리라고는 미처 생각지 못했다. (せめて ➔ まさか)

　　 4 드디어 내일 기대하고 있던 콘서트가 시작된다. (せめて ➔ いよいよ)

어휘 せめて 적어도, 하다못해　~位(い) ~위　以内(いない) 이내　入(はい)る 들다　동사의 ます형+たい ~하고 싶다

一生懸命(いっしょうけんめい) 열심히　頑張(がんば)る (끝까지) 노력하다, 열심히 하다　~のに ~는데(도)

全部(ぜんぶ) 전부　失敗(しっぱい) 실패　終(お)わる 끝나다　まさか 설마　そんなことを言(い)う 그런 말을 하다

~とは ~라고는　思(おも)いも寄(よ)らない 미처 생각지 못하다, 뜻밖이다　いよいよ 드디어, 마침내

楽(たの)しみにする 기대하다　コンサート 콘서트　始(はじ)まる 시작되다

15 枯れる ^か (초목이) 시들다, 마르다 | 정답 **4**

해석 1 정원에 예쁜 꽃을 많이 심었다. (枯_かれた ➔ 植_うえた)

　　 2 2시간 이상이나 운동해서 조금 목이 말랐다. (枯_かれた ➔ 渇_{かわ}いた)

　　 3 요즘 비만 내려서 좀처럼 세탁물이 마르지 않는다. (枯_かれない ➔ 乾_{かわ}かない)

　　 4 물을 주지 않았던 탓에 화분이 전부 시들어 버렸다.

어휘 枯(か)れる (초목이) 시들다, 마르다　庭(にわ) 정원　植(う)える 심다　以上(いじょう) 이상　숫자+も ~이나

運動(うんどう) 운동　喉(のど)が渇(かわ)く 목이 마르다　近頃(ちかごろ) 요즘, 최근　~ばかり ~만, ~뿐

降(ふ)る (비·눈 등이) 내리다, 오다　洗濯物(せんたくもの) 세탁물　乾(かわ)く 마르다, 건조하다

やる (손아랫사람이나 동물·식물 등에게) 주다　~せいで ~탓에　鉢植(はちう)え 화분

확인 문제 4 · 용법

問題5 つぎのことばの使い方として最もよいものを、1・2・3・4から一つえらびなさい。

16 もうすぐ
1 怪我人はなく、みんな無事だったので、もうすぐした。
2 そんなに慌てないで、もうすぐゆっくりやってみてください。
3 幼い時、あの公園でもうすぐ遊んだものです。
4 もうすぐ試験が始まりますので、テキストはかばんの中に入れてください。

17 似合う
1 お互いに性格が似合わなくて別れるカップルが多い。
2 何回も電卓で計算してみても、数字が似合わない。
3 そのセーター、よく似合ってるね。どこで買ったの?
4 彼はお父さんに似合っていると思っていたのに、実はお母さんだった。

18 変更
1 今のところ、スケジュールの変更はありません。
2 この物質、温度を下げただけでこんなにも変更するね。
3 日が当たるところに置いておいた写真が変更してしまった。
4 今回の当選について、みんな政界に変更が起きたと言っている。

19 緩い
1 痩せたためか、ズボンが緩くなりました。
2 3月に入って気候もだんだん緩くなってきました。
3 この川、思ったより緩いから、入らない方がいいですよ。
4 ちょっと緩いですね。すみませんが、もう少し大きいのはありませんか。

20 募集
1 嬉しいことに、募集した企業から合格の通知が来ました。
2 皆様の募集が我が社の様々な活動を支えています。
3 安定した経営のためには、優秀な人材の募集が不可欠です。
4 近頃、少額の募集活動をしている団体が増えたような気がします。

232

확인 문제 4 · 정답 및 해석(용법)

16 もうすぐ 이제 곧 | 정답 **4**

해석 1 부상자는 없고 모두 무사했기 때문에 안심했다. (もうすぐ ➡ ほっと)

2 그렇게 당황하지 말고 조금 더 천천히 해 보세요. (もうすぐ ➡ もう少すこし)

3 어릴 때 저 공원에서 자주 놀곤 했습니다. (もうすぐ ➡ よく)

4 이제 곧 시험이 시작되니까, 교과서는 가방 안에 넣어 주세요.

어휘 もうすぐ 이제 곧　怪我人(けがにん) 부상자　無事(ぶじ)だ 무사하다　ほっとする 안심하다　そんなに 그렇게
慌(あわ)てる 당황하다　〜ないで 〜하지 말고　もう少(すこ)し 조금 더　ゆっくり 천천히　やる 하다　幼(おさな)い 어리다
公園(こうえん) 공원　よく 자주　遊(あそ)ぶ 놀다　동사의 た형+ものだ 〜하곤 했다 *회상　試験(しけん) 시험
始(はじ)まる 시작되다　テキスト 교과서　かばん 가방　中(なか) 안, 속　入(い)れる 넣다

17 似合う 잘 맞다, 어울리다 | 정답 **3**

해석 1 서로 성격이 맞지 않아서 헤어지는 커플이 많다. (似合にぁわなくて ➡ 合ぁわなくて)

2 몇 번이나 전자계산기로 계산해 봐도 숫자가 맞지 않는다. (似合にぁわない ➡ 合ぁわない)

3 그 스웨터, 잘 어울리네. 어디서 샀어?

4 그는 아버지를 닮았다고 생각하고 있었는데, 실은 어머니였다. (似合にぁっている ➡ 似にている)

어휘 似合(にあ)う 잘 맞다, 어울리다　お互(たが)いに 서로　性格(せいかく) 성격　合(あ)う 맞다
〜なくて 〜하지 않아서 *원인·이유　別(わか)れる 헤어지다　カップル 커플　多(おお)い 많다
何回(なんかい)も 몇 번이나, 여러 번　電卓(でんたく) 전자계산기　計算(けいさん) 계산　数字(すうじ) 숫자
セーター 스웨터　よく 잘　買(か)う 사다　お父(とう)さん (남의) 아버지　似(に)る 닮다　実(じつ)は 실은
お母(かあ)さん (남의) 어머니

18 変更 변경 | 정답 **1**

해석 1 지금으로서는 스케줄 변경은 없습니다.

2 이 물질, 온도를 내린 것만으로 이렇게나 변화되네. (変更へんこう ➡ 変化へんか)

3 볕이 드는 곳에 놓아 두었던 사진이 변색되어 버렸다. (変更へんこう ➡ 変色へんしょく)

4 이번 당선에 대해 모두 정계에 이변이 일어났다고 말하고 있다. (変更へんこう ➡ 異変いへん)

어휘 変更(へんこう) 변경　今(いま)のところ 지금으로서는　スケジュール 스케줄　物質(ぶっしつ) 물질
温度(おんど) 온도　下(さ)げる 내리다　〜だけで 〜만으로　こんなにも 이렇게나　変化(へんか) 변화
日(ひ)が当(あ)たる 볕이 들다　ところ(所) 곳, 장소　置(お)く 놓다, 두다　〜ておく 〜해 놓다[두다]　写真(しゃしん) 사진
変色(へんしょく) 변색　今回(こんかい) 이번　当選(とうせん) 당선　〜について 〜에 대해서 *내용　政界(せいかい) 정계
異変(いへん) 이변　起(お)きる 일어나다, 발생하다

19 緩い 느슨하다, 헐렁하다 | 정답 **1**

해석 1 살이 빠졌기 때문인지, 바지가 헐렁해졌습니다.

2 3월 들어 기후도 점점 따뜻해졌습니다. (緩ゆるく ➡ 暖あたたかく)

3 이 강, 생각했던 것보다 깊으니까, 들어가지 않는 편이 좋습니다. (緩ゆるい ➡ 深ふかい)

4 조금 꽉 끼네요. 죄송합니다만, 조금 더 큰 것은 없습니까? (緩ゆるい ➡ きつい)

어휘 緩(ゆる)い 느슨하다, 헐렁하다　痩(や)せる 여위다, 마르다, 살이 빠지다　〜ためか 〜때문인지　ズボン (양복) 바지
入(はい)る (어느 시기에) 접어들다, 들어가다　気候(きこう) 기후　だんだん 점점　暖(あたた)かい 따뜻하다　川(かわ) 강
思(おも)ったより 생각했던 것보다　深(ふか)い 깊다　きつい 꽉 끼다　もう少(すこ)し 조금 더　大(おお)きい 크다

20 募集 모집 | 정답 **3**

해석 1 기쁘게도 응모한 기업으로부터 합격 통지가 왔습니다. (募集ぼしゅう ➡ 応募おうぼ)

2 여러분의 모금이 우리 회사의 다양한 활동을 지탱하고 있습니다. (募集ぼしゅう ➡ 募金ぼきん)

3 안정된 경영을 위해서는 우수한 인재 모집이 불가결합니다.

4 요즘 소액 모금활동을 하고 있는 단체가 늘어난 듯한 느낌이 듭니다. (募集ぼしゅう ➡ 募金ぼきん)

어휘 募集(ぼしゅう) 모집　嬉(うれ)しい 기쁘다　〜ことに 〜하게도 *감탄·놀람　応募(おうぼ) 응모　企業(きぎょう) 기업
合格(ごうかく) 합격　通知(つうち) 통지　皆様(みなさま) 여러분 *「皆(みな)さん」보다 정중한 말씨　募金(ぼきん) 모금
我(わ)が社(しゃ) 우리 회사　様々(さまざま)だ 다양하다, 여러 가지　活動(かつどう) 활동　支(ささ)える 지탱하다
安定(あんてい) 안정　経営(けいえい) 경영　명사+の+ためには 〜하기 위해서는　優秀(ゆうしゅう)だ 우수하다
人材(じんざい) 인재　不可欠(ふかけつ)だ 불가결하다　近頃(ちかごろ) 요즘, 최근　少額(しょうがく) 소액
団体(だんたい) 단체　増(ふ)える 늘다, 늘어나다　気(き)がする 느낌[생각]이 들다

233

확인 문제 5 · 용법

問題5 つぎのことばの使い方として最もよいものを、1・2・3・4から一つえらびなさい。

21 忠告
1 この貨物は、納税忠告が必ず必要です。
2 渡辺さん、先週の出張の忠告書はまとまりましたか。
3 先生の忠告を聞き入れなかったのが、今回の失敗の原因だと思います。
4 では、そのように課長にご忠告いたします。

22 親しい
1 正直なところ、あまり親しい友達はいません。
2 十分に勝てると思っていたのに、負けてしまって親しい限りです。
3 彼女は落ち込んでいる私を、親しい言葉で慰めてくれました。
4 そこには今まで食べたことのない親しい食べ物がたくさんありました。

23 締め切り
1 原稿が締め切りまで出来上がるかどうかちょっと心配だ。
2 信号が変わると、大勢の人が締め切りを渡り始めた。
3 締め切りで在庫がなかったので、本社に直接注文することにした。
4 年末には飲酒運転の締め切りが厳しくなる。

24 わざわざ
1 レポートは二日も徹夜してわざわざ完成することができた。
2 彼がわざわざ嘘をついたということが明らかになった。
3 彼女が好きだったからこそ、わざわざ冷たくしたのよ。
4 雨の日に、遠くからわざわざ来てくれて、ありがとうございます。

25 こぼす
1 飲み会からの帰宅後、化粧もこぼさないで寝てしまった。
2 うっかりスーツにコーヒーをこぼしてしまった。
3 山田君が書いた作文は、意外とこぼすところが多かった。
4 今話したらショックを受けるかもしれないので、ただこぼすしかなかった。

21 忠告(ちゅうこく) 충고 | 정답 3
해석 1 이 화물은 납세신고가 반드시 필요합니다. (忠告ちゅうこく ➔ 申告しんこく)
　　2 와타나베 씨, 지난주 출장 보고서는 정리되었습니까? (忠告ちゅうこく ➔ 報告ほうこく)
　　3 선생님의 충고를 받아들이지 않았던 것이 이번 실패의 원인이라고 생각합니다.
　　4 그럼, 그와 같이 과장님께 보고드리겠습니다. (忠告ちゅうこく ➔ 報告ほうこく)
어휘 忠告(ちゅうこく) 충고　貨物(かもつ) 화물　納税(のうぜい) 납세　申告(しんこく) 신고　必(かなら)ず 반드시
必要(ひつよう)だ 필요하다　先週(せんしゅう) 지난주　出張(しゅっちょう) 출장　報告書(ほうこくしょ) 보고서
まとまる 정리되다　聞(き)き入(い)れる 들어주다, 받아들이다　今回(こんかい) 이번　失敗(しっぱい) 실패
原因(げんいん) 원인　課長(かちょう) 과장　ご+한자명사+いたす ~하다, ~해 드리다 *겸양표현

22 親(した)しい 친하다 | 정답 1
해석 1 정직하게 말하면 별로 친한 친구는 없습니다.
　　2 충분히 이길 수 있다고 생각하고 있었는데, 지고 말아서 분할 따름입니다. (親したしい ➔ 悔くやしい)
　　3 그녀는 침울해져 있는 나를 다정한 말로 위로해 주었습니다. (親したしい ➔ 優やさしい)
　　4 그곳에는 지금까지 먹은 적이 없는 진귀한 음식이 많이 있었습니다. (親したしい ➔ 珍めずらしい)
어휘 親(した)しい 친하다　正直(しょうじき)だ 정직하다 *「正直(しょうじき)なところ」- 정직하게 말하면
十分(じゅうぶん)に 충분히　勝(か)つ 이기다　負(ま)ける 지다, 패하다　悔(くや)しい 분하다　~限(かぎ)りだ ~할 따름이다
落(お)ち込(こ)む 침울해지다　優(やさ)しい 상냥하다, 다정하다　慰(なぐさ)める 위로하다
~てくれる(남이 나에게) ~해 주다　珍(めずら)しい 드물다, 진귀하다　食(た)べ物(もの) 음식

23 締(し)め切(き)り 마감 | 정답 1
해석 1 원고가 마감까지 완성될지 어떨지 조금 걱정이다.
　　2 신호가 바뀌자, 많은 사람이 횡단보도를 건너기 시작했다. (締しめ切きり ➔ 横断歩道おうだんほどう)
　　3 품절로 재고가 없었기 때문에 본사에 직접 주문하기로 했다. (締しめ切きり ➔ 売うり切きれ)
　　4 연말에는 음주운전의 단속이 엄격해진다. (締しめ切きり ➔ 取とり締しまり)
어휘 締(し)め切(き)り 마감　原稿(げんこう) 원고　出来上(できあ)がる 완성되다　~かどうか ~일지 어떨지
心配(しんぱい) 걱정　信号(しんごう) 신호, 신호등　変(か)わる 바뀌다, 변하다　大勢(おおぜい) 많은 사람, 여럿
横断歩道(おうだんほどう) 횡단보도　渡(わた)る 건너다　동사의 ます형+始(はじ)める ~하기 시작하다
売(う)り切(き)れ 다 팔림, 매진, 품절　在庫(ざいこ) 재고　本社(ほんしゃ) 본사　直接(ちょくせつ) 직접
注文(ちゅうもん) 주문　동사의 보통형+ことにする ~하기로 하다　年末(ねんまつ) 연말
飲酒運転(いんしゅうんてん) 음주운전　取(と)り締(し)まり 단속　厳(きび)しい 엄하다, 엄격하다

24 わざわざ (특별한 노력이나 수고의) 일부러 | 정답 4
해석 1 보고서는 이틀이나 밤새워서 겨우 완성할 수 있었다. (わざわざ ➔ ようやく)
　　2 그가 일부러 거짓말을 했다는 것이 밝혀졌다. (わざわざ ➔ わざと)
　　3 그녀를 좋아했기 때문에 일부러 차갑게 한 거야. (わざわざ ➔ わざと)
　　4 비 오는 날에 멀리에서 일부러 와 줘서 감사합니다.
어휘 わざわざ (특별한 노력이나 수고의) 일부러　レポート 보고서　二日(ふつか) 이틀　숫자+も ~이나
徹夜(てつや) 철야, 밤새움　ようやく 겨우, 간신히　完成(かんせい) 완성　わざと (고의적으로) 일부러
嘘(うそ)をつく 거짓말을 하다　明(あき)らかになる 밝혀지다
~からこそ ~이기 때문에, ~이므로 *원인·이유를 강조하는 표현　冷(つめ)たい 차갑다　遠(とお)く 멀리

25 こぼす 흘리다, 엎지르다 | 정답 2
해석 1 회식에서 귀가 후, 화장도 지우지 않고 자 버렸다. (こぼさないで ➔ 落ぉとさないで)
　　2 그만 정장에 커피를 엎질러 버렸다.
　　3 야마다 군이 쓴 작문은 의외로 고칠 곳이 많았다. (こぼす ➔ 直なぉす)
　　4 지금 이야기하면 충격을 받을지도 모르니까, 그저 숨길 수밖에 없었다. (こぼす ➔ 隠かくす)
어휘 こぼす 흘리다, 엎지르다　飲(の)み会(かい) 술자리, 회식　帰宅(きたく) 귀가
化粧(けしょう)を落(お)とす 화장을 지우다　寝(ね)る 자다　うっかり (까딱 잘못하여) 그만, 무심코　スーツ 슈트, 정장
コーヒー 커피　作文(さくぶん) 작문　意外(いがい)と 의외로　直(なお)す 고치다　多(おお)い 많다
ショックを受(う)ける 충격을 받다　~かもしれない ~일지도 모른다　ただ 그저　隠(かく)す 숨기다
~しかない ~할 수밖에 없다

235

問題5 つぎのことばの使い方として最もよいものを、1・2・3・4から一つえらびなさい。

26 今にも

1 出発5分前だから、今にも走って行っても間に合わないだろう。
2 こんなに強いお酒は、今にも飲んだことがない。
3 その話を聞いた彼女は、今にも泣き出しそうだった。
4 昨日見た映画は、今にも見た映画の中で一番おもしろかった。

27 緊張

1 彼女は緊張したあまり、声が震えていた。
2 その映画のラストシーンに緊張して涙が出てしまった。
3 嘘ばかりつく彼は、決して緊張できる人物ではない。
4 調査によると、今の仕事や待遇に緊張を持っている人が多いという。

28 転ぶ

1 昨日、階段で転んで怪我をしてしまった。
2 注文が増えて昨日は目が転ぶほど忙しかった。
3 新人研修の稟議書を今週中に転んでおいてください。
4 大型台風発生時には、大きな木でも強風で転んでしまう。

29 延期

1 衆議院選挙も明日延期日を迎える。
2 雨のため、運動会は来週に延期になった。
3 後半も同点で終わり、試合は延期戦に入った。
4 消費税率引き上げなどで、国内景気は本格的な延期局面に入った。

30 見送る

1 試合での活躍を見て、彼を見送った。
2 道路標識を見送って道に迷ってしまった。
3 うっかりして報告書の誤字を見送ったまま課長に提出した。
4 解決する課題が多く、この技術の実用化は見送られた。

26 **今にも** 당장이라도 | 정답 **3**

해석 1 출발 5분 전이니까, 지금부터 뛰어서 가도 시간에 맞추지 못할 것이다. (今_{いま}にも ➡ 今_{いま}から)

2 이렇게 센 술은 지금까지 마신 적이 없다. (今_{いま}にも ➡ 今_{いま}まで)

3 그 이야기를 들은 그녀는 당장이라도 울음을 터뜨릴 것 같았다.

4 어제 본 영화는 지금까지 본 영화 중에서 제일 재미있었다. (今_{いま}にも ➡ 今_{いま}まで)

어휘 今(いま)にも 당장이라도 出発(しゅっぱつ) 출발 今(いま)から 지금부터 走(はし)る 달리다, 뛰다
間(ま)に合(あ)う 시간에 맞게 대다, 늦지 않다 強(つよ)い 강하다, 세다 今(いま)まで 지금까지
泣(な)き出(だ)す 울기 시작하다, 울음을 터뜨리다 동사의 ます형+そうだ ~일[할] 것 같다 *양태 映画(えいが) 영화
一番(いちばん) 가장, 제일

27 **緊張** 긴장 | 정답 **1**

해석 1 그녀는 긴장한 나머지 목소리가 떨리고 있었다.

2 그 영화의 마지막 장면에 감동해서 눈물이 나와 버렸다. (緊張_{きんちょう} ➡ 感動_{かんどう})

3 거짓말만 하는 그는 결코 신뢰할 수 있는 인물이 아니다. (緊張_{きんちょう} ➡ 信頼_{しんらい})

4 조사에 의하면 지금의 일이나 대우에 불만을 가지고 있는 사람이 많다고 한다. (緊張_{きんちょう} ➡ 不満_{ふまん})

어휘 緊張(きんちょう) 긴장 ~あまり ~한 나머지 声(こえ) 목소리 震(ふる)える 떨리다
ラストシーン 라스트 신, 영화·연극 등의 마지막 장면 感動(かんどう) 감동 涙(なみだ) 눈물 出(で)る 나오다
嘘(うそ)をつく 거짓말을 하다 ~ばかり ~만, ~뿐 決(けっ)して (부정어 수반) 결코 信頼(しんらい) 신뢰
人物(じんぶつ) 인물 調査(ちょうさ) 조사 ~によると ~에 의하면 待遇(たいぐう) 대우 不満(ふまん) 불만
持(も)つ 가지다

28 **転ぶ** 구르다, 넘어지다 | 정답 **1**

해석 1 어제 계단에서 굴러서 다치고 말았다.

2 주문이 늘어서 어제는 눈이 핑핑 돌 만큼 바빴다. (転_{ころ}ぶ ➡ 回_{まわ}る)

3 신입사원 연수 품의서를 이번 주 중으로 돌려 놔 주세요. (転_{ころ}んで ➡ 回_{まわ}して)

4 대형 태풍 발생 시에는 큰 나무라도 강풍으로 쓰러져 버린다. (転_{ころ}んで ➡ 倒_{たお}れて)

어휘 転(ころ)ぶ 구르다, 넘어지다 階段(かいだん) 계단 怪我(けが)をする 부상을 입다, 다치다 注文(ちゅうもん) 주문
増(ふ)える 늘다, 늘어나다 目(め)が回(まわ)る 눈이 핑핑 돌다, 몹시 바쁘다 ~ほど ~정도, ~만큼 忙(いそが)しい 바쁘다
新人研修(しんじんけんしゅう) 신입사원 연수 稟議書(りんぎしょ) 품의서 回(まわ)す (차례로) 돌리다
大型(おおがた) 대형 台風(たいふう) 태풍 発生(はっせい) 발생 大(おお)きな 큰 木(き) 나무 強風(きょうふう) 강풍
倒(たお)れる 쓰러지다, 넘어지다

29 **延期** 연기 | 정답 **2**

해석 1 중의원 선거도 내일 최종일을 맞이한다. (延期_{えんき} ← 最終_{さいしゅう})

2 비 때문에 운동회는 다음 주로 연기되었다.

3 후반도 동점으로 끝나서 시합은 연장전에 들어갔다. (延期_{えんき} ← 延長_{えんちょう})

4 소비세율 인상 등으로 국내 경기는 본격적인 후퇴 국면에 들어섰다. (延期_{えんき} ← 後退_{こうたい})

어휘 延期(えんき) 연기 衆議院(しゅうぎいん) 중의원 選挙(せんきょ) 선거 最終日(さいしゅうび) 최종일
迎(むか)える (때를) 맞다, 맞이하다 運動会(うんどうかい) 운동회 後半(こうはん) 후반 同点(どうてん) 동점
終(お)わる 끝나다 試合(しあい) 시합 延長戦(えんちょうせん) 연장전 入(はい)る (어느 시기에) 접어들다
消費税率(しょうひぜいりつ) 소비세율 引(ひ)き上(あ)げ 인상 国内(こくない) 국내 景気(けいき) 경기
本格的(ほんかくてき)だ 본격적이다 後退(こうたい) 후퇴 局面(きょくめん) 국면

30 **見送る** 보류하다 | 정답 **4**

해석 1 시합에서의 활약을 보고 그를 다시 봤다. (見送_{みおく}った ➡ 見直_{みなお}した)

2 도로 표지를 놓쳐서 길을 헤매고 말았다. (見送_{みおく}って ➡ 見過_{みす}ごして)

3 깜빡하고 보고서의 오자를 빠뜨리고 못 본 채로 과장님께 제출했다. (見送_{みおく}った ➡ 見落_{みお}とした)

4 해결할 과제가 많아서 이 기술의 실용화는 보류되었다.

어휘 見送(みおく)る 보류하다 試合(しあい) 시합 活躍(かつやく) 활약 見直(みなお)す 달리 보다, 다시 보다
道路(どうろ) 도로 標識(ひょうしき) 표지, 구별하는 표시 見過(みす)ごす 빠뜨리고 보다, 놓치다
道(みち)に迷(まよ)う 길을 헤매다[잃다] うっかり 무심코, 깜빡 誤字(ごじ) 오자 見落(みお)とす 간과하다, 빠뜨리고 못 보다
동사의 た형+まま ~한 채, ~상태로 提出(ていしゅつ) 제출 解決(かいけつ) 해결 課題(かだい) 과제
技術(ぎじゅつ) 기술 実用化(じつようか) 실용화

확인 문제 7 · 용법

問題5 つぎのことばの使い方として最もよいものを、1・2・3・4から一つえらびなさい。

31 効果
1 実験してみた効果、今までとは違うデータが出た。
2 新しい機械の導入で、仕事の効果が上がった。
3 このお茶は、虫歯や口臭の予防にも効果があるという。
4 試験の合否効果は、インターネットで確認できる。

32 混ぜる
1 母は野菜を細かく切って料理に混ぜて弟に食べさせた。
2 彼は公私を混ぜて周りの人に迷惑ばかりかけている。
3 鈴木君と山田君は、趣味や性格など、多くの点で混ぜている。
4 「混ぜてください」とは言ったものの、あまり自信がない。

33 修理
1 成績の良い子のノートは、いつもきれいに修理されている。
2 製品を修理に出したからといって、必ずしも直るとは限らない。
3 40代のサラリーマンは仕事に追われて、健康修理を怠るきらいがある。
4 修理の基本は要る物と要らない物を分け、要らない物を捨てることだ。

34 どきどき
1 最近、物事が何もかもうまくいかなくてどきどきする時が多い。
2 明日、大学合格者の発表があるので、どきどきしている。
3 いつもどきどきしている彼女の顔を見ると、何だか私も気分がよくなる。
4 昨日は別にすることがなく、家の近くの商店街をどきどきしながら過ごした。

35 断る
1 大きな地震で、建物がぐらぐらと断った。
2 今度の夏休みは、実家に戻ってゆっくり断ろうと思っている。
3 その問題は、相手側がちょっと断ってくれれば合意できるかもしれない。
4 色々と悩んだ挙げ句、彼の提案を断ることにした。

238

확인 문제 10 · 정답 및 해석(용법)

---

46 分類_{ぶんるい} 분류 | 정답 **2**

해석 1 당시에는 정치와 종교가 <u>분리</u>되어 있지 않았다. (分類_{ぶんるい} ➜ 分離_{ぶんり})
2 이건 무게보다 크기로 <u>분류</u>하는 편이 좋다고 생각해.
3 스즈키 씨는 항상 엄격하게 공사를 <u>구별</u>하는 사람이다. (分類_{ぶんるい} ➜ 区別_{くべつ})
4 딸은 방 <u>정리</u>가 서툴러서 늘 여러 가지 물건이 방 안에 어질러져 있다. (分類_{ぶんるい} ➜ 整理_{せいり})

어휘 分類(ぶんるい) 분류 当時(とうじ) 당시 政治(せいじ) 정치 宗教(しゅうきょう) 종교 分離(ぶんり) 분리
重(おも)さ 무게 ～より ～보다 大(おお)きさ 크기 厳格(げんかく)だ 엄격하다 公私(こうし) 공사
区別(くべつ) 구별 娘(むすめ) (자신의) 딸 部屋(へや) 방 整理(せいり) 정리 苦手(にがて)だ 서투르다, 잘 못하다
色々(いろいろ)だ 여러 가지다, 다양하다 散(ち)らかる 흩어지다, 어질러지다

---

47 行き先_{いきさき} 행선지 | 정답 **3**

해석 1 설마 그런 행동까지 하리라고는 생각도 못했다. (行_いき先_{さき} ➜ 行動_{こうどう})
2 어른이라면 자신이 한 행동에 책임을 져야 한다. (行_いき先_{さき} ➜ 行動_{こうどう})
3 그녀는 행선지도 말하지 않고 혼자서 어딘가로 나가 버렸다.
4 나카무라 군은 목적을 위해서라면 수단을 가리지 않는 사람이다. (行_いき先_{さき} ➜ 目的_{もくてき})

어휘 行(い)き先(さき) 행선지 まさか 설마 そんな 그런 行動(こうどう) 행동 ～とは ～라고는 考(かんが)え 생각
大人(おとな) 어른 自分(じぶん) 자기, 자신, 나 責任(せきにん)を持(も)つ 책임을 지다
동사의 기본형+べきだ (마땅히) ～해야 한다 出(で)かける 나가다, 외출하다 目的(もくてき) 목적
명사+の+ため ～을 위해(서) 手段(しゅだん) 수단 選(えら)ぶ 가리다

---

48 貧_{まず}しい 가난하다 | 정답 **4**

해석 1 그 뉴스는 사실인지 어떤지 조금 <u>의심스럽</u>다. (貧_{まず}しい ➜ 疑_{うたが}わしい)
2 그는 남자아이를 구하기 위해서 물에 뛰어든 <u>용감한</u> 사람입니다. (貧_{まず}しい ➜ 勇_{いさ}ましい)
3 매출은 늘고 있는데, 자금 조달은 <u>힘든</u> 채로이다[여전히 힘들다]. (貧_{まず}しい ➜ 苦_{くる}しい)
4 그는 <u>가난한</u> 집에 태어났지만, 지금은 성공해서 빌딩까지 가지고 있다.

어휘 貧(まず)しい 가난하다 ニュース 뉴스 本当(ほんとう) 사실, 정말 ～かどうか ～인지 어떤지
疑(うたが)わしい 의심스럽다 男(おとこ)の子(こ) 남자아이 救(すく)う 구하다, 살리다 水(みず) 물
飛(と)び込(こ)む 뛰어들다 勇(いさ)ましい 용감하다 売(う)り上(あ)げ 매상, 매출 増(ふ)える 늘다, 늘어나다
資金繰(しきんぐ)り 자금 조달 苦(くる)しい 힘들다, 괴롭다 ～まま ～한 채, ～상태로 生(う)まれる 태어나다
成功(せいこう) 성공 ビル 빌딩 *「ビルディング」의 준말 持(も)つ 가지다, 소유하다

---

49 思_{おも}い出_だす 떠올리다, 생각해 내다 | 정답 **1**

해석 1 이 사진을 보면 어릴 때의 추억이 <u>떠오른다</u>.
2 아침부터 계속 맑았는데, 갑자기 비가 내리기 시작했다. (思_{おも}い出_だした ➜ 降_ふり出_だした)
3 강도사건이 잇따라, 경찰은 즉시 수사에 착수했다. (思_{おも}い出_だした ➜ 乗_のり出_だした)
4 규슈부터 시코쿠에 걸쳐 큰비가 예상된다. (思_{おも}い出_だされる ➜ 予想_{よそう}される)

어휘 思(おも)い出(だ)す 떠올리다, 생각해 내다 写真(しゃしん) 사진 幼(おさな)い 어리다 思(おも)い出(で) 추억
ずっと 쭉, 계속 晴(は)れる 맑다, 개다 突然(とつぜん) 돌연, 갑자기 降(ふ)る (비·눈 등이) 내리다, 오다
동사의 ます형+出(だ)す ～하기 시작하다 強盗(ごうとう) 강도 事件(じけん) 사건 相次(あいつ)ぐ 잇따르다
警察(けいさつ) 경찰 早速(さっそく) 당장, 즉시 捜査(そうさ) 수사 乗(の)り出(だ)す 착수하다
九州(きゅうしゅう) 규슈 ～から～にかけて ～부터 ～에 걸쳐서 四国(しこく) 시코쿠 大雨(おおあめ) 큰비
予想(よそう)する 예상하다

---

50 落_おち着_つく 안정되다 | 정답 **1**

해석 1 이 방, 매우 조용하고 <u>안정된</u> 분위기네요.
2 그 이야기를 들은 그녀는 패닉 상태에 빠져 버렸다. (落_おち着_ついて ➜ 陥_{おちい}って)
3 급격한 소비 감소로 국내 경기도 침체되고 있다. (落_おち着_ついて ➜ 落_おち込_こんで)
4 이 이상은 위험하니까, 속도를 조금 줄여 주세요. (落_おち着_ついて ➜ 落_おとして)

어휘 落(お)ち着(つ)く 안정되다 静(しず)かだ 조용하다 雰囲気(ふんいき) 분위기
パニック状態(じょうたい)に陥(おちい)る 패닉 상태에 빠지다 急激(きゅうげき)だ 급격하다 消費(しょうひ) 소비
減少(げんしょう) 감소 国内(こくない) 국내 景気(けいき)が落(お)ち込(こ)む 경기가 침체되다
これ以上(いじょう) 이 이상 危(あぶ)ない 위험하다 スピードを落(お)とす 스피드[속도]를 줄이다

음원

점수 UP! UP!
〈용법〉

☐ 空 (속이) 빔	☐ 性格 성격	☐ 植える 심다
☐ 消費 소비	☐ 議論 논의	☐ 揺れる 흔들리다
☐ 年上 연상	☐ 発展 발전	☐ 余る 남다
☐ 制限 제한	☐ 区別 구별	☐ 溜まる 쌓이다
☐ 成長 성장	☐ 支配 지배	☐ 溢れる 넘쳐흐르다
☐ 内容 내용	☐ 作法 작법	☐ 謝る 사과하다
☐ 発生 발생	☐ 分解 분해	☐ 目指す 목표로 하다, 지향하다
☐ 収集 수집	☐ 安全 안전	☐ 焦げる 눋다, 타다
☐ 興味 흥미	☐ ミス 미스, 실수, 잘못	☐ ゆでる 삶다, 데치다
☐ 輸入 수입	☐ 大勢 많은 사람	☐ 通り過ぎる 통과하다, 지나가다
☐ 活動 활동	☐ ひどい 심하다	☐ 追い付く 따라잡다
☐ 期限 기한	☐ 得意だ 잘하다, 자신 있다	☐ 諦める 체념하다, 단념하다
☐ 建築 건축	☐ 盛んだ 왕성하다	☐ 問い合わせる 문의하다
☐ 移動 이동	☐ 急だ 갑작스럽다	☐ 実に 실로
☐ 暗記 암기	☐ 新鮮だ 신선하다	☐ 確かに 확실히, 분명히
☐ 未来 미래	☐ なだらかだ 완만하다	☐ たとえ 설령, 설사
☐ 翻訳 번역	☐ 無責任だ 무책임하다	☐ うっかり 무심코, 깜빡

SECTION 2

언어지식
(문법)

출제 유형

문제 1 문법 형식 판단은 (　　　) 안에 들어갈 적절한 문법표현을 찾는 것으로, 총 13문제가 출제된다. 문법파트 중 가장 많은 비중을 차지하는데, 직접적인 문법표현뿐만 아니라 접속 형태를 묻는 문제도 출제되므로 각 표현별 접속도 정리해 둘 필요가 있다.

실제 시험 예시

問題1 つぎの文の(　　　)に入れるのに最もよいものを、1・2・3・4から一つえらびなさい。

1 　この国の労働条件は、年々悪くなる(　　　)。
　　1 一方だ　　　　　　2 ごろだ　　　　　　3 ぐらいだ　　　　　　4 ほどだ

2 　大学生になって(　　　)、勉強の楽しさがわかった。
　　1 にしろ　　　　　2 からでないと　　　3 以上　　　　　　4 初めて

3 　彼、本当は知っている(　　　)、何も教えてくれない。
　　1 ことに　　　　　2 ように　　　　　　3 くせに　　　　　　4 みたいに

|정답| 1 1　2 4　3 3

시험 대책

　　N3에 출제되는 문법은 대략 70개에서 80개 정도이다. 문법파트 중 첫 번째 유형인 문법 형식 판단은 단순한 문법표현을 묻는 문제보다는 문장 전체의 내용을 정확하게 이해해야 정답을 찾을 수 있는 문제가 출제된다. 따라서 「～について」(～에 대해서), 「～に対して」(～에 대해서)처럼 우리말 뜻이 같은 표현은 반드시 쓰임새를 확실히 구분 지어서 익혀 두어야 하고, 「～てばかりいる」(～하고만 있다), 「～て初めて」(～하고 나서(야) 비로소)와 같이 접속 형태가 정해진 표현 또한 그 접속을 따로 기억해 두어야 한다.

문제 **2** 문맥 배열

출제 유형

　문제 2 문맥 배열은 네 개의 빈칸에 들어갈 말의 순서를 문장의 내용에 맞게 배열하는 것으로, 총 5문제가 출제된다. 단순한 문법의 조합뿐만 아니라 문장 전체의 구성까지 잘 따져 보아야 실수가 없다.

실제 시험 예시

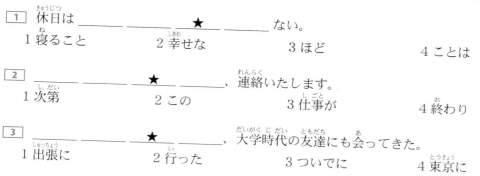

問題2　つぎの文の　＿＿★＿＿　に入れる最もよいものを、1・2・3・4から一つえらびなさい。

1　休日は ＿＿＿＿ ＿＿＿＿ ＿★＿ ＿＿＿＿ ない。
　　1 寝ること　　　　　2 幸せな　　　　　　3 ほど　　　　　　　4 ことは

2　＿＿＿＿ ＿＿＿＿ ＿★＿ ＿＿＿＿、連絡いたします。
　　1 次第　　　　　　　2 この　　　　　　　3 仕事が　　　　　　4 終わり

3　＿＿＿＿ ＿＿＿＿ ＿★＿ ＿＿＿＿、大学時代の友達にも会ってきた。
　　1 出張に　　　　　　2 行った　　　　　　3 ついでに　　　　　4 東京に

|정답| 1 2　2 4　3 2

시험 대책

　문맥 배열은 우선 네 개의 선택지에서 문법표현을 먼저 찾아내고, 나머지 선택지와의 연결 관계를 따져 보는 것이 정답을 찾기에 용이하다. 예를 들어 선택지에 「～一方だ」(～하기만 하다, 더더욱 ～하다)라는 문법표현이 있다고 하면, 이 표현은 동사의 기본형에 접속하므로 나머지 선택지에 있는 기본형이 순서상 무조건 앞에 와야 한다는 것을 알 수 있다. 이와 같이 선택지에 있는 문법표현을 중심으로 접속부터 앞뒤의 내용 연결까지 따지면서 정답을 찾아야 실수가 없다.

249

문제 3 글의 흐름은 글의 흐름을 파악하는 것으로, 총 5문제가 출제된다. 제시된 장문 안의 □□ 안에 들어갈 가장 적당한 선택지를 고르는 것인데, 문법을 묻는 문제가 가장 많이 출제되고 그 다음으로는 접속사나 부사를 묻는 문제가 출제된다.

問題3 つぎの文章を読んで、文章全体の内容を考えて、 1 から 5 の中に入る最もよいものを、1・2・3・4から一つえらびなさい。

人間 1 豊かな環境とは、一体どのようなものであろう。恐らくみんなが思い浮かべることは、金銭的に恵まれていることであろう。確かにお金をたくさん持っていることは幸せなことである。お金 2 あれば、大きな家や車が買えるし、おいしいものを何でも食べられる。しかし、単にお金がたくさんある 3 、楽しい人生を送ることができる 4 。やはり、きれいな緑や水といった自然がなくては人間のみならず全ての動物は健康に生きられないし、また他に考えなくてはならないのは、心の問題である。自分の周りにいる人たちが心の冷たい人ばかりだったら、友達もできないだろうし、自分自身の心も冷たくなっていく 5 。そんなことで、果たして幸せな人生を送ることができるだろうか。私は心が豊かになることで、本当の人生の楽しさが見えてくると思う。今の人生に満足していない人でも、心のスイッチを良い方へ切り換えてみれば、人生が180度変わるはずである。このように、物の豊かさも心の豊かさも、どちらも人生において大切なものである。

1

1 によって

2 にとって

3 に従って

4 について

2

   1 さえ

   2 こそ

   3 すら

   4 ほど

3

   1 からといって

   2 からこそ

   3 から見(み)れば

   4 からには

4

   1 ことだ

   2 わけだ

   3 はずだ

   4 とは限(かぎ)らない

5

   1 ことになっている

   2 じゃない

   3 に違(ちが)いない

   4 ことにする

|정답| 1 2 2 1 3 1 4 4 5 3

기출 문법표현 72
<01~12>

- [ ] 01 　**〜間 / 間に** ^{あいだ　あいだ} ~동안에, ~사이에 *한정된 시간

- [ ] 02 　**〜以上(は)** ^{い じょう} ~한[인] 이상(은)

- [ ] 03 　**동사의 기본형+一方だ** ^{いっぽう} ~하기만 하다, 더더욱 ~하다

- [ ] 04 　**いくら〜ても / でも** 아무리 ~해도 / 라도

- [ ] 05 　**〜上で** ^{うえ} ① ~한 후에, ~한 다음에 ② ~함에 있어서, ~하는 데 있어서

- [ ] 06 　**〜うちに** ~동안에, ~사이에

- [ ] 07 　**〜おかげで** ~덕분에

- [ ] 08 　**동사의 ます형+かける** ① ~하다 말다 ② ~할 뻔하다

- [ ] 09 　**〜から見れば** ^み ~으로 보면, ~(의 입장)에서 보면

- [ ] 10 　**〜代わりに** ^か ~대신에

- [ ] 11 　**〜くせに** ~인 주제에, ~이면서도

- [ ] 12 　**〜ことから** ~(인 것) 때문에, ~(인 것)으로 인해

01 **～間／～間に** ～동안에, ～사이에 *한정된 시간

한정된 시간을 나타내는 표현이다. 「間」는 말하는 기간 동안에 동작이나 상태 등이 계속됨을 나타내는 데 비해, 「間に」는 계속이 아닌 어느 한 지점을 나타낼 때 쓴다.

例 山田君は授業の間、ずっとうとうとしていた。
야마다 군은 수업 동안에 계속 꾸벅꾸벅 졸고 있었다.

デパートで買い物をしている間に、財布を落としてしまった。
백화점에서 쇼핑을 하고 있는 사이에 지갑을 잃어버리고 말았다.

02 **～以上(は)** ～한[인] 이상(은)

주로 동사의 기본형이나 た형에 접속하여 말하는 사람의 판단이나 결의, 권유를 나타낸다. 뒤에는 「～つもりだ」(～할 생각[작정]이다), 「～べきだ」((마땅히) ～해야 한다) 등의 표현이 오는 경우가 많다.

例 その仕事を引き受ける以上は、最善を尽くすつもりだ。
그 일을 맡는 이상은 최선을 다할 생각이다.

約束した以上は、守るべきだと思う。
약속한 이상은 지켜야 한다고 생각한다.

03 **동사의 기본형+一方だ** ～하기만 하다, 더더욱 ～하다

동사의 기본형에 접속하여 그 방향으로만 변화가 진행됨을 나타낸다. 비슷한 의미의 표현으로 「～ばかりだ」(～하기만 하다, ～할 뿐이다)가 있는데, 「～ばかりだ」가 부정적인 방향으로의 변화를 나타내는 데 비해, 「～一方(いっぽう)だ」는 긍정문과 부정문에서 모두 쓸 수 있으며 주로 문장 끝에 쓰인다.

例 景気の悪化で、失業率は上がる一方だ。
경기 악화로 실업률은 올라가기만 한다.

日本に来る外国人旅行者の数は増える一方だ。
일본에 오는 외국인 여행자 수는 더더욱 늘어난다.

※ 英語も数学も学校を卒業してからは、忘れていくばかりだ。
영어도 수학도 학교를 졸업하고 나서는 잊어 갈 뿐이다.

어휘 ずっと 쭉, 계속 ｜ うとうと 꾸벅꾸벅 ｜ デパート 백화점 *「デパートメントストア」의 준말 ｜
買い物 쇼핑, 장을 봄 ｜ 財布 지갑 ｜ 落とす 잃어버리다 ｜ 引き受ける (일 등을) 맡다, 떠맡다 ｜
最善を尽くす 최선을 다하다 ｜ 동사의 보통형+つもりだ ～할 생각[작정]이다 ｜ 約束 약속 ｜ 守る 지키다 ｜
동사의 기본형+べきだ (마땅히) ～해야 한다 ｜ 景気 경기 ｜ 悪化 악화 ｜ 失業率 실업률 ｜ 上がる 오르다, 올라가다 ｜
外国人 외국인 ｜ 旅行者 여행자 ｜ 数 수 ｜ 増える 늘다, 늘어나다 ｜ 英語 영어 ｜ 数学 수학 ｜ 卒業 졸업 ｜
～てから ～하고 나서, ～한 후에 ｜ 忘れる 잊다

04 **いくら～ても／でも** 아무리 ～해도／라도

'아무리 ～해도'라는 의미로 쓰일 때는 동사의 て형인 「～ても」에 접속하고, '아무리 ～라도'라는 의미로 쓰일 때는 명사에 「～でも」를 접속한다. 뒤에는 주로 부정적인 뉘앙스의 표현이 온다.

例 いくら説得しても、彼は私の言うことを聞いてくれなかった。
아무리 설득해도 그는 내가 하는 말을 들어주지 않았다.

いくら先生でも、知らないこともあるはずです。
아무리 선생님이라도 모르는 것도 있을 것입니다.

05 **～上で** ① ～한 후에, ～한 다음에 ② ～함에 있어서, ～하는 데 있어서

「동사의 た형+上で」, 「명사+の+上で」의 형태로, 어떤 일을 한 후에 그것에 근거하여 다음 동작을 한다는 의미를 나타낸다. 「동사의 기본형+上で」의 형태로 쓰일 때는 '～함에 있어서, ～하는 데 있어서'라는 의미로, 목적을 설명하는 표현이 된다.

例 これは十分に考えた上で、決定してほしいです。
이것은 충분히 생각한 후에 결정해 주었으면 합니다.

話し合いの上で、決めましょう。
협의한 후에 결정합시다.

ドラマや映画は、外国語の勉強をする上で役に立ちます。
드라마나 영화는 외국어 공부를 하는 데 있어서 도움이 됩니다.

06 **～うちに** ～동안에, ～사이에

계속을 뜻하는 표현과 함께 쓰여 '그 상태가 계속되는 동안에', '그 시간 이내에'라는 뜻을 나타낸다. 참고로 동사의 ない형에 접속하는 「～ないうちに」(～하지 않는 동안에, ～하기 전에)는 '이 한정된 시간 내가 아니면'이라는 의미의 표현이다.

例 明るいうちに帰りましょう。
밝을 동안에[어두워지기 전에] 돌아갑시다.

私は日本にいるうちに、一度富士山に登りたいと思っています。
저는 일본에 있는 동안에 한 번 후지산에 올라가고 싶다고 생각하고 있습니다.

※ 冷めないうちに、どうぞ召し上がってください。
식기 전에 어서 드세요.

어휘 説得 설득 ｜ ～てくれる (남이 나에게) ～해 주다 ｜ 知る 알다 ｜ ～はずだ (당연히) ～할 것[터]이다 ｜ 十分に 충분히 ｜ 考える 생각하다 ｜ 決定 결정 ｜ ～てほしい ～해 주었으면 하다, ～하길 바라다 ｜ 話し合い 협의 ｜ 決める 정하다, 결정하다 ｜ ドラマ 드라마 ｜ 映画 영화 ｜ 外国語 외국어 ｜ 役に立つ 도움이 되다 ｜ 明るい 밝다 ｜ 帰る 돌아가다 ｜ 登る (높은 곳으로) 올라가다, 오르다 ｜ 동사의 ます형+たい ～하고 싶다 ｜ 冷める 식다 ｜ どうぞ 부디, 어서 ｜ 召し上がる 드시다 *「食べる」(먹다),「飲む」(마시다)의 존경어

07 ～おかげで ~덕분에

타인 또는 뭔가의 도움이 좋은 결과의 원인이나 이유가 되었음을 나타낼 때 쓰는데, 앞에 명사가 올 때는 「명사+の+おかげで」의 형태가 된다. 반대로 타인 또는 뭔가의 도움이 좋지 않은 결과의 원인이나 이유임을 나타낼 때는 「～せいで」(~탓에)를 쓴다.

예 一生懸命勉強したおかげで、試験に合格することができました。
열심히 공부한 덕분에 시험에 합격할 수 있었습니다.

昨日の試合は、多くのファンのおかげで勝つことができたと思う。
어제 시합은 많은 팬 덕분에 이길 수 있었다고 생각한다.

※ 二人が遅刻したせいで、みんな新幹線に乗れなかった。
두 사람이 지각한 탓에 모두 신칸센을 타지 못했다.

08 동사의 ます형+かける ① ~하다 말다 ② ~할 뻔하다

「書く」((글씨·글을) 쓰다), 「やる」(하다)와 같은 계속동사의 ます형에 접속할 때는 도중까지 뭔가를 하고 아직 끝나지 않은 상태임을 나타내고, 「死ぬ」(죽다), 「転ぶ」(구르다, 넘어지다)와 같은 순간동사의 ます형에 접속할 때는 어떤 일을 하기 직전임을 나타낸다. 그리고 명사를 수식할 때는 「동사의 ます형+かけ+の+명사」(~하다 만~)의 형태가 된다.

예 息子は今日もやりかけの宿題を置いて、遊びに出かけてしまった。
아들은 오늘도 하다 만 숙제를 두고 놀러 나가 버렸다.

床が濡れていたせいで、滑って転びかけた。
바닥이 젖어 있었던 탓에 미끄러져서 넘어질 뻔했다.

09 ～から見れば ~으로 보면, ~(의 입장)에서 보면

어떤 입장이나 관점의 대상이 되는 것을 평가할 때 쓴다.

예 私から見れば、彼は到底いい人には見えない。
내 입장에서 보면 그는 도저히 좋은 사람으로는 보이지 않는다.

子供から見れば、宿題のない大人は楽そうに見えるだろう。
아이의 입장에서 보면 숙제가 없는 어른은 편안한 것처럼 보일 것이다.

어휘 一生懸命 열심히 | 合格 합격 | 동사의 기본형+ことができる ~할 수 있다 | 試合 시합 | ファン 팬 | 勝つ 이기다 | 遅刻 지각 | 乗る (탈것에) 타다 | 息子 (자신의) 아들 | やる 하다 | 宿題 숙제 | 置く 놓다, 두다 | 遊ぶ 놀다 | 동사의 ます형+に ~하러 | 出かける 나가다, 외출하다 | 床 마루, 바닥 | 濡れる 젖다 | ～せいで ~탓에 | 滑る 미끄러지다 | 転ぶ 구르다, 넘어지다 | 到底 (부정어 수반) 도저히 | 見える 보이다 | 大人 어른 | 楽だ 편안하다

10 〜代わ(か)りに 〜대신에

어떤 대상의 기능이나 역할을 대신할 때 쓰는 표현으로, 앞에 명사가 올 때는 「명사+の+代(か)わりに」의 형태가 된다. 비슷한 의미의 표현으로 「명사+に代(か)わって」(〜을 대신해서)가 있다.

⚫ 今日(きょう)残業(ざんぎょう)する代(か)わりに、明日(あした)は早(はや)く帰(かえ)ってもいいですよ。
오늘 야근하는 대신에 내일은 일찍 돌아가도 좋아요.

入院(にゅういん)している課長(かちょう)の代(か)わりに、私(わたし)が海外出張(かいがいしゅっちょう)することになった。
입원해 있는 과장님 대신에 내가 해외출장 가게 되었다.

※ 私(わたし)に代(か)わって、山田(やまだ)さんが会議(かいぎ)に出(で)る予定(よてい)です。
저를 대신해서 야마다 씨가 회의에 나갈 예정입니다.

11 〜くせに 〜인 주제에, 〜이면서도

어떤 대상에 대한 경멸이나 나쁜 점 등을 비난하거나 불만을 나타낼 때 쓰는 표현으로, 앞에 명사가 올 때는 「명사+の+くせに」의 형태가 된다. 주로 허물없는 사이일 때 쓴다.

⚫ 彼女(かのじょ)はお金(かね)もないくせに、贅沢(ぜいたく)している。
그녀는 돈도 없는 주제에 사치하고 있다.

彼(かれ)は知(し)っているくせに、何(なに)も教(おし)えてくれない。
그는 알고 있으면서도 아무것도 가르쳐 주지 않는다.

たけし君(くん)は新入社員(しんにゅうしゃいん)のくせに出(で)しゃばりすぎる。
다케시 군은 신입사원이면서도 너무 나선다.

12 〜ことから 〜(인 것) 때문에, 〜(인 것)으로 인해

어떤 대상이 이유나 유래, 판단의 근거가 됨을 나타낼 때 쓴다. 앞에 な형용사가 올 때는 「な형용사의 어간+な+ことから」의 형태가 된다.

⚫ 道(みち)が濡(ぬ)れていることから、雨(あめ)が降(ふ)ったということがわかる。
길이 젖어 있기 때문에 비가 내렸다는 것을 알 수 있다.

彼(かれ)は親切(しんせつ)なことから、みんなに好(す)かれている。
그는 친절하기 때문에 모두가 좋아한다.

어휘 残業(ざんぎょう) 잔업, 야근 │ 早(はや)く 일찍, 빨리 │ 帰(かえ)る 돌아가다 │ 〜てもいい 〜해도 된다[좋다] │ 入院(にゅういん) 입원 │
出張(しゅっちょう)する 출장 가다 │ 동사의 보통형+ことになる 〜하게 되다 │ お金(かね) 돈 │ 贅沢(ぜいたく) 사치 │ 何(なに)も (부정어 수반) 아무것도 │
教(おし)える 가르치다, 알려 주다 │ 〜てくれる (남이 나에게) 〜해 주다 │ 〜君(くん) 〜군 │ 新入社員(しんにゅうしゃいん) 신입사원 │
出(で)しゃばる 주제넘게 나서다 │ い형용사의 어간+すぎる 너무 〜하다 │ 道(みち) 길 │ 濡(ぬ)れる 젖다 │ 雨(あめ) 비 │
降(ふ)る (비·눈 등이) 내리다, 오다 │ わかる 알다, 이해하다 │ 親切(しんせつ)だ 친절하다 │
好(す)く (흔히 수동·부정의 꼴로) 좋아하다, 호감이 가다

問題1 つぎの文の（　　　　）に入れるのに最もよいものを、1・2・3・4から一つえらびなさい。

1 本を読んでいる（　　　　）眠くなってきました。

  1 ために   2 うちに   3 だけに   4 はずに

2 試験の（　　　　）は隣の人と話をしてはいけない。

  1 頃   2 間   3 ほど   4 だけ

3 （　　　　）メールを送っても、彼女からは全く返事が来なかった。

  1 わずか   2 ほとんど   3 あまり   4 いくら

4 仕事を引き受けた（　　　　）、最後までやるべきだ。

  1 以上は   2 わけは   3 かずは   4 ところは

5 この製品は、値段が高い（　　　　）品質はとてもいい。

  1 代わりに   2 ように   3 そうに   4 みたいに

6 家に帰ったら、テーブルの上に食べ（　　　　）のお菓子が置いてあった。

  1 かけ   2 こみ   3 おき   4 こなし

7 A「出生率の低下で、子供の数は減る（　　　　）ね。」

  B「うん、それに高齢化も進んでいて心配だわ。」

  1 ことだ   2 ものだ   3 一方だ   4 ところだ

8 現場で彼の指紋が見つかった（　　　　）、警察は彼が犯人だと断定した。

  1 ことから   2 ことに   3 ことなしに   4 ことなく

9 たばことお酒を止めた（　　　　）、健康になった。

  1 わけに   2 ほどに   3 以下は   4 おかげで

10 両親とよく話し合った（　　　　）、日本に留学することに決めました。

  1 ばかりで   2 ほどで   3 わけで   4 上で

11 書き(　　　　　)のレポートは、今日中に仕上げるつもりです。

    1 忘れ　　　　　　　2 過ぎ　　　　　　　3 抜き　　　　　　　4 かけ

12 手術後の状態(　　　　　)、来週には退院できるだろう。

    1 からといって　　　2 から見れば　　　　3 をきっかけに　　　4 において

13 彼はもう嘘はつかないと言った(　　　　　)、また嘘をついている。

    1 上に　　　　　　　2 もので　　　　　　3 くせに　　　　　　4 上は

問題2 つぎの文の ＿＿★＿＿ に入れる最もよいものを、1・2・3・4から一つえらびなさい。

14 いくら ＿＿＿＿＿ ＿＿＿＿＿ ＿★＿ ＿＿＿＿＿ くれなかった。

    1 彼女は　　　　　　2 それを　　　　　　3 頼んでも　　　　　4 引き受けて

15 私は ＿＿＿＿＿ ＿＿＿＿＿ ＿★＿ ＿＿＿＿＿ 行って過ごしました。

    1 間　　　　　　　　2 親戚の　　　　　　3 家に　　　　　　　4 夏休みの

16 山田君は英語のみならず ＿＿＿＿＿ ＿＿＿＿＿ ＿★＿ ＿＿＿＿＿、海外営業部へ配属となった。

    1 ドイツ語も　　　　2 ことから　　　　　3 上手に　　　　　　4 話せる

17 彼は ＿＿＿＿＿ ＿＿＿＿＿ ＿★＿ ＿＿＿＿＿、一度もおごってくれたことがない。

    1 お金をたくさん　　2 くせに　　　　　　3 いる　　　　　　　4 持って

18 このアパートは、＿＿＿＿＿ ＿＿＿＿＿ ＿★＿ ＿＿＿＿＿ 狭すぎる。

    1 安い　　　　　　　2 部屋が　　　　　　3 代わりに　　　　　4 家賃が

기출 문법표현 72
〈13~24〉

☐ 13 **동사의 보통형+ことにする** ~하기로 하다

☐ 14 **동사의 보통형+ことになっている** ~하게 되어 있다

☐ 15 **~ことはない** ~할 것은[필요는] 없다

☐ 16 **~さえ~ば** ~만 ~하면

☐ 17 **동사의 ます형+次第** ~하는 대로 (즉시) / **명사+次第** ~에 달려 있음

☐ 18 **~じゃない?** ~잖아?, ~지 않아?

☐ 19 **~ず(に)** ~하지 않고, ~하지 말고

☐ 20 **たとえ~ても / でも** 설령[설사] ~해도 / 라도

☐ 21 **동사의 た형+ばかりだ** 막 ~한 참이다, ~한 지 얼마 안 되다

☐ 22 **~たびに** ~할 때마다

☐ 23 **~ため(に)** ① ~하기 위해(서) ② ~때문(에)

☐ 24 **~ついでに** ~하는 김에, ~하는 기회에

13 　동사의 보통형+**ことにする** ~하기로 하다

동사의 보통형에 접속하여 주체의 의지로 어떤 일을 하기로 결정함을 나타낸다. 참고로 주체의 의지와 관계 없이 결정된 사항을 나타낼 때는 「동사의 보통형+ことになる」(~하게 되다)를 쓴다.

例　ダイエットのため、明日から運動することにしました。
다이어트를 위해 내일부터 운동하기로 했습니다.

体調が悪くて、今夜のパーティーには行かないことにした。
몸 상태가 나빠서 오늘 밤 파티에는 가지 않기로 했다.

※　今日から、こちらで働くことになりました。よろしくお願いします。
오늘부터 여기에서 일하게 되었습니다. 잘 부탁드립니다.

14 　동사의 보통형+**ことになっている** ~하게 되어 있다

동사의 보통형에 접속하여 법률보다는 약한 정도의 어떤 규칙이나 습관, 예정, 관례 등을 나타낸다. 주로 회화에서 상대에게 주의를 줄 때 자주 쓴다.

例　会社では一年に一回健康診断を受けることになっている。
회사에서는 1년에 한 번 건강진단을 받게 되어 있다.

このマンションでは、犬や猫などのペットを飼ってはいけないことになっている。
이 (중·고층) 아파트에서는 개나 고양이 등의 애완동물을 길러서는 안 되게 되어 있다.

15 　**~ことはない** ~할 것은[필요는] 없다

「そんなに」(그렇게), 「わざわざ」((특별한 노력이나 수고의) 일부러) 등의 표현과 함께 쓰여서 그렇게 할 필요성이 없음을 나타낸다.

例　ただの風邪だから、そんなに心配することはないよ。
그냥 감기니까, 그렇게 걱정할 건 없어.

電話で話せばいいのだから、わざわざここに来ることはない。
전화로 이야기하면 되는 거니까, 일부러 여기에 올 필요는 없다.

어휘　ダイエット 다이어트 | 運動 운동 | 体調 몸 상태, 컨디션 | 今夜 오늘 밤 | パーティー 파티 |
こちら 여기, 이곳 | 働く 일하다 | お+동사의 ます형+する ~하다, ~해 드리다 *겸양표현 | 願う 부탁하다 |
~回 ~회, ~번 | 健康診断を受ける 건강진단을 받다 | マンション 맨션, (중·고층) 아파트 | 犬 개 | 猫 고양이 |
ペット 애완동물 | 飼う (동물을) 기르다, 사육하다 | ~てはいけない ~해서는 안 된다 | ただ 그냥, 그저 |
風邪 감기 | 心配 걱정 | 電話 전화 | 話す 말하다, 이야기하다

16 **〜さえ〜ば** ~만 ~하면

어떤 상황이 성립하는 데 가장 필요한 조건을 가정할 때 쓴다.

예 中村君は暇さえあれば、本を読んでいる。
나카무라 군은 여유만 있으면 책을 읽고 있다.

この仕事はコツさえつかめば、誰でもできる。
이 일은 요령만 파악하면 누구든지 가능하다.

17 **동사의 ます형+次第** ~하는 대로 (즉시) / **명사+次第** ~에 달려 있음

동사의 ます형에 접속하여 어떤 일을 하고 바로 다음 일을 한다는 의미를 나타내는데, 명사에 접속할 경우에는 '~에 달려 있음'이라는 의미를 나타낸다.

예 仕事が終わり次第、そちらに伺います。
일이 끝나는 대로 (즉시) 그쪽으로 찾아뵙겠습니다.

するかしないかは、あなた次第だ。
할지 안 할지는 당신에게 달려 있다.

18 **〜じゃない?** ~잖아?, ~지 않아?

의문문의 형태이지만, 질문이 아니라 어떤 사항에 대해 그럴 것이라고 생각하거나 추정할 때 쓴다. 그 외에 확인이나 듣는 사람에 대한 놀람이나 비난 등을 나타낼 때도 쓴다.

예 すごいね。やっぱり君もやればできるじゃない?
굉장하네. 역시 너도 하면 할 수 있잖아?

彼は最近忙しいって言ってたから、今日のパーティーには来ないんじゃない?
그는 요즘 바쁘다고 했으니까, 오늘 파티에는 안 오는 거 아니야?

어휘 暇 (한가한) 짬, 시간 | コツをつかむ 요령을 파악하다 | 誰でも 누구든지 | できる 할 수 있다, 가능하다 |
終わる 끝나다 | そちら 그쪽 | 伺う 찾아뵙다 *「訪れる」(방문하다)의 겸양어 | すごい 굉장하다 |
やっぱり 역시 *「やはり」의 회화체 표현 | 君 너, 자네 | やる 하다 | 忙しい 바쁘다 | 〜って ~라고

19 　～ず(に) ～하지 않고, ～하지 말고

「～ないで」(～하지 않고, ～하지 말고)와 같은 의미이지만, 다소 딱딱한 느낌의 표현이다. 동사의 ない형에 접속하는데「する」(하다)의 경우「しず(に)」가 아니라「せず(に)」가 된다는 점에 주의해야 하며, 뒤의「に」는 생략하고 쓰는 경우도 많다.

예 今朝は朝ご飯を食べずに学校に来ました。
오늘 아침은 아침을 먹지 않고 학교에 왔습니다.

息子は宿題もせずに、遊びに出かけてしまった。
아들은 숙제도 하지 않고 놀러 나가 버렸다.

20 　たとえ～ても / でも 설령[설사] ～해도 / 라도

앞의 어떤 조건이 성립하더라도 뒤의 일에 아무런 영향을 미치지 않음을 나타낸다. '설령[설사] ～해도'라는 의미로 쓰일 때는 동사의 て형인「～ても」에 접속하고, '설령[설사] ～라도'라는 의미로 쓰일 때는 명사에「～でも」를 접속한다.

예 その日は、たとえ雨が降っても行くつもりです。
그 날은 설령 비가 내려도 갈 생각입니다.

たとえ優秀な彼女でも、この問題は解けないでしょう。
설령 우수한 그녀라도 이 문제는 풀 수 없겠죠.

21 　동사의 た형+ばかりだ 막 ～한 참이다, ～한 지 얼마 안 되다

어떤 일을 한 지 얼마 되지 않았음을 나타낸다. 비슷한 의미의 표현으로는「동사의 た형+ところだ」(막 ～한 참이다)가 있는데,「동사의 た형+ばかりだ」가 주관적이고 임의적인 표현인 데 반해「동사의 た형+ところだ」는 누가 봐도 바로 직후인 경우에만 쓴다.

예 鈴木君は先月大学を卒業したばかりです。
스즈키 군은 지난달에 대학을 막 졸업한 참입니다.

新しい仕事を始めたばかりで、まだ慣れていません。
새 일을 시작한 지 얼마 안 되어서 아직 익숙해지지 않았습니다.

※ 今、昼ご飯を食べ終わったところです。
지금 점심을 다 먹은 참입니다.

어휘 今朝 오늘 아침 | 朝ご飯 아침, 아침식사 | 学校 학교 | 息子 (자신의) 아들 | 宿題 숙제 | 遊ぶ 놀다 |
동사의 ます형+に ～하러 | 出かける 나가다, 외출하다 | 雨 비 | 降る (비·눈 등이) 내리다, 오다 |
동사의 보통형+つもりだ ～할 생각[작정]이다 | 優秀だ 우수하다 | 問題 문제 | 解く (의문·문제를) 풀다 |
先月 지난달 | 卒業 졸업 | 始める 시작하다 | まだ 아직 | 慣れる 익숙해지다 | 昼ご飯 점심, 점심식사 |
동사의 ます형+終わる 다 ～하다

22 〜たびに ~할 때마다

뭔가를 할 때마다 항상 그러함을 나타낸다. 동사가 올 때는 기본형에 접속하고 명사일 때는 「명사+の+たびに」의 형태가
된다.

（예） そこに行くたびに、昔の出来事が思い出される。
　　그곳에 갈 때마다 옛날 일이 떠오른다.

　　引っ越しのたびに荷物が増えて困っている。
　　이사할 때마다 짐이 늘어서 곤란하다.

23 〜ため(に) ① ~하기 위해(서) ② ~때문(에)

어떤 행위의 목적이나 원인, 이유를 나타낼 때 쓰는 표현으로, 조사 「に」는 문장이나 딱딱한 문체에서는 생략되는 경우도 있
다. 명사에 접속할 때는 「명사+の+ため(に)」의 형태가 된다.

（예） 来年日本に留学するために、お金を貯めています。
　　내년에 일본에 유학하기 위해서 돈을 모으고 있습니다.

　　大雪のため、道路は通行止めになっている。
　　큰눈 때문에 도로는 통행금지가 되어 있다.

24 〜ついでに ~하는 김에, ~하는 기회에

어떤 일을 하는 그 기회를 이용해 다른 일도 부가적으로 할 때 쓴다. 명사에 접속할 때는 「명사+の+ついでに」의 형태가 된다.

（예） 部屋を掃除したついでに、洗濯もしておいた。
　　방을 청소한 김에 세탁도 해 두었다.

　　買い物のついでに、図書館に寄って本を借りてきた。
　　쇼핑하는 김에 도서관에 들러서 책을 빌려 왔다.

（어휘） 昔 옛날 ｜ 出来事 일어난 일, 사건 ｜ 思い出す 떠올리다, 생각해 내다 ｜ 引っ越し 이사 ｜ 荷物 짐 ｜
増える 늘다, 늘어나다 ｜ 困る 곤란하다, 난처하다 ｜ 留学 유학 ｜ 貯める (돈을) 모으다, 저축하다 ｜ 大雪 대설, 큰눈 ｜
道路 도로 ｜ 通行止め 통행금지 ｜ 部屋 방 ｜ 掃除 청소 ｜ 洗濯 세탁 ｜ 〜ておく ~해 놓다[두다] ｜
買い物 쇼핑, 장을 봄 ｜ 図書館 도서관 ｜ 寄る 들르다 ｜ 借りる 빌리다

問題1 つぎの文の(　　　)に入れるのに最もよいものを、1・2・3・4から一つえらびなさい。

1 健康のため、明日からお酒を止める(　　　)。
　1 ことにしました　　2 ものにしました　　3 ところにしました　　4 わけにしました

2 まだ時間は十分にあるから、そんなに急ぐ(　　　)。
　1 ことだ　　　　　2 ことはある　　　　3 ことになる　　　　4 ことはない

3 ねえ、あそこに泳いでいるの、もしかしてイルカ(　　　)?
　1 だよ　　　　　　2 じゃない　　　　　3 にしてね　　　　　4 になるよ

4 A「到着する時間が過ぎたのに、なかなか電車が来ないね。」
　B「前の駅で起きた人身事故の(　　　)、ダイヤが乱れているそうよ。」
　1 わけ　　　　　　2 ため　　　　　　　3 はず　　　　　　　4 ばかり

5 今日は朝ご飯を(　　　)来たので、お腹がぺこぺこです。
　1 食べずに　　　　2 食べても　　　　　3 食べて　　　　　　4 食べたり

6 彼は外国に出張に行く(　　　)、お土産を買ってきてくれる。
　1 ばかりに　　　　2 みたいに　　　　　3 ところに　　　　　4 たびに

7 ここではたばこは吸えない(　　　)ので、建物の外で吸ってください。
　1 ことになる　　　2 ものになる　　　　3 ことになっている　　4 ものになっている

8 スマホ(　　　)あれば、テレビもパソコンも要らない時代になった。
　1 すら　　　　　　2 さえ　　　　　　　3 こそ　　　　　　　4 ぐらい

9 新しい情報が(　　　)次第、お伝えします。
　1 入った　　　　　2 入って　　　　　　3 入ろう　　　　　　4 入り

10 (　　　)困難なことがあっても、決して私は諦めません。
　1 ようやく　　　　2 たぶん　　　　　　3 たとえ　　　　　　4 なかなか

268

25 〜っけ 〜던가?, 〜였더라?

잊었던 일이나 확실하지 않은 일을 묻거나 확인할 때 쓴다. 친한 사이에서 허물없이 쓰는 표현이다.

例 明日、レポートの提出日だっけ？

내일, 보고서 제출일이던가?

久しぶりですね。最後に会ったのはいつでしたっけ？

오랜만이네요. 마지막으로 만난 건 언제였던가요?

26 〜って ① 〜대, 〜래 *전문 ② 〜라는

전달이나 인용을 나타내는「と」가「って」로 변형된 표현으로, '〜대, 〜래'라는 의미의 전해 들은 말을 나타내는 용법과 '〜라는'이라는 의미의 주제를 나타내는 용법으로 쓰인다.

例 先生の都合で、明日の授業は休みだって。

선생님 사정으로 내일 수업은 쉰대.

最近、OTSってアイドルグループが人気があるらしいね。

최근 OTS라는 아이돌 그룹이 인기가 있는 것 같네.

27 〜てばかりいる 〜하고만 있다

동사의 て형에 접속하여 특정한 일을 계속하고 있음을 나타낸다. 다소 부정적인 뉘앙스를 포함하는 표현이다.

例 スマホを見てばかりいると、目が悪くなってしまいますよ。

스마트폰을 보고만 있으면 눈이 나빠져 버려요.

遊んでばかりいないで、たまには勉強もしなさい。

놀고만 있지 말고, 가끔은 공부도 하세요.

어휘 レポート 보고서 | 提出日 제출일 | 久しぶりだ 오랜만이다 | 最後 최후, 마지막 | 会う 만나다 | いつ 언제 | 都合 사정, 형편 | 授業 수업 | 休み 쉼 | アイドルグループ 아이돌 그룹 | 人気 인기 | 〜らしい 〜인 것 같다 | スマホ 스마트폰 | 目 눈 | 遊ぶ 놀다 | 〜ないで 〜하지 말고 | たまには 가끔은

28 ～て初めて ～하고 나서(야) 비로소

동사의 て형에 접속하여 그 일이 계기가 되어 어떤 사실에 대해 알거나 행동하게 되었음을 나타낸다.

예 失って初めて、大切さに気付くことがある。
잃어버리고 나서야 비로소 소중함을 깨닫는 경우가 있다.

入院して初めて、健康のありがたさがわかった。
입원하고 나서 비로소 건강의 고마움을 알았다.

29 ～てほしい ～해 주었으면 하다, ～하길 바라다

동사의 て형에 접속하여 상대방이 그렇게 해 주기를 바랄 때 쓴다.

예 両親にはいつまでも元気でいてほしいです。
부모님이 언제까지나 건강하게 계셔 주었으면 합니다.

共に生きていくこの世の中、もっとマナーについて考えてほしい。
함께 살아 가는 이 세상, 좀 더 매너에 대해서 생각해 주었으면 한다.

30 ～ということだ ① ～라고 한다 *전문 ② ～라는 것이다

'～라고 한다'라는 의미로 타인의 말을 전달하거나, '～라는 것이다'처럼 결론을 말하는 표현으로도 쓰인다.

예 ニュースによると、この間起きた殺人事件の犯人が捕まったということだ。
뉴스에 의하면 요전에 일어난 살인사건의 범인이 붙잡혔다고 한다.

ここに「立入禁止」と書いてある。つまり、「入ってはいけない」ということだ。
여기에 '출입금지'라고 쓰여 있다. 즉, '들어가서는 안 된다'라는 것이다.

어휘 失う 잃다, 잃어버리다 | 大切さ 소중함 | 気付く 깨닫다, 알아차리다 | 入院 입원 | 健康 건강 |
ありがたさ 고마움 | わかる 알다. 이해하다 | 両親 양친, 부모 | いつまでも 언제까지나 | 元気だ 건강하다 |
共に 함께 | 生きる 살다, 생존하다 | 世の中 세상 | もっと 더, 좀 더 | マナー 매너 |
～について ～에 대해서 *내용 | 考える 생각하다 | ニュース 뉴스 | ～によると ～에 의하면 |
この間 요전, 지난번 | 起きる 일어나다. 발생하다 | 殺人 살인 | 事件 사건 | 犯人 범인 | 捕まる 붙잡히다 |
立入禁止 출입금지 | 타동사+てある ～해져 있다 *상태표현 | つまり 요컨대, 즉 | 入る 들어가다 |
～てはいけない ～해서는 안 된다

276

31 ～通(とお)り(に) ～대로, ～같이

같은 상태나 방법임을 나타내는 표현이다. 앞에 명사가 올 때는 「명사+の+通(とお)り(に)」의 형태가 된다.

(예) 先生(せんせい)がおっしゃった通(とお)りに勉強(べんきょう)したら、成績(せいせき)が上(あ)がった。
선생님이 말씀하신 대로 공부했더니, 성적이 올랐다.

いつもの通(とお)り、会議(かいぎ)は9時(じ)に始(はじ)まった。
여느때와 같이 회의는 9시에 시작되었다.

32 ～とか～とか ～라든가 ～라든가, ～든지 ～든지, ～거니 ～거니

어떤 사항이나 방법을 비슷한 복수의 예를 들어 말할 때 쓴다.

(예) 学校(がっこう)とか図書館(としょかん)とかでは静(しず)かにするのがマナーです。
학교라든가 도서관이라든가에서는 조용히 하는 것이 매너입니다.

次(つぎ)のセールでは、シャツとかコートとかを買(か)うつもりです。
다음 세일에서는 셔츠라든가 코트라든가를 살 생각입니다.

行(い)くとか行(い)かないとか言(い)って騒(さわ)いでいる。
간다거니 안 간다거니 하며 떠들고 있다.

33 ～ところだ ① ～하려던 참이다 ② ～하고 있는 중이다 ③ 막 ～한 참이다

「ところだ」는 앞에 오는 동사의 형태에 따라 그 의미가 달라진다. 「동사의 기본형+ところだ」(~하려던 참이다)는 어떤 동작이 시작되기 직전임을, 「동사의 진행형(~ている)+ところだ」(~하고 있는 중이다)는 어떤 동작이 지금 한창 행해지고 있음을 나타내며, 「동사의 た형+ところだ」(막 ~한 참이다)는 어떤 동작이 끝난 직후임을 나타낸다.

(예) 今(いま)から、会社(かいしゃ)を出(で)るところだよ。
지금부터 회사를 나가려던 참이야.

今(いま)、電車(でんしゃ)に乗(の)っているところですから、後(あと)で電話(でんわ)しますね。
지금 전철을 타고 있는 중이니까, 나중에 전화할게요.

今(いま)、部屋(へや)を掃除(そうじ)したところだ。
지금 방을 막 청소한 참이다.

(어휘) おっしゃる 말씀하시다 *「言(い)う」(말하다)의 존경어 | 成績(せいせき) 성적 | 上(あ)がる 오르다, 올라가다 | 会議(かいぎ) 회의 |
始(はじ)まる 시작되다 | 静(しず)かだ 조용하다 | 次(つぎ) 다음 | セール 세일 | シャツ 셔츠 | コート 코트 | 買(か)う 사다 |
동사의 보통형+つもりだ ～할 생각[작정]이다 | 騒(さわ)ぐ 떠들다 | 今(いま)から 지금부터 | 出(で)る 나가다 | 電車(でんしゃ) 전철 |
乗(の)る (탈것에) 타다 | 後(あと)で 나중에 | 掃除(そうじ) 청소

34 　～としたら ~라고 한다면 *가정

'지금은 그와 같은 상황에 있지 않지만 만약 그런 상황을 가정한다면'이라면 의미를 나타낸다.

예 もし1億円があるとしたら、何に使いますか。
만약 1억 엔이 있다고 한다면 무엇에 쓰겠습니까?

いらっしゃるとしたら、何時頃になりますか。
오신다고 한다면 몇 시쯤이 됩니까?

35 　～とは限らない (반드시) ~하다고는 할 수 없다, ~하는 것은 아니다

일반적으로 옳다고 인정되는 사항에 대해서 예외도 있다고 말하는 데 쓰는 표현으로, 「～からといって」(~라고 해서)와 같이 쓰는 경우가 많다.

예 テレビ番組に紹介された店だからといって、おいしいとは限らない。
TV 프로그램에 소개된 가게라고 해서 (반드시) 맛있다고는 할 수 없다.

痩せているからといって、体が弱いとは限らない。
말랐다고 해서 (반드시) 몸이 약한 것은 아니다.

36 　～に限って ~에 한해서, ~의 때만, ~만은 특별히

특별히 그 경우만 바람직하지 못한 일이 일어나 불만이라는 느낌의 표현이다.

예 ハイキングに行こうという日に限って雨が降る。私はいつも運が悪い。
하이킹하러 가려고 하는 날에만 꼭 비가 온다. 나는 늘 운이 나쁘다.

彼に限って、そんなことをするはずがない。
그만은 그런 일을 할 리가 없다.

어휘 もし 만약 ｜ 使う 쓰다, 사용하다 ｜ いらっしゃる 오시다 *「来る」(오다)의 존경어 ｜ 番組 (연예·방송 등의) 프로그램 ｜
紹介 소개 ｜ 店 가게 ｜ おいしい 맛있다 ｜ 痩せる 여위다, 마르다, 살이 빠지다 ｜ 体 몸, 신체 ｜ 弱い 약하다 ｜
ハイキング 하이킹 ｜ 동작성 명사+に ~하러 *동작의 목적 ｜ ～という ~라고 하는 ｜ 日 날 ｜ 雨 비 ｜
降る (비·눈 등이) 내리다, 오다 ｜ 運 운 ｜ そんな 그런 ｜ ～はずがない ~일 리가 없다

問題1 つぎの文の（　　　）に入れるのに最もよいものを、1・2・3・4から一つえらびなさい。

1　A「明日のテスト、何時からだ（　　　　）?」
　　B「午後1時からだよ。」

　　1 やら　　　　　　　　2 っけ　　　　　　　　3 のか　　　　　　　　4 から

2　彼の言った（　　　　）、昨日の夜、町では大きな事件が起きました。

　　1 ので　　　　　　　　2 ながら　　　　　　　3 からこそ　　　　　　4 通りに

3　（　　　　）ばかりいるより、失敗してもいいから行動してみよう。

　　1 考える　　　　　　　2 考えよう　　　　　　3 考えて　　　　　　　4 考えた

4　中間テストの範囲は、教科書の50ページから70ページまでだ（　　　）。

　　1 って　　　　　　　　2 さえ　　　　　　　　3 だけ　　　　　　　　4 の

5　家でテレビを見る時は、ドラマ（　　　　）ニュースとか、スポーツなどを見ています。

　　1 にしろ　　　　　　　2 とか　　　　　　　　3 やら　　　　　　　　4 なり

6　もしパソコンを買う（　　　　）、やはりあの会社の製品を買いたいです。

　　1 にしては　　　　　　2 というのは　　　　　3 として　　　　　　　4 としたら

7　これから電車に（　　　）ところなので、着いたら連絡します。

　　1 乗って　　　　　　　2 乗っている　　　　　3 乗る　　　　　　　　4 乗った

8　高い靴だからといって、質がいい（　　　　）。

　　1 とは限らない　　　　2 に限る　　　　　　　3 に決まっている　　　4 わけにはいかない

9　たまには主人に料理を作って（　　　　）です。

　　1 みたい　　　　　　　2 しまいたい　　　　　3 ほしい　　　　　　　4 おきたい

10　天気予報によると、週末には台風第5号が上陸する（　　　　）。

　　1 ことだ　　　　　　　2 ということだ　　　　3 ことはない　　　　　4 ことか

11 友達に言われて（　　　　）、自分の間違いに気が付いた。

1 といっても 　　　　2 からには 　　　　3 初めて 　　　　4 こそ

12 私は重要な会議がある日（　　　　）寝坊してしまいます。

1 について 　　　　2 に限って 　　　　3 に対して 　　　　4 によって

13 今までに一度も勝ったことがないからといって、今回も負ける（　　　　）。

1 かもしれない 　　　　2 わけだ 　　　　3 ものだ 　　　　4 とは限らない

問題2 つぎの文の＿＿★＿＿に入れる最もよいものを、1・2・3・4から一つえらびなさい。

14 説明書に ＿＿＿＿ ＿＿＿＿ ＿★＿ ＿＿＿＿、すぐに完成できた。

1 書いて 　　　　2 通りに 　　　　3 ある 　　　　4 組み立てたら

15 日本人だからといって、みんな正しく ＿＿＿＿ ＿＿＿＿ ＿★＿ ＿＿＿＿。

1 敬語が 　　　　2 限らない 　　　　3 とは 　　　　4 使える

16 今、＿＿＿＿ ＿＿＿＿ ＿★＿ ＿＿＿＿、少々お待ちください。

1 原因を 　　　　2 いる 　　　　3 調べて 　　　　4 ところですので

17 この ＿＿＿＿ ＿＿＿＿ ＿★＿ ＿＿＿＿、話がわかりました。

1 見て 　　　　2 映画は 　　　　3 3回も 　　　　4 初めて

18 傘を ＿＿＿＿ ＿＿＿＿ ＿★＿ ＿＿＿＿雨に降られます。

1 いない 　　　　2 持って 　　　　3 日に 　　　　4 限って

問題3 つぎの文章を読んで、文章全体の内容を考えて、[19] から [23] の中に入る最もよいものを、1・2・3・4から一つえらびなさい。

　　いい睡眠が取れない状態が続けば、健康上のリスクになることは間違いないだろう。しかし、ただたくさん寝たからといって、疲れが取れる [19]。睡眠に大切なのは、「[20-a]」ではなく「[20-b]」である。深く十分に眠れば、短時間でもしっかり体力が回復し、すっきりと目覚めることができる。「疲労の回復には8時間睡眠が必要」[21]「7時間半が最適」といった様々な説があるが、「○時間眠らなければいけない」といった思い込みは必要ない。「質の高い睡眠」とは、「入眠から30分以内に、最も深いレベルのノンレム睡眠状態に入って、一定時間深い眠りの状態を維持した睡眠」と定義されている。人間の眠りには浅い「レム睡眠」と深い「ノンレム睡眠」がある。[22] 長く寝ても浅いレム睡眠が続いていたら、疲れは取れないままである。また、深い睡眠を取れている人でも、眠りが深くなるのに時間がかかってしまえば、全体としての睡眠時間は長くなってしまう。つまり、眠ってすぐに深い眠りに辿り着き、それが持続することが良質の睡眠だ [23]。

---

[19]

1 とは限らない　　　2 に違いない　　　3 ところだ　　　4 つもりだ

[20]

1 a 質 / b 量　　　　　　　　　　　2 a 量 / b 質
3 a 大きさ / b 高さ　　　　　　　　4 a 高さ / b 大きさ

[21]

1 ほど　　　　　　2 ぐらい　　　　　3 だけ　　　　　4 とか

[22]

1 いくら　　　　　2 ようやく　　　　3 わずか　　　　4 恐らく

[23]

1 ものか　　　　　2 ことか　　　　　3 ということだ　　　4 ものだ

확인 문제 3(25~36)·정답 및 해석(문법)

1 정답 **2**
해석 A "내일 시험, 몇 시부터(였더라)?"
　　　B "오후 1시부터야."
어휘 テスト 테스트, 시험　何時(なんじ) 몇 시　～から ～부터　～っけ ～던가?, ～였더라? *잊었던 일이나 불확실한 일을 상대방에게 질문하거나 확인함을 나타냄　午後(ごご) 오후　～やら　～인지　～のか ～인 것인가

2 정답 **4**
해석 그가 말한 (대로) 어젯밤 마을에서는 큰 사건이 일어났습니다.
어휘 ～通(とお)りに ～대로, ～같이　夜(よる) 밤　町(まち) 마을　大(おお)きな 큰　事件(じけん) 사건
起(お)きる 일어나다, 발생하다　～ので ～이기 때문에　～ながら ～하면서
～からこそ ～이기 때문에, ～이므로 *원인·이유를 강조하는 표현

3 정답 **3**
해석 (생각하고)만 있기 보다 실패하더라도 좋으니까, 행동해 보자.
어휘 考(かんが)える 생각하다　～てばかりいる ～하고만 있다　～より～보다　失敗(しっぱい) 실패
～てもいい ～해도 된다[좋다]　行動(こうどう) 행동

4 정답 **1**
해석 중간시험 범위는 교과서 50페이지부터 70페이지까지(래).
어휘 中間(ちゅうかん) 중간　範囲(はんい) 범위　教科書(きょうかしょ) 교과서　ページ 페이지
～から～まで ～부터 ～까지　～って ～대, ～래　～さえ ～조차

5 정답 **2**
해석 집에서 TV를 볼 때는 드라마(라든가) 뉴스라든가 스포츠 등을 보고 있습니다.
어휘 家(いえ) 집　見(み)る 보다　～時(とき) ～때　ドラマ 드라마　～とか～とか ～라든가 ～라든가
ニュース 뉴스　スポーツ 스포츠　～にしろ ～라고 해도　～なり ～라든가

6 정답 **4**
해석 만약 컴퓨터를 산다(고 한다면) 역시 저 회사 제품을 사고 싶습니다.
어휘 もし 만약　パソコン (개인용) 컴퓨터 *「パーソナルコンピューター」의 준말　～としたら ～라고 한다면 *가정
やはり 역시　製品(せいひん) 제품　買(か)う 사다　동사의 ます형+たい ～하고 싶다　～にしては ～치고는　～として ～로서

7 정답 **3**
해석 이제부터 전철을 (타려던) 참이니까, 도착하면 연락할게요.
어휘 これから 이제부터　電車(でんしゃ) 전철　乗(の)る (탈것에) 타다　동사의 기본형+ところだ ～하려던 참이다
着(つ)く 도착하다　連絡(れんらく) 연락

8 정답 **1**
해석 비싼 구두라고 해서 질이 좋(은 것은 아니다).
어휘 高(たか)い 비싸다　靴(くつ) 신, 신발, 구두　～からといって ～라고 해서　質(しつ) 질
～とは限(かぎ)らない (반드시) ～하다고는 할 수 없다, ～인 것은 아니다　～に限(かぎ)る ～이 제일이다[최고다]
～に決(き)まっている 분명히 ～일 것이다, ～임에 틀림없다　동사의 기본형+わけにはいかない ～할 수는 없다

9 정답 **3**
해석 가끔은 남편이 요리를 만들(어 주었으면 합)니다.
어휘 たまには 가끔은　主人(しゅじん) (자신의) 남편　料理(りょうり) 요리　作(つく)る 만들다
～てほしい ～해 주었으면 하다, ～하길 바라다　しまう 치우다

10 정답 **2**
해석 일기예보에 의하면 주말에는 태풍 제5호가 상륙한다(고 한다).
어휘 天気予報(てんきよほう) 일기예보　～によると ～에 의하면　週末(しゅうまつ) 주말　台風(たいふう) 태풍
上陸(じょうりく) 상륙　～ということだ ～라고 한다 *전문　～ことだ ～해야 한다 *충고·명령·주장
～ことはない ～할 것은[필요는] 없다　～ことか ～였던가

| 11 | 정답 3 |

해석 친구에게 말을 듣(고 나서(야) 비로소) 자신의 잘못을 깨달았다.
어휘 友達(ともだち) 친구 ~て初(はじ)めて ~하고 나서(야) 비로소 間違(まちが)い 잘못
気(き)が付(つ)く 깨닫다, 알아차리다 ~といっても ~라고 해도 ~からには ~한 이상은 ~こそ ~야말로

| 12 | 정답 2 |

해석 저는 중요한 회의가 있는 날(에만) 늦잠을 자 버립니다.
어휘 重要(じゅうよう)だ 중요하다 ~に限(かぎ)って ~에 한해서, ~의 때만, ~만은 특별히 寝坊(ねぼう)する 늦잠을 자다
~について ~에 대해서 *내용 ~に対(たい)して ~에 대해서, ~에게 *대상 ~によって ~에 의해, ~에 따라

| 13 | 정답 4 |

해석 지금까지 한 번도 이긴 적이 없다고 해서 이번에도 진(다고는 할 수 없다).
어휘 一度(いちど)も 한 번도 勝(か)つ 이기다 今回(こんかい) 이번 負(ま)ける 지다, 패하다
~かもしれない ~일지도 모른다 ~わけだ ~인 셈[것]이다, ~인 것이 당연하다
~ものだ ~ 인 법[것]이다 *상식·진리·본성

| 14 | 書いて ある 通りに ★ 組み立てたら | 정답 2 |

해석 설명서에 쓰여 있는 대로★ 조립했더니, 바로 완성할 수 있었다.
어휘 説明書(せつめいしょ) 설명서 書(か)く (글씨·글을) 쓰다 타동사+てある ~해져 있다 *상태표현
~通(とお)りに ~대로, ~같이 組(く)み立(た)てる 조립하다 すぐに 곧, 바로 完成(かんせい) 완성

| 15 | 敬語が 使える とは ★ 限らない | 정답 3 |

해석 일본인이라고 해서 모두 올바르게 경어를 쓸 수 있 다고는★ 할 수 없다.
어휘 日本人(にほんじん) 일본인 正(ただ)しい 올바르다 敬語(けいご) 경어 使(つか)う 쓰다, 사용하다 ~とは ~라고는

| 16 | 原因を 調べて いる ★ ところですので | 정답 2 |

해석 지금 원인을 조사하고 있는★ 중이니까, 잠시 기다려 주세요.
어휘 今(いま) 지금 原因(げんいん) 원인 調(しら)べる 조사하다 동사의 진행형(~ている)+ところだ ~하고 있는 중이다
少々(しょうしょう) 잠시 お+동사의 ます형+ください ~해 주십시오 *존경표현 待(ま)つ 기다리다

| 17 | 映画は 3回も 見て ★ 初めて | 정답 1 |

해석 이 영화는 세 번이나 보고 나서★ 비로소 이야기를 이해했습니다.
어휘 映画(えいが) 영화 ~回(かい) ~회, ~번 わかる 알다, 이해하다

| 18 | 持って いない 日に ★ 限って | 정답 3 |

해석 우산을 가지고 있지 않은 날에★ 만 비를 맞습니다.
어휘 傘(かさ) 우산 持(も)つ 가지다 日(ひ) 날 雨(あめ) 비 降(ふ)る (비·눈 등이) 내리다, 오다

좋은 수면을 취할 수 없는 상태가 지속되면 건강상의 위험이 되는 것은 틀림없을 것이다. 그러나 단지 많이 잤다고 해서 피로가 풀리 **19 는 것은 아니다**. 수면에 중요한 것은 '**20-a 양**'이 아니라 '**20-b 질**'이다. 깊게 충분히 자면 단시간이어도 확실히 체력이 회복되고 상쾌하게 잠에서 깰 수 있다. '피로 회복에는 8시간 수면이 필요' **21 라든가** '7시간 반이 최적'이라고 하는 다양한 설이 있는데 '○시간 자지 않으면 안 된다'라는 믿음은 필요 없다. '질이 높은 수면'이란 '잠들어서 30분 이내에 가장 깊은 수준의 논렘 수면 상태에 들어가 일정 시간 깊은 잠의 상태를 유지한 수면'이라고 정의되어 있다. 인간의 잠에는 얕은 '렘 수면'과 깊은 '논렘 수면'이 있다. **22 아무리** 오래 자도 얕은 렘 수면이 이어지면 피로는 풀리지 않은 채로다. 또 깊은 수면을 취하고 있는 사람이라도 수면이 깊어지는 데 시간이 걸려 버리면 전체로서의 수면 시간은 길어져 버린다. 즉, 잠들어서 바로 깊은 잠에 도달해 그것이 유지되는 것이 양질의 수면 **23 이라는 것이다**.

어휘 睡眠(すいみん) 수면 取(と)る 취하다 状態(じょうたい) 상태 続(つづ)く 이어지다, 계속되다
健康上(けんこうじょう) 건강상 リスク 리스크, 위험 間違(まちが)いない 틀림없다 しかし 그러나 ただ 단지 寝(ね)る 자다
~からといって ~라고 해서 疲(つか)れが取(と)れる 피로가 풀리다 大切(たいせつ)だ 중요하다 深(ふか)い 깊다
十分(じゅうぶん)に 충분히 眠(ねむ)る 자다, 잠들다 短時間(たんじかん) 단시간 しっかり 똑똑히, 확실히
体力(たいりょく) 체력 回復(かいふく) 회복 すっきり 상쾌한 모양 目覚(めざ)める (잠에서) 깨다 疲労(ひろう) 피로
必要(ひつよう) 필요 最適(さいてき) 최적 ~といった ~라고 하는 様々(さまざま)だ 다양하다, 여러 가지다 説(せつ) 설
~なければいけない ~하지 않으면 안 된다, ~해야 한다 思(おも)い込(こ)み 굳게 믿는 것, 믿음 質(しつ) 질 高(たか)い 높다
~とは ~라고 하는 것은, ~란 *정의 入眠(にゅうみん) 수면 상태에 들어감, 잠드는 일 以内(いない) 이내 最(もっと)も 가장, 제일
レベル 레벨, 수준 ノンレム睡眠(すいみん) 논렘 수면 *렘 수면 시기 이외의 수면 入(はい)る 들어가다 一定(いってい) 일정
眠(ねむ)り 잠 維持(いじ) 유지 定義(ていぎ) 정의 人間(にんげん) 인간 浅(あさ)い 얕다
レム睡眠(すいみん) 렘 수면 *잠을 자고 있는 듯이 보이나 뇌파는 깨어 있을 때의 알파파(α波)를 보이는 수면 상태
長(なが)い 길다, (시간적으로) 오래다 ~まま ~한 채, ~상태로 かかる (시간이) 걸리다 全体(ぜんたい) 전체 つまり 요컨대, 즉
すぐに 곧, 바로 辿(たど)り着(つ)く 겨우 다다르다 持続(じぞく) 지속 良質(りょうしつ) 양질

19 해석 1 는 것은 아니다　　　2 임에 틀림없다　　　3 하려던 참이다　　　4 할 생각이다
　　어휘 ~とは限(かぎ)らない (반드시) ~하다고는 할 수 없다, ~하는 것은 아니다 ~に違(ちが)いない ~임에 틀림없다
　　　　 ~ところだ ~하려던 참이다 ~つもりだ ~할 생각[작정]이다

20 해석 1 a 질 / b 양　　　　　　　　　 2 a 양 / b 질
　　　　 3 a 크기 / b 높이　　　　　　　　 4 a 높이 / b 크기
　　어휘 量(りょう) 양 大(おお)きさ 크기 高(たか)さ 높이

21 해석 1 만큼　　　　　　 2 정도　　　　　　 3 뿐　　　　　　 4 라든가
　　어휘 ~ほど ~정도, ~만큼 ~ぐらい ~정도 ~だけ ~만, ~뿐 ~とか ~라든가

22 해석 1 아무리　　　　　 2 겨우　　　　　　 3 불과　　　　　　 4 아마
　　어휘 いくら(~ても) 아무리 (~해도) ようやく 겨우, 간신히 わずか 불과 恐(おそ)らく 아마, 필시

23 해석 1 할까 보냐　　　　 2 였던가　　　　　 3 이라는 것이다　　　　 4 인 것이다
　　어휘 ~ものか ~할까 보냐 ~ことか ~였던가 ~ということだ ~라는 것이다
　　　　 ~ものだ ~인 법[것]이다 *상식·진리·본성

46 　～に反して ～에 반해서, ～와는 반대로

주로「予想」(예상),「期待」(기대),「意図」(의도)와 같은 명사에 접속하여 예상했던 결과와는 다른 상태가 되었을 때 쓴다.
뒤에 명사가 올 때는「～に反する+명사」(~에 반하는)의 형태가 된다.

예 予想に反して、今回の試験はとても難しかった。
　　예상과는 반대로 이번 시험은 아주 어려웠다.

　　それは、みんなの期待に反する判決であった。
　　그것은 모두의 기대에 반하는 판결이었다.

47 　～によって ① ～에 의해 ② ～에 따라

'～에 의해'라는 의미로 원인이나 이유, 수단이나 방법을 나타낸다. '～에 따라'라고 해석할 때는 '～의 여러 경우에 따라'라는
의미이다.

예 ほとんどの会社は不況によって経営が悪化した。
　　대부분의 회사는 불황에 의해 경영이 악화되었다.

　　人によって言葉遣いや考え方は全部違います。
　　사람에 따라 말투나 사고 방식은 전부 다릅니다.

48 　～にわたって ～에 걸쳐서 *기간

어떤 행위나 상태가 그 범위 전체에 미치고 있음을 나타낸다. 바로 뒤에 명사가 올 때는「～にわたる+명사」(~에 걸친)의 형
태가 된다.

예 日本全域にわたって台風の影響が出ている。
　　일본 전역에 걸쳐 태풍의 영향이 나오고 있다.

　　1週間にわたる大会も今日で幕を閉じます。
　　일주간에 걸친 대회도 오늘로 막을 내립니다.

어휘 期待 기대 | 今回 이번 | 試験 시험 | 難しい 어렵다 | 判決 판결 | ほとんど 거의, 대부분 | 不況 불황 |
　　経営 경영 | 悪化 악화 | 人 사람 | 言葉遣い 말투 | 考え方 사고 방식 | 全部 전부 | 違う 다르다 |
　　全域 전역 | 台風 태풍 | 影響 영향 | 出る 나오다 | 大会 대회 | 幕を閉じる 막을 내리다

확인 문제 4(37~48) · 문법

問題1 つぎの文の(　　　)に入れるのに最もよいものを、1・2・3・4から一つえらびなさい。

1 雨が1週間（　　　）降り続いています。
　1 について　　　　2 によって　　　　3 にわたって　　　4 にもまして

2 もし、今東京で地震が起これば、大きな被害が出る（　　　）。
　1 べきだ　　　　　2 はずがない　　　　3 に違いない　　　4 とは限らない

3 日本人（　　　）、米とみそは欠かせない食材です。
　1 にとって　　　　2 にとどまらず　　　3 に反して　　　　4 に基づいて

4 ニュースによると、今朝の列車脱線事故の原因（　　　）、現在調査が行われているそうだ。
　1 によって　　　　2 に代わって　　　　3 に関して　　　　4 において

5 この道は石が多くて歩き（　　　）ですね。
　1 にくい　　　　　2 やすい　　　　　　3 やさしい　　　　4 むずかしい

6 人は年を取る（　　　）、病気になりやすくなります。
　1 をおいて　　　　2 にしては　　　　　3 にせよ　　　　　4 に従って

7 彼女はパーティーの雰囲気を盛り上げること（　　　）天才的だ。
　1 通りに　　　　　2 にかけては　　　　3 ついでに　　　　4 としたら

8 大雪（　　　）電車が止まって、学校に遅刻してしまいました。
　1 に応じて　　　　2 によって　　　　　3 に沿って　　　　4 に応えて

9 そんなに無理をしていたら、体を壊す（　　　）。
　1 わけにはいかない　2 べきだ　　　　　3 つもりだ　　　　4 に決まっている

10 周囲の反対意見（　　　）、高層ビルの建設が決まった。
　1 に関して　　　　2 に反して　　　　　3 にわたって　　　　4 に対して

11 お酒を飲みながら、政治（　　　　）討論しているうちに友達と喧嘩になってしまった。

1 によって　　　　　　2 につれて　　　　　　3 にとって　　　　　　4 について

12 先生（　　　　　）、そういう態度はよくありませんよ。

1 にわたって　　　　　2 に対して　　　　　　3 に伴って　　　　　　4 に沿って

13 A「何か悩み事でもあるの?」
B「実は今の会社、給料はいいが（　　　　　）にくくて辞めようと思ってるんだ。」

1 働き　　　　　　　　2 働いて　　　　　　　3 働いた　　　　　　　4 働こう

問題2 つぎの文の　★　に入れる最もよいものを、1・2・3・4から一つえらびなさい。

14 ＿＿＿＿＿＿ ＿＿＿＿＿＿ ★ ＿＿＿＿＿＿ 時間はとても大切です。

1 過ごす　　　　　　　2 とって　　　　　　　3 家族と　　　　　　　4 私に

15 ＿＿＿＿＿＿ ＿＿＿＿＿＿ ★ ＿＿＿＿＿＿ なので、私にはできません。

1 反する　　　　　　　2 法律に　　　　　　　3 その仕事は　　　　　4 こと

16 ＿＿＿＿＿＿ ＿＿＿＿＿＿ ★ ＿＿＿＿＿＿ 引く人も多くなる。

1 寒く　　　　　　　　2 なる　　　　　　　　3 風邪を　　　　　　　4 に従って

17 田中君は ＿＿＿＿＿＿ ＿＿＿＿＿＿ ★ ＿＿＿＿＿＿ 負けない。

1 誰にも　　　　　　　2 中国語　　　　　　　3 クラスの　　　　　　4 にかけては

18 彼女は朝寝坊 ＿＿＿＿＿＿ ＿＿＿＿＿＿ ★ ＿＿＿＿＿＿ 。

1 遅刻する　　　　　　2 今日も　　　　　　　3 に違いない　　　　　4 だから

問題3 つぎの文章を読んで、文章全体の内容を考えて、 19 から 23 の中に入る最もよいものを、1・2・3・4から一つえらびなさい。

私は2年前アメリカから日本に来た留学生で現在、大学院で日本文学 19 勉強しています。大学院に入学した時、文学の勉強自体はとてもおもしろかったですが、漢字をうまく読めなくて色々と大変でした。つまり、日本人 20 は簡単な漢字でも外国人である私には難しかったので、他の日本人の学生より文学作品を読むのに 21 。それで、私は一日に少なくとも20個以上の漢字を覚えようと決心しました。 22 、止めたいと思った時もたくさんありましたが、諦めないでこの漢字の勉強を6か月間続けました。その結果、今は他の外国人学生に比べて漢字 23 ある程度自信が持てるようになりました。まだまだ足りないところが多いですが、自慢しないで頑張って全ての文学作品がスムーズに読めるようになりたいです。

19
1 について　　　　2 によって　　　　3 において　　　　4 に従って

20
1 に反して　　　　2 にとって　　　　3 に対して　　　　4 につれて

21
1 時間がかかったことはありません
2 あまり時間はかかりませんでした
3 時間がかかるわけにはいきませんでした
4 2倍以上の時間がかかってしまいました

22
1 それで　　　　2 だから　　　　3 もちろん　　　　4 それに

23
1 ついでに　　　　2 通りに　　　　3 にわたって　　　　4 にかけては

확인 문제 4(37~48) · 정답 및 해석(문법)

1 **정답 3**

해석 비가 일주일(에 걸쳐서) 계속 내리고 있습니다.

어휘 雨(あめ) 비 1週間(いっしゅうかん) 일주간, 일주일 ～にわたって ～에 걸쳐서 *기간

降(ふ)り続(つづ)く 계속 내리다 ～について ～에 대해서 *내용 ～によって ～에 의해, ～에 따라 ～にもまして ～보다 더

2 **정답 3**

해석 만약 지금 도쿄에서 지진이 일어나면 큰 피해가 나올 것(임에 틀림없다).

어휘 もし 만약 今(いま) 지금 地震(じしん) 지진 起(お)こる 일어나다, 발생하다 大(おお)きな 큰 被害(ひがい) 피해

出(で)る 나오다 ～に違(ちが)いない ～임에 틀림없다 동사의 기본형+べきだ (마땅히) ～해야 한다

～はずがない ～일 리가 없다 ～とは限(かぎ)らない (반드시) ～하다고 할 수 없다, ～인 것은 아니다

3 **정답 1**

해석 일본인(에게 있어서) 쌀과 된장은 없어서는 안 될 식재료입니다.

어휘 ～にとって ～에(게) 있어서 米(こめ) 쌀 みそ 된장 欠(か)かせない 빠뜨릴 수 없는, 없어서는 안 될

食材(しょくざい) 식재료 ～にとどまらず ～뿐만 아니라 ～に反(はん)して ～에 반해서, ～와는 반대로

～に基(もと)づいて ～에 근거하여

4 **정답 3**

해석 뉴스에 의하면 오늘 아침의 열차 탈선사고의 원인(에 관해서) 현재 조사가 행해지고 있다고 한다.

어휘 ニュース 뉴스 ～によると ～에 의하면 今朝(けさ) 오늘 아침 列車(れっしゃ) 열차

脱線(だっせん) 탈선 事故(じこ) 사고 原因(げんいん) 원인 ～に関(かん)して ～에 관해서 現在(げんざい) 현재

調査(ちょうさ) 조사 行(おこな)う 하다, 행하다, 실시하다 ～に代(か)わって ～을 대신해서 ～において ～에 있어서, ～에서

5 **정답 1**

해석 이 길은 돌이 많아서 걷(기 힘드)네요.

어휘 道(みち) 길 石(いし) 돌 多(おお)い 많다 歩(ある)く 걷다 동사의 ます형+にくい ～하기 어렵다[힘들다]

동사의 ます형+やすい ～하기 쉽다[편하다] やさ(易)しい 쉽다 むずか(難)しい 어렵다

6 **정답 4**

해석 사람은 나이를 먹어(감에 따라) 병에 걸리기 쉬워집니다.

어휘 人(ひと) 사람 年(とし)を取(と)る 나이를 먹다 ～に従(したが)って ～함에 따라 病気(びょうき)になる 병에 걸리다

～をおいて ～을 제외하고 ～にしては ～치고는 ～にせよ ～라고 해도

7 **정답 2**

해석 그녀는 파티의 분위기를 고조시키는 것(에 관해서는) 천재적이다.

어휘 パーティー 파티 雰囲気(ふんいき) 분위기 盛(も)り上(あ)げる (기분 등을) 돋우다, 고조시키다

～にかけては ～에 관해서는, ～에 관한 한 *분야 天才的(てんさいてき)だ 천재적이다 ～通(とお)りに ～대로, ~같이

～ついでに ～하는 김에, ~하는 기회에 ～としたら ～라고 한다면 *가정

8 **정답 2**

해석 큰눈(에 의해) 전철이 멈춰서 학교에 지각하고 말았습니다.

어휘 大雪(おおゆき) 대설, 큰눈 ～によって ～에 의해 電車(でんしゃ) 전철 止(と)まる 멈추다, 서다 遅刻(ちこく) 지각

～に応(おう)じて ～에 응해서, ～에 따라서 ～に沿(そ)って ～에[을] 따라서 ～に応(こた)えて ～에 부응해서

9 **정답 4**

해석 그렇게 무리를 하면 건강을 해칠 것(임에 틀림없다).

어휘 そんなに 그렇게 無理(むり) 무리 体(からだ)を壊(こわ)す 건강을 해치다

～に決(き)まっている 분명히 ～일 것이다, ～임에 틀림없다 동사의 기본형+わけにはいかない ～할 수는 없다

동사의 기본형+べきだ (마땅히) ～해야 한다

10 정답 **2**

해석 주위의 반대 의견(과는 반대로) 고층빌딩의 건설이 결정되었다.

어휘 周囲(しゅうい) 주위　反対(はんたい) 반대　意見(いけん) 의견　～に反(はん)して ～에 반해서, ～와는 반대로
高層(こうそう)ビル 고층빌딩　建設(けんせつ) 건설　決(き)まる 정해지다, 결정되다　～に関(かん)して ～에 관해서
～にわたって ～에 걸쳐서 *기간　～に対(たい)して ～에 대해서, ～에게 *대상

11 정답 **4**

해석 술을 마시면서 정치(에 대해서) 토론하는 동안에 친구와 싸움이 되어 버렸다.

어휘 お酒(さけ) 술　飲(の)む (술을) 마시다　동사의 ます형+ながら ～하면서 *동시동작
政治(せいじ) 정치　～について ～에 대해서 *내용　討論(とうろん) 토론　～うちに ～동안에, ～사이에
友達(ともだち) 친구　喧嘩(けんか) 싸움　～によって ～에 의해, ～에 따라　～につれて ～함에 따라서 *비례
～にとって ～에(게) 있어서

12 정답 **2**

해석 선생님(에 대해서[에게]) 그런 태도는 좋지 않아요.

어휘 そういう 그런, 그러한　態度(たいど) 태도　～に伴(ともな)って ～에 동반해서　～に沿(そ)って ～에[을] 따라서

13 정답 **1**

해석 A "뭔가 고민거리라도 있어?"
　　 B "실은 지금 회사, 급여는 좋은데, (일하기) 힘들어서 그만두려고 생각하고 있어."

어휘 何(なに)か 무엇인가, 뭔가　悩(なや)み事(ごと) 고민거리　実(じつ)は 실은　今(いま) 지금　会社(かいしゃ) 회사
給料(きゅうりょう) 급여, 급료　働(はたら)く 일하다　동사의 ます형+にくい ～하기 힘들다
辞(や)める (일자리를) 그만두다

14 私に とって 家族と★ 過ごす ｜ 정답 **3**

해석 저에게 있어서 가족과★ 보내는 시간은 매우 소중합니다.

어휘 家族(かぞく) 가족　過(す)ごす (시간을) 보내다, 지내다　時間(じかん) 시간　大切(たいせつ)だ 소중하다

15 その仕事は 法律に 反する★ こと ｜ 정답 **1**

해석 그 일은 법률에 반하는★ 일이어서 저에게는 불가능합니다.

어휘 仕事(しごと) 일　法律(ほうりつ) 법률　～に反(はん)する ～에 반하는　こと 일, 것　できない 할 수 없다, 불가능하다

16 寒く なる に従って★ 風邪を ｜ 정답 **4**

해석 추워 짐 에 따라★ 감기에 걸리는 사람도 많아진다.

어휘 寒(さむ)い 춥다　～に従(したが)って ～함에 따라　風邪(かぜ)を引(ひ)く 감기에 걸리다　多(おお)い 많다

17 中国語 にかけては クラスの★ 誰にも ｜ 정답 **3**

해석 다나카 군은 중국어 에 관해서는 학급의★ 누구에게도 지지 않는다.

어휘 中国語(ちゅうごくご) 중국어　～にかけては ～에 관해서는, ～에 관한 한 *분야　クラス 학급
誰(だれ)にも 누구에게도　負(ま)ける 지다, 패하다

18 だから 今日も 遅刻する★ に違いない ｜ 정답 **1**

해석 그녀는 늦잠꾸러기이니까, 오늘도 지각할 것★ 임에 틀림없다.

어휘 朝寝坊(あさねぼう) 늦잠을 잠, 늦잠꾸러기　遅刻(ちこく) 지각　～に違(ちが)いない ～임에 틀림없다

　저는 2년 전에 미국에서 일본에 온 유학생으로, 현재 대학원에서 일본문학 **19 에 대해서** 공부하고 있습니다. 대학원에 입학했을 때 문학공부 자체는 매우 재미있었지만, 한자를 잘 읽지 못해서 여러 가지로 힘들었습니다. 즉, 일본인 **20 에게 있어서**는 간단한 한자라도 외국인인 저에게는 어려워서 다른 일본인 학생보다 문학작품을 읽는 데에 **21 2배 이상의 시간이 걸려 버렸습니다**. 그래서 저는 하루에 적어도 20개 이상의 한자를 외워야겠다고 결심했습니다. **22 물론** 그만두고 싶다고 생각한 때도 많이 있었지만, 단념하지 않고 이 한자 공부를 6개월간 계속했습니다. 그 결과, 지금은 다른 외국인 학생에 비해서 한자 **23 에 관한 한** 어느 정도 자신감을 가질 수 있게 되었습니다. 아직도 부족한 점이 많지만, 자만하지 않고 노력해서 모든 문학작품을 막힘없이 읽을 수 있게 되고 싶습니다.

어휘 アメリカ 아메리카, 미국　留学生(りゅうがくせい) 유학생　現在(げんざい) 현재　大学院(だいがくいん) 대학원　文学(ぶんがく) 문학　勉強(べんきょう) 공부　入学(にゅうがく) 입학　～時(とき) ～때　自体(じたい) 자체　おもしろい 재미있다　漢字(かんじ) 한자　うまく 잘, 목적한 대로　読(よ)む 읽다　～なくて ～하지 않아서 *원인・이유　色々(いろいろ)と 여러 가지로　大変(たいへん)だ 힘들다　つまり 요컨대, 즉　簡単(かんたん)だ 간단하다　外国人(がいこくじん) 외국인　難(むずか)しい 어렵다　他(ほか)の～ 다른～　学生(がくせい) 학생, (특히) 대학생　～より ～보다　作品(さくひん) 작품　それで 그래서　一日(いちにち) 하루　少(すく)なくとも 적어도　～個(こ) ～개　以上(いじょう) 이상　覚(おぼ)える 외우다, 기억하다　決心(けっしん) 결심　止(や)める 그만두다, 관두다　동사의 ます형+たい ～하고 싶다　諦(あきら)める 체념하다, 단념하다　～ないで ～하지 않고　続(つづ)ける 계속하다　結果(けっか) 결과　～に比(くら)べて ～에 비해서　ある 어느　程度(ていど) 정도　自信(じしん) 자신, 자신감　持(も)つ 가지다　～ようになる ～하게(끔) 되다 *변화　まだまだ 아직도　足(た)りない 모자라다, 부족하다　多(おお)い 많다　自慢(じまん) 자만　頑張(がんば)る (끝까지) 노력하다, 열심히 하다　全(すべ)て 모두, 전부　スムーズだ 원활하다, 순조롭다

19 해석 1 에 대해서　　　 2 에 의해　　　 3 에 있어서　　　 4 에 따라서
　　 어휘 ～において ～에 있어서, ～에서

20 해석 1 에 반해서　　　 2 에게 있어서　　　 3 에 대해서　　　 4 에 따라서

21 해석 1 시간이 걸린 적은 없습니다　　　　　 2 별로 시간은 걸리지 않았습니다
　　　　 3 시간이 걸릴 수는 없었습니다　　　　 4 2배 이상의 시간이 걸려 버렸습니다
　　 어휘 時間(じかん) 시간　かかる (시간이) 걸리다　동사의 た형+ことはない ～한 적은 없다　あまり (부정어 수반) 그다지, 별로　동사의 기본형+わけにはいかない ～할 수는 없다

22 해석 1 그래서　　　 2 따라서　　　 3 물론　　　 4 게다가
　　 어휘 それで 그래서　だから 따라서　もちろん 물론　それに 게다가

23 해석 1 하는 김에　　　 2 대로　　　 3 에 걸쳐서　　　 4 에 관한 한
　　 어휘 ～ついでに ～하는 김에, ～하는 기회에　～通(とお)りに ～대로, ～같이

기출 문법표현 72
<49~60>

- [ ] 49 **～はもちろん** ～은 물론이고

- [ ] 50 **～ばかりか** ～뿐만 아니라

- [ ] 51 **～は別^{べつ}として** ① ～은 제쳐두고 ② ～와는 상관없이

- [ ] 52 **～ば～ほど** ～하면 ～할수록

- [ ] 53 **～ばよかった** ～했으면 좋았을 텐데, ～할 걸 그랬다

- [ ] 54 **～反面^{はんめん}** ～인 반면

- [ ] 55 **～ふりをする** ～인 체하다

- [ ] 56 **동사의 기본형+べきだ** (마땅히) ～해야 한다

- [ ] 57 **～ほど～(は)ない** ～만큼 ～하지(는) 않다

- [ ] 58 **～向^むき** ～에 적합함

- [ ] 59 **～も～ば～も** ～도 ～하고[하거니와] ～도

- [ ] 60 **동사의 ます형+やすい** ～하기 쉽다[편하다]

49 〜はもちろん ~은 물론이고

'~은 당연하며 그 외에 다른 사항도 추가되어서'라는 의미를 나타낸다. 「〜はもとより」(~은 물론이고)도 비슷한 의미의 표현인데, 딱딱한 느낌이라 일상회화에서는 잘 쓰지 않는다.

예 このバッグはデザインはもちろん、質もとてもいい。
이 가방은 디자인은 물론이고, 질도 매우 좋다.
この遊園地は週末はもちろん、平日も込んでいる。
이 유원지는 주말은 물론이고, 평일에도 붐빈다.

50 〜ばかりか ~뿐만 아니라

어떤 사항뿐만 아니라, 그 위에 정도가 더 큰 상황이 벌어졌을 때 쓰는 표현이다. 「〜ばかりではなく」(~뿐만 아니라)와 비슷한 의미의 표현이지만, 「〜ばかりか」는 뒤에 명령, 강제의 말이 올 수 없다.

예 あの店の料理は、見た目ばかりか味も最悪だ。
저 가게의 요리는 겉모양뿐만 아니라, 맛도 최악이다.
この頃、彼は遅刻が多いばかりか授業中に居眠りをすることさえある。
요즘 그는 지각이 많을 뿐만 아니라, 수업 중에 조는 일조차 있다.

※ 私は日本語ばかりではなく、英語や数学の授業も受けている。
나는 일본어뿐만 아니라, 영어랑 수학 수업도 받고 있다.

51 〜は別として ① ~은 제쳐두고 ② ~와는 상관없이

「Aは別としてB」의 형태로 'A에 대해서는 나중에 생각하기로 하고 지금은 B만 우선적으로 한다'라는 의미와, 'A라는 특별한 상황을 제외하고 생각하면 B'라는 의미로 쓰인다. 「〜は別にして」의 형태로 쓰기도 한다.

예 あの店、味は別としてとにかく安いね。
저 가게, 맛은 제쳐두고 어쨌든 싸네.
結果は別として、頑張ったということが大切です。
결과와는 상관없이 열심히 했다는 것이 중요합니다.

어휘 バッグ 백, 가방 | デザイン 디자인 | 質 질 | 遊園地 유원지 | 週末 주말 | 平日 평일 | 込む 붐비다, 혼잡하다 | 見た目 외관, 겉보기, 겉모습 | 味 맛 | 最悪 최악 | この頃 요즘 | 遅刻 지각 | 授業 수업 | 〜中 ~중 | 居眠り (앉아서) 졺 | 〜さえ ~조차 | 受ける (어떤 행위를) 받다 | 店 가게 | とにかく 어쨌든 | 安い 싸다 | 結果 결과 | 頑張る (끝까지) 노력하다, 열심히 하다 | 〜という ~라는 | 大切だ 중요하다

52 ~ば~ほど ~하면 ~할수록

한쪽의 정도가 높아짐에 따라 다른 쪽의 상태도 한층 높아진다는 의미의 표현이다. 예상했던 것과 반대의 결과가 되는 경우에도 쓸 수 있다. い형용사에 접속할 때는 「い형용사의 어간+ければ~い형용사의 기본형+ほど」의 형태가 된다.

例 食べれば食べるほど太るものだ。
먹으면 먹을수록 살찌는 법이다.

目標は大きければ大きいほどいいと思う。
목표는 크면 클수록 좋다고 생각한다.

53 ~ばよかった ~했으면 좋았을 텐데, ~할 걸 그랬다

실제로는 일어나지 않았거나, 현재 상태가 기대에 반하는 듯한 경우에 후회나 유감의 기분을 나타낼 때 쓴다.

例 それほど行きたかったなら、行けばよかったのに。
그렇게 가고 싶었으면 갔으면 좋았을 텐데.

この映画、全然おもしろくないなあ。違う映画を見ればよかった。
이 영화, 전혀 재미있지 않네. 다른 영화를 볼 걸 그랬다.

54 ~反面 ~인 반면

어떤 내용에 대해 두 가지의 반대 경향이나 성질을 말할 때 쓴다.

例 彼女は明るい反面、寂しがり屋でもあります。
그녀는 밝은 반면, 외로움을 많이 타기도 합니다.

彼は偉そうなことを言う反面、臆病です。
그는 큰소리를 치는 반면, 겁쟁이입니다.

어휘 | 太る 살찌다 | ~ものだ ~인 법[것]이다 *상식·진리·본성 | 目標 목표 | それほど 그렇게 |

동사의 ます형+たい ~하고 싶다 | ~のに ~텐데, ~련만 | 全然 (부정어 수반) 전혀 | おもしろい 재미있다 |

違う 다르다 | 明るい 밝다 | 寂しがり屋 남보다 민감하게 쓸쓸해 하는 사람 |

偉そうなことを言う 큰소리를 치다 | 臆病 겁쟁이

55 ～ふりをする ～인 체하다

사실은 그렇지 않은데 일부러 그런 것처럼 꾸미는 것을 나타내는 표현으로, 좋은 의미로 쓰이는 경우는 거의 없다.

예 わからないくせに知ったふりをするな。
모르는 주제에 아는 체하지 마.

親切なふりをするな。
친절한 체하지 마.

56 동사의 기본형+べきだ (마땅히) ～해야 한다

동사의 기본형에 접속하여 그렇게 해야 하는 의무나 당위를 나타내는 표현으로, 부정형은 「동사의 기본형+べきではない」
(～해서는 안 된다)이다. 단, 동사「する」의 경우에는 「するべきだ」와 「すべきだ」 모두 쓸 수 있다.

예 何があっても、約束は守るべきだ。
무슨 일이 있어도 약속은 지켜야 한다.

子供は親孝行するべきだ。
자식은 부모에게 효도해야 한다.

※ 人を外見で判断すべきではありません。
사람을 겉모습으로 판단해서는 안 됩니다.

57 ～ほど～(は)ない ～만큼 ～하지(는) 않다

말하는 사람이 주관적으로 어떤 대상에 대해 같은 정도가 아님을 나타낼 때 쓴다. 따라서 객관적인 사실에 대해서는 사용할
수 없다.

예 今年の冬は去年ほど寒くない。
올해 겨울은 작년만큼 춥지 않다.

ここは、昔ほど賑やかではないですね。
여기는 옛날만큼 번화하지 않네요.

어휘 わかる 알다, 이해하다 | ～くせに ～인 주제에, ～이면서도 | 知る 알다 | 동사의 기본형+な ～하지 마라 |
何があっても 무슨 일이 있어도 | 約束 약속 | 守る 지키다 | 子供 자식 | 親孝行 부모에게 효도하는 것 |
人 사람 | 外見 외견, 겉모습 | 判断 판단 | 今年 금년, 올해 | 冬 겨울 | 去年 작년 | 寒い 춥다 | 昔 옛날 |
賑やかだ 번화하다

언어지식(문법) 기출 문법표현 〈49~60〉

58 **〜向き** 〜에 적합함

사람을 나타내는 명사에 접속하여 그 사람에게 적합하거나 마음에 들도록 되어 있다는 의미를 나타낸다.

(예) この食堂は安くて量も多く、学生向きです。
이 식당은 싸고 양도 많아서 학생에게 적합합니다.

これはお年寄り向きの柔らかいお菓子です。
이것은 노인에게 적합한 부드러운 과자입니다.

59 **〜も〜ば〜も** 〜도 〜하고[하거니와] 〜도

뭔가를 말하고 싶을 때 이유로서 나열하는 표현이다.

(예) 犬が好きな人もいれば猫が好きな人もいる。
개를 좋아하는 사람도 있고 고양이를 좋아하는 사람도 있다.

父はお酒も飲めばたばこも吸うので、健康が心配だ。
아버지는 술도 마시거니와 담배도 피워서 건강이 걱정스럽다.

60 **동사의 ます형+やすい** 〜하기 쉽다[편하다]

동사의 ます형에 접속하여 그 동작을 하는 것이 용이함을 나타낸다.

(예) この本は例文が多くてわかりやすい。
이 책은 예문이 많아서 이해하기 쉽다.

あの人の声はいつ聞いても聞きやすいですね。
저 사람의 목소리는 언제 들어도 듣기 편하네요.

어휘 食堂 식당 | 量 양 | 学生 학생, (특히) 대학생 | お年寄り 노인 | 柔らかい 부드럽다 | 犬 개 |
好きだ 좋아하다 | 猫 고양이 | 父 (자신의) 아버지 | お酒 술 | 飲む (술을) 마시다 | たばこを吸う 담배를 피우다 |
健康 건강 | 心配だ 걱정이다. 걱정스럽다 | 本 책 | 例文 예문 | 声 목소리 | 聞く 듣다

확인 문제 5(49~60) · 문법

동영상 22

問題1 つぎの文の（　　　）に入れるのに最もよいものを、1・2・3・4から一つえらびなさい。

1 中村君は頭がいい（　　　）、スポーツもできる。
　1 ばかりに　　　　　2 ばかりを　　　　　3 ばかりか　　　　　4 ばかりで

2 この携帯は性能（　　　）、デザインもすっきりしています。
　1 に対して　　　　　2 はもちろん　　　　3 ついでに　　　　　4 において

3 健康のためにも、毎日野菜はきちんと（　　　）べきだ。
　1 食べよう　　　　　2 食べた　　　　　　3 食べ　　　　　　　4 食べる

4 A「今日も朝から暑いね。」
　B「うん。でも、昨日（　　　）暑くはないよ。」
　1 まで　　　　　　　2 ほど　　　　　　　3 ばかり　　　　　　4 ごろ

5 お腹が空いたなあ。お弁当でも（　　　）。
　1 買わない方がいい　　　　　　　　　　2 買っても仕方がない
　3 持ってくればよかった　　　　　　　　4 作ってみた

6 彼女ができたら、楽しい（　　　）、一人の時間が少なくなった。
　1 にせよ　　　　　　2 ことに　　　　　　3 ように　　　　　　4 反面

7 値段（　　　）この帽子は私に似合わない。
　1 をおいて　　　　　2 につれて　　　　　3 に応じて　　　　　4 は別として

8 この料理はおいしいが、味が濃いので若者（　　　）だと思う。
　1 はず　　　　　　　2 向き　　　　　　　3 ところ　　　　　　4 向こう

9 日本語は（　　　）するほど難しいと思います。
　1 勉強すれば　　　　2 勉強しても　　　　3 勉強すると　　　　4 勉強しないで

10 雪で滑り（　　　）ですから、注意してください。
　1 やさしい　　　　　2 むずかしい　　　　3 にくい　　　　　　4 やすい

언어지식(문법)　기출문법표현　〈49~60〉

301

11 昨日のテストは、問題も（　　　　）量も多かったので、苦労した。
　　1 難しいと　　　　　2 難しくなくて　　　　3 難しければ　　　　4 難しかったら

12 電車の中では、大声で話をする（　　　　）。
　　1 べきだ　　　　　2 べく　　　　　　　3 べからざる　　　　4 べきではない

13 彼はその噂について知っていたのに、知らない（　　　　）をしていた。
　　1 わけ　　　　　　2 こと　　　　　　　3 ふり　　　　　　　4 もの

問題2 つぎの文の ＿＿＿★＿＿＿ に入れる最もよいものを、1・2・3・4から一つえらびなさい。

14 昨日読んだ ＿＿＿＿ ＿＿＿＿ ＿★＿ ＿＿＿＿ のでがっかりした。
　　1 おもしろく　　　2 評判ほど　　　　　3 なかった　　　　　4 小説は

15 ＿＿＿＿ ＿＿＿＿ ＿★＿ ＿＿＿＿ 、挑戦してみる価値はあると思います。
　　1 別と　　　　　　2 して　　　　　　　3 どうかは　　　　　4 成功するか

16 ＿＿＿＿ ＿＿＿＿ ＿★＿ ＿＿＿＿ 高くなります。
　　1 駅から　　　　　2 近ければ　　　　　3 家賃が　　　　　　4 近いほど

17 都会は ＿＿＿＿ ＿＿＿＿ ＿★＿ ＿＿＿＿ などのデメリットもある。
　　1 空気が　　　　　2 便利な　　　　　　3 よくない　　　　　4 反面

18 ＿＿＿＿ ＿＿＿＿ ＿★＿ ＿＿＿＿ 嫌いな人もいる。
　　1 好きな人も　　　2 動物が　　　　　　3 世の中には　　　　4 いれば

問題3 つぎの文章を読んで、文章全体の内容を考えて、|19|から|23|の中に入る最もよいものを、1・2・3・4から一つえらびなさい。

　最近、エントリーシートを書くのを手伝う親が増えているという。エントリーシートは、今の就職活動には欠かせないもので、これをうまく|19|合格する確率は上がる。仕様は各社様々で、志望動機を書かせるところも|20|、与えたテーマを書かせるところもある。しかし、どんなに子供が困っていても、親が作文まで書いてやることに|21|があったことは否めない。でも、手伝ったという父一人を取材して、「なるほどこここそ親の|22|だなあ。合格するかどうか|23|私も手伝ってやればよかった」と反省した。その父はこう言った。「息子は名門大でもなく、一人暮らしで自炊して勉強するのが精一杯だったから、誇れることは何もないと言うんです。」その父は社会人の目から見た息子のよさを伝えて励ましたという。

|19|

1 書いても　　　2 書けば書くほど　　　3 書かなければ　　　4 書いたからといって

|20|

1 あると　　　2 ある間に　　　3 あれば　　　4 あるにしろ

|21|

1 抵抗感　　　2 親近感　　　3 不安感　　　4 無力感

|22|

1 交番　　　2 一番　　　3 週番　　　4 出番

|23|

1 によって　　　2 はもちろん　　　3 は別として　　　4 くせに

확인 문제 5(49~60) · 정답 및 해석(문법)

1 정답 **3**
해석 나카무라 군은 머리가 좋을 (뿐만 아니라), 운동도 잘한다.
어휘 頭(あたま) 머리 いい 좋다 ～ばかりか ～뿐만 아니라 スポーツ 스포츠, 운동 できる 잘하다 ～ばかりに ～한 탓에

2 정답 **2**
해석 이 휴대전화는 성능(은 물론이고), 디자인도 세련되었습니다.
어휘 携帯(けいたい) 휴대전화 ＊「携帯電話(けいたいでんわ)」의 준말 性能(せいのう) 성능 ～はもちろん ～은 물론이고 デザイン 디자인 すっきり 세련된 모양 ～に対(たい)して ～에 대해서, ～에게 ＊대상 ～ついでに ～하는 김에, ～하는 기회에 ～において ～에 있어서, ～에서

3 정답 **4**
해석 건강을 위해서라도 매일 채소는 제대로 (먹어)야 한다.
어휘 健康(けんこう) 건강 명사+の+ためにも ～을 위해서라도 毎日(まいにち) 매일 野菜(やさい) 채소 きちんと 제대로, 확실히 동사의 기본형+べきだ (마땅히) ～해야 한다

4 정답 **2**
해석 A "오늘도 아침부터 덥네."
　　B "응, 하지만 어제(만큼) 덥지는 않아."
어휘 今日(きょう) 오늘 朝(あさ) 아침 暑(あつ)い 덥다 でも 하지만 昨日(きのう) 어제 ～ほど～(は)ない ～만큼 ～하지(는) 않다 ～まで ～까지 ～ばかり ～만, ～뿐 ～ごろ ～경, ～쯤

5 정답 **3**
해석 배가 고프네. 도시락이라도 (가지고 왔으면 좋았을 텐데).
어휘 お腹(なか)が空(す)く 배가 고프다 お弁当(べんとう) 도시락 ～ばよかった ～했으면 좋았을 텐데, ～할 걸 그랬다 買(か)う 사다 ～ない方(ほう)がいい ～하지 않는 편[쪽]이 좋다 仕方(しかた)がない 어쩔 수 없다 作(つく)る 만들다

6 정답 **4**
해석 여자친구가 생기니, 즐거운 (반면) 혼자의 시간이 적어졌다.
어휘 彼女(かのじょ) 여자친구 できる 생기다 楽(たの)しい 즐겁다 ～反面(はんめん) ～인 반면 時間(じかん) 시간 少(すく)ない 적다 ～にせよ ～라고 해도 ～ことに ～하게도 ＊감탄·놀람 ～ように ～하도록

7 정답 **4**
해석 가격(은 제쳐두고) 이 모자는 나에게 어울리지 않는다.
어휘 値段(ねだん) 가격 ～は別(べつ)として ～은 제쳐두고 帽子(ぼうし) 모자 似合(にあ)う 잘 맞다, 어울리다 ～をおいて ～을 제외하고 ～につれて ～함에 따라서 ＊비례 ～に応(おう)じて ～에 응해서, ～에 따라서

8 정답 **2**
해석 이 요리는 맛있지만, 맛이 진해서 젊은이(에 적합하)다고 생각한다.
어휘 料理(りょうり) 요리 おいしい 맛있다 味(あじ) 맛 濃(こ)い 진하다 若者(わかもの) 젊은이 ～向(む)き ～에 적합함 ～はず (당연히) ～할 것[터]임 向(む)こう 맞은편, 건너편

9 정답 **1**
해석 일본어는 (공부하면) 할수록 어렵다고 생각합니다.
어휘 勉強(べんきょう) 공부 ～ば～ほど ～하면 ～할수록 難(むずか)しい 어렵다

10 정답 **4**
해석 눈 때문에 미끄러지(기 쉬우)니까, 주의하세요.
어휘 雪(ゆき) 눈 滑(すべ)る 미끄러지다 동사의 ます형+やすい ～하기 쉽다 やさ(易)しい 쉽다 동사의 ます형+にくい ～하기 어렵다[힘들다]

304

11	정답 3

해석 어제 시험은 문제도 (어렵고) 양도 많아서 고생했다.

어휘 テスト 테스트, 시험 問題(もんだい) 문제 〜も〜ば〜も 〜도 〜하고[하거니와] 〜도 量(りょう) 양 多(おお)い 많다 苦労(くろう) 고생

12	정답 4

해석 전철 안에서는 큰 소리로 이야기를 (해서는 안 된다).

어휘 電車(でんしゃ) 전철 中(なか) 안 大声(おおごえ) 큰 소리 話(はなし) 이야기

동사의 기본형+べきではない 〜해서는 안 된다 *단, 동사「する」의 경우에는「するべきではない」,「すべきではない」모두 쓸 수 있음 동사의 기본형+べく 〜하기 위해 동사의 기본형+べからざる 〜해서는 안 되는

13	정답 3

해석 그는 그 소문에 대해서 알고 있었는데도 모르는 (체)하고 있었다.

어휘 噂(うわさ) 소문 〜について 〜에 대해서 *내용 知(し)る 알다 〜のに 〜는데(도) 〜ふりをする 〜인 체하다

わけ 이유, 까닭

14	小説は 評判ほど おもしろく ★ なかった	정답 1

해석 어제 읽은 소설은 평판만큼 재미있지★ 않았기 때문에 실망했다.

어휘 読(よ)む 읽다 小説(しょうせつ) 소설 評判(ひょうばん) 평판 がっかりする 실망하다

15	成功するか どうかは 別と ★ して	정답 1

해석 성공할지 어떨지는 제쳐★ 두고 도전해 볼 가치는 있다고 생각합니다.

어휘 成功(せいこう) 성공 〜かどうか 〜일지 어떨지 挑戦(ちょうせん) 도전 価値(かち) 가치

16	駅から 近ければ 近いほど ★ 家賃が	정답 4

해석 역에서 가까우면 가까울수록★ 집세가 비싸집니다.

어휘 駅(えき) 역 近(ちか)い 가깝다 家賃(やちん) 집세 高(たか)い 비싸다

17	便利な 反面 空気が ★ よくない	정답 1

해석 도시는 편리한 반면, 공기가★ 좋지 않은 등의 단점도 있다.

어휘 都会(とかい) 도회, 도시 便利(べんり)だ 편리하다 空気(くうき) 공기 デメリット 단점, 결점

18	世の中には 動物が 好きな人も ★ いれば	정답 1

해석 세상에는 동물을 좋아하는 사람도★ 있거니와 싫어하는 사람도 있다.

어휘 世(よ)の中(なか) 세상 動物(どうぶつ) 동물 好(す)きだ 좋아하다 嫌(きら)いだ 싫어하다

305

최근 입사지원서를 쓰는 것을 도와주는 부모가 늘고 있다고 한다. 입사지원서는 지금의 취직활동에서 빠뜨릴 수 없는 것으로 이것을 잘 **19 쓰면 쓸수록** 합격할 확률은 올라간다. 사양은 각 회사마다 여러 가지로 지망동기를 쓰게 하는 곳도 **20 있고** 주어진 주제를 쓰게 하는 곳도 있다. 그러나 아무리 아이가 곤란해도 부모가 작문까지 써 주는 것에 **21 저항감**이 있었던 것은 부정할 수 없다. 하지만 도와줬다는 아버지 한 명을 취재하고 '과연 여기야말로 부모가 **22 나설 차례**군. 합격할지 어떨지 **23 는 제쳐두고** 나도 도와줬으면 좋았을 걸 그랬다'라고 반성했다. 그 아버지는 이렇게 말했다. "아들은 명문대도 아니고 혼자서 살며 자취해서 공부하는 게 고작이었으니까, 자랑할 수 있는 게 아무것도 없다고 말해요." 그 아버지는 사회인의 눈으로 본 아들의 장점을 알리고 격려했다고 한다.

어휘 最近(さいきん) 최근, 요즘 エントリーシート 입사지원서 書(か)く (글씨 · 글을) 쓰다 手伝(てつだ)う 돕다, 거들다
親(おや) 부모 増(ふ)える 늘다, 늘어나다 就職活動(しゅうしょくかつどう) 취직활동
欠(か)かせない 빠뜨릴 수 없는, 없어서는 안 될 うまく 잘, 목적한 대로 合格(ごうかく) 합격 確率(かくりつ) 확률
上(あ)がる 올라가다 仕様(しよう) 사양 各社(かくしゃ) 각 회사 様々(さまざま)だ 다양하다, 여러 가지다 志望(しぼう) 지망
動機(どうき) 동기 ところ(所) 곳, 장소 与(あた)える 주다 テーマ 테마, 주제 しかし 그러나 どんなに 아무리
困(こま)る 곤란하다, 난처하다 作文(さくぶん) 작문 ~てやる (내가 남에게) ~해 주다 *손아랫사람이나 동식물일 경우에 씀
否(いな)む 부정하다 でも 하지만 父(ちち) 아버지 取材(しゅざい) 취재 なるほど 과연 ~こそ ~야말로
~かどうか ~일지 어떨지 ~ばよかった ~했으면 좋았을 텐데, ~할 걸 그랬다 反省(はんせい) 반성 こう 이렇게
息子(むすこ) (자신의) 아들 名門大(めいもんだい) 명문대 一人暮(ひとりぐ)らし 혼자서 삶 自炊(じすい) 자취
精一杯(せいいっぱい) 고작 誇(ほこ)る 자랑하다 何(なに)も (부정어 수반) 아무것도 社会人(しゃかいじん) 사회인
目(め) 눈, 시선 よさ 좋은 점, 장점 伝(つた)える 전하다, 알리다 励(はげ)ます 격려하다

19 해석 1 써도 2 쓰면 쓸수록 3 쓰지 않으면 4 썼다고 해서
   어휘 ~ば~ほど ~하면 ~할수록 ~からといって ~라고 해서

20 해석 1 있으면 2 있는 동안에 3 있고 4 있다고 해도
   어휘 ~間(あいだ)に ~동안에, ~사이에 *한정된 시간 ~も~ば~も ~도 ~하고[하거니와] ~も ~にしろ ~라고 해도

21 해석 1 저항감 2 친근감 3 불안감 4 무력감
   어휘 抵抗感(ていこうかん) 저항감 親近感(しんきんかん) 친근감 不安感(ふあんかん) 불안감
   無力感(むりょくかん) 무력감

22 해석 1 파출소 2 가장 3 주번 4 나설 차례
   어휘 交番(こうばん) 파출소 一番(いちばん) 가장, 제일 週番(しゅうばん) 주번 出番(でばん) 나설 차례

23 해석 1 에 의해 2 은 물론이고 3 는 제쳐두고 4 이면서도
   어휘 ~によって ~에 의해, ~에 따라 ~はもちろん ~은 물론이고 ~は別(べつ)として ~은 제쳐두고
   ~くせに ~인 주제에, ~이면서도

기출 문법표현 72
⟨61~72⟩

☐ **61** 동사의 **ます형+ようがない** ～할 방법이[도리가] 없다, ～할 수 없다

☐ **62** **～(よ)うとする** ～하려고 하다

☐ **63** **～ように** ～하도록

☐ **64** **～(より)ほかない** ～할 수밖에 없다, ～하는 것 외에 달리 없다

☐ **65** **～わけがない** ～일 리가 없다

☐ **66** **～わけだ** ～인 셈[것]이다, ～인 것이 당연하다

☐ **67** **～わけではない** (전부) ～인 것은 아니다, (반드시) ～라고는 말할 수 없다

☐ **68** 동사의 기본형+**わけにはいかない** ～할 수는 없다

☐ **69** **～わりに(は)** ～에 비해서(는), ～치고(는)

☐ **70** **～をきっかけに** ～을 계기로

☐ **71** **～をこめて** ～을 담아서

☐ **72** **～を通して** ① ～을 통해서, ～을 수단으로 하여 ② ～내내

61 동사의 **ます**형+**ようがない** ~할 방법이[도리가] 없다, ~할 수 없다

동사의 ます형에 접속하여 그렇게 하고 싶지만, 수단이나 방법이 없어 그렇게 할 수 없음을 강조할 때 쓴다.

예 どんな状況かわからないでは、助けようがない。
어떤 상황인지 몰라서는 도울 방법이 없다.
この病気は、今の医療技術では治しようがない。
이 병은 지금의 의료기술로는 고칠 수 없다.

62 **~(よ)うとする** ~하려고 하다

동작이나 변화가 시작되거나 끝나거나 하기 직전이라는 의미의 표현으로,「始まる」(시작되다),「終わる」(끝나다),「知らせる」(알리다)와 같은 무의지동사가 쓰이는 것이 전형적이다.「やる」(하다),「思い出す」(떠올리다, 생각해 내다),「寝る」(자다)와 같은 의지적인 행위의 동사에 접속하면 그 동작을 하려고 노력하거나 시도한다는 의미가 된다.

예 時計は正午を知らせようとしている。
시계는 정오를 알리려고 하고 있다.
寝ようとすればするほど、目が冴えてきてしまった。
자려고 하면 할수록 (눈이) 말똥말똥해져 버렸다.

63 **~ように** ~하도록

동사 뒤에 접속하여 목적이나 권고, 충고, 염원을 나타내는 표현이다.

예 後ろの席の人にも聞こえるように、大きな声で話した。
뒷자리의 사람에게도 들리도록 큰 소리로 이야기했다.
風邪を引かないように、ご注意ください。
감기에 걸리지 않도록 주의하세요.

- -

어휘 どんな 어떤 ｜ 状況 상황 ｜ わかる 알다, 이해하다 ｜ 助ける 돕다 ｜ 病気 병 ｜ 医療 의료 ｜ 技術 기술 ｜
治す 고치다, 치료하다 ｜ 時計 시계 ｜ 正午 정오 ｜ 知らせる 알리다 ｜ 寝る 자다 ｜ ~ば~ほど ~하면 ~할수록 ｜
目が冴える (눈이) 말똥말똥해지다, (신경이) 날카로워지다 ｜ 後ろ 뒤 ｜ 席 (앉는) 자리, 좌석 ｜ 聞こえる 들리다 ｜
大きな 큰 ｜ 声 목소리 ｜ 風邪を引く 감기에 걸리다 ｜ ご+한자명사+ください ~해 주십시오 *존경표현 ｜
注意 주의, 조심

308

64 ～(より)ほかない ~할 수밖에 없다. ~하는 것 외에 달리 없다

그 외에 다른 수단이나 방법이 없어 어쩔 수 없이 그렇게 해야 함을 나타낸다.

例 こんなに厳しい経営状態が続くようであれば、店を閉めるほかない。
이렇게 혹독한 경영상태가 계속될 것 같으면 가게 문을 닫을 수밖에 없다.

その国は食糧の自給率が低いので、海外からの輸入に頼るほかない。
그 나라는 식량의 자급률이 낮아서 해외로부터의 수입에 의지할 수밖에 없다.

65 ～わけがない ~일 리가 없다

주관적인 판단의 당위성을 나타내는 표현으로, 어떤 사실을 근거로 '그런 일은 없다'라는 의미다. 조사 「は」를 사용해 「～わけはない」(~일 리는 없다)의 형태로 쓰기도 한다.

例 こんな時間に連絡が来るわけがない。
이런 시간에 연락이 올 리가 없다.

歌が下手な彼女が歌手になれるわけがない。
노래를 잘 못하는 그녀가 가수가 될 수 있을 리가 없다.

※ 誠実な彼がそんなことをするわけはない。
성실한 그가 그런 짓을 할 리는 없다.

66 ～わけだ ~인 셈[것]이다, ~인 것이 당연하다

어떤 사실이나 상황으로 보아 당연히 어떤 결과가 된다는 의미의 표현이다.

例 夜型の人間が増えてきたため、コンビニがこれほど多くなったわけだ。
올빼미형[야간형] 인간이 늘어났기 때문에 편의점이 이 정도로 많아진 것이다.

寒いわけだ。ドアが開いたままになっている。
추운 것이 당연하다. 문이 열린 채로 되어 있다.

어휘 こんなに 이렇게 | 厳しい 심하다, 혹독하다 | 経営 경영 | 状態 상태 | 続く 이어지다, 계속되다 |
～ようだ ~인 것 같다 | 店を閉める 가게 문을 닫다, 폐업하다 | 国 나라 | 食糧 식량 | 自給率 자급률 |
低い 낮다 | 海外 해외 | 輸入 수입 | 頼る 의지하다 | こんな 이런 | 連絡 연락 | 歌 노래 |
下手だ 잘 못하다, 서투르다 | 誠実だ 성실하다 | そんな 그런 | 夜型 야간형, 올빼미형 | 人間 인간 |
増える 늘다, 늘어나다 | ～ため ~때문(에) | コンビニ 편의점 *「コンビニエンスストア」의 준말 |
これほど 이 정도 | ドア 문 | 開く 열리다 | 동사의 た형+まま ~한 채, ~상태로

67 **～わけではない** (전부) ~인 것은 아니다, (반드시) ~라고는 말할 수 없다

「～わけだ」(~인 셈[것]이다, ~인 것이 당연하다)의 부정형으로, 무엇인가를 부분적으로 부정할 때 쓴다.

例 日本人だからといって、日本語が教えられるわけではない。
일본인이라고 해서 일본어를 가르칠 수 있는 것은 아니다.

私は学生時代、勉強ばかりしていたわけではない。よく旅行もした。
나는 학창시절 공부만 했던 것은 아니다. 자주 여행도 했다.

68 동사의 기본형+**わけにはいかない** ~할 수는 없다

동사의 기본형에 접속하여 심리적, 사회적 인간관계 등의 사정으로 '~할 수는 없다'라는 의미를 나타낸다. 한편 동사의 ない형에 접속하는 「～ないわけにはいかない」는 '~하지 않을 수는 없다, 매우 ~할 필요가 있다'라는 의미를 나타낸다.

例 今更諦めるわけにはいかない。
이제 와서 단념할 수는 없다.

先生の頼みを断るわけにはいかない。
선생님의 부탁을 거절할 수는 없다.

※ 親友の結婚式だから、行かないわけにはいかない。
친한 친구의 결혼식이니까, 가지 않을 수는 없다.

69 **～わりに(は)** ~에 비해서(는), ~치고(는)

당연하다고 생각되는 정도에 맞지 않거나 어울리지 않음을 나타낸다. 명사에 접속할 때는 「명사+の+わりに(は)」의 형태로, な형용사에 접속할 때는 「な형용사의 어간+な+わりに(は)」의 형태가 된다.

例 彼女は年齢のわりに若く見える。
그녀는 연령에 비해서 젊어 보인다.

そのアルバイトは楽なわりには時給がいい。
그 아르바이트는 편한 데 비해서는 시급이 좋다.

어휘 ～からといって ~라고 해서 ┃ 教える 가르치다 ┃ 学生時代 학창시절 ┃ ～ばかり ~만, ~뿐 ┃ よく 자주 ┃
旅行 여행 ┃ 今更 이제 와서 ┃ 諦める 체념하다, 단념하다 ┃ 頼み 부탁 ┃ 断る 거절하다 ┃ 親友 친우, 친한 친구 ┃
結婚式 결혼식 ┃ 年齢 연령, 나이 ┃ 若い 젊다 ┃ 見える 보이다 ┃ アルバイト 아르바이트 ┃ 楽だ 편하다 ┃
時給 시급

70 ～をきっかけに ～을 계기로

어떤 새로운 행위를 일으킨 발단이나 동기에 대해 말할 때 쓰는 표현으로, 「～がきっかけで」(～이 계기가 되어)의 형태로도 쓴다. 비슷한 의미의 표현으로 「～を契機に」(～을 계기로)가 있다.

예 その俳優はこのドラマをきっかけに、一躍有名になった。
그 배우는 이 드라마를 계기로 일약 유명해졌다.

ある日本人と友達になったことがきっかけで、日本留学を考えるようになった。
어떤 일본인과 친구가 된 것이 계기가 되어 일본유학을 생각하게 되었다.

※ 病気を契機にたばこを止めた。
병을 계기로 담배를 끊었다.

71 ～をこめて ～을 담아서

「気持ち」(기분, 마음), 「愛」(사랑), 「願い」(바람)와 같은 명사에 접속하여 그것을 담아 어떤 일을 함을 나타낸다. 대체로 긍정적인 표현에 쓰이지만, 「怒りをこめて」(분노를 담아)와 같이 부정적인 표현에도 쓴다.

예 彼に心をこめて手紙を書いた。
그에게 마음을 담아 편지를 썼다.

毎朝夫のために、愛情をこめてお弁当を作っている。
매일 아침 남편을 위해서 애정을 담아 도시락을 만들고 있다.

72 ～を通して ① ～을 통해서, ～을 수단으로 하여 ② ～내내

어떤 일이 성립할 때의 중개, 수단이 될 사람이나 사물을 나타낸다. 그리고 어떤 기간 동안 계속 같은 상태임을 말하고자 할 때도 쓴다.

예 そのことはテレビのニュースを通して知った。
그 일은 TV 뉴스를 통해서 알았다.

ここは1年を通してほとんど同じような天候だ。
여기는 일 년 내내 거의 같은 날씨이다.

어휘 俳優 배우 | ドラマ 드라마 | 一躍 일약 | 有名だ 유명하다 | ある 어떤, 어느 | 友達 친구 | 留学 유학 |
考える 생각하다 | ～ようになる ～하게(끔) 되다 *변화 | 止める 그만두다, 끊다 | 心 마음 | 手紙 편지 |
書く (글씨·글을) 쓰다 | 毎朝 매일 아침 | 夫 (자신의) 남편 | 명사+の+ために ～을 위해서 | 愛情 애정 |
お弁当 도시락 | 作る 만들다 | ほとんど 거의 | 同じだ 같다 | 天候 날씨

311

問題1 つぎの文の(　　　)に入れるのに最もよいものを、1・2・3・4から一つえらびなさい。

1 A「あの店のラーメン、どうだった?」
　　B「値段の(　　　　)おいしかったわ。」
　　1 に関して　　　　　2 に従って　　　　　3 わりに　　　　　4 ついでに

2 子供は、団体生活(　　　　)規則を覚える。
　　1 を通して　　　　　2 にとって　　　　　3 に反して　　　　　4 にわたって

3 暑い(　　　　)。ストーブがつけっぱなしになっている。
　　1 ことだ　　　　　2 ところだ　　　　　3 ほどだ　　　　　4 わけだ

4 お風呂に(　　　　)としたら、友達から電話がかかってきた。
　　1 入って　　　　　2 入ろう　　　　　3 入る　　　　　4 入った

5 こんな結果になってしまっては、もう諦める(　　　　)。
　　1 ことがある　　　　　2 ふりをする　　　　　3 ほかない　　　　　4 ところだ

6 責任者である以上、その会議に出席し(　　　　)。
　　1 ないわけにはいかない　　　　　　　　2 ないつもりだ
　　3 ないわけではない　　　　　　　　　　4 ないほどだ

7 こんな豪華な家、今の私に(　　　　)。
　　1 買うわけだ　　　　　　　　　　　　　2 買えるわけがない
　　3 買えるところだ　　　　　　　　　　　4 買ってほしい

8 電話番号がわからないことには、連絡(　　　　)ようがない。
　　1 し　　　　　2 する　　　　　3 して　　　　　4 した

9 先生の一言を(　　　　)、私の生き方もだいぶ変わった。
　　1 わけに　　　　　2 きっかけに　　　　　3 ほどに　　　　　4 ぐらいに

10 仕事に対して別に不満がある(　　　　)。
　　1 わけだ　　　　　2 わけがない　　　　　3 わけではない　　　　　4 わけにはいかない

11 寝坊しない（　　　　）、アラームをかけておきました。

1 ことに　　　　　　　2 ように　　　　　　　3 前に　　　　　　　　4 うちに

12 先生に感謝の気持ち（　　　　）、手紙を書きました。

1 ごとに　　　　　　　2 くせに　　　　　　　3 をこめて　　　　　　4 において

13 今日は車で来たから、お酒を飲む（　　　　）。

1 わけではない　　　　2 わけにはいかない　　3 わけだ　　　　　　　4 わけがない

問題2 つぎの文の ___★___ に入れる最もよいものを、1・2・3・4から一つえらびなさい。

14 台風の影響で、飛行機も ＿＿＿＿ ＿＿＿＿、 ＿＿★＿＿ ＿＿＿＿。

1 ようがない　　　　　2 電車も　　　　　　　3 行き　　　　　　　　4 動かず

15 あの店の商品は、 ＿＿＿＿ ＿＿＿＿ ＿＿★＿＿ ＿＿＿＿。

1 品質が　　　　　　　2 わりに　　　　　　　3 値段の　　　　　　　4 あまりよくない

16 お金持ちが ＿＿＿＿ ＿＿＿＿ ＿＿★＿＿ ＿＿＿＿。

1 という　　　　　　　2 幸せだ　　　　　　　3 必ずしも　　　　　　4 わけではない

17 ＿＿＿＿ ＿＿＿＿ ＿＿★＿＿ ＿＿＿＿ 鶴を折った。

1 願いを　　　　　　　2 平和の　　　　　　　3 こめて　　　　　　　4 折り紙で

18 この ＿＿＿＿ ＿＿＿＿ ＿＿★＿＿ ＿＿＿＿ 問題視された。

1 芸能人の　　　　　　2 私生活が　　　　　　3 事件を　　　　　　　4 きっかけに

問題3 つぎの文章を読んで、文章全体の内容を考えて、 19 から 23 の中に入る最もよいものを、1・2・3・4から一つえらびなさい。

私は旅行が大好きで、年に2回以上は海外旅行をしている。今年の7月には久しぶりに韓国へ行ってきた。今回で7回目の韓国旅行だったが、食べ物や文化の違いにはいつも驚かされる。今までは都市中心の旅行だったが、ちょっと飽きて今回は 19 田舎の方へ旅行してみる 20 。初めて見た韓国の田舎の風景は、予想した以上に素晴らしかった。高い建物もほとんどなく、目の前には田んぼが広がっていてのどかな雰囲気がとても 21 。でも、やはり都市に比べて食べ物や交通の便など、不便な点もいくつかあった。まず、店が少なくて食事をするのにちょっと苦労した。例えば、ある町ではなかなか店が見つからず、30分以上歩き続けてやっと小さなそば屋を見つけることができた。その店は建物自体はちょっと古ぼけていたが、そばは値段 22 とてもおいしかった。でも、食べ終わった後、泊まるところまで帰る時は運行されているバスが少なくて30分以上も待たなければならなかった。とにかく、今回の田舎旅行 23 、もっと韓国の色んなところに行ってみたくなった。

19
1 思い切って　　　2 徐々に　　　3 相変わらず　　　4 非常に

20
1 ことになった　　　2 ことにした　　　3 ところだった　　　4 わけだった

21
1 気がした　　　2 気が進まなかった　　　3 気を使った　　　4 気に入った

22
1 に関して　　　2 のわりに　　　3 ついでに　　　4 のように

23
1 から見れば　　　2 をこめて　　　3 ばかりか　　　4 をきっかけに

확인 문제 6(61~72) · 정답 및 해석(문법)

1 정답 3
해석 A "저 가게 라면, 어땠어?"
B "가격(에 비해서) 맛있었어."
어휘 店(みせ) 가게 ラーメン 라면 値段(ねだん) 가격 명사+の+わりに ~에 비해서, ~치고 おいしい 맛있다
~に関(かん)して ~에 관해서 ~に従(したが)って ~함에 따라, ~하자 차차, ~에 따라서
명사+の+ついでに ~하는 김에, ~하는 기회에

2 정답 1
해석 아이는 단체생활(을 통해서) 규칙을 익힌다.
어휘 子供(こども) 아이 団体(だんたい) 단체 生活(せいかつ) 생활 ~を通(とお)して ~을 통해서, ~을 수단으로 하여
規則(きそく) 규칙 覚(おぼ)える 익히다 ~にとって ~에(게) 있어서 ~に反(はん)して ~에 반해서, ~와는 반대로
~にわたって ~에 걸쳐서 *기간

3 정답 4
해석 더운 (것이 당연하다). 난로가 켜놓은 채로 되어 있다.
어휘 暑(あつ)い 덥다 ~わけだ ~인 셈[것]이다, ~인 것이 당연하다 ストーブ 스토브, 난로
つけっぱなし 켠 상태로 내버려 두는 것

4 정답 2
해석 목욕을 (하려고) 했더니, 친구에게서 전화가 걸려왔다.
어휘 お風呂(ふろ)に入(はい)る 목욕을 하다 ~(よ)うとする ~하려고 하다 友達(ともだち) 친구 電話(でんわ) 전화
かかる (전화가) 걸리다, 걸려오다

5 정답 3
해석 이런 결과가 되어 버려서는 이제 단념(할 수밖에 없다).
어휘 こんな 이런 結果(けっか) 결과 もう 이제 諦(あきら)める 체념하다, 단념하다
~ほかない ~할 수밖에 없다, ~하는 것 외에 달리 없다 ~ふりをする ~인 체하다

6 정답 1
해석 책임자인 이상, 그 회의에 출석하(지 않을 수는 없다).
어휘 責任者(せきにんしゃ) 책임자 ~以上(いじょう) ~한[인] 이상 会議(かいぎ) 회의 出席(しゅっせき) 출석
~ないわけにはいかない ~하지 않을 수는 없다, 매우 ~할 필요가 있다 동사의 보통형+つもりだ ~할 생각[작정]이다
~わけではない (전부) ~인 것은 아니다, (반드시) ~라고는 말할 수 없다 ~ほど ~정도

7 정답 2
해석 이런 호화로운 집, 지금의 내게 (살 수 있을 리가 없다).
어휘 豪華(ごうか)だ 호화롭다 買(か)う 사다 ~わけがない ~일 리가 없다 동사의 기본형+ところだ ~하려던 참이다
~てほしい ~해 주었으면 하다, ~해 주길 바라다

8 정답 1
해석 전화번호를 몰라서는 연락(할) 방법이 없다.
어휘 電話番号(でんわばんごう) 전화번호 わかる 알다, 이해하다 ~ないことには ~ 하지 않고서는 連絡(れんらく) 연락
동사의 ます형+ようがない ~할 방법이[도리가] 없다, ~할 수 없다

9 정답 2
해석 선생님의 한마디를 (계기로) 내 삶의 방식도 상당히 변했다.
어휘 一言(ひとこと) 한마디 ~をきっかけに ~을 계기로 生(い)き方(かた) 삶의 방식 だいぶ 꽤, 상당히
変(か)わる 바뀌다, 변하다

10 정답 3
해석 업무에 대해서 특별히 불만이 있(는 것은 아니다).
어휘 仕事(しごと) 일, 업무 ~に対(たい)して ~에 대해서 *대상 別(べつ)に (부정어 수반) 별로, 특별히
동사의 기본형+わけにはいかない ~할 수는 없다

| 11 | 정답 2 |

해석 늦잠을 자지 않(도록) 알람을 설정해 두었습니다.

어휘 寝坊(ねぼう)する 늦잠을 자다 ～ように ～하도록 アラームをかける 알람을 설정하다 ～ておく ～해 놓다[두다] ～ことに ～하게도 *감탄·놀람 동사의 기본형+前(まえ)に ～하기 전에 ～うちに ～동안에, ～사이에

| 12 | 정답 3 |

해석 선생님께 감사의 마음(을 담아서) 편지를 썼습니다.

어휘 感謝(かんしゃ) 감사 気持(きも)ち 기분, 마음 ～をこめて ～을 담아서 手紙(てがみ) 편지 書(か)く (글씨·글을) 쓰다 ～ごとに ～마다 ～くせに ～인 주제에, ～이면서도 ～において ～에 있어서, ～에서

| 13 | 정답 2 |

해석 오늘은 차로 왔기 때문에 술을 마(실 수는 없다).

어휘 車(くるま) 자동차, 차 お酒(さけ) 술 飲(の)む (술을) 마시다 동사의 기본형+わけにはいかない ～할 수는 없다 ～わけではない (전부) ～인 것은 아니다, (반드시) ～라고는 말할 수 없다 ～わけだ ～인 셈[것]이다, ～인 것이 당연하다 ～わけがない ～일 리가 없다

| 14 | 電車も 動かず 行き★ ようがない | 정답 3 |

해석 태풍의 영향으로 비행기도 전철도 움직이지 않아서 갈★ 방법이 없다.

어휘 台風(たいふう) 태풍 影響(えいきょう) 영향 飛行機(ひこうき) 비행기 電車(でんしゃ) 전철 動(うご)く 움직이다 ～ず ～하지 않아서 동사의 ます형+ようがない ～할 방법이[도리가] 없다, ～할 수 없다

| 15 | 値段の わりに 品質が★ あまりよくない | 정답 1 |

해석 저 가게의 상품은 가격에 비해서 품질이★ 별로 좋지 않다.

어휘 店(みせ) 가게 商品(しょうひん) 상품 値段(ねだん) 가격 명사+の+わりに ～에 비해서, ～치고 品質(ひんしつ) 품질 あまり (부정어 수반) 그다지, 별로 よくない 좋지 않다

| 16 | 必ずしも 幸せだ という★ わけではない | 정답 1 |

해석 부자가 반드시 행복하다 라고★ 는 말할 수 없다.

어휘 お金持(かねも)ち 부자 必(かなら)ずしも (부정어 수반) 반드시 幸(しあわ)せだ 행복하다

| 17 | 平和の 願いを こめて★ 折り紙で | 정답 3 |

해석 평화의 바람을 담아★ 색종이로 학을 접었다.

어휘 平和(へいわ) 평화 願(ねが)い 소원, 바람 折(お)り紙(がみ) 색종이 鶴(つる) 학 折(お)る 접다

| 18 | この 事件を きっかけに 芸能人の★ 私生活が | 정답 1 |

해석 이 사건을 계기로 연예인의★ 사생활이 문제시되었다.

어휘 事件(じけん) 사건 ～をきっかけに ～을 계기로 芸能人(げいのうじん) 연예인 私生活(しせいかつ) 사생활 問題視(もんだいし) 문제시

나는 여행을 아주 좋아해서 일 년에 두 번 이상은 해외여행을 하고 있다. 올해 7월에는 오랜만에 한국에 갔다 왔다. 이번으로 일곱 번째 한국여행이었지만, 음식이나 문화의 차이에는 항상 놀라게 된다. 지금까지는 도시 중심의 여행이었는데, 조금 질려서 이번에는 [19 과감히] 시골 쪽으로 여행해 보 [20 기로 했다]. 처음 본 한국의 시골 풍경은 예상했던 것 이상으로 멋졌다. 높은 건물도 거의 없고, 눈 앞에는 논이 펼쳐져 있어 한적한 분위기가 너무 [21 마음에 들었다]. 하지만 역시 도시에 비해 음식이나 교통편 등 불편한 점도 몇 가지 있었다. 우선 가게가 적어 식사를 하는 데 조금 고생했다. 예를 들어 어떤 마을에서는 좀처럼 가게가 발견되지 않아서 30분 이상 계속 걸어 겨우 작은 메밀국수가게를 찾을 수 있었다. 그 가게는 건물 자체는 조금 낡아 빠져 있었지만, 메밀국수는 가격 [22 에 비해] 아주 맛있었다. 하지만 다 먹은 후, 묵는 곳까지 돌아갈 때는 운행되고 있는 버스가 적어 30분 이상이나 기다려야 했다. 어쨌든 이번 시골여행 [23 을 계기로] 좀 더 한국의 여러 곳에 가 보고 싶어졌다.

어휘 旅行(りょこう) 여행 大好(だいす)きだ 아주 좋아하다 年(ねん) 일 년 ~回(かい) ~회, ~번 以上(いじょう) 이상 海外(かいがい) 해외 今年(ことし) 올해 久(ひさ)しぶり 오래간만임, 오랜만임 韓国(かんこく) 한국 ~目(め) ~째 食(た)べ物(もの) 음식 文化(ぶんか) 문화 違(ちが)い 차이 驚(おどろ)く 놀라다 都市(とし) 도시 中心(ちゅうしん) 중심 飽(あ)きる 질리다 田舎(いなか) 시골 初(はじ)めて 처음(으로) 風景(ふうけい) 풍경 予想(よそう) 예상 素晴(すば)らしい 훌륭하다, 멋지다 高(たか)い 높다 建物(たてもの) 건물 ほとんど 거의, 대부분 田(た)んぼ 논 広(ひろ)がる 펼쳐지다 のどかだ 한적하다 雰囲気(ふんいき) 분위기 でも 하지만 やはり 역시 ~に比(くら)べて ~에 비해서 交通(こうつう)の便(べん) 교통편 不便(ふべん)だ 불편하다 点(てん) 점 いくつか 몇 개인가 まず 우선 店(みせ) 가게 少(すく)ない 적다 食事(しょくじ) 식사 苦労(くろう) 고생 例(たと)えば 예를 들어 ある 어떤, 어느 町(まち) 마을 なかなか (부정어 수반) 좀처럼 見(み)つかる 발견되다, 찾게 되다 ~ず ~하지 않아서 歩(ある)く 걷다 동사의 ます형+続(つづ)ける 계속 ~하다 やっと 겨우, 간신히 小(ちい)さな 작은 そば屋(や) 메밀국수가게 見(み)つける 찾(아내)다, 발견하다 自体(じたい) 자체 古(ふる)ぼける 오래되어 낡아 빠지다 値段(ねだん) 가격 おいしい 맛있다 동사의 ます형+終(お)わる 다 ~하다 동사의 た형+後(あと) ~한 후 泊(と)まる 묵다, 숙박하다 ところ(所) 곳, 장소 帰(かえ)る 돌아가다 運行(うんこう) 운행 バス 버스 숫자+も ~이나 待(ま)つ 기다리다 ~なければならない ~하지 않으면 안 된다, ~해야 한다 とにかく 어쨌든 もっと 좀 더 色(いろ)んな 여러 가지, 다양한 동사의 ます형+たい ~하고 싶다

19 **해석** 1 과감히　　　　2 서서히　　　　　　3 변함없이　　　　4 대단히
　　어휘 思(おも)い切(き)って 과감히　徐々(じょじょ)に 서서히　相変(あいか)わらず 여전히, 변함없이
　　　　非常(ひじょう)に 대단히, 매우

20 **해석** 1 게 되었다　　　　2 기로 했다　　　　3 뻔했다　　　　4 는 셈이다
　　어휘 동사의 보통형+ことになる ~하게 되다　동사의 보통형+ことにする ~하기로 하다　~ところだった ~할 뻔했다

21 **해석** 1 느낌이 들었다　　　2 마음이 내키지 않았다　　2 신경을 썼다　　　4 마음에 들었다
　　어휘 気(き)がする 느낌[생각]이 들다　気(き)が進(すす)まない 마음이 내키지 않다　気(き)を使(つか)う 신경을 쓰다
　　　　気(き)に入(い)る 마음에 들다

22 **해석** 1 에 관해서　　　　2 에 비해서　　　　3 하는 김에　　　4 처럼
　　어휘 ~に関(かん)して ~에 관해서　~ついでに ~하는 김에, ~하는 기회에　~ように ~처럼, ~하도록

23 **해석** 1 으로 보면　　　　2 을 담아서　　　　3 뿐만 아니라　　　4 을 계기로
　　어휘 ~から見(み)れば ~으로 보면, ~(의 입장)에서 보면　~をこめて ~을 담아서　~ばかりか ~뿐만 아니라

확인 문제 7 (01~36) · 문법

問題 1 つぎの文の（　　　）に入れるのに最もよいものを、1・2・3・4から一つえらびなさい。

1 今度の夏休みの（　　　）富士山に登ってみたいです。

1 ために　　　　2 ように　　　　3 間に　　　　4 ことに

2 最近、不景気の影響で株価は下がる（　　　）です。

1 方角　　　　2 一方　　　　3 一向　　　　4 片方

3 多数決で決まった（　　　）、納得できないことがあっても文句は言えない。

1 ところ　　　　2 くせに　　　　3 までに　　　　4 以上

4 A「最近、（　　　）寝ても眠いわ。」

B「そう? 疲れが溜まってるんじゃない?」

1 いくら　　　　2 まさか　　　　3 突然　　　　4 たまに

5 商品は実際に見た（　　　）購入するかどうか決めた方がいいと思います。

1 上に　　　　2 上で　　　　3 上は　　　　4 上を

6 若い（　　　）色んな国を旅行してみるのもいいと思います。

1 前に　　　　2 先に　　　　3 うちに　　　　4 みたいに

7 中村君の（　　　）、私が会議に出席することになりました。

1 通りに　　　　2 ように　　　　3 ばかりか　　　　4 代わりに

8 親（　　　）、どの子供も同じように大切でかわいいものだ。

1 からして　　　　2 からこそ　　　　3 から見れば　　　　4 からといって

9 彼はアメリカに留学した経験がある（　　　）、英語にはかなり自信があるようだ。

1 に対して　　　　2 ことから　　　　3 にわたって　　　　4 反面

10 あなた（　　　）賛成してくれれば、後は何の問題もありません。

1 ほど　　　　2 さえ　　　　3 など　　　　4 とか

11 全員お戻りに（　　　　）次第、昼食の場所に移動いたします。
1 なり　　　　　　　2 なって　　　　　　3 なる　　　　　　4 なった

12 この靴は、歩く（　　　　）足の裏を刺激して、疲れが取れる。
1 たびに　　　　　　2 に関して　　　　　3 くせに　　　　　4 としたら

13 買い物に行く（　　　　）、図書館へ本を返しに行った。
1 せいで　　　　　　2 にとって　　　　　3 に従って　　　　4 ついでに

問題2 つぎの文の ___★___ に入れる最もよいものを、1・2・3・4から一つえらびなさい。

14 _____ _____ ___★___ _____ 出会うことができました。
1 鈴木君の　　　　　2 今の　　　　　　　3 おかげで　　　　4 彼女と

15 テーブルの _____ _____ ___★___ _____ 置いてある。
1 飲み　　　　　　　2 上に　　　　　　　3 かけの　　　　　4 ビールが

16 _____ _____ ___★___ _____、文句ばかり言ってはだめよ。
1 何も　　　　　　　2 くれなかった　　　3 手伝って　　　　4 くせに

17 _____ _____ ___★___ _____ 学校に来たから、お腹が空いてきた。
1 食べずに　　　　　2 何も　　　　　　　3 して　　　　　　4 朝寝坊を

18 彼は休日にも出かけないで、家で _____ _____ ___★___ _____。
1 見ながら　　　　　2 ごろごろして　　　3 テレビを　　　　4 ばかりいる

問題3 つぎの文章を読んで、文章全体の内容を考えて、19 から 23 の中に入る最もよいものを、1・2・3・4から一つえらびなさい。

日本のある地方都市で、納税 19 感謝の意味で行っている「親孝行代行サービス」が話題になっているという。このサービスは、「古里納税」をしたこの地域出身者 20 区役所の人が実家に行って掃除やお墓参りなどをするサービスで、古里で高齢の親が一人暮らししているという出身者たちに活用を勧めていく考えだという。区役所では、以前から代行サービスは実施していたが、近年、その活用が急激に増えた 21 、出身者の色々なニーズに応えようと「親孝行代行サービス」という案を出し、10月から返礼品のメニューに加えた。1万3千円の寄付でサービス1回分。二人の役人が90分間、実家の掃除やお墓参りなどを代行するこのサービスは、 22 親の写真を添えた近況報告もしているという。今回が2度目という堀田さんは、「体の不自由な父の実家での一人暮らしは大変だと思って大阪へ呼んだこともありましたが、先祖をとても大事に考えている父は古里から離れようとしませんでした。古里にこうしたサービスがあると、 23 ですね。」と感謝していた。山下事務局長は、「寄付者にとても喜んでもらえるサービスですので、これからうまくPRして活用を広げていきたい」と話している。

19
1 に対して　　　2 にとって　　　3 にわたって　　　4 はもちろん

20
1 次第で　　　2 のおかげ　　　3 の代わりに　　　4 を通して

21
1 以上　　　2 ことから　　　3 通りに　　　4 反面

22
1 利用者に安心してもらえるように　　　2 地域住民の収入が増えるように
3 サービス分野が増えるように　　　4 多くの人が参加できるように

23
1 とても腹が立つ　　　2 古里に帰りたくない
3 観光客も増える　　　4 大変ありがたい

확인 문제 7(01~36) · 정답 및 해석(문법)

1 정답 3
해석 이번 여름방학 (동안에) 후지산에 올라가 보고 싶습니다.
어휘 今度(こんど) 이번 夏休(なつやす)み 여름방학 ～間(あいだ)に ～동안에, ～사이에 *한정된 시간
富士山(ふじさん) 후지산 登(のぼ)る (높은 곳에) 올라가다, 오르다 ～ために ～때문에 ～ように ～하도록
～ことに ～하게도 *감탄·놀람

2 정답 2
해석 최근 불경기 영향으로 주가는 내려가(기만 합)니다.
어휘 最近(さいきん) 최근 不景気(ふけいき) 불경기 影響(えいきょう) 영향 株価(かぶか) 주가
下(さ)がる 내리다, 내려가다 동사의 기본형+一方(いっぽう)だ ～하기만 하다, 더더욱 ～하다 方角(ほうがく) 방위
一向(いっこう) (부정어 수반) 전혀, 조금도 片方(かたほう) 한쪽

3 정답 4
해석 다수결로 결정(된 이상), 납득할 수 없는 것이 있어도 불평은 할 수 없다.
어휘 多数決(たすうけつ) 다수결 決(き)まる 정해지다, 결정되다 ～以上(いじょう) ～한[인] 이상 納得(なっとく) 납득
文句(もんく) 불평 ～くせに ～인 주제에, ～이면서도

4 정답 1
해석 A "요즘 (아무리) 자도 졸려."
　　　 B "그래? 피로가 쌓여 있는 거 아니야?"
어휘 最近(さいきん) 최근, 요즘 いくら～ても 아무리 ～해도 寝(ね)る 자다 眠(ねむ)い 졸리다 疲(つか)れ 피로
溜(た)まる 쌓이다 まさか 설마 突然(とつぜん) 돌연, 갑자기 たまに 가끔

5 정답 2
해석 상품은 실제로 본 (후에) 구입할지 어떨지 결정하는 편이 좋다고 생각합니다.
어휘 商品(しょうひん) 상품 実際(じっさい)に 실제로 동사의 た형+上(うえ)で ～한 후에, ～한 다음에
購入(こうにゅう) 구입 ～かどうか ～일지 어떨지 決(き)める 정하다, 결정하다
동사의 た형+方(ほう)がいい ～하는 편[쪽]이 좋다 ～上(うえ)に ～인 데다가, ～일 뿐만 아니라

6 정답 3
해석 젊은 (동안에) 여러 나라를 여행해 보는 것도 좋다고 생각합니다.
어휘 若(わか)い 젊다 ～うちに ～동안에, ～사이에 色(いろ)んな 여러 가지, 다양한 旅行(りょこう) 여행

7 정답 4
해석 나카무라 군 (대신에) 제가 회의에 출석하게 되었습니다.
어휘 명사+の+代(か)わりに ～대신에 会議(かいぎ) 회의 出席(しゅっせき) 출석 동사의 보통형+ことになる ～하게 되다
～通(とお)りに ～대로, ～같이 ～ばかりか ～뿐만 아니라

8 정답 3
해석 부모(의 입장에서 보면) 모든 아이가 똑같이 소중하고 귀여운 법이다.
어휘 親(おや) 부모 ～から見(み)れば ～으로 보면, ～(의 입장)에서 보면 どの (「～も」의 꼴로) 어느 것이나 가리지 않고, 전부
同(おな)じだ 같다, 똑같다 大切(たいせつ)だ 소중하다 かわいい 귀엽다 ～ものだ ～인 법[것]이다 *상식·진리·본성
～からして ～부터가 ～からこそ ～이기 때문에, ～이므로 *원인·이유를 강조하는 표현 ～からといって ～라고 해서

9 정답 2
해석 그는 미국에 유학한 경험이 있기 (때문에) 영어에는 상당히 자신이 있는 것 같다.
어휘 アメリカ 아메리카, 미국 留学(りゅうがく) 유학 経験(けいけん) 경험
～ことから ～(인 것) 때문에, ～(인 것)으로 인해 英語(えいご) 영어 かなり 꽤, 상당히 自信(じしん) 자신, 자신감
～ようだ ～인 것 같다 ～に対(たい)して ～에 대해서, ～에게 *대상 ～にわたって ～에 걸쳐서 *기간
～反面(はんめん) ～인 반면

10 정답 2
해석 당신(만) 찬성해 주면 나머지는 아무런 문제도 없습니다.
어휘 ～さえ～ば ～만 ～하면 賛成(せんせい) 찬성 ～てくれる (남이 나에게) ～해 주다 後(あと) 그 외의 일, 나머지
何(なん)の 아무런 問題(もんだい) 문제 ～ほど ～정도, ～만큼 ～など ～등 ～とか ～라든지, ～든지

321

11 정답 1

해석 전원 돌아오(시는) 대로 점심 장소로 이동하겠습니다.

어휘 全員(ぜんいん) 전원　お+동사의 ます형+になる ~하시다 *존경표현　戻(もど)る 되돌아오다

동사의 ます형+次第(しだい) ~하는 대로 (즉시)　昼食(ちゅうしょく) 중식, 점심식사　場所(ばしょ) 장소

移動(いどう) 이동　いたす 하다 *「する」의 겸양어

12 정답 1

해석 이 신발은 걸(을 때마다) 발 안쪽을 자극해서 피로가 풀린다.

어휘 靴(くつ) 신, 신발, 구두　歩(ある)く 걷다　동사의 기본형+たびに ~할 때마다　足(あし) 발　裏(うら) 안쪽

刺激(しげき) 자극　疲(つか)れが取(と)れる 피로가 풀리다　~に関(かん)して ~에 관해서

~くせに ~인 주제에, ~이면서도　~としたら ~라고 한다면 *가정

13 정답 4

해석 장을 보러 가(는 김에) 도서관에 책을 반납하러 갔다.

어휘 買(か)い物(もの) 쇼핑, 장을 봄　동작성 명사·동사의 ます형+に ~하러 *동작의 목적

~ついでに ~하는 김에, ~하는 기회에　図書館(としょかん) 도서관　返(かえ)す 돌려주다, 반납하다

~せいで ~ 탓에　~にとって ~에(게) 있어서　~に従(したが)って ~함에 따라, ~하자 차차, ~에 따라서

14 鈴木君の おかげで 今の★ 彼女と ｜ 정답 2
　　　すずき くん　　　　　　　　　いま　　かのじょ

해석 스즈키 군 덕분에 지금의★ 여자친구와 만날 수 있었습니다.

어휘 명사+の+おかげで ~덕분에　彼女(かのじょ) 여자친구　出会(であ)う 만나다

15 上に 飲み かけの★ ビールが ｜ 정답 3
　　うえ　の

해석 테이블 위에 마 시다 만★ 맥주가 놓여 있다.

어휘 テーブル 테이블　上(うえ) 위　飲(の)む (술을) 마시다　동사의 ます형+かけ+の+명사 ~하다 만~　ビール 맥주

置(お)く 놓다, 두다　타동사+てある ~해져 있다 *상태표현

16 何も 手伝って くれなかった★ くせに ｜ 정답 2
　　なに　てつだ

해석 아무것도 도와 주지 않★ 은 주제에 불평만 하고 있어서는 안 돼.

어휘 何(なに)も (부정어 수반) 아무것도　手伝(てつだ)う 돕다, 거들다　~てくれる (남이 나에게) ~해 주다

~くせに ~인 주제에, ~이면서도　文句(もんく)を言(い)う 불평하다　~ばかり ~만, ~뿐　だめだ 안 된다

17 朝寝坊を して 何も★ 食べずに ｜ 정답 2
　　あさ ね ぼう　　　なに　　た

해석 늦잠을 자서 아무것도★ 먹지 않고 학교에 와서 배가 고파졌다.

어휘 朝寝坊(あさねぼう)をする 늦잠을 자다　~ずに ~하지 않고　学校(がっこう) 학교

お腹(なか)が空(す)く 배가 고프다

18 テレビを 見ながら ごろごろして★ ばかりいる ｜ 정답 2
　　　　　み

해석 그는 휴일에도 외출하지 않고 집에서 TV를 보면서 빈둥빈둥하고★ 만 있다.

어휘 休日(きゅうじつ) 휴일　出(で)かける 나가다, 외출하다　見(み)る 보다　동사의 ます형+ながら ~하면서 *동시동작

ごろごろ 빈둥빈둥　~てばかりいる ~하고만 있다

11 A「もし落ちたら、どうしよう。」

B「君の努力はみんなわかってるから、落ちてもがっかりする（　　　）よ。」

1 ことはない　　　　　2 ことにする　　　　　3 ことになる　　　　　4 ことだ

12 彼女は嬉しそうな顔をしているから、きっと何かいいことがある（　　　）。

1 わけがない　　　　　2 に違いない　　　　　3 ふりをしている　　　　4 わけではない

13 渡辺君は勉強はできないが、運動（　　　）クラスで一番だ。

1 に反して　　　　　　2 によって　　　　　　3 は別として　　　　　4 にかけては

問題2 つぎの文の ___★___ に入れる最もよいものを、1・2・3・4から一つえらびなさい。

14 今にも雨が降りそうですね。_____ _____ ___★___ _____。

1 雨が　　　　　　　　2 うちに　　　　　　　3 降らない　　　　　　4 帰りましょう

15 この本を _____ _____ ___★___ _____ たくさん学んだ。

1 日本の　　　　　　　2 について　　　　　　3 大衆文化　　　　　　4 通して

16 皆様へ感謝の _____ _____ ___★___ _____ ご用意しました。

1 送別会の　　　　　　2 こめて　　　　　　　3 プレゼントを　　　　4 気持ちを

17 目標というのは、_____ _____ ___★___ _____ いいものです。

1 明確　　　　　　　　2 ある　　　　　　　　3 であれば　　　　　　4 ほど

18 そんなに毎日お酒ばかり飲んだら、_____ _____ ___★___ _____。

1 体に　　　　　　　　2 悪い　　　　　　　　3 に決まっている　　　4 きっと

問題3 つぎの文章を読んで、文章全体の内容を考えて、 19 から 23 の中に入る最もよいものを、1・2・3・4から一つえらびなさい。

　この間、飲酒運転 19 幼い子供が亡くなった死亡事故を 20 、飲酒運転に対する社会の批判が高まっている。飲酒運転事故の件数は、ピークだった2000年と比べると少し減っているが、ここ数年は減少の幅が縮小している状況である。飲酒運転は、重大事故につながるとても危険な行為で、飲酒運転の死亡事故率は飲酒していない場合より約7.8倍も高いという。「少ししか飲んでいないから」とか「距離が近いから」など、 21 による飲酒運転は大きな間違いである。

　私たちが飲酒運転で失うものは測り知れないほど多い。事故によって被害者の大切な命を奪うと共にその家族の人生を一瞬で変えてしまうだけでなく、行政処分や刑罰を受けることによって社会的地位、財産などを失って運転者本人 22 本人の家族の人生も変えてしまうなど、取り返しの付かない結果になる。後になって、飲酒運転の 23 が大きいことに気付くのではもう遅いのである。

19
1 に従って　　　　2 通りに　　　　3 に限って　　　　4 によって

20
1 きっかけに　　　2 最後に　　　　3 最初に　　　　　4 一番に

21
1 複雑な考え　　　2 難しい考え　　　3 安易な考え　　　4 重い考え

22
1 に関して　　　　2 はもちろん　　　3 は別として　　　4 くせに

23
1 代償　　　　　　2 鑑賞　　　　　3 補償　　　　　　4 賠償

확인 문제 9(01~72) · 정답 및 해석(문법)

1   정답 **4**
해석   내일이 제출일이니까, 쓰(다 만) 보고서는 오늘 중으로 완성해야 한다.
어휘   提出日(ていしゅつび) 제출일   書(か)く (글씨·글을) 쓰다   동사의 ます형+かけ+の+명사 ~하다 만~
レポート 보고서   今日中(きょうじゅう) 오늘 중   仕上(しあ)げる 완성하다
~なければならない ~하지 않으면 안 된다, ~해야 한다   ~過(す)ぎ ~이 지남   ~きり ~만, ~뿐

2   정답 **1**
해석   계약서에 사인해 버(린 이상), 이제 되돌릴 수는 없습니다.
어휘   契約書(けいやくしょ) 계약서   サイン 사인   ~以上(いじょう) ~한[인] 이상   もう 이제   引(ひ)き返(かえ)す 되돌리다
以下(いか) 이하   同様(どうよう) 마찬가지임   意外(いがい) 의외

3   정답 **2**
해석   최근 전혀 운동하고 있지 않기 때문에 체력은 쇠약해지(기만 한다).
어휘   最近(さいきん) 최근, 요즘   全(まった)く (부정어 수반) 전혀   運動(うんどう) 운동   ~ため ~때문(에)
体力(たいりょく) 체력   衰(おとろ)える (체력이) 쇠약해지다   동사의 기본형+一方(いっぽう)だ ~하기만 하다, 더더욱 ~하다
동사의 기본형+ところだ ~하려던 참이다   ~次第(しだい)だ ~에 달려 있다, ~나름이다

4   정답 **3**
해석   아무리 (사용하기 편해도) 디자인이 좋지 않으면 팔리지 않는다.
어휘   いくら~ても 아무리 ~해도   使(つか)う 쓰다, 사용하다   동사의 ます형+やすい ~하기 쉽다[편하다]   デザイン 디자인
悪(わる)い 나쁘다, 좋지 않다   売(う)れる (잘) 팔리다

5   정답 **3**
해석   그로 말하자면 자신이 나쁜 (주제에) 항상 다른 사람의 탓으로 하고 있다.
어휘   ~ときたら ~로 말하자면   ~くせに ~인 주제에, ~이면서도   人(ひと) 남, 타인   ~せい ~탓
~としたら ~라고 한다면 *가정   ~わりには ~에 비해서는, ~치고는   ~に限(かぎ)って ~에 한해서, ~의 때만, ~만은 특별히

6   정답 **4**
해석   건강을 위해서 내일부터 매일 30분 조깅을 하(기로 했다).
어휘   健康(けんこう) 건강   명사+の+ために ~을 위해서   毎日(まいにち) 매일   ジョギング 조깅
동사의 보통형+ことにする ~하기로 하다

7   정답 **2**
해석   출하 준비가 갖추어지(는 대로) 연락드리겠습니다.
어휘   出荷(しゅっか) 출하   準備(じゅんび) 준비   整(ととの)う 갖추어지다   동사의 ます형+次第(しだい) ~하는 대로 (즉시)
ご+한자명사+いたす ~하다, ~해 드리다 *겸양표현   連絡(れんらく) 연락   ~通(とお)りに ~대로, ~같이
~反面(はんめん) ~인 반면   동사의 기본형+たびに ~할 때마다

8   정답 **1**
해석   주유소에서 급유(하는 김에) 세차도 해 받았다.
어휘   ガソリンスタンド 주유소   給油(きゅうゆ) 급유   명사+の+ついでに ~하는 김에, ~하는 기회에
洗車(せんしゃ) 세차   ~てもらう (남에게) ~해 받다 *간접표현   명사+の+上(うえ)で ~한 후에, ~한 다음에
명사+の+代(か)わりに ~대신에   ~について ~에 대해서 *내용

9   정답 **2**
해석   건강을 잃고 (나서 비로소) 그 고마움을 깨달았다.
어휘   健康(けんこう) 건강   失(うしな)う 잃다, 잃어버리다   ~て初(はじ)めて ~하고 나서(야) 비로소   ありがたさ 고마움
気付(きづ)く 깨닫다, 알아차리다   最初(さいしょ) 최초, 맨 처음   最後(さいご) 최후, 마지막
~最中(さいちゅう) 한창 ~하는 중

10   정답 **3**
해석   이 요리는 젓가락으로는 먹기 (힘듭)니다.
어휘   料理(りょうり) 요리   箸(はし) 젓가락   食(た)べる 먹다   동사의 ます형+にくい ~하기 어렵다[힘들다]
동사의 ます형+やすい ~하기 쉽다[편하다]   やさ(優)しい 다정하다, 상냥하다   むずか(難)しい 어렵다

11 　정답 **1**

해석 　A "만약 떨어지면 어떡하지?"
　　　　B "너의 노력은 모두 알고 있으니까, 떨어져도 실망할 (필요는 없어)."

어휘 　もし 만약　落(お)ちる (시험에) 떨어지다　努力(どりょく) 노력　みんな 모두　わかる 알다, 이해하다
がっかりする 실망하다　～ことはない ～할 것은[필요는] 없다　～ことだ ～해야 한다 *충고·명령·주장

12 　정답 **2**

해석 　그녀는 기쁜 듯한 얼굴을 하고 있으니까, 분명히 뭔가 좋은 일이 있는 것(임에 틀림없다).

어휘 　嬉(うれ)しい 기쁘다　顔(かお) 얼굴　きっと 분명히, 틀림없이　何(なに)か 무엇인가, 뭔가
～に違(ちが)いない ～임에 틀림없다　～わけがない ～일 리가 없다　～ふりをする ～인 체하다
～わけではない (전부) ～인 것은 아니다, (반드시) ～라고는 말할 수 없다

13 　정답 **4**

해석 　와타나베 군은 공부는 못하지만, 운동(에 관해서는) 반에서 제일이다.

어휘 　勉強(べんきょう) 공부　できる 잘하다　運動(うんどう) 운동　～にかけては ～에 관해서는, ～에 관한 한 *분야
クラス 반　一番(いちばん) 가장, 제일　～に反(はん)して ～에 반해서, ～와는 반대로　～によって ～에 의해, ～에 따라
～は別(べつ)として ～은 제쳐두고, ～와는 상관없이

14 　雨が 降らない うちに★ 帰りましょう ｜ 정답 **2**

해석 　당장이라도 비가 내릴 것 같네요. 비가 내리기 전에★ 돌아갑시다.

어휘 　今(いま)にも 당장이라도　雨(あめ) 비　降(ふ)る (비·눈 등이) 내리다, 오다
～ないうちに ～하지 않는 동안에, ～하기 전에　帰(かえ)る 돌아가다

15 　通して 日本の 大衆文化★ について ｜ 정답 **3**

해석 　이 책을 통해서 일본 대중문화★ 에 대해서 많이 배웠다.

어휘 　～を通(とお)して ～을 통해서, ～을 수단으로 하여　大衆文化(たいしゅうぶんか) 대중문화
～について ～에 대해서 *내용　たくさん 많이　学(まな)ぶ 배우다, 익히다

16 　気持ちを こめて 送別会の★ プレゼントを ｜ 정답 **1**

해석 　여러분에게 감사의 마음을 담아서 송별회★ 선물을 준비했습니다.

어휘 　皆様(みなさま) 여러분 *「皆(みな)さん」보다 정중한 말씨　感謝(かんしゃ) 감사　気持(きも)ち 기분, 마음
～をこめて ～을 담아서　送別会(そうべつかい) 송별회　プレゼント 선물　ご+한자명사+する ～하다, ～해 드리다 *겸양표현
用意(ようい) 준비

17 　明確 であれば ある★ ほど ｜ 정답 **2**

해석 　목표라는 것은 명확 하면 할★ 수록 좋은 법입니다.

어휘 　目標(もくひょう) 목표　明確(めいかく)だ 명확하다　～ば～ほど ～하면 ～할수록
～ものだ ～인 법[것]이다 *상식·진리·본성

18 　きっと 体に 悪い★ に決まっている ｜ 정답 **2**

해석 　그렇게 매일 술만 마시면 분명히 몸에 나쁠★ 것이다.

어휘 　そんなに 그렇게　毎日(まいにち) 매일　お酒(さけ) 술　～ばかり ～만, ～뿐　飲(の)む (술을) 마시다
体(からだ) 몸, 신체　悪(わる)い 나쁘다, 좋지 않다　～に決(き)まっている 분명히 ～일 것이다, ～임에 틀림없다

요전에 음주운전 **19 에 의해** 어린 아이가 죽은 사망사고를 **20 계기로** 음주운전에 대한 사회의 비판이 높아지고 있다. 음주운전 사고 건수는 절정이었던 2000년과 비교하면 조금 줄어들고 있는데, 요 몇 년은 감소폭이 축소되고 있는 상황이다. 음주운전은 중대사고로 이어지는 매우 위험한 행위로, 음주운전의 사망사고율은 음주하지 않은 경우보다 약 7.8배나 높다고 한다. '조금밖에 안 마셨으니까'라든가 '거리가 가까우니까' 등 **21 안이한 생각**에 의한 음주운전은 큰 잘못이다.

우리가 음주운전으로 잃는 것은 헤아릴 수 없을 만큼 많다. 사고에 의해 피해자의 소중한 목숨을 빼앗는 것과 함께 그 가족의 인생을 한순간에 바꿔 버릴 뿐만 아니라, 행정처분이나 형벌을 받는 것에 의해 사회적 지위, 재산 등을 잃고 운전자 본인 **22 은 물론이고** 본인 가족의 인생도 바꿔 버리는 등 돌이킬 수 없는 결과가 된다. 나중에 음주운전의 **23 대가**가 크다는 것을 깨달아서는 이미 늦은 것이다.

어휘 この間(あいだ) 요전, 지난번 飲酒運転(いんしゅうんてん) 음주운전 幼(おさな)い 어리다 亡(な)くなる 죽다
事故(じこ) 사고 ～に対(たい)する ～에 대한 社会(しゃかい) 사회 批判(ひはん) 비판 高(たか)まる 높아지다, 고조되다
件数(けんすう) 건수 ピーク 피크, 절정 比(くら)べる 비교하다 減(へ)る 줄다, 줄어들다 ここ 요, 요새 数年(すうねん) 몇 년
減少(げんしょう) 감소 幅(はば) 폭 縮小(しゅくしょう) 축소 状況(じょうきょう) 상황 重大(じゅうだい) 중대
つながる 이어지다, 연결되다 危険(きけん)だ 위험하다 行為(こうい) 행위 事故率(じこりつ) 사고율 場合(ばあい) 경우
～より ～보다 約(やく) 약 ～倍(ばい) ～배 숫자+も ～이나 高(たか)い 높다 ～という 라고 한다 少(すこ)し 조금
～しか (부정어 수반) ～밖에 距離(きょり) 거리 近(ちか)い 가깝다 ～による ～에 의한 大(おお)きな 큰 間違(まちが)い 잘못
失(うしな)う 잃다, 잃어버리다 測(はか)り知(し)れない 헤아릴 수 없다 ～ほど ～정도, ～만큼 多(おお)い 많다
被害者(ひがいしゃ) 피해자 大切(たいせつ)だ 소중하다 命(いのち) 목숨, 생명 奪(うば)う 빼앗다 ～と共(とも)に ～와 함께
家族(かぞく) 가족 人生(じんせい) 인생 一瞬(いっしゅん) 일순, 한순간 変(か)える 바꾸다, 변경하다
～だけで(は)なく ～뿐만 아니라 行政(ぎょうせい) 행정 処分(しょぶん) 처분 刑罰(けいばつ)を受(う)ける 형벌을 받다
社会的(しゃかいてき) 사회적 地位(ちい) 지위 財産(ざいさん) 재산 運転者(うんてんしゃ) 운전자 本人(ほんにん) 본인
取(と)り返(かえ)しが付(つ)かない 돌이킬 수 없다 結果(けっか) 결과 後(あと) (시기적으로) 나중 気付(きづ)く 깨닫다, 알아차리다
もう 이미 遅(おそ)い 늦다

19 해석 1 에 따라   2 대로   3 에 한해서   4 에 의해
  어휘 ～に従(したが)って ～함에 따라, ～하자 차차, ～에 따라서 ～通(とお)りに ～대로, ～같이
  ～に限(かぎ)って ～에 한해서, ～의 때만, ～만은 특별히 ～によって ～에 의해

20 해석 1 계기로   2 마지막으로   3 최초로   4 가장
  어휘 きっかけ 계기 最後(さいご) 최후, 마지막 最初(さいしょ) 최초, 맨 처음 一番(いちばん) 가장, 제일

21 해석 1 복잡한 생각   2 어려운 생각   3 안이한 생각   4 무거운 생각
  어휘 複雑(ふくざつ)だ 복잡하다 考(かんが)え 생각 難(むずか)しい 어렵다 安易(あんい)だ 안이하다 重(おも)い 무겁다

22 해석 1 에 관해서   2 은 물론이고   3 은 제쳐두고   4 인 주제에
  어휘 ～に関(かん)して ～에 관해서 ～はもちろん ～은 물론이고 ～は別(べつ)として ～은 제쳐두고, ～와는 상관없이
  ～くせに ～인 주제에, ～이면서도

23 해석 1 대가   2 감상   3 보상   4 배상
  어휘 代償(だいしょう) 대가 鑑賞(かんしょう) 감상 補償(ほしょう) 보상 賠償(ばいしょう) 배상

확인 문제 10 (01~72) · 문법

問題1 つぎの文の（　　　）に入れるのに最もよいものを、1・2・3・4から一つえらびなさい。

1 電車に乗っている（　　　）はずっと音楽を聞いていました。

1 間　　　　　2 ため　　　　　3 わけ　　　　　4 ところ

2 科学的な観点（　　　）、それはあり得ないことである。

1 からこそ　　　2 から見れば　　　3 からといって　　　4 からには

3 契約内容をしっかりご確認の（　　　）サインをお願いします。

1 上で　　　　　2 上は　　　　　3 上に　　　　　4 上まで

4 ロボットは汚くて危険な仕事を人間の（　　　）やってくれる。

1 ように　　　　2 ついでに　　　3 代わりに　　　4 くせに

5 A「この国では、全ての車は右車線を走る（　　　）そうよ。」
　B「そう? 日本とは反対だね。」

1 ことになっている　　2 ようになる　　　3 ものだ　　　4 ことはない

6 もう少し時間さえ（　　　）、全部解けます。

1 あると　　　　2 あれば　　　　3 あったら　　　　4 あって

7 うちの子は、勉強はしないで（　　　）ばかりいる。

1 遊び　　　　　2 遊んだり　　　　3 遊んで　　　　4 遊んだ

8 酒を飲んで運転するなんて、無茶しか（　　　）ようがない。

1 言い　　　　　2 言う　　　　　3 言った　　　　4 言って

9 会議が始まる10分前には、席に着いて待っている（　　　）。

1 ことはない　　　2 一方だ　　　　3 べきだ　　　　4 ということだ

10 一生懸命勉強した（　　　）、点数はあまりよくなかった。

1 としたら　　　　2 わりに　　　　3 うちに　　　　4 たびに

11 30分以上待ってもバスが来ないから、もう歩いて行く（　　　）。
　　1 よりほかない　　　2 とは限らない　　　3 一方だ　　　　　4 ふりをした

12 「母の日」に感謝の気持ちを（　　　）、メッセージを送った。
　　1 ためて　　　　　　2 あずけて　　　　　3 こめて　　　　　4 あつめて

13 ここは交通の便（　　　）、静かでいいです。
　　1 に関して　　　　　2 に対して　　　　　3 に限って　　　　4 は別として

問題2 つぎの文の ___★___ に入れる最もよいものを、1・2・3・4から一つえらびなさい。

14 _____ _____ ★ _____ コンビニもないので、ちょっと不便だ。
　　1 なければ　　　　　2 この　　　　　　　3 町には　　　　　4 大型スーパーも

15 たばこというのは、_____ _____ ★ _____ 人にも悪影響を与える。
　　1 いる　　　　　　　2 近くに　　　　　　3 人はもちろん　　4 吸っている

16 _____ _____ ★ _____ 企業が倒産している。
　　1 長引いている　　　2 多くの　　　　　　3 不況　　　　　　4 によって

17 _____ _____ ★ _____ 商品がある。
　　1 売れる　　　　　　2 高ければ　　　　　3 ほど　　　　　　4 高い

18 今月号の雑誌では、_____ _____ ★ _____ いた。
　　1 載って　　　　　　2 関する　　　　　　3 記事が　　　　　4 彼に

問題3 つぎの文章を読んで、文章全体の内容を考えて、 19 から 23 の中に入る最もよいものを、1・2・3・4から一つえらびなさい。

長い間たばこを吸っていても、禁煙するのに遅すぎることはない。また、禁煙は 19 病気があっても、健康改善効果が期待できるので、病気を持った方が禁煙することも大切である。禁煙による健康改善は、若い時から禁煙すれば 20 効果があるが、別に何歳からであってもかまわない。30歳までに禁煙すれば、 21 喫煙しなかった人と同じ余命が期待できるし、50歳で禁煙しても6年長くなると言われている。この他、禁煙すると顔色や胃の調子がよくなること 22 、目覚めが爽やかになるなど、日常生活の中で実感できる色々な効果もある。 23 家族から喜ばれたり、何事にも自信が付いたりすることも、禁煙に成功された方々の体験からわかっている。もう遅いと思った時が一番早い時である。健康は一日にして成らないから、今日からでも早速禁煙に挑戦してみよう。

19
　　1 たとえ　　　　　2 いきなり　　　　　3 きっと　　　　　4 すっかり

20
　　1 しても　　　　　2 するほど　　　　　3 するかどうか　　　4 しなければ

21
　　1 もともと　　　　2 まさか　　　　　　3 たぶん　　　　　4 ようやく

22
　　1 に対して　　　　2 に限って　　　　　3 としたら　　　　4 はもちろん

23
　　1 ところで　　　　2 それで　　　　　　3 それに　　　　　4 しかし

확인 문제 10(01~72) • 정답 및 해석(문법)

1 정답 **1**
해석 전철을 타고 있는 (동안에)는 계속 음악을 듣고 있었습니다.
어휘 電車(でんしゃ) 전철 乗(の)る (탈것에) 타다 ~間(あいだ) ~동안에, ~사이에 *한정된 시간 ずっと 쭉, 계속
音楽(おんがく) 음악 聞(き)く 듣다 ~ため ~때문(에) ~わけ ~인 셈[것] 동사의 기본형+ところ ~하려던 참임

2 정답 **2**
해석 과학적인 관점(으로 보면) 그것은 있을 수 없는 일이다.
어휘 科学的(かがくてき)だ 과학적이다 観点(かんてん) 관점 ~から見(み)れば ~으로 보면 あり得(え)ない 있을 수 없다
~からこそ ~이기 때문에, ~이므로 *원인·이유를 강조하는 표현 ~からといって ~라고 해서 ~からには ~한 이상은

3 정답 **1**
해석 계약 내용을 확실히 확인(하신 후에) 사인을 부탁드립니다.
어휘 契約(けいやく) 계약 内容(ないよう) 내용 しっかり 똑똑히, 확실히 確認(かくにん) 확인
명사+の+上(うえ)で ~한 후에, ~한 다음에 サイン 사인 ~上(うえ)は ~한[인] 이상은
~上(うえ)に ~인 데다가, ~일 뿐만 아니라

4 정답 **3**
해석 로봇은 더럽고 위험한 일을 인간 (대신에) 해 준다.
어휘 ロボット 로봇 汚(きたな)い 더럽다 危険(きけん)だ 위험하다 人間(にんげん) 인간
명사+の+代(か)わりに ~대신에 やる 하다 ~てくれる (남이 나에게) ~해 주다 ~ように ~처럼
~ついでに ~하는 김에, ~하는 기회에 ~くせに ~인 주제에, ~이면서도

5 정답 **1**
해석 A "이 나라에서는 모든 자동차는 오른쪽 차선을 달리(게 되어 있)대."
　　 B "그래? 일본과는 반대네."
어휘 国(くに) 나라 全(すべ)て 모두, 전부 車(くるま) 자동차, 차 右(みぎ) 오른쪽 車線(しゃせん) 차선
走(はし)る (탈것이) 달리다 품사의 보통형+そうだ ~라고 한다 *전문 동사의 보통형+ことになっている ~하게 되어 있다
反対(はんたい) 반대 ~ようになる ~하게(끔) 되다 *변화 ~ものだ ~ 인 법[것]이다 *상식·진리·본성
~ことはない ~할 것은[필요는] 없다

6 정답 **2**
해석 조금 더 시간만 (있으면) 전부 풀 수 있습니다.
어휘 もう少(すこ)し 조금 더 ~さえ~ば ~만 ~하면 全部(ぜんぶ) 전부 解(と)く (의문·문제를) 풀다

7 정답 **3**
해석 우리 애는 공부는 하지 않고 (놀고)만 있다.
어휘 うち 우리 子(こ) 아이 勉強(べんきょう) 공부 ~ないで ~하지 않고 遊(あそ)ぶ 놀다 ~てばかりいる ~하고만 있다

8 정답 **1**
해석 술을 마시고 운전하다니, 터무니없다고밖에 (말할) 도리가 없다.
어휘 お酒(さけ) 술 飲(の)む (술을) 마시다 運転(うんてん) 운전 無茶(むちゃ) 터무니없음 ~しか (부정어 수반) ~밖에
言(い)う 말하다 동사의 ます형+ようがない ~할 방법이[도리가] 없다, ~할 수 없다

9 정답 **3**
해석 회의가 시작되기 10분 전에는 자리에 앉아서 기다리고 있어(야 한다).
어휘 会議(かいぎ) 회의 始(はじ)まる 시작되다 席(せき)に着(つ)く 자리에 앉다, 착석하다 待(ま)つ 기다리다
동사의 기본형+べきだ (마땅히) ~해야 한다

10 정답 **2**
해석 열심히 공부한 것(에 비해서) 점수는 별로 좋지 않았다.
어휘 一生懸命(いっしょうけんめい) 열심히 勉強(べんきょう) 공부 ~わりに ~에 비해서, ~치고 点数(てんすう) 점수
あまり (부정어 수반) 그다지, 별로 ~としたら ~라고 한다면 *가정 ~うちに ~동안에, ~사이에
동사의 기본형+たびに ~할 때마다

11 정답 1

해석 30분 이상 기다려도 버스가 오지 않으니까, 이제 걸어서 갈 (수밖에 없다).

어휘 以上(いじょう) 이상 待(ま)つ 기다리다 バス 버스 来(く)る 오다 もう 이제 歩(ある)く 걷다 行(い)く 가다
~よりほかない ~할 수밖에 없다, ~하는 것 외에 달리 없다
~とは限(かぎ)らない (반드시) ~하다고는 할 수 없다, ~인 것은 아니다
동사의 기본형+一方(いっぽう)だ ~하기만 하다, 더더욱 ~하다 ~ふりをする ~인 체하다

12 정답 3

해석 '어머니날'에 감사의 마음을 (담아서) 메시지를 보냈다.

어휘 母(はは)の日(ひ) 어머니날(5월 둘째 일요일) 感謝(かんしゃ) 감사 気持(きも)ち 기분, 마음 ~をこめて ~을 담아서
メッセージ 메시지 送(おく)る 보내다 た(貯)める (돈을) 모으다, 저축하다 あず(預)ける 맡기다 あつ(集)める 모으다

13 정답 4

해석 여기는 교통편(은 제쳐두고) 조용해서 좋습니다.

어휘 交通(こうつう)の便(べん) 교통편 ~は別(べつ)として ~은 제쳐두고 静(しず)かだ 조용하다
~に関(かん)して ~에 관해서 ~に対(たい)して ~에 대해서, ~에게 *대상
~に限(かぎ)って ~에 한해서, ~의 때만, ~만은 특별히

14 この 町には 大型スーパーも★ なければ | 정답 4

해석 이 마을에는 대형 슈퍼도★ 없고 편의점도 없어서 조금 불편하다.

어휘 町(まち) 마을 大型(おおがた) 대형 スーパー 슈퍼(마켓) *「スーパーマーケット」의 준말
~も~ば~も ~도 ~하고[하거니와] ~도 コンビニ 편의점 *「コンビニエンスストア」의 준말 不便(ふべん)だ 불편하다

15 吸っている 人はもちろん 近くに★ いる | 정답 2

해석 담배라는 것은 피우고 있는 사람은 물론이고 근처에★ 있는 사람에게도 악영향을 준다.

어휘 たばこを吸(す)う 담배를 피우다 ~はもちろん ~은 물론이고 近(ちか)く 근처 悪影響(あくえいきょう) 악영향
与(あた)える (주의·영향 등을) 주다

16 長引いている 不況 によって★ 多くの | 정답 4

해석 길어지고 있는 불황 에 의해★ 많은 기업이 도산하고 있다.

어휘 長引(ながび)く 오래 끌다, 오래가다 不況(ふきょう) 불황 ~によって ~에 의해 企業(きぎょう) 기업
倒産(とうさん) 도산

17 高ければ 高い ほど★ 売れる | 정답 3

해석 비싸면 비쌀 수록★ 잘 팔리는 상품이 있다.

어휘 高(たか)い 비싸다 ~ば~ほど ~하면 ~할수록 売(う)れる (잘) 팔리다 商品(しょうひん) 상품

18 彼に 関する 記事が★ 載って | 정답 3

해석 이달 호 잡지에는 그에 관한 기사가★ 실려 있었다.

어휘 今月号(こんげつごう) 이달 호 雑誌(ざっし) 잡지 ~に関(かん)する ~에 관한 記事(きじ) 기사
載(の)る (신문·잡지 등에) 실리다

오랫동안 담배를 피우고 있어도 금연하는 데 너무 늦은 것은 아니다. 또 금연은 19 설령 병이 있어도 건강개선 효과를 기대할 수 있으므로, 병을 가진 분이 금연하는 것도 중요하다. 금연에 의한 건강개선은 젊을 때부터 금연하면 20 할수록 효과가 있는데, 특별히 몇 살부터라도 상관없다. 30세까지 금연하면 21 원래 흡연하지 않았던 사람과 같은 여명을 기대할 수 있고, 50세에 금연해도 6년 길어진다고 한다. 이외에 금연하면 안색이나 위 상태가 좋아지는 것 22 은 물론이고 잠에서 깼을 때 상쾌해지는 등 일상생활 속에서 실감할 수 있는 여러 가지 효과도 있다. 23 게다가 가족이 기뻐하거나 무슨 일이든지 자신감이 생기거나 하는 것도 금연에 성공한 분들의 체험으로 알 수 있다. 이미 늦었다고 생각했을 때가 가장 빠를 때이다. 건강은 하루 아침에 이루어지는 것이 아니니까, 오늘부터라도 당장 금연에 도전해 보자.

어휘 長(なが)い間(あいだ) 오랫동안 禁煙(きんえん) 금연 遅(おそ)い 늦다 い형용사의 어간+すぎる 너무 ~하다
病気(びょうき) 병 健康(けんこう) 건강 改善(かいぜん) 개선 効果(こうか) 효과 期待(きたい) 기대 持(も)つ 가지다
方(かた) 분 大切(たいせつ)だ 중요하다 ~による ~에 의한 若(わか)い 젊다 別(べつ)に (부정어 수반) 별로, 특별히
かまわない 상관없다, 관계없다 喫煙(きつえん) 흡연 同(おな)じだ 같다 余命(よめい) 여명 長(なが)い 길다
~と言(い)われる ~라는 말을 듣다, ~라고 하다 この他(ほか) 이외 顔色(かおいろ) 안색 胃(い) 위, 위장
調子(ちょうし) 상태, 컨디션 目覚(めざ)め (잠에서) 깸 爽(さわ)やかだ 상쾌하다 日常生活(にちじょうせいかつ) 일상생활
実感(じっかん) 실감 色々(いろいろ)だ 여러 가지다, 다양하다 家族(かぞく) 가족 喜(よろこ)ぶ 기뻐하다
~たり~たりする ~하거나 ~하거나 하다 何事(なにごと) 무슨 일 自信(じしん)が付(つ)く 자신감이 생기다
成功(せいこう) 성공 方々(かたがた) 분들 体験(たいけん) 체험 わかる 알다, 이해하다 もう 이미 遅(おそ)い 늦다
一番(いちばん) 가장, 제일 早(はや)い 빠르다 一日(いちにち) 하루, 하루 아침 成(な)る (행위의 결과) 되다, 이루어지다
早速(さっそく) 당장, 즉시 挑戦(ちょうせん) 도전

19 해석 1 설령   2 갑자기   3 분명히   4 완전히
    어휘 たとえ 설령, 설사 いきなり 갑자기 きっと 분명히, 틀림없이 すっかり 완전히

20 해석 1 해도   2 할수록   3 할지 어떨지   4 하지 않으면
    어휘 ~かどうか ~인지 아닌지, ~일지 어떨지

21 해석 1 원래   2 설마   3 아마   4 겨우
    어휘 もともと 원래 まさか 설마 たぶん 아마 ようやく 겨우, 간신히

22 해석 1 에 대해서   2 에 한해서   3 라고 한다면   4 은 물론이고
    어휘 ~としたら ~라고 한다면 *가정

23 해석 1 그런데   2 그래서   3 게다가   4 그러나
    어휘 ところで 그런데 それで 그래서 それに 게다가 しかし 그러나

SECTION 3

독해

출제 유형

　문제 4 내용 이해 1(단문)에서는 일상생활, 지시, 업무 등 150~200자 내외의 짧은 글을 읽고, 주제나 내용, 필자가 하고 싶은 말 등을 찾는 문제가 출제된다. 한 개의 지문에 각 1문항씩 총 4문항이 출제되는데, 독해 파트에서 지문이 가장 짧으므로 3분 이내로 읽고 지문 전체의 키워드를 빨리 찾아내는 것이 포인트이다.

자주 나오는 질문 유형

| 단문 |
□ ○○について筆者はどのように考えているか。 ○○에 대해서 필자는 어떻게 생각하고 있는가?
□ この文章で筆者が最も言いたいことは何か。 이 글에서 필자가 가장 말하고 싶은 것은 무엇인가?
□ 筆者の考えに合っているのはどれか。 필자의 생각에 맞는 것은 어느 것인가?

| 중문 |
□ ○○の理由は何か。 ○○의 이유는 무엇인가?
□ 本文に出ている○○とは何か。 본문에 나와 있는 ○○란 무엇인가?
□ ○○とはどのようなものか。 ○○라는 것은 어떠한 것인가?

| 장문 |
□ ○○として、本文に出ているのはどれか。 ○○로서 본문에 나와 있는 것은 어느 것인가?
□ 内容と合っているのはどれか。 내용과 맞는 것은 어느 것인가?
□ 内容と合っていないのはどれか。 내용과 맞지 않는 것은 어느 것인가?

| 정보 검색 |
□ ○○についての説明の中で、正しくないのはどれか。
　　○○에 대한 설명 중에서 옳지 않은 것은 어느 것인가?
□ ○○した場合、金額はいくらかかるか。 ○○한 경우, 금액은 얼마 드는가?
□ ○○さんはどの△△を選んだらいいか。 ○○ 씨는 어느 △△을 고르면 되는가?

실제 시험 예시

問題4 つぎの(1)から(4)の文章を読んで、質問に答えなさい。答えは、1・2・3・4から最もよいものを一つえらびなさい。

(1)

私たちは色をどうやって認識しているのでしょうか。私たちがリンゴを「赤い」と認識するまでの仕組みを見てみましょう。まず、リンゴが赤く見えるためには光が必要です。光には、すべての色が含まれています。光がリンゴに当たった時、リンゴは多くの光を吸収します。その中で、赤の光だけを反射(注)しているのです。そして、その赤の光が私たちの目に入ります。目に入った光が脳に伝わり、脳が色を知覚し「このリンゴは赤い」と認識できるのです。

(注)反射: 光・電波などの波動が物に当たって、はねかえること

1 本文に出ている色が見えるための三つの条件は何か。
1 物体、目、陰
2 物体、目、光
3 物体、目、温度
4 物体、目、湿度

|정답| 1 2

시험 대책

내용 이해 1(단문)은 200자 내외의 짧은 글이 출제되기 때문에 문제를 미리 읽어서 묻는 내용의 핵심 키워드를 파악한 후에 지문을 읽는 것이 좋다. 읽을 때는 문제와 관련된 내용이 어느 부분에 나와 있는지를 파악하면서 읽어야 한다. 특히 필자의 의견이나 주장 등을 묻는 문제는 대체적으로 마지막 부분에 관련 내용이 나오는 경우가 많으므로, 요령으로 기억해 두도록 하자.

확인 문제 1 · 내용 이해 1(단문)

問題4 つぎの(1)から(4)の文章を読んで、質問に答えなさい。答えは、1・2・3・4から最もよいものを一つえらびなさい。

(1)

　　私は雨の日が嫌いだ。まず、雨が降っていると、出かけるのが面倒くさくなる。外出には傘が必要だし、雨が上がれば傘を忘れる確率も高くなる。それに、傘を他人に持って行かれることもしばしばある。また、出かける時は健康面や経済面を考えて自転車を利用して電車などの公共交通はなるべく使用しないようにしているが、大雨の時は自転車にも乗れない。

1　筆者が雨の日が嫌いな理由ではないのはどれか。
　1　出かけるのが面倒くさくなるから
　2　大雨の時は自転車に乗れないから
　3　雨が上がった後、傘を忘れる確率が高くなるから
　4　晴れた日より出勤するのに時間がもっとかかるから

(2)

　　友人から「クレジットカードは現金要らずで買い物ができて便利なのに、なぜ使わないの?」と言われたことがあります。私がクレジットカードを使わない理由は、生のお金が見えないからです。もちろん、友人が言ったように現金要らずでカード1枚で買い物ができるというところがクレジットカードの最大の魅力なのは間違いありませんが、その魅力こそが知らない間に使い込んでいたりといった最大の落とし穴(注)のような気がするからです。

(注)落とし穴: 罠の一種

2　筆者がクレジットカードを使わない理由は何か。
　1　金銭感覚が狂うことが怖いから
　2　カードの手数料が高すぎるから
　3　周りに持っていない人が多いから
　4　カード番号が漏れて悪用されるのが怖いから

(3)

　　私の周りにいる人たちはみんな「日本は四季があるからいい」と言っているが、私はそうは思わない。四季のせいで、夏に薄い服を買わなくてはいけないし、冬にはまた厚い服を買わなくてはいけない。また、たまに耐えられないほどの暑い日と耐えられないほどの寒い日もある。それなら、年中20度前後の過ごしやすい気候の方がいいのではないだろうか。年中夏なら、色々な面で今のような面倒なことがなくなると思う。

③ 筆者が日本の四季の短所として言っているのはどれか。
1 家にある物の管理が難しいところ
2 季節ごとに合う服を買わなければならないところ
3 冬になると、夜にあまり遊べないところ
4 休める日数が短くなってしまうところ

(4)
以下は、野性動物の冬眠に関する記事である。

　　冬になって寒くなると、野生の動物たちは厳しい冬を過ごすために身体のエネルギーを節約モードにします。この状態のことを一般的に「冬眠」と呼んでいます。冬眠中はなるべく必要のないエネルギーは使わないように体温や心拍数などはぎりぎりのところまで下がります。つまり、冬眠はただ眠るのではなく、むしろ「仮死状態(注)」に近い状態と言えるでしょう。そのため、冬眠中に天敵に見つかって食べられたり凍死することもあるため、野生動物にとって冬眠は正に冬を生き延びるための「命がけの儀式」と言えるでしょう。

(注)仮死状態: 一見、死と区別できないような状態

④ 本文の内容からみて、野生動物が冬眠する理由はなぜか。
1 身体のエネルギー消費を抑えて冬を過ごすため
2 色々な敵の攻撃から自分を守るため
3 冬にはエネルギーの消費が増えるため
4 冬になるまで溜まっていた疲れを取るため

확인 문제 1 · 정답 및 해석(내용 이해 1(단문))

(1)

나는 비 오는 날을 싫어한다. 우선 비가 오면 외출하는 것이 귀찮아진다. 외출하려면 우산이 필요하고 비가 그치면 우산을 잊고 두고 올 확률도 높아진다. 게다가 우산을 타인이 가져가는 경우도 자주 있다. 또 외출할 때는 건강면이나 경제면을 생각해 자전거를 이용하고 전철 등의 공공교통은 가능한 한 사용하지 않도록 하고 있는데 큰비가 올 때는 자전거도 탈 수 없다.

어휘 雨(あめ) 비 日(ひ) 날 嫌(きら)いだ 싫어하다 まず 우선 降(ふ)る (비·눈 등이) 내리다, 오다 出(で)かける 나가다, 외출하다 面倒(めんどう)くさい 귀찮다, 성가시다 外出(がいしゅつ) 외출 ~には ~하려면 傘(かさ) 우산 必要(ひつよう)だ 필요하다 雨(あめ)が上(あ)がる 비가 그치다 忘(わす)れる (물건을) 잊고 두고 오다 確率(かくりつ) 확률 高(たか)い 높다 それに 게다가 他人(たにん) 타인 持(も)つ 가지다 しばしば 자주 健康面(けんこうめん) 건강면 経済面(けいざいめん) 경제면 考(かんが)える 생각하다 自転車(じてんしゃ) 자전거 利用(りよう) 이용 電車(でんしゃ) 전철 公共交通(こうきょうこうつう) 공공교통 なるべく 되도록, 가능한 한 使用(しよう) 사용 ~ように ~하도록 大雨(おおあめ) 큰비 乗(の)る (탈것에) 타다

1 필자가 비 오는 날을 싫어하는 이유가 아닌 것은 어느 것인가?
1 외출하는 것이 귀찮아지기 때문에
2 큰비가 올 때는 자전거를 탈 수 없기 때문에
3 비가 그친 후 우산을 잊고 두고 올 확률이 높아지기 때문에
4 맑은 날보다 출근하는 데 시간이 더 걸리기 때문에

어휘 筆者(ひっしゃ) 필자 晴(は)れる 맑다, 개다 ~より ~보다 出勤(しゅっきん) 출근 時間(じかん) 시간 もっと 더 かかる (시간이) 걸리다

(2)

친구에게 "신용카드는 현금 없이 쇼핑을 할 수 있어서 편리한데 왜 사용하지 않아?"라는 말을 들은 적이 있습니다. 제가 신용카드를 사용하지 않는 이유는 생생한 돈이 보이지 않기 때문입니다. 물론 친구가 말한 것처럼 현금 없이 카드 한 장으로 쇼핑을 할 수 있다는 점이 신용카드의 최대 매력인 것은 틀림없지만, 그 매력이야말로 모르는 사이에 돈을 더 쓰고 있거나 하는 최대의 함정(주) 같은 느낌이 들기 때문입니다.

(주)落とし穴(함정): 덫의 일종

어휘 友人(ゆうじん) 친구 クレジットカード 신용카드 現金(げんきん) 현금 要(い)らず 필요하지 않음 買(か)い物(もの) 쇼핑, 장을 봄 便利(べんり)だ 편리하다 ~のに ~는데(도) なぜ 왜, 어째서 使(つか)う 쓰다, 사용하다 ~と言(い)われる ~라는 말을 듣다, ~라고 하다 동사의 た형+ことがある ~한 적이 있다 理由(りゆう) 이유 生(なま) 생생함 見(み)える 보이다 もちろん 물론 ~ように ~처럼 ところ 부분, 데, 점 最大(さいだい) 최대 魅力(みりょく) 매력 間違(まちが)いない 틀림없다 ~こそ ~야말로 知(し)らない間(ま)に 모르는 사이에 使(つか)い込(こ)む 금전을 예상 금액 이상으로 사용하다 落(お)とし穴(あな) 함정 気(き)がする 느낌[생각]이 들다 罠(わな) 덫 一種(いっしゅ) 일종

2 필자가 신용카드를 사용하지 않는 이유는 무엇인가?
1 금전감각이 이상해지는 것이 무섭기 때문에
2 카드 수수료가 너무 비싸기 때문에
3 주위에 가지고 있지 않은 사람이 많기 때문에
4 카드 번호가 누설되어 악용되는 것이 무섭기 때문에

어휘 金銭感覚(きんせんかんかく) 금전감각 狂(くる)う 잘못되다, 이상해지다 怖(こわ)い 무섭다 手数料(てすうりょう) 수수료 高(たか)い 비싸다 い형용사의 어간+すぎる 너무 ~하다 周(まわ)り 주위 番号(ばんごう) 번호 漏(も)れる 누설되다 悪用(あくよう) 악용

(3)

> 내 주위에 있는 사람들은 모두 "일본은 사계절이 있어서 좋다"라고 말하고 있지만, 나는 그렇게는 생각하지 않는다. 사계절 탓에 여름에 얇은 옷을 사지 않으면 안 되고, 겨울에는 또 두꺼운 옷을 사지 않으면 안 된다. 또 가끔 견딜 수 없을 만큼의 더운 날과 견딜 수 없을 만큼의 추운 날도 있다. 그렇다면 연중 20도 전후의 지내기 편한 기후 쪽이 좋은 것이 아닐까? 일 년 내내 여름이라면 여러 가지 면에서 지금과 같은 귀찮은 일이 사라질 것이라고 생각한다.

어휘 四季(しき) 사계절 いい 좋다 명사+の+せいで ~탓에 夏(なつ) 여름 薄(うす)い 얇다 服(ふく) 옷 買(か)う 사다
~なくてはいけない ~하지 않으면 안 된다 ~し ~하고 冬(ふゆ) 겨울 厚(あつ)い 두껍다 たまに 가끔 耐(た)える 참다, 견디다
~ほど ~만큼, ~정도 暑(あつ)い 덥다 寒(さむ)い 춥다 それなら 그렇다면 年中(ねんじゅう) 연중, 일 년 내내
~度(ど) ~도 *온도의 단위 前後(ぜんご) 전후 過(す)ごす (시간을) 보내다, 지내다 동사의 ます형+やすい ~하기 쉽다[편하다]
気候(きこう) 기후 色々(いろいろ)だ 여러 가지다, 다양하다 面(めん) 면 面倒(めんどう)だ 귀찮다, 성가시다
な(無)くなる 사라지다, 없어지다

3 필자가 일본의 사계절의 단점으로 말하고 있는 것은 어느 것인가?
  1 집에 있는 물건 관리가 어려운 점
  2 계절마다 맞는 옷을 사지 않으면 안 되는 점
  3 겨울이 되면 밤에 별로 놀 수 없는 점
  4 쉴 수 있는 일수가 짧아져 버리는 점

어휘 短所(たんしょ) 단점 ~として ~로서 管理(かんり) 관리 難(むずか)しい 어렵다 季節(きせつ) 계절 ~ごとに ~마다
合(あ)う 맞다, 적합하다 夜(よる) 밤 あまり (부정어 수반) 그다지, 별로 遊(あそ)ぶ 놀다 休(やす)む 쉬다 日数(にっすう) 일수
短(みじか)い 짧다

(4)
이하는 야생동물의 동면에 관한 기사이다.

> 겨울이 되어 추워지면 야생의 동물들은 혹독한 겨울을 보내기 위해서 신체 에너지를 절약모드로 합니다. 이 상태를 일반적으로 '동면'이라고 부르고 있습니다. 동면 중에는 가능한 한 필요 없는 에너지는 사용하지 않도록 체온이나 심박수 등은 최소한의 한도까지 내려갑니다. 요컨대 동면은 그저 자는 것이 아니라, 오히려 '가사상태(주)'에 가까운 상태라고 말할 수 있을 것입니다. 그 때문에 동면 중에 천적에게 발견되어 먹히거나 동사하는 경우도 있기 때문에 야생동물에게 있어 동면은 정말로 겨울을 살아남기 위한 '목숨을 건 의식'이라고 할 수 있을 것입니다.
>
> (주)仮死状態(가사상태): 언뜻 보기에 죽음과 구별할 수 없는 듯한 상태

어휘 以下(いか) 이하 野性動物(やせいどうぶつ) 야생동물 冬眠(とうみん) 동면 ~に関(かん)する ~에 관한
記事(きじ) 기사 冬(ふゆ) 겨울 厳(きび)しい 혹독하다 身体(しんたい) 신체 エネルギー 에너지 節約(せつやく) 절약
モード 모드 状態(じょうたい) 상태 一般的(いっぱんてき)だ 일반적이다 呼(よ)ぶ 부르다 なるべく 되도록, 가능한 한
使(つか)う 쓰다, 사용하다 体温(たいおん) 체온 心拍数(しんぱくすう) 심박수
ぎりぎり 최대 또는 최소의 한도에서 그 이상 여유가 없는 모양 下(さ)がる 내리다, 내려가다 つまり 요컨대, 즉 ただ 그저
眠(ねむ)る 자다, 잠들다 むしろ 오히려 仮死(かし) 가사 近(ちか)い 가깝다 そのため 그 때문에 天敵(てんてき) 천적
見(み)つかる 발견되다, 찾게 되다 凍死(とうし) 동사, 얼어 죽음 ~にとって ~에(게) 있어서 正(まさ)に 정말로
生(い)き延(の)びる 살아남다 命(いのち)がけ 목숨을 걺 儀式(ぎしき) 의식 一見(いっけん) 언뜻 보기에 死(し) 죽음
区別(くべつ) 구별

4 본문의 내용으로 보아 야생동물이 동면하는 이유는 왜인가?
  1 신체의 에너지 소비를 억제해 겨울을 지내기 위해
  2 여러 적의 공격으로부터 자신을 지키기 위해
  3 겨울에는 에너지 소비가 늘기 때문에
  4 겨울이 될 때까지 쌓여 있던 피로를 풀기 위해

어휘 消費(しょうひ) 소비 抑(おさ)える 억제하다 敵(てき) 적 攻撃(こうげき) 공격 自分(じぶん) 자기, 자신, 나
守(まも)る 지키다 増(ふ)える 늘다, 늘어나다 溜(た)まる 쌓이다 疲(つか)れを取(と)る 피로를 풀다

問題4 つぎの(1)から(4)の文章を読んで、質問に答えなさい。答えは、1・2・3・4から最もよいものを一つえらびなさい。

(1)

> 最近、私の子供の頃に比べて公園の遊具がかなり少なくなっていることに気が付いた。もちろん、遊具での事故がたくさん起こるためであろうが、遊具での危険な遊び方を見直すことで、いくらでも事故は防ぐことができるだろう。また、周りの大人が危険な行動について指導し、子供に安全な遊び方を教えながら子供の好奇心と運動能力を育てていくことが事故の減少、そして遊具の減少の改善へとつながるのではないだろうか。

1 本文で筆者が公園での遊具事故を防ぐための方法として言っていないのはどれか。
1 遊具を定期的に点検すること
2 子供に安全な遊び方を教えること
3 周りの大人が危険な行動について指導すること
4 遊具での危険な遊び方を見直すこと

(2)
以下は、ある店のお知らせである。

> **お客様各位**
> **店舗改装に伴う休業のお知らせ**
> いつもマックスバーガーをご利用いただき、ありがとうございます。
> 誠に勝手ながら下記の期間改装のため、休業させていただきます。
> 引き続きお引き立て賜りよう謹んでお願い申し上げます。
> 休業 2/29(土)18時～3/13(金)
>
> 【リニューアルオープン】
> 3月14日(土)14時 OPEN

2 本文の内容と合っているのはどれか。
1 休業後多くのメニューが変わる。
2 3月13日には店を利用できる。
3 改装工事の期間は1週間である。
4 3月14日の午前中は店を利用できない。

(3)

　子育て世代の悩みでよく聞くのが子供の野菜嫌いである。人は口に含んだ食べ物が栄養になる成分なのか、それとも有害な成分なのかを即座に(注)見分けられるという。子供の味覚は大人以上に敏感で、苦味と感じ取った野菜は本能的に毒を察知したことになるので、体に取り入れない行動は自然な現象なのである。でも、嫌がっている子供に無理に食べさせようとすると、嫌な経験として記憶されてしまい、食事に対してネガティブな感情を抱くようになってしまう。

(注)即座に: すぐに、その場で

③ 本文の内容からみて、子供が野菜嫌いになる理由は何か。
1 甘味に慣れてしまうと、苦味をよく感じ取れなくなるから
2 大人に比べてあまり味覚が発達していないから
3 苦味は有害な成分と本能的に感じ取っているから
4 生物は食べたくないという本能を持っているから

(4)
以下は、ある雑誌の記事の一部である。

　東京都内には大衆居酒屋とは一線を画する(注)居酒屋が意外にもたくさんある。例えば、「釣船茶屋ざうお」という店では、釣った魚をメニューから注文するよりも安く、そのまま調理してもらえる。入店してからの流れは次の通りである。釣りをする場合は竿をレンタルし、餌を購入する。そして魚を釣ってスタッフに渡すと、すぐに調理を始めてもらえる。調理の仕方も刺身、焼き、唐揚げ、寿司などから選ぶことができる。このように自分で釣った場合には、魚の種類にもよるが、正規の値段よりも1,000円ほど安くなることもあるという。

(注)一線を画する: 境界線を引いて区別する

④ 本文に出ている店の特徴は何か。
1 追加注文で値段が安くなること
2 店で生きている魚が買えること
3 店で釣った魚を調理してもらえること
4 持って行った魚を調理してもらえること

확인 문제 2・정답 및 해석(내용 이해 1(단문))

(1)

> 최근 내가 어릴 때에 비해 공원의 놀이기구가 상당히 적어지고 있는 것을 깨달았다. 물론 놀이기구에서의 사고가 많이 일어나기 때문이겠지만, 놀이기구에서의 위험한 놀이법을 다시 살펴보는 것으로 얼마든지 사고는 방지할 수 있을 것이다. 또 주위 어른이 위험한 행동에 대해서 지도하고, 아이에게 안전한 놀이법을 가르치면서 아이의 호기심과 운동능력을 키워 가는 것이 사고의 감소, 그리고 놀이기구 감소의 개선으로 이어지는 것은 아닐까?

어휘 最近(さいきん) 최근 ～に比(くら)べて ～에 비해서 公園(こうえん) 공원 遊具(ゆうぐ) 놀이기구 かなり 꽤, 상당히 少(すく)ない 적다 気(き)が付(つ)く 깨닫다. 알아차리다 もちろん 물론 事故(じこ) 사고 起(お)こる 일어나다. 발생하다 危険(きけん)だ 위험하다 遊(あそ)び方(かた) 놀이법 見直(みなお)す 다시 살펴보다. 재검토하다 いくらでも 얼마든지 防(ふせ)ぐ 막다. 방지하다 周(まわ)り 주위 大人(おとな) 어른 行動(こうどう) 행동 指導(しどう) 지도 安全(あんぜん)だ 안전하다 教(おし)える 가르치다. 알려 주다 동사의 ます형+ながら ～하면서 *동시동작 好奇心(こうきしん) 호기심 運動能力(うんどうのうりょく) 운동능력 育(そだ)てる 키우다 減少(げんしょう) 감소 そして 그리고 改善(かいぜん) 개선 つながる 이어지다. 연결되다

[1] 본문에서 필자가 공원에서의 놀이기구 사고를 방지하기 위한 방법으로 말하고 있지 않은 것은 어느 것인가?
　1 놀이기구를 정기적으로 점검하는 것
　2 아이에게 안전한 놀이법을 가르치는 것
　3 주위 어른이 위험한 행동에 대해서 지도하는 것
　4 놀이기구에서의 위험한 놀이법을 다시 살펴보는 것

어휘 方法(ほうほう) 방법 定期的(ていきてき)だ 정기적이다 点検(てんけん) 점검

(2)
이하는 어느 가게의 알림이다.

손님 각위
점포 개장에 따른 휴업 알림
항상 맥스버거를 이용해 주셔서 감사합니다.
정말로 제멋대로이지만, 하기 기간에 개장 때문에 휴업합니다.
계속해서 아껴 주시길 삼가 부탁드립니다.
휴업: 2/29(토) 18시～3/13(금)
【리뉴얼 오픈】
3월 14일(토) 14시 OPEN

어휘 以下(いか) 이하 ある 어느. 어떤 店(みせ) 가게 お知(し)らせ 알림 お客様(きゃくさま) 손님 各位(かくい) 각위. 여러분 店舗(てんぽ) 점포 改装(かいそう) 개장. 장비나 장치를 뜯어고쳐 새롭게 함 ～に伴(ともな)う ～에 따른 休業(きゅうぎょう) 휴업 バーガー 버거 *「ハンバーガー」(햄버거)의 준말 ご+한자명사+いただく (남에게) ～해 받다. (남이) ～해 주시다 *경양표현 利用(りよう) 이용 誠(まこと)に 실로, 정말로 勝手(かって)ながら 제멋대로이지만 下記(かき) 하기. 어떤 사실을 알리기 위하여 본문 아래 적는 일. 또는 그런 기록 期間(きかん) 기간 ～させていただく ～하다 *「～する」의 겸양표현 引(ひ)き続(つづ)き 계속해서 引(ひ)き立(た)て 특별히 돌봐 줌. 아껴 줌 賜(たまわ)る 주시다. 내리시다 謹(つつし)んで 삼가. 정중하게 お+동사의 ます형+申(もう)し上(あ)げる ～하다. ～해 드리다 *경양표현 願(ねが)う 부탁하다 リニューアル 리뉴얼 オープン 오픈

[2] 본문의 내용과 맞는 것은 어느 것인가?
　1 휴업 후 많은 메뉴가 바뀐다.
　2 3월 13일에는 가게를 이용할 수 있다.
　3 개장 공사 기간은 일주일이다.
　4 3월 14일 오전 중에는 가게를 이용할 수 없다.

어휘 メニュー 메뉴 変(か)わる 바뀌다. 변하다 利用(りよう) 이용 1週間(いっしゅうかん) 일주간, 일주일 午前(ごぜん) 오전 ～中(ちゅう) ～중

(3)

> 　육아세대의 고민으로 자주 듣는 게 아이가 채소를 싫어한다는 것이다. 인간은 입에 머금은 음식이 영양이 될 성분인지 그렇지 않으면 유해한 성분인지를 즉석에서(주) 가릴 수 있다고 한다. 아이의 미각은 어른 이상으로 민감해서 쓴맛이라고 감지한 채소는 본능적으로 독을 짐작한 것이 되기 때문에 몸에 받아들이지 않는 행동은 자연스러운 현상인 것이다. 하지만 싫어하는 아이에게 억지로 먹이려고 하면 싫은 경험으로 기억되어 버려 식사에 대해 부정적인 감정을 품게 되어 버린다.
>
> (주)即座に(즉석에서): 바로, 그 자리에서

어휘　子育(こそだ)て 육아　世代(せだい) 세대　悩(なや)み 고민　よく 자주　聞(き)く 듣다　野菜嫌(やさいぎら)い 채소를 싫어함　口(くち) 입　含(ふく)む 머금다　食(た)べ物(もの) 음식　栄養(えいよう) 영양　成分(せいぶん) 성분　それとも 그렇지 않으면　有害(ゆうがい)だ 유해하다　即座(そくざ)に 즉석에서　見分(みわ)ける 분별하다, 분간하다, 가리다　味覚(みかく) 미각　大人(おとな) 어른　以上(いじょう) 이상　敏感(びんかん)だ 민감하다　苦味(にがみ) 쓴맛　感(かん)じ取(と)る 감지하다, 느끼다, 알아채다　本能的(ほんのうてき)だ 본능적이다　毒(どく) 독　察知(さっち) 헤아려 앎, 짐작함　取(と)り入(い)れる 받아들이다　行動(こうどう) 행동　自然(しぜん)だ 자연스럽다　現象(げんしょう) 현상　でも 하지만　嫌(いや)がる 싫어하다　無理(むり)に 무리하게, 억지로　〜(よ)うとする 〜하려고 하다　嫌(いや)だ 싫다　経験(けいけん) 경험　記憶(きおく) 기억　食事(しょくじ) 식사　〜に対(たい)して 〜에 대해서 *대상　ネガティブだ 부정적이다　感情(かんじょう) 감정　抱(いだ)く (마음속에) 품다

| 3 | 본문의 내용으로 보아 아이가 채소를 싫어하게 되는 이유는 무엇인가? |

1 단맛에 익숙해져 버리면 쓴맛을 잘 감지할 수 없게 되기 때문에
2 어른에 비해 그다지 미각이 발달되어 있지 않기 때문에
3 쓴맛은 유해한 성분이라고 본능적으로 감지하고 있기 때문에
4 날것은 먹고 싶지 않다는 본능을 가지고 있기 때문에

어휘　甘味(あまみ) 단맛　慣(な)れる 익숙해지다　あまり (부정어 수반) 그다지, 별로　発達(はったつ) 발달　生物(なまもの) 날것　持(も)つ 가지다

(4)
이하는 어느 잡지 기사의 일부이다.

> 　도쿄도내에는 대중선술집과는 일선을 긋는(주) 선술집이 의외로 많이 있다. 예를 들어 '낚싯배 요릿집 자우오'라는 가게에서는 잡은 물고기를 메뉴에서 주문하는 것보다도 싸게 그대로 조리해 받을 수 있다. 가게에 들어간 후의 흐름은 다음과 같다. 낚시를 할 경우에는 낚싯대를 빌리고 먹이를 구입한다. 그리고 물고기를 잡아서 스텝에게 건네주면 바로 조리를 시작해 준다. 조리 방식도 회, 구이, 튀김, 초밥 등에서 선택할 수 있다. 이처럼 직접 잡은 경우에는 생선 종류에도 따르겠지만, 정규 가격보다도 1,000엔 정도 싸지는 경우도 있다고 한다.
>
> (주)一線を画する(일선을 긋다): 경계선을 그어서 구별하다

어휘　雑誌(ざっし) 잡지　一部(いちぶ) 일부　都内(とない) 도내 *「東京都(とうきょうと): 도쿄도」의 중심 지역　大衆(たいしゅう) 대중　居酒屋(いざかや) 선술집　一線(いっせん)を画(かく)する 일선을 긋다, 분명하게 구별을 짓다　意外(いがい) 의외　例(たと)えば 예를 들어　釣船(つりぶね) 낚싯배　茶屋(ちゃや) 요릿집　店(みせ) 가게　釣(つ)る (낚시・도구로) 잡다　魚(さかな) 물고기, 생선　メニュー 메뉴　注文(ちゅうもん) 주문　安(やす)い 싸다　そのまま 그대로　調理(ちょうり) 조리　〜てもらう (남에게) 〜해 받다, (남이) 〜해 주다　入店(にゅうてん) 입점, 손님이 가게에 들어감　流(なが)れ 흐름　次(つぎ)の通(とお)り 다음과 같음　釣(つ)り 낚시　場合(ばあい) 경우　竿(さお) 낚싯대　レンタル 렌탈, 임대　餌(えさ) 먹이　購入(こうにゅう) 구입　スタッフ 스텝　渡(わた)す 건네다, 건네주다　すぐに 곧, 바로　始(はじ)める 시작하다　仕方(しかた) 방식　刺身(さしみ) 회　焼(や)き 구움, 구운 것　唐揚(からあ)げ (가루를 묻히지 않고) 그냥 튀김　寿司(すし) 초밥　選(えら)ぶ 고르다, 선택하다　自分(じぶん)で 직접, 스스로　種類(しゅるい) 종류　よる 따르다, 의하다　正規(せいき) 정규　値段(ねだん) 가격　境界線(きょうかいせん) 경계선　引(ひ)く (줄을) 긋다　区別(くべつ) 구별

| 4 | 본문에 나와 있는 가게의 특징은 무엇인가? |

1 추가 주문으로 가격이 싸지는 것
2 가게에서 살아 있는 생선을 살 수 있는 것
3 가게에서 잡은 물고기를 조리해 받을 수 있는 것
4 가지고 간 생선을 조리해 받을 수 있는 것

어휘　追加(ついか) 추가　生(い)きる 살다, 생명이 있다

問題4 つぎの(1)から(4)の文章を読んで、質問に答えなさい。答えは、1・2・3・4から最もよいものを一つえらびなさい。

(1)

外国人があなたに「週末はどうでしたか」と聞いたら、日本では週末の出来事について話す習慣があまりないと思うので、どのように返事したらいいのか困ってしまうだろう。普通、外国人の場合は、まず週末の感想をシンプルに伝えてから具体的に何が良かったのか、または良くなかったのかなどを伝えるという。最後に、自分の週末の出来事を伝えた後は、相手に同じ質問を聞き返すことも忘れてはならない。

1 本文の内容からみて、週末の出来事について聞かれた時の答えの順番として正しいのはどれか。

1 相手に聞き返す → 自分の感想を伝える → 具体的な内容を伝える
2 自分の感想を伝える → 具体的な内容を伝える → 相手に聞き返す
3 具体的な内容を伝える → 相手に聞き返す → 自分の感想を伝える
4 相手に聞き返す → 具体的な内容を伝える → 自分の感想を伝える

(2)
以下は、ある建物の会場使用上の決まりである。

会場使用上の決まり

① 会場において電源をご使用される場合は係員に申し出てください。
② 当館の備品、器具類の所定外の無断使用および移転、室内での接着剤の使用や釘打ちなどは固くお断りします。
③ 会場使用後は、受付へ会議の終了したことを告げて確認シートを提出してください。
④ ガス機器などの火気使用はできません。
⑤ 館内および敷地は全面禁煙です。
⑥ ご利用いただいた会議室のごみは、全てお持ち帰りいただきます。

2 本文の内容と合っているのはどれか。

1 会場での電源の使用は禁じられている。
2 館内で指定されたところでの喫煙は可能である。
3 火気の使用は許可を得てから使用可能である。
4 会議室のごみは自分で持って帰らなければならない。

(3)

　多くの人が持っている誤解の中で、「国語の選択肢問題は感覚で答えるものだ」ということがある。例えば、登場人物の心境を選ぶ問題の場合、「たぶんこれだろう」と感覚で選んでいる人が意外と多い。大抵の場合は外れることが多いので、自分には国語のセンスがないと思ってだんだん国語が苦手になっていく。でも、国語はセンスではない。文章中にきちんと根拠が書かれており、それを読み取ることができれば正解を選ぶことができる。そうでなければ、価値観や感じ方などは人それぞれだから、誰が解答するかによって、正解が変わってしまう。

3 この人の考えと合っているのはどれか。
1 国語の問題は感覚で解くものではない。
2 国語は全ての科目の基礎になる科目である。
3 国語は決して論理を重視する科目ではない。
4 国語の問題はある程度のセンスがないと、うまく解けない。

(4)

　春に咲く桜が秋に咲く現象が時々ニュースで報じられるが、この現象を「狂い咲き」と呼ぶ。桜が花を咲かせるためには、一旦朝桜の木が十分に冷えて開花ホルモンが作られ、昼徐々に気温が上昇して作られた開花ホルモンが花芽(注1)に達する必要がある。ところで、10月半ば頃、朝突然冬が来たかのように冷え込んだが、昼になってまた気温が20度近くまで上昇する日が何日か続くと、稀に(注2)秋にも桜が咲くことがある。これを「桜の狂い咲き」と呼んでいるが、狂っているのは桜ではなく、不順な気温の方だろう。

(注1)花芽: 植物の茎・枝にあって、発達すれば花となる芽
(注2)稀だ: めったにない。めずらしい

4 秋に桜の木が花を咲かせるための条件は何か。
1 降水量の少なさ
2 一定気温の維持有無
3 春のような気温の変化
4 十分な栄養の供給

확인 문제 3 · 정답 및 해석(내용 이해 1(단문))

(1)

> 외국인이 당신에게 "주말에는 어땠어요?"라고 물으면 일본에서는 주말에 있었던 일에 대해서 이야기하는 습관이 별로 없다고 생각하기 때문에 어떻게 대답하면 좋을지 곤란해져 버릴 것이다. 보통 외국인의 경우에는 우선 주말의 감상을 간단하게 전한 후에 구체적으로 무엇이 좋았는지 또는 좋지 않았는지 등을 전한다고 한다. 마지막으로 자신의 주말에 있었던 일을 전한 후에는 상대에게 같은 질문을 되묻는 것도 잊어서는 안 된다.

어휘 外国人(がいこくじん) 외국인 週末(しゅうまつ) 주말 聞(き)く 묻다 出来事(できごと) 일어난 일
~について ~에 대해서 *내용 話(はな)す 말하다, 이야기하다 習慣(しゅうかん) 습관 どのように 어떻게 返事(へんじ) 대답
困(こま)る 곤란하다, 난처하다 普通(ふつう) 보통 まず 우선 感想(かんそう) 감상 シンプルだ 심플하다, 간단하다
伝(つた)える 전하다 ~てから ~하고 나서, ~한 후에 具体的(ぐたいてき)だ 구체적이다 最後(さいご) 최후, 마지막
동사의 た형+後(あと) ~한 후 相手(あいて) 상대 同(おな)じだ 같다 質問(しつもん) 질문 聞(き)き返(かえ)す 되묻다
忘(わす)れる 잊다 ~てはならない ~해서는 안 된다

☐1 본문의 내용으로 보아 주말에 있었던 일에 대해서 질문받았을 때의 대답 순번으로 옳은 것은 어느 것인가?
　　1 상대에게 되묻는다 → 자신의 감상을 전한다 → 구체적인 내용을 전한다
　　2 자신의 감상을 전한다 → 구체적인 내용을 전한다 → 상대에게 되묻는다
　　3 구체적인 내용을 전한다 → 상대에게 되묻는다 → 자신의 감상을 전한다
　　4 상대에게 되묻는다 → 구체적인 내용을 전한다 → 자신의 감상을 전한다

어휘 答(こた)え 대답 順番(じゅんばん) 순번, 차례

(2)
이하는 어느 건물 회장 사용상의 규칙이다.

> **회장 사용상의 규칙**
> ① 회장에서 전원을 사용하실 경우에는 담당자에게 말해 주십시오.
> ② 본 건물의 비품, 기구류의 소정외의 무단 사용 및 이전, 실내에서의 접착제 사용이나 못질 등은 단호히 사절합니다.
> ③ 회장 사용 후에는 접수처에 회의가 종료되었다는 것을 알리고 확인 용지를 제출해 주십시오.
> ④ 가스 기기 등의 화기 사용은 할 수 없습니다.
> ⑤ 관내 및 부지는 전면 금연입니다.
> ⑥ 이용하신 회의실 쓰레기는 모두 가지고 돌아가시기 바랍니다.

어휘 建物(たてもの) 건물 会場(かいじょう) 회장 使用上(しようじょう) 사용상 決(き)まり 규칙
~において ~에 있어서, ~에서 電源(でんげん) 전원 使用(しよう) 사용 係員(かかりいん) 계원, 담당자
申(もう)し出(で)る (의견·요구 등을) 말하다, 신청하다 当館(とうかん) 본 건물, 이 관 備品(びひん) 비품
器具類(きぐるい) 기구류 所定(しょてい) 소정, 정해져 있는 것, 정해 놓은 것 無断(むだん) 무단 および 및 移転(いてん) 이전
室内(しつない) 실내 接着剤(せっちゃくざい) 접착제 釘打(くぎう)ち 못질 固(かた)い 엄하다
お+동사의 ます형+する ~하다, ~해 드리다 *겸양표현 断(ことわ)る 사절하다 受付(うけつけ) 접수처 会議(かいぎ) 회의
終了(しゅうりょう) 종료 告(つ)げる 고하다, 알리다 確認(かくにん) 확인 シート 시트, 한 장의 종이 提出(ていしゅつ) 제출
ガス 가스 機器(きき) 기기 火気(かき) 화기 館内(かんない) 관내 敷地(しきち) 부지 全面(ぜんめん) 전면
禁煙(きんえん) 금연 利用(りよう) 이용 ごみ 쓰레기 全(すべ)て 모두, 전부
ご+한자명사+いただく (남에게) ~해 받다, (남이) ~해 주시다 *겸양표현 持(も)ち帰(かえ)る 가지고 돌아가다

☐2 본문의 내용과 맞는 것은 어느 것인가?
　　1 회장에서의 전원 사용은 금지되어 있다.
　　2 관내에서 지정된 곳에서의 흡연은 가능하다.
　　3 화기 사용은 허가를 얻은 후에 사용 가능하다.
　　4 회의실 쓰레기는 직접 가지고 돌아가야 한다.

어휘 禁(きん)じる 금하다, 금지하다 指定(してい) 지정 喫煙(きつえん) 흡연 可能(かのう)だ 가능하다
許可(きょか)を得(え)る 허가를 얻다 自分(じぶん)で 직접, 스스로 ~なければならない ~하지 않으면 안 된다, ~해야 한다

(3)

> 많은 사람이 가지고 있는 오해 중에서 '국어의 선택지 문제는 감각으로 답하는 것이다'라는 것이 있다. 예를 들어 등장인물의 심경을 고르는 문제의 경우 '아마 이것이겠지'라고 감각으로 고르고 있는 사람이 의외로 많다. 대개의 경우는 안 맞는 경우가 많기 때문에 자신에게는 국어 센스가 없다고 생각해서 점점 국어를 잘 못하게 된다. 하지만 국어는 센스가 아니다. 문장 중에 확실히 근거가 쓰여 있고 그것을 읽고서 이해할 수 있으면 정답을 고를 수 있다. 그렇지 않으면 가치관이나 느끼는 법 등은 사람마다 제각각이므로, 누가 해답하는지에 따라 정답이 바뀌어 버린다.

어휘 多(おお)く 많음 誤解(ごかい) 오해 国語(こくご) 국어 選択肢(せんたくし) 선택지 感覚(かんかく) 감각
答(こた)える (문제에) 답하다 例(たと)えば 예를 들어 登場人物(とうじょうじんぶつ) 등장인물 心境(しんきょう) 심경
選(えら)ぶ 고르다, 선택하다 たぶん 아마 意外(いがい)と 의외로 大抵(たいてい) 대개 外(はず)れる 안 맞다, 빗나가다
センス 센스 だんだん 점점 苦手(にがて)だ 서투르다, 잘 못하다 文章(ぶんしょう) 문장, 글 きちんと 제대로, 확실히
根拠(こんきょ) 근거 読(よ)み取(と)る 읽고서 이해하다 正解(せいかい) 정답 価値観(かちかん) 가치관
感(かん)じ方(かた) 느끼는 법 それぞれ (제)각기, 각각, 각자 解答(かいとう) 해답 ～によって ～에 따라
変(か)わる 바뀌다, 변하다

[3] 이 사람의 생각과 맞는 것은 어느 것인가?
1 국어 문제는 감각으로 푸는 것이 아니다.
2 국어는 모든 과목의 기초가 되는 과목이다.
3 국어는 결코 논리를 중시하는 과목이 아니다.
4 국어 문제는 어느 정도의 센스가 없으면 잘 풀 수 없다.

어휘 解(と)く (의문·문제를) 풀다 科目(かもく) 과목 基礎(きそ) 기초 決(けっ)して (부정어 수반) 결코, 절대로
論理(ろんり) 논리 重視(じゅうし) 중시 程度(ていど) 정도 うまい 잘하다, 능숙하다

(4)

> 봄에 피는 벚꽃이 가을에 피는 현상이 종종 뉴스에 보도되는데, 이 현상을 '구루이자키(狂い咲き)'라고 부른다. 벚꽃이 꽃을 피우기 위해서는 일단 아침에 벚나무가 충분히 차가워져 개화호르몬이 만들어지고 낮에 서서히 기온이 상승해 만들어진 개화호르몬이 꽃눈(주1)에 도달할 필요가 있다. 그런데 10월 중순경 아침에 갑자기 겨울이 온 것처럼 몹시 추워졌는데 낮이 되어 다시 기온이 20도 가까이 상승하는 날이 며칠인가 이어지면 드물게(주2) 가을에도 벚꽃이 피는 일이 있다. 이것을 '벚꽃의 구루이자키(狂い咲き)'라고 부르는데, 이상해진 것은 벚꽃이 아니라 불순한 기온 쪽일 것이다.
>
> (주1)花芽(꽃눈): 식물의 줄기·가지에 있고 발달하면 꽃이 되는 싹
> (주2)稀だ(드물다): 좀처럼 없다. 드물다

어휘 春(はる) 봄 咲(さ)く (꽃이) 피다 桜(さくら) 벚꽃 秋(あき) 가을 現象(げんしょう) 현상 時々(ときどき) 때때로, 종종
ニュース 뉴스 報(ほう)じる 보도하다 狂(くる)い咲(ざ)き 구루이자키, 제철이 아닌 때에 꽃이 핌 一旦(いったん) 일단
朝(あさ) 아침 桜(さくら)の木(き) 벚나무 十分(じゅうぶん)に 충분히 冷(ひ)える 차가워지다 開花(かいか) 개화
ホルモン 호르몬 作(つく)る 만들다 昼(ひる) 낮 徐々(じょじょ)に 서서히 気温(きおん) 기온 上昇(じょうしょう) 상승
花芽(かが) 꽃눈(=花芽(はなめ)) 達(たっ)する 도달하다 ところで 그런데 半(なか)ば 중순 突然(とつぜん) 돌연, 갑자기
～ように ～처럼 冷(ひ)え込(こ)む 몹시 추워지다 続(つづ)く 이어지다, 계속되다 稀(まれ)だ 드물다
狂(くる)う 잘못되다, 이상해지다 不順(ふじゅん)だ 불순하다 植物(しょくぶつ) 식물 茎(くき) 줄기 枝(えだ) 가지
発達(はったつ) 발달 芽(め) (식물의) 싹 めったに (부정어 수반) 거의, 좀처럼 めずらしい 드물다

[4] 가을에 벚나무가 꽃을 피우기 위한 조건은 무엇인가?
1 강수량의 적음
2 일정 기온의 유지 유무
3 봄과 같은 기온 변화
4 충분한 영양 공급

어휘 条件(じょうけん) 조건 降水量(こうすいりょう) 강수량 少(すく)なさ 적음 一定(いってい) 일정 維持(いじ) 유지
有無(うむ) 유무 変化(へんか) 변화 栄養(えいよう) 영양 供給(きょうきゅう) 공급

확인 문제 4 · 내용 이해 1(단문)

問題4 つぎの(1)から(4)の文章を読んで、質問に答えなさい。答えは、1・2・3・4から最もよいものを一つえらびなさい。

(1)

　　喧嘩するほど仲がよくなるという言葉があるが、実際はどうだろうか。私は喧嘩は悪いと思う。その理由は、人と人がコミュニケーションを取る時にどんなに気に入らなかったとしても、わざわざ喧嘩をする必要はないからだ。人はそれぞれ考え方が違うから、敢えてぶつかる必要はない。私は以前、全く考えの違う人に出会ったことがある。彼女の言うことは私の考えと正反対で、全く理解できなかった。話し合ってもどこまでも平行線のままだったので、先に私が譲った。もし喧嘩をして意見をぶつけ合ったとしても、解決策にはならなかったと思う。

[1] 筆者の考えと合っているのはどれか。
1 喧嘩して初めて本音が出る場合も多い。
2 喧嘩になるとわかっていても我慢する必要はない。
3 思っていることははっきり相手に言った方がいい。
4 人はそれぞれ考え方が違うのだから、敢えてぶつかる必要はない。

(2)

　　SNSでは自分が公開したプロフィールをもとに気軽なコメントのやり取りから関係が発展するケースが多いため、リアルな社会では築くことのできないような人間関係を構築することが可能だ。しかし、SNS上で知り合った異性とトラブルになったり性的な被害に遭うという事件は、SNSに絡んだ事件として頻繁にニュースになっている。また、リアルな関係に発展しなかったとしても、ネット上でしつこくメールを送ったり他人の私生活を細かいところまで調べるといったネットストーカー被害が心配される。更に、近年ではツイートやブログでの不用意な発言などが原因になって不特定多数から非難を受けることも社会問題化している。

[2] 本文に出ているSNSのデメリットではないのはどれか。
1 性的な被害に遭う。
2 ネットストーカー被害に遭う。
3 未確認の情報が瞬時に拡散してしまう。
4 SNS上で知り合った異性とトラブルになる。

(3)

みなさんは、トマトは野菜だと思いますか。それとも、果物だと思いますか。アメリカでもトマトをどちらに分類すべきかが論議されたことがあります。植物学者は「果物」と言い、農務省では「野菜」とみなしましたが、裁判所では、トマトは食事中に食べられ、デザートとはならない点を重視してやはり野菜だとしたそうです。しかし、その後も「トマトは果物である」と主張するグループが、この判決を不服とし、ついに最高裁まで上告され、判事が「トマトは野菜である」と判決したのです。

1 本文に出ているトマトについての説明の中で、正しいのはどれか。
1 アメリカの植物学者はトマトを果物だとみなした。
2 アメリカではみんなトマトを果物として扱っている。
3 日本ではみんなトマトを野菜として扱っている。
4 アメリカのトマト裁判はまだ結論が出ていない。

(4)

もしも月がなければ地球は人が住めない場所になる。万有引力の法則によって月と地球の間にも当然引力が発生しているが、もし月がなければその引力がなくなって自転スピードが上がって一日のサイクルは24時間から6時間ほどに短縮してしまう。次に、地軸の傾きが月がなくなることによって不安定になる。例えば、角度が金星のように0度になると季節がなくなり、天王星のように97度に傾くと、昼と夜の感覚が長くなる。また、月明かりもなくなるため、夜は本当に真っ暗になってしまう。このように地球と月は絶妙なバランスの上に成り立っている。

4 本文の内容と合っていないのはどれか。
1 月がなくても人は十分に生きられる。
2 月がなければ夜は本当に真っ暗になってしまう。
3 月がなければ地軸の傾きが不安定になる。
4 月がなければ引力がなくなって地球の自転スピードが上がる。

확인 문제 5 · 정답 및 해석(내용 이해 1(단문))

(1)

> 의외로 자신의 장점을 찾아 간다는 것은 타인의 장점을 찾아 가는 것보다도 어렵다. 누구에게나 자신의 좋은 점과 싫은 점은 있지만 절대로 남에게 싫은 점을 보여 주고 싶지 않다고 생각해 숨기고 있으면 더 타인이 싫어하는 법이다. 정말로 자신을 즐기고 재미있게 살고 있는 사람은 타인이 봐도 재미있다. 그리고 타인도 재미있는 이상은 당신을 좋게 생각해 줄 것이다. 자신의 성격을 숨기지 않고 타인과 사귀면 타인이 당신을 더욱 인정해 주게 될 것이다.

어휘 案外(あんがい)に 의외로 自分(じぶん) 자기, 자신, 나 長所(ちょうしょ) 장점 見(み)つける 찾(아내)다, 발견하다
他人(たにん) 타인 〜よりも 〜보다도 難(むずか)しい 어렵다 嫌(いや)だ 싫다 絶対(ぜったい) 절대, 절대로
見(み)せる 보이다, 보여 주다 隠(かく)す 숨기다 もっと 더, 더욱 嫌(きら)う 싫어하다, 꺼리다, 피하다
〜ものだ 〜인 법[것]이다 *상식 · 진리 · 본성 楽(たの)しむ 즐기다 おもしろい 재미있다 生(い)きる 살다, 생존하다
〜からには 〜한 이상은 好(この)ましい (성질 · 태도 등이) 좋다, 호감이 가다 〜てくれる (남이 나에게) 〜해 주다
〜はずだ (당연히) 〜할 것[터]이다 性格(せいかく) 성격 〜ことなく 〜하는 일 없이, 〜하지 않고
付(つ)き合(あ)う 사귀다, 교제하다 認(みと)める 인정하다 〜ようになる 〜하게(끔) 되다 *변화

[1] 이 사람의 생각과 맞는 것은 어느 것인가?
  1 성격이 자신과 닮은 사람과 사귀자.
  2 자신의 장점을 타인에게 어필하는 것은 별로 좋지 않다.
  3 자신의 단점은 가능한 한 빨리 고쳐야 한다.
  4 자신의 장점을 찾아내서 살아가자.

어휘 似(に)る 닮다 アピール 어필 短所(たんしょ) 단점 なるべく 되도록, 가능한 한 早(はや)く 빨리 直(なお)す 고치다
동사의 기본형+べきだ (마땅히) 〜해야 한다

(2)

> 쓰레기는 생활해 가는 중에 불필요하게 된 것인데, 실은 자원으로 재이용 가능한 것이 많이 있다. 그러나 본래 자원화할 수 있는 것이 쓰레기로 버려지면 그 쓰레기 처리에 많은 돈이 들어 버린다. 그리고 이 돈은 세금이라는 형태로 주민 한 사람 한 사람의 부담이 되고 있다. 요컨대 올바른 분리를 하는 것으로 환경부하 경감으로 이어질 뿐만 아니라 주민 한 사람 한 사람의 부담도 경감된다. 앞으로도 분리 규칙은 올바르게 지켜가자.

어휘 ごみ 쓰레기 生活(せいかつ) 생활 不必要(ふひつよう)だ 불필요하다 実(じつ)は 실은 資源(しげん) 자원
〜として 〜로서 再利用(さいりよう) 재이용 たくさん 많이 しかし 그러나 本来(ほんらい) 본래 資源化(しげんか) 자원화
捨(す)てる 버리다 処理(しょり) 처리 お金(かね) 돈 かかる (비용이) 들다 税金(ぜいきん) 세금 形(かたち) 형태
住民(じゅうみん) 주민 一人(ひとり) 한 사람 負担(ふたん) 부담 要(よう)するに 요컨대 正(ただ)しい 올바르다
分別(ぶんべつ) 분별, 분류, 분리 行(おこな)う 하다, 행하다, 실시하다 環境(かんきょう) 환경 負荷(ふか) 부하
軽減(けいげん) 경감 つながる 이어지다, 연결되다 〜だけで(は)なく 〜뿐만 아니라 今後(こんご) 금후, 앞으로 ルール 룰, 규칙
守(まも)る 지키다

[2] 필자가 가장 말하고 싶은 것은 무엇인가?
  1 세금 낭비를 방지하자.
  2 쓰레기가 나오지 않는 듯한 생활을 하자.
  3 이웃사람에게 폐를 끼치지 않도록 하자.
  4 쓰레기 분리 규칙을 올바르게 지켜 나가자.

어휘 無駄遣(むだづか)い 낭비 防(ふせ)ぐ 막다, 방지하다 出(で)る 나오다 近所(きんじょ) 이웃
迷惑(めいわく)をかける 폐를 끼치다

(3)

> 여러분은 토마토는 채소라고 생각합니까? 그렇지 않으면 과일이라고 생각합니까? 미국에서도 토마토를 어느 쪽으로 분류해야 하는가가 논의된 적이 있습니다. 식물학자는 '과일'이라고 하고, 농무성에서는 '채소'라고 간주했습니다만, 재판소에서는 토마토는 식사 중에 먹을 수 있고 디저트로는 되지 않는다는 점을 중시해서 역시 채소라고 했다고 합니다. 그러나 그 후에도 '토마토는 과일이다'라고 주장하는 그룹이 이 판결을 불복해 결국 최고재판소까지 상고되어 판사가 '토마토는 채소이다'라고 판결했습니다.

어휘 みなさん 여러분 トマト 토마토 野菜(やさい) 채소 それとも 그렇지 않으면 果物(くだもの) 과일 アメリカ 아메리카, 미국
分類(ぶんるい) 분류 동사의 기본형+べきか ~해야 하는가 論議(ろんぎ) 논의 동사의 た형+ことがある ~한 적이 있다
植物学者(しょくぶつがくしゃ) 식물학자 農務省(のうむしょう) 농무성 みなす 간주하다 裁判所(さいばんしょ) 재판소
食事(しょくじ) 식사 デザート 디저트 重視(じゅうし) 중시 やはり 역시 품사의 보통형+そうだ ~라고 한다 *전문
しかし 그러나 その後(あと) 그 후 主張(しゅちょう) 주장 グループ 그룹 判決(はんけつ) 판결 不服(ふふく) 불복
遂(つい)に 결국 最高裁(さいこうさい) 최고재판소 *「最高裁判所(さいこうさいばんしょ)」의 준말 上告(じょうこく) 상고
判事(はんじ) 판사

3 본문에 나와 있는 토마토에 대한 설명 중에서 옳은 것은 어느 것인가?
  1 미국의 식물학자는 토마토를 과일로 간주했다.
  2 미국에서는 모두 토마토를 과일로 취급하고 있다.
  3 일본에서는 모두 토마토를 채소로 취급하고 있다.
  4 미국의 토마토 재판은 아직 결론이 나오지 않았다.

어휘 扱(あつか)う 다루다, 취급하다 結論(けつろん) 결론

(4)

> 만약 달이 없으면 지구는 사람이 살 수 없는 장소가 된다. 만유인력의 법칙에 의해 달과 지구 사이에도 당연히 인력이 발생하고 있는데 만약 달이 없으면 그 인력이 없어져서 자전 속도가 올라가 하루 사이클은 24시간에서 6시간 정도로 단축되어 버린다. 다음으로 지축의 기울기가 달이 없어지는 것에 의해 불안정해진다. 예를 들어 각도가 금성처럼 0도가 되면 계절이 사라지고 천왕성처럼 97도로 기울면 낮과 밤의 감각이 길어진다. 또 달빛도 없어지기 때문에 밤은 정말로 캄캄해져 버린다. 이처럼 지구와 달은 절묘한 균형 위에 이루어져 있다.

어휘 もしも 만약 *「もし」의 힘줌말 月(つき) 달 地球(ちきゅう) 지구 住(す)む 살다, 거주하다 場所(ばしょ) 장소
万有引力(ばんゆういんりょく) 만유인력 法則(ほうそく) 법칙 ~によって ~에 의해 間(あいだ) 사이
当然(とうぜん) 당연 発生(はっせい) 발생 自転(じてん) 자전 スピード 스피드, 속도 上(あ)がる 올라가다 一日(いちにち) 하루
サイクル 사이클 短縮(たんしゅく) 단축 次(つぎ)に 다음으로 地軸(ちじく) 지축 傾(かたむ)き 기울기 な(無)くなる 없어지다
~ことによって ~하는 것에 의해, ~함으로써 不安定(ふあんてい) 불안정 例(たと)えば 예를 들어 角度(かくど) 각도
金星(きんせい) 금성 ~ように ~처럼 季節(きせつ) 계절 天王星(てんのうせい) 천왕성 傾(かたむ)く 기울다, 기울어지다
昼(ひる) 낮 夜(よる) 밤 感覚(かんかく) 감각 月明(つきあ)かり 달빛 真(ま)っ暗(くら)だ 캄캄하다
絶妙(ぜつみょう)だ 절묘하다 バランス 밸런스, 균형 成(な)り立(た)つ 이루어지다, 성립하다

4 본문의 내용과 맞지 않는 것은 어느 것인가?
  1 달이 없어도 사람은 충분히 살 수 있다.
  2 달이 없으면 밤은 정말로 캄캄해져 버린다.
  3 달이 없으면 지축의 기울기가 불안정해진다.
  4 달이 없으면 인력이 없어져 지구의 자전 속도가 올라간다.

어휘 十分(じゅうぶん)に 충분히

　　문제 5 내용 이해 2(중문)에서는 평론이나 어떤 내용에 대한 해설, 수필 등 약 350자 내외의 지문을 읽고 핵심적인 키워드, 인과 관계, 이유나 원인, 필자의 생각 등을 묻는 문제가 출제된다. 최근 시험에서는 보통 2개의 지문에서 각 지문당 3문항씩 출제되고 있다.

問題5 つぎの(1)から(2)の文章を読んで、質問に答えなさい。答えは、1・2・3・4から最もよいものを一つえらびなさい。

(1)

　　ネット普及による情報収集が容易になり、今や私たちは世界のどこへでも好きなように旅ができるようになった。どこへ行くにも何を食べるのも自由気ままで、決まった時間に起きる必要もない。一人旅は誰にも気を使う必要がない。国が変われば人も変わる。人が変われば当然、文化も変わるものだ。一人旅の最大の魅力は異文化に身をよせて異国の空気に溶け込むことだ。一人旅は孤独だ。しかし、これは逆に大きなチャンスでもある。ドミトリーでもユースでも宿に泊まれば、世界各地から集まる人々がいる。彼らもまた孤独な一人旅だから、大丈夫だ。互いの旅の情報交換は、どんなガイドブックよりも有益なはずだ。旅の友は生涯の友となる可能性が高い。フェイスブックやインスタグラムのアカウントを交換したら、まめに連絡を取り合っていこう。

(2)

> 　사형제도에 찬성하는 사람은 사형제도에는 ① 범죄 억지력이 있다고 주장합니다. 그러나 사형이 있다고 해서 범죄가 감소하는 것도, 사형이 없다고 해서 범죄가 늘어나는 것도 아닙니다. 지금까지 여러 가지 연구가 행해져 왔지만, 사형과 범죄 발생과의 관계는 결국 없었습니다. 다음은 ② 보복 감정이라고 하는 논점입니다. 그러나 그것은 범인을 사형시키는 것으로 해결할 수 있는 문제인 것일까요? 사형제도에 반대 의견을 표명하면 반드시 반론당하는 것이 있습니다. '당신이 사랑하는 가족이 살해당해도 그래도 범인에 대해서 사형을 요구하지 않을 것인가?'라고. 솔직하게 말해서 실제로 그런 체험을 할 때까지 아무도 대답할 수 없고 무리하게 대답해도 설득력은 없겠죠. 그러니까 우물거릴 수밖에 없습니다. 다만 일본에서도 범인의 처형을 바라고 있는 것은 아닌 피해자 유족도 있다는 사실은 알아 주셨으면 합니다. 또 범죄 피해자나 유족에 대한 구체적인 케어를 충실히 하는 것은 물론 필요합니다. 그러나 그것은 범인을 사형시키는 것으로 해소될 문제는 아닙니다.

어휘 死刑(しけい) 사형 制度(せいど) 제도 賛成(さんせい) 찬성 人(ひと) 사람 犯罪(はんざい) 범죄
抑止力(よくしりょく) 억지력 主張(しゅちょう) 주장 しかし 그러나 ～からといって ～라고 해서 減少(げんしょう) 감소
～わけでもない ～인 것도 아니다 増(ふ)える 늘다, 늘어나다 今(いま)まで 지금까지 様々(さまざま)だ 다양하다, 여러 가지다
研究(けんきゅう) 연구 なす 하다, 행하다 発生(はっせい) 발생 関係(かんけい) 관계 結局(けっきょく) 결국 次(つぎ) 다음
報復(ほうふく) 보복 感情(かんじょう) 감정 論点(ろんてん) 논점 解決(かいけつ) 해결 問題(もんだい) 문제
反対(はんたい) 반대 意見(いけん) 의견 表明(ひょうめい) 표명 必(かなら)ず 반드시 反論(はんろん) 반론
愛(あい)する 사랑하다 家族(かぞく) 가족 殺(ころ)す 죽이다 それでも 그래도 ～に対(たい)して ～에 대해서, ～에게 *대상
求(もと)める 요구하다, 바라다 正直(しょうじき)だ 정직하다 実際(じっさい)に 실제로 そんな 그런 体験(たいけん) 체험
答(こた)える 대답하다 ～し ～하고 無理(むり)に 무리하게, 억지로 説得力(せっとくりょく) 설득력 だから 그러니까, 그래서
口(くち)ごもる (말이 막혀) 우물거리다 ～しかない ～할 수밖에 없다 ただ 다만 ～において ～에 있어서, ～에서
処刑(しょけい) 처형, 사형 집행 望(のぞ)む 바라다, 원하다 ～わけではない (전부) ～인 것은 아니다, (반드시) ～라고는 말할 수 없다
被害者(ひがいしゃ) 피해자 遺族(いぞく) 유족 事実(じじつ) 사실 知(し)る 알다
～ていただきたい (남에게) ～해 받고 싶다, (남이) ～해 주셨으면 좋겠다 *「～てもらいたい」((남에게) ～해 받고 싶다, (남이) ～해 주었으면 좋겠다)의 겸양표현 具体的(ぐたいてき)だ 구체적이다 ケア 케어 充実(じゅうじつ) 충실 もちろん 물론
必要(ひつよう)だ 필요하다 解消(かいしょう) 해소

---

1 ① 범죄 억지력이라고 써 있는데, 어떤 의미인가?
　1 사형제도와 범죄는 아무런 관계도 없는 것은 아닐까?
　2 사형이 없으면 흉악한 범죄가 늘어나는 것은 아닐까?
　3 사형시키면 시킬수록 도리어 범죄율은 올라가는 것은 아닐까?
　4 사형제도가 있어도 범죄방지로는 이어지지 않는 것은 아닐까?

어휘 どういう 어떠한, 어떤 凶悪(きょうあく)だ 흉악하다 ～ば～ほど ～하면 ～할수록 却(かえ)って 도리어, 오히려
犯罪率(はんざいりつ) 범죄율 上(あ)がる 올라가다 防止(ぼうし) 방지 つながる 이어지다, 연결되다

---

2 ② 보복 감정이라고 써 있는데, 어떤 의미인가?
　1 범죄자에게 보복해도 근본적인 해결은 불가능하다.
　2 피해를 입은 피해자에게도 어느 정도의 잘못은 있을지도 모른다.
　3 피해자의 마음을 생각하면 범인을 극형시켜야 하는 것은 당연하다.
　4 범죄자에게 보복하고 싶다는 감정은 도저히 이해할 수 없다.

어휘 根本的(こんぽんてき)だ 근본적이다 解決(かいけつ) 해결 不可能(ふかのう)だ 불가능하다
被害(ひがい)に遭(あ)う 피해를 입다 ある 어느 程度(ていど) 정도 間違(まちが)い 잘못 ～かもしれない ～일지도 모른다
気持(きも)ち 기분, 마음 極刑(きょっけい) 극형 ～なければならない ～하지 않으면 안 된다, ～해야 한다
当(あ)たり前(まえ)だ 당연하다 感情(かんじょう) 감정 到底(とうてい) (부정어 수반) 도저히 理解(りかい) 이해

---

3 이 사람의 생각과 맞는 것은 어느 것인가?
　1 사형제도에 찬성하는 사람의 주장에도 문제점은 있다.
　2 범죄 가해자에 대한 보복은 결국 보복의 연쇄를 낳는다.
　3 이유는 어찌되었든 간에 사형제도는 존속시킬 수밖에 없다.
　4 피해자 유족 중에는 범인의 처형을 바라지 않는 사람이 의외로 많다.

어휘 主張(しゅちょう) 주장 問題点(もんだいてん) 문제점 加害者(かがいしゃ) 가해자 結局(けっきょく) 결국
連鎖(れんさ) 연쇄 生(う)む 낳다, 가져오다, 초래하다 理由(りゆう) 이유 存続(そんぞく) 존속 意外(いがい)と 의외로
多(おお)い 많다

371

확인 문제 2 · 내용 이해 2(중문)

問題5 つぎの(1)から(2)の文章を読んで、質問に答えなさい。答えは、1・2・3・4から最もよいものを一つえらびなさい。

(1)

甘味の主な成分は果糖、ブドウ糖などです。エネルギー源となるため、仕事や勉強などで疲労が溜まっている時に一段とおいしく感じられます。塩味の主な成分は食塩です。言わずと知れた調味料で、塩味があってこそ魚や肉、野菜をはじめ、ほぼ全ての素材をおいしく食べられる食材へと変化させてくれます。酸味の主な成分は酢酸、クエン酸などです。リンゴやヨーグルトなど、おいしさと同時に爽やかさも感じさせてくれる食べ物が多いです。苦味の主な成分はカフェインなどです。コーヒーやビールなど、大人向きの味わいを特徴とする食品にたくさん含まれています。基本五味の中で、やや聞き慣れないのが「うま味」ではないでしょうか。うま味に含まれる成分はいくつかありますが、主なものとしてはグルタミン酸やイノシン酸が挙げられます。数多くの身近な食品に含まれるうま味ですが、中でも特にグルタミン酸の含有量が多い代表的な食品としてはこんぶ、チーズ、トマトなどがあります。うま味は日本国内だけではなく、海外の多くの国々でもサラダや調味料として活用されています。

1 甘味はどんな時に一段とおいしく感じられるか。
1 ぐっすり眠れた時
2 疲れが溜まっている時
3 お腹がいっぱいになった時
4 悲しいことがたくさんあった時

2 爽やかさを感じさせてくれる味はどんな味か。
1 苦味　　　　　　　2 酸味　　　　　　　3 塩味　　　　　　　4 甘味

3 うま味についての説明の中で、正しくないのはどれか。
1 主な成分としてはグルタミン酸やイノシン酸などがある。
2 サラダや調味料として活用されている。
3 代表的な食品にはこんぶ、チーズ、トマトなどがある。
4 素材をおいしく食べられる食材へと変化させてくれる。

(2)

　　環境省の統計によると、2016年度の日本のごみの総排出量は4,317万トンで、およそ東京ドーム116個分にもなるそうです。日本でのごみの最終処分は、主に①焼却処分か埋め立て処分です。ごみの焼却時には温室効果ガスである二酸化炭素が排出され、プラスチックを燃やすと有害物質のダイオキシンが発生する場合もあります。埋め立て処分に関しても埋立地から温室効果ガスであるメタンガスが発生します。ごみ分別を行ってリサイクル可能なものを増やすことは限られた資源の有効活用と、焼却や埋め立てが必要なごみの量を減らすことで、処分のためのエネルギーや燃料消費量を減らし、温室効果ガスや有毒物質の発生量を削減することに繋がります。また、最終的に焼却処分するごみだとしても、自治体の指示に従って素材や種類によりしっかり分別すれば、焼却処分時の消費エネルギーを削減することができるので、温室効果ガスの発生量を減らすことにもつながります。

1　①焼却処分についての説明の中で、正しくないのはどれか。
　1　日本でごみを最終処分する方法の一つである。
　2　焼却する時に温室効果ガスである二酸化炭素が排出される。
　3　プラスチックからは有害物質のダイオキシンが発生する場合もある。
　4　焼却する時に温室効果ガスであるメタンガスが発生する。

2　ごみの分別で得られる効果として、本文に出ていないのはどれか。
　1　生活費の節約ができる。
　2　温室効果ガスの発生量を減らすことができる。
　3　限られた資源の有効な活用ができる。
　4　処分のためのエネルギーや燃料消費量を減らすことができる。

3　本文のタイトルとして、最も適当なのはどれか。
　1　正しいごみの捨て方
　2　ごみの量を減らせるコツ
　3　リサイクルできるごみとは
　4　ごみの分別が必要な理由

확인 문제 2 · 정답 및 해석(내용 이해 2(중문))

(1)

단맛의 주된 성분은 과당, 포도당 등입니다. 에너지원이 되기 때문에 일이나 공부 등으로 피로가 쌓였을 때 한층 더 맛있게 느껴집니다. 짠맛의 주된 성분은 식염입니다. 말하지 않아도 다 아는 조미료로, 짠맛이 있어야 생선이나 고기, 채소를 비롯해 거의 모든 소재를 맛있게 먹을 수 있는 식재료로 변화시켜 줍니다. 신맛의 주된 성분은 초산, 구연산 등입니다. 사과나 요구르트 등 맛과 동시에 상쾌함도 느끼게 해 주는 음식이 많습니다. 쓴맛의 주된 성분은 카페인 등입니다. 커피나 맥주 등 어른에게 적합한 맛을 특징으로 하는 식품에 많이 포함되어 있습니다. 기본 다섯 가지 맛 중에서 다소 귀에 익지 않은 것이 '감칠맛'이지 않을까요? 감칠맛에 포함된 성분은 몇 개인가 있는데 주된 것으로는 글루타민산과 이노신산을 들 수 있습니다. 수많은 친숙한 식품에 포함된 감칠맛인데, 그 중에서도 특히 글루타민산의 함유량이 많은 대표적인 식품으로는 다시마, 치즈, 토마토 등이 있습니다. 감칠맛은 일본 국내뿐만 아니라 해외의 많은 나라에서도 샐러드나 조미료로 활용되고 있습니다.

어휘 甘味(あまみ) 단맛 主(おも)だ 주되다 成分(せいぶん) 성분 果糖(かとう) 과당 ブドウ糖(とう) 포도당
エネルギー源(げん) 에너지원 疲労(ひろう) 피로 溜(た)まる 쌓이다 一段(いちだん)と 한층 더 おいしい 맛있다
感(かん)じる 느끼다 塩味(えんみ) 짠맛 食塩(しょくえん) 식염 言(い)わずと知(し)れた 말하지 않아도 다 아는
調味料(ちょうみりょう) 조미료 ～てこそ ～해야만 魚(さかな) 생선 肉(にく) 고기 野菜(やさい) 채소 ～をはじめ ～을 비롯해
ほぼ 거의 全(すべ)て 모두, 전부 素材(そざい) 소재 食(た)べる 먹다 食材(しょくざい) 식재료 変化(へんか) 변화
～てくれる (남이 나에게) ～해 주다 酸味(さんみ) 신맛 酢酸(さくさん) 초산 クエン酸(さん) 구연산 リンゴ 사과
ヨーグルト 요구르트 おいしさ 맛, 맛있는 정도 同時(どうじ)に 동시에 爽(さわ)やかさ 상쾌함 多(おお)い 많다
苦味(にがみ) 쓴맛 カフェイン 카페인 コーヒー 커피 ビール 맥주 大人(おとな) 어른 ～向(む)き ～에 적합함
味(あじ)わい (음식의) 맛, 감칠맛 特徴(とくちょう) 특징 食品(しょくひん) 식품 たくさん 많이 含(ふく)まれる 포함되다
基本(きほん) 기본 五味(ごみ) 다섯 가지 맛 やや 다소 聞(き)き慣(な)れる 귀에 익다 うま味(み) 감칠맛 いくつか 몇 개인가
グルタミン酸(さん) 글루타민산 イノシン酸(さん) 이노신산 挙(あ)げる (예로서) 들다 数多(かずおお)い 수많다
身近(みぢか)だ 일상에서 익숙해져 있다 特(とく)に 특히 含有量(がんゆうりょう) 함유량 代表的(だいひょうてき)だ 대표적이다
こんぶ 다시마 チーズ 치즈 トマト 토마토 国内(こくない) 국내 ～だけで(は)なく ～뿐만 아니라 海外(かいがい) 해외
多(おお)く 많음 国々(くにぐに) 나라들 サラダ 샐러드 活用(かつよう) 활용

1 단맛은 어떤 때 한층 더 맛있게 느껴지는가?
 1 푹 잘 수 있었을 때
 2 피로가 쌓여 있을 때
 3 배가 불러졌을 때
 4 슬픈 일이 많이 있었을 때

어휘 ぐっすり 푹 *깊이 잠든 모양 眠(ねむ)る 자다. 잠들다 疲(つか)れ 피로 お腹(なか)がいっぱいだ 배가 부르다
悲(かな)しい 슬프다

2 상쾌함을 느끼게 해 주는 맛은 어떤 맛인가?
 1 쓴맛　　　　　　　　　　　2 신맛　　　　　　　3 짠맛　　　　　　　　　　4 단맛

어휘 どんな 어떤 味(あじ) (음식의) 맛

3 감칠맛에 대한 설명 중에서 옳지 않은 것은 어느 것인가?
 1 주된 성분으로는 글루타민산이나 이노신산 등이 있다.
 2 샐러드나 조미료로 활용되고 있다.
 3 대표적인 식품에는 다시마, 치즈, 토마토 등이 있다.
 4 소재를 맛있게 먹을 수 있는 식재료로 변화시켜 준다.

어휘 ～についての ～에 대한 説明(せつめい) 설명

(2)

> 　環境省 통계에 의하면 2016년도 일본의 쓰레기 총배출량은 4,317만 톤으로 대략 도쿄돔 116개 분이나 된다고 합니다. 일본에서의 쓰레기 최종 처분은 주로 ① 소각 처분이나 매립 처분입니다. 쓰레기 소각 시에는 온실효과가스인 이산화탄소가 배출되고 플라스틱을 태우면 유해물질인 다이옥신이 발생하는 경우도 있습니다. 매립 처분에 관해서도 매립지로부터 온실효과가스인 메탄가스가 발생합니다. 쓰레기 분리를 해서 재활용 가능한 것을 늘리는 것은 한정된 자원의 유효 활용과 소각이나 매립이 필요한 쓰레기 양을 줄임으로써 처분을 위한 에너지나 연료 소비량을 줄여 온실효과가스나 유독물질 발생량을 줄이는 것으로 이어집니다. 또 최종적으로 소각 처분할 쓰레기라고 하더라도 자치단체 지시에 따라서 소재나 종류에 따라 확실히 분리하면 소각 처분 시의 소비 에너지를 줄일 수 있으므로, 온실효과가스 발생량을 줄이는 것으로도 이어집니다.

어휘 環境省(かんきょうしょう) 환경성 統計(とうけい) 통계 ~によると ~에 의하면 ごみ 쓰레기
総排出量(そうはいしゅつりょう) 총배출량 およそ 대략, 대강 東京(とうきょう)ドーム 도쿄돔 ~個(こ) ~개
~分(ぶん) ~분, ~분량 품사의 보통형+そうだ ~라고 한다 *전문 最終(さいしゅう) 최종 処分(しょぶん) 처분 主(おも)に 주로
焼却(しょうきゃく) 소각 埋(う)め立(た)て 매립 温室効果(おんしつこうか)ガス 온실효과가스 *지구에서 우주로 방출되어야 할
적외 방사 에너지를 흡수하여 지구의 온도를 높이는 기체. 이산화탄소, 프레온, 메탄 따위가 있으나 이산화탄소가 가장 큰 문제가 되고 있음
二酸化炭素(にさんかたんそ) 이산화탄소 排出(はいしゅつ) 배출 プラスチック 플라스틱 燃(も)やす (불에) 태우다
有害物質(ゆうがいぶっしつ) 유해물질 ダイオキシン 다이옥신 発生(はっせい) 발생 場合(ばあい) 경우
~に関(かん)して ~에 관해서 埋立地(うめたてち) 매립지 メタンガス 메탄가스 分別(ぶんべつ) 분별, 분류, 분리
行(おこな)う 하다, 행하다, 실시하다 リサイクル 재활용 可能(かのう)だ 가능하다 増(ふ)やす 늘리다
명사+の+ための ~을 위한 限(かぎ)る 제한하다, 한정하다 資源(しげん) 자원 有効(ゆうこう) 유효 活用(かつよう) 활용
必要(ひつよう)だ 필요하다 量(りょう) 양 減(へ)らす 줄이다 ~ことで ~함으로써 エネルギー 에너지 燃料(ねんりょう) 연료
消費量(しょうひりょう) 소비량 有毒(ゆうどく) 유독 発生量(はっせいりょう) 발생량 削減(さくげん) 삭감
つながる 이어지다, 연결되다 最終的(さいしゅうてき)だ 최종적이다 ~としても ~라고 하더라도
自治体(じちたい) 자치단체 指示(しじ) 지시 従(したが)う (명령 등에) 따르다 素材(そざい) 소재 種類(しゅるい) 종류
よる 의하다, 따르다 しっかり 똑똑히, 확실히

1 ① 소각 처분에 대한 설명 중에서 옳지 않은 것은 어느 것인가?
1 일본에서 쓰레기를 최종 처분하는 방법 중 하나.
2 소각할 때에 온실효과가스인 이산화탄소가 배출된다.
3 플라스틱으로부터는 유해물질인 다이옥신이 발생하는 경우도 있다.
4 소각할 때 온실효과가스인 메탄가스가 발생한다.

어휘 ~の一(ひと)つだ ~중 하나다

2 쓰레기 분리로 얻을 수 있는 효과로 본문에 나와 있지 않은 것은 어느 것인가?
1 생활비 절약이 가능하다.
2 온실효과가스 발생량을 줄일 수 있다.
3 한정된 자원의 유효한 활용이 가능하다.
4 처분을 위한 에너지나 연료소비량을 줄일 수 있다.

어휘 得(え)る 얻다 生活費(せいかつひ) 생활비 節約(せつやく) 절약

3 본문의 제목으로 가장 적당한 것은 어느 것인가?
1 올바른 쓰레기 버리는 법
2 쓰레기 양을 줄일 수 있는 요령
3 재활용할 수 있는 쓰레기란
4 쓰레기 분리가 필요한 이유

어휘 捨(す)てる 버리다 동사의 ます형+方(かた) ~하는 방법[방식] コツ 요령 理由(りゆう) 이유

375

問題5 つぎの(1)から(2)の文章を読んで、質問に答えなさい。答えは、1・2・3・4から最もよいものを一つえらびなさい。

(1)

　　幸福度を高めるためには、まず、欲を出すと高くなりがちな幸せの水準を下げて幸せの面積を広げることが大切だ。少しでも間口(注1)を広くすれば、自分が幸せの中に包まれる可能性も高くなる。そう考えれば、自分自身に「今幸せですか」と問いかけた時、ネガティブポイントとポジティブポイントを相殺(注2)して、結果的に①「幸せ」という答えが出ることも決して誤った方法ではないだろう。結局のところ、最も大切なのは幸せの基準を決めることである。人生において様々な選択肢がある中で、自分が歩む道を大きく方向転換するのも一つの方法だし、進むべき道を決めた後に、ささやかな出来事の中で自分の幸せの基準を決めていくこともきっと幸せへの一歩になるだろう。「人生万事OK!」という幻想を捨て、「幸せかはわからないけれど、不幸でもない…。」そう思えるだけである意味では「幸せ」なのかもしれない。

(注1)間口: 研究・事業などの領域の幅
(注2)相殺: 差し引いて、互いに損得がないようにすること

1 筆者は幸せの面積を広げることでどうなると言っているか。
1 幸福度が高まる。　　　　　　　　　　2 一つのことに集中できるようになる。
3 やりたいことが増える。　　　　　　　4 何かに失敗する確率が減る。

2 ①「幸せ」という答えが出る理由として、正しいのはどれか。
1 幸せの水準が上がって諦めるのが速くなるから
2 結局自分一人で乗り越えるしかないということに気が付くから
3 いくら努力しても人生はままならないものだという認識ができるから
4 幸せの面積が広がって自分が幸せの中に包まれる可能性が高くなるから

3 幸せになりたい人のために、筆者が主張しているのは何か。
1 向上心を持つこと　　　　　　　　　　2 幸せの基準を決めること
3 今までの自分を忘れること　　　　　　4 将来の希望を持つこと

(2)

　　秋に私たちを魅了する紅葉は、どのような仕組みでできているのだろうか。秋を迎え、徐々に気温が下がり始めると、光合成から受けるエネルギーが小さくなり、耐え切れなくなった木は葉っぱを落とすための準備を始めるのである。そして、葉っぱが役割を終える過程で葉の色の変化が起こる。

　　紅葉は、樹木の種類によって赤く染まるものと黄色く染まるものがあるが、いずれにしても「緑→黄→赤」と変化していく。寒くなって光合成活動が低下すると、葉緑素が分解され、緑色の色素が薄くなることで黄色が目立つようになる。これが葉が黄色くなる過程である。次に黄色から赤への変化は、赤い色素を持つアントシアニンが新しく作られることによって起こる。急激に気温が低くなると、光を受けてエネルギーに変換する働きと、そのエネルギーを使って養分を作る働きの連係プレーのバランスが崩れてくる。その結果、葉はそのバランスを保つために、赤い色素のアントシアニンを形成し、落ち葉ぎりぎりまで光合成を続けようとする。つまり、強い冷え込み(注)が赤い色付きを作っているのである。

(注)冷え込み: 気温がひどく下がること、寒さが強くなること

1　本文の内容からみて、紅葉はどういう理由で起こるのか。
　1　夏の高温と秋の風の強さ
　2　光合成から受けるエネルギーの増加
　3　葉っぱが役割を終える過程で起こる葉の色の変化
　4　葉っぱの中に含まれている色関連物質の減少

2　本文の内容からみて、葉っぱが黄色に染まる理由は何か。
　1　光合成活動の増加で、葉緑素が分解されにくくなるから
　2　光合成活動の低下で、葉っぱの中に含まれている青色が薄くなるから
　3　光合成活動の増加で、エネルギーに変換する働きが強くなるから
　4　光合成活動の低下で、緑色の色素が薄くなって黄色が目立つようになるから

3　本文の内容からみて、葉っぱが赤色に染まる理由は何か。
　1　光合成活動が増加するから
　2　強い冷え込みがあるから
　3　養分を作る働きが停滞するから
　4　葉緑素を分解する量が減少するから

확인 문제 3・ 정답 및 해석(내용 이해 2(중문))

(1)

행복도를 높이기 위해서는 우선 욕심을 내면 높아지기 쉬운 행복의 수준을 내려 행복의 면적을 넓히는 것이 중요하다. 조금이라도 영역의 폭(주1)을 넓게 하면 자신이 행복 속에 포함될 가능성도 높아진다. 그렇게 생각하면 자기 자신에게 "지금 행복합니까?"라고 물었을 때 부정적 포인트와 긍정적 포인트를 상쇄(주2)해서 결과적으로 ① '행복'이라는 대답이 나오는 것도 결코 잘못된 방법은 아닐 것이다. 결국 가장 중요한 것은 행복의 기준을 정하는 것이다. 인생에서 다양한 선택지가 있는 가운데에서 자신이 걸어갈 길을 크게 방향전환하는 것도 하나의 방법이고, 나아가야 할 길을 정한 후에 사소한 일 속에서 자신의 행복의 기준을 정해 가는 것도 틀림없이 행복으로 가는 한 걸음이 될 것이다. '인생 만사 OK!'라는 환상을 버리고 '행복한지는 모르겠지만, 불행하지도 않다…'. 그렇게 생각되는 것만으로 어떤 의미에서는 '행복'한 것인지도 모른다.

(주1)間口(영역의 폭): 사업・연구 등의 영역의 폭
(주2)相殺(상쇄): 제하여 서로 손실과 이득이 없도록 하는 것

어휘 幸福度(こうふくど) 행복도 高(たか)める 높이다 동사의 보통형+ためには ~하기 위해서는 まず 우선
欲(よく)を出(だ)す 욕심을 내다 高(たか)い 높다 동사의 ます형+がちだ (자칫) ~하기 쉽다. ~하기 십상이다. ~하기 일쑤다
幸(しあわ)せ 행복 水準(すいじゅん) 수준 下(さ)げる 내리다 面積(めんせき) 면적 広(ひろ)げる 넓히다
大切(たいせつ)だ 중요하다 少(すこ)しでも 조금이라도 間口(まぐち) (사업・연구 등의) 영역의 폭 広(ひろ)い 넓다
自分(じぶん) 자기, 자신, 나 包(つつ)む 에워싸다, 둘러싸다 可能性(かのうせい) 가능성 そう 그렇게 考(かんが)える 생각하다
自分自身(じぶんじしん) 자기 자신 今(いま) 지금 問(と)いかける 묻다, 질문하다 ネガティブ 부정적 ポイント 포인트
ポジティブ 긍정적 相殺(そうさい) 상쇄 結果(けっか) 결과 答(こた)え 대답 出(で)る 나오다 決(けっ)して (부정어 수반) 결코
誤(あやま)る 잘못되다 方法(ほうほう) 방법 結局(けっきょく)のところ 결국 *「結局(けっきょく)」의 강조표현
最(もっと)も 가장, 제일 基準(きじゅん) 기준 決(き)める 정하다, 결정하다 人生(じんせい) 인생 ~において ~에 있어서, ~에서
様々(さまざま)だ 다양하다, 여러 가지다 選択肢(せんたくし) 선택지 歩(あゆ)む 걷다 道(みち) 길 方向(ほうこう) 방향
転換(てんかん) 전환 ~し ~하고 進(すす)む 나아가다 동사의 기본형+べき (마땅히) ~해야 하는 ささやかだ 사소하다
出来事(できごと) 일어난 일, 사건 きっと 분명히, 틀림없이 一歩(いっぽ) 한 걸음 万事(ばんじ) 만사, 모든 일
幻想(げんそう) 환상 捨(す)てる 버리다 不幸(ふこう)だ 불행하다 思(おも)える 생각되다 ~だけで ~만으로 ある 어떤, 어느
意味(いみ) 의미 差(さ)し引(ひ)く 빼다, 제하다 互(たが)いに 서로 損得(そんとく) 손득, 손실과 이득

[1] 필자는 행복의 면적을 넓히는 것으로 어떻게 된다고 말하고 있는가?
　　1 행복도가 높아진다. 　　　　　　　　　　　　　　2 하나의 일에 집중할 수 있게 된다.
　　3 하고 싶은 일이 늘어난다. 　　　　　　　　　　　4 뭔가에 실패할 확률이 줄어든다.

어휘 高(たか)まる 높아지다 集中(しゅうちゅう) 집중 増(ふ)える 늘다, 늘어나다 何(なに)か 무엇인가, 뭔가
失敗(しっぱい) 실패 確率(かくりつ) 확률 減(へ)る 줄다, 줄어들다

[2] ① '행복'이라는 대답이 나오는 이유로 옳은 것은 어느 것인가?
　　1 행복의 수준이 올라가 체념하는 것이 빨라지기 때문에
　　2 결국 자기 혼자서 극복할 수밖에 없다는 것을 깨닫기 때문에
　　3 아무리 노력해도 인생은 뜻대로 되지 않는 법이라는 인식이 생기기 때문에
　　4 행복의 면적이 넓어져서 자신이 행복 속에 포함될 가능성도 높아지기 때문에

어휘 諦(あきら)める 체념하다, 단념하다 乗(の)り越(こ)える 극복하다 ~しかない ~할 수밖에 없다
気(き)が付(つ)く 깨닫다, 알아차리다 いくら~ても 아무리 ~해도 努力(どりょく) 노력 ままならない 뜻대로 되지 않다
認識(にんしき) 인식 できる 생기다

[3] 행복해지고 싶어 하는 사람을 위해서 필자가 주장하고 있는 것은 무엇인가?
　　1 향상심을 가지는 것 　　　　　　　　　　　　　　2 행복의 기준을 정하는 것
　　3 지금까지의 자신을 잊는 것 　　　　　　　　　　4 장래의 희망을 가지는 것

어휘 向上心(こうじょうしん) 향상심 持(も)つ 가지다 基準(きじゅん) 기준 忘(わす)れる 잊다 将来(しょうらい) 장래
希望(きぼう) 희망

(2)

　　가을에 우리를 매료시키는 단풍은 어떤 구조로 만들어진 것일까? 가을을 맞아 서서히 기온이 내려가기 시작하면 광합성으로부터 받는 에너지가 적어지게 되고 견딜 수 없어진 나무는 잎을 떨어뜨리기 위한 준비를 시작하는 것이다. 그리고 잎이 역할을 끝내는 과정에서 잎의 색 변화가 일어난다.

　　단풍은 수목의 종류에 따라 붉게 물드는 것과 노랗게 물드는 것이 있는데 결국 '초록→노랑→빨강'으로 변화해 간다. 추워져서 광합성 활동이 저하되면 엽록소가 분해되어 녹색 색소가 옅어짐으로써 노란색이 눈에 띄게 된다. 이것이 잎이 노랗게 되는 과정이다. 다음에 노란색에서 빨강으로의 변화는 빨간 색소를 가진 안토시아닌이 새롭게 만들어지는 것에 의해 일어난다. 급격하게 기온이 낮아지면 빛을 받아 에너지로 변환하는 작용과 그 에너지를 사용해 양분을 만드는 작용의 연계 플레이의 균형이 무너진다. 그 결과 잎은 그 균형을 유지하기 위해서 붉은 색소인 안토시아닌을 형성해 낙엽이 되기 직전까지 광합성을 계속하려고 한다. 즉 매서운 추위(㈜)가 빨갛게 단풍들게 하고 있는 것이다.

(주)冷(ひ)え込(こ)み(몹시 추워짐): 기온이 심하게 내려가는 것. 추위가 강해지는 것

어휘　秋(あき) 가을　魅了(みりょう) 매료　紅葉(もみじ) 단풍　どのような 어떠한, 어떤　仕組(しく)み 구조　できる 만들어지다
迎(むか)える (때를) 맞다, 맞이하다　徐々(じょじょ)に 서서히　気温(きおん) 기온　下(さ)がる 내리다, 내려가다
동사의 ます형+始(はじ)める ~하기 시작하다　光合成(こうごうせい) 광합성　受(う)ける 받다　エネルギー 에너지
小(ちい)さい 작다　耐(た)える 참다, 견디다　동사의 ます형+切(き)れない 완전히[다] ~할 수 없다　木(き) 나무
葉(は)っぱ 잎(=葉(は))　落(お)とす 떨어뜨리다　동사의 보통형+ための ~하기 위한　準備(じゅんび) 준비　始(はじ)める 시작하다
そして 그리고　役割(やくわり) 역할　終(お)える 끝내다　過程(かてい) 과정　色(いろ) 색, 색깔　変化(へんか) 변화
起(お)こる 일어나다, 발생하다　樹木(じゅもく) 수목, (살아 있는) 나무　種類(しゅるい) 종류　~によって ① ~에 따라 ② ~에 의해
赤(あか)い 빨갛다　染(そ)まる 물들다　黄色(きいろ)い 노랗다　いずれにしても 어차피, 결국　緑(みどり) 녹색, 초록(빛)
黄(き) 노랑　赤(あか) 빨강　寒(さむ)い 춥다　活動(かつどう) 활동　低下(ていか) 저하　葉緑素(ようりょくそ) 엽록소
分解(ぶんかい) 분해　緑色(みどりいろ) 녹색　色素(しきそ) 색소　薄(うす)い (빛깔이) 옅다　黄色(きいろ) 노란색
目立(めだ)つ 눈에 띄다　~ようになる ~하게(끔) 되다　*변화 次(つぎ)に 다음에　持(も)つ 가지다　アントシアニン 안토시아닌
新(あたら)しい 새롭다　作(つく)る 만들다　急激(きゅうげき)だ 급격하다　低(ひく)い 낮다　光(ひかり) 빛　変換(へんかん) 변환
働(はたら)き 작용　使(つか)う 쓰다, 사용하다　養分(ようぶん) 양분　連係(れんけい) 연계　プレー 플레이　バランス 밸런스, 균형
崩(くず)れる 무너지다　結果(けっか) 결과　保(たも)つ 유지하다　形成(けいせい) 형성　落(お)ち葉(ば) 낙엽
ぎりぎり 최대 또는 최소의 한도에서 그 이상 여유가 없는 모양　続(つづ)ける 계속하다　つまり 요컨대, 즉　強(つよ)い 강하다
冷(ひ)え込(こ)み 몹시 추워짐　色付(いろづ)き 물듦, 단풍듦　寒(さむ)さ 추위

1　본문의 내용으로 보아 단풍은 어떤 이유로 일어나는 것인가?
　　1 여름의 고온과 가을의 바람의 세기
　　2 광합성으로 얻은 에너지의 증가
　　3 잎이 역할을 끝내는 과정에서 일어나는 잎의 색 변화
　　4 잎 안에 포함되어 있는 색 관련 물질의 감소

어휘　どういう 어떤　*격식 차린 말씨(=どんな)　夏(なつ) 여름　高温(こうおん) 고온　風(かぜ) 바람　強(つよ)さ 세기, 강한 정도
増加(ぞうか) 증가　含(ふく)まれる 포함되다　関連(かんれん) 관련　物質(ぶっしつ) 물질　減少(げんしょう) 감소

2　본문의 내용으로 보아 잎이 노란색으로 물드는 이유는 무엇인가?
　　1 광합성 활동의 증가로 엽록소가 분해되기 힘들어지기 때문에
　　2 광합성 활동의 저하로 잎 안에 포함되어 있는 파란색이 옅어지기 때문에
　　3 광합성 활동의 증가로 에너지로 변환하는 작용이 강해지기 때문에
　　4 광합성 활동의 저하로 녹색 색소가 옅어져 노란색이 눈에 띄게 되기 때문에

어휘　동사의 ます형+にくい ~하기 어렵다[힘들다]　青色(あおいろ) 파란색

3　본문의 내용으로 보아 잎이 빨간색으로 물드는 이유는 무엇인가?
　　1 광합성 활동이 증가하기 때문에
　　2 매서운 추위가 있기 때문에
　　3 양분을 만드는 작용이 정체되기 때문에
　　4 엽록소를 분해하는 양이 감소하기 때문에

어휘　停滞(ていたい) 정체

확인 문제 4 · 내용 이해 2(중문)

問題5 つぎの(1)から(2)の文章を読んで、質問に答えなさい。答えは、1・2・3・4から最もよいものを一つえらびなさい。

(1)

> 私の趣味は写真です。日常の何気ない、しかし大事な瞬間を切り取って形に残せる点に惹かれて好きになりました。特に、他の人が見落としてしまうようなスポットを見つけた時に、① 楽しみを感じます。小さな頃から写真には興味があり、高校生の時にお金を貯めて大きいカメラを買い、そこから一気にのめり込みました(注1)。カメラを買った当時は操作を覚えるためにとにかく一日で5,000枚以上撮ったこともあります。写真で日常の風景を撮るうちに何気ない日常に美しいものがたくさんあることを知り、感性を磨くことができました。最近は天体写真をよく撮ります。気が向いた(注2)時に、高原や山中まで足を運んで(注3)星空を撮影しています。天体写真は構図や色を調整して自分独自の表現ができるから、大好きです。
>
> (注1)のめり込む: そのことに心を奪われ、そこから抜け出せなくなる
> (注2)気が向く: あることをしたい気になる
> (注3)足を運ぶ: あることのために、わざわざ出向く

1 筆者はどういう理由で写真が好きになったか。
1 何かを表現したいという気持ちがあるから
2 自分の撮った写真を見た人が喜んでくれるから
3 大事な瞬間を切り取って形に残せるから
4 写真を見て色々と話すことができるから

2 ① 楽しみを感じますとあるが、どんな時か。
1 見ている人に新しいひらめきを与えた時
2 たくさんの人に見せられる時
3 すっかり忘れていた日を思い出した時
4 他人が見落としてしまうようなスポットを見つけた時

1 最近、筆者が天体写真をよく撮る理由は何か。
1 昔から関心があったから
2 日によって写真が変わるから
3 自分独自の表現ができるから
4 たくさんの人に美しいと褒められるから

[1] ① '사회적 은둔형 외톨이'의 정의에 포함되지 않는 것은 어느 것인가?
1 정신질환이 아니다.
2 6개월 이상 사회 참가가 없다.
3 과거에 괴롭힘을 당한 경험이 있다.
4 외출해 있어도 대인관계가 없다.

어휘 定義(ていぎ) 정의 過去(かこ) 과거 いじめる 괴롭히다 経験(けいけん) 경험

[2] ② 사회 참가에 이른 사례의 특징으로 본문에 나와 있는 것은 어느 것인가?
1 본인의 강한 의지만으로 극복한다.
2 적극적인 가족의 협력이 있다.
3 혼자서 외출하는 횟수를 늘리고 있다.
4 가족 이외의 이해가 있는 제삼자의 개입을 볼 수 있다.

어휘 意志(いし) 의지 克服(こくふく) 극복 積極的(せっきょくてき)だ 적극적이다 協力(きょうりょく) 협력 一人(ひとり)で 혼자서 回数(かいすう) 횟수 増(ふ)やす 늘리다

[3] 은둔형 외톨이가 있는 가정 부모의 마음가짐으로 본문에 나와 있는 것은 어느 것인가?
1 가끔 사회 참가를 재촉하는 것
2 자기 자신을 책망하지 않는 것
3 아이의 은둔형 외톨이 상태를 통째로 수용하는 것
4 대화를 중심으로 해서 아이에게 압력을 가해 보는 것

어휘 促(うなが)す 재촉하다 丸(まる)ごと 통째로 受容(じゅよう) 수용 会話(かいわ) 회화, 대화 中心(ちゅうしん) 중심 働(はたら)きかける 압력을 가하다

[4] 은둔형 외톨이 대처 방법으로 본문에 나와 있지 않은 것은 어느 것인가?
1 데이케어를 이용한다.
2 부모가 상담기관에 다녀 본다.
3 의학적인 치료를 그만둬 본다.
4 은둔형 외톨이 본인이 주위 사람과 충분한 신뢰관계를 형성해 둔다.

어휘 止(や)める 그만두다, 관두다

확인 문제 2 · 내용 이해 3(장문)

問題6 つぎの文章を読んで、質問に答えなさい。答えは、1・2・3・4から最もよいものを一つえらびなさい。

　最近、情報の交流が加速し、グローバル化が飛躍的に進んでいる。そうした中、国際放送は、時事問題や国の重要な政策、国際問題に関する政府の見解、日本の文化などについて正しく外国に伝えることや、海外に住む日本人や日本人旅行者に大規模な事件・事故・災害に関して迅速に伝える役割があり、これらは国益にもなるものである。国際放送は、放送法でNHKの本来業務と定められて(注1)おり、受信料で賄われる(注2)ことが原則となっているが、同時に先に述べたような内容の放送がきちんと行われるよう、総務大臣がNHKに対して放送事項や放送区域などを指定して国際放送を行うよう要請できることも定められている。NHKは、報道機関として放送の自由と番組編集の自由を最優先に、自主的な編集のもとで国際放送を行っており、① 総務大臣の要請に対してはその重みを受け止めて趣旨(注3)や内容に応じて判断して放送している。国の要請に応じて行う放送の費用は国が負担するよう放送法で定められており、2020年度政府予算案では、交付金はテレビとラジオを合わせて35.9億円となっている。なお、国の要請を受けて行われる放送は、NHKが本来業務である国際放送と一体として行うこととされており、NHKの編集権が確保されている。

(注1)定める: 決める
(注2)賄う: 費用や人手などを用意する
(注3)趣旨: 事を行うにあたっての、元にある考えや主なねらい

1 本文の内容からみて、国際放送の役割に含まれないのはどれか。
　1 日本の文化を正しく外国に伝える。
　2 国の重要な政策を正しく外国に伝える。
　3 耳が不自由な人のための字幕放送を行う。
　4 海外に住む日本人に大規模な事件や事故などを迅速に伝える。

2 国際放送についての説明の中で、正しくないのはどれか。
　1 受信料で賄われることが原則となっている。
　2 自主的な編集の国際放送は不可能である。
　3 放送法でNHKの本来業務と定められている。
　4 総務大臣が放送事項や放送区域などの指定を要請できる。

3 ① 総務大臣の要請についての説明の中で、正しいのはどれか。
　1 趣旨や内容に応じてNHKが判断して放送できる。
　2 3回以上の要請にはNHKも必ず応じるべきである。
　3 いくら理不尽な要請でも、NHKが拒否する権利はない。
　4 NHKが一定期間以内に要請に応じないと、法的に問題になる。

4 本文のタイトルとして、最も適当なのはどれか。
　1 国際放送の長所と短所は何か
　2 果たしてNHKは放送の自由があると言えるのか
　3 なぜ国際放送はチャンネルが少ないのか
　4 なぜ国際放送に国から交付金が出ているのか

확인 문제 2 · 정답 및 해석(내용 이해 3(장문))

　　최근 정보의 교류가 가속화되어 세계화가 비약적으로 진행되고 있다. 그런 가운데 국제방송은 시사 문제나 나라의 중요한 정책, 국제 문제에 관한 정부의 견해, 일본 문화 등에 대해 올바르게 외국에 전하는 것이나 해외에 거주하는 일본인이나 일본인 여행자에게 대규모의 사건 · 사고 · 재해에 관해 신속하게 전하는 역할이 있고 이것들은 국익도 되는 것이다. 국제방송은 방송법으로 NHK의 본래 업무라고 정해져(주1) 있고 수신료에서 조달받는(주2) 것이 원칙으로 되어 있지만, 동시에 앞서 말한 것과 같은 내용의 방송이 제대로 행해지도록 총무대신이 NHK에 방송 사항이나 방송 구역 등을 지정해 국제방송을 하도록 요청할 수 있는 것도 정해져 있다. NHK는 보도기관으로서 방송의 자유와 프로그램 편집의 자유를 최우선으로, 자주적인 편집 하에서 국제방송을 하고 있고 ① 총무대신의 요청에 대해서는 그 중요도를 수용하여 취지(주3)나 내용에 따라 판단해서 방송하고 있다. 나라의 요청에 따라 하는 방송의 비용은 나라가 부담하도록 방송법으로 정해져 있어서 2020년도 정부 예산안에서는 교부금은 TV와 라디오를 합쳐 35.9억 엔이다. 또한 나라의 요청을 받아 행해지는 방송은 NHK가 본래 업무인 국제방송과 일체화해서 하도록 되어 있으며 NHK의 편집권이 확보되어 있다.

(주1)定める(정하다): 정하다
(주2)賄う(조달하다): 비용이나 일손 등을 준비하다
(주3)趣旨(취지): 일을 행함에 있어서의 근간에 있는 생각이나 주된 목표

어휘 最近(さいきん) 최근, 요즘　情報(じょうほう) 정보　交流(こうりゅう) 교류　加速(かそく) 가속　グローバル化(か) 세계화
飛躍的(ひやくてき)だ 비약적이다　進(すす)む 나아가다, 진행되다　そうした中(なか) 그런 가운데　国際(こくさい) 국제
放送(ほうそう) 방송　時事(じじ) 시사　問題(もんだい) 문제　国(くに) 나라　重要(じゅうよう)だ 중요하다　政策(せいさく) 정책
~に関(かん)する ~에 관한　政府(せいふ) 정부　見解(けんかい) 견해　文化(ぶんか) 문화　~について ~에 대해서 *내용
正(ただ)しい 올바르다　外国(がいこく) 외국　伝(つた)える 전하다　海外(かいがい) 해외　住(す)む 살다, 거주하다
旅行者(りょこうしゃ) 여행자　大規模(だいきぼ) 대규모　事件(じけん) 사건　事故(じこ) 사고　災害(さいがい) 재해
~に関(かん)して ~에 관해서　迅速(じんそく)だ 신속하다　役割(やくわり) 역할　国益(こくえき) 국익
放送法(ほうそうほう) 방송법　NHK(エヌエイチケー) NHK, 일본방송협회　本来(ほんらい) 본래　業務(ぎょうむ) 업무
定(さだ)める 정하다　~ておる ~하고 있다 *「~ている」의 겸양표현　受信料(じゅしんりょう) 수신료　賄(まかな)う 조달하다
原則(げんそく) 원칙　同時(どうじ)に 동시에　先(さき)に 먼저, 앞서　述(の)べる 말하다, 서술하다　内容(ないよう) 내용
きちんと 제대로, 확실히　行(おこな)う 하다, 행하다, 실시하다　総務大臣(そうむだいじん) 총무대신, 총무성 장관
~に対(たい)して ~에 대해서 *대상　事項(じこう) 사항　区域(くいき) 구역　指定(してい) 지정　要請(ようせい) 요청
報道(ほうどう) 보도　機関(きかん) 기관　~として ~로서　自由(じゆう) 자유　番組(ばんぐみ) (방송 · 연예 등의) 프로그램
編集(へんしゅう) 편집　最優先(さいゆうせん) 최우선　自主的(じしゅてき)だ 자주적이다
もと 아래, 하 *지배 · 영향이 미치는 것을 표현함　重(おも)み 무게, 중요도　受(う)け止(と)める 받아들이다, 수용하다
趣旨(しゅし) 취지　~に応(おう)じて ~에 응해서, ~에 따라서　判断(はんだん) 판단　費用(ひよう) 비용　負担(ふたん) 부담
~年度(ねんど) ~년도　予算案(よさんあん) 예산안　交付金(こうふきん) 교부금, 국가 또는 지방 공공단체가 사업자 등에 대하여 법령에 근거하여 교부하는 재정 원조금　ラジオ 라디오　合(あ)わせる 합치다　なお 또한　受(う)ける 받다　一体(いったい) 일체
編集権(へんしゅうけん) 편집권　確保(かくほ) 확보　決(き)める 정하다, 결정하다　人手(ひとで) 일손　用意(ようい) 준비
~にあたって ~에 있어　元(もと) 근본, 근간　考(かんが)え 생각　主(おも)な 주된　ねらい 노리는 바, 목표

1 　본문의 내용으로 보아 국제방송의 역할에 포함되지 않는 것은 어느 것인가?
　　1 일본 문화를 올바르게 외국에 전한다.
　　2 나라의 중요한 정책을 올바르게 외국에 전한다.
　　3 귀가 불편한 사람을 위한 자막방송을 실시한다.
　　4 해외에 거주하는 일본인에게 대규모의 사건이나 사고 등을 신속하게 전한다.

어휘　耳(みみ) 귀　不自由(ふじゆう)だ 부자유스럽다. (신체가) 불편하다　字幕(じまく) 자막

2 　국제방송에 대한 설명 중에서 옳지 않은 것은 어느 것인가?
　　1 수신료에서 조달받는 것이 원칙으로 되어 있다.
　　2 자주적인 편집의 국제방송은 불가능하다.
　　3 방송법으로 NHK의 본래 업무라고 정해져 있다.
　　4 총무대신이 방송 사항이나 방송 구역 등의 지정을 요청할 수 있다.

어휘　不可能(ふかのう)だ 불가능하다

3 　① 총무대신의 요청에 대한 설명 중에서 옳은 것은 어느 것인가?
　　1 취지나 내용에 따라 NHK가 판단해서 방송할 수 있다.
　　2 3회 이상의 요청에는 NHK도 반드시 응해야 한다.
　　3 아무리 불합리한 요청이라도 NHK가 거부할 권리는 없다.
　　4 NHK가 일정 기간 이내에 요청에 응하지 않으면 법적으로 문제가 된다.

어휘　以上(いじょう) 이상　必(かなら)ず 반드시　동사의 기본형+べきだ (마땅히) ～해야 한다　いくら～でも 아무리 ～라도
理不尽(りふじん)だ 불합리하다. 이치에 맞지 않다　拒否(きょひ) 거부　権利(けんり) 권리　一定(いってい) 일정
期間(きかん) 기간　以内(いない) 이내　応(おう)じる (물음이나 요구에) 응하다　法的(ほうてき) 법적　問題(もんだい) 문제

4 　본문의 제목으로 가장 적당한 것은 어느 것인가?
　　1 국제방송의 장점과 단점은 무엇인가
　　2 과연 NHK는 방송의 자유가 있다고 말할 수 있는 것인가
　　3 왜 국제방송은 채널이 적은 것인가
　　4 왜 국제방송에 나라에서 교부금이 나오고 있는 것인가

어휘　タイトル 타이틀, 제목　最(もっと)も 가장, 제일　適当(てきとう)だ 적당하다　長所(ちょうしょ) 장점　短所(たんしょ) 단점
果(は)たして 과연　自由(じゆう) 자유　チャンネル 채널　少(すく)ない 적다

問題6 つぎの文章を読んで、質問に答えなさい。答えは、1・2・3・4から最もよいものを一つえらびなさい。

多くの人は、目覚まし時計が鳴って目が覚め、大きなカップのコーヒーを飲みながらメールを確認することから一日を始める。しかし、大きな成功を収める人たちの朝の習慣は全く異なるという。ここでは、大きな成功を収めた人たちの朝の習慣を紹介する。

A社の最高経営責任者(CEO)は、毎晩必ず8時間の睡眠を取るようにしている。彼はまた、目覚まし時計を使わず自然に目を覚ますことを心がけている。

米人気司会者のBさんもまた、目覚まし時計を使わないで目を覚ます。彼女は「私は今まで目覚まし時計を使ったことがない。目覚まし時計は良いものだとは思わない。アラーム(警報)を発するものだから!」と説明している。①このような衝撃的な方法で一日を始めると、体が危険に備えるためストレスホルモンが多く放出される。これは、決して一日を開始する最善の方法ではない。

成功を収めている多くの人は、夜に翌日の準備を行う。そうすれば朝の時間を自由に使うことができ、有意義な仕事にすぐ取り掛かれる(注1)からだ。アメリカのある会社の前CEOは、次の日に達成したいことを前日の夜に3つ書き出す(注2)。

また、米テレビ番組の司会者Cさんもこれと同じ習慣を持っていて、夜オフィスを出る前に「やることリスト」を作っている。Cさんは翌日、「やることリスト」の項目を重要性によりA・B・Cに分ける。「やることリスト」を夜に作ることは効率的で、朝のストレスを緩和し、一日を明確に終わりにすることができるのだ。

朝の運動は成功を収めたリーダーの多くが実践している毎日の習慣だ。女優のDさんは毎朝メールを確認した後に運動をしていると語っている。

(注1)取り掛かる: し始める。着手する
(注2)書き出す: 必要なことを抜き出して書く

1 ①このような衝撃的な方法とは何を指すか。
 1 夜に次の日の準備をすること
 2 朝の運動をすること
 3 次の日に達成したいことを書くこと
 4 目覚まし時計で目を覚ますこと

2 目覚まし時計で目を覚ますのがよくない理由として正しくないのはどれか。
 1 目覚まし時計も一種の警報だからだ。
 2 危険から体を守る物質が放出されるからだ。
 3 目覚まし時計で目を覚ますと夜眠れなくなるからだ。
 4 心身がショックを受けるからだ。

3 夜に次の日の準備をすることの長所として正しくないのはどれか。
 1 翌日の朝のストレスを軽減させる。
 2 一日を明確に終えることができる。
 3 朝の時間を自由に使え、仕事をすぐ始められる。
 4 「やることリスト」を作らないで済む。

4 本文の内容と合っているものはどれか。
 1 成功を収めた人の多くはコーヒーを飲むことから一日を始める。
 2 成功を収めた人の多くは仕事熱心なので、いつも睡眠不足だ。
 3 成功を収めた人の多くは毎日の習慣として運動をしている。
 4 成功を収めた人の多くは遅く寝るので、目覚まし時計で目を覚ます。

확인 문제 3 · 정답 및 해석(내용 이해 3(장문))

대다수의 사람은 자명종이 울려 눈을 뜨고 큰 컵의 커피를 마시면서 메일을 확인하는 것에서부터 하루를 시작한다. 하지만 큰 성공을 거두는 사람들의 아침 습관은 아주 다르다고 한다. 여기에서는 큰 성공을 거둔 사람들의 아침 습관을 소개한다.

A사의 최고경영책임자(CEO)는 매일 밤 반드시 8시간의 수면을 취하도록 하고 있다. 그는 또한 자명종을 사용하지 않고 자연스럽게 잠을 깨는 것을 유념하고 있다.

미국의 인기 사회자인 B 씨도 또한 자명종을 사용하지 않고 잠을 깬다. 그녀는 '나는 지금까지 자명종을 사용한 적이 없다. 자명종은 좋은 것이라고는 생각하지 않는다. 알람(경보)을 내는 것이니까!'라고 설명하고 있다. ① 이와 같은 충격적인 방법으로 하루를 시작하면 몸이 위험에 대비하기 위해 스트레스 호르몬이 많이 방출된다. 이것은 결코 하루를 시작하는 최선의 방법은 아니다.

성공을 거둔 많은 사람들은 밤에 이튿날의 준비를 한다. 그렇게 하면 아침 시간을 자유롭게 사용할 수 있고, 의의 있는 일에 바로 착수할 수 있기(주1) 때문이다. 미국의 어떤 회사의 전 CEO는 다음 날에 달성하고 싶은 것을 전날 밤에 세 가지를 추려 쓴다(주2).

또한 미국 TV프로의 사회자인 C 씨도 이것과 같은 습관을 갖고 있어서 밤에 사무실을 나서기 전에 '할 일 목록'을 만들고 있다. C 씨는 이튿날 '할 일 목록'의 항목을 중요성에 따라 A, B, C로 나눈다. '할 일 목록'을 밤에 만드는 것이 효율적이며 아침의 스트레스를 완화하고 하루를 명확하게 끝낼 수 있는 것이다.

아침 운동은 성공을 거둔 리더의 대다수가 실천하고 있는 매일의 습관이다. 여배우 D 씨는 매일 아침 메일을 확인한 후에 운동을 하고 있다고 말했다.

(주1)取(と)り掛(か)かる(착수하다): 하기 시작하다. 착수하다
(주2)書(か)き出(だ)す(필요한 부분을 뽑아서 쓰다): 필요한 것을 뽑아 쓰다

어휘 多(おお)く 많음, 대다수 人(ひと) 사람 目覚(めざ)まし時計(どけい) 자명종 鳴(な)る 울리다
目(め)が覚(さ)める (잠에서) 깨다, 눈을 뜨다 大(おお)きな 큰 カップ 컵 コーヒー커피 飲(の)む 마시다
동사의 ます형+ながら ～하면서 *동시동작 メール 메일 確認(かくにん) 확인 一日(いちにち) 하루 始(はじ)める 시작하다
成功(せいこう)を収(おさ)める 성공을 거두다 ～たち (사람이나 생물을 나타내는 말에 붙어) ～들 朝(あさ) 아침
習慣(しゅうかん) 습관 全(まった)く 완전히, 아주 異(こと)なる 다르다 紹介(しょうかい) 소개 最高(さいこう) 최고
経営(けいえい) 경영 責任者(せきにんしゃ) 책임자 毎晩(まいばん) 매일 밤 必(かなら)ず 반드시
睡眠(すいみん)を取(と)る 수면을 취하다 ～ように ～하도록 使(つか)う 쓰다, 사용하다 ～ず(に) ～하지 않고(=～ないで)
自然(しぜん)だ 자연스럽다 目(め)を覚(さ)ます 잠에서 깨다 心(こころ)がける 유념하다, 명심하다
米(べい) 미국=米国(べいこく) 人気(にんき) 인기 司会者(しかいしゃ) 사회자 동사의 た형+ことがない ～한 적이 없다
良(よ)い 좋다 アラーム 알람, 경보 警報(けいほう) 경보 発(はっ)する 발하다, (빛·소리 등을) 내다 説明(せつめい) 설명
衝撃的(しょうげきてき)だ 충격적이다 方法(ほうほう) 방법 体(からだ) 몸, 신체 危険(きけん) 위험 備(そな)える 대비하다
동사의 보통형+ため ～하기 위해(서) ストレスホルモン 스트레스 호르몬 放出(ほうしゅつ) 방출
決(けっ)して (부정어 수반) 결코 開始(かいし) 개시 最善(さいぜん) 최선 夜(よる) 밤 翌日(よくじつ) 익일, 이튿날
準備(じゅんび)を行(おこな)う 준비를 하다 自由(じゆう)だ 자유롭다 동사의 기본형+ことができる ～할 수 있다
有意義(ゆういぎ) 유의의, 의의가 있음 すぐ 곧, 바로 取(と)り掛(か)かる 시작하다, 착수하다 ある 어느, 어떤 前(ぜん) 전
次(つぎ) 다음 日(ひ) 날 達成(たっせい) 달성 前日(ぜんじつ) 전날 書(か)き出(だ)す 필요한 부분을 뽑아서 쓰다
番組(ばんぐみ) (방송·연예 등의) 프로그램 同(おな)じだ 같다 持(も)つ 가지다 オフィス 오피스, 사무실 出(で)る 나오다
동사의 기본형+前(まえ)に ～하기 전에 やる 하다 リスト 리스트, 목록 項目(こうもく) 항목 重要性(じゅうようせい) 중요성
分(わ)ける 나누다 効率的(こうりつてき)だ 효율적이다 緩和(かんわ) 완화 明確(めいかく)だ 명확하다 終(お)わり 끝
～にする ～로 하다 運動(うんどう) 운동 リーダー 리더 実践(じっせん) 실천 毎朝(まいあさ) 매일 아침
女優(じょゆう) 여배우 동사의 た형+後(あと)に ～한 후에 語(かた)る 말하다, 이야기하다
동사의 ます형+始(はじ)める ～하기 시작하다 抜(ぬ)き出(だ)す 골라내다, 뽑다

내용 이해 3(정답)

1 ① 이와 같은 충격적인 방법이란 무엇을 가리키는가?
1 밤에 다음 날의 준비를 하는 것
2 아침 운동을 하는 것
3 다음 날에 달성하고 싶은 것을 쓰는 것
4 자명종으로 잠에서 깨는 것

어휘 指(さ)す 가리키다

2 자명종으로 잠에서 깨는 것이 좋지 않은 이유로 옳지 않은 것은 어느 것인가?
1 자명종도 일종의 경보이기 때문이다.
2 위험으로부터 몸을 지키는 물질이 방출되기 때문이다.
3 자명종으로 잠에서 깨면 밤에 잘 수 없게 되기 때문이다.
4 심신이 쇼크를 받기 때문이다.

어휘 一種(いっしゅ) 일종 守(まも)る 지키다 ショックを受(う)ける 쇼크를 받다

3 밤에 다음 날의 준비를 하는 것의 장점으로 옳지 않은 것은 어느 것인가?
1 이튿날 아침의 스트레스를 경감시킨다.
2 하루를 명확히 끝낼 수 있다.
3 아침시간을 자유롭게 사용할 수 있고, 일을 바로 시작할 수 있다.
4 '할 일 목록'을 만들지 않아도 된다.

어휘 長所(ちょうしょ) 장점 軽減(けいげん) 경감 終(お)える 끝내다 ～ないで済(す)む ～하지 않고 해결되다, ～하지 않아도 되다

4 본문의 내용과 맞는 것은 어느 것인가?
1 성공을 거둔 사람의 대다수는 커피를 마시는 것에서부터 하루를 시작한다.
2 성공을 거둔 사람의 대다수는 일에 열심이라서 늘 수면부족이다.
3 성공을 거둔 사람의 대다수는 매일의 습관으로 운동을 하고 있다.
4 성공을 거둔 사람의 대다수는 늦게 자기 때문에 자명종으로 잠에서 깬다.

어휘 内容(ないよう) 내용 熱心(ねっしん)だ 열심이다 遅(おそ)い 늦다 睡眠不足(すいみんぶそく) 수면부족

問題6 つぎの文章を読んで、質問に答えなさい。答えは、1・2・3・4から最もよいものを一つえらびなさい。

①傘の歴史はとても長く、今から約4,000年前にあったことがエジプトやペルシャなどの彫刻画や壁画からわかっています。傘が一般的に使われ始めたのは古代ギリシャ時代で、アテネの貴婦人たちが日傘を従者(注)に持たせて歩いている絵が残されています。こうしたことから、当時の傘は日差しを遮る目的と共に、権力を象徴する道具として用いられていたと考えられています。日本で傘と言えば、雨傘が連想される人が多いと思いますが、傘の歴史は日傘から始まったことがわかります。現在、傘には雨傘と日傘がありますが、西欧の伝統的な工法と材質で作られたものを「洋傘」、日本の伝統的な工法と材質で作られたものを「和傘」と呼んでいます。その違いは、雨や日差しを防ぐために骨組みを覆う幕の材質が違うことで、「洋傘」は防水加工した木綿や絹、ナイロン、ポリエステルなどを材料とするのに対し、「和傘」は油紙などが用いられています。

現代の「洋傘」は、ボタンを押すだけで傘が開く「ジャンプ傘」や、折り畳んでコンパクトに収納できる「折り畳み傘」などがあります。また、一般的に洋傘の骨は6〜8本と少なく作られているのがほとんどですが、耐久性を高めるために和傘のように②14〜16本で作ったものもあります。その起源となった遥か昔の傘は、もちろん開閉式ではなく、王様など身分の高い人の頭上を天蓋のように覆って暑さを凌ぐものでした。ビーチパラソルのような大きな傘を従者が支えていたようです。このように「洋傘」は古代から暑さを防ぐ日傘として、時代と共に進化を遂げていきます。

(注)従者: 付き従う者

1 本文の内容からみて、① 魚離れとは何か。
1 魚の人気が上がっていくこと
2 魚の価格が上がっていくこと
3 魚を買ったり食べたりしなくなること
4 魚を調理する方法が減っていくこと

2 筆者は魚離れの最大の原因は何だと言っているか。
1 価格の高騰
2 水産資源の枯渇
3 政府の政策の失敗
4 肉の消費と摂取の増加

3 ② 安売り合戦の結果として、本文に出ているのはどれか。
1 サービスの質がよくなる。
2 魚の品質が落ちてしまう。
3 調理する時の手間が少なくなる。
4 安い価格のおかげで、魚の消費が増える。

4 筆者が魚離れの原因として、言っていないのはどれか。
1 価格の高騰
2 安売り合戦の結果
3 変化しない魚屋のスタイル
4 水揚げの急激な増加

확인 문제 5 · 정답 및 해석(내용 이해 3(장문))

2000년대 초까지 세계 제일의 생선 소비국이었던 일본에서 급속한 ① 생선 기피현상이 일어나고 있다. 생선 기피현상의 가장 큰 원인은 십 몇 년 전과 비교해 생선 가격이 대폭적으로 고등(주1)해 대중어라고 불리는 생선을 적당한(주2) 가격으로 제공할 수 없게 되어 버린 것에 있다. 또한 생선가게가 옛날의 상식을 무너뜨리지 않는 점에도 원인이 있다고 말할 수 있다. 싼 생선은 요망이 있어도 손질해(주3) 주지 않고 자신들의 사정으로 상품화해 버린다. 팔리지 않기 때문에 변화하지 않으면 언제까지 지나도 변하지 않는다. 이와 같은 변하지 않는 생선가게가 가격 고등에 이어 생선 기피현상을 가속화시키고 있는 것은 아닐까? 생선 기피현상의 원인은 ② 염가 판매 경쟁의 결과이기도 하다. 싼 상품이 인기가 있는 것은 당연하지만, 가격이 내려가면 아무래도 품질은 떨어져 버린다. 그리고 그것이 식탁에 놓여 '맛있지 않다'라는 이미지를 가지게 한다. 따라서 좋은 상품을 사기 편하게 제공하면 생선 기피현상도 어느 정도 멎게 할 수 있을 것이다.

이상으로 생선 기피현상의 원인을 들어 봤는데 정리해 보면 생선 가격의 고등, 변화하지 않는 생선가게, 가격 인하 경쟁의 결과라는 얘기가 된다. 어획량(주4)이 많아 시세가 내려가는 생선도 있지만, 싼 생선은 손질하지 않은 채로 '테이크아웃'하는 경우가 많다. 결국 생선 기피현상이 아니라, 품질이 좋은 생선이 먹기 힘들어졌다고 말하는 편이 좋을지도 모른다.

(주1) 高騰(고등): 물가나 가격 등이 높이 올라가는 것
(주2) 手頃だ(적당하다): 과대하지 않고 자신의 능력에 딱 적당하다
(주3) さばく(손질하다): 생선 등을 갈라서 살, 뼈 등으로 나누다
(주4) 水揚げ(어획량) : 어업의 수확. 어획고

어휘 〜年代(ねんだい) 〜년대 初(はじ)め 초 世界一(せかいいち) 세계 제일 魚(さかな) 생선 消費国(しょうひこく) 소비국 急速(きゅうそく)だ 급속하다 魚離(さかなばな)れ 생선 기피현상, 생선을 사지 않거나 먹지 않게 됨 *「명사+離(ばな)れ」−멀어져 감 起(お)きる 일어나다, 발생하다 最(もっと)も 가장, 제일 大(おお)きな 큰 原因(げんいん) 원인 数年(すうねん) 수년, 몇 년 比(くら)べる 비교하다 価格(かかく) 가격 大幅(おおはば)だ 대폭적이다 高騰(こうとう) 고등, 물가나 가격 등이 높이 올라감 大衆魚(たいしゅうぎょ) 대중어, 값이 싸고 대중적인 생선. 정어리 · 꽁치 · 고등어 따위 呼(よ)ぶ 부르다 手頃(てごろ)だ 알맞다, 적당하다 提供(ていきょう) 제공 魚屋(さかなや) 생선가게 昔(むかし) 옛날 常識(じょうしき) 상식 崩(くず)す 무너뜨리다 ところ 부분, 데, 점 安(やす)い 싸다 要望(ようぼう) 요망 さばく (생선 등을) 손질하다 〜てくれる (남이 나에게) 〜해 주다 〜し 〜하고 都合(つごう) 사정, 형편 商品化(しょうひんか) 상품화 売(う)れる (잘) 팔리다 〜からこそ 〜이기 때문에, 〜이므로 *원인 · 이유를 강조하는 표현 変化(へんか) 변화 経(た)つ (시간이) 지나다, 경과하다 変(か)わる 바뀌다, 변하다 続(つづ)く 이어지다, 계속되다 加速(かそく) 가속 安売(やすう)り 싸게 팖, 염가 판매 명사+合戦(がっせん) 〜경쟁 結果(けっか) 결과 好(この)む 좋아하다 当然(とうぜん)だ 당연하다 下(さ)がる 내리다, 내려가다 どうしても 아무리 해도 品質(ひんしつ) 품질 落(お)ちる 떨어지다 そして 그리고 食卓(しょくたく) 식탁 並(なら)ぶ (나란히) 늘어서다, 놓여 있다 おいしい 맛있다 イメージ 이미지 付(つ)ける 붙이다, 가지게 하다 従(したが)って 따라서 買(か)う 사다 동사의 ます형+やすい 〜하기 쉽다[편하다] ある 어느 程度(ていど) 정도 止(と)める (계속되는 것을) 중단하다, 멎게 하다 以上(いじょう) 이상 挙(あ)げる (예로서) 들다 まとめる 정리하다 水揚(みずあ)げ 어업의 수확, 어획량 多(おお)い 많다 相場(そうば) 시세 동사의 た형+まま 〜한 채, 〜상태로 テイクアウト 테이크아웃 場合(ばあい) 경우 結局(けっきょく) 결국 동사의 ます형+にくい 〜하기 힘들다[어렵다] 物価(ぶっか) 물가 上(あ)がる 올라가다 過大(かだい) 과대 力(ちから) 힘, 능력 ちょうど 딱, 알맞게 適(てき)する 알맞다, 적당하다 切(き)り開(ひら)く 째다, 가르다 肉(にく) 살 骨(ほね) 뼈 分(わ)ける 나누다 漁業(ぎょぎょう) 어업 収穫(しゅうかく) 수확 漁獲高(ぎょかくだか) 어획고, 어획량

1   본문의 내용으로 보아 ① 생선 기피현상이란 무엇인가?
　　1 생선 인기가 올라가는 것
　　2 생선 가격이 올라가는 것
　　3 생선을 사거나 먹거나 하지 않게 되는 것
　　4 생선을 조리하는 방법이 줄어가는 것

어휘　人気(にんき) 인기　調理(ちょうり) 조리　方法(ほうほう) 방법　減(へ)る 줄다. 줄어들다

2   필자는 생선 기피현상의 최대 원인은 무엇이라고 말하고 있는가?
　　1 가격 상승
　　2 수산자원의 고갈
　　3 정부의 정책 실패
　　4 고기 소비와 섭취의 증가

어휘　最大(さいだい) 최대　水産(すいさん) 수산　資源(しげん) 자원　枯渇(こかつ) 고갈　政府(せいふ) 정부
政策(せいさく) 정책　失敗(しっぱい) 실패　肉(にく) 고기　消費(しょうひ) 소비　摂取(せっしゅ) 섭취　増加(ぞうか) 증가

3   ② 염가 판매 경쟁의 결과로 본문에 나와 있는 것은 어느 것인가?
　　1 서비스의 질이 좋아진다.
　　2 생선의 품질이 떨어져 버린다.
　　3 조리할 때의 수고가 적어진다.
　　4 싼 가격 덕분에 생선 소비가 늘어난다.

어휘　サービス 서비스　質(しつ) 질　品質(ひんしつ) 품질　手間(てま) (일을 하는 데 드는) 수고　少(すく)ない 적다
명사+の+おかげで ~덕분에　増(ふ)える 늘다. 늘어나다

4   필자가 생선 기피현상의 원인으로 말하고 있지 않은 것은 어느 것인가?
　　1 가격 상승
　　2 염가 판매 경쟁의 결과
　　3 변화하지 않는 생선가게의 스타일
　　4 어획량의 급격한 증가

어휘　急激(きゅうげき)だ 급격하다

독해 파트의 마지막 유형인 정보 검색은 광고나 팸플릿, 공지, 소개글 등 600자 내외의 글에서 필요한 정보를 찾아낼 수 있는지를 묻는다. 하나의 지문에 2문항이 출제되는데, 다른 유형과는 달리 문제가 먼저 제시되고 그 다음에 지문이 나온다. 따라서 문제에서 언급된 정보만 찾아내면 되므로, 지문의 모든 내용을 꼼꼼히 읽지 말고, 문제와 관련이 있는 부분만 빨리 찾아 읽는 연습을 해 두는 것이 중요하다.

問題7 右のページは応急手当講習会の案内である。これを読んで下の質問に答えなさい。答えは、1・2・3・4から最もよいものを一つえらびなさい。

1 講習の申し込みについての説明の中で、正しいのはどれか。
1 特別に定員は決まっていない。
2 申し込みはホームページでの受付しかできない。
3 認定証の有効期限は発行から3年間である。
4 受付は希望講習日の1か月前から可能である。

2 受講上の注意事項についての説明の中で、正しいのはどれか。
1 服装や靴の規制は全くない。
2 駐車できる場所は用意してある。
3 受講当日に持参するものは何もない。
4 食事は自分で用意する必要がある。

応急手当講習会のご案内
(おうきゅう て あてこうしゅうかい あんない)

<講習の申し込み>

• 講習のお申し込みは、ホームページまたはお電話でお願いいたします。
（受付時間は平日午前9時〜午後4時）

※お申し込みの際は氏名(カタカナ)・生年月日・郵便番号・住所・電話番号が必要となります。お申し込みの際に取得した個人情報については救命講習に関する業務にのみ使用し、第三者には提供しません。お申し込みになる場合、当協会個人情報保護方針に同意したことになります。

• 受付は希望講習日の3か月前(当年度の講習予定日に限る)から2週間前までです。ただし、定員になると、締め切りとなります。

• 受講日の変更、欠席については、14日前までにご連絡いただくか、登録の変更をお願いいたします。

• 認定証の有効期限は発行から3年間となっております。

<受講上の注意事項>

1. 各会場に駐輪所・駐車場はありません。
2. 受講当日に持参するものは、鉛筆、消しゴムです。
3. 講習は実技が中心になるため、露出の少ない、動きやすい服装、脱ぎやすい靴で来てください。(スカート、胸元の開いたTシャツは不可)
4. 各講習会場に15分前に集合してください。
（早くいらっしゃっても、お待ちいただく場所はございませんのでご注意ください。）
5. 食事は各自でご用意ください。なお、ゴミを捨てるところはありません。必ずお持ち帰りください。

|정답| 1 3 2 4

독해

정보 검색

시험 대책

　　정보 검색은 처음부터 끝까지 꼼꼼히 읽을 필요가 없는 유형이다. 문제를 먼저 읽고 그 문제와 관련된 정보를 지문에서 찾아내기만 하면 되므로 그만큼 문제 분석이 중요하다고 할 수 있다. 자주 나오는 문제 유형을 살펴보면, 우선 내용 일치 문제는 선택지를 먼저 읽고 지문에서 그 부분을 찾아서 보면 된다. 다음으로 계산 관련 문제는 복잡하지는 않지만, 익숙하지 않아서 당황할 수도 있으므로 평소에 연습을 해 두어야 실수가 없다. 마지막으로 지문에 나오는 단어와 의미는 동일하지만, 선택지에서는 다른 표현이 쓰이는 경우도 있으므로 비슷한 의미의 표현을 숙지해 두도록 하자.

확인 문제 1 · 정보 검색

問題7 右のページは北町自治会のごみ出しルールの案内である。これを読んで下の質問に答えなさい。答えは、1・2・3・4から最もよいものを一つえらびなさい。

1　プラマーク容器包装ごみの分別ルールとして正しいのはどれか。
　1　水分を完全に切ってから出す。
　2　汚れを取り除いてきれいにしてから出す。
　3　プラ系以外のごみも一緒にまとめて出す。
　4　中身が出ないように二重袋にしてから出す。

2　北町のごみ出しルールについての説明の中で、正しくないのはどれか。
　1　大きなごみは直接処理施設へ自己搬入もできる。
　2　ルール違反のごみは有償で収集している。
　3　ペットボトルはキャップに加えてラベルも取り外してから出す。
　4　プラマーク容器包装ごみは捨てる曜日が指定されている。

北町自治会会員各位

ごみ出しルールの再確認および徹底のお願い

◉ ごみステーションへのごみ出しは決められたルールで！

　自治会が管理しているごみステーションは4カ所(アパート管理分除く)あります。いずれも有償または無償で場所をお借りして、その地域・世帯分の「家庭系廃棄物集積場」として設置申請し、指定収集業者に収集していただいています。指定収集業者が収集する際は、各地域で決められた分別ルールに従っていますので、ルール違反のごみは絶対に収集していきません。ごみの分別、古紙などの集団資源回収を通して、ごみの減量やリサイクルを推進するのが目的です。

◉ プラマーク容器包装ごみの分別ルール徹底を！

　プラマーク容器包装ごみは、特に違反ごみが多いです。多量の汚れや割り箸など一つでもプラ系以外が混じっているものは収集されませんので、分別ルールをしっかりと守ってください。

★ 注意ポイント1：汚れを取り除き、きれいにしてから出してください。
　食べ物などが残っていると他のものまで汚れてしまい、資源としてリサイクルできません。

★ 注意ポイント2：二重袋にしないでください。
　一番外側の袋は機械で破りますが、二重袋の場合、内袋が破れず人の手で破って中身を取り出さなければなりません。

★ 注意ポイント3：決められた曜日に出してください。
　プラマーク容器包装ごみは、月水にのみ収集しています。他の曜日の収集はできません。

◉ ペットボトルのキャップとラベルを取り外してください。

　ペットボトルリサイクルの検査基準が変更になり、これまでのキャップに加えラベルも取り外すことになりましたので、ご協力お願いします。

◉ 大きなごみなどは直接、処理施設へ自己搬入もできます。

　指定された収集日に出せない、または大きなごみ(粗大ごみなど)がある場合は直接、処理施設へ持ち込むことができます。分別方法はごみステーションへの出し方と同じですが、有料指定袋、粗大ごみ処理券は不要で、重量などにより処理手数料がかかります。

以上

확인 문제 1 · 정답 및 해석(정보 검색)

문제 7 오른쪽 페이지는 기타마치 자치회의 쓰레기 배출 규칙 안내이다. 이것을 읽고 아래의 질문에 답하시오. 답은 1 · 2 · 3 · 4에서 가장 적당한 것을 하나 고르시오.

기타마치 자치회 회원 각위

쓰레기 배출 규칙 재확인 및 철저 부탁

◉ 쓰레기 수거장에 버리는 쓰레기 배출은 정해진 규칙으로!

자치회가 관리하고 있는 쓰레기 수거장은 네 군데(공동주택 관리분 제외) 있습니다. 모두 유상 또는 무상으로 장소를 빌려서 그 지역 · 세대분의 '가정에 관계된 폐기물 집적장'으로 설치 신청을 하여 지정 수거 업자에게 수거해 받고 있습니다. 지정 수거 업자가 수거할 때는 각 지역에서 정해진 분리 규칙에 따르고 있으므로 규칙 위반 쓰레기는 절대로 수거해 가지 않습니다. 쓰레기 분리, 파지 등의 집단 자원 회수를 통해 쓰레기 감량이나 재활용을 추진하는 것이 목적입니다.

◉ 플라마크용기 포장 쓰레기 분리 규칙 철저를!

플라마크용기 포장 쓰레기는 특히 위반 쓰레기가 많습니다. 다량의 오물이나 나무젓가락 등 하나라도 플라스틱 계통 이외의 것이 섞여 있는 것은 수거되지 않으므로 분리 규칙을 확실히 지켜 주십시오.

★ 주의 포인트 1: 오물을 제거하고 깨끗하게 한 후에 내놓아 주십시오.
음식 등이 남아 있으면 다른 것까지 더러워져 버려서 자원으로 재활용할 수 없습니다.

★ 주의 포인트 2: 이중봉지로 하지 말아 주십시오.
가장 바깥쪽 봉지는 기계로 찢습니다만, 이중봉지의 경우 안쪽 봉지가 찢어지지 않아서 사람 손으로 찢어서 내용물을 꺼내야 합니다.

★ 주의 포인트 3: 정해진 요일에 내놓아 주십시오.
플라마크용기 포장 쓰레기는 월요일과 수요일에만 수거하고 있습니다. 다른 요일의 수거는 불가능합니다.

◉ 페트병 뚜껑과 라벨을 떼어내 주십시오.

페트병 재활용 검사 기준이 변경되어 지금까지의 뚜껑에 더해 라벨도 떼어내게 되었으므로 협력 부탁드립니다.

◉ 큰 쓰레기 등은 직접, 처리 시설에 자기 반입도 가능합니다.

지정된 수거일에 내놓을 수 없는, 또는 큰 쓰레기(대형 쓰레기 등)가 있는 경우는 직접 처리 시설로 반입할 수 있습니다. 분리 방법은 쓰레기 수거장으로의 배출 방식과 같습니다만, 유료 지정봉지, 대형 쓰레기 처리권은 필요가 없고 중량 등에 따라 처리 수수료가 듭니다.

이상

어휘 自治会(じちかい) 자치회, 동일 지역의 거주민이 지역생활의 향상을 위해 만드는 자치 조직 会員(かいいん) 회원
各位(かくい) 각위, 여러분 ごみ出(だ)し 쓰레기 배출 ルール 룰, 규칙 再確認(さいかくにん) 재확인 および 및
徹底(てってい) 철저 お願(ねが)い 부탁 ごみステーション 쓰레기 수거장 決(き)める 정하다, 결정하다 管理(かんり) 관리
~か所(しょ) ~개소, ~군데 アパート 아파트, 공동주택 管理分(かんりぶん) 관리분 除(のぞ)く 제외하다, 빼다
いずれも 어느 것이나, 모두 有償(ゆうしょう) 유상 無償(むしょう) 무상 場所(ばしょ) 장소
お+동사의 ます형+する ~하다, ~해 드리다 *겸양표현 借(か)りる 빌리다 地域(ちいき) 지역 世帯分(せたいぶん) 세대분
家庭系(かていけい) 가정 관련 廃棄物(はいきぶつ) 폐기물 集積場(しゅうせきじょう) 집적장, 모으는 곳 設置(せっち) 설치
申請(しんせい) 신청 指定(してい) 지정 収集(しゅうしゅう) 수집, 수거 業者(ぎょうしゃ) 업자
~ていただく (남에게) ~해 받다, (남이) ~해 주시다 *「~てもらう」((남에게) ~해 받다, (남이) ~해 주다)의 겸양표현
~際(さい) ~때 各地域(かくちいき) 각 지역 分別(ぶんべつ) 분별, 분류, 분리 従(したが)う (명령 등에) 따르다
違反(いはん) 위반 絶対(ぜったい)に 절대로 古紙(こし) 헌 종이, 파지 集団(しゅうだん) 집단 資源(しげん) 자원
回収(かいしゅう) 회수 ~を通(とお)して ~을 통해서, ~을 수단으로 하여 減量(げんりょう) 감량 リサイクル 재활용
推進(すいしん) 추진 目的(もくてき) 목적 プラマーク 플라마크, 소비자가 용기나 포장을 분리 배출하기 편하도록 상품에 용기 포장
소개를 표시하는 것 容器(ようき) 용기 包装(ほうそう) 포장 特(とく)に 특히 多(おお)い 많다 多量(たりょう) 대량
汚(よご)れ 더러워짐, 오물 割(わ)り箸(ばし) 나무젓가락 プラ系(けい) 플라스틱 계통 以外(いがい) 이외 混(ま)じる 섞이다
しっかりと(と) 똑똑히, 확실히 守(まも)る 지키다 注意(ちゅうい) 주의 ポイント 포인트 取(と)り除(のぞ)く 제거하다, 없애다
きれいだ 깨끗하다 ~てから ~하고 나서, ~한 후에 出(だ)す 내놓다 食(た)べ物(もの) 음식 残(のこ)る 남다
他(ほか)の~ 다른~ 汚(よご)れる 더러워지다 二重袋(にじゅうぶくろ) 이중봉지 外側(そとがわ) 바깥쪽 機械(きかい) 기계
破(やぶ)る 찢다 内袋(うちぶくろ) 안쪽 봉지 破(やぶ)れる 찢어지다 ~ず ~하지 않아서(=~なくて) *원인・이유 人(ひと) 사람
手(て) 손 中身(なかみ) 내용물 取(と)り出(だ)す 꺼내다 ~なければならない ~하지 않으면 안 된다, ~해야 한다
曜日(ようび) 요일 月水(げっすい) 월수, 월요일과 수요일 ~のみ ~만, ~뿐 ペットボトル 페트병 キャップ 캡, 뚜껑
ラベル 라벨 取(と)り外(はず)す (붙어 있는 것을) 떼어내다 検査(けんさ) 검사 基準(きじゅん) 기준 変更(へんこう) 변경
これまで 지금까지 加(くわ)える 더하다, 추가하다 協力(きょうりょく) 협력 大(おお)きな 큰 直接(ちょくせつ) 직접
施設(しせつ) 시설 自己(じこ) 자기 搬入(はんにゅう) 반입 収集日(しゅうしゅうび) 수거일
粗大(そだい)ごみ (냉장고・TV 등의) 대형쓰레기 持(も)ち込(こ)む 반입하다 方法(ほうほう) 방법 出(だ)し方(かた) 배출 방식
同(おな)じだ 같다 指定袋(していぶくろ) 지정봉지 処理券(しょりけん) 처리권 不要(ふよう)だ 불필요하다, 필요 없다
重量(じゅうりょう) 중량 手数料(てすうりょう) 수수료 かかる (비용이) 들다 以上(いじょう) 이상

1 플라마크용기 포장 쓰레기의 분리 규칙으로 옳은 것은 어느 것인가?
   1 수분을 완전히 없앤 후에 내놓는다.
   2 오물을 제거하고 깨끗하게 한 후에 내놓는다.
   3 플라스틱 계통 이외의 쓰레기도 함께 모아서 내놓는다.
   4 내용물이 나오지 않도록 이중봉지로 해서 내놓는다.

어휘 水分(すいぶん) 수분 完全(かんぜん)だ 완전하다 切(き)る 없애다 以外(いがい) 이외

2 기타마치의 쓰레기 배출 규칙에 대한 설명 중에서 옳지 않은 것은 어느 것인가?
   1 큰 쓰레기는 직접 처리 시설에 자기 반입도 가능하다.
   2 규칙 위반 쓰레기는 유상으로 수거하고 있다.
   3 페트병은 뚜껑에 더해 라벨도 제거한 후에 내놓는다.
   4 플라마크용기 포장 쓰레기는 버리는 요일이 지정되어 있다.

어휘 捨(す)てる 버리다

問題7 右のページは時間外診療についての案内である。これを読んで下の質問に答えなさい。答えは、1・2・3・4から最もよいものを一つえらびなさい。

1 会社員のAさんは風邪気味だったため、午後7時半すぎに自宅近くの病院を初めて訪れて受診した。診療明細書には、「時間外加算額」は800円だと書いてあった。もしAさんが日曜日に受診していれば、Aさんはいくら払うか。

1 975円
2 1,600円
3 1,625円
4 2,400円

2 主婦のBさんは腰が痛くて家の近くの病院に2回行ったが、医者が不親切だったので駅の近くの病院に変えて初診を受けた。Bさんが今まで腰の治療のために払った病院代はいくらか。

1 3,760円
2 4,700円
3 6,700円
4 8,520円

時間外診療のご案内

　病院の緊急外来(注1)の負担を軽減するため、午後6時以降などに診察をすると加算が認められています。時間外診療の加算としては、「時間外」、「深夜」、「休日」の三つがあります。このうち、時間外の範囲は医療機関の診療時間によって異なるので、事前に聞いておいてください。

加算項目	初診	再診
時間外 8時前と18時以降、土曜日は8時前と正午以降	800円	650円
深夜 22時〜翌日6時	時間外の2倍	時間外の1.5倍
休日 日曜日・祝日、年末年始	時間外の3倍	時間外の2.5倍

同じ病院で受診(注2)		病院を変更して受診	
初診料	2,820円	初診料	3,820円
2回目再診料	1,880円	2回目再診料	2,880円
3回目再診料	940円	3回目再診料	1,940円
合計	5,640円	合計	8,640円

(注1)外来: 病院に通って診察・治療を受けること。また、その人
(注2)受診: 医者の診察を受けること

확인 문제 2 · 정답 및 해석(정보 검색)

문제 7 오른쪽 페이지는 시간 외 진료에 대한 안내이다. 이것을 읽고 아래의 질문에 답하시오. 답은 1 · 2 · 3 · 4에서 가장 적당한 것을 하나 고르시오.

시간 외 진료 안내

병원의 긴급 외래(주1) 부담을 경감하기 위해 오후 6시 이후 등에 진찰을 하면 가산이 인정되고 있습니다. 시간 외 진료의 가산으로는 '시간 외', '심야', '휴일'의 세 가지가 있습니다. 이 중에서 시간 외의 범위는 의료 기관의 진료 시간에 따라 다르므로 사전에 물어 두세요.

가산 항목	초진	재진
시간 외 8시 전과 18시 이후, 토요일은 8시 전과 정오 이후	800엔	650엔
심야 22시~다음날 6시	시간 외의 2배	시간 외의 1.5배
휴일 일요일 · 경축일, 연말연시	시간 외의 3배	시간 외의 2.5배

같은 병원에서 진료를 받음(주2)		병원을 변경하여 진료를 받음	
초진료	2,820엔	초진료	3,820엔
두 번째 재진료	1,880엔	두 번째 재진료	2,880엔
세 번째 재진료	940엔	세 번째 재진료	1,940엔
합계	**5,640엔**	**합계**	**8,640엔**

(注1)外来(외래): 병원에 다니며 진찰 · 치료를 받는 것. 또는 그 사람
(注2)受診(수진): 의사의 진찰을 받는 것

어휘　時間外(じかんがい) 시간 외　診療(しんりょう) 진료　案内(あんない) 안내　緊急(きんきゅう) 긴급　外来(がいらい) 외래
負担(ふたん) 부담　軽減(けいげん) 경감　동사의 보통형+ため ~하기 위해(서)　午後(ごご) 오후　以降(いこう) 이후
診察(しんさつ) 진찰　加算(かさん) 가산　認(みと)める 인정하다　~としては ~로서는　深夜(しんや) 심야
休日(きゅうじつ) 휴일　このうち 이 중　範囲(はんい) 범위　医療機関(いりょうきかん) 의료기관　~によって ~에 따라
異(こと)なる 다르다　事前(じぜん)に 사전에　聞(き)く 묻다　~ておく ~해 놓다[두다]　項目(こうもく) 항목
土曜日(どようび) 토요일　正午(しょうご) 정오　翌日(よくじつ) 익일, 다음날　日曜日(にちようび) 일요일
祝日(しゅくじつ) 경축일　年末年始(ねんまつねんし) 연말연시　初診(しょしん) 초진　~倍(ばい) ~배　再診(さいしん) 재진
同(おな)じだ 같다　受診(じゅしん) 수진, 진찰을 받음　~料(りょう) ~료, 요금　合計(ごうけい) 합계　変更(へんこう) 변경
通(かよ)う 다니다　治療(ちりょう)を受(う)ける 치료를 받다　医者(いしゃ) 의사

[1]　회사원 A 씨는 감기 기운이 있었기 때문에 오후 7시 반 넘어서 자택 근처의 병원을 처음 방문해서 진찰을 받았다. 진료 명세서에는 '시
　　　간 외 가산액'은 800엔이라고 쓰여 있었다. 만약 A 씨가 일요일에 진료를 받았다면 A 씨는 얼마 지불하는가?

　　　1 975엔
　　　2 1,600엔
　　　3 1,625엔
　　　4 2,400엔

어휘　風邪気味(かぜぎみ) 감기 기운이 있음　~ため ~때문(에)　~すぎ (때를 나타내는 명사에 붙어서) ~지나감, ~지남
自宅(じたく) 자택　近(ちか)く 근처　訪(おとず)れる 방문하다　明細書(めいさいしょ) 명세서　加算額(かさんがく) 가산액
書(か)く (글씨·글을) 쓰다　타동사+てある ~해져 있다 *상태표현　もし 만약　いくら 얼마　払(はら)う (돈을) 내다, 지불하다
TIP　초진 휴일 가산은 시간 외 가산(800엔)의 3배이므로, 800엔X3=2,400엔

[2]　주부인 B 씨는 허리가 아파서 집 근처의 병원에 두 번 갔는데, 의사가 불친절해서 역 근처의 병원으로 바꾸고 초진을 받았다. B 씨가
　　　지금까지 허리 치료를 위해서 지불한 병원비는 얼마인가?

　　　1 3,760엔
　　　2 4,700엔
　　　3 6,700엔
　　　4 8,520엔

어휘　主婦(しゅふ) 주부　腰(こし) 허리　痛(いた)い 아프다　不親切(ふしんせつ)だ 불친절하다　駅(えき) 역
変(か)える 바꾸다, 변경하다　受(う)ける (어떤 행위를) 받다　病院代(びょういんだい) 병원비
TIP　첫 번째 병원의 초진료(2,820엔)+재진료(1,880엔)+옮긴 병원에서의 초진료(3,820엔)=8,520엔

419

問題7 右のページは引っ越し業者の広告である。これを読んで下の質問に答えなさい。答えは、1・2・3・4から最もよいものを一つえらびなさい。

1　アート引っ越しセンターが低料金である理由として、正しくないのはどれか。
1　全国チェーンでどこでも気軽に利用できる。
2　過剰な広告費がかかるテレビCMを行っていない。
3　広告は安価で広告できるPPC広告やチラシを使用している。
4　再利用する人が多くて広告費用があまりかからない。

2　アート引っ越しセンターについての説明の中で、正しくないのはどれか。
1　平日はいつでもお引っ越し基本料金が2割引である。
2　引っ越し後、不要になった段ボールを3か月間無料で引き取ってもらえる。
3　引っ越し後、1年以内なら何回も家具移動サービスを無料で利用できる。
4　引っ越し資材として段ボール、ガムテープ、ハンガーボックスなどがもらえる。

어휘 アルバイト 아르바이트 募集(ぼしゅう) 모집 年末年始(ねんまつねんし) 연말연시 シーズン 시즌 限定(げんてい) 한정
時給(じきゅう) 시급 平均(へいきん) 평균 大幅(おおはば) 대폭 なんと 세상에, 어쩜 期間(きかん) 기간 仕事(しごと) 일
箱根(はこね) 하코네 ホテル 호텔 ベッドメイク 침대 정리 掃除機(そうじき)をかける 청소기를 돌리다
アメニティ 어메니티, 호텔에 무료로 준비해 놓은 각종 소모품 및 서비스용품 セット 세트, 조립함 すごく 굉장히, 몹시
簡単(かんたん)だ 간단하다 応募(おうぼ) 응모 年齢(ねんれい) 연령 条件(じょうけん) 조건 もちろん 물론
未経験者(みけいけんしゃ) 미경험자 通勤(つうきん) 통근, 출퇴근 自宅(じたく) 자택 近(ちか)く 근처
送迎(そうげい) 송영, 보내고 맞이함 気楽(きらく)だ 마음 편하다 便利(べんり) 편리 安心(あんしん) 안심 お得(とく) 이득
特権(とっけん) 특권 自力(じりき) 자력 方(かた) 분 手当(てあて) 수당 〜付(つ)き 〜붙음, 〜딸림 更(さら)に 더욱
給料(きゅうりょう) 급료, 급여 時間(じかん) 시간 約(やく) 약 半(はん) 반, 30분 職場(しょくば) 직장
幅広(はばひろ)い 폭넓다 年齢層(ねんれいそう) 연령층 〜代(だい) 〜대 活躍中(かつやくちゅう) 활약 중
教(おし)える 가르치다, 알려 주다 親切(しんせつ) 친절 丁寧(ていねい)だ 공손하다, 정중하다 その他(ほか) 그 외
待遇(たいぐう) 대우 制服(せいふく) 제복, 유니폼 貸与(たいよ) 대여 エプロン 앞치마 ブラウス 블라우스
車(くるま) 자동차, 차 可(か) 가능 食事(しょくじ) 식사 去年(きょねん) 작년 経験者(けいけんしゃ) 경험자
一言(ひとこと) 한마디 以前(いぜん) 이전 興味(きょうみ) 흥미 目(め)が留(と)まる 눈이 가다, 주목하게 되다
キャッチフレーズ 캐치프레이즈, 광고, 선전 따위에서 남의 주의를 끌기 위한 문구나 표어 印象的(いんしょうてき)だ 인상적이다
短(みじか)い 짧다 体験(たいけん) 체험 男性(だんせい) 남성 空(あ)き時間(じかん) 비는 시간 多(おお)い 많다
体力的(たいりょくてき) 체력적 楽(らく)だ 수월하다, 편하다 バイト 아르바이트 *「アルバイト」의 준말 機会(きかい) 기회
来年(らいねん) 내년 女性(じょせい) 여성 まずは 우선 電話(でんわ) 전화
ご+한자명사+いただく (남에게) 〜해 받다, (남이) 〜해 주시다 *겸양표현 連絡(れんらく) 연락 履歴書(りれきしょ) 이력서
写真(しゃしん) 사진 添付(てんぷ) 첨부 身分証明書(みぶんしょうめいしょ) 신분증명서
ご+한자명사+ください 〜해 주십시오 *존경표현 持参(じさん) 지참 受付(うけつけ) 접수 土曜日(どようび) 토요일
問(と)い合(あ)わせ 문의 申(もう)し込(こ)み 신청 担当者(たんとうしゃ) 담당자 備品(びひん) 비품 送(おく)る 보내다
迎(むか)える (사람을) 맞다, 맞이하다

---

1 18세인 하나코 씨는 아르바이트 모집 광고를 보고 지원하기로 했다. 자력으로 통근해 12월 27일부터 30일까지 하루 4시간 아르바이트를 한 경우 급여로 얼마 받을 수 있는가?

1 24,000엔
2 25,000엔
3 26,000엔
4 27,000엔

어휘 志願(しがん) 지원
TIP 시급 1,500엔×4시간=6,000엔×4일(12월 27일~30일)=24,000엔+3,000엔(28일부터 사흘간 송영 수당)=27,000엔

2 아르바이트 모집 내용과 맞지 않는 것은 어느 것인가?
1 미경험은 괜찮지만, 15세는 응모할 수 없다.
2 앞치마나 블라우스 등은 무료로 대여받을 수 있다.
3 4시간으로 짧은 아르바이트지만, 체력적으로는 힘든 일이다.
4 접수할 때는 사진이 붙어 있는 이력서와 신분증명서가 필요하다.

어휘 大丈夫(だいじょうぶ)だ 괜찮다 きつい 힘들다 受(う)け付(つ)ける 접수하다 付(つ)く 붙다 必要(ひつよう)だ 필요하다

**問題7 右のページはある店の会席料理の案内である。これを読んで下の質問に答えなさい。答え
は、1・2・3・4から最もよいものを一つえらびなさい。**

1 会席料理についての説明の中で、正しくないのはどれか。
1 四つのコースが用意されている。
2 インターネットからの予約は不可能である。
3 予約の受付は午後5時からも可能である。
4 コースの表示価格に税金は含まれていない。

2 肉が大好きなAさんは、必ずコースのメニューに肉の料理が入ってほしいと思っている。
また、甘い物も好きなので、ケーキも食べたいと思っているが、お金は1万円しか持って
いない。Aさんはどのコースを選べば良いか。
1 Aコース
2 Bコース
3 Cコース
4 Dコース

特別な一日のための会席料理(注1)

会席料理は、季節により献立(注2)が変わります。

Aコース(6,000円)	Bコース(8,000円)
ゴマ豆腐 お刺身 揚物 茶碗蒸し 酢物 食事、汁 デザート(コーヒーのみ)	ゴマ豆腐 お刺身 揚物 土瓶蒸し 酢物 焼物(和牛石焼き) 食事、汁 デザート(コーヒー+ケーキ)
Cコース(10,000円)	Dコース(12,000円)
ゴマ豆腐 お刺身 揚物 土瓶蒸し 酢物(車海老キャビア乗せ) 焼物(和牛石焼き) 食事、汁 デザート(コーヒー+ケーキ)	ゴマ豆腐 お刺身 揚物 土瓶蒸し 酢物(車海老キャビア乗せ) 焼物1(和牛石焼き) 焼物2(鯛の塩焼き) 食事、汁 デザート(コーヒー+ケーキ)

※表示価格は全て税別です。

ご予約はお電話でお願いいたします。

(インターネットでのご予約はできません。)

TEL：082-507-5188

予約の受付時間：11:30～15:00

営業時間：11:30～15:00 / 17:00～22:00

〒733-0877 広島市北区古田台二丁目12-12-12

(注1)会席料理: 宴会や会食で用いられるコース形式の日本料理
(注2)献立: 食卓に供する料理の種類や順序。メニュー

문제 7 오른쪽 페이지는 어느 가게의 가이세키 요리 안내이다. 이것을 읽고 아래의 질문에 답하시오. 답은 1 · 2 · 3 · 4에서 가장 적당한 것을 하나 고르시오.

특별한 하루를 위한 가이세키 요리(주1)

가이세키 요리는 계절에 따라 메뉴(주2)가 달라집니다.

A 코스(6,000엔)	B 코스(8,000엔)
깨두부 생선회 튀김 계란찜 초무침 식사, 국 디저트(커피뿐)	깨두부 생선회 튀김 도기 주전자 찜 초무침 구이(와규 돌판 구이) 식사, 국 디저트(커피+케이크)
C 코스(10,000엔)	**D 코스(12,000엔)**
깨두부 생선회 튀김 도기 주전자 찜 초무침(참새우 캐비아 올림) 구이(와규 돌판 구이) 식사, 국 디저트(커피+케이크)	깨두부 생선회 튀김 도기 주전자 찜 초무침(참새우 캐비아 올림) 구이1(와규 돌판 구이) 구이2(도미 소금구이) 식사, 국 디저트(커피+케이크)

※표시 가격은 모두 세금은 별도입니다.

예약은 전화로 부탁드립니다.
(인터넷에서의 예약은 불가능합니다.)
TEL: 082-507-5188
예약 접수 시간: 11:30~15:00
영업 시간: 11:30~15:00 / 17:00~22:00
〒733-0877 히로시마시 기타구 후루타다이 니초메 12-12-12

(주1)会席料理(가이세키 요리): 연회나 회식에서 사용되는 코스 형식의 일본요리
(주2)献立(메뉴): 식탁에 내놓는 요리의 종류나 순서. 메뉴

어휘 特別(とくべつ)だ 특별하다 会席料理(かいせきりょうり) 가이세키 요리, 연회나 결혼식 등에서 손님을 접대하기 위해 마련하는
예절을 갖춘 일본식 정찬 요리 季節(きせつ) 계절 〜により 〜에 따라 献立(こんだて) 식단, 메뉴 変(か)わる 바뀌다, 변하다
コース 코스 ゴマ豆腐(どうふ) 깨두부 お刺身(さしみ) 생선회 揚物(あげもの) 튀김 茶碗蒸(ちゃわんむ)し 계란찜
酢物(すもの) 초무침 食事(しょくじ) 식사 汁(しる) 국 デザート 디저트 コーヒー 커피 〜のみ 〜만, 〜뿐
土瓶蒸(どびんむ)し 도기 주전자에 찐한 요리 焼物(やきもの) 구이 和牛(わぎゅう) 와규, 일본산 쇠고기
石焼(いしや)き 고기나 생선 등을 달군 돌 위에 얹어서 굽는 요리 방식 ケーキ 케이크 車海老(くるまえび) 참새우
キャビア 캐비아, 철갑상어의 알젓 乗(の)せ 올림 鯛(たい) 도미 塩焼(しおや)き 소금구이 表示(ひょうじ) 표시
価格(かかく) 가격 全(すべ)て 모두, 전부 税別(ぜいべつ) 세금 별도 予約(よやく) 예약 インターネット 인터넷
受付(うけつけ) 접수 営業(えいぎょう) 영업 宴会(えんかい) 연회 会食(かいしょく) 회식 用(もち)いる 사용하다
形式(けいしき) 형식 食卓(しょくたく) 식탁 供(きょう)する 올리다, 내놓다 種類(しゅるい) 종류 順序(じゅんじょ) 순서

| 1 | 가이세키 요리에 대한 설명 중에서 옳지 않은 것은 어느 것인가?

　　1 네 가지 코스가 준비되어 있다.
　　2 인터넷으로의 예약은 불가능하다.
　　3 예약 접수는 오후 5시부터도 가능하다.
　　4 코스의 표시 가격에 세금은 포함되어 있지 않다.

어휘 用意(ようい) 준비 不可能(ふかのう)だ 불가능하다 午後(ごご) 오후 可能(かのう)だ 가능하다 税金(ぜいきん) 세금
含(ふく)む 포함하다

| 1 | 고기를 아주 좋아하는 A 씨는 반드시 코스 메뉴에 고기 요리가 들어갔으면 좋겠다고 생각하고 있다. 또한 단 음식을 좋아해서 케이크
　　도 먹고 싶다고 생각하고 있는데, 돈은 만 엔밖에 가지고 있지 않다. A 씨는 어느 코스를 고르면 좋을까?

　　1 A 코스
　　2 B 코스
　　3 C 코스
　　4 D 코스

어휘 肉(にく) 고기 大好(だいす)きだ 아주 좋아하다 必(かなら)ず 반드시 〜てほしい 〜해 주었으면 하다, 〜하길 바라다
甘(あま)い 달다 お金(かね) 돈 〜しか (부정어 수반) 〜밖에 持(も)つ 가지다, 소유하다 選(えら)ぶ 고르다, 선택하다

431

어휘 これから 이제부터 寒(さむ)い 춥다 コート 코트 着(き)る (옷을) 입다 〜のに 〜는데(도)
一日中(いちにちじゅう) 하루 종일 大変(たいへん)だ 힘들다 温(あたた)かい 따뜻하다 お茶(ちゃ) 차 飲(の)む 마시다
早(はや)く 빨리 お風呂(ふろ)に入(はい)る 목욕하다 동사의 ます형+たい 〜하고 싶다 僕(ぼく) 나 *남자의 자칭
同(おな)じだ 같다 先(さき)に 먼저 〜代(か)わりに 〜대신에 後(あと) 후 お茶(ちゃ)を入(い)れる 차를 끓이다
わかる 알다, 이해하다 お茶(ちゃ)を出(だ)す 차를 내다

[6ばん] 先生がテニス部の部員たちに話しています。お疲れ様会に参加する人は何をしなければなりま
せんか。 선생님이 테니스부 부원들에게 이야기하고 있습니다. 위로회에 참가하는 사람은 무엇을 하지 않으면 안 됩니까?

男 7月22日にテニスコートで部内戦を行った後、先輩とし
てテニス部を引っ張ってきた3年生のためのお疲れ様会
を開きたいと思います。学校の家庭科室で焼きそばを作
って昼食を食べる予定です。お手伝いができる人は、11
時30分に学校の家庭科室に集合してください。お疲れ様
会に参加する人は、参加費を封筒に入れて7月3日までに
顧問の先生に提出してください。なお、集金後のキャン
セルについては返金できませんので、ご了承ください。

남 7월 22일에 테니스코트에서 부원끼리 시합을
한 후, 선배로서 테니스부를 이끌어 온 3학년생
을 위한 위로회를 열고 싶다는 생각이에요. 학
교 가정과 실습실에서 야키소바를 만들어 점심
을 먹을 예정이에요. 도울 수 있는 사람은 11시
30분에 학교 가정과 실습실로 집합해 주세요.
위로회에 참가하는 사람은 참가비를 봉투에 넣
어서 7월 3일까지 고문 선생님께 제출해 주세
요. 덧붙여 수금 후의 취소에 대해서는 돈을 돌
려줄 수 없으므로 양해해 주세요.

お疲れ様会に参加する人は何をしなければなりませんか。
1 7月22日の部内戦に必ず出場する。
2 試合で飲む飲み物を持参する。
3 家庭科室でみんなと一緒に焼きそばを作る。
4 参加費を封筒に入れて7月3日までに顧問の先生に提出する。

위로회에 참가하는 사람은 무엇을 하지 않으면 안 됩
니까?
1 7월 22일 부원끼리의 시합에 반드시 출전한다.
2 시합에서 마실 음료를 지참한다.
3 가정과 실습실에서 모두와 함께 야키소바를 만든다.
4 참가비를 봉투에 넣어 7월 3일까지 고문 선생님에
게 제출한다.

어휘 テニス部(ぶ) 테니스부 部員(ぶいん) 부원 お疲(つか)れ様会(さまかい) 위로회 参加(さんか) 참가
〜なければならない 〜하지 않으면 안 된다, 〜해야 한다 コート 코트, 테니스 등의 경기장 部内戦(ぶないせん) 부원끼리의 시합
行(おこな)う 하다, 행하다, 실시하다 동사의 た형+後(あと) 〜한 후 先輩(せんぱい) 선배 〜として 〜로서
引(ひ)っ張(ぱ)る 이끌다 〜年生(ねんせい) 〜학년(생) 명사+の+ための 〜을 위한 開(ひら)く (회의 등을) 열다, 개최하다
家庭科室(かていかしつ) 가정과 실습실 *학교에 있는 특별실 중 하나로, 가정과의 수업을 하기 위한 방 焼(や)きそば 야키소바
作(つく)る 만들다 昼食(ちゅうしょく) 중식, 점심식사 食(た)べる 먹다 予定(よてい) 예정
お手伝(てつだ)い 도움 できる 할 수 있다, 가능하다 集合(しゅうごう) 집합 参加費(さんかひ) 참가비 封筒(ふうとう) 봉투
入(い)れる 넣다 〜までに 〜까지 *최종기한 顧問(こもん) 고문 提出(ていしゅつ) 제출 なお 덧붙여서 集金(しゅうきん) 수금
キャンセル 취소 〜については 〜에 대해서는 *내용 返金(へんきん) 돈을 돌려줌 ご+한자명사+ください 〜해 주십시오 *존경표현
了承(りょうしょう) 양해 必(かなら)ず 반드시 出場(しゅつじょう) 출장, (경기 등에) 출전함 試合(しあい) 시합
飲(の)み物(もの) 음료 持参(じさん) 지참 みんな 모두 一緒(いっしょ)に 함께, 같이

441

もんだい 問題 1

音源

問題 1 では、まず質問を聞いてください。それから話を聞いて、問題用紙の1から4の中から、最もよいものを一つえらんでください。

1ばん

1 ジュースとサンドイッチ
2 サンドイッチだけ
3 冷たいコーヒーとサンドイッチ
4 熱いコーヒーとサンドイッチ

2ばん

3ばん

1 すぐ病院に行く。
2 すぐ家に帰って着替えて来る。
3 すぐストッキングを買いに行く。
4 すぐ薬局に行って薬を買う。

4ばん

1 今すぐ銀行に行く。
2 外で山田さんを待つ。
3 事務室で山田さんを待つ。
4 今すぐ山田さんに電話をかける。

5ばん

1 中村商事の担当者との交渉に行くこと
2 中村商事の責任者に不良品があったのを謝ること
3 中村商事の担当者に不良品があったのを謝ること
4 中村商事の責任者に不良品が見つかったのを知らせること

6ばん

1 田中社長をタクシーで空港からレストランまで案内する。
2 田中社長を会社の車で空港からレストランまで案内する。
3 田中社長をタクシーで空港から宿泊先まで案内する。
4 田中社長を会社の車で空港から宿泊先まで案内する。

음원

확인 문제 2 · 스크립트 및 해석(과제 이해)

1ばん 喫茶店(きっさてん)で男(おとこ)の人(ひと)と女(おんな)の人(ひと)が話(はな)しています。女(おんな)の人(ひと)は何(なに)を注文(ちゅうもん)しますか。
　　　　찻집에서 남자와 여자가 이야기하고 있습니다. 여자는 무엇을 주문합니까?

男 鈴木(すずき)さん、おはようございます。	남 스즈키 씨, 안녕하세요.
女 あ、中村(なかむら)さん、おはようございます。	여 아, 나카무라 씨, 안녕하세요.
男 この喫茶店(きっさてん)にはよく来(き)ますか。	남 이 찻집에는 자주 와요?
女 はい、毎朝(まいあさ)寄(よ)って飲(の)み物(もの)を買(か)ってから会社(かいしゃ)に行(い)きます。	여 예, 매일 아침 들러서 음료를 산 후에 회사에 가요.
男 そうですか。ところで、今日(きょう)は何(なに)を飲(の)みますか。	남 그래요? 그런데 오늘은 뭘 마실 거예요?
女 そうですね。今日(きょう)はジュースにしようと思(おも)っています。	여 글쎄요. 오늘은 주스로 하려고 생각하고 있어요.
男 そうですか。寒(さむ)いから、私(わたし)はホットコーヒーとサンドイッチにしようかな…。	남 그래요? 추우니까, 나는 뜨거운 커피와 샌드위치로 할까….
女 じゃ、私(わたし)も同(おな)じものにします。	여 그럼, 저도 같은 걸로 할게요.

女(おんな)の人(ひと)は何(なに)を注文(ちゅうもん)しますか。

1 ジュースとサンドイッチ
2 サンドイッチだけ
3 冷(つめ)たいコーヒーとサンドイッチ
4 熱(あつ)いコーヒーとサンドイッチ

여자는 무엇을 주문합니까?
1 주스와 샌드위치
2 샌드위치만
3 차가운 커피와 샌드위치
4 뜨거운 커피와 샌드위치

어휘 喫茶店(きっさてん) 찻집 注文(ちゅうもん) 주문 おはようございます 안녕하세요 *아침 인사 よく 잘, 자주
毎朝(まいあさ) 매일 아침 寄(よ)る 들르다 飲(の)み物(もの) 음료 買(か)う 사다 ～てから ～하고 나서, ～한 후에
会社(かいしゃ) 회사 ところで 그런데 飲(の)む 마시다 ジュース 주스 ～にする ～로 하다 寒(さむ)い 춥다
ホットコーヒー 뜨거운 커피 サンドイッチ 샌드위치 同(おな)じだ 같다 もの 것, 물건 ～だけ ～만, ～뿐 冷(つめ)たい 차갑다
熱(あつ)い 뜨겁다

2ばん 駐車場(ちゅうしゃじょう)で男(おとこ)の人(ひと)と女(おんな)の人(ひと)が話(はな)しています。女(おんな)の人(ひと)はどこに駐車(ちゅうしゃ)しますか。
　　　　주차장에서 남자와 여자가 이야기하고 있습니다. 여자는 어디에 주차합니까?

男 駐車場(ちゅうしゃじょう)は12番(ばん)、13番(ばん)、22番(ばん)、23番(ばん)が空(あ)いています。	남 주차장은 12번, 13번, 22번, 23번이 비어 있어요.
女 大型(おおがた)の車(くるま)も入(はい)れますか。	여 대형 자동차도 들어갈 수 있어요?
男 残念(ざんねん)ながら、22と23は大型(おおがた)の車(くるま)は入(はい)れません。	남 유감스럽지만, 22와 23은 대형차는 들어갈 수 없어요.
女 じゃ、残(のこ)りの12と13のうちから選(えら)ぶとすると?	여 그럼, 나머지 12와 13 중에서 고른다고 한다면?
男 13番(ばん)はそばに大(おお)きな木(き)があって、駐車(ちゅうしゃ)するのに不便(ふべん)だと思(おも)います。	남 13번은 옆에 큰 나무가 있어서 주차하기에 불편하다고 생각해요.
女 そうですか。それじゃ、13番(ばん)はだめですね。	여 그래요? 그럼, 13번은 안 되겠네요.
男 じゃ、ここしかないですね。	남 그럼, 여기밖에 없네요.

444

女の人はどこに駐車しますか。

여자는 어디에 주차합니까?

어휘 駐車場(ちゅうしゃじょう) 주차장 ～番(ばん) ～번 空(あ)く (자리·방 따위가) 나다, 비다 大型(おおがた) 대형
車(くるま) 자동차, 차 入(はい)る 들어가다 残念(ざんねん)ながら 유감스럽게도 残(のこ)り 나머지 選(えら)ぶ 고르다, 선택하다
そば 옆, 곁 大(おお)きな 큰 木(き) 나무 不便(ふべん)だ 불편하다 だめだ 안 된다, 불가능하다 ここ 여기
～しか (부정어 수반) ～밖에

3ばん 男の人と女の人が会社の前で話しています。女の人はこれからどうしますか。
남자와 여자가 회사 앞에서 이야기하고 있습니다. 여자는 이제부터 어떻게 합니까?

男 川上さん、膝から血が出ていますよ。	남 가와카미 씨, 무릎에서 피가 나고 있어요.
女 あっ、本当だ。	여 앗! 정말이네.
男 どうしたんですか。	남 어떻게 된 거예요?
女 電車で後ろの人に押されちゃって…。	여 전철에서 뒷사람에게 밀리는 바람에….
男 そうですか。病院には行かなくても大丈夫ですか。	남 그래요? 병원에는 가지 않아도 괜찮아요?
女 ええ、大丈夫です。	여 네, 괜찮아요.
男 でも、ストッキングも破れてるし、早く薬を付けた方がいいですよ。	남 하지만 스타킹도 찢어졌고, 빨리 약을 바르는 편이 좋아요.
女 ええ、今すぐ薬を買ってから、ストッキングを買いに行きます。	여 네, 지금 바로 약을 사고 나서 스타킹을 사러 갈게요.

女の人はこれからどうしますか。
1 すぐ病院に行く。
2 すぐ家に帰って着替えて来る。
3 すぐストッキングを買いに行く。
4 すぐ薬局に行って薬を買う。

여자는 이제부터 어떻게 합니까?
1 바로 병원에 간다.
2 바로 집에 돌아가서 옷을 갈아입고 온다.
3 바로 스타킹을 사러 간다.
4 바로 약국에 가서 약을 산다.

어휘 膝(ひざ) 무릎 血(ち)が出(で)る 피가 나다 どうしたんですか 어떻게 된 거예요?, 무슨 일 있어요? 電車(でんしゃ) 전철
後(うし)ろ 뒤 人(ひと) 사람 押(お)す 밀다 病院(びょういん) 병원 大丈夫(だいじょうぶ)だ 괜찮다 ストッキング 스타킹
破(やぶ)れる 찢어지다 ～し ～하고 早(はや)く 빨리 薬(くすり)を付(つ)ける 약을 바르다
동사의 た형+方(ほう)がいい ～하는 편[쪽]이 좋다 今(いま) 지금 すぐ 곧, 바로 買(か)う 사다 ～てから ～하고 나서, ～한 후에
동사의 ます형+に ～하러 *동작의 목적 帰(かえ)る 돌아가다 着替(きが)える (옷을) 갈아입다 薬局(やっきょく) 약국

4ばん 事務室(じむしつ)で男(おとこ)の人(ひと)と女(おんな)の人(ひと)が話(はな)しています。男(おとこ)の人(ひと)はこれからどうしますか。

사무실에서 남자와 여자가 이야기하고 있습니다. 남자는 이제부터 어떻게 합니까?

男 すみません。営業部(えいぎょうぶ)の山田(やまだ)さんいらっしゃいますか。	남 실례합니다. 영업부의 야마다 씨 계세요?
女 申(もう)し訳(わけ)ありませんが、さっき銀行(ぎんこう)へ行(い)きましたが。	여 죄송하지만, 조금 전에 은행에 갔는데요.
男 そうですか。では、電話(でんわ)してみます。	남 그래요? 그럼, 전화해 볼게요.
女 あ、携帯(けいたい)を机(つくえ)の上(うえ)に置(お)いて行(い)きましたね。	여 아, 휴대전화를 책상 위에 두고 갔네요.
男 そうですか。いつ戻(もど)りますか。	남 그래요? 언제 돌아오나요?
女 すぐ終(お)わる用事(ようじ)だと言(い)ってたから、もうすぐ戻(もど)ると思(おも)います。ここで待(ま)っていてください。	여 바로 끝나는 용무라고 했으니까, 이제 곧 돌아올 거라고 생각해요. 여기에서 기다리고 있어 주세요.
男 はい、わかりました。	남 예, 알겠습니다.

男(おとこ)の人(ひと)はこれからどうしますか。

1 今(いま)すぐ銀行(ぎんこう)に行(い)く。
2 外(そと)で山田(やまだ)さんを待(ま)つ。
3 事務室(じむしつ)で山田(やまだ)さんを待(ま)つ。
4 今(いま)すぐ山田(やまだ)さんに電話(でんわ)をかける。

남자는 이제부터 어떻게 합니까?
1 지금 바로 은행에 간다.
2 밖에서 야마다 씨를 기다린다.
3 사무실에서 야마다 씨를 기다린다.
3 지금 바로 야마다 씨에게 전화를 건다.

어휘 事務室(じむしつ) 사무실 営業部(えいぎょうぶ) 영업부 いらっしゃる 계시다 *「いる」((사람이) 있다)의 존경어
申(もう)し訳(わけ)ありません 죄송합니다 *「すみません」보다 정중한 표현 さっき 아까, 조금 전 銀行(ぎんこう) 은행
電話(でんわ) 전화 携帯(けいたい) 휴대전화 *「携帯電話(けいたいでんわ)」의 준말 机(つくえ) 책상 上(うえ) 위
置(お)く 놓다, 두다 戻(もど)る 되돌아오다 終(お)わる 끝나다 用事(ようじ) 볼일, 용무 もうすぐ 이제 곧 待(ま)つ 기다리다
外(そと) 밖 電話(でんわ)をかける 전화를 걸다

5ばん 会社(かいしゃ)で男(おとこ)の人(ひと)と女(おんな)の人(ひと)が話(はな)しています。女(おんな)の人(ひと)は男(おとこ)の人(ひと)に何(なに)を頼(たの)みましたか。

회사에서 남자와 여자가 이야기하고 있습니다. 여자는 남자에게 무엇을 부탁했습니까?

男 中村商事(なかむらしょうじ)の商品(しょうひん)、また不良品(ふりょうひん)が見(み)つかったんだって?	남 나카무라 상사의 상품, 또 불량품이 발견되었다면서?
女 ええ、私(わたし)も聞(き)きました。	여 네, 저도 들었어요.
男 納期期限(のうききげん)まで一週間(いっしゅうかん)しか残(のこ)っていないのに、困(こま)ったなあ。	남 납기기한까지 일주일밖에 남아 있지 않은데, 곤란하군.
女 やはり担当者(たんとうしゃ)に直接(ちょくせつ)会(あ)って話(はな)した方(ほう)がいいでしょうか。	여 역시 담당자를 직접 만나서 이야기하는 편이 좋을까요?
男 それよりこの問題(もんだい)は責任者(せきにんしゃ)に言(い)う方(ほう)がよさそうだなあ。	남 그것보다 이 문제는 책임자에게 말하는 편이 좋을 것 같군.
女 そうでしたら、課長(かちょう)から話(はな)していただけますか。	여 그렇다면 과장님께서 이야기해 주실 수 있어요?
男 わかった。そうするよ。	남 알았어. 그렇게 할게.

女(おんな)の人(ひと)は男(おとこ)の人(ひと)に何(なに)を頼(たの)みましたか。
1 中村商事(なかむらしょうじ)の担当者(たんとうしゃ)との交渉(こうしょう)に行(い)くこと
2 中村商事(なかむらしょうじ)の責任者(せきにんしゃ)に不良品(ふりょうひん)があったのを謝(あやま)ること
3 中村商事(なかむらしょうじ)の担当者(たんとうしゃ)に不良品(ふりょうひん)があったのを謝(あやま)ること
4 中村商事(なかむらしょうじ)の責任者(せきにんしゃ)に不良品(ふりょうひん)が見(み)つかったのを知(し)らせること

여자는 남자에게 무엇을 부탁했습니까?
1 나카무라 상사의 담당자와의 교섭에 가는 것
2 나카무라 상사의 책임자에게 불량품이 있었던 것을 사과하는 것
3 나카무라 상사의 담당자에게 불량품이 있었던 것을 사과하는 것
4 나카무라 상사의 책임자에게 불량품이 발견되었다는 것을 알리는 것

| 男 | 黒がたくさんあるなら、やっぱりこっちだね。マリちゃんは痩せてるから、大丈夫だよ。 | 남 | 검정색이 많이 있다면 역시 이쪽이네. 마리는 말랐으니까, 괜찮아. |
| 女 | よし、これに決めた! | 여 | 좋아, 이걸로 결정했어! |

女の人はどんな色のワンピースを買いますか。

여자는 어떤 색의 원피스를 삽니까?

1 白いワンピース
2 黒いワンピース
3 青いワンピース
4 赤いワンピース

1 흰 원피스
2 검은 원피스
3 파란 원피스
4 빨간 원피스

어휘 服売(ふくう)り場(ば) 옷 매장 どんな 어떤 色(いろ) 색, 색깔 ワンピース 원피스 買(か)う 사다 きれいだ 예쁘다
いっぱい 가득, 많이 つもり 생각, 작정 夏用(なつよう) 여름용 ゆっくり 천천히, 느긋하게
동사의 ます형+ながら 〜하면서 *동시동작 選(えら)ぶ 고르다, 선택하다 黒(くろ) 검정 白(しろ) 흰색 どっち 어느 쪽
〜かしら 〜할까 *의문의 뜻을 나타냄 汚(よご)れる 더러워지다, 때묻다 동사의 ます형+やすい 〜하기 쉽다 それに 게다가
太(ふと)る 살찌다 見(み)える 보이다 〜し 〜하고 持(も)つ 가지다, 소유하다 やっぱり 역시 *「やはり」의 회화체 표현
痩(や)せる 여위다, 마르다, 살이 빠지다 よし 좋아 *결의를 나타냄 決(き)める 정하다, 결정하다
青(あお)い 파랗다 赤(あか)い 빨갛다

【3ばん】 事務室で男の人と女の人が話しています。二人は何を食べに行きますか。
사무실에서 남자와 여자가 이야기하고 있습니다. 두 사람은 무엇을 먹으러 갑니까?

女	お腹空いた。何か食べに行かない?	여	배고프다. 뭔가 먹으러 가지 않을래?
男	いいよ。どこに行く?	남	좋아. 어디로 갈래?
女	そうね。駅前に新しくできたレストラン、ステーキと豚カツがおいしいそうだけど、行ってみない?	여	글쎄. 역 앞에 새로 생긴 레스토랑, 스테이크와 돈가스가 맛있다고 하던데, 가 보지 않을래?
男	肉は昨日も食べたから、ちょっと…。	남	고기는 어제도 먹어서, 좀….
女	じゃ、会社の近くにある寿司屋はどう? そこもおいしいと評判がいいよ。	여	그럼, 회사 근처에 있는 초밥집은 어때? 거기도 맛있다고 평판이 좋아.
男	うーん、実は僕、魚は苦手なんだ。	남	음…. 실은 나 생선은 좀 그래.
女	そう? だったら、いつものそば屋でもかまわないわ。	여	그래? 그렇다면 늘 가는 메밀국수집이라도 상관없어.
男	じゃ、そうしよう。ちょっと軽めにしたいと思ってたから。	남	그럼, 그렇게 하자. 조금 가볍게 먹고 싶다고 생각하고 있었으니까.
女	そう? じゃ、決まりね。	여	그래? 그럼, 정해졌네.

二人は何を食べに行きますか。

두 사람은 무엇을 먹으러 갑니까?

1	2	3	4

어휘 食(た)べる 먹다 동사의 ます형+に 〜하러 *동작의 목적 お腹(なか)(が)空(す)く 배고프다 駅前(えきまえ) 역 앞
新(あたら)しい 새롭다 できる 생기다 レストラン 레스토랑 ステーキ 스테이크 豚(とん)カツ 돈가스 おいしい 맛있다
품사의 보통형+そうだ 〜라고 한다 *전문 肉(にく) 고기 近(ちか)く 근처 寿司屋(すしや) 초밥집 評判(ひょうばん) 평판
実(じつ)は 실은 魚(さかな) 생선 苦手(にがて)だ 거북스럽다, 질색이다 そば屋(や) 메밀국수집 かまわない 상관없다, 관계없다
軽(かる)め 가벼운 듯함 決(き)まり 정해짐, 결정됨

451

4ばん 女の人と男の人が電話で話しています。男の人は女の人にいつ荷物を届けに行きますか。

여자와 남자가 전화로 이야기하고 있습니다. 남자는 여자에게 언제 짐을 배달하러 갑니까?

女 もしもし、山田運輸ですか。	여 여보세요. 야마다 운수인가요?
男 はい、そうですが。	남 예, 맞습니다만.
女 練馬区2-2-3中西と申します。今日そちらに荷物が届いたようですが、今から届けてもらえますか。	여 네리마구 2-2-3의 나카니시라고 해요. 오늘 거기에 짐이 도착한 것 같은데, 지금부터 배달해 줄 수 있나요?
男 申し訳ありませんが、夜9時を過ぎたので、今日はお届けできません。	남 죄송하지만, 밤 9시를 지났기 때문에 오늘은 갖다 드릴 수 없습니다.
女 そうですか。では、明日の午前中にできますか。	여 그래요? 그럼, 내일 오전 중에 가능한가요?
男 本当に申し訳ありません。午前中は、配達するところがちょっと多くて…。	남 정말로 죄송합니다. 오전 중에는 배달할 곳이 조금 많아서….
女 そうですか。じゃ、明日の夜できるだけ遅く来てほしいんですが。	여 그래요? 그럼, 내일 밤에 가능한 한 늦게 와 주었으면 하는데요.
男 それじゃ、9時頃伺います。	남 그럼, 9시경에 찾아뵙겠습니다.

男の人は女の人にいつ荷物を届けに行きますか。

1 今すぐ
2 明日の午後1時頃
3 明日の午後8時頃
4 明日の午後9時頃

남자는 여자에게 언제 짐을 배달하러 갑니까?

1 지금 바로
2 내일 오후 1시경
3 내일 오후 8시경
4 내일 오후 9시경

어휘 荷物(にもつ) 짐 届(とど)ける (물건을) 가지고 가다. 배달하다 동사의 ます형+に ~하러 *동작의 목적 運輸(うんゆ) 운수 練馬区(ねりまく) 네리마구 *도쿄도에 있는 특별구의 하나 ~と申(もう)す ~라고 하다 *「~と言(い)う」의 겸양표현 届(とど)く (보낸 물건이) 도착하다 ~ようだ ~인 것 같다 今(いま)から 지금부터 ~てもらえますか (남에게) ~해 받을 수 있습니까?. (남이) ~해 줄 수 있습니까? 夜(よる) 밤 過(す)ぎる (시간이) 지나다, 지나가다 お+동사의 ます형+する ~하다, ~해 드리다 *겸양표현 午前(ごぜん) 오전 ~中(ちゅう) ~중 配達(はいたつ) 배달 できるだけ 가능한 한, 되도록 遅(おそ)い 늦다 ~てほしい ~해 주었으면 하다, ~하기 바라다 伺(うかが)う 찾아뵙다 *「訪(おとず)れる」(방문하다)의 겸양어

5ばん 大学の研究室で女の学生と先生が話しています。女の学生はこれからどうしますか。

대학 연구실에서 여학생과 선생님이 이야기하고 있습니다. 여학생은 이제부터 어떻게 합니까?

女 3年生の西村です。	여 3학년생 니시무라입니다.
男 どうぞ、入ってください。	남 어서 들어와요.
女 先生、毎年学生に配る質問用紙なんですが。	여 선생님, 매년 학생에게 나누어 주는 질문용지 말인데요.
男 ああ、あれ。どうすることにしましたか。	남 아, 그거. 어떻게 하기로 했어요?
女 今回からはメールで質問を受け付けることにしました。	여 이번부터는 메일로 질문을 접수하기로 했습니다.
男 そうですか。やはり今の時代には紙よりメールの方がみんな楽でしょうね。	남 그래요? 역시 지금 시대에는 종이보다 메일 쪽이 모두 편하겠죠.
女 はい、私もそう思います。では、先生のメールアドレスをみんなにお知らせしますか。	여 예, 저도 그렇게 생각합니다. 그럼, 선생님의 메일 주소를 모두에게 알릴까요?
男 うーん、私のはちょっと困りますから、事務所のメールアドレスを知らせてください。	남 음…. 제 건 조금 곤란하니까, 사무소 메일 주소를 알려 주세요.
女 はい、かしこまりました。そうします。	여 예, 알겠습니다. 그렇게 하겠습니다.

452

女の学生はこれからどうしますか。

1 事務所のメールアドレスを学生に知らせる。

2 事務所の住所を学生に知らせる。

3 先生のお宅の住所を学生に知らせる。

4 先生のメールアドレスを学生に知らせる。

여학생은 이제부터 어떻게 합니까?
1 사무소 메일 주소를 학생에게 알린다.
2 사무소 주소를 학생에게 알린다.
3 선생님 댁 주소를 학생에게 알린다.
4 선생님 메일 주소를 학생에게 알린다.

어휘 大学(だいがく) 대학 研究室(けんきゅうしつ) 연구실 毎年(まいとし) 매년 配(くば)る 나누어 주다, 배포하다
質問(しつもん) 질문 用紙(ようし) 용지 동사의 보통형+ことにする ~하기로 하다 今回(こんかい) 이번 メール 메일
受(う)け付(つ)ける 접수하다 時代(じだい) 시대 紙(かみ) 종이 ~より ~보다 楽(らく)だ 수월하다, 편하다
メールアドレス 메일 주소 知(し)らせる 알리다 困(こま)る 곤란하다, 난처하다 事務所(じむしょ) 사무소
かしこまりました 알겠습니다 *「わかりました」의 격식 차린 말 住所(じゅうしょ) 주소 お宅(たく) 댁

6ばん 女の人が読書について話しています。女の人は読書の効果について何と言っていますか。
여자가 독서에 대해서 이야기하고 있습니다. 여자는 독서의 효과에 대해서 뭐라고 말하고 있습니까?

女 本を読むということは、今まで知らなかった世界に触れるすばらしいことです。読書によって得た知識は限りなく広がっていきます。友達や同僚、さらには親戚同士での会話にも対応できるようになるでしょう。みなさんにはこんな経験ありませんか。数人の友達が集まって楽しく会話をしている。それまで自分も楽しくおしゃべりしていたのに、知らないテーマに遭ったとたん、無言になる…。私も実際に体験しているのですが、こうした経験を本が救ってくれたことが何度もあります。ちょっと浅い知識を知っているだけでも、十分に会話が楽しめるんですよね。

여 책을 읽는다는 것은 지금까지 몰랐던 세계에 접할 수 있는 멋진 일입니다. 독서에 의해 얻은 지식은 끝없이 확대되어 갑니다. 친구나 동료, 나아가서는 친척끼리의 대화에도 대응할 수 있게 되겠죠. 여러분에게는 이런 경험 없습니까? 몇 명의 친구가 모여 즐겁게 대화를 하고 있다. 그 때까지 자신도 즐겁게 수다를 떨고 있었는데, 모르는 주제를 접하자마자 말이 없다…. 저도 실제로 체험했는데, 이러한 경험을 책이 구해 준 적이 여러 번 있습니다. 조금 얕은 지식을 알고 있는 것만으로도 충분히 대화를 즐길 수 있죠.

女の人は読書の効果について何と言っていますか。

1 色々な話題に対応できるようになる。

2 国語力や語彙力がアップする。

3 文章を書く力が身に付く。

4 偉人の考え方や言葉に触れることができる。

여자는 독서의 효과에 대해서 뭐라고 말하고 있습니까?
1 다양한 화제에 대응할 수 있게 된다.
2 국어 실력이나 어휘력이 향상된다.
3 글을 쓰는 능력이 생긴다.
4 위인의 사고방식이나 말을 접할 수 있다.

어휘 読書(どくしょ) 독서 効果(こうか) 효과 ~ということは ~라는 것은 知(し)る 알다 世界(せかい) 세계
触(ふ)れる 접하다 すばらしい 훌륭하다, 멋지다 ~によって ~에 의해 得(え)る 얻다 知識(ちしき) 지식
限(かぎ)りない 끝없다, 무한하다 広(ひろ)がる 확대되다 友達(ともだち) 친구 同僚(どうりょう) 동료 さらには 나아가서는
親戚(しんせき) 친척 ~同士(どうし) ~끼리 対応(たいおう) 대응 ~ようになる ~하게(끔) 되다 *변화 みなさん 여러분
こんな 이런 経験(けいけん) 경험 数人(すうにん) 몇 사람 集(あつ)まる 모이다 自分(じぶん) 자기, 자신, 나
おしゃべり 잡담, 수다 ~のに ~는데(도) テーマ 테마, 주제 遭(あ)う (어떤 일을) 당하다, 겪다
동사의 た형+とたん ~하자마자, ~한 순간(에) 無言(むごん) 무언, 말이 없음 実際(じっさい)に 실제로 体験(たいけん) 체험
こうした 이러한 救(すく)う 구하다 何度(なんど)も 몇 번이나, 여러 번 浅(あさ)い 얕다 十分(じゅうぶん)に 충분히
楽(たの)しむ 즐기다 色々(いろいろ)だ 여러 가지다, 다양하다 話題(わだい) 화제 国語力(こくごりょく) 국어 실력
語彙力(ごいりょく) 어휘력 アップ 업, 오름 文章(ぶんしょう) 문장, 글
身(み)に付(つ)く (지식・기술 등이) 몸에 배다, 자신의 것이 되다 偉人(いじん) 위인 考(かんが)え方(かた) 사고방식
言葉(ことば) 말 동사의 기본형+ことができる ~할 수 있다

확인 문제 4 · 과제 이해

もんだい
問題 1 음원

　問題 1では、まず質問を聞いてください。それから話を聞いて、問題用紙の1から4の中から、最もよいものを一つえらんでください。

1ばん

1 読み次第、女の人に返す。
2 読んでから木村君に渡す。
3 読んだ後、自分が持っている。
4 木村君から借りて読んで女の人に貸してあげる。

2ばん

1 午前9時
2 午前11時
3 午後1時
4 午後3時

3ばん

1
2

3
4

4ばん

1 18日6時の飛行機
2 20日6時の飛行機
3 20日7時の飛行機
4 21日6時の飛行機

5ばん

1 今の会議室
2 会議室の隣の部屋
3 近くの喫茶店
4 近くのカフェ

6ばん

1 女の人にもらったクーポンを今すぐ使う。
2 女の人にもらったクーポンで冬の服を買う。
3 女の人にもらったクーポンで春の服を買う。
4 女の人にもらったクーポンを来月のバーゲンの時、使う。

확인 문제 4 · 스크립트 및 해석(과제 이해)

1ばん 女の人と男の人が休憩室で話しています。男の人は本をどうしますか。
여자와 남자가 휴게실에서 이야기하고 있습니다. 남자는 책을 어떻게 합니까?

女	はい、これ。この間読みたいと言ってた本。
男	ああ、ありがとう。おもしろいと聞いたから、本当に読みたかったんだ。
女	うん、もう一度読みたくなるくらいおもしろいよ。
男	そう? ところで、いつ返せばいいの?
女	木村君も読みたがってたから、直接渡してね。
男	うん、わかった。

여 자, 이거. 요전에 읽고 싶다고 말했던 책.
남 아-. 고마워. 재미있다고 들어서 정말로 읽고 싶었어.
여 응, 한 번 더 읽고 싶어질 정도로 재미있어.
남 그래? 그런데 언제 돌려주면 돼?
여 기무라 군도 읽고 싶어 했으니까, 직접 건네줘.
남 응, 알았어.

男の人は本をどうしますか。
1 読み次第、女の人に返す。
2 読んでから木村君に渡す。
3 読んだ後、自分が持っている。
4 木村君から借りて読んで女の人に貸してあげる。

남자는 책을 어떻게 합니까?
1 읽는 대로 여자에게 돌려준다.
2 읽고 나서 기무라 군에게 건네준다.
3 읽은 후, 자신이 가지고 있다.
4 기무라 군한테 빌려 읽고 여자에게 빌려준다.

어휘 休憩室(きゅうけいしつ) 휴게실 はい 자 *주의를 촉구하는 소리 この間(あいだ) 요전, 지난번 読(よ)む 읽다
동사의 ます형+たい ~하고 싶다 おもしろい 재미있다 聞(き)く 듣다 本当(ほんとう)に 정말로 もう一度(いちど) 한 번 더
ところで 그런데 いつ 언제 返(かえ)す 돌려주다 동사의 ます형+たがる (제삼자가) ~하고 싶어 하다 直接(ちょくせつ) 직접
渡(わた)す 건네다, 건네주다 동사의 ます형+次第(しだい) ~하는 대로 (즉시) ~てから ~하고 나서, ~한 후에
동사의 た형+後(あと) ~한 후 持(も)つ 가지다 借(か)りる 빌리다 貸(か)す 빌려주다 ~てあげる (내가 남에게) ~해 주다

2ばん 女の人が病院に電話をかけています。土曜日、女の人は何時に行けば診察してもらえますか。
여자가 병원에 전화를 걸고 있습니다. 토요일에 여자는 몇 시에 가면 진찰을 받을 수 있습니까?

女	もしもし、山田病院ですか。
男	はい、そうです。
女	あの…、診療時間を知りたいんですが。
男	午前は9時半から12時までで、午後は1時半から5時までです。
女	土曜日はどうですか。
男	申し訳ありませんが、午前の時間だけです。
女	そうですか。別に予約はしなくてもいいですか。
男	はい、今週は予約しなくても大丈夫です。
女	そうですか。じゃ、土曜日に行きます。
男	はい、かしこまりました。

여 여보세요, 야마다 병원인가요?
남 예. 맞습니다.
여 저기…, 진료 시간을 알고 싶은데요.
남 오전은 9시 반부터 12시까지이고, 오후는 1시 반부터 5시까지예요.
여 토요일은 어때요?
남 죄송하지만, 오전 시간뿐이에요.
여 그래요? 특별히 예약은 하지 않아도 되나요?
남 예. 이번 주는 예약하지 않아도 괜찮아요.
여 그래요? 그럼, 토요일에 갈게요.
남 예. 알겠습니다.

土曜日、女の人は何時に行けば診察してもらえますか。
1 午前9時
2 午前11時
3 午後1時
4 午後3時

토요일에 여자는 몇 시에 가면 진찰을 받을 수 있습니까?
1 오전 9시
2 오전 11시
3 오후 1시
4 오후 3시

어휘 病院(びょういん) 병원　電話(でんわ)をかける 전화를 걸다　土曜日(どようび) 토요일　診察(しんさつ) 진찰
~てもらえますか (남에게) ~해 받을 수 있습니까?, (남이) ~해 줄 수 있습니까?　もしもし 여보세요　診療(しんりょう) 진료
時間(じかん) 시간　知(し)る 알다　午前(ごぜん) 오전　~から~まで ~부터 ~까지　午後(ごご) 오후
申(もう)し訳(わけ)ありません 죄송합니다 *「すみません」보다 정중한 표현　~だけ ~만, ~뿐
別(べつ)に (부정어 수반) 별로, 특별히　予約(よやく) 예약　~なくてもいい ~하지 않아도 된다[좋다]　今週(こんしゅう) 이번 주
大丈夫(だいじょうぶ)だ 괜찮다

3ばん コンビニで夫が妻に電話をしています。夫は何を買いますか。
편의점에서 남편이 아내에게 전화를 하고 있습니다. 남편은 무엇을 삽니까?

男 もしもし、今コンビニに着いたところ。頼んだのは牛乳とコーラと缶詰だよね。	남 여보세요, 지금 편의점에 막 도착했어. 부탁한 건 우유와 콜라와 통조림이지?
女 うん、全部一づずつ。	여 응, 전부 하나씩.
男 コーラは大きいのがないんだけど、どうする?	남 콜라는 큰 게 없는데, 어떻게 해?
女 小さいのがあるなら、小さいの二つでいいわ。牛乳と缶詰はあるの?	여 작은 게 있으면 작은 거 두 개로 괜찮아. 우유와 통조림은 있어?
男 缶詰はあるけど、牛乳も大きいのがないなあ。これも小さいので二つ買おうか?	남 통조림은 있는데, 우유도 큰 게 없네. 이것도 작은 거로 두 개 살까?
女 じゃ、牛乳は明日私が買うから、いいわ。	여 그럼, 우유는 내일 내가 살 테니까, 됐어.
男 わかった。コーラと缶詰だけ買って行くね。	남 알았어. 콜라와 통조림만 사서 갈게.
女 うん、お願い。	여 응, 부탁해.

夫は何を買いますか。　남편은 무엇을 삽니까?

1 　2 　3 　4

어휘 コンビニ 편의점 *「コンビニエンスストア」의 준말　買(か)う 사다　着(つ)く 도착하다
동사의 た형+ところ 막 ~한 참임, ~한 지 얼마 안 됨　頼(たの)む 부탁하다　牛乳(ぎゅうにゅう) 우유　コーラ 콜라
缶詰(かんづめ) 통조림　全部(ぜんぶ) 전부　~ずつ ~씩　大(おお)きい 크다　小(ちい)さい 작다　~なら ~라면

男の人と女の人が電話で話しています。男の人は何日何時の飛行機にしましたか。
남자와 여자가 전화로 이야기하고 있습니다. 남자는 며칠 몇 시 비행기로 했습니까?

男	18日の6時に予約した坂本ですが、20日に変えてもらいたいんですが。
女	少々お待ちください。20日ですと、7時になりますが…。
男	20日の7時はちょっと困るなあ…。他の日はありませんか。
女	21日なら6時にご予約になれます。
男	21日も都合が悪いので…。仕方ないな。じゃ、20日のその時間に…。
女	はい、かしこまりました。おっしゃった通りに変更しておきます。
男	ありがとうございます。

남 18일 6시로 예약한 사카모토인데요, 20일로 바꾸고 싶은데요.
여 잠시 기다려 주세요. 20일이면 7시가 되는데요….
남 20일 7시는 조금 곤란한데…. 다른 날은 없나요?
여 21일이라면 6시로 예약하실 수 있어요.
남 21일도 사정이 나빠서…. 어쩔 수 없군. 그럼, 20일 그 시간으로….
여 예. 알겠습니다. 말씀하신 대로 변경해 두겠습니다.
남 감사합니다.

男の人は何日何時の飛行機にしましたか。
1 18日6時の飛行機
2 20日6時の飛行機
3 20日7時の飛行機
4 21日6時の飛行機

남자는 며칠 몇 시 비행기로 했습니까?
1 18일 6시 비행기
2 20일 6시 비행기
3 20일 7시 비행기
4 21일 6시 비행기

어휘 何日(なんにち) 며칠 飛行機(ひこうき) 비행기 予約(よやく) 예약 20日(はつか) 20일 変(か)える 바꾸다, 변경하다
～てもらいたい (남에게) ～해 받고 싶다, (남이) ～해 주었으면 좋겠다 少々(しょうしょう) 잠시
お+동사의 ます형+ください ～해 주십시오 *존경표현 待(ま)つ 기다리다 困(こま)る 곤란하다, 난처하다 他(ほか)の～ 다른~
日(ひ) 날 ご+한자명사+になる ～하시다 *존경표현 都合(つごう) 사정, 형편 悪(わる)い 나쁘다, 좋지 않다
仕方(しかた)ない 어쩔 수 없다 時間(じかん) 시간 かしこまりました 알겠습니다 *「わかりました」의 격식 차린 말
おっしゃる 말씀하시다 *「言(い)う」(말하다)의 존경어 ～通(とお)りに ～대로, 같이 変更(へんこう) 변경
～ておく ～해 놓다[두다]

会社で女の人と男の人が話しています。二人はどこで話しますか。
회사에서 여자와 남자가 이야기하고 있습니다. 두 사람은 어디에서 이야기합니까?

女	鈴木さん、ちょっとお話があるんですが。
男	はい、あの会議室で話しましょうか。
女	はい。
男	うーん、この会議室、ちょっと散らかってますね。
女	ええ、そうですね。
男	近くの喫茶店にでも行きましょうか。
女	すぐ終わりますから、ここでいいですよ。長い話じゃありませんから。
男	でも、ここは今椅子もないし…。じゃ、隣の部屋に行きましょう。たぶん空いていると思います。
女	はい。

여 스즈키 씨, 잠시 이야기할 게 있는데요.
남 예, 저 회의실에서 이야기할까요?
여 예.
남 음…, 이 회의실, 조금 어질러져 있네요.
여 네, 그러게요.
남 근처의 찻집에라도 갈까요?
여 금방 끝나니까, 여기에서 괜찮아요. 긴 이야기가 아니라서요.
남 그래도 여기는 지금 의자도 없고…. 그럼, 옆방으로 갑시다. 아마 비어 있을 거라고 생각해요.
여 예.

二人はどこで話しますか。
1 今の会議室
2 会議室の隣の部屋
3 近くの喫茶店
4 近くのカフェ

두 사람은 어디에서 이야기합니까?
1 지금의 회의실
2 회의실의 옆방
3 근처의 찻집
4 근처의 카페

어휘 話(はなし) 이야기 会議室(かいぎしつ) 회의실 散(ち)らかる 어질러지다 近(ちか)く 근처 喫茶店(きっさてん) 찻집
終(お)わる 끝나다 長(なが)い 길다 椅子(いす) 의자 〜し 〜하고 隣(となり) 옆 部屋(へや) 방 たぶん 아마
空(あ)く (자리·방 따위가) 나다, 비다 カフェ 카페

6ばん 店で女の人と男の人が話しています。男の人はどうしますか。
가게에서 여자와 남자가 이야기하고 있습니다. 남자는 어떻게 합니까?

女 レシートとお釣りの500円でございます。
男 ありがとうございます。ところで、これは何ですか。
女 ああ、そちらのクーポンは次回にお使いください。割引になります。
男 そうですか。でも、来月のバーゲンの時はだめなんですよね。
女 ええ、申し訳ありませんが…。でも、今日から6か月以内ならいつでもお使いになれます。
男 そうですか。仕方ありませんね。じゃ、バーゲンでは冬服を買って、これでは春物を買おうかな。

여 영수증과 거스름돈 500엔입니다.
남 고마워요. 그런데 이건 뭐예요?
여 아―, 그쪽 쿠폰은 다음에 사용해 주세요. 할인이 돼요.
남 그래요? 하지만 다음 달 바겐세일 때는 안 되죠?
여 네, 죄송하지만요…. 하지만 오늘부터 6개월 이내라면 언제든지 사용하실 수 있어요.
남 그래요? 어쩔 수 없죠. 그럼, 바겐세일에서는 겨울옷을 사고 이걸로는 봄옷을 살까?

男の人はどうしますか。
1 女の人にもらったクーポンを今すぐ使う。
2 女の人にもらったクーポンで冬の服を買う。
3 女の人にもらったクーポンで春の服を買う。
4 女の人にもらったクーポンを来月のバーゲンの時、使う。

남자는 어떻게 합니까?
1 여자에게 받은 쿠폰을 지금 바로 사용한다.
2 여자에게 받은 쿠폰으로 겨울옷을 산다.
3 여자에게 받은 쿠폰으로 봄옷을 산다.
4 여자에게 받은 쿠폰을 다음 달 바겐세일 때 사용한다.

어휘 レシート 영수증(특히 금전등록기로 금액을 찍은 것) お釣(つ)り 거스름돈 〜でございます 〜입니다 *「〜です」의 공손한 표현
ところで 그런데 クーポン 쿠폰 次回(じかい) 차회, 다음 번 使(つか)う 쓰다, 사용하다 割引(わりびき) 할인
バーゲン 바겐세일 *「バーゲンセール」의 준말 だめだ 안 된다, 불가능하다 以内(いない) 이내 いつでも 언제든지
お+동사의 ます형+になる 〜하시다 *존경표현 冬服(ふゆふく) 겨울옷 買(か)う 사다 春物(はるもの) 봄옷

もんだい
問題1

問題1では、まず質問を聞いてください。それから話を聞いて、問題用紙の1から4の中から、最もよいものを一つえらんでください。

1ばん

1 家で勉強をする。
2 家で掃除や洗濯をする。
3 男の人と一緒に映画を見に行く。
4 男の人と一緒にご飯を食べに行く。

2ばん

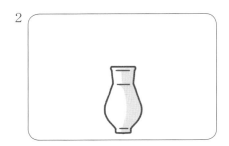

3ばん

1 中村さんと営業部の8人で1時から始める。
2 中村さんと営業部の10人で3時から始める。
3 木村さんと佐藤さんが戻ってからすぐ始める。
4 木村さんと佐藤さんを除いて3時から始める。

4ばん

   1 月曜日の4時
   2 水曜日の4時
   3 月曜日の4時半
   4 水曜日の4時半

5ばん

   1 1階の休憩室
   2 屋上
   3 この建物には吸えるところがない。
   4 屋外にある決まった場所

6ばん

   1 今週末、鈴木教授の講演会を聞く。
   2 来週、鈴木教授の講演会を聞く。
   3 今週末、新聞社社長の林さんの講演会を聞く。
   4 今週の日曜日、新聞記者の林さんの講演会を聞く。

확인 문제 5 · 스크립트 및 해석(과제 이해)

1ばん 男の人と女の人が話しています。女の人は明日何をしますか。
남자와 여자가 이야기하고 있습니다. 여자는 내일 무엇을 합니까?

男 中村さん、一緒に晩ご飯を食べて帰りませんか。	남 나카무라 씨, 함께 저녁을 먹고 돌아가지 않을래요?
女 あ、でも、もう時間が…。	여 아, 하지만 벌써 시간이….
男 そうですね。ちょっと遅いですね。じゃ、映画のチケットが2枚あるんですけど、明日映画を見に行きませんか。	남 그러네요. 조금 늦었네요. 그럼, 영화표가 2장 있는데, 내일 영화를 보러 가지 않을래요?
女 すみません。明後日英語の試験がありますので、明日は家で勉強しなければなりません。	여 죄송해요. 모레 영어 시험이 있어서 내일은 집에서 공부를 하지 않으면 안 돼요.
男 仕方がありませんね。勉強の方、頑張ってください。	남 어쩔 수 없군요. 공부 열심히 하세요.
女 ありがとうございます。	여 고마워요.

女の人は明日何をしますか。
1 家で勉強をする。
2 家で掃除や洗濯をする。
3 男の人と一緒に映画を見に行く。
4 男の人と一緒にご飯を食べに行く。

여자는 내일 무엇을 합니까?
1 집에서 공부를 한다.
2 집에서 청소나 세탁을 한다.
3 남자와 함께 영화를 보러 간다.
4 남자와 함께 밥을 먹으러 간다.

어휘 一緒(いっしょ)に 함께, 같이 晩(ばん)ご飯(はん) 저녁, 저녁식사 食(た)べる 먹다 帰(かえ)る 돌아가다 もう 벌써, 이미 時間(じかん) 시간 遅(おそ)い 늦다 映画(えいが) 영화 チケット 티켓, 표 ~枚(まい) ~장 見(み)る 보다 동사의 ます형+に ~하러 *동작의 목적 明後日(あさって) 모레 英語(えいご) 영어 試験(しけん) 시험 勉強(べんきょう) 공부 ~なければならない ~하지 않으면 안 된다, ~해야 한다 仕方(しかた)がない 어쩔 수 없다 頑張(がんば)る (끝까지) 노력하다, 열심히 하다 掃除(そうじ) 청소 洗濯(せんたく) 세탁

2ばん 店で妻と夫が話しています。二人はどんな花瓶を買おうとしていますか。
가게에서 아내와 남편이 이야기하고 있습니다. 두 사람은 어떤 꽃병을 사려고 하고 있습니까?

女 全部きれいで迷っちゃうわ。	여 전부 예뻐서 못 고르겠어.
男 うん、そうだね。	남 응, 그러네.
女 玄関にあの白い花瓶はどう?	여 현관에 저 흰 꽃병은 어때?
男 うーん、ちょっと大きいような気がするけど。	남 음…, 조금 큰 듯한 느낌이 드는데.
女 そうかしら。	여 그런가?
男 その隣の黒いのは?	남 그 옆의 검은 건?
女 大きさはちょうどいいけど、玄関に置くにはちょっと…。	여 크기는 딱 좋은데, 현관에 두기에는 좀….
男 そう?じゃ、白いので小さいのがあるか探してみよう。	남 그래? 그럼, 흰 걸로 작은 게 있는지 찾아보자.
女 うん、そうしよう。	여 응, 그러자.

462

今の季節はいつですか。

1 春
2 夏
3 秋
4 冬

지금 계절은 언제입니까?
1 봄
2 여름
3 가을
4 겨울

어휘 季節(きせつ) 계절　こんにちは 안녕하세요 *점심 인사　だんだん 점점　涼(すず)しい 시원하다　夏(なつ) 여름
終(お)わる 끝나다　今年(ことし) 올해　暑(あつ)い 덥다　エアコン 에어컨　～し ～하고　毎晩(まいばん) 매일 밤
困(こま)る 곤란하다, 난처하다　大変(たいへん)だ 힘들다　クーラー 냉방장치　명사+の+おかげで 덕분에
過(す)ごす (시간을) 보내다, 지내다　とにかく 어쨌든　嬉(うれ)しい 기쁘다　春(はる) 봄　秋(あき) 가을　冬(ふゆ) 겨울

3ばん 店で店員と女の人が話しています。二人が話している物は何ですか。
가게에서 점원과 여자가 이야기하고 있습니다. 두 사람이 이야기하고 있는 물건은 무엇입니까?

男 いらっしゃいませ。

女 こんにちは。あの、これ、サイズ直せますか。

男 ちょっと見てみますね。一応できると思いますが、指の
　　サイズによって追加料金が発生します。大丈夫でしょう
　　か。

女 大丈夫です。

男 はい、かしこまりました。どの指に合わせましょうか。

女 この指にしたいのですが。

男 では、小さくするには、追加料金は1,000円になります。

女 はい、お願いします。

男 はい、それではサイズを計ります。

남 어서 오세요.
여 안녕하세요. 저어, 이거 사이즈 고칠 수 있어요?
남 잠시 봐 볼게요. 일단 가능할 것 같은데, 손가락
　 사이즈에 따라 추가 요금이 발생해요. 괜찮으세
　 요?
여 괜찮아요.
남 예, 알겠습니다. 어느 손가락에 맞출까요?
여 이 손가락에 하고 싶은데요.
남 그럼, 작게 하려면 추가 요금은 1,000엔이 돼요.
여 예, 부탁드려요.
남 예, 그럼, 사이즈를 잴게요.

二人が話している物は何ですか。
1 指輪
2 腕時計
3 鉛筆
4 手袋

두 사람이 이야기하고 있는 물건은 무엇입니까?
1 반지
2 손목시계
3 연필
4 장갑

어휘 店(みせ) 가게　店員(てんいん) 점원　物(もの) 물건, 것　いらっしゃいませ 어서 오세요
あの 저, 저어 *상대에게 말을 붙일 때 하는 말　サイズ 사이즈　直(なお)す 고치다　一応(いちおう) 일단　できる 할 수 있다, 가능하다
指(ゆび) 손가락　～によって ～에 따라　追加(ついか) 추가　料金(りょうきん) 요금　発生(はっせい) 발생
大丈夫(だいじょうぶ)だ 괜찮다　かしこまりました 알겠습니다 *「わかりました」의 격식 차린 말　どの 어느　合(あ)わせる 맞추다
동사의 ます형+たい ～하고 싶다　小(ちい)さい 작다　～には ～하려면　それでは 그렇다면, 그럼　計(はか)る (자 등으로) 재다
指輪(ゆびわ) 반지　腕時計(うでどけい) 손목시계　鉛筆(えんぴつ) 연필　手袋(てぶくろ) 장갑

道で女の人と男の人が話しています。女の人は大学での勉強をどう思っていますか。

길에서 여자와 남자가 이야기하고 있습니다. 여자는 대학에서의 공부를 어떻게 생각하고 있습니까?

女 あ、先生、こんばんは。	여 아, 선생님, 안녕하세요.
男 中村さん、お久しぶりですね。何年ぶりでしょうね。	남 나카무라 씨, 오랜만이네요. 몇 년만인가요?
女 卒業して5年経ちましたから、5年ぶりですね。	여 졸업하고 5년 지났으니까, 5년만이네요.
男 へえ、もうそんなに時間が経ったんですね。ところで、仕事の方は? うまくいってますか。	남 허, 벌써 그렇게 시간이 지났군요. 그런데 일 쪽은? 잘 되고 있어요?
女 はい、おかげ様で。大学で習ったことが今の仕事につながって、とてもよかったと思います。	여 예, 덕분에요. 대학에서 배운 것이 지금의 일로 이어져서 아주 잘됐다고 생각해요.
男 それはよかったですね。その話を聞くと、私も嬉しいですね。これから色々大変なこともあると思うけど、頑張ってください。	남 그거 잘됐네요. 그 이야기를 들으니, 나도 기쁘네요. 앞으로 여러 가지 힘든 일도 있겠지만, 열심히 하세요.
女 ありがとうございます。頑張ります。	여 감사합니다. 열심히 하겠습니다.

女の人は大学での勉強をどう思っていますか。
1 いつかは役に立つと思っている。
2 今の仕事にとても役に立っていると思っている。
3 今の仕事には全然役に立たないと思っている。
4 大学で勉強したこととは違う仕事をしていて残念だと思っている。

여자는 대학에서의 공부를 어떻게 생각하고 있습니까?
1 언젠가는 도움이 될 것이라고 생각하고 있다.
2 지금 일에 매우 도움이 되고 있다고 생각하고 있다.
3 지금 일에는 전혀 도움이 되지 않는다고 생각하고 있다.
4 대학에서 공부한 것과는 다른 일을 하고 있어서 유감스럽다고 생각하고 있다.

어휘 道(みち) 길 勉強(べんきょう) 공부 こんばんは 안녕하세요 *저녁 인사 何年(なんねん) 몇 년
~ぶり (시간의 경과를 나타내는 말에 붙어) ~만 卒業(そつぎょう) 졸업 経(た)つ (시간이) 지나다, 경과하다
へえ 허 *감탄하거나 놀랐을 때 내는 소리 もう 벌써 そんなに 그렇게 ところで 그런데 仕事(しごと) 일
うまくいく 잘 되다, 순조롭게 진행되다 おかげ様(さま)で 덕분에 *「おかげで」의 공손한 말씨 大学(だいがく) 대학
習(なら)う 배우다 つながる 이어지다, 연결되다 嬉(うれ)しい 기쁘다 これから 앞으로 色々(いろいろ) 여러 가지
大変(たいへん)だ 힘들다 頑張(がんば)る (끝까지) 노력하다, 열심히 하다 いつか 언젠가 役(やく)に立(た)つ 도움이 되다
全然(ぜんぜん) (부정어 수반) 전혀 違(ちが)う 다르다 残念(ざんねん)だ 아쉽다, 유감스럽다

喫茶店で男の人と女の人が話しています。女の人は何が心配ですか。

찻집에서 남자와 여자가 이야기하고 있습니다. 여자는 무엇이 걱정입니까?

男 何飲む?	남 뭐 마실래?
女 私はオレンジジュースにするわ。	여 난 오렌지주스로 할래.
男 じゃ、僕はコーヒーにする。ところで、仕事は決まった?	남 그럼, 난 커피로 할게. 그런데 일은 정해졌어?
女 うん、病院の受付。	여 응, 병원의 접수처야.
男 それはよかったね。おめでとう。	남 그거 잘됐네. 축하해.
女 でも、小さいから、ちょっと心配なんだ。	여 하지만 작아서 조금 걱정이야.
男 大きいところは忙しくて大変だそうだよ。小さいところでよかったんじゃない?	남 큰 곳은 바빠서 힘들대. 작은 곳이어서 잘된 것 아니야?
女 小さいところは人が少ないから、人間関係がよくないともっと大変じゃないかな…。	여 작은 곳은 사람이 적으니까, 인간관계가 좋지 않으면 더 힘들지 않을까….
男 君なら問題ないと思うよ。元気出して。	남 너라면 문제없을 거라고 생각해. 기운 내.

おんな ひと なに しんぱい
女の人は何が心配ですか。

ちい びょういん たいじんかんけい
1 小さい病院での対人関係

ちい びょういん ぎょうむ すく
2 小さい病院での業務の少なさ

おお びょういん しごと たいへん
3 大きい病院での仕事の大変さ

おお びょういん ざんぎょう おお
4 大きい病院での残業の多さ

여자는 무엇이 걱정입니까?

1 작은 병원에서의 대인관계
2 작은 병원에서의 업무의 적음
3 큰 병원에서의 일의 힘듦
4 큰 병원에서의 야근의 많음

어휘 喫茶店(きっさてん) 찻집 心配(しんぱい) 걱정 オレンジジュース 오렌지주스 ～にする ～로 하다
僕(ぼく) 나 *남자의 자칭 コーヒー 커피 決(き)まる 정해지다, 결정되다 病院(びょういん) 병원 受付(うけつけ) 접수처
おめでとう 축하해 小(ちい)さい 작다 大(おお)きい 크다 ところ(所) 곳 忙(いそが)しい 바쁘다 大変(たいへん)だ 힘들다
품사의 보통형+そうだ ～라고 한다 *전문 少(すく)ない 적다 人間関係(にんげんかんけい) 인간관계 もっと 더, 더욱
君(きみ) 너, 자네 ～なら ～라면 問題(もんだい)ない 문제없다 元気(げんき)(を)出(だ)す 힘(을) 내다, 기운(을) 내다
対人関係(たいじんかんけい) 대인관계 業務(ぎょうむ) 업무 少(すく)なさ 적음 大変(たいへん)さ 힘듦
残業(ざんぎょう) 잔업, 야근 多(おお)さ 많음

おんな ひと おとこ ひと えいがかん まえ はな まえ ふたり み えいが
6ばん 女の人と男の人が映画館の前で話しています。この前二人が見た映画はどうでしたか。

여자와 남자가 영화관 앞에서 이야기하고 있습니다. 요전에 두 사람이 본 영화는 어땠습니까?

女	えいが いい映画だったね。	여 좋은 영화였지?
男	ぼく そうかな…。僕はあんまり…。	남 그런가…. 난 별로….
女	れんあいえいが す こんな恋愛映画は好きじゃないの? アクション映画の方 ほう が好き?	여 이런 연애영화는 안 좋아해? 액션 영화 쪽을 좋아해?
男	べつ この きょう えいが 別に好みはないけど、今日の映画はラストシーンがちょ っとね。	남 특별히 취향은 없지만, 오늘 영화는 마지막 장면이 좀 그래.
女	わたし けつろん よち のこ おも 私は結論の余地が残っていてむしろよかったと思うけど。	여 난 결론의 여지가 남아 있어서 오히려 좋았다고 생각하는데.
男	ぼく あいまい す うーん、僕は曖昧なのがあまり好きじゃないよ。はっき けつろん で えいが す り結論が出る映画が好きなんだ。	남 음…. 난 애매한 걸 별로 안 좋아해. 확실하게 결론이 나는 영화를 좋아하거든.
女	わたし えいが しゅみ ちが このまえいっしょ そう? 私たち、映画の趣味が違うのかしら? この前一緒に み とき きょう せいはんたい 見た時もそうだったけど。今日と正反対。	여 그래? 우리 영화 취향이 다른 걸까? 요전에 함께 봤을 때도 그랬는데. 오늘과 정반대.
男	とききみ き い うん、あの時君は気に入らなかったんだよね。	남 응, 그 때 너는 마음에 안 들어 했지.

まえ ふたり み えいが
この前二人が見た映画はどうでしたか。

ふたり おも
1 二人ともいいと思った。

ふたり おも
2 二人ともいいと思わなかった。

おんな ひと おも おとこ ひと おも
3 女の人はいいと思ったが、男の人はいいと思わなかった。

おとこ ひと おも おんな ひと おも
4 男の人はいいと思ったが、女の人はいいと思わなかった。

요전에 두 사람이 본 영화는 어땠습니까?

1 두 사람 모두 좋다고 생각했다.
2 두 사람 모두 좋다고 생각하지 않았다.
3 여자는 좋다고 생각했지만, 남자는 좋다고 생각하지 않았다.
4 남자는 좋다고 생각했지만, 여자는 좋다고 생각하지 않았다.

어휘 映画館(えいがかん) 영화관 あんまり (부정어 수반) 그다지, 별로 *「あまり」의 강조표현 恋愛(れんあい) 연애
好(す)きだ 좋아하다 アクション 액션 別(べつ)に (부정어 수반) 별로, 특별히 好(この)み 기호, 취향
ラストシーン 라스트 신, (영화·연극 등의) 마지막 장면 ちょっと 좀, 조금 結論(けつろん) 결론 余地(よち) 여지 残(のこ)る 남다
むしろ 오히려 曖昧(あいまい)だ 애매하다 はっきり 확실하게 出(で)る 나다 趣味(しゅみ) 취미, 취향 違(ちが)う 다르다
～かしら ～할까? *의문의 뜻을 나타냄 一緒(いっしょ)に 함께, 같이 正反対(せいはんたい) 정반대 気(き)に入(い)る 마음에 들다

청해

포인트 이해

473

もんだい
問題 2

　問題 2では、まず質問を聞いてください。そのあと、問題用紙を見てください。読む時間があります。それから話を聞いて、問題用紙の1から4の中から、最もよいものを一つえらんでください。

1ばん
1 病院
2 学校
3 薬局
4 公園

2ばん
1 DVDが見られる第一会議室
2 パソコンが使える第一会議室
3 DVDが見られる第二会議室
4 パソコンが使える第二会議室

3ばん
1 朝寝坊をしたから
2 昨夜お酒を飲みすぎたから
3 道が込んでいるから
4 体の調子が悪いから

4ばん

1 筋肉痛で足が痛い。
2 睡眠不足で体がだるい。
3 運動のやりすぎで腰が痛い。
4 寝る時の姿勢のため、肩が痛い。

5ばん

1 落ち着いたテンポの音楽
2 音を小さくした音楽
3 愛について語る音楽
4 使われる楽器が少ない音楽

6ばん

1 何が言いたいのかさっぱりわからない。
2 言いたいことはわかるが、賛成できない。
3 会社の現状から見て反対しても仕方がない。
4 言いたいことはよくわからないが、賛成するしかない。

확인 문제 2 · 스크립트 및 해석(포인트 이해)

1ばん 男の学生と女の学生が電話で話しています。昨日、女の学生はどこに行きましたか。
남학생과 여학생이 전화로 이야기하고 있습니다. 어제 여학생은 어디에 갔습니까?

男 もしもし、渡辺です。昨日、どうして学校を休んだんですか。	남 여보세요. 와타나베예요. 어제 왜 학교를 쉰 거예요?
女 あ、渡辺さん、おはようございます。実は昨日の朝、急にお腹が痛くなってしまって…。	여 아, 와타나베 씨, 안녕하세요. 실은 어제 아침 갑자기 배가 아파져 버려서….
男 ああ、そうでしたか。ところで、病院には行きましたか。	남 아ー, 그랬어요? 그런데 병원에는 갔어요?
女 いいえ、でも薬を買って飲みました。	여 아니요, 하지만 약을 사서 먹었어요.
男 そうですか。今は大丈夫ですか。	남 그래요? 지금은 괜찮아요?
女 まだちょっと調子がよくないですね。それで、学校は今日も休もうと思っています。	여 아직 조금 상태가 좋지 않네요. 그래서 학교는 오늘도 쉬려고 생각하고 있어요.
男 そうですか。お大事に。	남 그래요? 몸조리 잘하세요.
女 ありがとうございます。	여 고마워요.

昨日、女の学生はどこに行きましたか。
1 病院
2 学校
3 薬局
4 公園

어제 여학생은 어디에 갔습니까?
1 병원
2 학교
3 약국
4 공원

어휘 電話(でんわ) 전화 昨日(きのう) 어제 どうして 왜, 어째서 学校(がっこう) 학교 休(やす)む 쉬다 実(じつ)は 실은 朝(あさ) 아침 急(きゅう)に 갑자기 お腹(なか) 배 痛(いた)い 아프다 ところで 그런데 病院(びょういん) 병원 でも 하지만 薬(くすり) 약 買(か)う 사다 飲(の)む (약을) 먹다 大丈夫(だいじょうぶ)だ 괜찮다 まだ 아직 調子(ちょうし) 상태, 컨디션 それで 그래서 お大事(だいじ)に 몸조리 잘하세요 薬局(やっきょく) 약국 公園(こうえん) 공원

2ばん 会社で女の人と男の人が話しています。明日の会議はどこで行いますか。
회사에서 여자와 남자가 이야기하고 있습니다. 내일 회의는 어디에서 합니까?

男 吉村さん、明日の会議はどこでやるのかな?	남 요시무라 씨, 내일 회의는 어디에서 하는 건가?
女 それがとりあえず第一会議室を予約しておきましたが…。	여 그게 우선 제1회의실을 예약해 두었는데요….
男 何か問題でも?	남 뭔가 문제라도?
女 あそこはパソコンやＤＶＤなどが使えないので…。	여 거기는 컴퓨터나 DVD 등을 사용할 수 없어서….
男 それは困ったなあ。	남 그건 곤란하네.
女 それでは、ＤＶＤは見られませんが、パソコンが使える第二会議室はいかがですか。	여 그럼, DVD는 볼 수 없지만, 컴퓨터를 사용할 수 있는 제2회의실은 어떠세요?
男 明日の会議でＤＶＤは使わないから、あそこにしよう。	남 내일 회의에서 DVD는 사용하지 않으니까, 거기로 하지.
女 はい、かしこまりました。すぐ予約しておきます。	여 예, 알겠습니다. 바로 예약해 두겠습니다.

476

明日の会議はどこで行いますか。

内日 회의는 어디에서 합니까?

1 ＤＶＤが見られる第一会議室

1 DVD를 볼 수 있는 제1회의실

2 パソコンが使える第一会議室

2 컴퓨터를 사용할 수 있는 제1회의실

3 ＤＶＤが見られる第二会議室

3 DVD를 볼 수 있는 제2회의실

4 パソコンが使える第二会議室

4 컴퓨터를 사용할 수 있는 제2회의실

어휘 会議(かいぎ) 회의 行(おこな)う 하다, 행하다, 실시하다 やる 하다 とりあえず 우선, 먼저 会議室(かいぎしつ) 회의실
予約(よやく) 예약 ～ておく ～해 놓다[두다] あそこ (서로 알고 있는) 거기, 그곳
パソコン (개인용) 컴퓨터 *「パーソナルコンピューター」의 준말 使(つか)う 쓰다, 사용하다 困(こま)る 곤란하다, 난처하다
いかがですか 어떠십니까? *「どうですか」(어떻습니까?)의 공손한 표현
かしこまりました 알겠습니다 *「わかりました」의 격식 차린 말 すぐ 곧, 바로

3ばん 事務室で女の人と男の人が話しています。二人は今日鈴木君がどうして遅いと思っていますか。

사무실에서 여자와 남자가 이야기하고 있습니다. 두 사람은 오늘 스즈키 군이 왜 늦는다고 생각하고 있습니까?

女 鈴木君、遅いわね。もう9時過ぎたのに、また朝寝坊かしら?

여 스즈키 군, 늦네. 벌써 9시 지났는데, 또 늦잠인 걸까?

男 昨日接待だったから、体の調子でも悪いんじゃないかな。

남 어제 접대였으니까, 몸 상태라도 나쁜 거 아닐까?

女 昨日接待に行ったのは山田君だよ。

여 어제 접대에 간 건 야마다 군이야.

男 そう?それは知らなかった。

남 그래? 그건 몰랐어.

女 きっと今日も朝寝坊だよ。

여 틀림없이 오늘도 늦잠이야.

男 遅刻常習犯の彼のことだから、そうかもしれないね。

남 지각 상습범인 그이니까, 그럴지도 모르겠네.

二人は今日鈴木君がどうして遅いと思っていますか。

두 사람은 오늘 스즈키 군이 왜 늦는다고 생각하고 있습니까?

1 朝寝坊をしたから

1 늦잠을 잤기 때문에

2 昨夜お酒を飲みすぎたから

2 어젯밤 술을 너무 마셨기 때문에

3 道が込んでいるから

3 길이 붐비고 있기 때문에

4 体の調子が悪いから

4 몸 상태가 나쁘기 때문에

어휘 事務室(じむしつ) 사무실 遅(おそ)い 늦다 もう 이미, 벌써 過(す)ぎる (시간이) 지나다, 경과하다 ～のに ～는데(도)
朝寝坊(あさねぼう) 늦잠을 잠 接待(せったい) 접대 体(からだ) 몸, 신체 調子(ちょうし) 상태, 컨디션
悪(わる)い 나쁘다, 좋지 않다 知(し)る 알다 きっと 분명히, 틀림없이 遅刻(ちこく) 지각 常習犯(じょうしゅうはん) 상습범
사람+のことだから ～니까 ～かもしれない ～일지도 모른다 昨夜(ゆうべ) 어젯밤 お酒(さけ) 술 飲(の)む (술을) 마시다
동사의 ます형+すぎる 너무 ～하다 道(みち) 길 込(こ)む 붐비다, 혼잡하다

4ばん　喫茶店で女の人と男の人が話しています。女の人は今どんな状態ですか。

찻집에서 여자와 남자가 이야기하고 있습니다. 여자는 지금 어떤 상태입니까?

女　朝から肩と腰が痛いわ。 男　運動のやりすぎじゃない? 女　違うの。この頃は全然運動してないよ。 男　じゃ、もしかして仕事のやりすぎ? 女　いや、昨日は休日だったよ。起きたら、痛くて痛くて…。 男　じゃ、君は寝る時の姿勢が悪いと言ってたから、たぶんそれだね。 女　そうかもしれないね。	여　아침부터 어깨와 허리가 아파. 남　운동을 너무 한 거 아니야? 여　아니야. 요즘은 전혀 운동 안 했어. 남　그럼, 혹시 일을 너무 했니? 여　아니. 어제는 휴일이었어. 일어나니 너무 아파서…. 남　그럼, 너는 잘 때의 자세가 나쁘다고 말했으니까. 아마 그거겠네. 여　그럴지도 모르겠네.

おんな ひと いま　　じょうたい
女の人は今どんな状態ですか。
きんにくつう　　　あし　いた
1 筋肉痛で足が痛い。
すいみん ぶそく　　からだ
2 睡眠不足で体がだるい。
うんどう　　　　　　こし　いた
3 運動のやりすぎで腰が痛い。
ね　　とき　し せい　　　　　かた　いた
4 寝る時の姿勢のため、肩が痛い。

여자는 지금 어떤 상태입니까?
1 근육통으로 다리가 아프다.
2 수면부족으로 몸이 나른하다.
3 운동을 너무 해서 허리가 아프다.
4 잘 때의 자세 때문에 어깨가 아프다.

어휘　今(いま) 지금　状態(じょうたい) 상태　朝(あさ) 아침　肩(かた) 어깨　腰(こし) 허리　痛(いた)い 아프다
運動(うんどう) 운동　やりすぎ 지나치게 함　違(ちが)う 틀리다　この頃(ごろ) 요즘　全然(ぜんぜん) (부정어 수반) 전혀
もしかして 혹시　仕事(しごと) 일　いや 아니. 아냐　休日(きゅうじつ) 휴일　起(お)きる 일어나다. 기상하다　寝(ね)る 자다
姿勢(しせい) 자세　たぶん 아마　~かもしれない ~일지도 모른다　筋肉痛(きんにくつう) 근육통　足(あし) 다리
睡眠不足(すいみんぶそく) 수면부족　だるい 나른하다　명사+の+ため ~때문(에)

おんな ひと はな　　　　　　　　おんな ひと い　　　　ねむ　　うなが おんがく　　なん
5ばん　ラジオで女の人が話しています。女の人が言っている眠りを促す音楽とは何ですか。

라디오에서 여자가 이야기하고 있습니다. 여자가 말하고 있는 잠을 촉진하는 음악이란 무엇입니까?

女　「疲れているのになかなか眠れない」という睡眠に関する悩みは、現代人の生活において大きな問題の一つです。睡眠用のヒーリング音楽を聞けば、ぐっすり眠れるという話を聞きましたが、本当に効果があるのでしょうか。今日は眠りを促すおすすめの音楽をご紹介します。一般的に眠りやすいとされている音楽は穏やかな曲調で、落ち着いたテンポの音楽は脳がリラックスしている時に出る脳波である「アルファ波」を発生させやすいと言われています。また、一定のテンポを保っていることもポイントです。	여　'피곤한데도 좀처럼 잠들 수 없다'라는 수면에 관한 고민은 현대인의 생활에서 큰 문제 중 하나입니다. 수면용 힐링 음악을 들으면 푹 잘 수 있다는 이야기를 들었는데, 정말로 효과가 있을까요? 오늘은 잠을 촉진하는 추천 음악을 소개해 드리겠습니다. 일반적으로 잠들기 쉽다고 간주되는 음악은 온화한 곡조로, 안정된 템포의 음악은 뇌가 긴장을 풀고 있을 때 나오는 뇌파인 '알파파'를 발생시키기 쉽다고 합니다. 또 일정한 템포를 유지하는 것도 포인트입니다.

おんな ひと い　　　　ねむ　　うなが おんがく　　なん
女の人が言っている眠りを促す音楽とは何ですか。
お つ　　　　　　　　　おんがく
1 落ち着いたテンポの音楽
おと ちい　　　　　おんがく
2 音を小さくした音楽
あい　　　　　　かた　おんがく
3 愛について語る音楽
つか　　　　がっき　すく　　おんがく
4 使われる楽器が少ない音楽

여자가 말하고 있는 잠을 촉진하는 음악이란 무엇입니까?
1 안정된 템포의 음악
2 소리를 작게 한 음악
3 사랑에 대해서 말하는 음악
4 사용되는 악기가 적은 음악

어휘 眠(ねむ)り 잠 促(うなが)す 재촉하다. 촉진하다 音楽(おんがく) 음악 〜とは 〜라는 것은, 〜란 *정의
疲(つか)れる 지치다. 피로해지다 〜のに 〜는데(도) なかなか (부정어 수반) 좀처럼 眠(ねむ)る 자다. 잠들다
睡眠(すいみん) 수면 〜に関(かん)する 〜에 관한 悩(なや)み 고민 現代人(げんだいじん) 현대인
〜において 〜에 있어서, 〜에서 大(おお)きな 큰 〜の一(ひと)つだ 〜중 하나다 ヒーリング 힐링
ぐっすり 푹 *깊이 잠든 모양 効果(こうか) 효과 すすめ 추천 ご+한자명사+する 〜하다. 〜해 드리다 *겸양표현
紹介(しょうかい) 소개 一般的(いっぱんてき)だ 일반적이다 動詞(どうし)의 ます형+やすい 〜하기 쉽다 穏(おだ)やかだ 온화하다
曲調(きょくちょう) 곡조 落(お)ち着(つ)く 안정되다 テンポ 템포 脳(のう) 뇌 リラックス 긴장을 품 脳波(のうは) 뇌파
発生(はっせい) 발생 〜と言(い)われる 〜라는 말을 듣다. 〜라고 하다 一定(いってい) 일정 保(たも)つ 유지하다
ポイント 포인트 音(おと) 소리 愛(あい) 사랑 語(かた)る 말하다. 이야기하다 楽器(がっき) 악기

[6ばん] 事務室(じむしつ)で女(おんな)の人(ひと)と男(おとこ)の人(ひと)が話(はな)しています。男(おとこ)の人(ひと)は村上(むらかみ)さんの提案(ていあん)をどう思(おも)っていますか。
사무실에서 여자와 남자가 이야기하고 있습니다. 남자는 무라카미 씨의 제안을 어떻게 생각하고 있습니까?

女 昨日(きのう)の会議(かいぎ)、無事(ぶじ)に終(お)わった?
男 うん、おかげ様(さま)で。でも、村上(むらかみ)さんの提案(ていあん)がちょっとね…。
女 何(なに)か問題(もんだい)でも?
男 うーん、彼(かれ)の提案(ていあん)はうまく要点(ようてん)をつかんでいる意見(いけん)だとは思(おも)うけど、ちょっとなあ…。
女 何(なに)か気(き)になることでもあるの?
男 予算(よさん)を拡大(かくだい)してほしいという提案(ていあん)は、うちの現状(げんじょう)から見(み)て実現(じつげん)の可能性(かのうせい)はとても低(ひく)いと思(おも)うんだ。
女 確(たし)かにうちの会社(かいしゃ)、赤字(あかじ)続(つづ)きだし、予算(よさん)拡大(かくだい)は難(むずか)しそうね。
男 そうだろう?僕(ぼく)もそう思(おも)うよ。

여 어제 회의, 무사히 끝났어?
남 응, 덕분에. 하지만 무라카미 씨의 제안이 좀….
여 뭔가 문제라도?
남 음…, 그의 제안은 요점을 잘 파악하고 있는 의견이라고는 생각하지만 좀….
여 뭔가 신경이 쓰이는 거라도 있어?
남 예산을 확대해 주었으면 한다는 제안은 우리의 현재 상태로 봐서 실현 가능성은 매우 낮다고 생각해.
여 확실히 우리 회사 계속된 적자이고, 예산 확대는 어려울 것 같네.
남 그렇겠지? 나도 그렇게 생각해.

男(おとこ)の人(ひと)は村上(むらかみ)さんの提案(ていあん)をどう思(おも)っていますか。
1 何(なに)が言(い)いたいのかさっぱりわからない。
2 言(い)いたいことはわかるが、賛成(さんせい)できない。
3 会社(かいしゃ)の現状(げんじょう)から見(み)て反対(はんたい)しても仕方(しかた)がない。
4 言(い)いたいことはよくわからないが、賛成(さんせい)するしかない。

남자는 무라카미 씨의 제안을 어떻게 생각하고 있습니까?
1 무엇을 말하고 싶은 것인지 전혀 모르겠다.
2 말하고 싶은 것은 알겠지만, 찬성할 수 없다.
3 회사의 현재 상태로 봐서 반대해도 어쩔 수 없다.
4 말하고 싶은 것은 잘 모르겠지만, 찬성할 수밖에 없다.

어휘 提案(ていあん) 제안 会議(かいぎ) 회의 無事(ぶじ)だ 무사하다 終(お)わる 끝나다
おかげ様(さま)で 덕분에 *「おかげで」의 공손한 말씨 要点(ようてん) 요점 つかむ 파악하다 意見(いけん) 의견
気(き)になる 신경이 쓰이다. 걱정되다 予算(よさん) 예산 拡大(かくだい) 확대 〜てほしい 〜해 주었으면 하다. 〜하길 바라다
うち 우리 現状(げんじょう) 현상, 현재 상태 実現(じつげん) 실현 可能性(かのうせい) 가능성 低(ひく)い 낮다
確(たし)かに 확실히, 분명히 赤字(あかじ) 적자 명사+続(つづ)き 〜이 계속됨 〜し 〜하고 難(むずか)しい 어렵다
い형용사의 어간+そうだ 〜일[할] 것 같다, 〜인 듯하다 *양태 さっぱり (부정어 수반) 전혀 賛成(さんせい) 찬성
反対(はんたい) 반대 仕方(しかた)がない 어쩔 수 없다 〜しかない 〜할 수밖에 없다

언어 표현 이해

もんだい
問題2 음원

　問題2では、まず質問を聞いてください。そのあと、問題用紙を見てください。読む時間があります。それから話を聞いて、問題用紙の1から4の中から、最もよいものを一つえらんでください。

1ばん
1 全然辛くない。
2 あまり辛くない。
3 少し辛い。
4 とても辛い。

2ばん
1 昼ご飯の前には戻る。
2 午後遅く戻る。
3 もう退社したから、今日は戻らない。
4 地方出張だから、今日は戻らない。

3ばん
1 お酒を控えたこと
2 毎日駅まで歩いて行ったこと
3 夜遅くは何も食べなかったこと
4 毎日規則的に運動したこと

4ばん

1 自分の故郷で作られたワイン
2 女の人の故郷で作られたワイン
3 自分の誕生日に作られたワイン
4 女の人の誕生日に作られたワイン

5ばん

1 まだ足りないと思っている。
2 一般の人と同じ水準だと思っている。
3 一般の人よりは水準が高いと思っている。
4 国文学者と同じ水準だと思っている。

6ばん

1 水で飲むと、大変なことになる場合がかなり多い。
2 水より果物のジュースで飲んだ方が効果がある。
3 果物のジュースと一緒に飲むと危ないことがある。
4 果物のジュースと一緒に飲んでもかまわない。

음원

확인 문제 3 · 스크립트 및 해석(포인트 이해)

1ばん 女の人の家で男の人と女の人が食事をしています。男の人は食べ物をどう思っていますか。
여자의 집에서 남자와 여자가 식사를 하고 있습니다. 남자는 음식을 어떻게 생각하고 있습니까?

男 これがキムチ鍋ですか。	남 이게 김치찌개인가요?
女 はい、そうです。冷めないうちに召し上がってください。	여 예, 맞아요. 식기 전에 드세요.
男 とてもおいしそうですね。では、いただきます。	남 아주 맛있어 보이네요. 그럼, 잘 먹겠습니다.
女 どうですか。お口に合いますか。	여 어때요? 입에 맞아요?
男 はい、本当においしいです。	남 예, 정말로 맛있어요.
女 そうですか。辛くはないですか。	여 그래요? 맵지는 않나요?
男 ちょっと辛いですけど、私は辛いのが大好きです。	남 조금 맵지만, 저는 매운 걸 아주 좋아해요.
女 それはよかったですね。	여 그거 다행이네요.

男の人は食べ物をどう思っていますか。
1 全然辛くない。
2 あまり辛くない。
3 少し辛い。
4 とても辛い。

남자는 음식을 어떻게 생각하고 있습니까?
1 전혀 맵지 않다.
2 별로 맵지 않다.
3 조금 맵다.
4 너무 맵다.

어휘 食事(しょくじ) 식사 食(た)べ物(もの) 음식 キムチ鍋(なべ) 김치찌개 冷(さ)める 식다
~ないうちに ~하지 않는 동안에, ~하기 전에 召(め)し上(あ)がる 드시다 *「食(た)べる」(먹다), 「飲(の)む」(마시다)의 존경어
おいしい 맛있다 い형용사의 어간+そうだ ~일[할] 것 같다. ~해 보이다 *양태 いただきます 잘 먹겠습니다
口(くち)に合(あ)う 입(맛)에 맞다 辛(から)い 맵다 大好(だいす)きだ 아주 좋아하다 全然(ぜんぜん) (부정어 수반) 전혀
あまり (부정어 수반) 그다지, 별로

2ばん 会社で男の人と女の人が話しています。山田さんはいつ戻りますか。
회사에서 남자와 여자가 이야기하고 있습니다. 야마다 씨는 언제 돌아옵니까?

男 あの、山田さんいますか。	남 저기 야마다 씨 있어요?
女 少し前に出かけましたよ。	여 조금 전에 외출했어요.
男 困ったなあ。この書類、午前中に送らなければならないのに…。もしかして外回りですか。	남 곤란한데. 이 서류, 오전 중에 보내야 하는데…. 혹시 외근인가요?
女 いいえ、駅前の銀行にちょっと用があると言って出かけました。	여 아니요, 역 앞 은행에 잠시 볼일이 있다고 외출했어요.
男 そうですか。いつ戻りますか。	남 그래요? 언제 돌아오나요?
女 昼ご飯の前までに戻ると言っていました。	여 점심식사 전까지 돌아온다고 했어요.
男 今11時半ですから、もうすぐ戻りますね。	남 지금 11시 반이니까, 이제 곧 돌아오겠네요.
女 ええ、もうすぐ戻ると思います。	여 네, 이제 곧 돌아올 거라고 생각해요.
男 じゃ、ここで待ちます。	남 그럼, 여기에서 기다릴게요.

4ばん

1 赤い手袋二つと黒い手袋三つ
2 黒い手袋二つと赤い手袋三つ
3 青い手袋二つと赤い手袋三つ
4 白い手袋二つと黒い手袋三つ

5ばん

1 妻が起こしてくれなかったから
2 妻のせいで眠れなかったから
3 昨日の契約が取り消しになったから
4 取引先の人が約束を守ってくれなかったから

6ばん

1 まとめて精算した方が楽である。
2 何よりも期限を守ってくれるのが大事だ。
3 まとめて精算した方が仕事の能率が上がる。
4 期限も大事だが、仕事しやすくまとめるのも無視できない。

확인 문제 4· 스크립트 및 해석(포인트 이해)

ばん 会社の前で男の人と女の人が話しています。女の人はどうして急いで帰ろうとしていますか。
회사 앞에서 남자와 여자가 이야기하고 있습니다. 여자는 왜 서둘러 돌아가려고 하고 있습니까?

男 雨が降りそうですね。

女 そうですね。私、急いで帰らなければ…。

男 何か用事でもありますか。

女 実はベランダに洗濯物が干してあるんです。

男 そうですか。一杯どうかなと思ったんですが…。

女 すみません。今度行きましょう。

男 ええ、そうしましょう。

남 비가 내릴 것 같네요.
여 그러게요. 저 빨리 돌아가지 않으면….
남 뭔가 볼일이라도 있어요?
여 실은 베란다에 세탁물이 널려 있어서요.
남 그래요? 한잔 어떨까 하고 생각했었는데….
여 죄송해요. 다음에 가요.
남 네, 그렇게 해요.

女の人はどうして急いで帰ろうとしていますか。
1 体の調子が悪いから
2 家の掃除をしなければならないから
3 洗濯をしなければならないから
4 ベランダに洗濯物が干してあるから

여자는 왜 서둘러 돌아가려고 하고 있습니까?
1 몸 상태가 좋지 않기 때문에
2 집 청소를 하지 않으면 안 되기 때문에
3 세탁을 하지 않으면 안 되기 때문에
4 베란다에 세탁물이 널려 있기 때문에

어휘 急(いそ)ぐ 서두르다 帰(かえ)る 돌아가다 雨(あめ) 비 降(ふ)る (비·눈 등이) 내리다. 오다
동사의 ます형+そうだ ~일[할] 것 같다 *양태 ~なければ(ならない·いけない) ~하지 않으면 (안 된다), ~해야 (한다)
用事(ようじ) 볼일, 용무 実(じつ)は 실은 ベランダ 베란다 洗濯物(せんたくもの) 세탁물 干(ほ)す 말리다, 널다
타동사+てある ~해져 있다 *상태표현 一杯(いっぱい) (술) 한잔 今度(こんど) 다음 번 体(からだ) 몸, 신체
調子(ちょうし) 상태, 컨디션 悪(わる)い 나쁘다, 좋지 않다 掃除(そうじ) 청소

2ばん 会社で男の人と女の人が話しています。女の人は今の仕事についてどう思っていますか。
회사에서 남자와 여자가 이야기하고 있습니다. 여자는 지금 일에 대해서 어떻게 생각하고 있습니까?

男 では、そろそろ出かけましょうか。

女 はい、よろしくお願いします。

男 こちらこそよろしくお願いします。今日は5つの会社を回る予定ですよ。

女 はい、わかりました。

男 そう言えば、大阪でも同じ仕事をやっていたんでしょう?

女 はい。でも、東京と大阪ではやり方がずいぶん違うと思いますから。

남 그럼, 이제 슬슬 나갈까요?
여 예, 잘 부탁드려요.
남 저야말로 잘 부탁드려요. 오늘은 다섯 개의 회사를 돌 예정이에요.
여 예, 알겠습니다.
남 그러고 보니 오사카에서도 같은 일을 했었죠?
여 예. 하지만 도쿄와 오사카에서는 방식이 몹시 다르다고 생각하니까요.

女の人は今の仕事についてどう思っていますか。
1 今までのやり方ですればいいと思っている。
2 前の仕事は全く役に立たないと思っている。
3 前のやり方とはだいぶ違うと思っている。
4 経験したことがないから、難しいと思っている。

여자는 지금 일에 대해서 어떻게 생각하고 있습니까?
1 지금까지의 방식으로 하면 된다고 생각하고 있다.
2 전의 일은 전혀 도움이 되지 않는다고 생각하고 있다.
3 전의 방식과는 상당히 다르다고 생각하고 있다.
4 경험한 적이 없으니까, 어렵다고 생각하고 있다.

488

어휘 仕事(しごと) 일 ~について ~에 대해서 *内容 내용 そろそろ 이제 슬슬 出(で)かける 나가다, 외출하다 こちらこそ 저야말로
5(いつ)つ 다섯 개 会社(かいしゃ) 회사 回(まわ)る 돌다 予定(よてい) 예정 そう言(い)えば 그러고 보니
大阪(おおさか) 오사카 同(おな)じだ 같다 やる 하다 東京(とうきょう) 도쿄 やり方(かた) 방식 ずいぶん 꽤, 몹시, 퍽
違(ちが)う 다르다 全(まった)く (부정어 수반) 전혀 役(やく)に立(た)つ 도움이 되다 だいぶ 꽤, 상당히 経験(けいけん) 경험
동사의 た형+ことがない ~한 적이 없다 難(むずか)しい 어렵다

[3ばん] 公園(こうえん)で女(おんな)の人(ひと)と男(おとこ)の人(ひと)が話(はな)しています。二人(ふたり)は今何(いまなに)をしていますか。
공원에서 여자와 남자가 이야기하고 있습니다. 두 사람은 지금 무엇을 하고 있습니까?

女	うわ、きれい。いつ撮(と)ったの?	여	우와, 예쁘다. 언제 찍었어?
男	実(じつ)は先週(せんしゅう)友達(ともだち)と北海道(ほっかいどう)に行(い)ってきたんだ。	남	실은 지난주에 친구와 홋카이도에 갔다 왔거든.
女	ああ、そうだったんだ。	여	아-, 그랬구나.
男	どう? 素敵(すてき)だろう?	남	어때? 멋지지?
女	うん、ここ、私(わたし)もぜひ行(い)ってみたいわ。	여	응, 여기 나도 꼭 가 보고 싶어.
男	後半(こうはん)にもっと美(うつく)しいところが出(で)てくるよ。	남	후반에 더 아름다운 곳이 나와.
女	本当(ほんとう)? 見(み)たいわ。	여	정말? 보고 싶어.
男	じゃ、ちょっと早送(はやおく)りしようか。	남	그럼, 조금 빨리 감기 할까?

二人(ふたり)は今何(いまなに)をしていますか。 두 사람은 지금 무엇을 하고 있습니까?
1 男(おとこ)の人(ひと)が旅行先(りょこうさき)で撮(と)った写真(しゃしん)を見(み)ている。 1 남자가 여행지에서 찍은 사진을 보고 있다.
2 男(おとこ)の人(ひと)が旅行先(りょこうさき)で撮(と)った動画(どうが)を見(み)ている。 2 남자가 여행지에서 찍은 동영상을 보고 있다.
3 風景(ふうけい)が美(うつく)しい映画(えいが)を見(み)ている。 3 풍경이 아름다운 영화를 보고 있다.
4 旅行案内(りょこうあんない)の番組(ばんぐみ)を見(み)ている。 4 여행안내 프로그램을 보고 있다.

어휘 きれいだ 예쁘다 撮(と)る (사진을) 찍다, 촬영하다 実(じつ)は 실은 先週(せんしゅう) 지난주 友達(ともだち) 친구
北海道(ほっかいどう) 홋카이도 素敵(すてき)だ 멋지다 ぜひ 꼭 동사의 ます형+たい ~하고 싶다 後半(こうはん) 후반
もっと 더, 더욱 美(うつく)しい 아름답다 ところ(所) 곳, 장소 出(で)る 나오다 本当(ほんとう) 정말 見(み)る 보다
早送(はやおく)り (녹음·녹화 테이프 등을) 보통보다 빠른 속도로 돌리는 것 旅行先(りょこうさき) 여행지 写真(しゃしん) 사진
動画(どうが) 동영상 風景(ふうけい) 풍경 映画(えいが) 영화 案内(あんない) 안내 番組(ばんぐみ) (방송·연예 등의) 프로그램

4ばん 店で男の人と店員が話しています。男の人はどんな手袋を買いましたか。

가게에서 남자와 점원이 이야기하고 있습니다. 남자는 어떤 장갑을 샀습니까?

男 すみません、この手袋はこの色だけですか。	남 저기요, 이 장갑은 이 색뿐인가요?
女 いいえ、青や赤もあります。	여 아니요, 파랑이랑 빨강도 있어요.
男 青はこのサイズだけですか。ちょっと大きいですね。	남 파랑은 이 사이즈뿐인가요? 조금 크네요.
女 申し訳ありません。他のサイズは売り切れました。	여 죄송해요. 다른 사이즈는 품절되었어요.
男 そうですか。じゃ、このセットを二つ、赤のセットを三つください。	남 그래요? 그럼, 이 세트를 두 개, 빨강 세트를 세 개 주세요.
女 ありがとうございます。黒が二つと赤が三つですね。合計で1万2千円になります。	여 감사합니다. 검정이 두 개와 빨강이 세 개네요. 합계 만 2천 엔이에요.

男の人はどんな手袋を買いましたか。
1 赤い手袋二つと黒い手袋三つ
2 黒い手袋二つと赤い手袋三つ
3 青い手袋二つと赤い手袋三つ
4 白い手袋二つと黒い手袋三つ

남자는 어떤 장갑을 샀습니까?
1 빨간 장갑 두 개과 검은 장갑 세 개
2 검은 장갑 두 개과 빨간 장갑 세 개
3 파란 장갑 두 개과 빨간 장갑 세 개
4 흰 장갑 두 개와 검은 장갑 세 개

어휘 店(みせ) 가게 店員(てんいん) 점원 手袋(てぶくろ) 장갑 買(か)う 사다 すみません 저기요 *주의를 환기할 때 쓰는 말
色(いろ) 색, 색깔 ～だけ ～만, ~뿐 青(あお) 파랑 ～や ～이랑 赤(あか) 빨강 サイズ 사이즈 大(おお)きい 크다
申(もう)し訳(わけ)ありません 죄송합니다 *「すみません」보다 정중한 표현 売(う)り切(き)れる 품절되다 セット 세트
合計(ごうけい) 합계 赤(あか)い 빨갛다 黒(くろ)い 검다 青(あお)い 파랗다 白(しろ)い 희다

5ばん 家で妻が夫を起こしています。夫はどうして怒っていますか。

집에서 아내가 남편을 깨우고 있습니다. 남편은 왜 화를 내고 있습니까?

女 そろそろ起きなさいよ。	여 이제 슬슬 일어나요.
男 うーん、今何時?	남 음…, 지금 몇 시야?
女 もう10時よ!	여 벌써 10시예요.
男 えっ? 10時? 何で起こしてくれなかったんだよ!	남 뭐? 10시? 왜 깨워 주지 않은 거야!
女 だって今日休みでしょう?	여 하지만 오늘 휴일이잖아요?
男 もう…。今日休みだけど、取引先の人と約束があると言ってたじゃない?	남 정말…. 오늘 휴일이지만, 거래처 사람과 약속이 있다고 말했잖아?
女 あっ、そう言えば…。本当にごめん。	여 앗! 그러고 보니…. 정말로 미안해요.
男 ごめんで済む問題じゃないだろう? 大変だあ。	남 미안으로 끝날 문제가 아니잖아? 큰일이군.

夫はどうして怒っていますか。
1 妻が起こしてくれなかったから
2 妻のせいで眠れなかったから
3 昨日の契約が取り消しになったから
4 取引先の人が約束を守ってくれなかったから

남편은 왜 화를 내고 있습니까?
1 아내가 깨워 주지 않았기 때문에
2 아내 탓에 잠들지 못했기 때문에
3 어제 계약이 취소가 되었기 때문에
4 거래처 사람이 약속을 지켜 주지 않았기 때문에

妻(つま) 아내 夫(おっと) 남편 起(お)こす 깨우다 怒(おこ)る 화를 내다 そろそろ 이제 슬슬 起(お)きる 일어나다, 기상하다
もう 이미, 벌써 何(なん)で 어째서, 무엇 때문에, 왜 〜てくれる (남이 나에게) 〜해 주다 だって 하지만, 그렇지만 休(やす)み 휴일
もう 정말 *감동・감정을 강조할 때 쓰는 말 取引先(とりひきさき) 거래처 約束(やくそく) 약속 そう言(い)えば 그러고 보니
ごめん 미안 済(す)む 끝나다, 해결되다 大変(たいへん)だ 큰일이다 眠(ねむ)る 자다, 잠들다 契約(けいやく) 계약
取(と)り消(け)し 취소 守(まも)る 지키다

[6ばん] 経理部(けいりぶ)で女(おんな)の人(ひと)と男(おとこ)の人(ひと)が話(はな)しています。女(おんな)の人(ひと)は何(なん)と言(い)っていますか。
경리부에서 여자와 남자가 이야기하고 있습니다. 여자는 뭐라고 말하고 있습니까?

女 中村(なかむら)さん、この間(あいだ)の出張(しゅっちょう)の精算(せいさん)、終(お)わりましたか。	여 나카무라 씨, 요전의 출장 정산, 끝났어요?
男 いいえ、まだなんですが。	남 아니요, 아직인데요.
女 交通費(こうつうひ)の精算(せいさん)だけでも今日(きょう)までにお願(ねが)いしたいんですけど。	여 교통비 정산만이라도 오늘까지 부탁드리고 싶은데요.
男 はい、わかりました。	남 예, 알겠어요.
女 他(ほか)の経費(けいひ)は来週(らいしゅう)の水曜日(すいようび)までにお願(ねが)いします。	여 다른 경비는 다음 주 수요일까지 부탁드려요.
男 はい。ところで、まとめて精算(せいさん)した方(ほう)がいいんじゃありませんか。	남 예. 그런데 한데 모아서 정산하는 편이 좋지 않아요?
女 そうかもしれないんですが、期限(きげん)を守(まも)ってもらわなきゃ困(こま)るんです。	여 그럴지도 모르지만, 기한을 지켜 주지 않으면 곤란해요.
男 すみません、これから気(き)を付(つ)けます。	남 죄송해요, 앞으로 주의할게요.

女(おんな)の人(ひと)は何(なん)と言(い)っていますか。
1 まとめて精算(せいさん)した方(ほう)が楽(らく)である。
2 何(なに)よりも期限(きげん)を守(まも)ってくれるのが大事(だいじ)だ。
3 まとめて精算(せいさん)した方(ほう)が仕事(しごと)の能率(のうりつ)が上(あ)がる。
4 期限(きげん)も大事(だいじ)だが、仕事(しごと)しやすくまとめるのも無視(むし)できない。

여자는 뭐라고 말하고 있습니까?
1 한데 모아서 정산하는 편이 편하다.
2 무엇보다도 기한을 지켜 주는 것이 중요하다.
3 모아서 정산하는 편이 일의 능률이 올라간다.
4 기한도 중요하지만, 일하기 편하게 한데 모으는 것도 무시할 수 없다.

経理部(けいりぶ) 경리부 この間(あいだ) 요전, 지난번 出張(しゅっちょう) 출장 精算(せいさん) 정산 終(お)わる 끝나다
交通費(こうつうひ) 교통비 〜までに 〜까지 *최종기한 他(ほか)の〜 다른〜 経費(けいひ) 경비 水曜日(すいようび) 수요일
ところで 그런데 まとめる 한데 모으다 〜かもしれない 〜일지도 모른다 期限(きげん) 기한 守(まも)る 지키다
〜てもらう (남에게) 〜해 받다, (남이) 〜해 주다 〜なきゃ 〜하지 않으면 *「〜なければ」의 회화체 표현
困(こま)る 곤란하다, 난처하다 これから 앞으로 気(き)を付(つ)ける 조심하다, 주의하다 楽(らく)だ 수월하다, 편하다
大事(だいじ)だ 중요하다 能率(のうりつ) 능률 上(あ)がる 올라가다 동사의 ます형+やすい 〜하기 쉽다[편하다] 無視(むし) 무시

もんだい
問題 2 음원

　問題 2では、まず質問を聞いてください。そのあと、問題用紙を見てください。読む時間があります。それから話を聞いて、問題用紙の1から4の中から、最もよいものを一つえらんでください。

1ばん
1 課長が急に出張に行くことになったから
2 課長の体調が悪いから
3 課長が葬式に参加しなければならないから
4 課長のお父さんが亡くなったから

2ばん
1 残業が増えたこと
2 通勤に2時間以上かかること
3 新しい家が買えないこと
4 また引っ越すことになったこと

3ばん
1 営業担当の人に会う仕事
2 パソコンで文書を作成する仕事
3 電話で顧客のクレームに対応する仕事
4 顧客の家を訪問して新製品を説明する仕事

4ばん

1 予想通りＢチームがＡチームに勝った。
2 ＡチームがＢチームに逆転勝ちした。
3 ＢチームがＡチームに大勝した。
4 ＡチームがＢチームに逆転負けした。

5ばん

1 いつも謙遜で見習いたいと思っている。
2 経験が豊富で、役に立つと思っている。
3 意欲が旺盛で、何の問題もないと思っている。
4 仕事はできるが、自慢するのは気に入らないと思っている。

6ばん

1 納得できない話だと思っている。
2 十分に納得できる話だと思っている。
3 実に説得力のある話だと思っている。
4 状況から見て理解するしかない話だと思っている。

음원

확인 문제 5・스크립트 및 해석(포인트 이해)

1ばん 会社で男の人と女の人が話しています。どうして今日の会議がなくなりましたか。
회사에서 남자와 여자가 이야기하고 있습니다. 왜 오늘 회의가 없어졌습니까?

男	ずっと会議室で待ってたんだけど、会議やらないの?
女	あ、今日の会議、事情があってやらなくなりました。事前にお知らせできなくてすみません。
男	まあ、それはいいけど、どうして突然会議がなくなったの?
女	さっき鈴木課長が東京に行ったんです。
男	何かあったの?
女	東京電気の社長のお父さんが今日お亡くなりになったそうです。
男	それは行かないわけにはいかないなあ。
女	ええ、そうですね。

남	계속 회의실에서 기다리고 있었는데, 회의 안 해?
여	아, 오늘 회의, 사정이 있어서 안 하게 되었어요. 사전에 알려 드리지 못해서 죄송해요.
남	뭐 그건 괜찮은데, 왜 갑자기 회의가 없어진 거야?
여	조금 전에 스즈키 과장님이 도쿄에 갔거든요.
남	무슨 일 있었어?
여	도쿄전기 사장님의 아버님께서 오늘 돌아가셨대요.
남	그건 안 갈 수는 없지.
여	네, 그렇죠.

どうして今日の会議がなくなりましたか。
1 課長が急に出張に行くことになったから
2 課長の体調が悪いから
3 課長が葬式に参加しなければならないから
4 課長のお父さんが亡くなったから

왜 오늘 회의가 없어졌습니까?
1 과장이 갑자기 출장 가게 되었기 때문에
2 과장의 몸 상태가 좋지 않기 때문에
3 과장이 장례식에 참가하지 않으면 안 되기 때문에
4 과장의 아버지가 돌아가셨기 때문에

어휘 会議(かいぎ) 회의 な(無)くなる 없어지다 ずっと 쭉, 계속 待(ま)つ 기다리다 やる 하다 事情(じじょう) 사정
事前(じぜん)に 사전에 お+동사의 ます형+する ~하다, ~해 드리다 *겸양표현 知(し)らせる 알리다
~なくて ~하지 않아서 *원인・이유 まあ 자, 뭐 *자기 또는 상대방의 말을 가볍게 제지하거나 무엇을 권하거나 할 때 쓰는 말
突然(とつぜん) 돌연, 갑자기 さっき 아까, 조금 전 課長(かちょう) 과장 電気(でんき) 전기
社長(しゃちょう) 사장 お父(とう)さん (남의) 아버지 お+동사의 ます형+になる ~하시다 *존경표현 亡(な)くなる 죽다, 돌아가다
~ないわけにはいかない ~하지 않을 수는 없다 急(きゅう)に 갑자기 出張(しゅっちょう)に行(い)く 출장 가다
동사의 보통형+ことになる ~하게 되다 体調(たいちょう) 몸 상태, 컨디션 葬式(そうしき) 장례식 参加(さんか) 참가
~なければならない ~하지 않으면 안 된다, ~해야 한다

2ばん 家で妻と夫が話しています。妻は何が問題ですか。
집에서 아내와 남편이 이야기하고 있습니다. 아내는 무엇이 문제입니까?

男	お帰り。どうしたの? 何か悩み事でもあるの?
女	実はね、うちの会社、新しくできるビルに来月引っ越すことになったの。
男	それはいいことじゃない?
女	職場環境がよくなるのはいいけど、通勤に2時間半もかかっちゃうの。
男	えっ? それは大変だなあ。でも、この家、買ったばかりなんだから、すぐには引っ越せないよ。

남	어서 와. 왜 그래? 뭔가 고민거리라도 있어?
여	실은 말이야, 우리 회사 새로 생긴 빌딩으로 다음 달에 이전하게 되었어.
남	그건 잘 된 일 아니야?
여	직장환경이 좋아지는 건 좋은데, 통근에 2시간 반이나 걸려 버려.
남	뭐? 그건 힘들겠네. 하지만 이 집 산 지 얼마 안 돼서 바로는 이사할 수 없어.

女　うん、わかってるわ。二回乗り換えて通うしかないわ。

男　大変だと思うけど、今はそうするしかないね。

여　응, 알고 있어. 두 번 갈아타고 다닐 수밖에 없어.

남　힘들겠지만, 지금은 그렇게 할 수밖에 없네.

妻は何が問題ですか。

1 残業が増えたこと

2 通勤に2時間以上かかること

3 新しい家が買えないこと

4 また引っ越すことになったこと

아내는 무엇이 문제입니까?

1 야근이 늘어난 것

2 통근에 2시간 이상 걸리는 것

3 새 집을 살 수 없는 것

4 또 이사하게 된 것

어휘　お帰(かえ)り 어서 와 *외출에서 돌아오는 사람에게 하는 인사말　悩(なや)み事(ごと) 고민거리　うち 우리
新(あたら)しい 새롭다　できる 생기다　ビル 빌딩 *「ビルディング」의 준말　来月(らいげつ) 다음 달
引(ひ)っ越(こ)す 이사하다, 이전하다　職場(しょくば) 직장　環境(かんきょう) 환경　通勤(つうきん) 통근, 출퇴근
半(はん) 반, 30분　かかる (시간이) 걸리다　大変(たいへん)だ 힘들다　買(か)う 사다
동사의 た형+ばかりだ 막 ~한 참이다, ~한 지 얼마 안 되다　すぐには 바로는　乗(の)り換(か)える 갈아타다　通(かよ)う 다니다
~しかない ~할 수밖에 없다　残業(ざんぎょう) 잔업, 야근　増(ふ)える 늘다, 늘어나다

3ばん 会社で男の人と女の人が話しています。女の人は今どんな仕事をしていますか。

회사에서 남자와 여자가 이야기하고 있습니다. 여자는 지금 어떤 일을 하고 있습니까?

男　どうですか。少しは仕事に慣れましたか。

女　はい、だいぶ慣れました。

男　それはよかったですね。この会社に来る前にはどんな仕事をしましたか。

女　パソコンを使って文書を作成する仕事でした。

男　ああ、パソコンを使う仕事でしたね。

女　はい、そうです。

男　今度は全然違う仕事ですから、大変ですね。

女　そうですね。電話で顧客の不満を聞くのも疲れますね。

남　어때요? 조금은 일에 익숙해졌나요?

여　예, 상당히 익숙해졌어요.

남　그거 다행이네요. 이 회사에 오기 전에는 어떤 일을 했어요?

여　컴퓨터를 써서 문서를 작성하는 일이었어요.

남　아-, 컴퓨터를 쓰는 일이었군요.

여　예, 맞아요.

남　이번에는 전혀 다른 일이니까, 힘들겠네요.

여　그러게요. 전화로 고객의 불만을 듣는 것도 피곤하네요.

女の人は今どんな仕事をしていますか。

1 営業担当の人に会う仕事

2 パソコンで文書を作成する仕事

3 電話で顧客のクレームに対応する仕事

4 顧客の家を訪問して新製品を説明する仕事

여자는 지금 어떤 일을 하고 있습니까?

1 영업 담당자를 만나는 일

2 컴퓨터로 문서를 작성하는 일

3 전화로 고객의 클레임에 대응하는 일

4 고객의 집을 방문해 신제품을 설명하는 일

어휘　少(すこ)し 조금　慣(な)れる 익숙해지다　だいぶ 꽤, 상당히　동사의 기본형+前(まえ)に ~하기 전에
パソコン (개인용) 컴퓨터 *「パーソナルコンピューター」의 준말　使(つか)う 쓰다, 사용하다　文書(ぶんしょ) 문서
作成(さくせい) 작성　今度(こんど) 이번　全然(ぜんぜん) (부정어 수반) 전혀　違(ちが)う 다르다　電話(でんわ) 전화
顧客(こきゃく) 고객　不満(ふまん) 불만　聞(き)く 듣다　疲(つか)れる 지치다, 피로해지다　営業(えいぎょう) 영업
担当(たんとう) 담당　会(あ)う 만나다　クレーム 클레임, 불평　対応(たいおう) 대응　訪問(ほうもん) 방문
新製品(しんせいひん) 신제품　説明(せつめい) 설명

4ばん 喫茶店(きっさてん)で女(おんな)の人(ひと)と男(おとこ)の人(ひと)が昨日(きのう)の試合(しあい)について話(はな)しています。昨日(きのう)の試合(しあい)はどうなりましたか。

찻집에서 여자와 남자가 어제 시합에 대해서 이야기하고 있습니다. 어제 시합은 어떻게 되었습니까?

女 昨日(きのう)の試合(しあい)、最後(さいご)まで見(み)た?	여 어제 시합, 끝까지 봤어?
男 うん、見(み)たよ。	남 응, 봤어.
女 どうなった?	여 어떻게 되었어?
男 驚(おどろ)かないでよ。Ａチームが勝(か)ったんだよ。	남 놀라지 마. A팀이 이겼어.
女 嘘(うそ)? 後(あと)一人(ひとり)でゲームセットだったんでしょう?	여 거짓말? 앞으로 한 명으로 게임 끝이었잖아?
男 うん、あの時(とき)は僕(ぼく)もＡチームが負(ま)けると思(おも)ったよ。	남 응. 그 때는 나도 A팀이 질 거라고 생각했어.
女 絶対(ぜったい)にＢチームが勝(か)つと思(おも)ってたのに…。	여 무조건 B팀이 이길 거라고 생각했었는데….
男 だから、野球(やきゅう)は最後(さいご)まで見(み)なきゃわからないんだよ。	남 그래서 야구는 끝까지 보지 않으면 모르는 거야.

昨日(きのう)の試合(しあい)はどうなりましたか。
1 予想通(よそうどお)りＢチームがＡチームに勝(か)った。
2 ＡチームがＢチームに逆転勝(ぎゃくてんが)ちした。
3 ＢチームがＡチームに大勝(たいしょう)した。
4 ＡチームがＢチームに逆転負(ぎゃくてんま)けした。

어제 시합은 어떻게 되었습니까?
1 예상대로 B팀이 A팀을 이겼다.
2 A팀이 B팀에 역전승했다.
3 B팀이 A팀에 대승했다.
4 A팀이 B팀에 역전패했다.

어휘 試合(しあい) 시합 ～について ～에 대해서 *내용 最後(さいご) 최후, 마지막 見(み)る 보다 驚(おどろ)く 놀라다
～ないで (문장 끝에 와서) ～하지 마 チーム 팀 勝(か)つ 이기다 嘘(うそ) 거짓말 後(あと) 앞으로 一人(ひとり) 한 명
ゲームセット 게임 끝 負(ま)ける 지다, 패하다 絶対(ぜったい)に 절대로, 무조건 ～のに ～는데(도) だから 따라서, 그래서
野球(やきゅう) 야구 ～なきゃ ～하지 않으면 *「～なければ」의 회화체 표현 予想(よそう) 예상 명사+通(どお)り ～대로
逆転勝(ぎゃくてんが)ち 역전승 大勝(たいしょう) 대승. 크게 이김 逆転負(ぎゃくてんま)け 역전패

5ばん 会社(かいしゃ)の休憩室(きゅうけいしつ)で男(おとこ)の人(ひと)と女(おんな)の人(ひと)が話(はな)しています。女(おんな)の人(ひと)は鈴木君(すずきくん)のことをどう思(おも)っていますか。

회사 휴게실에서 남자와 여자가 이야기하고 있습니다. 여자는 스즈키 군을 어떻게 생각하고 있습니까?

男 新人(しんじん)の鈴木君(すずきくん)、どう?	남 신입인 스즈키 군, 어때?
女 仕事(しごと)はとてもできると思(おも)うわ。	여 일은 아주 잘한다고 생각해.
男 それはよかったね。	남 그거 다행이네.
女 でも、意欲(いよく)が溢(あふ)れすぎてちょっとね。	여 하지만 의욕이 너무 넘쳐서 좀 그래.
男 いいんじゃない? それぐらいは。	남 괜찮지 않아? 그 정도는.
女 私(わたし)も意欲(いよく)だけなら別(べつ)に問題(もんだい)ないと思(おも)うわ。	여 나도 의욕만이라면 특별히 문제없다고 생각해.
男 他(ほか)に何(なに)か問題(もんだい)でも?	남 그 외에 뭔가 문제라도?
女 偉(えら)そうにしているのはちょっとね。	여 잘난 척하는 건 좀 그래.
男 それはよくないなあ。	남 그건 좋지 않네.

女(おんな)の人(ひと)は鈴木君(すずきくん)のことをどう思(おも)っていますか。
1 いつも謙遜(けんそん)で見習(みなら)いたいと思(おも)っている。
2 経験(けいけん)が豊富(ほうふ)で、役(やく)に立(た)つと思(おも)っている。
3 意欲(いよく)が旺盛(おうせい)で、何(なん)の問題(もんだい)もないと思(おも)っている。
4 仕事(しごと)はできるが、自慢(じまん)するのは気(き)に入(い)らないと思(おも)っている。

여자는 스즈키 군을 어떻게 생각하고 있습니까?
1 항상 겸손해서 본받고 싶다고 생각하고 있다.
2 경험이 풍부해서 도움이 된다고 생각하고 있다.
3 의욕이 왕성해서 아무런 문제도 없다고 생각하고 있다.
4 일은 잘하지만, 자만하는 것은 마음에 안 든다고 생각하고 있다.

496

어휘 休憩室(きゅうけいしつ) 휴게실　新人(しんじん) 신인, 신입　仕事(しごと) 일　できる 잘하다　でも 하지만
意欲(いよく) 의욕　溢(あふ)れる 넘치다　동사의 ます형+すぎる 너무 ~하다　別(べつ)に (부정어 수반) 특히, 특별히
他(ほか)に 그 외에　偉(えら)い 잘나다　謙遜(けんそん)だ 겸손하다　見習(みなら)う 본받다　経験(けいけん) 경험
豊富(ほうふ)だ 풍부하다　役(やく)に立(た)つ 도움이 되다　旺盛(おうせい)だ 왕성하다　何(なん)の 아무런
自慢(じまん) 자만, 자랑　気(き)に入(い)る 마음에 들다

6ばん　会社で男の人と女の人が話しています。女の人は男の人の話をどう思っていますか。
회사에서 남자와 여자가 이야기하고 있습니다. 여자는 남자의 이야기를 어떻게 생각하고 있습니까?

男　山田君、ちょっといいかね?

女　はい、何ですか。

男　色々と努力はしたけど、今度の企画、結局最初からやり
　直すことになったよ。

女　えっ? どうしてですか。企画に何か問題でもありました
　か。

男　企画自体は本当に素晴らしいと思うよ。

女　なのに、やり直すんですか。

男　それが、いくら計算してみても採算が合わないんだよ。
　悪いなあ。

女　でも、みんな頑張って作った企画なのに、今更そんな …。

남　야마다 군, 잠시 괜찮아?

여　예, 무슨 일이에요?

남　여러 가지로 노력은 했는데. 이번 기획, 결국 맨
　처음부터 다시 하게 되었어.

여　네? 왜요? 기획에 뭔가 문제라도 있었나요?

남　기획 자체는 정말로 훌륭하다고 생각해.

여　그런데도 다시 하는 건가요?

남　그게 아무리 계산해 봐도 채산이 맞지 않아. 미
　안하네.

여　하지만 모두 노력해서 만든 기획인데, 이제 와서
　그런….

女の人は男の人の話をどう思っていますか。
1 納得できない話だと思っている。
2 十分に納得できる話だと思っている。
3 実に説得力のある話だと思っている。
4 状況から見て理解するしかない話だと思っている。

여자는 남자의 이야기를 어떻게 생각하고 있습니까?
1 납득할 수 없는 이야기라고 생각하고 있다.
2 충분히 납득할 수 있는 이야기라고 생각하고 있다.
3 실로 설득력이 있는 이야기라고 생각하고 있다.
4 상황으로 보아 이해할 수밖에 없는 이야기라고 생
　각하고 있다.

어휘 色々(いろいろ)と 여러 가지로　努力(どりょく) 노력　今度(こんど) 이번　企画(きかく) 기획　結局(けっきょく) 결국
最初(さいしょ) 최초, 맨 처음　やり直(なお)す 다시 하다　동사의 보통형+ことになる ~하게 되다　自体(じたい) 자체
素晴(すば)らしい 훌륭하다　なのに 그런데도　いくら~ても 아무리 ~해도　計算(けいさん) 계산　採算(さいさん) 채산
合(あ)う 맞다　悪(わる)い 미안하다　みんな 모두　頑張(がんば)る (끝까지) 노력하다, 열심히 하다　今更(いまさら) 이제 와서
そんな 그런　納得(なっとく) 납득　十分(じゅうぶん)に 충분히　実(じつ)に 실로　説得力(せっとくりょく) 설득력
状況(じょうきょう) 상황　~から見(み)て ~로 보아　理解(りかい) 이해　~しかない ~할 수밖에 없다

문제 3 개요 이해에서는 이야기를 듣고 말하는 사람의 의도나 주장, 감정 상태 등을 이해했는지 묻는다. 총 3 문항이 출제되는데, 먼저 이야기의 배경과 상황을 설명해 주는 문장이 제시되고, 질문은 이야기가 끝나면 한 번만 들려준다. 또한 선택지도 문제지에 인쇄되어 있지 않고 질문이 끝나면 음성으로만 들려주므로 무엇보다도 메모를 잘해야 하는 파트이다.

_{もんだい}
問題 3

음원

　問題3では、問題用紙に何もいんさつされていません。この問題は、ぜんたいとしてどんなないようかを聞く問題です。話の前に質問はありません。まず話を聞いてください。それから、質問とせんたくしを聞いて、1から4の中から、最もよいものを一つえらんでください。

－ メモ －

もんだい
問題 3

　問題 3では、問題用紙に何もいんさつされていません。この問題は、ぜんたいとしてどんないようかを聞く問題です。話の前に質問はありません。まず話を聞いてください。それから、質問とせんたくしを聞いて、1から4の中から、最もよいものを一つえらんでください。

－ メモ －

음원

확인 문제 2 · 스크립트 및 해석(개요 이해)

1ばん 女の人と男の人が髪型について話しています。
여자와 남자가 머리 스타일에 대해서 이야기하고 있습니다.

女 あら、村上さん、髪型、変わりましたね。	여 어머, 무라카미 씨, 머리 스타일 바뀌었네요.
男 ええ、短く切りました。	남 네, 짧게 잘랐어요.
女 いつ切ったんですか。	여 언제 자른 거예요?
男 三日前に切りました。	남 사흘 전에 잘랐어요.
女 前の髪型、村上さんに似合ってたのに、何かあったんですか。	여 전의 머리 스타일, 무라카미 씨한테 어울렸는데 무슨 일인가 있었나요?
男 私も前の髪型の方が好きでしたが、彼女が嫌だと言ったので…。	남 저도 이전 머리 스타일 쪽을 좋아했는데, 여자친구가 싫다고 해서….
女 ああ、そうだったんですか。	여 아ー, 그랬어요?

男の人が髪型を変えた理由は何ですか。
1 彼女と別れたから
2 前の髪型に飽きたから
3 今の流行に合わないと思ったから
4 彼女に前の髪型は嫌だと言われたから

남자가 머리 스타일을 바꾼 이유는 무엇입니까?
1 여자친구와 헤어져서
2 이전 머리 스타일에 질려서
3 지금 유행에 맞지 않는다고 생각해서
4 여자친구에게 전의 머리 스타일은 싫다는 말을 들어서

어휘 髪型(かみがた) 머리 스타일 変(か)わる 바뀌다, 변하다 短(みじか)い 짧다 切(き)る 자르다 三日(みっか) 3일, 사흘
前(まえ) 전, 이전 似合(にあ)う 잘 맞다, 어울리다 ~のに ~는데(도) 好(す)きだ 좋아하다 彼女(かのじょ) 여자친구
嫌(いや)だ 싫다 変(か)える 바꾸다, 변경하다 理由(りゆう) 이유 別(わか)れる 헤어지다 飽(あ)きる 질리다
流行(りゅうこう) 유행 合(あ)う 맞다 ~と言(い)われる ~라는 말을 듣다, ~라고 하다

2ばん 女の人と男の人が話しています。
여자와 남자가 이야기하고 있습니다.

女 これ、つまらないものですが、どうぞ。	여 이거, 별 거 아니지만, 받으세요.
男 えっ? 何ですか。	남 네? 뭐예요?
女 この前のお礼です。	여 지난번의 감사 선물이에요.
男 この前って…。	남 지난번이라니….
女 鈴木さんが本を貸してくれて本当に助かりました。	여 스즈키 씨가 책을 빌려줘서 정말로 도움이 되었어요.
男 ああ、あれですか。吉田さんのお願いでただ渡しただけですが…。	남 아ー, 그거요? 요시다 씨의 부탁으로 그저 건네준 것뿐인데요….
女 えっ? そうだったんですか。	여 네? 그랬어요?

女の人はどうして男の人にお礼をしようとしましたか。
1 男の人にはいつもお世話になっているから
2 男の人が本を貸してくれたと思ったから
3 男の人が吉田さんの頼みを聞いてくれたから
4 男の人のおかげで、吉田さんの本を借りることができたから

여자는 왜 남자에게 감사 선물을 하려고 했습니까?
1 남자에게는 항상 신세를 지고 있으니까
2 남자가 책을 빌려주었다고 생각했기 때문에
3 남자가 요시다 씨의 부탁을 들어주었기 때문에
4 남자 덕분에 요시다 씨의 책을 빌릴 수 있었기 때문에

어휘 つまらないものですが 별 거 아닙니다만 *선물 등을 건네줄 때 하는 말 どうぞ 무언가를 허락하거나 권할 때 쓰는 말
つまらない 시시하다, 하찮다 この前(まえ) 요전, 지난번 お礼(れい) 감사 선물 ～って ～라니 本(ほん) 책
貸(か)す 빌려주다 ～てくれる (남이 나에게) ～해 주다 本当(ほんとう)に 정말로 助(たす)かる 도움이 되다
あれ (서로 알고 있는) 그것 お願(ねが)い 부탁 ただ 그냥, 그저 渡(わた)す 건네다, 건네주다 お世話(せわ)になる 신세를 지다
頼(たの)み 부탁 명사+の+おかげで 덕분에 借(か)りる 빌리다 동사의 기본형+ことができる ～할 수 있다

3ばん 女の人と男の人が化粧品について話しています。
여자와 남자가 화장품에 대해서 이야기하고 있습니다.

女 このクリーム、全然効果がないのよ。	여 이 크림, 전혀 효과가 없어.
男 高いクリームだから、絶対効果あるって言ってたじゃない?	남 비싼 크림이니까, 반드시 효과가 있다고 말했었잖아?
女 私もそう思ったけど…。とにかく騙されたって感じ。	여 나도 그렇게 생각했었는데…. 어쨌든 속았다는 느낌.
男 君は美容にかなりお金を使ってるけど、あまり効果はないらしいね。	남 너는 미용에 상당히 돈을 쓰고 있지만, 별로 효과는 없는 것 같네.
女 そうかな…。でも、若く見えるってよく言われるのよ。	여 그런가…. 하지만 젊어 보인다고 자주 들어.
男 ただのお世辞かもしれないよ。	남 그냥 발림말일지도 몰라.

男の人は女の人についてどう思っていますか。
1 効果もないのに、美容にお金をかなり使っている。
2 化粧品のおかげでとても若く見える。
3 美容に全く気を使わない。
4 美容にもっと気を使うべきだ。

남자는 여자에 대해서 어떻게 생각하고 있습니까?
1 효과도 없는데 미용에 돈을 꽤 쓰고 있다.
2 화장품 덕분에 아주 젊어 보인다.
3 미용에 전혀 신경을 쓰지 않는다.
4 미용에 좀 더 신경을 써야 한다.

어휘 化粧品(けしょうひん) 화장품 クリーム 크림 全然(ぜんぜん) (부정어 수반) 전혀 効果(こうか) 효과 高(たか)い 비싸다
絶対(ぜったい) 절대로, 무조건, 반드시 ～って ① ～라고 ② ～라는 そう 그렇게 とにかく 어쨌든 騙(だま)す 속이다
感(かん)じ 느낌 君(きみ) 너, 자네 美容(びよう) 미용 かなり 꽤, 상당히 お金(かね) 돈 使(つか)う 쓰다, 사용하다
あまり (부정어 수반) 그다지, 별로 ～らしい ～인 것 같다 若(わか)い 젊다 見(み)える 보이다 お世辞(せじ) 발림말
～かもしれない ～일지도 모른다 気(き)を使(つか)う 신경을 쓰다 もっと 좀 더 동사의 기본형+べきだ (마땅히) ～해야 한다

もんだい
問題 3

問題3では、問題用紙に何もいんさつされていません。この問題は、ぜんたいとしてどんなないようかを聞く問題です。話の前に質問はありません。まず話を聞いてください。それから、質問とせんたくしを聞いて、1から4の中から、最もよいものを一つえらんでください。

－ メモ －

확인 문제 3 · 스크립트 및 해석(개요 이해)

음원

1ばん 朝、男の人と女の人が話しています。
　　　　아침에 남자와 여자가 이야기하고 있습니다.

男	何か疲れてるように見えるね。	남 어쩐지 피곤한 듯이 보이네.
女	うん。最近、夜眠れなくて大変だわ。	여 응. 요즘 밤에 잠을 못 자서 힘들어.
男	夜中までテレビを見てるからじゃない?	남 밤중까지 TV를 보고 있기 때문 아니야?
女	そうかな。もしかしてコーヒーの飲みすぎが原因かな?	여 그런가? 혹시 커피를 너무 마시는 게 원인일까?
男	一日何杯ぐらい飲んでる?	남 하루에 몇 잔 정도 마셔?
女	二杯は飲んでるわ。	여 두 잔은 마셔.
男	なんだ。一日に二杯ぐらいは大丈夫だよ。夜遅くまでテレビ見なければきっと眠れると思うよ。	남 뭐야. 하루에 두 잔 정도는 괜찮아. 밤늦게까지 TV 보지 않으면 틀림없이 잘 수 있다고 생각해.
女	わかった。今晩からそうする。	여 알았어. 오늘 밤부터 그렇게 할게.

女の人が眠れない理由として、男の人が言っているのは何ですか。
1 お酒の飲みすぎ
2 長時間の音楽鑑賞
3 コーヒーの飲みすぎ
4 夜中のテレビの視聴

여자가 잘 수 없는 이유로 남자가 말하고 있는 것은 무엇입니까?
1 술을 너무 마심
2 장시간의 음악 감상
3 커피를 너무 마심
4 밤중의 TV 시청

어휘 朝(あさ) 아침　何(なに)か 왜 그런지, 어쩐지　疲(つか)れる 지치다, 피로해지다　～ように ～처럼　見(み)える 보이다
最近(さいきん) 최근, 요즘　夜(よる) 밤　眠(ねむ)る 자다, 잠들다　大変(たいへん)だ 힘들다　夜中(よなか) 밤중
テレビ 텔레비전, TV *「テレビジョン」의 준말　見(み)る 보다　もしかして 혹시　コーヒー 커피　飲(の)みすぎ 너무 마심
原因(げんいん) 원인　一日(いちにち) 하루　何杯(なんばい) 몇 잔 *「～杯(はい)」-～잔　飲(の)む 마시다　なんだ 뭐야
大丈夫(だいじょうぶ)だ 괜찮다　遅(おそ)い 늦다　きっと 분명히, 틀림없이　今晩(こんばん) 오늘 밤　お酒(さけ) 술
長時間(ちょうじかん) 장시간　音楽(おんがく) 음악　鑑賞(かんしょう) 감상　視聴(しちょう) 시청

2ばん 男の人と女の人がある野球選手について話しています。
　　　　남자와 여자가 어느 야구선수에 대해서 이야기하고 있습니다.

男	聞いた? 野球の加藤選手、辞めるそうなんだよね。	남 들었어? 야구의 가토 선수, 그만둔다더군.
女	うん、ニュースで見た。	여 응, 뉴스에서 봤어.
男	まだ30歳なのに、ちょっともったいないなあ。	남 아직 서른 살인데, 조금 아깝네.
女	長い間頑張ったんだから、もういいんじゃない?	여 오랫동안 열심히 했으니까, 이제 괜찮지 않아?
男	サッカーの鈴木選手は40歳なのに、まだやってるよ。きっと野球選手なら、もっと長くできると思うんだけど。	남 축구의 스즈키 선수는 마흔 살인데도 아직 하고 있어. 틀림없이 야구선수라면 더 오래 할 수 있을 거라고 생각하는데.
女	うーん、加藤選手は大きな怪我をしたことも何回もあるし。	여 음…, 가토 선수는 큰 부상을 입은 적도 여러 번 있고.
男	そりゃそうだけど、とにかく僕はもったいないと思うよ。	남 그건 그렇지만, 어쨌든 난 아깝다고 생각해.

507

男の人は加藤選手についてどう思っていますか。

1 今辞めるのはもったいない。

2 もう辞めてもいい年だ。

3 40歳だから、健康のために辞めた方がいい。

4 大きな怪我もなしに頑張ってきた。

남자는 가토 선수에 대해서 어떻게 생각하고 있습니까?
1 지금 그만두는 것은 아깝다.
2 이제 그만둬도 좋을 나이다.
3 마흔 살이니까, 건강을 위해서 그만두는 편이 좋다.
4 큰 부상 없이 열심히 해 왔다.

어휘 野球(やきゅう) 야구 選手(せんしゅ) 선수 辞(や)める (일자리를) 그만두다 품사의 보통형+そうだ ~라고 한다 *전문
ニュース 뉴스 もったいない 아깝다 長(なが)い間(あいだ) 오랫동안 頑張(がんば)る (끝까지) 노력하다, 열심히 하다 もう 이제
サッカー 축구 まだ 아직 やる 하다 きっと 분명히, 틀림없이 もっと 더, 더욱 長(なが)い (시간적으로) 오래다
できる 할 수 있다, 가능하다 大(おお)きな 큰 怪我(けが)をする 부상을 입다 何回(なんかい)も 몇 번이나, 여러 번 ~し ~하고
そりゃ 그것은 *「それは」의 회화체 표현 とにかく 어쨌든 僕(ぼく) 나 *남자의 자칭 年(とし) 나이 健康(けんこう) 건강
명사+の+ために ~을 위해서 동사의 た형+方(ほう)がいい ~하는 편이 좋다 ~なしに ~없이

3ばん 女の人と男の人が英語について話しています。
여자와 남자가 영어에 대해서 이야기하고 있습니다.

女 山田さんは英語が本当にお上手ですね。アメリカに留学したことがあるんですか。

男 いいえ、留学したことはないです。

女 なのに、こんなにお上手なんですか。何か秘訣でもありますか。

男 そうですね。ただアメリカの映画が大好きで、よく見ています。

女 私もアメリカの映画は好きですが、字幕を見ていると、英語は聞こえなくなって。

男 最初は私もそうでしたが、映画を何回も繰り返して見ればだんだん台詞も覚えられます。

女 そうですか。じゃ、私もそうしてみます。

여 야마다 씨는 영어를 정말로 잘하시네요. 미국에 유학한 적이 있어요?
남 아니요, 유학한 적은 없어요.
여 그런데도 이렇게 잘하시는 거예요? 뭔가 비결이라도 있어요?
남 글쎄요. 그냥 미국 영화를 아주 좋아해서 자주 보고 있어요.
여 저도 미국 영화는 좋아하는데, 자막을 보고 있으면 영어는 들리지 않게 되어서.
남 맨 처음에는 저도 그랬는데요. 영화를 여러 번 반복해서 보면 점점 대사도 외울 수 있어요.
여 그래요? 그럼, 저도 그렇게 해 볼게요.

男の人は自分の英語が上手になった理由が何だと言っていますか。

1 アメリカに留学したことがあるから

2 アメリカ人の友達がたくさんいるから

3 毎日英語の勉強をしているから

4 アメリカの映画を何回も繰り返して見ているから

남자는 자신이 영어를 잘하게 된 이유가 무엇이라고 말하고 있습니까?
1 미국에 유학한 적이 있기 때문에
2 미국인 친구가 많이 있기 때문에
3 매일 영어 공부를 하고 있기 때문에
4 미국 영화를 여러 번 반복해서 보고 있기 때문에

어휘 英語(えいご) 영어 本当(ほんとう)に 정말로 上手(じょうず)だ 능숙하다, 잘하다 アメリカ 아메리카, 미국
留学(りゅうがく) 유학 동사의 た형+ことがある ~한 적이 있다 なのに 그런데도 *「それなのに」의 준말
こんなに 이렇게 秘訣(ひけつ) 비결 ただ 그냥, 그저 映画(えいが) 영화 大好(だいす)きだ 아주 좋아하다 字幕(じまく) 자막
聞(き)こえる 들리다 最初(さいしょ) 최초, 맨 처음 繰(く)り返(かえ)す 되풀이하다, 반복하다 だんだん 점점 台詞(せりふ) 대사
覚(おぼ)える 외우다, 기억하다 友達(ともだち) 친구 たくさん 많이 毎日(まいにち) 매일 勉強(べんきょう) 공부

508

もんだい
問題 3

　問題 3では、問題用紙に何もいんさつされていません。この問題は、ぜんたいとしてどんなないようかを聞く問題です。話の前に質問はありません。まず話を聞いてください。それから、質問とせんたくしを聞いて、1から4の中から、最もよいものを一つえらんでください。

－ メモ －

음원

확인 문제 4 · 스크립트 및 해석(개요 이해)

1ばん　男の人と女の人が会社で話しています。
남자와 여자가 회사에서 이야기하고 있습니다.

男　佐々木さん、ちょっといいですか。

女　はい、何ですか。

男　あの、第3会議室の鍵が見つからなくて…。

女　えっ、またですか。使った後は必ず元の場所に戻すよう
　　にと言っているんですが…。

男　最後に使ったのは誰でしょうか。

女　後で調べますから、とりあえずこれを使ってください。

男　あ、ありがとうございます。

남　사사키 씨, 잠시 괜찮아요?
여　예, 무슨 일이에요?
남　저기, 제3회의실 열쇠가 안 보여서….
여　네? 또요? 사용한 후에는 반드시 원래 장소에
　　돌려놓으라고 말했는데요….
남　마지막에 사용한 건 누구일까요?
여　나중에 조사할 테니까, 우선 이걸 쓰세요.
남　아, 고마워요.

女の人は鍵についてどう思っていますか。
1 鍵を使う前に自分に言ってほしい。
2 自分の許可なしに鍵を持って行ってはいけない。
3 使った鍵は必ず元の場所に戻すべきだ。
4 最後に鍵を使った人は自分のところに持って来るべきだ。

여자는 열쇠에 대해서 어떻게 생각하고 있습니까?
1 열쇠를 사용하기 전에 자신에게 말해 주었으면 한다.
2 자신의 허가 없이 열쇠를 가지고 가서는 안 된다.
3 사용한 열쇠는 반드시 원래 장소에 돌려놓아야 한다.
4 마지막에 열쇠를 사용한 사람은 자신에게 가지고 와
　야 한다.

어휘　会議室(かいぎしつ) 회의실　鍵(かぎ) 열쇠　見(み)つかる 발견되다, 찾게 되다　使(つか)う 쓰다, 사용하다
동사의 た형+後(あと) ~한 후　必(かなら)ず 반드시　元(もと) 원래　場所(ばしょ) 장소　戻(もど)す (원위치로) 돌려놓다
~ように ~하도록　最後(さいご) 최후, 마지막　後(あと)で 나중에　調(しら)べる 조사하다　とりあえず 우선, 먼저
동사의 기본형+前(まえ)に ~하기 전에　自分(じぶん) 자기, 자신, 나　~てほしい ~해 주었으면 하다, ~하길 바라다
許可(きょか) 허가　~なしに ~없이　持(も)つ 가지다, 들다　~てはいけない ~해서는 안 된다　동사의 기본형+べきだ ~해야 한다

2ばん　父親と娘が話しています。
아버지와 딸이 이야기하고 있습니다.

女　お父さん、すごいわね。30年間無事故って。秘訣でもあ
　　るの?

男　秘訣なんか、あるはずがないじゃない。いつも道路を決
　　まった速度で走ることと信号をちゃんと守ることだよ。

女　やっぱり安全運転しかないね。でもいつも気を付けて運
　　転してね。

男　うん、わかった。事故はいつ起こるか誰も知らないから
　　な。じゃ、行ってくるよ。

女　は〜い、行ってらっしゃい。

여　아버지, 대단하네. 30년간 무사고라니. 비결이라
　　도 있어?
남　비결 같은 거, 있을 리 없잖아. 항상 도로를 정해
　　진 속도로 달리는 것과 신호를 확실히 지키는 거
　　야.
여　역시 안전운전밖에 없네. 하지만 늘 조심해서 운
　　전해.
남　응, 알았어. 사고는 언제 일어날지 아무도 모르니
　　까. 다녀오마.
여　예〜. 다녀오세요.

父親は自分の無事故運転の理由は、何だと言っていますか。
1 居眠り運転をしないこと
2 雨の日は運転しないこと
3 週末は運転しないこと
4 交通違反をしないこと

아버지는 자신의 무사고 운전의 이유는 무엇이라고
말하고 있습니까?
1 졸음운전을 하지 않는 것
2 비 오는 날에는 운전하지 않는 것
3 주말에는 운전하지 않는 것
4 교통위반을 하지 않는 것

510

어휘 父親(ちちおや) 부친, 아버지 娘(むすめ) 딸 すごい 대단하다 無事故(むじこ) 무사고 ～って ～라니 秘訣(ひけつ) 비결
～なんか ～따위, ～같은 것 ～はずがない ～일 리가 없다 道路(どうろ) 도로 決(き)まる 정해지다 速度(そくど) 속도
走(はし)る (탈것이) 달리다 信号(しんごう) 신호 ちゃんと 제대로, 확실히 守(まも)る 지키다
やっぱり 역시 *「やはり」의 회화체 표현 安全運転(あんぜんうんてん) 안전운전 ～しか (부정어 수반) ～밖에
気(き)を付(つ)ける 조심하다, 주의하다 事故(じこ) 사고 起(お)こる 일어나다, 발생하다 誰(だれ)も 아무도 知(し)る 알다
行(い)ってらっしゃい 다녀오세요 *인사말 居眠(いねむ)り運転(うんてん) 졸음운전 雨(あめ) 비 日(ひ) 날
週末(しゅうまつ) 주말 交通違反(こうつういはん) 교통위반

3ばん テレビで医者(いしゃ)が話(はな)しています。
TV에서 의사가 이야기하고 있습니다.

女 日本人は、睡眠時間が少ない方ですが、特に女性が寝ていないのが目立ちます。ほとんどの国では、男性より女性の方がよく寝ているのに、日本では女性の方が睡眠時間が短いのです。「男性が家事をやらない分、女性だけに負担がかかっているから」と言うかもしれませんが、他のデータと合わせて詳しく見てみると、要因はそれだけではありません。日本の女性は、テレビを見たりイベントに参加したりする時間も多いことがわかっています。一方で、確かに女性ばかりが家事や育児、介護を担っている傾向もあります。つまり、テレビを見て遅く寝る専業主婦と、仕事と家事の両立で睡眠時間が短くなった働く女性に、二極化しているのではないかと考えられます。

여 일본인은 수면시간이 적은 편인데, 특히 여성이 안 자고 있는 것이 눈에 띕니다. 대부분의 나라에서는 남성보다 여성 쪽이 잘 자는데, 일본에서는 여성 쪽이 수면시간이 짧습니다. '남성이 가사를 하지 않는 만큼 여성에게만 부담이 가해지니까'라고 말할지도 모르지만, 다른 데이터와 합쳐서 상세하게 봐 보면 요인은 그것만은 아닙니다. 일본 여성은 TV를 보거나 이벤트에 참가하거나 하는 시간도 많다는 것을 알 수 있습니다. 한편으로 확실히 여성만이 가사나 육아, 간병을 떠맡고 있는 경향도 있습니다. 즉, TV를 보고 늦게 자는 전업주부와 일과 가사 양립으로 수면시간이 짧아진 일하는 여성으로 양극화된 것은 아닐까 생각됩니다.

この医者は日本の女性の睡眠時間についてどう思っていますか。
1 家事と睡眠時間とは全く関係がない。
2 他の国と比べると、決して短いとは言えない。
3 テレビを見て遅く寝ることも睡眠時間の短さの要因の一つだ。
4 仕事をする時間が長い男性よりは睡眠時間が長い。

이 의사는 일본 여성의 수면시간에 대해서 어떻게 생각하고 있습니까?
1 가사와 수면시간과는 전혀 관계가 없다.
2 다른 나라와 비교하면 결코 짧다고는 말할 수 없다.
3 TV를 보고 늦게 자는 것도 수면시간이 짧은 요인 중 하나다.
4 일을 하는 시간이 긴 남성보다는 수면시간이 길다.

어휘 医者(いしゃ) 의사 睡眠(すいみん) 수면 時間(じかん) 시간 少(すく)ない 적다 特(とく)に 특히 女性(じょせい) 여성
寝(ね)る 자다 目立(めだ)つ 눈에 띄다, 두드러지다 ほとんど 거의, 대부분 国(くに) 나라 男性(だんせい) 남성 ～より ～보다
～のに ～는데(도) 短(みじか)い 짧다 家事(かじ) 가사, 집안일 やる 하다 ～分(ぶん) ～인 만큼 負担(ふたん) 부담
かかる 가해지다 他(ほか)の～ 다른～ データ 데이터 合(あ)わせる 합치다 詳(くわ)しい 상세하다 要因(よういん) 요인
イベント 이벤트 参加(さんか) 참가 多(おお)い 많다 一方(いっぽう)で 한편으로 確(たし)かに 확실히, 분명히
～ばかり ～만, ～뿐 育児(いくじ) 육아 介護(かいご) 간병 担(にな)う (책임 따위를) 떠맡다, 지다 傾向(けいこう) 경향
つまり 요컨대, 즉 専業主婦(せんぎょうしゅふ) 전업주부 仕事(しごと) 일 両立(りょうりつ) 양립 働(はたら)く 일하다
二極化(にきょくか) 양극화 考(かんが)える 생각하다 全(まった)く (부정어 수반) 전혀 関係(かんけい) 관계
比(くら)べる 비교하다 決(けっ)して (부정어 수반) 결코 ～とは言(い)えない ～라고는 할 수 없다 短(みじか)さ 짧음
～の一(ひと)つだ ～중 하나다 長(なが)い 길다

もんだい
問題3

問題3では、問題用紙に何もいんさつされていません。この問題は、ぜんたいとしてどんなないようかを聞く問題です。話の前に質問はありません。まず話を聞いてください。それから、質問とせんたくしを聞いて、1から4の中から、最もよいものを一つえらんでください。

－ メモ －

확인 문제 5 · 스크립트 및 해석(개요 이해)

음원

1ばん　妻と夫が家で話しています。
　　　아내와 남편이 집에서 이야기하고 있습니다.

女 これ、何?	여 이거 뭐야?
男 魚、買ってきたよ。ほら、とても新鮮だよ。	남 생선, 사 왔어. 봐, 아주 신선해.
女 この前買ってきた肉もまだ残っているのに、また魚を…。	여 요전에 사 온 고기도 아직 남아 있는데, 또 생선을….
男 じゃ、肉は冷凍しといて、魚を新鮮なうちに食べようよ。	남 그럼, 고기는 냉동해 두고 생선을 신선한 동안에 먹자.
女 もう、次々と買ってくるんだから…。	여 정말, 계속해서 사 온다니까….
男 ごめん。	남 미안.
女 ほら、冷蔵庫がいっぱいよ。	여 봐, 냉장고가 꽉 찼어.

夫はどうしようと思っていますか。
1 腐らないうちに魚を食べよう。
2 早く魚を冷凍しておこう。
3 肉と魚を一緒に食べよう。
4 肉も魚も食べない方がいい。

남편은 어떻게 하려고 생각하고 있습니까?
1 상하지 않는 동안에 생선을 먹자.
2 빨리 생선을 냉동해 두자.
3 고기와 생선을 함께 먹자.
4 고기도 생선도 먹지 않는 편이 좋다.

어휘　妻(つま) 아내　夫(おっと) 남편　魚(さかな) 생선　買(か)う 사다　ほら 봐, 자 *급히 주의를 환기할 때 내는 소리　新鮮(しんせん)だ 신선하다　この前(まえ) 요전, 지난번　肉(にく) 고기　残(のこ)る 남다　〜のに 〜는데(도)　冷凍(れいとう) 냉동　〜とく 〜해 놓다[두다] *「〜ておく」의 회화체 표현　〜うちに 〜동안에, 〜사이에　食(た)べる 먹다　もう 정말 *감동·감정을 강조할 때 쓰는 말　次々(つぎつぎ)と 계속해서　ごめん 미안　冷蔵庫(れいぞうこ) 냉장고　いっぱいだ 가득 차다　腐(くさ)る 썩다, 상하다　〜ないうちに 〜하지 않는 동안에, 〜하기 전에　一緒(いっしょ)に 함께, 같이　〜ない方(ほう)がいい 〜하지 않는 편[쪽]이 좋다

2ばん　上司と部下が会社で話しています。
　　　상사와 부하가 회사에서 이야기하고 있습니다.

男 うーん。	남 음….
女 部長、どうかなさいましたか。	여 부장님, 무슨 일 있으세요?
男 新入社員、電話の応対に問題があるなあ。	남 신입사원, 전화 응대에 문제가 있어.
女 電話の応対とおっしゃいますと…。	여 전화 응대라고 말씀하시면….
男 敬語を正しく使うことができないみたいだな。	남 경어를 올바르게 쓰지 못하는 것 같아.
女 はあ、私も気になってはいましたが。	여 네, 저도 신경이 쓰이고는 있었는데요.
男 もっと厳しく指導してほしいよ。	남 좀 더 엄하게 지도해 주었으면 좋겠어.
女 かしこまりました。先輩として厳しく指導します。	여 알겠습니다. 선배로서 엄하게 지도하겠습니다.

上司は部下にどんな注意をしましたか。
1 電話にもっと早く出るように
2 新入社員と仲良くするように
3 新入社員を厳しく指導するように
4 電話の応対には気を付けるように

상사는 부하에게 어떤 주의를 주었습니까?
1 전화를 좀 더 빨리 받도록
2 신입사원과 사이 좋게 지내도록
3 신입사원을 엄하게 지도하도록
4 전화 응대에는 조심하도록

어휘 部長(ぶちょう) 부장 どうかなさいましたか 무슨 일 있으십니까? *「どうかしましたか」(무슨 일 있습니까?)보다 공손한 표현
新入社員(しんにゅうしゃいん) 신입사원 電話(でんわ) 전화 応対(おうたい) 응대 問題(もんだい) 문제
おっしゃる 말씀하시다 *「言(い)う」(말하다)의 존경어 敬語(けいご) 경어 正(ただ)しい 올바르다 使(つか)う 쓰다, 사용하다
동사의 기본형+ことができる ~할 수 있다 ~みたいだ ~인 것 같다 気(き)になる 신경이 쓰이다, 걱정되다 もっと 좀 더
厳(きび)しい 엄하다 指導(しどう) 지도 ~てほしい ~해 주었으면 하다, ~하길 바라다
かしこまりました 알겠습니다 *「わかりました」의 격식 차린 말 先輩(せんぱい) 선배 ~として ~로서
電話(でんわ)に出(で)る 전화를 받다 ~ように ~하도록 仲良(なかよ)く 사이 좋게 気(き)を付(つ)ける 조심하다, 주의하다

3ばん 女の人と男の人が会社で話しています。
여자와 남자가 회사에서 이야기하고 있습니다.

女 聞きましたか。田中さん、倒れて入院したそうですよ。 男 はい、私も聞きました。あんなに毎日残業続きじゃ、無理もありませんよね。 女 ええ、ところで担当者の田中さんがいないのにこのプロジェクトは大丈夫でしょうか。 男 さあ、もし彼の入院が長引くなら、担当の交代も考えなきゃなりませんね。 女 でも、今までやってきた田中さんがいないと、このプロジェクトは成功しないと思いますが。 男 そうかもしれませんね。とにかく、今は田中さんの退院を祈るしかありませんね。	여 들었어요? 다나카 씨, 쓰러져 입원했대요. 남 예, 저도 들었어요. 그렇게 매일 야근이 계속되면 무리도 아니죠. 여 네, 그런데 담당자인 다나카 씨가 없는데도 이 프로젝트는 괜찮을까요? 남 글쎄요, 만약 다나카 씨의 입원이 길어지면 담당 교체도 생각하지 않으면 안 되겠죠. 여 하지만 지금까지 해 왔던 다나카 씨가 없으면 이 프로젝트는 성공 못한다고 생각하는데요. 남 그럴지도 모르겠네요. 어쨌든 지금은 다나카 씨의 퇴원을 빌 수밖에 없겠네요.

女の人はプロジェクトについてどう思っていますか。
1 田中さんがいなくてもうまくいく。
2 田中さんがいればうまくいかない。
3 田中さんがいなければうまくいかない。
4 田中さんより自分が進めた方がいい。

여자는 프로젝트에 대해서 어떻게 생각하고 있습니까?
1 다나카 씨가 없어도 잘 되어 간다.
2 다나카 씨가 있으면 잘 되어 가지 않는다.
3 다나카 씨가 없으면 잘 되어 가지 않는다.
4 다나카 씨보다 자신이 진행하는 편이 낫다.

어휘 聞(き)く 듣다 倒(たお)れる 쓰러지다 入院(にゅういん) 입원 품사의 보통형+そうだ ~라고 한다 *전문
あんなに (서로 알고 있는) 그렇게 毎日(まいにち) 매일 残業(ざんぎょう) 잔업, 야근 명사+続(つづ)き ~이 계속됨
無理(むり) 무리 ところで 그런데 担当者(たんとうしゃ) 담당자 プロジェクト 프로젝트 大丈夫(だいじょうぶ)だ 괜찮다
さあ 글쎄요 *확실한 대답을 피할 때의 소리 もし 만약 長引(ながび)く 오래 끌다, 오래가다 交代(こうたい) 교체
考(かんが)える 생각하다 ~なきゃならない ~하지 않으면 안 된다, ~해야 한다 *「~なければならない」의 회화체 표현
今(いま)まで 지금까지 成功(せいこう) 성공 ~かもしれない ~일지도 모른다 とにかく 어쨌든 退院(たいいん) 퇴원
祈(いの)る 빌다, 기도하다 ~しかない ~할 수밖에 없다 うまくいく 잘 되어 가다 進(すす)める 진행하다
동사의 た형+方(ほう)いい ~하는 편[쪽]이 좋다

3ばん

4ばん

확인 문제 1 · 스크립트 및 해석(발화 표현)

1ばん 展示会で観覧客が作品に触ろうとしています。何と言いますか。

전시회에서 관람객이 작품을 만지려 하고 있습니다. 뭐라고 말합니까?

女 1 あっ、触らないでください。

2 あっ、撮らないでください。

3 あっ、座らないでください。

여 1 앗, 만지지 말아 주세요.

2 앗, 찍지 말아 주세요.

3 앗, 앉지 말아 주세요.

어휘 展示会(てんじかい) 전시회 観覧客(かんらんきゃく) 관람객 作品(さくひん) 작품 触(さわ)る 만지다, 손을 대다
何(なん)と 뭐라고 言(い)う 말하다 ～ないでください ～하지 말아 주십시오 撮(と)る (사진을) 찍다 座(すわ)る 앉다

2ばん 先輩との約束の時間に遅れてしまいました。何と言いますか。

선배와의 약속 시간에 늦고 말았습니다. 뭐라고 말합니까?

男 1 遅くなってすみません。

2 もう少し待った方がいいです。

3 遅くまですみませんでした。

남 1 늦어서 죄송해요.

2 조금 더 기다리는 편이 좋아요.

3 늦게까지 죄송했습니다.

어휘 先輩(せんぱい) 선배 約束(やくそく) 약속 時間(じかん) 시간 遅(おく)れる 늦다, 늦어지다 遅(おそ)い 늦다
すみません 죄송합니다 もう少(すこ)し 조금 더 待(ま)つ 기다리다 동사의 た형+方(ほう)がいい ～하는 편[쪽]이 좋다
～まで ～까지

3ばん 客(きゃく)に料理(りょうり)を出(だ)しています。何(なん)と言(い)いますか。
손님에게 요리를 내놓고 있습니다. 뭐라고 말합니까?

女 1 ご飯(はん)を食(た)べに行(い)きませんか。
2 遠慮(えんりょ)しないで、どうぞ。
3 食(た)べすぎてもう入(はい)らないんです。

여 1 밥을 먹으러 가지 않을래요?
2 사양하지 말고 드세요.
3 너무 먹어서 이제 들어가지 않아요.

어휘 客(きゃく) 손님 料理(りょうり) 요리 出(だ)す 내다, 내놓다 ご飯(はん) 밥 食(た)べる 먹다
동사의 ます형+に ~하러 *동작의 목적 遠慮(えんりょ) 사양 ~ないで ~하지 말고 どうぞ 무언가를 허락하거나 권할 때 쓰는 말
동사의 ます형+すぎる 너무 ~하다 もう 이제 入(はい)る 들어가다

4ばん 先生(せんせい)のお宅(たく)にお土産(みやげ)を持(も)って行(い)きました。何(なん)と言(い)いますか。
선생님 댁에 선물을 가지고 갔습니다. 뭐라고 말합니까?

男 1 もう召(め)し上(あ)がりましたか。
2 これ、つまらないものですが。
3 お土産(みやげ)でも買(か)ってきます。

남 1 벌써 드셨어요?
2 이거 별 거 아닌데요.
3 선물이라도 사 올게요.

어휘 お宅(たく) 댁 お土産(みやげ) 선물 持(も)つ 가지다, 들다 もう 이미, 벌써
召(め)し上(あ)がる 드시다 *「食(た)べる」(먹다), 「飲(の)む」(마시다)의 존경어
つまらないものですが 별 거 아닙니다만 *선물 등을 건네줄 때 하는 말 買(か)う 사다

問題 4

음원

　問題 4では、えを見ながら質問を聞いてください。やじるし (➡) の人は何と言いますか。1から3の中から、最もよいものを一つえらんでください。

1ばん

2ばん

3ばん

4ばん

확인 문제 2 · 스크립트 및 해석(발화 표현)

1ばん 友達が咳をしています。何と言いますか。
친구가 기침을 하고 있습니다. 뭐라고 말합니까?

女 1 冷たい風が吹いているね。
　 2 今日は風が強いね。
　 3 風邪でも引いたの。

여 1 차가운 바람이 불고 있네.
　 2 오늘은 바람이 강하네.
　 3 감기라도 걸린 거야?

어휘 咳(せき) 기침 冷(つめ)たい 차갑다 風(かぜ) 바람 吹(ふ)く (바람이) 불다 強(つよ)い 강하다
風邪(かぜ)を引(ひ)く 감기에 걸리다

2ばん レストランで客がメニューを見ています。何と言いますか。
레스토랑에서 손님이 메뉴를 보고 있습니다. 뭐라고 말합니까?

男 1 料理が冷めてしまって申し訳ありません。
　 2 お客様、ご注文なさいますか。
　 3 何を食べましょうか。

남 1 요리가 식어 버려서 죄송합니다.
　 2 손님, 주문하시겠어요?
　 3 뭘 먹을까요?

어휘 レストラン 레스토랑 客(きゃく) 손님 メニュー 메뉴 見(み)る 보다 料理(りょうり) 요리
冷(さ)める 식다 申(もう)し訳(わけ)ありません 죄송합니다 *「すみません」보다 정중한 표현 お客様(きゃくさま) 손님, 고객
ご+한자명사+なさる ~하시다 *존경표현 注文(ちゅうもん) 주문 ~ましょうか ~할까요?

3ばん 空(そら)が曇(くも)っています。何(なん)と言(い)いますか。
하늘이 흐립니다. 뭐라고 말합니까?

女 1 今日(きょう)は一日中(いちにちじゅう)晴(は)れるって。
　　2 今(いま)にも雨(あめ)が降(ふ)りそうね。
　　3 朝(あさ)からずっと降(ふ)ってるね。

여 1 오늘은 하루 종일 맑대.
　 2 당장이라도 비가 내릴 것 같네.
　 3 아침부터 계속 내리네.

어휘　空(そら) 하늘　曇(くも)る 흐리다　一日中(いちにちじゅう) 하루 종일　晴(は)れる 맑다, 개다　~って ~대, ~래
今(いま)にも 당장이라도　雨(あめ) 비　降(ふ)る (비·눈 등이) 내리다, 오다　동사의 ます형+そうだ ~일[할] 것 같다 *양태
朝(あさ) 아침　ずっと 쭉, 계속

4ばん 通話中(つうわちゅう)です。相手(あいて)の声(こえ)がよく聞(き)こえません。何(なん)と言(い)いますか。
통화 중입니다. 상대의 목소리가 잘 들리지 않습니다. 뭐라고 말합니까?

男 1 携帯(けいたい)を家(いえ)に置(お)いて来(き)てしまいました。
　　2 私(わたし)の電話(でんわ)を貸(か)してあげましょうか。
　　3 ちょっと電話(でんわ)が遠(とお)いようですが。

남 1 휴대전화를 집에 두고 와 버렸어요.
　 2 제 전화를 빌려줄까요?
　 3 조금 전화가 잘 안 들리는데요.

어휘　通話(つうわ) 통화　~中(ちゅう) ~중　相手(あいて) 상대　声(こえ) 목소리　よく 잘　聞(き)こえる 들리다
携帯(けいたい) 휴대전화 *「携帯電話(けいたいでんわ)」의 준말　置(お)く 놓다, 두다　貸(か)す 빌려주다
~てあげる (내가 남에게) ~해 주다　電話(でんわ)が遠(とお)い 전화 감이 멀다, 전화가 잘 안 들리다　~ようだ ~인 것 같다

もんだい
問題 4

問題 4では、えを見ながら質問を聞いてください。やじるし (➡) の人は何と言いますか。1から
3の中から、最もよいものを一つえらんでください。

1ばん

2ばん

3ばん

4ばん

음원

확인 문제 4 · 스크립트 및 해석(발화 표현)

1ばん デパートでトイレに行きたいです。何と言いますか。
백화점에서 화장실에 가고 싶습니다. 뭐라고 말합니까?

男 1 すみませんが、改札口はどちらですか。 　　2 すみませんが、トイレはどちらですか。 　　3 すみませんが、スポーツ用品は何階ですか。	남 1 죄송한데요, 개찰구는 어디예요? 　　2 죄송한데요, 화장실은 어디예요? 　　3 죄송한데요, 스포츠 용품은 몇 층이에요?

어휘 デパート 백화점 *「デパートメントストア」의 준말 トイレ 화장실 行(い)く 가다 동사의 ます형+たい ~하고 싶다
改札口(かいさつぐち) 개찰구 どちら 어느 쪽, 어디 スポーツ用品(ようひん) 스포츠 용품
何階(なんがい) 몇 층 *「~階(かい)」- ~층

2ばん 知り合いの家のテーブルがとても気に入りました。何と言いますか。
아는 사람 집의 테이블이 매우 마음에 들었습니다. 뭐라고 말합니까?

男 1 本当に大きい画面ですね。 　　2 こんな素敵なテーブル、私も買いたいですね。 　　3 座りやすそうなソファーですね。	남 1 정말로 큰 화면이네요. 　　2 이런 멋진 테이블, 저도 사고 싶네요. 　　3 앉기 편할 것 같은 소파네요.

어휘 知(し)り合(あ)い 아는 사람 テーブル 테이블 気(き)に入(い)る 마음에 들다 本当(ほんとう)に 정말로 大(おお)きい 크다
画面(がめん) 화면 こんな 이런 素敵(すてき)だ 멋지다 買(か)う 사다 座(すわ)る 앉다
동사의 ます형+やすい ~하기 편하다 い형용사의 어간+そうだ ~일[할] 것 같다, ~해 보이다 *양태 ソファー 소파

532

3ばん　外から工事の音が聞こえてきます。何と言いますか。

밖에서 공사 소리가 들려옵니다. 뭐라고 말합니까?

女　1 本当にうるさくてたまらないわ。
　　2 静かな音楽でも聞く?
　　3 思ったより早く工事が終わったね。

여　1 정말로 시끄러워서 견딜 수 없어.
　　2 조용한 음악이라도 들을래?
　　3 생각했던 것보다 빨리 공사가 끝났네.

어휘　外(そと) 밖　工事(こうじ) 공사　音(おと) 소리　聞(き)こえる 들리다　うるさい 시끄럽다
~てたまらない ~해서 견딜 수 없다, 너무 ~하다　静(しず)かだ 조용하다　音楽(おんがく) 음악　聞(き)く 듣다
思(おも)ったより 생각했던 것보다　早(はや)く 빨리　終(お)わる 끝나다

4ばん　スカートが長すぎるので直しに来ました。何と言いますか。

치마가 너무 길어서 고치러 왔습니다. 뭐라고 말합니까?

女　1 このスカートの染み、取れますか。
　　2 このスカートの長さ、短く直してほしいんですが。
　　3 このスカート、ちょっと安くなりませんか。

여　1 이 치마의 얼룩, 빠질까요?
　　2 이 치마 길이, 짧게 수선해 줬으면 하는데요.
　　3 이 치마, 좀 싸게 안 되나요?

어휘　スカート 치마　長(なが)い 길다　い형용사의 어간+すぎる 너무 ~하다　直(なお)す 고치다, 수선하다
동사의 ます형+に ~하러 *동작의 목적　染(し)み 얼룩　取(と)れる 빠지다　長(なが)さ 길이　短(みじか)い 짧다
~てほしい ~해 주었으면 하다, ~하길 바라다　安(やす)い 싸다

もんだい
問題 4

問題 4では、えを見ながら質問を聞いてください。やじるし (➡) の人は何と言いますか。1から3の中から、最もよいものを一つえらんでください。

1ばん

2ばん

3ばん

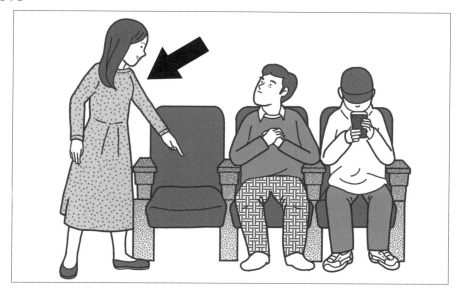

4ばん

확인 문제 5 · 스크립트 및 해석(발화 표현)

1ばん タクシーから降りたいです。何と言いますか。
택시에서 내리고 싶습니다. 뭐라고 말합니까?

女 1 今乗ってもいいですか。
2 あの信号の手前で止めてください。
3 時間は十分にありますから、歩いて行きましょう。

여 1 지금 타도 되나요?
2 저 신호 바로 앞에서 세워 주세요.
3 시간은 충분히 있으니까, 걸어서 갑시다.

어휘 タクシー 택시 降(お)りる (탈것에서) 내리다 동사의 ます형+たい ～하고 싶다 今(いま) 지금 乗(の)る (탈것에) 타다
～てもいいですか ～해도 됩니까? 信号(しんごう) 신호, 신호등 手前(てまえ) 바로 앞 止(と)める 세우다, 정지하다
時間(じかん) 시간 十分(じゅうぶん)に 충분히 歩(ある)く 걷다

2ばん 道路の工事が行われていますが、通行人がこの先に進もうとしています。何と言いますか。
도로공사가 행해지고 있는데, 통행인이 앞쪽으로 나아가려고 하고 있습니다. 뭐라고 말합니까?

男 1 道路の工事はいつやりますか。
2 道路の工事が終わったので、通ってもいいです。
3 道路の工事のため、ここから先は通れません。

남 1 도로공사는 언제 해요?
2 도로공사가 끝났으니까, 지나가도 돼요.
3 도로공사 때문에 여기부터 앞쪽은 지나갈 수 없어요.

어휘 道路(どうろ) 도로 工事(こうじ) 공사 行(おこな)う 하다, 행하다, 실시하다 通行人(つうこうにん) 통행인
先(さき) 전방, 앞쪽 進(すす)む 나아가다 いつ 언제 やる 하다 終(お)わる 끝나다 通(とお)る 통과하다, 지나가다
～てもいい ～해도 된다[좋다] 명사+の+ため ～때문(에) ここ 여기, 이곳

536

[3ばん] 劇場（げきじょう）で空（あ）いている席（せき）を見（み）つけました。何（なん）と言（い）いますか。
극장에서 비어 있는 자리를 발견했습니다. 뭐라고 말합니까?

女 1 あと、どのくらい待（ま）ちますか。
　　2 この演劇（えんげき）、見（み）たことありますか。
　　3 あの、隣（となり）に座（すわ）ってもいいですか。

여 1 앞으로 어느 정도 기다려요?
　　2 이 연극, 본 적 있어요?
　　3 저어, 옆에 앉아도 돼요?

어휘 劇場（げきじょう）극장　空（あ）く（자리·방 따위가）나다. 비다　席（せき）（앉는）자리, 좌석　見（み）つける 찾(아내)다, 발견하다
あと 앞으로　どのくらい 어느 정도　待（ま）つ 기다리다　演劇（えんげき）연극　동사의 た형+こと（が）ある ~한 적(이) 있다
座（すわ）る 앉다

[4ばん] 大事（だいじ）な書類（しょるい）が見（み）つかりません。何（なん）と言（い）いますか。
중요한 서류가 보이지 않습니다. 뭐라고 말합니까?

男 1 書類（しょるい）はもうできましたか。
　　2 机（つくえ）の上（うえ）に置（お）いた書類（しょるい）、見（み）ませんでしたか。
　　3 書類（しょるい）はいつ持（も）っていきましょうか。

남 1 서류는 벌써 다 됐어요?
　　2 책상 위에 둔 서류, 못 봤어요?
　　3 서류는 언제 가지고 갈까요?

어휘 大事（だいじ）だ 중요하다　書類（しょるい）서류　見（み）つかる 발견되다, 찾게 되다　もう 이미, 벌써　できる 다 되다, 완성되다
机（つくえ）책상　上（うえ）위　置（お）く 놓다, 두다　いつ 언제　持（も）つ 가지다, 들다

청해의 마지막 파트인 문제 5 즉시 응답은 질문 등의 짧은 발화를 듣고, 즉시 적당한 응답을 찾을 수 있는지 묻는다. 총 9문항이 출제되는데, 아무런 상황 설명 없이 바로 발화가 시작되고 선택지도 바로 이어서 음성으로만 제시되기 때문에 재빠른 판단력과 순발력이 요구된다. 그리고 문제는 의문문으로 제시될 수도 있지만 그렇지 않을 수도 있으므로, 평소에 일상생활에서 자주 등장하는 대화와 문형을 많이 접해 두어야 당황하지 않고 답을 찾을 수 있다.

실제 시험 예시

もんだい
問題 5

음원

　問題 5では、問題用紙に何もいんさつされていません。まず文を聞いてください。それから、そのへんじを聞いて、1から3の中から、最もよいものを一つえらんでください。

－ メモ －

[예제 스크립트]

れい1

男 このジュース、飲んでもいいですか。
① 의문문 형태의 발화

女 1 ええ、どうぞ。
2 ええ、帰ってもいいです。
3 ええ、見てもいいです。
② 세 개의 선택지(음성으로만 제시)

れい2

女 そのケーキをください。
① 평서문 형태의 발화

男 1 とてもおいしかったです。
2 いいえ、持っています。
3 はい、一つ400円です。
② 세 개의 선택지(음성으로만 제시)

|정답| **1** 1 **2** 3

즉시 응답

시험 대책

　즉시 응답은 문제지에 아무것도 인쇄되어 있지 않고 오직 음성만 듣고 문제를 풀어야 하기 때문에 어떤 상황인지, 말하는 사람의 의도가 무엇인지를 파악하면서 핵심표현을 메모해 두어야 한다. 인사말, 권유, 거절, 허가나 승낙, 금지, 과거의 경험, 몸 상태 등을 묻는 문제가 잘 나오는데, 특히 응답 중에서 거절과 관련된 표현들은 일본어에서는 말끝을 흐리는 경우가 많고 에둘러 말하기도 하므로 정답을 고를 때 주의를 요한다.

もんだい
問題 5

問題5では、問題用紙に何もいんさつされていません。まず文を聞いてください。それから、そのへんじを聞いて、1から3の中から、最もよいものを一つえらんでください。

— メモ —

확인 문제 1 · 스크립트 및 해석(즉시 응답)

음원

1ばん

女 お腹(なか)が空(す)きましたね。

男 1 じゃ、何(なに)か食(た)べましょう。

2 じゃ、少(すこ)し休(やす)みましょう。

3 じゃ、仕事(しごと)をしましょう。

여 배가 고프네요.

남 1 그럼, 뭔가 먹읍시다.

2 그럼, 조금 쉽시다.

3 그럼, 일을 합시다.

어휘 お腹(なか)が空(す)く 배가 고프다 何(なに)か 무엇인가, 뭔가 食(た)べる 먹다 ～ましょう ～합시다 少(すこ)し 조금 休(やす)む 쉬다 仕事(しごと) 일

2ばん

男 週末(しゅうまつ)は映画(えいが)を見(み)に行(い)きましたか。

女 1 はい、とてもおもしろかったです。

2 はい、毎晩(まいばん)見(み)ています。

3 いいえ、先週(せんしゅう)はしませんでした。

남 주말에는 영화를 보러 갔어요?

여 1 예, 아주 재미있었어요.

2 예, 매일 밤 보고 있어요.

3 아니요, 지난주에는 안 했어요.

어휘 週末(しゅうまつ) 주말 映画(えいが) 영화 見(み)る 보다 동사의 ます형+に ～하러 *동작의 목적 とても 아주, 매우 おもしろい 재미있다 毎晩(まいばん) 매일 밤 先週(せんしゅう) 지난주

3ばん

女 ちょっとお茶(ちゃ)でも飲(の)みませんか。

男 1 ええ、あそこの喫茶店(きっさてん)に入(はい)りましょう。

2 明日(あした)は約束(やくそく)があってちょっと…。

3 ええ、食後(しょくご)にすぐ飲(の)みました。

여 잠시 차라도 마시지 않을래요?

남 1 네, 저기 있는 찻집에 들어갑시다.

2 내일은 약속이 있어서 좀….

3 네, 식후에 바로 마셨어요.

어휘 ちょっと 잠시, 잠깐 お茶(ちゃ) 차 飲(の)む 마시다 ～ませんか ～하지 않겠습니까? *권유 あそこ 저기 喫茶店(きっさてん) 찻집 入(はい)る 들어가다 約束(やくそく) 약속 食後(しょくご) 식후 すぐ 곧, 바로

4ばん

男 朝(あさ)と夜(よる)はとても涼(すず)しくなりましたね。

女 1 ええ、もう春(はる)ですからね。

2 ええ、もう夏(なつ)ですからね。

3 ええ、もう秋(あき)ですからね。

남 아침과 밤에는 아주 시원해졌네요.

여 1 네, 이제 봄이니까요.

2 네, 이제 여름이니까요.

3 네, 이제 가을이니까요.

어휘 朝(あさ) 아침 夜(よる) 밤 涼(すず)しい 시원하다 もう 이제 春(はる) 봄 夏(なつ) 여름 秋(あき) 가을

5ばん

女 あの、田舎(いなか)からりんごを送(おく)ってきたので、どうぞ。

男 1 実(じつ)はここの料理(りょうり)が口(くち)に合(あ)わなくてね。

2 いいえ、どういたしまして。

3 いつもすみませんね。いただきます。

여 저어, 시골에서 사과를 보내와서 드세요.

남 1 실은 여기 요리가 입에 맞지 않아서요.

2 아니요, 천만에요.

3 늘 죄송하네요. 잘 먹을게요.

어휘 あの 저, 저어 *상대에게 말을 붙일 때 하는 말 田舎(いなか) 시골 りんご 사과 送(おく)る 보내다 どうぞ 무언가를 허락하거나 권할 때 쓰는 말 実(じつ)は 실은 料理(りょうり) 요리 口(くち)に合(あ)う 입(맛)에 맞다 どういたしまして 천만에요

정리 즉시응답

541

女 どうしたんですか。元気がないですね。

男 1 この辺は病院がなくて不便ですね。

　　2 朝から熱があって…。風邪かな。

　　3 ええ、風邪薬を飲んだら、だいぶよくなりました。

여 무슨 일 있어요? 기운이 없네요.

남 1 이 근처는 병원이 없어서 불편하네요.
　　2 아침부터 열이 있어서…. 감기인가?
　　3 네, 감기약을 먹었더니, 꽤 좋아졌어요.

어휘 どうしたんですか 어떻게 된 거예요?, 무슨 일 있어요? 元気(げんき) 기운, 기력 ない 없다 この辺(へん) 이 근처
病院(びょういん) 병원 不便(ふべん)だ 불편하다 朝(あさ) 아침 熱(ねつ) 열 風邪(かぜ) 감기 風邪薬(かぜぐすり) 감기약
飲(の)む (약을) 먹다 だいぶ 꽤, 상당히 よくなる 좋아지다

男 すみませんが、鈴木さんにお会いできますか。

女 1 ええ、会社の近くでお目にかかりました。

　　2 じゃ、よろしくお願いします。

　　3 あのう、失礼ですが、どちら様でしょうか。

남 죄송한데요, 스즈키 씨를 만나 뵐 수 있어요?

여 1 네, 회사 근처에서 만나 뵈었어요.
　　2 그럼, 잘 부탁드립니다.
　　3 저어, 실례지만, 누구신지요?

어휘 お会(あ)いする 만나 뵙다 *「会(あ)う」(만나다)의 겸양어 近(ちか)く 근처
お目(め)にかかる 만나 뵙다 *「会(あ)う」(만나다)의 겸양어 あのう 저, 저어 *상대에게 말을 붙일 때 하는 말(=あの)
失礼(しつれい) 실례 どちら様(さま) 어느 분, 누구 *「どなた」의 공손한 말씨

女 今度引っ越したマンション、快適なんですってね。

男 1 うん、古くて修理するところも多いよ。

　　2 うん、キッチンも風呂場もなかなかいいよ。

　　3 うん、工事現場の騒音で睡眠不足だよ。

여 이번에 이사한 (중·고층) 아파트, 쾌적하다면서요.

남 1 응, 오래돼서 수리할 데도 많아.
　　2 응, 부엌도 목욕탕도 꽤 좋아.
　　3 응, 공사 현장의 소음으로 수면부족이야.

어휘 今度(こんど) 이번 引(ひ)っ越(こ)す 이사하다 マンション 맨션, (중·고층) 아파트 快適(かいてき)だ 쾌적하다
~って ~대, ~래 古(ふる)い 오래되다 修理(しゅうり) 수리 ところ 부분, 데, 점 多(おお)い 많다 キッチン 부엌
風呂場(ふろば) 목욕탕 なかなか 꽤, 상당히 工事(こうじ) 공사 現場(げんば) 현장 騒音(そうおん) 소음
睡眠不足(すいみんぶそく) 수면부족

男 日常的に使う言葉でも外来語が増えたなあ。

女 1 でも、専門的な話になるとすぐ緊張するよ。

　　2 うん、日本の漢字は中国から来た文字だからね。

　　3 うん、特にファッションやコンピューター関連の用語が
　　　多いね。

남 일상적으로 사용하는 말에서도 외래어가 늘었네.

여 1 하지만 전문적인 이야기가 되면 바로 긴장해
　　버려.
　　2 응, 일본의 한자는 중국에서 온 문자니까.
　　3 응, 특히 패션이랑 컴퓨터 관련 용어가 많네.

어휘 日常的(にちじょうてき)だ 일상적이다 使(つか)う 쓰다, 사용하다 言葉(ことば) 말 外来語(がいらいご) 외래어
増(ふ)える 늘다, 늘어나다 でも 하지만 専門的(せんもんてき)だ 전문적이다 話(はなし) 이야기 すぐ 곧, 바로
緊張(きんちょう) 긴장 漢字(かんじ) 한자 中国(ちゅうごく) 중국 文字(もじ) 문자 特(とく)に 특히 ファッション 패션
~や ~이랑 コンピューター 컴퓨터 関連(かんれん) 관련 用語(ようご) 용어 多(おお)い 많다

확인 문제 3 · 스크립트 및 해석(즉시 응답)

음원

청해

즉시 응답

1ばん

女 失礼(しつれい)ですが、お仕事(しごと)は何(なん)ですか。
男 1 建築会社(けんちくがいしゃ)に勤(つと)めています。
　　 2 今年(ことし)で32歳(さい)になります。
　　 3 毎日(まいにち)忙(いそが)しくて大変(たいへん)です。

여 실례지만, 하시는 일은 뭐예요?
남 1 건축회사에 근무하고 있어요.
　 2 올해로 서른 둘이 돼요.
　 3 매일 바빠서 힘들어요.

어휘 失礼(しつれい) 실례 仕事(しごと) 일 建築会社(けんちくがいしゃ) 건축회사 勤(つと)める 근무하다
今年(ことし) 올해 ～歳(さい) ～세, ～살 毎日(まいにち) 매일 忙(いそが)しい 바쁘다 大変(たいへん)だ 힘들다

2ばん

男 この部屋(へや)、ちょっと暑(あつ)くないですか。
女 1 そうですね。暖房(だんぼう)をつけましょうか。
　　 2 そうですね。ちょっと寒(さむ)いですね。
　　 3 そうですね。窓(まど)でも開(あ)けましょうか。

남 이 방, 좀 덥지 않아요?
여 1 그러네요. 난방을 켤까요?
　 2 그러네요. 좀 춥네요.
　 3 그러네요. 창문이라도 열까요?

어휘 部屋(へや) 방 ちょっと 좀, 조금 暑(あつ)い 덥다 暖房(だんぼう)をつける 난방을 켜다 寒(さむ)い 춥다 窓(まど) 창문
開(あ)ける 열다

3ばん

男 どうしたんですか。いつもより早(はや)いですね。
女 1 ええ、実(じつ)は会議(かいぎ)の準備(じゅんび)がまだ終(お)わっていないので。
　　 2 ええ、遅(おそ)く寝(ね)て朝寝坊(あさねぼう)したんです。
　　 3 ええ、道(みち)がすごく込(こ)んでいましたから。

남 어떻게 된 거예요? 평소보다 이르네요.
여 1 네, 실은 회의 준비가 아직 안 끝나서요.
　 2 네, 늦게 자서 늦잠을 잤거든요.
　 3 네, 길이 굉장히 혼잡했으니까요.

어휘 どうしたんですか 어떻게 된 거예요?, 무슨 일 있어요? いつも 평소 ～より ～보다 早(はや)い 이르다 実(じつ)は 실은
会議(かいぎ) 회의 準備(じゅんび) 준비 まだ 아직 終(お)わる 끝나다 遅(おそ)い 늦다 寝(ね)る 자다
朝寝坊(あさねぼう)する 늦잠을 자다 道(みち) 길 すごく 굉장히, 몹시 込(こ)む 붐비다, 혼잡하다

4ばん

女 東(ひがし)の空(そら)が明(あか)るくなってきましたね。
男 1 もう夜(よる)の8時(じ)ですからね。
　　 2 そろそろ朝(あさ)の5時(じ)ですからね。
　　 3 本当(ほんとう)、夕焼(ゆうや)けがきれいですね。

여 동쪽 하늘이 밝아졌네요.
남 1 벌써 밤 8시니까요.
　 2 이제 슬슬 아침 5시니까요.
　 3 정말 노을이 예쁘네요.

어휘 東(ひがし) 동쪽 空(そら) 하늘 明(あか)るい 밝다 もう 이미, 벌써 夜(よる) 밤 そろそろ 이제 슬슬 朝(あさ) 아침
本当(ほんとう) 정말 夕焼(ゆうや)け 노을 きれいだ 예쁘다

5ばん

男 この豆腐(とうふ)、ちょっと味(あじ)が変(へん)じゃない。
女 1 えっ、期限(きげん)が切(き)れちゃったのかな。
　　 2 それで味(あじ)がよかったんだね。
　　 3 さっき作(つく)ったばかりだから。

남 이 두부, 좀 맛이 이상하지 않아?
여 1 뭐? 기한이 다 되어 버렸나.
　 2 그래서 맛이 좋았구나.
　 3 조금 전에 막 만들었으니까.

어휘 豆腐(とうふ) 두부 味(あじ) 맛 変(へん)だ 이상하다 期限(きげん) 기한 切(き)れる (기한 등이) 끝나다, 다 되다
それで 그래서 さっき 아까, 조금 전 作(つく)る 만들다 동사의 た형+ばかりだ 막 ~한 참이다, ~한 지 얼마 안 되다

6ばん

女 交通費(こうつうひ)の請求(せいきゅう)はこの用紙(ようし)でいいかしら？

男 1 うん、今週(こんしゅう)までだから、急(いそ)いでよ。
　 2 いや、あっちの時刻表(じこくひょう)の方(ほう)が新(あたら)しいよ。
　 3 うん、出張(しゅっちょう)は佐藤(さとう)さんが行(い)くことになったんだ。

여 교통비 청구는 이 용지면 괜찮을까?
남 1 응, 이번 주까지니까, 서둘러.
　 2 아니, 저쪽에 있는 시각표 쪽이 새로운 거야.
　 3 응, 출장은 사토 씨가 가게 되었거든.

어휘 交通費(こうつうひ) 교통비 請求(せいきゅう) 청구 用紙(ようし) 용지 ~かしら ~할까 *의문의 뜻을 나타냄
今週(こんしゅう) 이번 주 急(いそ)ぐ 서두르다 いや 아니, 아냐 あっち 저기, 저쪽(=あちら) 時刻表(じこくひょう) 시각표
方(ほう) 편, 쪽 新(あたら)しい 새롭다 出張(しゅっちょう) 출장 동사의 보통형+ことになる ~하게 되다

7ばん

女 朝(あさ)からうきうきしてるね。何(なに)かいいことでもあるの？

男 1 うん、実(じつ)は今日(きょう)彼女(かのじょ)とデートがあるんだ。
　 2 うん、実(じつ)はさっき部長(ぶちょう)に叱(しか)られてしまったんだ。
　 3 うん、実(じつ)は昨日(きのう)飲(の)みすぎて、まだ頭(あたま)が痛(いた)いんだ。

여 아침부터 들떠 있네. 뭔가 좋은 일이라도 있어?
남 1 응, 실은 오늘 여자친구와 데이트가 있거든.
　 2 응, 실은 조금 전에 부장님에게 야단맞았거든.
　 3 응, 실은 어제 너무 마셔서 아직 머리가 아프거든.

어휘 朝(あさ) 아침 うきうき 들떠 있는 모양 何(なに)か 무엇인가, 뭔가 実(じつ)は 실은 彼女(かのじょ) 여자친구
デート 데이트 部長(ぶちょう) 부장 叱(しか)る 꾸짖다, 야단치다 飲(の)む (술을) 마시다 동사의 ます형+すぎる 너무 ~하다
頭(あたま) 머리 痛(いた)い 아프다

8ばん

男 吉村(よしむら)さん、お久(ひさ)しぶりですね。お元気(げんき)でしたか。

女 1 ご招待(しょうたい)いただき、ありがとうございます。
　 2 実(じつ)は、交通事故(こうつうじこ)で先週(せんしゅう)まで入院(にゅういん)してました。
　 3 ええ、最近(さいきん)の高校生(こうこうせい)はみんな背(せ)が高(たか)いですね。

남 요시무라 씨, 오랜만이네요. 잘 지내셨어요?
여 1 초대해 주셔서 감사합니다.
　 2 실은 교통사고로 지난주까지 입원해 있었어요.
　 3 네, 요즘 고등학생은 모두 키가 크네요.

어휘 お久(ひさ)しぶりですね 오랜만이네요 *인사말 お元気(げんき)でしたか 잘 지내셨어요? *인사말
ご+한자명사+いただく (남에게) ~해 받다, (남이) ~해 주시다 *겸양표현 招待(しょうたい) 초대 実(じつ)は 실은
交通事故(こうつうじこ) 교통사고 先週(せんしゅう) 지난주 入院(にゅういん) 입원 最近(さいきん) 최근, 요즘
高校生(こうこうせい) 고등학생 みんな 모두 背(せ)が高(たか)い 키가 크다

9ばん

女 すみませんが、この腕時計(うでどけい)の電池(でんち)を替(か)えていただきたいんですが。

男 1 かしこまりました。別(べつ)の品物(しなもの)をお持(も)ちします。
　 2 少々(しょうしょう)お待(ま)ちください。同(おな)じものがあるかどうか調(しら)べてみます。
　 3 30分(ぷん)ほどかかりますが、よろしいですか。

여 죄송한데요, 이 손목시계의 전지를 갈아 주셨으면 하는데요.
남 1 알겠습니다. 다른 상품을 갖다 드리겠습니다.
　 2 잠시 기다려 주세요. 같은 것이 있는지 어떤지 조사해 보겠습니다.
　 3 30분 정도 걸리는데, 괜찮으세요?

어휘 腕時計(うでどけい) 손목시계 電池(でんち) 전지 替(か)える 바꾸다, 갈다
~ていただきたい (남에게) ~해 받고 싶다, (남이) ~해 주셨으면 좋겠다 *「~てもらいたい」((남에게) ~해 받고 싶다, ~해 주었으면
좋겠다)의 겸양표현 かしこまりました 알겠습니다 *「わかりました」의 격식 차린 말 別(べつ)の~ 다른~
品物(しなもの) 물품, 상품 お+동사의 ます형+する ~하다, ~해 드리다 *겸양표현 持(も)つ 가지다 少々(しょうしょう) 잠시
お+동사의 ます형+ください ~해 주십시오 *존경표현 待(ま)つ 기다리다 同(おな)じだ 같다 ~かどうか ~인지 어떤지
調(しら)べる 조사하다 ~ほど ~정도 かかる (시간이) 걸리다 よろしい 좋다, 괜찮다 *「いい・良(よ)い」의 공손한 표현

548

음원

問題 5
もんだい

問題 5では、問題用紙に何もいんさつされていません。まず文を聞いてください。それから、そのへんじを聞いて、1から3の中から、最もよいものを一つえらんでください。

－ メモ －

확인 문제 4·스크립트 및 해석(즉시 응답)

1ばん

女 本当に気持ちのいい天気ですね。

男 1 ええ、本当に賑やかですね。

　　2 ええ、本当に爽やかですね。

　　3 ええ、本当に素敵ですね。

여 정말로 기분 좋은 날씨네요.

남 1 네, 정말로 번화하네요.

　2 네, 정말로 상쾌하네요.

　3 네, 정말로 멋지네요.

어휘 本当(ほんとう)に 정말로　気持(きも)ち 기분　いい 좋다　天気(てんき) 날씨　賑(にぎ)やかだ 번화하다
爽(さわ)やかだ 상쾌하다　素敵(すてき)だ 멋지다

2ばん

女 ここから一番近い駅はどこですか。

男 1 電車で20分ぐらいかかりました。

　　2 新宿駅です。この道をまっすぐ行くとあります。

　　3 駅の近くにありますよ。

여 여기에서 가장 가까운 역은 어디예요?

남 1 전철로 20분 정도 걸렸어요.

　2 신주쿠역이에요. 이 길을 곧장 가면 있어요.

　3 역 근처에 있어요.

어휘 一番(いちばん) 가장, 제일　近(ちか)い 가깝다　駅(えき) 역　どこ 어디　電車(でんしゃ) 전철　かかる (시간이) 걸리다
道(みち) 길　まっすぐ 곧장, 똑바로　行(い)く 가다　近(ちか)く 근처

3ばん

男 今まで何回日本に来ましたか。

女 1 週末にしようと思っていますが。

　　2 いいえ、去年北海道を旅行しました。

　　3 今度が初めてです。

남 지금까지 몇 번 일본에 왔어요?

여 1 주말에 하려고 생각하고 있는데요.

　2 아니요, 작년에 홋카이도를 여행했어요.

　3 이번이 처음이에요.

어휘 今(いま)まで 지금까지　何回(なんかい) 몇 회, 몇 번 *「~回(かい)」-~회, ~번　週末(しゅうまつ) 주말
去年(きょねん) 작년　北海道(ほっかいどう) 홋카이도　旅行(りょこう) 여행　今度(こんど) 이번　初(はじ)めて 처음(으로)

4ばん

女 お酒は強い方ですか。

男 1 これから飲みに行きます。

　　2 もう、十分飲みました。

　　3 いいえ、ほんの楽しむ程度です。

여 술은 센 편이에요?

남 1 이제부터 마시러 가요.

　2 이제 충분히 마셨어요.

　3 아니요, 그저 즐기는 정도예요.

어휘 お酒(さけ) 술　強(つよ)い 강하다, 세다　方(ほう) 편, 쪽　これから 이제부터　飲(の)む (술을) 마시다
동사의 ます형+に ~하러 *동작의 목적　もう 이제　十分(じゅうぶん) 충분히　ほんの 그저　楽(たの)しむ 즐기다　程度(ていど) 정도

5ばん

女 おいしそうですね。奥さんが作ってくれたお弁当ですか。

男 1 お弁当の注文は11時で締め切られました。

　　2 違いますよ。まだ結婚してませんよ。

　　3 社員食堂も飽きたし、お弁当でも買って食べましょうか。

여 맛있어 보이네요. 부인이 만들어 준 도시락이에요?

남 1 도시락 주문은 11시로 마감되었어요.

　2 아니에요, 아직 결혼하지 않았어요.

　3 사원식당도 질렸고, 도시락이라도 사서 먹을까요?

어휘 おいしい 맛있다 い형용사의 어간+そうだ ～일[할] 것 같다, ～해 보이다 *양태 奥(おく)さん (남의) 부인 作(つく)る 만들다
～てくれる (남이 나에게) ～해 주다 お弁当(べんとう) 도시락 注文(ちゅうもん) 주문 締(し)め切(き)る 마감하다
違(ちが)う 틀리다 結婚(けっこん) 결혼 社員食堂(しゃいんしょくどう) 사원식당 飽(あ)きる 질리다 ～し ～하고
買(か)う 사다

6ばん

女 さっきの会議(かいぎ)、あくびが出(で)て困(こま)ったわ。
男 1 寝坊(ねぼう)しないように起(お)こしてあげようか。
2 じゃ、会議(かいぎ)の後(あと)でもう一度(いちど)電話(でんわ)してみよう。
3 最近(さいきん)、残業(ざんぎょう)続(つづ)きで疲(つか)れてるんじゃないの?

여 조금 전 회의, 하품이 나서 난처했어.
남 1 늦잠을 자지 않도록 깨워 줄까?
2 그럼, 회의가 끝난 후에 한 번 더 전화해 봐야겠다.
3 요즘 계속된 야근으로 피곤한 거 아니야?

어휘 さっき 아까, 조금 전 会議(かいぎ) 회의 あくびが出(で)る 하품이 나다 困(こま)る 곤란하다, 난처하다
寝坊(ねぼう)する 늦잠을 자다 ～ないように ～하지 않도록 起(お)こす 깨우다 ～てあげる (내가 남에게) ～해 주다
後(あと) (시간적으로) 후, 뒤 もう一度(いちど) 한 번 더 電話(でんわ) 전화 最近(さいきん) 최근, 요즘
残業(ざんぎょう) 잔업, 야근 명사+続(つづ)き ～이 계속됨 疲(つか)れる 지치다, 피로해지다

7ばん

女 私(わたし)料理(りょうり)が苦手(にがて)でインスタント食品(しょくひん)ばかり食(た)べてるんです。
男 1 健康(けんこう)のためには、寝(ね)る2時間前(じかんまえ)は何(なに)も食(た)べない方(ほう)がいいよ。
2 だめだよ。体(からだ)によくないから、控(ひか)えた方(ほう)がいいよ。
3 朝(あさ)ご飯(はん)はしっかり食(た)べた方(ほう)がいいよ。

여 저 요리를 잘 못해서 인스턴트식품만 먹고 있어요.
남 1 건강을 위해서는 자기 2시간 전에는 아무것도 먹지 않는 편이 좋아.
2 안 돼. 몸에 안 좋으니까, 삼가는 편이 좋아.
3 아침은 착실히 먹는 편이 좋아.

어휘 料理(りょうり) 요리 苦手(にがて)だ 서투르다, 잘 못하다 インスタント食品(しょくひん) 인스턴트식품
～ばかり ～만, ～뿐 健康(けんこう) 건강 명사+の+ためには ～을 위해서는 寝(ね)る 자다 時間(じかん) 시간 前(まえ) 전
何(なに)も (부정어 수반) 아무것도 ～ない方(ほう)がいい ～하지 않는 편[쪽]이 좋다 だめだ 안 된다 体(からだ) 몸, 신체
よくない 좋지 않다 控(ひか)える 삼가다, 줄이다, 절제하다 동사의 た형+方(ほう)がいい ～하는 편[쪽]이 좋다
朝(あさ)ご飯(はん) 아침, 아침식사 しっかり 똑똑히, 착실히

8ばん

女 先生(せんせい)の急用(きゅうよう)で、休講(きゅうこう)になっちゃったわ。
男 1 じゃ、みんなでお見舞(みま)いに行(い)かなきゃ。
2 じゃ、本当(ほんとう)に楽(たの)しい旅行(りょこう)になるんだろうなあ。
3 じゃ、時間(じかん)ができたから、お茶(ちゃ)でも飲(の)みに行(い)こうか。

여 선생님의 급한 용무로, 휴강이 되어 버렸어.
남 1 그럼, 다 같이 문병을 가야겠네.
2 그럼, 정말로 즐거운 여행이 되겠군.
3 그럼, 시간이 생겼으니까, 차라도 마시러 갈까?

어휘 急用(きゅうよう) 급한 용무 休講(きゅうこう) 휴강 みんなで 다 같이 お見舞(みま)いに行(い)く 문병을 가다
～なきゃ(ならない・いけない) ～하지 않으면 (안 된다), ～해야 (한다) *「～なきゃ」는「～なければ」의 회화체 표현
楽(たの)しい 즐겁다 旅行(りょこう) 여행 できる 생기다 お茶(ちゃ) 차 飲(の)む 마시다 동사의 ます형+に ～하러 *동작의 목적

9ばん

女 ここもすっかり変(か)わってもう昔(むかし)の面影(おもかげ)は全(まった)くないわね。
男 1 そうだね。何(なに)も変(か)わったものがないなあ。
2 そうだね。子供(こども)の頃(ころ)、ここでよく遊(あそ)んだものだけど…。
3 うん、急(きゅう)に人(ひと)がそんなに変(か)わるなんて、意外(いがい)だったよ。

여 여기도 완전히 변해서 이제 옛날의 모습은 전혀 없네.
남 1 그러네. 아무것도 변한 게 없네.
2 그러네. 어릴 때 여기에서 자주 놀곤 했는데….
3 응. 갑자기 사람이 그렇게 바뀌다니 의외였어.

어휘 すっかり 완전히 変(か)わる 바뀌다, 변하다 昔(むかし) 옛날 面影(おもかげ) (옛날의) 모습
全(まった)く (부정어 수반) 전혀 頃(ころ) 때, 시절, 무렵 遊(あそ)ぶ 놀다 동사의 た형+ものだ ～하곤 했다 *회상
急(きゅう)に 갑자기 そんなに 그렇게 ～なんて ～하다니 意外(いがい)だ 의외다

551

もんだい
問題 5

問題 5では、問題用紙に何もいんさつされていません。まず文を聞いてください。それから、そのへんじを聞いて、1から3の中から、最もよいものを一つえらんでください。

ー メモ ー

음원

1ばん

女 あの人を知っていますか。

男 1 はい、聞きましたよ。

2 はい、私の友達です。

3 はい、さっき机の上に置いておきました。

여 저 사람을 알아요?

남 1 예, 들었어요.

2 예, 제 친구예요.

3 예, 조금 전에 책상 위에 놔 두었어요.

어휘 知(し)る 알다　聞(き)く 듣다　友達(ともだち) 친구　さっき 아까, 조금 전　机(つくえ) 책상　上(うえ) 위　置(お)く 놓다, 두다 ~ておく ~해 놓다[두다]

2ばん

男 ヨーロッパ旅行はどうでしたか。

女 1 時々母と一緒に出かけます。

2 たぶんあさってには帰ると思います。

3 楽しかったですが、大変でした。

남 유럽 여행은 어땠어요?

여 1 종종 어머니와 함께 외출해요.

2 아마 모레에는 돌아올 거예요.

3 즐거웠지만, 힘들었어요.

어휘 ヨーロッパ 유럽　旅行(りょこう) 여행　時々(ときどき) 때때로, 종종　母(はは) (자신의) 어머니 一緒(いっしょ)に 함께, 같이　出(で)かける 나가다, 외출하다　たぶん 아마　あさって(明後日) 모레　帰(かえ)る 돌아오다 楽(たの)しい 즐겁다　大変(たいへん)だ 힘들다

3ばん

女 最近、食欲がないんです。

男 1 本当に欲がないですね。

2 具合でも悪いんですか。

3 あんなに食べるからですよ。

여 요즘 식욕이 없어요.

남 1 정말 욕심이 없군요.

2 건강 상태라도 안 좋은 거예요?

3 그렇게 먹기 때문이에요.

어휘 最近(さいきん) 최근, 요즘　食欲(しょくよく) 식욕　欲(よく) 욕심　具合(ぐあい) (건강) 상태　悪(わる)い 나쁘다, 좋지 않다 あんなに (서로 알고 있는) 그렇게　食(た)べる 먹다

4ばん

女 残業する前に、軽く食事しない?

男 1 昼食の後に寄るつもりなんだ。

2 そう?じゃ、今夜はお腹いっぱい食べられるね。

3 仕事が終わってからゆっくり食べようよ。

여 야근하기 전에 가볍게 먹지 않을래?

남 1 점심식사 후에 들를 생각이거든.

2 그래? 그럼, 오늘 밤은 배불리 먹을 수 있겠네.

3 일이 끝난 후에 느긋하게 먹자.

어휘 残業(ざんぎょう) 잔업, 야근　동사의 기본형+前(まえ)に ~하기 전에　軽(かる)い 가볍다　食事(しょくじ) 식사 昼食(ちゅうしょく) 중식, 점심식사　寄(よ)る 들르다　동사의 보통형+つもりだ ~할 생각[작정]이다　今夜(こんや) 오늘 밤 お腹(なか)(が)いっぱいだ 배가 부르다　終(お)わる 끝나다　~てから ~하고 나서, ~한 후에　ゆっくり 천천히, 느긋하게

5ばん

女 今まで一度も遅刻したことがなかったのに、珍しいですね。

男 1 すみません。バスに乗り遅れちゃったんです。

여 지금까지 한 번도 지각한 적이 없었는데, 드문 일이네요.

남 1 죄송해요. 버스를 놓쳐 버렸거든요.

553

2 ええ、歩いてくるので、いつも同じ時間に着くんですよ。

3 走ってきたので、間に合いました。

2 네, 걸어서 오기 때문에 항상 같은 시간에 도착하거든요.

3 뛰어와서 늦지 않았어요.

어휘 今(いま)まで 지금까지 一度(いちど)も 한 번도 遅刻(ちこく) 지각 동사의 た형+ことがない ~한 적이 없다
~のに ~는데(도) 珍(めずら)しい 드물다 バス 버스 乗(の)り遅(おく)れる (차·배 등을) 놓치다, 시간이 늦어 못 타다
歩(ある)く 걷다 同(おな)じだ 같다 着(つ)く 도착하다 走(はし)る 달리다, 뛰다 間(ま)に合(あ)う 시간에 맞게 대다, 늦지 않다

6ばん

女 果物の中で何が一番好きですか。

男 1 ああ、りんごなら冷蔵庫の中に入れといたよ。

2 いちごだね。ミルクをかけたのが好きなんだ。

3 いや、甘くてとてもおいしいよ。一個食べてみたら?

여 과일 중에서 뭘 제일 좋아해요?

남 1 아~, 사과라면 냉장고 안에 넣어 두었어.

2 딸기지. 우유를 뿌린 걸 좋아해.

3 아니, 달고 아주 맛있어. 한 개 먹어 보는 게 어때?

어휘 果物(くだもの) 과일 ~中(なか) ① ~중 ② ~안 一番(いちばん) 가장, 제일 好(す)きだ 좋아하다 りんご 사과
~なら ~라면 冷蔵庫(れいぞうこ) 냉장고 入(い)れる 넣다 ~とく ~해 놓다[두다] *「~ておく」의 회화체 표현 いちご 딸기
ミルク 밀크, 우유 かける 뿌리다 いや 아니, 아냐 甘(あま)い 달다 おいしい 맛있다 一個(いっこ) 한 개 *「一個(こ)」- ~개
~たら(どう) ~하는 게 어때? *권유

7ばん

男 休憩時間に関する規則はどうなっていますか。

女 1 交代で必ず休むことになっています。

2 お茶を飲んだり、雑談したりしながら過ごしています。

3 休憩時間はもう終わりました。

남 휴식시간에 관한 규칙은 어떻게 되어 있어요?

여 1 교대로 반드시 쉬게 되어 있어요.

2 차를 마시거나 잡담하거나 하면서 보내고 있어요.

3 휴식시간은 벌써 끝났어요.

어휘 休憩(きゅうけい) 휴게, 휴식 ~に関(かん)する ~에 관한 規則(きそく) 규칙 交代(こうたい) 교대 必(かなら)ず 반드시
休(やす)む 쉬다 동사의 보통형+ことになっている ~하게 되어 있다 雑談(ざつだん) 잡담
동사의 ます형+ながら ~하면서 *동시동작 過(す)ごす (시간을) 보내다, 지내다 もう 이미, 벌써 終(お)わる 끝나다

8ばん

女 午後、支店に行きますけど、届けるものはありますか。

男 1 おかしいなあ。何度も電話したのに、出ないんですよ。

2 いいえ、まだ届いているものはないんですよ。

3 いいえ、さっき田中さんがまとめて持って行ったんですよ。

여 오후에 지점에 가는데, 전할 건 있어요?

남 1 이상하네. 몇 번이나 전화했는데 받지 않아요.

2 아니요, 아직 도착한 건 없거든요.

3 아니요, 조금 전에 다나카 씨가 한데 모아서 가지고 갔어요.

어휘 午後(ごご) 오후 支店(してん) 지점 届(とど)ける 가 닿게 하다, 전하다 おかしい 이상하다 何度(なんど)も 몇 번이나, 여러 번
電話(でんわ) 전화 出(で)る (전화를) 받다 届(とど)く (보낸 물건이) 도착하다 まとめる 한데 모으다

9ばん

女 この靴、小指の先が当たるのよね。

男 1 きっと込んだ電車で疲れたせいだよ。

2 ちゃんとサイズを確かめて買ったの?

3 運動した方がいいよ。ダイエットのためには。

여 이 신발, 새끼발가락 끝이 닿아.

남 1 틀림없이 붐비는 전철 때문에 지친 탓일 거야.

2 제대로 사이즈를 확인하고 산 거야?

3 운동하는 편이 좋아. 다이어트를 위해서는.

어휘 靴(くつ) 신, 신발, 구두 小指(こゆび) 새끼발가락 先(さき) 끝 当(あ)たる 닿다 きっと 분명히, 틀림없이
込(こ)む 붐비다, 혼잡하다 電車(でんしゃ) 전철 疲(つか)れる 지치다, 피로해지다 ~せい ~탓 ちゃんと 제대로, 확실히
サイズ 사이즈 確(たし)かめる 확인하다 運動(うんどう) 운동 동사의 た형+方(ほう)がいい ~하는 편[쪽]이 좋다
ダイエット 다이어트 명사+の+ためには ~을 위해서는

JLPT N3

실전모의고사

N3

げんごちしき(もじ・ごい)

(30ぷん)

동영상 37

問題1 _____のことばの読み方として最もよいものを、1・2・3・4から一つえらびなさい。

1 昨夜テレビを見すぎたのか、朝からとても眠い。
　　1 かるい　　　　　2 くらい　　　　　3 ねむい　　　　　4 あらい

2 スマホを見ながら、ご飯を食べる習慣はよくない。
　　1 しゅかん　　　　2 しゅうかん　　　3 じゅかん　　　　4 じゅうかん

3 若者は流行に敏感です。
　　1 るこう　　　　　2 るいこう　　　　3 りゅこう　　　　4 りゅうこう

4 最近、この商品がよく売れている。
　　1 たおれて　　　　2 うれて　　　　　3 つれて　　　　　4 いれて

5 不景気の影響で、営業時間を短縮することにした。
　　1 さんぎょう　　　2 かいぎょう　　　3 えいぎょう　　　4 じゅぎょう

6 新しいスーパーができたので早速行ってみた。
　　1 かそく　　　　　2 まんぞく　　　　3 かいそく　　　　4 さっそく

7 私の夢は日本一の画家になることです。
　　1 かいか　　　　　2 がか　　　　　　3 かくか　　　　　4 てきか

8 食卓を囲んでみんな仲良く食事をしている。
　　1 かこんで　　　　2 のぞんで　　　　3 とんで　　　　　4 うんで

問題2 ＿＿＿＿のことばを漢字で書くとき、最もよいものを、1・2・3・4から一つえらびなさい。

9 南アフリカは天然資源がゆたかな国の一つです。
1 豊か　　　　　　2 富か　　　　　　3 溢か　　　　　　4 多か

10 今度の事故のげんいんはまだはっきりしていない。
1 源困　　　　　　2 原困　　　　　　3 源因　　　　　　4 原因

11 そんなくだらないじょうだんは止めてください。
1 冗談　　　　　　2 相談　　　　　　3 筆談　　　　　　4 雑談

12 私、お腹が空(な)いて(す)ると、夜中(よなか)に目がさめちゃうのよ。
1 辞め　　　　　　2 冷め　　　　　　3 覚め　　　　　　4 深め

13 この小説はどくとくな構成で、とても人気がある。
1 独特　　　　　　2 独持　　　　　　3 独待　　　　　　4 独得

14 この温泉は夜10時いこうでも入ることができます。
1 以上　　　　　　2 以降　　　　　　3 以来　　　　　　4 以前

問題3 (　　　)に入れるのに最もよいものを、1・2・3・4から一つえらびなさい。

15 もうこんな時間ですね。(　　　)出発しましょうか。
  1 かなり　　　　　　 2 いくら　　　　　　 3 そろそろ　　　　　 4 主に

16 あのホテルは (　　　) がよくてたまに行っています。
  1 サービス　　　　　 2 チーム　　　　　　 3 スタート　　　　　 4 ファン

17 私は音楽を聞きながら勉強すると (　　　) できません。
  1 夢中　　　　　　　 2 熱心　　　　　　　 3 興味　　　　　　　 4 集中

18 この時計、電池が (　　　) のか、全く動かないね。
  1 扱った　　　　　　 2 崩れた　　　　　　 3 切れた　　　　　　 4 壊した

19 これは決して謝って (　　　) 問題ではない。
  1 問う　　　　　　　 2 包む　　　　　　　 3 済む　　　　　　　 4 従う

20 あのレストランはおいしいので、私も (　　　) 行きます。
  1 別々　　　　　　　 2 度々　　　　　　　 3 着々　　　　　　　 4 続々

21 こんな物まで (　　　) できるとは、想像もできなかった。
  1 組織　　　　　　　 2 解散　　　　　　　 3 配達　　　　　　　 4 効力

22 玄関の前にきれいな花が (　　　) あった。
  1 訪れて　　　　　　 2 飾って　　　　　　 3 曲がって　　　　　 4 語って

23 一日中何も食べなくてお腹が (　　　) です。
  1 きらきら　　　　　 2 どきどき　　　　　 3 いらいら　　　　　 4 ぺこぺこ

24 自分の間違いなので、ただ（　　　　　）いるしかなかった。

1 黙って　　　　　　2 流れて　　　　　　3 通じて　　　　　　4 味わって

25 雨が降ったんでしょうか。道が（　　　　　）いますね。

1 干して　　　　　　2 余って　　　　　　3 高めて　　　　　　4 濡れて

問題4 _____ に意味が最も近いものを、1・2・3・4から一つえらびなさい。

26 すみませんが、切符はどこで買えますか。
   1 グループ   2 データ   3 タイトル   4 チケット

27 その件はもう少し調査する必要があると思います。
   1 並べる   2 調べる   3 行う   4 任せる

28 新しい仕事が次々に入ってくる。
   1 偶然   2 専ら   3 けっこう   4 相次いで

29 このセーター、洗濯したら縮んでしまったわ。
   1 小さくなって   2 色が変わって   3 大きくなって   4 長くなって

30 大雨のため、せっかく計画した旅行をキャンセルするしかなかった。
   1 売り切れ   2 申し込み   3 取り消し   4 受け入れ

問題5 つぎのことばの使い方として最もよいものを、1・2・3・4から一つえらびなさい。

31 制限
1 試合終了までの制限があまり残っていなかった。
2 求人に応募する時、年齢制限がある場合もある。
3 牛乳を飲もうとしたら、賞味制限が切れていた。
4 全ての書類は制限内に提出してください。

32 そっくり
1 彼は背や体格など、お父さんにそっくりだった。
2 彼の無責任な行動に私もそっくりした。
3 大切な書類をそっくり家に置いて来てしまった。
4 本棚には本がそっくりと並んでいた。

33 揺れる
1 道に自転車が一台揺れていた。
2 赤字が続いたその会社は結局、揺れてしまった。
3 カーテンが風で揺れている。
4 私の家の後ろには川が揺れている。

34 たとえ
1 一生懸命勉強してきたから、たとえ合格するだろう。
2 値段が高い物がたとえいい物とは言えない。
3 たとえ困難なことがあっても、決して諦めない。
4 幼い時から生物はたとえ好きではなかった。

35 収集
1 私は小学生の時から趣味で切手を収集している。
2 このサイトには、求人収集の方法が詳しく書いてある。
3 大都市では人口収集によって色々な問題が起きている。
4 切符を買って入ると、もうスタンドは収集でいっぱいだった。

N3

げん ご ち しき
言語知識(文法)・読解

どっかい

ぶんぽう

（70分）

問題1 つぎの文の(　　　)に入れるのに最もよいものを、1・2・3・4から一つえらびなさい。

1 朝寝坊をした (　　　)、電車に乗り遅れてしまいました。

　　1 せいで　　　　　　2 代わりに　　　　　3 上で　　　　　　4 通りに

2 先生「卒業論文のテーマは決めましたか。」
　　学生「はい、日本の古代建築 (　　　) 書こうと思っています。」

　　1 において　　　　　2 はもちろん　　　　3 によって　　　　4 について

3 中村君は授業の (　　　) ずっと居眠りばかりしていた。

　　1 間で　　　　　　　2 間　　　　　　　　3 間を　　　　　　4 間に

4 夫「簡単な手術なんだから、そんなに心配する (　　　) よ。」
　　妻「でも、手術は初めてなので、ちょっと怖いわ。」

　　1 ことがある　　　　2 ことである　　　　3 ことはない　　　4 ことになる

5 医者にたばことお酒は止める (　　　) と言われたけど、なかなか止められない。

　　1 ように　　　　　　2 ために　　　　　　3 ばかりに　　　　4 ことに

6 金「日本での運転、私にはちょっと紛らわしいわね。」
　　田中「そうだね。韓国とは違って日本では左側を走る (　　　) からなあ。」

　　1 とは限らない　　　2 じゃない　　　　　3 ことになっている　4 に違いない

7 (服屋で)
　　客「すみません。このブラウス、他の色はありますか。」
　　店員「申し訳ございません。そちらは、その色しか (　　　)。」

　　1 おいでになりません 2 拝借しません　　　3 くださいません　　4 ございません

8 彼女と話をする (　　　)、楽しかった学生時代が思い出されます。

　　1 たびに　　　　　　2 なかに　　　　　　3 ほどに　　　　　4 ために

1 わけである　　　　2 わけではない　　　　3 わけがない　　　　4 わけにはいかない

1 をこめて　　　　2 を通して　　　　3 に対して　　　　4 としたら

1 太陽との位置の関係　　　　　　2 太陽の光の強さ
3 地球の公転周期　　　　　　　　4 地球の自転周期

1 大きくなってしまう　　　　　　2 広くなってしまう
3 少なくなってしまう　　　　　　4 多くなってしまう

1 次第　　　　　　2 とは　　　　　　3 っけ　　　　　　4 うちに

問題4 つぎの(1)から(4)の文章を読んで、質問に答えなさい。答えは1・2・3・4から最もよいもの
を一つえらびなさい。

(1)

　「本当の豊かさ」とは何だろう。一つ目は、やはりお金だろう。お金がたくさんあれば生活には不自由しないし、欲しいと思ったものはすぐに手に入れることができる。また、二つ目に、いい友達がいるのもなかなか捨てることができない。問題は、お金といい友達のどちらが大切かである。結論を先に言えば、どちらもほどほど(注)にあるのがいいだろう。人生何事も思い通りに行くわけではないが、お金もいい友達もほどほどにあるのがいいだろう。それくらいが本当の幸福ではないだろうか。

(注)ほどほど: 度を越さないでちょうどよい程度

24 この人の考えと合っているのはどれか。
　1 友達はたくさん作った方がいい。
　2 物質よりは健康が大切だ。
　3 何でも適当にある方がいい。
　4 お金はたくさんあればあるほどいい。

(2)

これは百貨店館内でのアナウンスである。

　本日も桜百貨店にご来店いただきまして誠にありがとうございます。ご来店中のお客様に、迷子(注1)のお知らせを申し上げます。赤いワンピースに黄色い帽子を被った3歳ぐらいの女の子が、本館5階おもちゃ売り場で一人で遊んでいるのを店員が見つけ、サービスカウンターでお連れ様をお待ちしております。お心当たり(注2)のお客様は、1階のサービスカウンターまでお越しくださいませ。繰り返し迷子のお知らせを申し上げます。

(注1)迷子: 道に迷った子供
(注2)心当たり: 心に思い当たること

25　アナウンスを聞いた迷子のお連れはどこに行けばいいか。

　1 百貨店の入り口
　2 5階のおもちゃ売り場
　3 1階のサービスカウンター
　4 5階の帽子売り場

(3)

> 　流した時の感情によって涙の味が変わることをご存じですか。悲しい時や嬉しい時は副交感神経(注1)が優位になっているので、カリウムやナトリウムの量が少なく、甘めです。しかも、水のようにさらさら(注2)していて、涙の量が多い傾向があります。反面、怒っている時や悔しい時に流す涙の味は、塩辛いのが特徴です。これは交感神経(注3)が優位になって、ナトリウムや塩素などの量が多くなるからです。また、涙の量は少なく、粘り気(注4)があります。
>
> (注1)副交感神経: 体内の器官をコントロールする神経
> (注2)さらさら: 軽やかに流れる様
> (注3)交感神経: 興奮の刺激を全身の様々な器官に伝える神経
> (注4)粘り気: 粘り着く性質

26 悔しい時に流す涙の味が塩辛いのはなぜか。

1 交感神経の動きが遅くなるから

2 カリウムやナトリウムの量が少なくなるから

3 ナトリウムや塩素などの量が多くなるから

4 副交感神経が優位になっているから

(4)

> コアラの主食であるユーカリの葉っぱには、猛毒の青酸やタンニンなどが含まれている。だから、他の動物は食べずにいて、コアラだけが食べることができる。でも、コアラも食べることができただけで、毒であることには変わりない。この毒入りの葉っぱが食べられる体になったことで、生存競争に勝ち残ったコアラだが、栄養も少なく解毒(注1)にエネルギーを費やす(注2)ため、一日中寝るしかなくなってしまったという。
>
> (注1)解毒: 体内に入った毒の作用を除くこと
> (注2)費やす: 金や物や時を多く使う

27 本文の内容と合っているのはどれか。

1 コアラの体では、どんな種類の毒も全く分解できない。

2 ユーカリの葉っぱが食べられる動物はコアラ以外にも多い。

3 ユーカリの葉っぱの中には、毒の作用をなくす成分がある。

4 コアラはユーカリの葉っぱに含まれている猛毒のせいで、一日中寝ている。

問題5 つぎの(1)から(2)の文章を読んで、質問に答えなさい。答えは1・2・3・4から最もよいもの
を一つえらびなさい。

(1)

　　電気はエネルギーですから、熱を出したり光を出したりするのは当然と思えるのです
が、冷蔵庫のように電気で冷やすというのは意外な気がします。では、どうやって電気が
冷たくするのでしょうか。冷蔵庫は、電気が直接冷やしているわけではありません。液体
の蒸発(注1)を利用しているのです。液体が蒸発して気体になる時には、周囲から大きな熱
を奪われます。アルコール消毒の時にひんやりするのもそのためで、これは、アルコール
が蒸発する時に皮膚の熱を奪うからです。冷蔵庫の中や周りには、冷媒(注2)と呼ばれる揮
発性(注3)の液体が入ったパイプが張り巡らされて(注4)いますが、この中で冷媒が蒸発するこ
とによって冷蔵庫の空気はどんどん熱を奪われ、冷やされていきます。クーラが空気を冷
やす仕組み(注5)も冷蔵庫と同じで、冷媒が蒸発して室内の空気から熱を奪うのです。

(注1)蒸発: 液体がその表面で気化すること
(注2)冷媒: 冷凍サイクルにおいて熱を移動させるために用いられる熱媒体のこと
(注3)揮発性: 液体の蒸発しやすい性質
(注4)張り巡らす: 周り一面に張る
(注5)仕組み: 物事の組み立て。構造

28 冷蔵庫は物を冷やすために何を利用しているか。

　1 電気の熱

　2 電気の光

　3 液体の固体化

　4 液体の蒸発

29 液体が蒸発して気体になる時にどんな変化が起きるか。

　1 熱や光が出る。

　2 周囲から大きな熱を奪われる。

　3 周囲の温度が上がる。

　4 数多くの水や液体のしたたりができる。

30 本文の内容からどんなことがわかるか。

　1 クーラより冷蔵庫の方が速く物を冷たくできる。

　2 冷蔵庫とクーラは同じ仕組みで物を冷たくする。

　3 冷蔵庫とクーラは奪われる熱の量がほぼ同じである。

　4 冷蔵庫は冷媒がなくても冷たくできる仕組みを持っている。

(2)

　「割れ窓理論」という環境犯罪学の理論がある。これは割れた窓をそのまま放置しておく
と、やがて他の窓も全て壊されるというもので、軽い違反や乱れを見逃していると、住民
のモラルが低下し、環境の悪化や犯罪の多発につながるという考え方である。この理論を
応用して成功した事例がある。かつて、ニューヨークは非常に治安の悪い町であったが、
当時の市長は小さな不正を徹底的に正すことで、大きな不正を防ぐことができると考え、
① 地下鉄の落書きを徹底的に取り締まったのである。これによって1990年代の終わりに
は、凶悪犯罪が75％も減ったという。ディズニーランドの成功にもこの「割れ窓理論」があ
るという。② ディズニーランドに来園する顧客のモラルやマナーが良いのは、パーク内の
ごみはもちろん、ささいな傷も疎かにしないで(注)、すぐに直しているからだという。確か
に、パーク内はあれだけの混雑にもかかわらず、トラブルどころかごみのポイ捨てすらほ
とんど見かけることはない。

(注)疎かにする: いい加減に済ませたり軽く扱ったりして真面目に取り組まない様

576

31 本文に出ている「割れ窓理論」とは何か。

1 人間活動は自然環境の強い影響を受けているという理論
2 小さな乱れがやがて大きな乱れへとつながっていくという理論
3 表情がフィードバックされてその表情が感情を引き起こすという理論
4 個人のキャリアの8割は予想しない偶発的なことによって決定されるという理論

32 ① 地下鉄の落書きを徹底的に取り締まった結果として、正しいのはどれか。

1 凶悪犯罪がだいぶ減った。
2 全く落書きは減らなかった。
3 他のところでの落書きが増えてしまった。
4 軽い犯罪は減ったが、重い犯罪は増えてしまった。

33 ② ディズニーランドに来園する顧客のモラルやマナーが良い理由として、本文に出ているのはどれか。

1 多くの警備員が見回っているから
2 ごみを捨てるところが多く、機械の故障も少ないから
3 ごみのポイ捨てに対する罰則規定がとても厳しいから
4 ごみがないようにし、ささいな傷でもすぐに直しているから

問題6 つぎの文章を読んで、質問に答えなさい。答えは、1・2・3・4から最もよいものを一つえらびなさい。

　　日本は無電柱化(注1)については後進国であると言える。ロンドンやパリはすでに①無電柱化率を100％、日本の近隣の地域である香港や台北、シンガポールでは90％から100％の高い水準を誇っており、それに比べると東京は8％、大阪は6％と日本がいかに無電柱化率が低いかがわかる。このように日本は世界で見ても国内で見ても無電柱化が遅れているのである。特に、地方に無電柱化が行われていない理由として、予算が組めないということが挙げられるが、地域経済の活性化の観点からも無電柱化は至急(注2)の課題ではないだろうか。

　　では、無電柱化にはどんなメリットがあるのだろうか。まず、無電柱化することによって街の景観向上や防犯効果、安全で快適な生活空間を提供できる。また、街の景観が向上することによって地域経済の活性化にもなるし、その土地自体の地価も上昇する。無電柱化の最も大きなメリットと言えば、やはり防災性であろう。落雷、台風、浸水、地震、火事、竜巻に無電柱化は強く、津波のみ弱いとされているが、それは架空線(注3)でも同じことなので、「無電柱化が災害に強い」というのは事実である。このように防災の観点だけでも無電柱化する意味はたくさんあるが、先に述べた地価の上昇や地域経済の活性化、安全と快適さまでも同時に付いてくるとなれば、早速行うべきではないだろうか。

(注1)無電柱化: 道路の地下空間を活用して道路から電柱をなくすこと
(注2)至急: 非常に急ぐこと
(注3)架空線: コンクリート柱・鉄塔などによって空中に張り渡した電線

34 ① 無電柱化率についての説明の中で、正しくないのはどれか。
  1 ロンドンやパリは完全に無電柱化した。
  2 香港や台北では無電柱化率が9割に上る。
  3 日本は東京と大阪を合わせても3割に達していない。
  4 国内に限定して見れば、日本は無電柱化が進んでいると言える。

35 地方に無電柱化が行われていない理由は何か。
  1 無電柱化の予算が組めないから
  2 今の景観を守りたがる人が多いから
  3 無電柱化に賛成する地域住民が少ないから
  4 無電柱化のメリットがよく知られていないから

36 無電柱化のメリットとして、本文に出ていないのはどれか。
  1 防犯効果
  2 通信線の信頼性強化
  3 街の景観向上
  4 安全で快適な生活空間の提供

37 本文の内容からみて、無電柱化の最大のメリットは何か。
  1 災害に強い。
  2 街の景観が向上する。
  3 土地自体の地価が上昇する。
  4 地域経済が活性化する。

問題7 右のページはあるツアーの契約条件の案内である。これを読んで下の質問に答えなさい。答えは、1・2・3・4から最もよいものを一つえらびなさい。

38 契約条件の内容と合っていないのはどれか。

1 目的地までの交通費と医療費は旅行代金に含まれていない。

2 旅行代金には機内食を始め、全ての食事料金が含まれている。

3 10歳の子供は大人と同じ旅行代金を支払わなければならない。

4 予約金として旅行代金の一部を決済した時点で、予約は成立する。

39 Aさんは旅行に参加しようと思って旅行代金を全部支払って楽しみにしていたが、28日の夜、急用ができてどうしても旅行に参加できなくなってしまった。Aさんが取り消し料として支払う金額はいくらになるか。

1 6,000円

2 9,000円

3 15,000円

4 3,0000円

問題4
<ruby>問題<rt>もんだい</rt></ruby>4

問題4では、えを<ruby>見<rt>み</rt></ruby>ながら<ruby>質問<rt>しつもん</rt></ruby>を<ruby>聞<rt>き</rt></ruby>いてください。やじるし(➡)の<ruby>人<rt>ひと</rt></ruby>は<ruby>何<rt>なん</rt></ruby>と<ruby>言<rt>い</rt></ruby>いますか。1から3の<ruby>中<rt>なか</rt></ruby>から、<ruby>最<rt>もっと</rt></ruby>もよいものを<ruby>一<rt>ひと</rt></ruby>つえらんでください。

れい

1ばん

2ばん

16

해석 저 호텔은 (서비스)가 좋아서 가끔 가고 있습니다.
어휘 ホテル 호텔 サービス 서비스 たまに 가끔 チーム 팀
スタート 스타트, 시작 ファン 팬

17

해석 저는 음악을 들으면서 공부하면 (집중)할 수 없습니다.
어휘 音楽(おんがく) 음악 聞(き)く 듣다
勉強(べんきょう) 공부 集中(しゅうちゅう) 집중
夢中(むちゅう)だ 열중하다 熱心(ねっしん)だ 열심이다
興味(きょうみ) 흥미

18

해석 이 시계, 전지가 (다 되었)는지 전혀 작동하지 않네.
어휘 時計(とけい) 시계 電池(でんち) 전지
切(き)れる 떨어지다, 다 되다 全(まった)く (부정어 수반) 전혀
動(うご)く (기계가) 작동하다 扱(あつか)う 다루다, 취급하다
崩(くず)れる 무너지다 壊(こわ)す 부수다, 고장 내다, 깨뜨리다

19

해석 이것은 결코 사과해서 (끝날) 문제가 아니다.
어휘 決(けっ)して (부정어 수반) 결코 謝(あやま)る 사과하다
済(す)む 끝나다, 해결되다 問題(もんだい) 문제
問(と)う 묻다 包(つつ)む 싸다, 포장하다
従(したが)う (명령 등에) 따르다

20

해석 저 레스토랑은 맛있기 때문에 저도 (자주) 갑니다.
어휘 レストラン 레스토랑 おいしい 맛있다
〜ので 〜이기 때문에 度々(たびたび) 자주
別々(べつべつ) 각각, 따로따로 着々(ちゃくちゃく) 착착
続々(ぞくぞく) 속속, 잇달아

21

해석 이런 물건까지 (배달)할 수 있으리라고는 상상도 못했다.
어휘 こんな 이런 物(もの) 물건, 것 〜まで 〜까지
配達(はいたつ) 배달 〜とは 〜라고는
想像(そうぞう) 상상 できない 할 수 없다, 불가능하다
組織(そしき) 조직 解散(かいさん) 해산
効力(こうりょく) 효력

22

해석 현관 앞에 예쁜 꽃이 (장식되어) 있었다.
어휘 玄関(げんかん) 현관 前(まえ) 앞 きれいだ 예쁘다
飾(かざ)る 장식하다 타동사+てある 〜해져 있다 *상태표현
訪(おとず)れる 방문하다
曲(ま)がる 구부러지다, (모퉁이를) 돌다
語(かた)る 말하다, 이야기하다

23

해석 하루 종일 아무것도 먹지 않아서 배가 (몹시 고픕)니다.
어휘 一日中(いちにちじゅう) 하루 종일
何(なに)も (부정어 수반) 아무것도
〜なくて 〜하지 않아서 *원인·이유 お腹(なか) 배
ぺこぺこ 몹시 배가 고픈 모양 きらきら 반짝반짝
どきどき 두근두근 いらいら 안달하며 초조해하는 모양

24

해석 내 잘못이니까, 그저 (침묵하고) 있을 수밖에 없었다.

어휘 自分(じぶん) 자기, 자신, 나 間違(まちが)い 잘못
ただ 그냥, 그저 黙(だま)る 침묵하다
〜しかない 〜할 수밖에 없다 流(なが)れる 흐르다
通(つう)じる 통하다 味(あじ)わう 맛보다

25

해석 비가 내렸던 걸까요? 길이 (젖어) 있네요.
어휘 雨(あめ) 비 降(ふ)る (비·눈 등이) 내리다, 오다
道(みち) 길 濡(ぬ)れる 젖다 干(ほ)す 말리다, 널다
余(あま)る 남다 高(たか)める 높이다

문제 4 _____에 의미가 가장 가까운 것을 1·2·3·4에서 하나
고르시오.

26

해석 죄송한데요, 표는 어디에서 살 수 있어요?
어휘 切符(きっぷ) 표 どこ 어디 買(か)う 사다
グループ 그룹 データ 데이터, 자료 タイトル 타이틀, 제목
チケット 티켓, 표

27

해석 그 건은 조금 더 조사할 필요가 있다고 생각합니다.
어휘 件(けん) 건 もう少(すこ)し 조금 더
調査(ちょうさ)する 조사하다 必要(ひつよう) 필요
並(なら)べる (물건 등을) 늘어놓다, 나란히 놓다
調(しら)べる 조사하다 行(おこな)う 하다, 행하다, 실시하다
任(まか)せる 맡기다

28

해석 새로운 일이 계속해서 들어온다.
어휘 仕事(しごと) 일 次々(つぎつぎ)に 계속해서
入(はい)る 들어오다 偶然(ぐうぜん) 우연히
専(もっぱ)ら 오로지 けっこう 꽤, 상당히
相次(あいつ)ぐ 잇따르다

29

해석 이 스웨터, 세탁했더니 줄어 버렸어.
어휘 セーター 스웨터 洗濯(せんたく) 세탁
縮(ちぢ)む 줄다, 작아지다 小(ちい)さい 작다
い형용사의 어간+くなる 〜해지다 色(いろ) 색, 색깔
変(か)わる 바뀌다, 변하다 大(おお)きい 크다 長(なが)い 길다

30

해석 큰비 때문에 모처럼 계획한 여행을 취소할 수밖에 없었다.
어휘 大雨(おおあめ) 큰비 명사+の+ため 〜때문(에)
せっかく 모처럼 計画(けいかく) 계획 旅行(りょこう) 여행
キャンセル 취소 〜しかない 〜할 수밖에 없다
売(う)り切(き)れ 다 팔림, 매진, 품절 申(もう)し込(こ)み 신청
取(と)り消(け)し 취소 受(う)け入(い)れ 받아들임, 수용

문제 5 다음 단어의 사용법으로 가장 적당한 것을 1·2·3·4에
서 하나 고르시오.

31 制限(せいげん) 제한
해석 1 시합 종료까지의 시간이 별로 남아 있지 않았다.
　　　　(制限せいげん ➡ 時間じかん)
　　　2 구인에 응모할 때 연령 제한이 있는 경우도 있다.
　　　3 우유를 마시려고 했더니, 유통기한이 다 되어 있었다.
　　　　(制限せいげん ➡ 期限きげん)

599

4 모든 서류는 <u>기한</u> 내에 제출해 주세요.
   (制限せいげん ➡ 期限きげん)

어휘 制限(せいげん) 제한 試合(しあい) 시합
終了(しゅうりょう) 종료 時間(じかん) 시간
あまり (부정어 수반) 그다지, 별로 残(のこ)る 남다
求人(きゅうじん) 구인 応募(おうぼ) 응모
〜時(とき) 〜때 年齢(ねんれい) 연령 場合(ばあい) 경우
牛乳(ぎゅうにゅう) 우유 飲(の)む 마시다
賞味期限(しょうみきげん) 유통기한
切(き)れる (기한 등이) 끝나다, 다 되다 全(すべ)て 모두, 전부
書類(しょるい) 서류 提出(ていしゅつ) 제출

32 そっくり 꼭 닮음

해석 1 그는 키랑 체격 등 아버지를 꼭 닮았다.
2 그의 무책임한 행동에 나도 실망했다.
   (そっくり ➡ がっかり)
3 중요한 서류를 깜빡 집에 두고 와 버렸다.
   (そっくり ➡ うっかり)
4 책장에는 책이 가득 꽂혀 있었다.
   (そっくり ➡ ぎっしり)

어휘 そっくり 꼭 닮음 背(せ) 키 〜や 〜이랑
体格(たいかく) 체격 お父(とう)さん (남의) 아버지
無責任(むせきにん)だ 무책임하다 行動(こうどう) 행동
がっかりする 실망하다 大切(たいせつ)だ 중요하다
書類(しょるい) 서류 うっかり 무심코, 깜빡
置(お)く 놓다, 두다 本棚(ほんだな) 책장 本(ほん) 책
ぎっしり 가득, 빽빽이 並(なら)ぶ 정리되어 놓여 있다

33 揺れる 흔들리다

해석 1 길에 자전거가 한 대 쓰러져 있었다.
   (揺ゆれて ➡ 倒たおれて)
2 적자가 이어진 그 회사는 결국 도산하고 말았다.
   (揺ゆれて ➡ 潰つぶれて)
3 커튼이 바람에 흔들리고 있다.
4 우리집 뒤로는 강이 흐르고 있다.
   (揺ゆれて ➡ 流ながれて)

어휘 揺(ゆ)れる 흔들리다 道(みち) 길
自転車(じてんしゃ) 자전거 〜台(だい) 〜대
倒(たお)れる 쓰러지다, 넘어지다 赤字(あかじ) 적자
続(つづ)く 이어지다, 계속되다 潰(つぶ)れる 망하다, 도산하다
カーテン 커튼 風(かぜ) 바람 後(うし)ろ 뒤
川(かわ) 강 流(なが)れる 흐르다

34 たとえ 설령, 설사

해석 1 열심히 공부해 왔으니까, <u>틀림없이</u> 합격할 것이다.
   (たとえ ➡ きっと)
2 가격이 비싼 물건이 <u>반드시</u> 좋은 물건이라고 말할 수 없다.
   (たとえ ➡ 必かならずしも)
3 설령 곤란한 일이 있더라도 결코 단념하지 않겠다.
4 어릴 때부터 날것은 <u>별로</u> 좋아하지 않았다.
   (たとえ ➡ あまり)

어휘 たとえ 설령, 설사 一生懸命(いっしょうけんめい) 열심히
勉強(べんきょう) 공부 きっと 분명히, 틀림없이
合格(ごうかく) 합격 値段(ねだん) 가격 高(たか)い 비싸다
物(もの) 물건 必(かなら)ずしも (부정어 수반) 반드시
いい 좋다 〜とは言(い)えない 〜라고는 할 수 없다
困難(こんなん)だ 곤란하다 決(けっ)して (부정어 수반) 결코

諦(あきら)める 체념하다, 단념하다 幼(おさな)い 어리다
〜時(とき) 〜때 生物(なまもの) 날것 好(す)きだ 좋아하다

35 収集しゅうしゅう 수집

해석 1 나는 초등학생 때부터 취미로 우표를 <u>수집</u>하고 있다.
2 이 사이트에는 구인모집 방법이 상세하게 쓰여 있다.
   (収集しゅうしゅう ➡ 募集ぼしゅう)
3 대도시에서는 인구 집중에 의해 다양한 문제가 발생하고 있다. (収集しゅうしゅう ➡ 集中しゅうちゅう)
4 표를 사서 들어가니, 이미 스탠드는 관중으로 가득했다.
   (収集しゅうしゅう ➡ 観衆かんしゅう)

어휘 収集(しゅうしゅう) 수집
小学生(しょうがくせい) 초등학생 趣味(しゅみ) 취미
切手(きって) 우표 サイト 사이트 求人(きゅうじん) 구인
募集(ぼしゅう) 모집 方法(ほうほう) 방법
詳(くわ)しい 상세하다 書(か)く (글씨·글을) 쓰다
타동사+てある 〜해져 있다 *상태표현
大都市(だいとし) 대도시 人口(じんこう) 인구
集中(しゅうちゅう) 집중 〜によって 〜에 의해
色々(いろいろ)だ 여러 가지다, 다양하다 問題(もんだい) 문제
起(お)きる 일어나다, 발생하다 切符(きっぷ) 표 買(か)う 사다
入(はい)る 들어가다 もう 이미, 벌써 スタンド 스탠드
観衆(かんしゅう) 관중 いっぱいだ 가득하다

언어지식(문법) · 독해

문제 1 다음 문장의 (   )에 넣을 것으로 가장 적당한 것을 1·2·3·4에서 하나 고르시오.

1
해석 늦잠을 잔 (탓에) 전철을 놓쳐 버렸습니다.
어휘 朝寝坊(あさねぼう)をする 늦잠을 자다
〜せいで 〜탓에 電車(でんしゃ) 전철
乗(の)り遅(おく)れる (차·배 등을) 놓치다, 시간이 늦어 못 타다
〜代(か)わりに 〜대신에
동사의 た형+上(うえ)で 〜한 후에, 〜한 다음에
〜通(とお)りに 〜대로, 〜같이

2
해석 선생님 "졸업논문 주제는 정했어요?"
학생 "예, 일본의 고대건축(에 대해서) 쓰려고 생각하고 있습니다."
어휘 卒業論文(そつぎょうろんぶん) 졸업논문
テーマ 테마, 주제 決(き)める 정하다, 결정하다
古代(こだい) 고대 建築(けんちく) 건축
〜について 〜에 대해서 *내용 〜において 〜에 있어서, 〜에서
〜はもちろん 〜은 물론이고 〜によって 〜에 의해, 〜에 따라

3
해석 나카무라 군은 수업 (동안에) 계속 졸고만 있었다.
어휘 授業(じゅぎょう) 수업 〜間(あいだ) 〜동안에, 〜사이에 *말하는 기간 동안에 동작이나 상태 등이 계속됨
ずっと 쭉, 계속 居眠(いねむ)り (앉아서) 졺
〜ばかり 〜만, 〜뿐 〜間(あいだ)に 〜동안에, 〜사이에 *말하는 기간 동안에 계속이 아닌 어느 한 지점을 나타냄

4
해석 남편 "간단한 수술이니까, 그렇게 걱정할 (필요는 없어)."
　　 아내 "하지만 수술은 처음이라, 조금 무서워."
어휘 簡単(かんたん)だ 간단하다　手術(しゅじゅつ) 수술
そんなに 그렇게　心配(しんぱい) 걱정
～ことはない ～할 것은[필요는] 없다　でも 하지만
初(はじ)めて 처음(으로)　怖(こわ)い 무섭다
～ことがある ～할 때[경우]가 있다
동사의 보통형+ことになる ～하게 되다

5
해석 의사에게 담배와 술은 끊(도록)이라는 말을 들었지만, 좀처럼
　　 끊을 수 없다.
어휘 医者(いしゃ) 의사　たばこ 담배　お酒(さけ) 술
止(や)める 그만두다, 끊다　～ように ～하도록
なかなか (부정어 수반) 좀처럼
동사의 보통형+ために ～하기 위해서　～ばかりに ～한 탓에
～ことに ～하게도

6
해석 김 "일본에서의 운전, 나한테는 조금 혼동돼."
　　 다나카 "그렇지. 한국과는 달리 일본에서는 왼쪽을 달리(게 되
　　 어 있으)니까."
어휘 運転(うんてん) 운전　紛(まぎ)らわしい 혼동하기 쉽다
左側(ひだりがわ) 왼쪽　走(はし)る (탈것이) 달리다
동사의 보통형+ことになっている ～하게 되어 있다
～とは限(かぎ)らない (반드시) ～하다고는 할 수 없다, ～인 것
은 아니다　～じゃない ～잖아?, ～지 않아?
～に違(ちが)いない ～임에 틀림없다

7
해석 (옷가게에서)
　　 손님 "저기요, 이 블라우스, 다른 색은 있어요?"
　　 점원 "죄송합니다. 그건 그 색밖에 (없습니다)."
어휘 服屋(ふくや) 옷가게　客(きゃく) 손님
すみません 저기요 *주의를 환기할 때 쓰는 말
ブラウス 블라우스　他(ほか)の～ 다른～　色(いろ) 색, 색깔
店員(てんいん) 점원　申(もう)し訳(わけ)ございません 죄
송합니다 *「申(もう)し訳(わけ)ありません」보다 정중한 표현
ござる *「ある」(있다)의 정중어
おいでになる 계시다, 가시다, 오시다 *「いる」((사람이) 있다),
「行(い)く」(가다), 「来(く)る」(오다)의 존경어
拝借(はいしゃく)する 빌리다 *「借(か)りる」의 겸양어
くださる (남이 나에게) 주시다 *「くれる」((남이 나에게) 주다)
의 존경어

8
해석 그녀와 이야기를 할 (때마다) 즐거웠던 학창시절이 떠오릅니다.
어휘 彼女(かのじょ) 그녀　話(はなし) 이야기
동사의 기본형+たびに ～할 때마다　楽(たの)しい 즐겁다
学生時代(がくせいじだい) 학창시절
思(おも)い出(だ)す 떠올리다, 생각해 내다

9
해석 대학 입학(을 계기로) 도쿄에서의 혼자 살기를 시작했다.
어휘 大学(だいがく) 대학　入学(にゅうがく) 입학
～をきっかけに ～을 계기로　一人暮(ひとりぐ)らし 혼자서 삶
始(はじ)める 시작하다　～にとって ～에(게) 있어서
～向(む)き ～에 적합함　～以上(いじょう)は ～한[인] 이상은

10
해석 세상의 일반상식(으로 보면) 차내 화장은 창피한 일이다.
어휘 世間(せけん) 세상
一般常識(いっぱんじょうしき) 일반상식
～から見(み)れば ～으로 보면　車内(しゃない) 차내, 차 안
化粧(けしょう) 화장　恥(は)ずかしい 부끄럽다, 창피하다
～くせに ～인 주제에, ～이면서도　～反面(はんめん) ～인 반면
～に従(したが)って ～함에 따라, ～하자 차차, ～에 따라서

11
해석 이번 건에 대해서 사장님은 뭐라고 (말씀하셨습니까?)
어휘 件(けん) 건　～について ～에 대해서 *내용
社長(しゃちょう) 사장　何(なん)と 뭐라고
おっしゃる 말씀하시다 *「言(い)う」(말하다)의 존경어
お目(め)にかかる 만나 뵙다 *「会(あ)う」(만나다)의 겸양어
いただく 먹다, 마시다, (남에게) 받다 *「食(た)べる」,「飲(の)
む」,「もらう」의 겸양어

12
해석 (사무실에서)
　　 사원 "과장님, 새로운 기획서는 어떠셨어요?"
　　 과장 "나쁘지는 않은데, 아직 (검토해야 할) 부분도 몇 개인가
　　 있네."
어휘 社員(しゃいん) 사원　課長(かちょう) 과장
新(あたら)しい 새롭다　企画書(きかくしょ) 기획서
いかがでしたか 어떠셨습니까? *「どうでしたか」(어땠습니
까?)의 공손한 표현　悪(わる)い 나쁘다, 좋지 않다　まだ 아직
検討(けんとう)する 검토하다
동사의 기본형+べきだ (마땅히) ～해야 한다 *단, 동사「する」의
경우에는「するべき」,「すべき」모두 쓸 수 있음
なさる 하시다 *「する」(하다)의 존경어
いたす 하다 *「する」의 겸양어
～させていただく ～하다 *「～する」의 겸양표현

13
해석 비가 내려서 적을 것이라고 생각했는데, 예상(과는 반대로)
많은 사람이 모여 있었다.
어휘 雨(あめ) 비　降(ふ)る (비·눈 등이) 내리다, 오다
少(すく)ない 적다　予想(よそう) 예상
～に反(はん)して ～에 반해서, ～와는 반대로
多(おお)く 많음　人(ひと) 사람　集(あつ)まる 모이다
～につれて ～함에 따라서 *비례
～にわたって ～에 걸쳐서 *기간　～に関(かん)して ～에 관해서

문제 2 다음 문장의 ＿★＿ 에 들어갈 가장 적당한 것을 1·2·3·
4에서 하나 고르시오.

14 ファストフードばかり 食(た)べたら 病気(びょうき)にな
る★ に決(き)まっている
해석 그렇게 패스트푸드만 먹으면 병에 걸릴 것★ 임에 틀림없다.
어휘 そんなに 그렇게　ファストフード 패스트푸드
～ばかり ～만, ～뿐　食(た)べる 먹다
病気(びょうき)になる 병에 걸리다
～に決(き)まっている 분명히 ～일 것이다, ～임에 틀림없다

15 自分(じぶん)の気持(きも)ちを 優先(ゆうせん)して ばかり★ いるから
해석 그녀는 자신의 기분을 우선하고 만★ 있기 때문에 별로 좋아
하지 않는다.

601

어휘 自分(じぶん) 자기, 자신, 나　気持(きも)ち 기분, 마음
優先(ゆうせん) 우선　〜てばかりいる 〜하고만 있다
あまり (부정어 수반) 그다지, 별로　好(す)きだ 좋아하다

16 たとえ 家族(かぞく)だ としても★ お金(かね)の貸(か)し借(か)り

해석 나는 설령 가족이라고 하더라도★ 돈을 빌려주고 빌리는 것
만은 하지 않도록 하고 있다.
어휘 たとえ 설령, 설사　家族(かぞく) 가족
〜としても 〜라고 하더라도　お金(かね) 돈
貸(か)し借(か)り 빌려주고 빌림　〜だけ 〜만, 〜뿐
〜ないように 〜하지 않도록

17 さすが としか 言(い)い★ ようがない

해석 이 시험에서 만점을 받다니, 과연 이라고밖에 할★ 수 없다.
어휘 試験(しけん) 시험　満点(まんてん) 만점
取(と)る (점수를) 받다　〜なんて 〜하다니　さすが 과연
言(い)う 말하다　동사의 ます형+ようがない 〜할 방법이[도리
가] 없다, 〜할 수 없다

18 合格(ごうかく)できる かどうか は別(べつ)★ として

해석 합격할 수 있을지 어떨지 는 제쳐★ 두고 도전해 보는 것이
중요하다고 생각합니다.
어휘 合格(ごうかく) 합격　〜かどうか 〜일지 어떨지
〜は別(べつ)として 〜은 제쳐두고　挑戦(ちょうせん) 도전
大切(たいせつ)だ 중요하다

문제 3 다음 글을 읽고 글 전체의 내용을 생각해서 19 부터 23
안에 들어갈 가장 적당한 것을 1·2·3·4에서 하나 고르시오.

왜 일본의 겨울은 추운 것일까? 그 이유를 생각하려면
우선 우리를 따뜻하게 해 주는 태양을 떠올릴 필요가 있다.
지구는 태양 주위를 일 년에 걸쳐 일주, 소위 공전을 하고
있는 19 셈인데 지구 자신도 자전을 하고 있다. 지구가 태
양 주위를 공전하고 있는 그 면 20 에 대해서 지구의 자전
축이 기울어져 있다. 그 때문에 우리가 받는 태양빛의 양,
즉, 태양으로부터 받는 에너지의 양이 일 년 동안 21 태양과
의 위치 관계로 달라져 버리는 것이다.
　겨울은 낮 시간이 짧아지고 태양의 높이도 낮아지기 때
문에 여름에 비해 태양으로부터 받는 에너지가 22 적어져
버린다. 따라서 기온이 내려가게 된 결과, 추워진다는 얘기
가 된다. 방사냉각 23 이란 구름이 적을 때 지면의 열이 상
공으로 달아나 버려서 지면 근처가 차가워지는 것을 말하
는데, 겨울밤에 이 방사냉각이 일어나면 아침의 추위가 한
층 혹독해진다. 또 겨울철에 일본 상공에는 시베리아 고기
압이 다가온다. 이 시베리아 고기압은 일본에 혹독한 겨울
을 초래하고, 큰눈을 내리게 한다. 이상과 같은 몇 가지인
가의 이유로 일본의 겨울은 추운 것이다.

어휘 なぜ 왜, 어째서　冬(ふゆ) 겨울　寒(さむ)い 춥다
理由(りゆう) 이유　考(かんが)える 생각하다　〜には 〜하려면
暖(あたた)める 따뜻하게 하다
〜てくれる (남이 나에게) 〜해 주다　太陽(たいよう) 태양
思(おも)い浮(う)かべる 떠올리다　必要(ひつよう) 필요
地球(ちきゅう) 지구　周(まわ)り 주위

かける (시간을) 들이다　一周(いっしゅう) 일주, 한 번 돎
いわゆる 소위, 이른바　公転(こうてん) 공전
自身(じしん) 자신 *체언에 접속하여 그 말을 강조함
自転(じてん) 자전　面(めん) 면　自転軸(じてんじく) 자전축
傾(かたむ)く 기울다, 기울어지다　そのために 그 때문에
当(あ)たる (볕을) 받다　光(ひかり) 빛　量(りょう) 양
つまり 요컨대, 즉　受(う)け取(と)る 받다
エネルギー 에너지　間(あいだ) 동안　違(ちが)う 다르다
昼間(ひるま) 주간, 낮 (동안)　時間(じかん) 시간
短(みじか)い 짧다　高(たか)さ 높이　低(ひく)い 낮다
夏(なつ) 여름　〜に比(くら)べて 〜에 비해서　だから 따라서
気温(きおん) 기온　下(さ)がる 내리다, 내려가다
結果(けっか) 결과　放射冷却(ほうしゃれいきゃく) 방사냉각
雲(くも) 구름　地面(じめん) 지면　熱(ねつ) 열
上空(じょうくう) 상공　逃(に)げる 도망치다, 달아나다
近(ちか)く 근처　冷(ひ)やす 식히다, 차게 하다　夜(よる) 밤
起(お)こる 일어나다, 발생하다　朝(あさ) 아침
冷(ひ)え込(こ)み 몹시 추워짐　いっそう 한층
厳(きび)しい 심하다, 혹독하다　時期(じき) 시기, 때, 기간
シベリア高気圧(こうきあつ) 시베리아 고기압
やってくる 다가오다　もたらす 가져오다, 초래하다
大雪(おおゆき) 대설, 큰눈　降(ふ)る (비·눈 등이) 내리다, 오다
以上(いじょう) 이상　いくつか 몇　個人(こじん)か

19
해석 1 셈인
　　2 인 것은 아닌
　　3 일 리가 없는
　　4 할 수는 없는

어휘 〜わけである 〜인 셈[것]이다(=〜わけだ)
〜わけではない (전부) 〜인 것은 아니다, (반드시) 〜라고는 말
할 수 없다　〜わけがない 〜일 리가 없다
동사의 기본형+わけにはいかない 〜할 수는 없다

20
해석 1 을 담아서
　　2 을 통해서
　　3 에 대해서
　　4 라고 한다면

어휘 〜をこめて 〜을 담아서　〜を通(とお)して 〜을 통해서
〜に対(たい)して 〜에 대해서 *대상
〜としたら 〜라고 한다면 *가정

21
해석 1 태양과의 위치 관계
　　2 태양빛의 세기
　　3 지구의 공전주기
　　4 지구의 자전주기

어휘 位置(いち) 위치　関係(かんけい) 관계
強(つよ)さ 강함, 세기　周期(しゅうき) 주기

22
해석 1 커져 버린다
　　2 넓어져 버린다
　　3 적어져 버린다
　　4 많아져 버린다

어휘 大(おお)きい 크다 広(ひろ)い 넓다
少(すく)ない 적다 多(おお)い 많다

[23]
해석 1 하는 대로
　　2 이란
　　3 던가
　　4 동안에

어휘 동사의 ます형+次第(しだい) ~하는 대로 (즉시)
~とは ~라고 하는 것은, ~란 *정의　~っけ ~던가?, ~였더라?
*잊었던 일이나 불확실한 일을 상대방에게 질문하거나 확인함을 나타냄
~うちに ~동안에, ~사이에

문제 4 다음 (1)부터 (4)의 글을 읽고 질문에 답하시오. 답은 1 ·
2 · 3 · 4에서 가장 적당한 것을 하나 고르시오.

(1)

'진정한 풍족함'이란 무엇일까? 첫 번째는 역시 돈일 것
이다. 돈이 많이 있으면 생활에는 불편함이 없고 갖고 싶
다고 생각한 것은 바로 손에 넣을 수 있다. 또 두 번째로
좋은 친구가 있는 것도 좀처럼 버릴 수 없다. 문제는 돈과
좋은 친구 중 어느 쪽이 중요한가이다. 결론을 먼저 말하
면 모두 적당히(주) 있는 것이 좋을 것이다. 인생은 무슨 일
이든지 생각대로 되어 가는 것은 아니지만, 돈도 좋은 친구
도 적당히 있는 것이 좋을 것이다. 그 정도가 진정한 행복
이지 않을까?

(주)ほどほど(적당히): 도를 넘지 않고 딱 좋은 정도

어휘 本当(ほんとう) 진정　豊(ゆた)かさ 풍족함
一(ひと)つ目(め) 첫 번째　やはり 역시　お金(かね) 돈
たくさん 많이　生活(せいかつ) 생활
不自由(ふじゆう) 부자유, (부족 · 결함 등이 있어) 불편함
~し ~하고　欲(ほ)しい 갖고 싶다　すぐに 곧, 바로
手(て)に入(い)れる 손에 넣다
동사의 기본형+ことができる ~할 수 있다
友達(ともだち) 친구　なかなか (부정어 수반) 좀처럼
捨(す)てる 버리다　問題(もんだい) 문제　どちら 어느 쪽
大切(たいせつ)だ 중요하다　結論(けつろん) 결론
先(さき)に 먼저　どちらも 어느 쪽이나, 모두
ほどほど 적당히　何事(なにごと) 무슨 일
思(おも)い通(どお)りに 생각대로　幸福(こうふく) 행복
度(ど)を越(こ)す 도를 넘다　ちょうどよい 딱 알맞다[좋다]
程度(ていど) 정도

[24] 이 사람의 생각과 맞는 것은 어느 것인가?
　　1 친구는 많이 만드는 편이 좋다.
　　2 물질보다는 건강이 중요하다.
　　3 무엇이든지 적당히 있는 편이 좋다.
　　4 돈은 많이 있으면 있을수록 좋다.

어휘 考(かんが)え 생각
동사의 た형+方(ほう)がいい ~하는 편[쪽]이 좋다
物質(ぶっしつ) 물질　~より ~보다　健康(けんこう) 건강
適当(てきとう)だ 적당하다　~ば~ほど ~하면 ~할수록

(2)
이것은 백화점 관내에서의 방송이다.

오늘도 사쿠라 백화점에 와 주셔서 대단히 감사드립니다.
내점 중이신 고객님께 미아(주1) 알림을 말씀드립니다. 빨간
원피스에 노란 모자를 쓴 세 살 정도의 여자아이가 본관 5
층 장난감 매장에서 혼자서 놀고 있는 것을 점원이 발견해,
서비스 카운터에서 같이 오신 분을 기다리고 있습니다. 짐
작(주2)이 가시는 손님은 1층 서비스 카운터로 오시기 바랍
니다. 다시 한 번 미아 알림을 말씀드립니다.

(주1)迷子(미아): 길을 잃은 아이
(주2)心当たり(짐작): 마음에 짚이는 것

어휘 百貨店(ひゃっかてん) 백화점　館内(かんない) 관내,
구내 *영화관 · 도서관 · 여관 등 큰 건물의 내부　アナウンス 방송
本日(ほんじつ) 금일, 오늘 *「今日(きょう)」의 격식 차린 말
来店(らいてん) 내점, 가게에 옴　誠(まこと)に 참으로, 대단히
お客様(きゃくさま) 손님, 고객　迷子(まいご) 미아
知(し)らせ 알림　申(もう)し上(あ)げる 말씀드리다 *「言(い)
う」(말하다)의 겸양어　赤(あか)い 빨갛다　ワンピース 원피스
黄色(きいろ)い 노랗다　帽子(ぼうし)を被(かぶ)る 모자를 쓰다
女(おんな)の子(こ) 여자아이　本館(ほんかん) 본관
~階(かい) ~층　おもちゃ 장난감　売(う)り場(ば) 매장
一人(ひとり)で 혼자서　遊(あそ)ぶ 놀다
店員(てんいん) 점원　見(み)つける 찾(아내)다, 발견하다
サービスカウンター 서비스 카운터
お連(つ)れ様(さま) 동행하신 분
お+동사의 ます형+する ~하다, ~해 드리다 *겸양표현
待(ま)つ 기다리다　~ておる ~하고 있다 *「~ている」의 겸양
표현　心当(こころあ)たり 짐작
お越(こ)し 오심 *「来(く)ること」(옴)의 존경어
繰(く)り返(かえ)し 되풀이, 반복
道(みち)に迷(まよ)う 길을 헤매다[잃다]　子供(こども) 아이
思(おも)い当(あ)たる 짚이다, 짐작이 가다

[25] 방송을 들은 미아의 동행자는 어디로 가면 되는가?
　　1 백화점 입구
　　2 5층 장난감 매장
　　3 1층 서비스 카운터
　　4 5층 모자 매장

어휘 入(い)り口(ぐち) 입구

(3)

흘렸을 때의 감정에 따라 눈물의 맛이 변한다는 것을 알
고 계십니까? 슬플 때나 기쁠 때는 부교감신경(주1)이 우위
가 되어 있기 때문에 칼륨이나 나트륨의 양이 적어 약간
답니다. 게다가 물처럼 줄줄(주2) 흐르고 눈물의 양이 많은
경향이 있습니다. 반면 화를 내고 있을 때나 분할 때 흘리
는 눈물의 맛은 짠 것이 특징입니다. 이것은 교감신경(주3)
이 우위가 되어서 나트륨이나 염소 등의 양이 많아지기 때
문입니다. 또 눈물의 양은 적고 끈적임(주4)이 있습니다.

(주1)副交感神経(부교감신경): 체내의 기관을 컨트롤하
　는 신경

(주2)さらさら(줄줄): 경쾌하게 흐르는 모습
(주3)交感神経(교감신경): 흥분의 자극을 전신의 여러 기
　관에 전하는 신경
(주4)粘り気(끈적임): 끈적끈적 달라붙는 성질

어휘　流(なが)す 흘리다　感情(かんじょう) 감정
〜によって 〜에 따라　涙(なみだ) 눈물　味(あじ) 맛
変(か)わる 바뀌다, 변하다
ご存(ぞん)じだ 아시다 *「知(し)る」(알다)의 존경어
悲(かな)しい 슬프다　嬉(うれ)しい 기쁘다
副交感神経(ふくこうかんしんけい) 부교감신경
優位(ゆうい) 우위　カリウム 칼륨　ナトリウム 나트륨
量(りょう) 양　少(すく)ない 적다
甘(あま)め 단맛이 약간 강한 것, 또 그 상태　しかも 게다가
水(みず) 물　〜ように 〜처럼
さらさら 사물이 막힘없이 나아가는 모양　多(おお)い 많다
傾向(けいこう) 경향　反面(はんめん) 반면
怒(おこ)る 화를 내다　悔(くや)しい 분하다
塩辛(しおから)い 짜다　特徴(とくちょう) 특징
交感神経(こうかんしんけい) 교감신경　塩素(えんそ) 염소
粘(ねば)り気(げ) 끈적임　体内(たいない) 체내
器官(きかん) (생물) 기관　コントロール 컨트롤, 통제
軽(かろ)やかだ 경쾌하다　流(なが)れる 흐르다
様(さま) 모양　興奮(こうふん) 흥분　刺激(しげき) 자극
全身(ぜんしん) 전신　伝(つた)える 전하다
粘(ねば)り着(つ)く 끈적끈적 달라붙다, 점착하다
性質(せいしつ) 성질

26 분할 때 흘리는 눈물의 맛이 짠 것은 어째서인가?
　1 교감신경의 움직임이 느려지기 때문에
　2 칼륨이나 나트륨의 양이 적어지기 때문에
　3 나트륨이나 염소 등의 양이 많아지기 때문에
　4 부교감신경이 우위가 되어 있기 때문에

어휘　動(うご)き 움직임　遅(おそ)い 느리다, 더디다

(4)

　코알라의 주식인 유칼리 잎에는 맹독인 청산이나 탄닌
등이 포함되어 있다. 따라서 다른 동물은 먹지 않고 있고,
코알라만이 먹을 수 있다. 하지만 코알라도 먹을 수 있을
뿐으로 독인 것에는 변함이 없다. 이 독이 든 잎을 먹을 수
있는 몸이 됨으로써 생존 경쟁에 살아남은 코알라지만, 영
양도 적고 해독(주1)에 에너지를 소비하기(주2) 때문에 하루
종일 잘 수밖에 없게 되어 버렸다고 한다.

(주1)解毒(해독): 체내에 들어온 독의 작용을 없애는 것
(주2)費やす(소비하다): 돈이나 물건이나 시간을 많이 쓰
다

어휘　コアラ 코알라　主食(しゅしょく) 주식　ユーカリ 유칼리
葉(は)っぱ 잎(=葉(は))　猛毒(もうどく) 맹독
青酸(せいさん) 청산　タンニン 탄닌　含(ふく)まれる 포함되다
だから 따라서　他(ほか)の〜 다른〜　動物(どうぶつ) 동물
〜ずに 〜하지 않고　でも 하지만　変(か)わりない 변함이 없다
毒入(どくい)り 독이 들어감　体(からだ) 몸, 신체
〜ことで 〜함으로써　生存(せいぞん) 생존

競争(きょうそう) 경쟁　勝(か)ち残(のこ)る (경기에서) 살아 남다
栄養(えいよう) 영양　少(すく)ない 적다　解毒(げどく) 해독
エネルギー 에너지　費(つい)やす 소비하다　〜ため 〜때문(에)
一日中(いちにちじゅう) 하루 종일　寝(ね)る 자다
〜しかない 〜할 수밖에 없다　〜という 〜라고 한다
体内(たいない) 체내　入(はい)る 들어오다　作用(さよう) 작용
除(のぞ)く 제거하다, 없애다　使(つか)う 쓰다, 사용하다

27 본문의 내용과 맞는 것은 어느 것인가?
　1 코알라 몸으로는 어떤 종류의 독도 전혀 분해할 수 없다.
　2 유칼리 잎을 먹을 수 있는 동물은 코알라 이외에도 많다.
　3 유칼리 잎의 안에는 독의 작용을 없애는 성분이 있다.
　4 코알라는 유칼리 잎에 포함되어 있는 맹독 탓에 하루 종일
　　잔다.

어휘　種類(しゅるい) 종류　全(まった)く (부정어 수반) 전혀
分解(ぶんかい) 분해　以外(いがい) 이외　な(無)くす 없애다
成分(せいぶん) 성분　명사+の+せいで 〜탓에

문제 5 다음 (1)부터 (2)의 글을 읽고 질문에 답하시오. 답은 1·
2·3·4에서 가장 적당한 것을 하나 고르시오.

(1)

　전기는 에너지니까 열을 내거나 빛을 내거나 하는 것은
당연하다고 생각되는데, 냉장고처럼 전기로 차게 한다는
것은 의외의 느낌이 듭니다. 그럼, 어떻게 해서 전기가 차
게 하는 것일까요? 냉장고는 전기가 직접 차게 하고 있는
것은 아닙니다. 액체의 증발(주1)을 이용하고 있는 것입니
다. 액체가 증발해서 기체가 될 때에는 주위로부터 큰 열
을 빼앗깁니다. 알코올 소독 때 차가움을 느끼는 것도 그
때문으로 이것은 알코올이 증발할 때 피부의 열을 빼앗기
때문입니다. 냉장고 안이나 주위에는 냉매(주2)라고 불리는
휘발성(주3) 액체가 든 파이프가 온통 둘러쳐져(주4) 있는데,
이 안에서 냉매가 증발하는 것에 의해 냉장고의 공기는 점
점 열을 빼앗기고 차가워져 갑니다. 냉방장치가 공기를 차
게 하는 구조(주5)도 냉장고와 같아서 냉매가 증발해서 실
내 공기로부터 열을 빼앗는 것입니다.

(주1)蒸発(증발): 액체가 그 표면에서 기화하는 것
(주2)冷媒(냉매): 냉동 사이클에 있어서 열을 이동시키기 위
　해 사용되는 열 매체
(주3)揮発性(휘발성): 액체의 증발하기 쉬운 성질
(주4)張り巡らす(온통 둘러치다): 주위 일면에 치다
(주5)仕組み(구조): 사물의 조립, 구조

어휘　電気(でんき) 전기　エネルギー 에너지　熱(ねつ) 열
出(だ)す (불 등을) 내다
〜たり〜たりする 〜하거나 〜하거나 하다　光(ひかり) 빛
当然(とうぜん)だ 당연하다　思(おも)える 생각되다
冷蔵庫(れいぞうこ) 냉장고　〜ように 〜처럼
冷(ひ)やす 식히다, 차게 하다　意外(いがい)だ 의외이다
気(き)がする 느낌(생각)이 들다　どうやって 어떻게 (해서)
冷(つめ)たい 차갑다　直接(ちょくせつ) 직접
〜わけではない (전부) 〜인 것은 아니다. (반드시) 〜라고는 말
할 수 없다　液体(えきたい) 액체　蒸発(じょうはつ) 증발
利用(りよう) 이용　気体(きたい) 기체　周囲(しゅうい) 주위

604

2 ええ、帰<ruby>帰<rt>かえ</rt></ruby>ってもいいです。
네, 돌아가도 돼요.

3 ええ、見<ruby>見<rt>み</rt></ruby>てもいいです。
네, 봐도 돼요.

(最<ruby>最<rt>もっと</rt></ruby>もよいものは1番<ruby>番<rt>ばん</rt></ruby>です。解答用紙<ruby>解答用紙<rt>かいとうようし</rt></ruby>の問題<ruby>問題<rt>もんだい</rt></ruby>5の例<ruby>例<rt>れい</rt></ruby>のところを見<ruby>見<rt>み</rt></ruby>てください。最<ruby>最<rt>もっと</rt></ruby>もよいものは1番<ruby>番<rt>ばん</rt></ruby>ですから、答<ruby>答<rt>こた</rt></ruby>えはこのように書<ruby>書<rt>か</rt></ruby>きます。では、始<ruby>始<rt>はじ</rt></ruby>めます。)

(가장 적당한 것은 1번입니다. 해답용지 문제 5의 예를 봐 주세요. 가장 적당한 것은 1번이므로, 답은 이와 같이 씁니다. 그럼, 시작합니다.)

어휘 ジュース 주스 飲(の)む 마시다
~てもいいですか ~해도 됩니까?
どうぞ 무언가를 허락하거나 권할 때 쓰는 말
帰(かえ)る 돌아가다 見(み)る 보다

1ばん

女 隣<ruby>隣<rt>となり</rt></ruby>の部屋<ruby>部屋<rt>へや</rt></ruby>に誰<ruby>誰<rt>だれ</rt></ruby>かいますか。
옆방에 누군가 있어요?

男 1 妹<ruby>妹<rt>いもうと</rt></ruby>が行<ruby>行<rt>い</rt></ruby>きました。
여동생이 갔어요.

2 弟<ruby>弟<rt>おとうと</rt></ruby>がいます。
남동생이 있어요.

3 はい、誰<ruby>誰<rt>だれ</rt></ruby>もいません。
예, 아무도 없어요.

어휘 隣(となり) 옆 誰(だれ)か 누군가
妹(いもうと) (자신의) 여동생 行(い)く 가다
弟(おとうと) (자신의) 남동생 誰(だれ)も 아무도

2ばん

男 あの、すみませんが、ここでたばこを吸<ruby>吸<rt>す</rt></ruby>ってもいいですか。
저어, 죄송한데요, 여기에서 담배를 피워도 되나요?

女 1 ええ、健康<ruby>健康<rt>けんこう</rt></ruby>のために先月<ruby>先月<rt>せんげつ</rt></ruby>止<ruby>止<rt>や</rt></ruby>めました。
네, 건강을 위해서 지난달에 끊었어요.

2 いいえ、一度<ruby>一度<rt>いちど</rt></ruby>も吸<ruby>吸<rt>す</rt></ruby>ったことがありません。
아니요, 한 번도 피운 적이 없어요.

3 ここは禁煙区域<ruby>禁煙区域<rt>きんえんくいき</rt></ruby>なので、ちょっと…。
여기는 금연구역이라서 좀…。

어휘 たばこを吸(す)う 담배를 피우다
~てもいいですか ~해도 됩니까? 健康(けんこう) 건강
명사+の+ために ~을 위해서 先月(せんげつ) 지난달
止(や)める 그만두다, 끊다 一度(いちど)も 한 번도
동사의 た형+ことがない ~한 적이 없다 禁煙(きんえん) 금연
区域(くいき) 구역 ちょっと… 좀… *완곡한 거절이나 반대를 나타냄

3ばん

女 どうしたんですか。顔色<ruby>顔色<rt>かおいろ</rt></ruby>があまりよくないですね。
무슨 일 있어요? 안색이 그다지 좋지 않네요.

男 1 風邪<ruby>風邪<rt>かぜ</rt></ruby>を引<ruby>引<rt>ひ</rt></ruby>いて熱<ruby>熱<rt>ねつ</rt></ruby>が出<ruby>出<rt>で</rt></ruby>ています。
감기에 걸려서 열이 나요.

2 じゃ、この色<ruby>色<rt>いろ</rt></ruby>はどうですか。
그럼, 이 색깔은 어때요?

3 おかげ様<ruby>様<rt>さま</rt></ruby>でぐっすり眠<ruby>眠<rt>ねむ</rt></ruby>れました。
덕분에 푹 잘 수 있었어요.

어휘 どうしたんですか 어떻게 된 거예요?, 무슨 일 있어요?
顔色(かおいろ) 안색 あまり (부정어 수반) 그다지, 별로
よくない 좋지 않다 風邪(かぜ)を引(ひ)く 감기에 걸리다
熱(ねつ)が出(で)る 열이 나다 色(いろ) 색, 색깔
おかげ様(さま)で 덕분에 *「おかげで」의 공손한 말씨
ぐっすり 푹 *깊이 잠든 모양 眠(ねむ)る 자다, 잠들다

4ばん

女 前<ruby>前<rt>まえ</rt></ruby>から欲<ruby>欲<rt>ほ</rt></ruby>しかったギターをやっと買<ruby>買<rt>か</rt></ruby>ったんです。
전부터 갖고 싶었던 기타를 겨우 샀어요.

男 1 じゃ、どこで買<ruby>買<rt>か</rt></ruby>いましょうか。
그럼, 어디에서 살까요?

2 昨日<ruby>昨日<rt>きのう</rt></ruby>、デパートで買<ruby>買<rt>か</rt></ruby>いました。
어제 백화점에서 샀어요.

3 それはよかったですね。
그거 잘됐네요.

어휘 欲(ほ)しい 갖고 싶다 ギター 기타
やっと 겨우, 간신히 買(か)う 사다
デパート 백화점 *「デパートメントストア」의 준말

5ばん

女 今週<ruby>今週<rt>こんしゅう</rt></ruby>の週末<ruby>週末<rt>しゅうまつ</rt></ruby>、ハイキングに行<ruby>行<rt>い</rt></ruby>こうと思<ruby>思<rt>おも</rt></ruby>っているんです。
이번 주 주말에 하이킹하러 가려고 생각하고 있어요.

男 1 えっ、天気予報<ruby>天気予報<rt>てんきよほう</rt></ruby>で、週末<ruby>週末<rt>しゅうまつ</rt></ruby>は雨<ruby>雨<rt>あめ</rt></ruby>が降<ruby>降<rt>ふ</rt></ruby>ると言<ruby>言<rt>い</rt></ruby>ってましたよ。
네? 일기예보에서 주말에는 비가 내린다고 했어요.

2 ええ、一日中<ruby>一日中<rt>いちにちじゅう</rt></ruby>ざあざあと降<ruby>降<rt>ふ</rt></ruby>りましたね。
네, 하루 종일 좍좍 내렸네요.

3 天気予報<ruby>天気予報<rt>てんきよほう</rt></ruby>によると、今日<ruby>今日<rt>きょう</rt></ruby>は晴<ruby>晴<rt>は</rt></ruby>れるそうです。
일기예보에 의하면 오늘은 맑대요.

어휘 今週(こんしゅう) 이번 주 週末(しゅうまつ) 주말
ハイキング 하이킹 동작성 명사+に ~하러 *동작의 목적

天気予報(てんきよほう) 일기예보
降(ふ)る (비・눈 등이) 내리다, 오다
一日中(いちにちじゅう) 하루 종일
ざあざあ 좍좍 *비가 내리쏟아지는 소리
〜によると 〜에 의하면 晴(は)れる 맑다, 개다
품사의 보통형+そうだ 〜라고 한다 *전문

6ばん

女 ねえ、テレビのチャンネル、変えてもいい?
있잖아, TV 채널, 바꿔도 돼?

男 1 そんなに退屈だったら、テレビでも見たら?
그렇게 지루하면 TV라도 보는 게 어때?

2 だめだよ。今がクライマックスなんだよ。
안 돼. 지금이 클라이맥스야.

3 あっ、ごめん。そんなに音が大きいとは思わなかったよ。
앗, 미안해. 그렇게 소리가 크다고는 생각지 않았어.

어휘 チャンネル 채널 変(か)える 바꾸다, 변경하다
そんなに 그렇게 退屈(たいくつ)だ 지루하다
〜たら(どう?) 〜하는 게 어때? だめだ 안 된다
今(いま) 지금 クライマックス 클라이맥스 音(おと) 소리
大(おお)きい 크다 〜とは 〜라고는

7ばん

男 今度の連休には田舎に帰りますか。
이번 연휴에는 고향에 돌아가요?

女 1 ええ、今度は連休が長いので帰ろうと思ってます。
네, 이번에는 연휴가 길어서 돌아가려고 생각하고 있어요.

2 あ、これですか。田舎の母へのお土産なんです。
아, 이거요? 고향에 계신 어머니에게 보내는 선물이에요.

3 少なくとも往復で4時間以上はかかりますね。
적어도 왕복으로 4시간 이상은 걸리죠.

어휘 今度(こんど) 이번 連休(れんきゅう) 연휴
田舎(いなか) 시골, 고향 帰(かえ)る 돌아가다
長(なが)い 길다 母(はは) (자신의) 어머니
お土産(みやげ) 선물 少(すく)なくとも 적어도
往復(おうふく) 왕복 時間(じかん) 시간
以上(いじょう) 이상 かかる (시간이) 걸리다

8ばん

女 申し訳ありませんが、事故で電車が遅れているので、先に始めてください。
죄송한데요, 사고로 전철이 지연되고 있으니까, 먼저 시작하세요.

男 1 では、会議をしながらお待ちしています。
그럼, 회의를 하면서 기다리고 있을게요.

2 では、会議が終わってから伺います。
그럼, 회의가 끝난 후에 찾아뵐게요.

3 では、会議の後、みんなでお見舞いに行きましょう。
그럼, 회의 후에 다 같이 문병을 갑시다.

어휘 申(もう)し訳(わけ)ありません 죄송합니다 *「すみません」보다 정중한 표현 事故(じこ) 사고 電車(でんしゃ) 전철
遅(おく)れる 늦어지다, 지연되다 先(さき)に 먼저
始(はじ)める 시작하다 では 그럼 会議(かいぎ) 회의
동사의 ます형+ながら 〜하면서 *동시동작
お+동사의 ます형+する 〜하다, 〜해 드리다 *겸양표현
待(ま)つ 기다리다 終(お)わる 끝나다
〜てから 〜하고 나서, 〜한 후에
伺(うかが)う 찾아뵙다 *「訪(おとず)れる」(방문하다)의 겸양어
後(あと) (시간적으로) 후, 뒤 みんなで 다 같이
お見舞(みま)いに行(い)く 문병을 가다

9ばん

女 ご注文いただいたお弁当はこちらで召し上がりますか。
주문하신 도시락은 여기에서 드실 건가요?

男 1 一括払いでお願いします。
일시불로 부탁드려요.

2 いいえ、お持ち帰りです。
아니요, 포장해 갈 거예요.

3 じゃ、今日は久しぶりに外に出て食べましょうか。
그럼, 오늘은 오랜만에 밖에 나가서 먹을까요?

어휘 ご+한자명사+いただく (남에게) 〜해 받다, (남이) 〜해 주시다 *겸양표현 注文(ちゅうもん) 주문
お弁当(べんとう) 도시락 召(め)し上(あ)がる 드시다 *「食(た)べる」(먹다),「飲(の)む」(마시다)의 존경어
一括払(いっかつばら)い 일시불
持(も)ち帰(かえ)り (식당에서 음식・음료를) 포장해 감
久(ひさ)しぶり 오래간만임, 오랜만임 外(そと) 밖
出(で)る 나가다

N3 げんごちしき(もじ・ごい)

じゅけんばんごう
Examinee Registration
Number

なまえ
Name

〈ちゅうい Notes〉

1. くろい えんぴつ (HB、No.2) で かいて ください。
（ペンや ボールペンでは かかないで ください。）
Use a black medium soft (HB or No.2) pencil
(Do not use any kind of pen.)

2. かきなおす ときは、けしゴムで きれいに けして ください。
Erase any unintended marks completely.

3. きたなく したり、おったり しないで ください。
Do not soil or bend this sheet.

4. マークれい Marking examples

よい れい Correct Example	わるい れい Incorrect Examples
●	⊗ ◯ ◯ ◯ ⊙ ⊖ ◑

問 題 1

1	①	②	③	④
2	①	②	③	④
3	①	②	③	④
4	①	②	③	④
5	①	②	③	④
6	①	②	③	④
7	①	②	③	④
8	①	②	③	④

問 題 2

9	①	②	③	④
10	①	②	③	④
11	①	②	③	④
12	①	②	③	④
13	①	②	③	④
14	①	②	③	④

問 題 3

15	①	②	③	④
16	①	②	③	④
17	①	②	③	④
18	①	②	③	④
19	①	②	③	④
20	①	②	③	④
21	①	②	③	④
22	①	②	③	④
23	①	②	③	④

問 題 4

24	①	②	③	④
25	①	②	③	④
26	①	②	③	④
27	①	②	③	④
28	①	②	③	④

問 題 5

29	①	②	③	④
30	①	②	③	④
31	①	②	③	④
32	①	②	③	④
33	①	②	③	④

절대합격 JLPT N3 나흘로 30일 완성 　解答用紙

N3

げんご　ちしき　ぶんぽう
言語知識(文法)・読解
どっかい

じゅけんばんごう
Examinee Registration
Number

なまえ
Name

問　題　1				
1	①	②	③	④
2	①	②	③	④
3	①	②	③	④
4	①	②	③	④
5	①	②	③	④
6	①	②	③	④
7	①	②	③	④
8	①	②	③	④
9	①	②	③	④
10	①	②	③	④
11	①	②	③	④
12	①	②	③	④
13	①	②	③	④

問　題　2				
14	①	②	③	④
15	①	②	③	④
16	①	②	③	④
17	①	②	③	④
18	①	②	③	④

問　題　3				
19	①	②	③	④
20	①	②	③	④
21	①	②	③	④
22	①	②	③	④
23	①	②	③	④

問　題　4				
24	①	②	③	④
25	①	②	③	④
26	①	②	③	④
27	①	②	③	④

問　題　5				
28	①	②	③	④
29	①	②	③	④
30	①	②	③	④
31	①	②	③	④
32	①	②	③	④
33	①	②	③	④

問　題　6				
34	①	②	③	④
35	①	②	③	④
36	①	②	③	④
37	①	②	③	④

問　題　7				
38	①	②	③	④
39	①	②	③	④

절대합격 JLPT N3 나홀로 30일 완성 | 解答用紙

N3

ちょうかい
聴解

じゅけんばんごう
Examinee Registration
Number

なまえ
Name

もんだい 問題 1

	①	②	③	④
れい	①	②	●	④
1	①	②	③	④
2	①	②	③	④
3	①	②	③	④
4	①	②	③	④
5	①	②	③	④
6	①	②	③	④

もんだい 問題 2

	①	②	③	④
れい	①	②	●	④
1	①	②	③	④
2	①	②	③	④
3	①	②	③	④
4	①	②	③	④
5	①	②	③	④
6	①	②	③	④

もんだい 問題 3

	①	②	③	④
れい	①	②	●	④
1	①	②	③	④
2	①	②	③	④
3	①	②	③	④

もんだい 問題 4

	①	②	③
れい	●	②	③
1	①	②	③
2	①	②	③
3	①	②	③
4	①	②	③

もんだい 問題 5

	①	②	③
れい	●	②	③
1	①	②	③
2	①	②	③
3	①	②	③
4	①	②	③
5	①	②	③
6	①	②	③
7	①	②	③
8	①	②	③
9	①	②	③